Lot, Aveyron, Tarn

Cofondateurs : Philippe GLOAGUEN et Michel DUVAL

Directeur de collection et auteur
Philippe GLOAGUEN

Rédacteurs en chef adjoints
Amanda KERAVEL
et Benoît LUCCHINI

Directrice de la coordination
Florence CHARMETANT

Directrice administrative
Bénédicte GLOAGUEN

Directeur du développement
Gavin's CLEMENTE-RUIZ

Conseiller à la rédaction
Pierre JOSSE

Direction éditoriale
Hélène FIRQUET

Rédaction
Isabelle AL SUBAIHI
Emmanuelle BAUQUIS
Mathilde de BOISGROLLIER
Thierry BROUARD
Marie BURIN des ROZIERS
Véronique de CHARDON
Fiona DEBRABANDER
Anne-Caroline DUMAS
Éléonore FRIESS
Géraldine LEMAUF-BEAUVOIS
Olivier PAGE
Alain PALLIER
Anne POINSOT
André PONCELET
Alizée TROTIN

Responsable voyages
Carole BORDES

2018

hachette

TABLE DES MATIÈRES

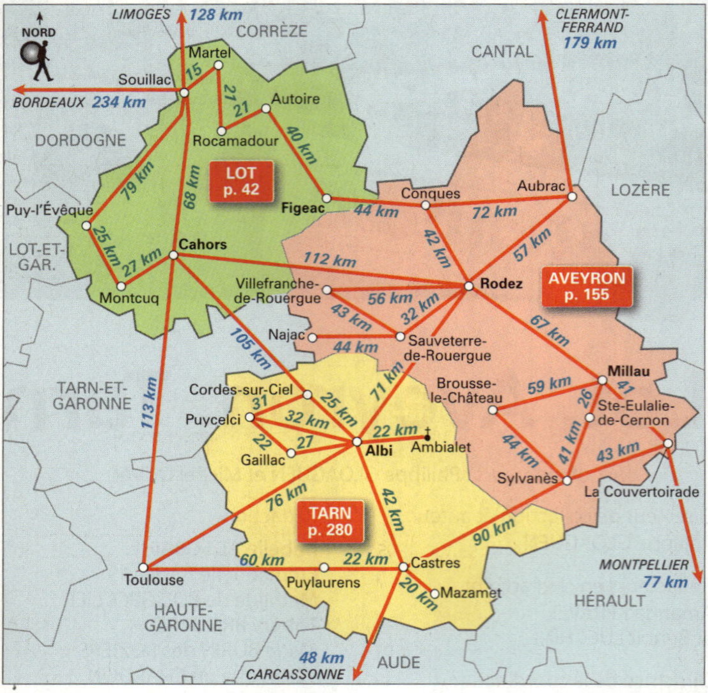

PRÉAMBULE

COMMENT Y ALLER ? 34

BON À SAVOIR AVANT LE DÉPART 38

LE LOT (LE QUERCY) ... 42

☎ **112 :** c'est le numéro d'urgence commun à la France et à tous les pays de l'UE, à composer en cas d'accident, agression ou détresse. Il permet de se faire localiser et aider en français, tout en améliorant les délais d'intervention des services de secours.

Recommandation à ceux qui souhaitent profiter des réductions et avantages proposés dans le *Routard* par les hôteliers et les restaurateurs.

À l'hôtel, pensez à les demander au moment de la réservation ou, si vous n'avez pas réservé, **à l'arrivée.** Ils ne sont valables que pour les réservations en direct et ne sont pas cumulables avec d'autres offres promotionnelles (notamment sur Internet). Au restaurant, parlez-en **au moment** de la commande et surtout **avant** que l'addition soit établie. Poser votre *Routard* sur la table ne suffit pas : le personnel de salle n'est pas toujours au courant et une fois le ticket de caisse imprimé, il est souvent difficile de modifier le total. En cas de doute, montrez la notice relative à l'établissement dans le *Routard* de l'année et, bien sûr, ne manquez pas de nous faire part de toute difficulté rencontrée.

Pictogrammes du Routard

Établissements

- Hôtel, auberge, chambre d'hôtes
- Camping
- Restaurant
- Boulangerie, sandwicherie
- Glacier
- Café, salon de thé
- Café, bar
- Bar musical
- Club, boîte de nuit
- Salle de spectacle
- Office de tourisme
- Poste
- Boutique, magasin, marché
- Accès Internet
- Hôpital, urgences

Sites

- Plage
- Site de plongée
- Piste cyclable, parcours à vélo

Transports

- Aéroport
- Gare ferroviaire
- Gare routière, arrêt de bus
- Station de métro
- Station de tramway
- Parking
- Taxi
- Taxi collectif
- Bateau
- Bateau fluvial

Attraits et équipements

- Présente un intérêt touristique
- Recommandé pour les enfants
- Adapté aux personnes handicapées
- Inscrit au Patrimoine mondial de l'Unesco

Les truffes noires du Périgord

© Azam Jean-Paul/hemis.fr

Jean-Edouard Rozey/Shutterstock

LA RÉDACTION DU ROUTARD

(sans oublier nos 50 enquêteurs, aussi sur le terrain)

Thierry, Anne-Caroline, Éléonore, Olivier, Alizée, Pierre, Benoît, Alain, Fiona, Emmanuelle, Gavin's, André, Véronique, Bénédicte, Jean-Sébastien, Mathilde, Amanda, Isabelle, Géraldine, Marie, Carole, Philippe, Florence, Anne.

La saga du *Routard* : en 1971, deux étudiants, Philippe et Michel, avaient une furieuse envie de découvrir le monde. De retour du Népal germe l'idée d'un guide différent qui regrouperait tuyaux malins et itinéraires sympas, destiné aux jeunes fauchés en quête de liberté. 1973. Après 19 refus d'éditeurs et la faillite de leur première maison d'édition, l'aventure commence vraiment avec Hachette. Aujourd'hui, le *Routard*, c'est plus d'une cinquantaine d'enquêteurs impliqués et sincères. Ils parcourent le monde toute l'année dans l'anonymat et s'acharnent à restituer leurs coups de cœur avec passion.

Merci à tous les Routards qui partagent nos convictions : liberté et indépendance d'esprit ; découverte et partage ; sincérité, tolérance et respect des autres.

NOS SPÉCIALISTES LOT, AVEYRON, TARN

Amanda, Mathilde et Marie : quand l'une arpente les routes bretonnes en quête de la meilleure pâte à crêpes, l'autre explore le bocage normand à coups de gorgées de cidre, pendant que la troisième chausse ses skis pour dégoter le meilleur refuge alpin. La curiosité, l'enthousiasme et la gourmandise sont leur meilleur sonar, que complètent deux décennies d'expériences à user leurs semelles sur les routes de l'Hexagone. Un trio complice et indépendant qui essaie, entre deux voyages, de garder la ligne.

Dimitri Lefèvre : après avoir travaillé sur de nombreux films, il a rejoint le *Routard* il y a 9 ans. Pour lui, recommander une adresse c'est faire un casting pointu, visiter un lieu c'est faire des repérages pour écrire le scénario de la Palme d'or du film de vacances. Mais au final, les pépites découvertes et les bons conseils aux lecteurs, ce n'est pas du cinéma !

Fabrice Doumergue : tous ses chemins mènent… au bout du monde. Passionné d'histoire(s), d'architecture, d'art et de gastronomie, il ouvre à qui veut ses coins secrets, côté nature et côté culture. Et chaque bout du monde en appelant un autre, il a parcouru en 30 ans 70 contrées sur les 5 continents. Son pays préféré ? Heu… tous !

Pierre Mitrano : fils de Marseille, petit-fils des congés payés, Pierre plante sa première tente à 6 mois… et endosse son premier sac à l'âge de la carte Interrail. Puis, de pirogue en cargo, de cheval en van ou en montgolfière, il rejoint l'équipe du *Routard,* conscient de passer de l'autre côté du miroir pour faire partager à d'autres les pays des merveilles.

UN GRAND MERCI À NOS AMI(E)S SUR PLACE

Pour cette nouvelle édition, nous remercions particulièrement :

– **Anna Crepin** et l'équipe du comité départemental du tourisme du Lot ;

– **Jackie Bru** et l'équipe du comité départemental du tourisme de l'Aveyron ;

– **Christian Rivière** du comité départemental du tourisme du Tarn ;

– **Brigitte Ormière de Lautrec,** pour son immense générosité et ses bons conseils ;

– **Marielle Lacombe** et l'équipe de l'office de tourisme vallée de la Dordogne ;

– **Éliza Monribot** et l'équipe de l'office de tourisme de Gourdon ;

– **Hanne Sund Bon** de l'office de tourisme de Figeac ;

– l'équipe de la maison du tourisme de Rocamadour ;

– **Virginie Seguin, Magalie Duranceau** et l'équipe de l'office de tourisme Grand Cahors ;

– Ainsi que tous les offices de tourisme qui, année après année, nous apportent leur aide régulière. Qu'ils soient tous vivement remerciés !

Tout au long de ce guide, découvrez toutes les photos de la destination sur • *routard.com* • Attention au coût de connexion à l'étranger, assurez-vous d'être en wifi !

Le *Routard* est imprimé sur un papier issu de forêts gérées.

I.S.B.N. 978-2-01-703362-2

Sites inscrits au Patrimoine mondial de l'Unesco
PNR : parc naturel régional
NORD
Brive-la-Gaillarde
Martel
Souillac
Carennac
Gouffre de Padirac
Loubressac
Autoire
St-Céré
Rocamadour
Payrac
Gramat
Gourdon
Lacapelle-Marival
Causse de Gramat
Cardaillac
Assier
LOT (46) p. 42
PNR des Causses du Quercy
Figeac
Les Arques
Plage aux Ptérosaures
St-Sulpice
Espagnac-Ste-Eulalie
Capdenac-le-Haut
Bonaguil
Montcabrier
Duravel
Crayssac
Marcilhac-sur-Célé
Caïx
Mercuès
Cajarc
LOT-ET-GARONNE (47)
Fumel
Puy-l'Évêque
Luzech
Douelle
Bouziès
St-Cirq-Lapopie
Cénevières
Villeneuve-d'Aveyron
CAHORS
Limogne-en-Q.
Montcuq
Castelnau-Montratier
Villefranche-de-Rouergue
Montaigu-de-Quercy
Lauzerte
Caylus
Najac
Sarlat-la-Canéda
DORDOGNE (24)
Dordogne
Lot
Aveyron
TARN-ET-GARONNE (82)
Varen
Caussade
Moissac
Tarn
Montauban
Castelsarrasin
Monestiés
Penne
Cordes-sur-Ciel
Carmaux
Puycelci
Castelnau-de-Montmiral
Saint-Juéry
ALBI
Beaumont-de-Lomagne
Garonne
Gaillac
Lisle-sur-Tarn
Rabastens
Giroussens
Graulhet
Lavaur
Lautrec
Mauvezin
GERS (32)
Gimont
l'Isle-Jourdain
Léguevin
TOULOUSE
Puylaurens
Lombez
St-Lys
Saint-Félix-Lauragais
Dourgne
Revel
Sorèze
Rieumes
HAUTE-GARONNE (31)
AUDE (11)
A 20
E 9
A 62
E 72
A 68
A 64
A 61
E 80
A 66
N 124
N 126
N 224
D 820
D 840
D 803
D 703
D 660
D 704
D 802
D 673
D 13
D 811
D 911
D 653
D 19
D 922
D 1
D 926
D 953
D 115
D 999
D 928
D 600
D 964
D 631
D 630
D 612
D 112
D 826
D 2
D 634
D 632
D 85

LE LOT, L'AVEYRON ET LE TARN

Sculpture d'un pèlerin de Saint-Jacques-de-Compostelle, à Bessuéjouls

« Qui fait son pain, rentre son foin et se marie selon son goût est bienheureux... S'il y parvient. »
Proverbe aveyronnais !

Trois rivières, le Lot, l'Aveyron et le Tarn, traversent ces trois départements, naissant dans l'un d'entre eux, irriguant les autres… **Trois vallées** possédant ainsi nombre de **traits communs** et de **riches différences.**

Au commencement des temps, un combat de titans dans lequel l'homme n'avait pas encore son mot à dire s'est livré entre le vieux Massif central et ses cadets pyrénéen et alpin. La pression tectonique souleva et morcela les vénérables terres lissées par l'érosion, laissant derrière elle un **formidable désordre de paysages contrastés.**

Forêts austères du Sidobre aux étranges blocs de granit, reliefs escarpés de la Montagne Noire et des monts de Lacaune, solitude steppique des Grands Causses, dépouillement majestueux des pâturages de l'Aubrac, autant d'images éloquentes qui incitent à prendre la route.

Les pèlerins de Compostelle avaient déjà donné le ton. Jacquets d'hier ou randonneurs pour le plaisir, tous convergent vers cette terre multiple où le détour est de rigueur.

Profondément encaissées, ce sont les vallées aux méandres compliqués qui assurent la transition avec les pays de plaines et de collines. Le contraste est grand avec les jardins riants du Quercy où fleurissent les fameuses vignes de Cahors, ou avec les terres céréalières de l'Albigeois et du Castrais.

Le promeneur avisé reconnaîtra à l'occasion le **plan en damier de la bastide,** modèle urbain né au XIIIe s, représenté avec panache par Cordes-sur-Ciel, dans le Tarn, ou Villefranche-de-Rouergue, aux portes de l'Aveyron.

La diversité du pays s'exprime à travers **l'abondance de produits locaux** : la truffe, diamant noir du Quercy, les cabécous de Rocamadour ou encore l'incontournable roquefort.

Partout, l'histoire escorte le visiteur de ses hauts faits ou de ses anecdotes, réveillant les fantômes du passé. **Terres de légendes** aussi, où le diable guette votre moindre faux pas. Faites gaffe !

Vignoble près de Cahors

© Guiziou Franck/hemis.fr

NOS COUPS DE CŒUR

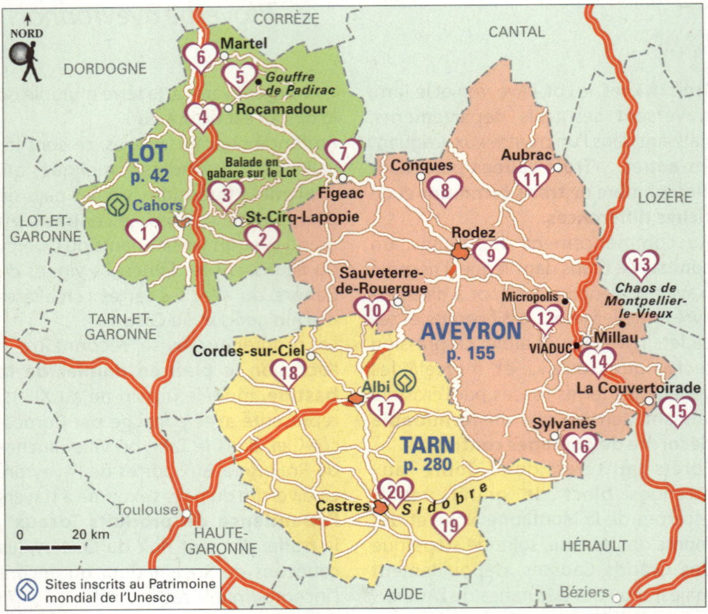

1 **Se promener, à la nuit tombée, sur le pont Valentré illuminé à Cahors.** Seule vraie grande ville du Quercy, on se plaît à découvrir l'incroyable patrimoine architectural médiéval de Cahors. Flâner de ruelle en placette jusqu'à déboucher sur les paisibles rives du Lot, et le fameux pont Valentré. Situé à l'écart du centre, c'est l'image même de la ville. *p. 56*

© CW Images/Alamy/hemis.fr

2 Détailler une à une les maisons de Saint-Cirq-Lapopie. Difficile de ne pas tomber amoureux de ce merveilleux village, considéré comme l'un des plus beaux de France. D'une homogénéité architecturale quasi parfaite, il s'agrippe à une falaise de 100 m de haut, dégringolant dans le Lot. Du rouge, de l'ocre, du rose orangé, toutes les nuances de gris et les taches multicolores des roses trémières. Tel apparaît Saint-Cirq quand le regard saisit dans son ensemble les petites maisons qui grimpent au flanc de la colline dans un infatigable assaut. Saint-Cirq-Lapopie est un miracle d'équilibre reconstitué. *p. 142*

3 Une balade en gabare sur le Lot, un de ces bateaux à fond plat qui acheminaient autrefois le vin noir jusqu'à la Garonne, puis faire trempette dans l'eau fraîche près d'une petite plage secrète.
Bouziès se révèle être la « petite capitale » de la navigation sur le Lot. De Luzech à Larnagol, les écluses ont été restaurées et la rivière est à nouveau navigable. Superbe balade, donc, au rythme paisible du Lot, à travers des paysages très variés allant des falaises ocre et blanc aux vignobles du cahors, en passant par de douces collines boisées. Le tout saupoudré de beaux villages et châteaux de rêve. *p. 147*

4 **Déambuler au cœur du village de Rocamadour dont on ne se lasse pas. Un des sites les plus visités de France, c'est tout dire !**

Et ça ne date pas d'hier. Le lieu est vraiment exceptionnel. On a beau être prévenu, on ressent inévitablement un choc émotionnel devant la grandeur du spectacle. Défiant les lois de l'équilibre, sanctuaire troglodytique et maisons médiévales agrippées au roc dévalent une immense falaise dominant les gorges. *p. 98*

5 Plonger dans les entrailles de la terre, en faisant un tour en barque, au fond du gouffre de Padirac.

L'une des plus grandes curiosités géologiques ! Puits naturel provoqué par l'effondrement de la voûte d'une immense grotte, la cavité, à ciel ouvert, fait aujourd'hui 35 m de diamètre et 103 m dans sa plus grande profondeur. Le gouffre fut exploré en 1889 par Martel, le père de la spéléologie moderne. À la fin du XIXe s, Padirac recevait ses premiers touristes. *p. 110*

6 Laisser le temps s'écouler dans les ruelles de Martel.

Bourgade médiévale parmi les mieux préservées et dont l'architecture est l'une des plus homogènes de la région, Martel est l'un des sites majeurs du Pays d'art et d'histoire de la vallée de la Dordogne lotoise. Délicieuse balade, donc, dans cette cité aux sept tours, à travers des ruelles étroites bordées de remarquables petits palais et de belles maisons anciennes aux arcades ogivales. Quant au nom de Martel, la légende veut que la cité en ait hérité de Charles, qui aurait fondé la ville à la suite d'une nouvelle défaite des Sarrasins. *p. 90*

7 Traverser les âges de l'écriture dans le remarquable musée Champollion, à Figeac.

Figeac s'enorgueillit d'avoir donné naissance à Jean-François Champollion. Installé en partie dans sa maison natale, le musée rend hommage, comme il se doit, au travail et au génie de l'illustre savant. Les collections abordent désormais la fabuleuse aventure des écritures du monde, depuis l'apparition du cunéiforme en Mésopotamie jusqu'à l'écriture numérisée en usage de nos jours (soit près de 5 300 ans d'histoire ! Et combien de dictées ?). Et si vous vous sentez l'âme d'un Champollion, sachez que plusieurs écritures sur la planète restent encore à déchiffrer ! *p. 130*

8 Revenir à un peu de spiritualité et s'approcher du sublime au sein de l'abbaye de Conques et de son village niché au creux d'une vallée aveyronnaise.

Tous les superlatifs ne suffiraient pas pour qualifier Conques. Peu de mots peuvent décrire l'émotion, le choc, que l'on éprouve en arrivant pour la première fois. Le village se love au creux d'une pente de la vallée de l'Ouche. À cet endroit, celle-ci s'évase un peu plus, creusant une sorte de cirque rappelant la forme d'une coquille. Architecture du village d'une homogénéité quasi parfaite. Splendides demeures aux grosses pierres rougeâtres, toits de lauzes et abbatiale Sainte-Foy, comme cerise sur le gâteau. Cette étape sur la route de Saint-Jacques-de-Compostelle est un magnifique vaisseau de simplicité et d'harmonie. *p. 203*

9 En sillonnant Rodez, admirer la somptueuse cathédrale gothique, puis s'imprégner de l'outre-noir de Soulages en visitant le magnifique musée qui lui est consacré.

Rodez est cette cité signalée de loin par son magnifique clocher gothique rose. Du haut de ses 87 m, il toise les ruelles médiévales de cet adorable petit centre fait de maisons à colombages, façades Renaissance et autres maisons ornées de gargouilles. Ne pas bouder son plaisir et visiter le musée Fenaille, aussi intéressant pour les articles exposés que pour l'hôtel particulier qui l'abrite. Et, l'on se gardera pour la fin une plongée dans le monde en « noir et noir » de Pierre Soulages. *p. 160*

***Bon à savoir :** la cafétéria et le resto du musée sont tenus par Michel Bras. On a connu pire !*

10 Flâner dans les rues de Sauveterre-de-Rouergue, village au charme infini.

Cette bastide royale, classée parmi les « Plus Beaux Villages de France », est un chef-d'œuvre d'équilibre urbain, avec ses maisons à colombages, vestiges de fortifications, douves, tours, portes de la ville… le tout construit autour d'une place à arcades. Aujourd'hui, le village abrite aussi un pôle d'art et d'artisanat regroupant une vingtaine de créateurs, qui ont leur atelier sur place ou dont les œuvres sont présentées dans l'espace d'exposition. *p. 175*

11 Parcourir l'Aubrac sauvage et s'offrir un pantagruélique aligot dans un buron authentique.

Un morceau d'Auvergne en Occitanie : voilà l'Aubrac aveyronnais. L'esprit auvergnat, mais le cœur déjà au sud. Ce bout du monde, à 1 000 m d'altitude, vous récompensera de son accès difficile. Là-haut, ce ne sont que vastes prairies vert plomb, grattées par les nuages, où des pistes poussiéreuses conduisent à quelque buron isolé. Basalte et herbe nue, ce morceau de lune où des milliers de fleurs peuvent éclore en un jour est aussi la patrie du laguiole, un fromage cousin du cantal. *p. 224*

12 À Micropolis, découvrir la vie communautaire si bien organisée de ces minuscules bestioles.

La grosse attraction du département, un véritable pôle qui attire une foule de touristes. Micropolis, c'est un corps de bâtiments modernes, épousant l'environnement naturel. À l'origine du projet, le département, qui a acheté les rushs du film *Microcosmos*. De là, l'idée de réaliser un site dans l'esprit et la continuité du film. Et on y apprend plein de choses : il existe des fourmis esclavagistes ; le bourdon fait aussi du miel ; l'araignée, le mille-pattes ou le cloporte ne sont pas des insectes… Puis on fait des rencontres : la ruche géante ; les abeilles qui frétillent ; différents types de fourmilières. Ruche à l'intérieur (ouverte sur l'extérieur), serre à papillons tropicaux, fourmilière géante… Une véritable arche de Noé. *p. 277*

© Micropolis © Gilles Tordjeman

13 Se rendre sur le site de Montpellier-le-Vieux, fantastique chaos de roches qui fait irrésistiblement penser aux ruines d'une ville-fantôme pétrifiée.

Sur un promontoire escarpé du causse Noir, sur 120 ha environ, des milliers de roches étrangement déchiquetées dégringolent des pentes abruptes. Effet saisissant ! Leurs formes rappellent parfois des portes antiques ou des figures familières (humaines ou animales). À interpréter suivant son imagination. Au printemps, des myriades de fleurs, dont plusieurs variétés rares. Des itinéraires de 30 à 40 mn, à combiner entre eux. Autant dire qu'il y a de quoi y passer la journée. Prévoir le pique-nique et l'eau fraîche… *p. 247*

© Mattes René/hemis.fr

(14) **S'en mettre plein la vue en montant au belvédère du viaduc de Millau, haut de 245 m !**

Dernier maillon de l'A 75 reliant Clermont-Ferrand à Béziers, et conçu par l'architecte Norman Forster, ce viaduc à haubans multiples est le plus haut du monde. Survolant la vallée du Tarn, il est une réussite totale en termes d'inscription discrète dans le paysage : finesse du tablier métallique et piles élancées. Un ouvrage d'art exceptionnel ! *p. 244*

© Jacques Pierre/hemis.fr

15 **Prendre le temps de s'imprégner du Larzac, du vrai, en faisant une balade au départ de La Couvertoirade.**

Au cœur du parc naturel des Grands Causses, La Couvertoirade est l'un des « Plus Beaux Villages de France », et ce titre n'est nullement usurpé. Des routes pittoresques mènent à ce site préservé situé sur le plateau du Larzac, aux magnifiques paysages calcaires. Une petite cité fortifiée aux ruelles bordées de maisons, où il fait bon flâner pour en découvrir tous les charmes… Le village vit encore grâce à quelques derniers irréductibles qui préservent avec soin ce joli site (tous les fils électriques et téléphoniques sont enterrés). *p. 255*

© guichaoua/Alamy/hemis.fr

16 **À Sylvanès, admirer l'émouvante architecture de l'une des plus belles abbayes que nous aient laissées les cisterciens dans le Midi.**

Dans une jolie vallée boisée, le site est charmant. Ce chef-d'œuvre cistercien, encore en ruine il y a une quarantaine d'années, est un bel exemple de résurrection grâce au travail acharné des gens de bonne volonté. Au XIIe s, l'abbaye était une sorte de société en réduction, coupée du reste du monde. Elle comprenait une exploitation agricole autonome, pourvue de granges, d'ateliers, de moulins et même de canaux d'irrigation ! Elle vivait en complète autarcie grâce au travail de la terre et à l'élevage. *p. 264*

© Sierpinski Jacques/hemis.fr

17 **Flâner dans les rues de la vieille ville d'Albi tout autour de la somptueuse basilique.**

Surnommée « Albi la Rouge » à cause de la couleur de sa brique, la ville est certainement l'une des plus belles de France. La Cité épiscopale est d'ailleurs classée au Patrimoine mondial de l'Unesco depuis 2010. Elle n'a rien à envier à la Toscane italienne, avec son patrimoine architectural hors du commun. D'une apparence indolente, à l'image de ses sœurs italiennes, elle dévoile vite ses charmes : vieil Alby médiéval, pittoresque quartier des berges du Tarn aux vieilles maisons roses, Pont-Vieux… *p. 285*

18 **Se transporter au Moyen Âge en participant, costumé, à la fête du Grand Fauconnier de Cordes-sur-Ciel (mi-juillet), magnifique village où se déroule la fête médiévale la plus ancienne de France.**

Admirablement conservé, le village est perché sur un promontoire qui offre un point de vue remarquable. De belles façades à admirer, moult galeries d'art à explorer, une imposante halle du XIVe s autour de laquelle se concentre l'activité, une balade dans le jardin des Paradis à ne pas manquer. *p. 314*

© Azam Jean-Paul/hemis.fr

19 **Partir à la rencontre des silhouettes fantastiques que forment les rochers de granit du Sidobre.**

Prolongement naturel du Massif central, la forêt montagneuse du Sidobre, sillonnée de petites routes tortueuses et ombragées, cache de sensationnelles curiosités géologiques. Constellé de monumentaux blocs de granit, ce site est devenu le théâtre d'un phénomène d'érosion modelant durant des millénaires les rocs en silhouettes fantastiques… Le promeneur découvre, au hasard des sentiers, une oie démesurée, des fromages superposés, un œuf de 800 t en équilibre sur un socle, et, partout, une multitude de chaos à donner le vertige ! Le tout dans un écrin de bouleaux, de chênes et de châtaigniers. *p. 360*

© Azam Jean-Paul/hemis.fr

20 **Admirer les maisons colorées qui se reflètent dans la romantique rivière de l'Agout, à Castres.**

Dans cet alignement de charmantes façades jaunes, vertes, bleues, roses ou beiges, construites au ras de l'eau et s'y reflétant, flotte l'âme d'une ville rêvée. Le temps d'un souffle, ces maisons de tanneurs, de teinturiers, de tisserands, avec leurs charmants balcons, leurs façades en bois peint, leurs encorbellements, leurs soubassements en pierre du Moyen Âge et leurs porches donnant directement sur l'eau, vous feront croire que vous êtes à Venise comme au bord du Grand Canal… Grâce à une restauration parfaite, le site a préservé son âme en se parant d'un nouvel éclat qui brille entre ciel et eau… *p. 356*

© Alan Gardiner/Alamy/hemis.fr

LÉS

Les essentiels

Terre de contrastes, ce territoire occitan vous fera musarder entre vallées bucoliques et causses d'une beauté sauvage, de sauvetés en bastides en passant par des villes et hameaux de caractère, forcément. À commencer par **Cahors (1)** et son emblématique pont Valentré, ses charmantes ruelles médiévales et la cathédrale Saint-Étienne. Vers le nord, commencez par l'impressionnante **Rocamadour (2)** avant d'attaquer la **vallée de la Dordogne : Martel (3), Carennac (4), Loubressac (5), Autoire (6)** et, bien sûr, le site vedette, le **gouffre de Padirac (7)** ! Halte aussi à **Figeac (8),** ville natale de Champollion, puis à **Saint-Cirq-Lapopie (9).** Inévitablement, le charme opère… En continuant dans l'Aveyron, essayez de tomber à **Villefranche-de-Rouergue (10)** un jeudi, jour de marché. Très pittoresque, et on y parle occitan ! Remontez à **Conques (11),** pour la beauté du site autant que pour l'abbatiale Sainte-Foy. À **Rodez (12),** l'exceptionnel musée Soulages vaut le voyage. Les marcheurs chausseront leurs godillots pour une randonnée dans les **gorges du Tarn (13)** ou dans les immenses espaces vierges que sont les causses avant d'admirer le **viaduc de Millau (14)** que les automobilistes peuvent emprunter (A 75). **Albi (15)** ne réserve que de bonnes surprises. La cité épiscopale peut se targuer de posséder, en plus de ses monuments historiques majeurs, la plus importante collection de Toulouse-Lautrec au monde ! Par sa beauté et sa poésie, le village médiéval de **Cordes-sur-Ciel (16)** se rapproche du paradis…

À la découverte des bons produits du terroir

Ce circuit pourrait tout aussi bien s'intituler « le circuit des plaisirs ». Cette région est une belle bacchante dans les veines de qui coule un suc de caractère, forgé par des printemps pluvieux, et des étés chauds et secs. Avis aux amateurs, un circuit œnotouristique promet de jolies surprises autour des **vins de Cahors (1)** qui réunissent sous un même nom des liqueurs aux goûts et aux arômes aussi variés qu'étonnants. L'œnoaventure continue vers **Marcillac (2),** dans l'Aveyron puis à **Gaillac (3),** où les vignes étalent leurs ceps de part et d'autre du Tarn. Le vin s'apprécie plus volontiers accompagné de bonne chère. Allez donc mettre le nez dans les truffes du Quercy, ces « diamants noirs » au goût exceptionnel. À **Limogne-en-Quercy (4),** avec Truffes Passions, percez les mystères de ce champignon à valeur d'or, puis retrouvez-le en hiver sur les marchés quercynois, en particulier à **Lalbenque (5).** Celui de **Montcuq (6),** le dimanche matin, est très populaire et vivant. Égarez-vous entre les étals remplis de miels, de cabécous et de légumes du pays. Engagez-vous dans les **caves de roquefort (7)** dans le pays du même nom afin de découvrir les secrets de la fabrication de ce fromage de caractère et visitez dans la foulée **la ferme du Frayssinet** à **Sainte-Eulalie-de-Cernon (8)** pour une dégustation. À la **Coopérative fromagère Jeune Montagne** de **Laguiole (9),** faites vos provisions de fromage en vue d'un pique-nique, sans oublier de glisser dans votre sac à dos le fameux couteau de Laguiole ! Dans le Tarn, la renommée des salaisons de **Lacaune-les-Bains (10)** attire les gourmands, qui s'arrêteront forcément à la **maison de la charcuterie** et à la **salaison d'Oberti** pour tout savoir sur le cochon et la conservation du jambon. Voilà un rapide échantillon pour vous mettre l'eau à la bouche !

Carennac, un des « Plus Beaux Villages de France »

Pas de vacances sans Histoire

Il y a belle lurette, des hommes préhistoriques ont laissé des fresques rupestres remarquables dans la grotte du **Pech-Merle (1).** Statues-menhirs et histoire du Rouergue se découvrent au **musée Fenaille,** à **Rodez (2).** Côté écriture, on en retrace la genèse au **musée Champollion** de **Figeac (3).** Difficile de citer tous les châteaux, abbayes et églises qui ont façonné l'Histoire de la région, souvent mêlée à la guerre de Cent Ans. Dans le Lot, le pont Valentré **(Cahors ; 4)** date de cette période, comme les vestiges des remparts de la ville. À ne pas rater, les châteaux les plus imposants : **Castelnau-Bretenoux (5), Cénevières (6), Montaigut (7)** et son intrigante nécropole, et **Assier (8).** Chefs-d'œuvre du gothique méridional, les **cathédrales Saint-Étienne** à **Cahors (9), Notre-Dame** à **Rodez (10), Sainte-Cécile** à **Albi (11)** et **Saint-Alain** à **Lavaur (12)** sont d'une majestueuse beauté. Posez-vous à l'abbaye cistercienne de **Sylvanès (13),** et arpentez les magnifiques sites de pèlerinage que sont **Rocamadour (14)** et **Conques (15).** À **Ferrières (16),** dans un pays marqué par la Réforme, le protestantisme a son musée. Trottez jusqu'à **Sainte-Eulalie-de-Cernon (17)** pour une immersion médiévale et la visite de la commanderie des Templiers. À **Albi (18)** percez les mystères de La Boussole et de l'Astrolabe au **musée Lapérouse** avant de vous intéresser à l'histoire industrielle à travers le **musée du Saut-du-Tarn** à **Saint-Juéry (19)** ou le **musée départemental du Textile** à **Labastide-Rouairoux (20).**

Avec des enfants

À **la plage aux Ptérosaures** de **Crayssac (1),** jouer aux paléontologues et partir sur les traces des animaux préhistoriques, donne aux vacances un goût d'aventure !

À compléter par le **Préhisto Dino Parc** de **Lacave (2),** pour des reconstitutions grandeur nature. Brrr ! À côté, les **grottes de Lacave** émerveillent les enfants, comme celles de **Cougnac,** à **Payrignac (3)** qui possèdent des fresques préhistoriques, même si la palme revient au **gouffre de Padirac (4)** (réservation en ligne conseillée pour éviter la queue). Pensez au **musée de l'Automate** à **Souillac (5),** magique pour petits et grands enfants ! Vers **Rocamadour (6),** les plus jeunes ne passent pas à l'as : faites vos jeux entre le **Rocher des aigles,** le **spectacle équestre Durandal,** la **Forêt des Singes** ou la **borie d'Imbert.** Avis aux sportifs, la **descente du Célé (7)** en canoë ou en kayak permet de découvrir cette vallée méconnue et magnifique ! Activité à pratiquer aussi sur la Dourbie (Aveyron) ou sur l'Agout (Tarn). Hardis chevaliers, partez donc à l'assaut de **Sévérac-le-Château (8)** ! Convivial et peu fatiguant, pensez au **train touristique** et au **vélorail du Larzac** à **Sainte-Eulalie (9).** Vous ne vous tromperez pas en allant butiner à **Micropolis, la cité des insectes (10)** ni en piquant une tête dans l'une des bases nautiques et de loisirs situées sur le **plateau du Lévézou (11).** À **Albi (12),** prenez de la hauteur à l'**Académie des miniatures et des petits goûters** avant de voguer sur le Tarn en gabarre. Sur les traces des anciens mineurs, on part explorer le **musée-mine départemental** de **Cagnac-les-Mines (13)** et pratiquer une foultitude de sports de glisse à **Cap'Découverte** (Blaye-les-Mines ; **14**), un site minier reconverti. À **Sorèze (15)** les illustres pensionnaires de l'**abbaye-école** marchaient à la baguette !

Le Préhisto Dino Parc

© Laugery

Les gorges du Tarn

LU SUR routard.com

La Voie de Rocamadour : Compostelle, itinéraire bis

(tiré du reportage de Michel Doussot)

Il existe en France quatre chemins de Compostelle historiques définis au XIIe siècle. Sur ces parcours balisés, on y trouve des pèlerins, bien sûr, mais aussi des adeptes de la randonnée et il y a même parfois foule sur certains trajets. À tel point que les initiés recherchent des voies nouvelles afin d'être plus tranquilles et/ou de contempler des paysages inédits. La Voie de Rocamadour possède de serieux atouts pour les séduire. Elle fut empruntée pendant des siècles par des pèlerins afin de rejoindre soit Compostelle, soit Rocamadour, où ils vénéraient et vénèrent toujours une Vierge Noire. Longue de 270 km, la voie va du nord au sud du Limousin et se conclut dans le Haut-Quercy où se succèdent des prairies, des vergers et des localités qui commencent à être typiques du Midi. De la Corrèze au Lot, le changement de paysage est saisissant. Bienvenue dans le ***Haut-Quercy*** ! Placée sur un causse, au bord de la Dordogne, voici la ville de Martel. Ceint d'un boulevard qui reprend le tracé d'anciennes fortifications, son cœur médiéval hérissé de sept tours est très bien conservé. Au gré de ruelles, on admire de belles demeures comme le palais de la Raymondie, des églises, un vieux marché couvert rendu célèbre pour son commerce de truffes... « Le Truffadou », justement, est le nom d'un train touristique qui va de Martel à Saint-Denis-lès-Martel (13 km aller-retour). Il passe en partie sur le haut des falaises de la rivière Dordogne. De la route vers Gluges, qui longe ces magnifiques falaises, vous avez une vue sur un lac vert, autrement dit sur la canopée de grands champs de noyers. Plus bas, elle vous fait longer un moment la Dordogne. Pour l'anecdote, sachez que la chapelle de Gluges a été dotée de deux vitraux offerts par Édith Piaf, qui aimait beaucoup la région.

De l'autre côté de la rivière, par le village de Montvalent, on s'apprête à pénétrer dans le parc naturel régional des Causses du Quercy où ***Rocamadour*** s'élève sur une falaise abrupte surplombant la rivière Alzou. Étape sur le chemin de Compostelle, son sanctuaire est aussi une destination en soi. Depuis le Moyen Âge, on vient ici pour adresser des prières à Marie devant une Vierge Noire, statuette en bois réputée miraculeuse présentée dans une chapelle. D'autres chapelles, ainsi que la basilique Saint-Sauveur, constituent ce sanctuaire qui est accessible à pied par des escaliers ou des ascenseurs. Au-dessus, outre un parking géant, se trouve un château qui, comme l'ensemble du site, a été restauré-reconstruit au XIXe siècle. En bas, une rue est bordée d'anciennes maisons... et de beaucoup de commerces. Avant de quitter Rocamadour, notez qu'il est impératif d'aller de l'autre côté de l'Alzou afin d'avoir plusieurs points de vue sur ce site magnifique. Celui-ci, malgré la foule qui s'y presse, mérite bien que l'on s'y recueille, que l'on soit croyant ou pas !

COMMENT Y ALLER ?

EN VOITURE

– *Tarifs autoroutiers :* • *autoroutes.fr* • Le portail des autoroutes, bien utile pour préparer son voyage en France et en Europe. Renseignements sur les temps de trajets, conditions de circulation et budgets sur tous les tronçons autoroutiers de l'Hexagone. Également sur les tunnels, les ferries et autres portions payantes du réseau routier.

Le covoiturage : le principe est simple, économique et écologique. Il s'agit de mettre en relation un chauffeur et des passagers afin de partager le trajet et les frais, que ce soit de manière régulière ou de manière exceptionnelle (pour les vacances, par exemple). • *blablacar.fr* •

EN BUS

Le réseau de bus longue distance s'étant intensifié ces dernières années, le plus pratique est de consulter le comparateur de billets d'autocars • *comparabus.com* • qui regroupe les compagnies présentes en France : Ouibus, Eurolines/Isilines, Flixbus. De nombreuses villes sont desservies sur tout l'Hexagone avec régulièrement de nouvelles dessertes. À vous de voir en temps réel les liaisons existantes. Un lien vers les compagnies permet d'acheter ses billets en direct.

EN TRAIN

Au départ de Paris

➢ ***Paris-Cahors :*** quelques trains directs au départ de Paris Austerlitz (env 5h35 de trajet) et 1 train de nuit.
➢ ***Paris-Toulouse :*** plusieurs TGV au départ de Paris-Montparnasse (env 4h15). Également des Intercités directs au départ de Paris-Austerlitz, dont 1 de nuit tous les jours. Compter min 6h40 pour cette deuxième option.

Au départ de la province

Liaisons directes pour Toulouse au départ de Bordeaux et Montpellier (env 2h) ainsi que de Marseille (env 4h).
➢ Pour rejoindre les départements du Lot, de l'Aveyron et du Tarn, voir plus loin la rubrique « Comment circuler dans la région ? ».

Pour préparer votre voyage

– ***e-billet :*** réservez, achetez et imprimez votre e-billet sur Internet.
– ***m-billet :*** plus besoin de support papier, vous pouvez télécharger le code-barres de votre voyage correspondant à votre réservation directement dans votre smartphone, à l'aide de l'application *SNCF Direct*.
– ***Billet à domicile :*** commandez votre billet par Internet ou par téléphone au ☎ *36-35 (0,40 €/mn, hors surcoût éventuel de votre opérateur)* ; la SNCF vous l'envoie gratuitement à domicile sous 48h, en France.

Pour voyager au meilleur prix

La SNCF propose des tarifs adaptés à chacun de vos voyages.

➢ ***Prem's :*** des petits prix disponibles toute l'année, jusqu'à 90 jours avant le départ. Billets non échangeables et non remboursables (offres soumises à conditions). Impossible de poser des options de réservation sur ces billets : il faut les payer immédiatement.

➢ ***Les IDTGV :*** des prix mini, à saisir sur Internet uniquement.

➢ ***Les tarifs Loisirs***

Une offre pour programmer votre voyage tout en gardant des billets modifiables : ils sont échangeables et remboursables. Pour bénéficier des meilleures réductions, pensez à réserver vos billets à l'avance (les réservations sont ouvertes jusqu'à 90 jours avant le départ) ou à voyager en période de faible affluence.

➢ ***Les cartes de réduction***

Pour ceux qui voyagent régulièrement, profitez de réductions garanties tout le temps avec les cartes Enfant +, Jeune 12-17, Jeune 18-27, Week-end ou Senior + (valables 1 an).

Renseignements et réservations

– ***Internet :*** *• oui.sncf •*
– ***Téléphone :*** *☎ 36-35 (0,40 € TTC/mn).*
– Également dans les gares, les boutiques SNCF et les agences de voyages agréées.

Comment circuler dans la région ?

TER SNCF et la région vous amènent visiter l'Occitanie à petit prix grâce au réseau de trains et cars régionaux. Plus de 400 trains circulent chaque jour avec des offres qui s'adaptent à votre séjour.

Pour tout renseignement

– ***Infos et résas :*** *• ter.sncf.com/occitanie • et sur l'application « SNCF » ou ☎ 0800-31-31-31 (services et appels gratuits).*

▲ **TRAINLINE**

Une nouvelle façon simple et rapide d'acheter vos billets de train sur le web, mobile et tablette. Réservez vos billets pour voyager en France et dans plus de 20 pays européens. Consultez les tarifs et les horaires dans une interface claire et sans publicité. Trainline compare les prix de plusieurs transporteurs européens pour vous garantir le meilleur tarif.

Réservations et paiements sur *• trainline.fr •* et sur mobile avec l'application Trainline pour iPhone et Android.

Et pour répondre à vos questions : *• guichet@trainline.fr •*

EN AVION

Les compagnies régulières

▲ **AIR FRANCE**

Rens et résas au ☎ 36-54 (0,35 €/mn – tlj 6h30-22h), sur • airfrance.fr •, dans les agences Air France et dans ttes les agences de voyages. Fermées dim.

➢ Depuis ***Toulouse,*** vols directs vers Paris (Orly et Roissy).

Air France propose à tous des tarifs attractifs toute l'année. Pour consulter les meilleures offres du moment, allez directement sur la page « Nos meilleurs tarifs » sur *• airfrance.fr •* *Flying Blue,* le programme de fidélité gratuit d'Air France-KLM, permet de gagner des miles en voyageant sur les vols Air France, KLM, HOP ! et les compagnies membres de *Skyteam,* mais aussi auprès des nombreux partenaires non aériens *Flying Blue...* Les *Miles* peuvent ensuite être échangés contre des billets d'avion ou des services (surclassement, bagage supplémentaire, accès salon...) ainsi qu'auprès des partenaires. Pour en savoir plus, rendez-vous sur *• flyingblue.com •*

▲ **HOP ! AIR FRANCE**

Rens et résas sur • hop.com • ou • airfrance.fr • via les canaux de vente Air France, au centre d'appel ☎ 0892-70-22-22 ou ☎ 36-54 (tlj ; 0,35 €/mn) et dans ttes les agences de voyages.

➢ Depuis ***Toulouse,*** vols directs vers Lille, Lyon, Marseille, Nantes, Nice, Paris-Orly, Rennes, Strasbourg, et vols saisonniers vers Calvi et Figari.

➢ Depuis ***Castres,*** vols directs vers Paris-Orly et vols saisonniers vers Ajaccio et Ibiza.

➢ Depuis ***Tarbes-Lourdes,*** vols directs vers Paris-Orly.

HOP ! Air France propose des tarifs attractifs toute l'année. Possibilité de consulter les meilleurs tarifs du moment sur • *hop.com* •

Les compagnies *low-cost*

Plus vous réserverez vos billets à l'avance, plus vous aurez des tarifs avantageux. Attention, les pénalités en cas de changement de vol peuvent être importantes. Certaines compagnies facturent les bagages en soute (vérifier le poids autorisé) et la réservation des sièges. En cabine aussi, le nombre de bagages est strictement limité (attention, même le plus petit sac à main est compté comme un bagage à part entière). À bord, tous les services sont payants (boissons journaux). Attention également au moment de la résa par Internet à décocher certaines options qui sont automatiquement cochées (assurances, etc.). Au final, même si les prix de base restent très attractifs, il convient de prendre en compte les frais annexes pour calculer le plus justement son budget.

▲ EASYJET

• *easyjet.com* • ☎ *0820-420-315 (0,12 €/mn).*

➢ Depuis ***Toulouse,*** vols directs vers Paris (Orly et Charles-de-Gaulle), Nice, Nantes, Lyon, Lille, Figari, Bastia, Londres, Amsterdam, Berlin, Genève, Milan...

▲ VOLOTEA

• *volotea.com* • ☎ *0821-610-752 (0,15 €/mn).*

➢ La compagnie assure des liaisons entre ***Toulouse*** et Ajaccio, Bastia, Figari, Brest, Caen, Nantes et Strasbourg.

➢ Également des liaisons entre ***Perpignan*** et Nantes.

BON À SAVOIR AVANT LE DÉPART

AVANT LE DÉPART

Adresses et infos utiles

Comité régional du tourisme d'Occitanie : 15, rue Rivals, CS 78543, 31685 Toulouse Cedex 6. ☎ 05-61-13-55-55. • tourisme-occitanie.com • Lun-ven 9h-12h30, 14h-17h30. Consulter le site internet, écrire ou téléphoner pour toute demande d'information.

■ **Gîtes de France :** ☎ 0826-104-444 (0,18 €/mn). • gites-de-france.com • Les résas sont à faire auprès des relais départementaux des *Gîtes de France* (indiqués dans ce guide en introduction de chaque département).

Carte d'adhésion internationale aux auberges de jeunesse (carte FUAJ)

Cette carte vous ouvre les portes des 4 000 auberges de jeunesse du réseau *HI-Hostelling* International en France et dans le monde. Vous pouvez ainsi parcourir 90 pays à des prix avantageux et bénéficier de tarifs préférentiels avec les partenaires des Auberges de Jeunesse *HI*. Enfin, vous intégrez une communauté mondiale de voyageurs partageant les mêmes valeurs : plaisir de la rencontre, respect des différences et échange dans un esprit convivial. Il n'y a pas de limite d'âge pour séjourner en auberge de jeunesse. Il faut simplement être adhérent.

Renseignements et inscriptions

– ***En France :*** • hifrance.org •
– ***En Belgique :*** • lesaubergesdejeunesse.be •
– ***En Suisse :*** • youthhostel.ch •
– ***Au Canada :*** • hihostels.ca •

Si vous prévoyez un séjour itinérant, vous pouvez réserver plusieurs auberges en une seule fois en France et dans le monde : • hihostels.com •

Carte internationale d'étudiant (carte ISIC)

Elle prouve le statut d'étudiant dans le monde entier et permet de bénéficier de tous les avantages, services et réductions dans les domaines du transport, de l'hébergement, de la culture, des loisirs, du shopping...
La carte ISIC permet aussi d'accéder à des avantages exclusifs (billets d'avion spécial étudiants, hôtels et auberges de jeunesse, assurances, cartes SIM internationales, location de voiture...).

Renseignements et inscriptions

– ***En France :*** • isic.fr • 13 € pour 1 année scolaire.
– ***En Belgique :*** • isic.be •
– ***En Suisse :*** • isic.ch •
– ***Au Canada :*** • isiccanada.com •

BUDGET

Nous vous indiquons ci-dessous l'échelle des tarifs auxquels nous nous référons pour le classement de nos adresses en France.

Recommandation à ceux qui souhaitent profiter des réductions et avantages proposés dans le Routard par les hôteliers et les restaurateurs.

À l'hôtel, pensez à les demander au moment de la réservation ou, si vous n'avez pas réservé, **à l'arrivée.** Ils ne sont valables que pour les réservations en direct et ne sont pas cumulables avec d'autres offres promotionnelles (notamment sur Internet). Au restaurant, parlez-en **au moment** de la commande et surtout **avant** que l'addition ne soit établie. Poser votre *Routard* sur la table ne suffit pas : le personnel de salle n'est pas toujours au courant et une fois le ticket de caisse imprimé, il est souvent difficile de modifier le total. En cas de doute, montrez la notice relative à l'établissement dans le *Routard* de l'année et, bien sûr, ne manquez pas de nous faire part de toute difficulté rencontrée.

Hébergement

D'une manière générale, nous indiquons des fourchettes de prix allant de la chambre double la moins chère en basse saison à celle la plus chère en haute saison. Ce qui implique parfois d'importantes fourchettes de prix, pas toujours en adéquation avec la rubrique dans laquelle l'établissement est cité. Le classement retenu est donc celui du prix de la majorité des chambres et de leur rapport qualité-prix. À noter que lorsque les lieux d'hébergement sont équipés d'un accès Internet et/ou wifi, nous le mentionnons sans autre précision.

– Les tarifs des ***campings*** sont calculés sur la base d'un emplacement pour deux avec voiture et tente en haute saison. Ils sont classés en tête de rubrique « Où dormir ? ».

– Les ***auberges de jeunesse*** et ***gîtes d'étape*** pratiquent en règle générale des tarifs « Bon marché » pour une nuitée en dortoir (avec ou sans les draps). Le tarif indiqué est celui du lit en dortoir et/ou parfois de la chambre double, quand il y en a.

– En ***chambres d'hôtes,*** les prix sont donnés sur la base d'une chambre double. Ils incluent le petit déjeuner. Les cartes de paiement sont rarement acceptées. Dans le cas contraire, nous indiquons « petit déj en sus » et « CB acceptées ».

– Concernant les ***hôtels,*** la base reste celle d'une nuit en chambre double (sans petit déjeuner), sauf exception, notamment pour les chambres familiales.

– ***Bon marché :*** jusqu'à 50 €.
– ***Prix moyens :*** de 50 à 80 €.
– ***Chic :*** de 80 à 120 €.
– ***Plus chic :*** de 120 à 150 €.
– ***Beaucoup plus chic :*** au-delà de 150 €.

Restos

Au restaurant, notre critère de classement est le prix du premier menu servi le soir (hors boissons). Les notions de « Prix moyens » ou « Plus chic » n'engagent donc que les prix. Autrement dit, certains restos chic proposant parfois d'intéressantes formules, notamment au déjeuner, pourront malgré tout être classés dans la rubrique « Plus chic ».

– ***Très bon marché :*** moins de 15 €.
– ***Bon marché :*** de 15 à 25 €.
– ***Prix moyens :*** de 25 à 35 €.
– ***Chic :*** de 35 à 50 €.
– ***Plus chic :*** plus de 50 €.

LIVRES DE ROUTE

– ***Bonheurs d'enfance,*** de Christian Signol (éd. Hachette, coll. Livre de Poche, 1998). Dans ce roman autobiographique, l'auteur ressuscite son enfance perdue : défilés de saisons, de senteurs et de couleurs, la poésie de Victor Hugo et les visages de tous ceux qui animent le village de Sainte-Colombe. Exilé de son Quercy natal à 11 ans, il prendra conscience, en vieillissant, de tout ce qu'il a perdu : le(s) bonheur(s), tout simplement...

– ***Quercy, chroniques improbables,*** de Jean-Pierre Alaux (éd. Elytis, 2006). L'auteur vit de voyages et de reportages pour la presse épicurienne. Originaire de Cahors, installé dans le Bordelais, il a déjà publié de nombreux polars se déroulant dans le vignoble, notamment *Ne tirez pas sur le caviste* et *Sous la robe de Margaux.* Son Quercy à lui est un retour improbable et non définitif sur la région de son enfance.

– ***Aveyron,*** de Philippe Gruat (éd. Christine Bonneton, 2005). Une dizaine de collaborateurs, la plupart originaires de ou vivant dans l'Aveyron, ont participé à cet ouvrage. Une bonne introduction à ce département, le plus « celtique » de la région Midi-Pyrénées. Dans la même collection, bien faite : *Lot* et *Tarn.*

– ***La Gantière,*** de Daniel Crozes (éd. du Rouergue, 2013). De Roquefort à Millau en passant par New York, vous suivrez les pas d'Alice, jeune fille au caractère bien trempé qui a décidé de prendre son destin en main. Après la Grande Guerre, la petite piqueuse de gants deviendra femme d'affaires et nous fera découvrir la vie de sa région au fil de ses aventures.

– ***Voyage au cœur du Rouergue,*** de Pierre Le Coz (éd. Loubatières, 2003). Des terres âpres du nord de l'Aveyron à la douceur du pays d'Olt, du calcaire du Larzac au grès rose de la cathédrale de Rodez, du plat Ségala au Tarn fracassé, Pierre Le Coz a écrit un beau récit de voyage dans un style précis et poétique. Il s'agit d'une promenade littéraire et amoureuse en Rouergue, dans la tradition des philosophes itinérants du XIXe s. Un livre qui nous aide à mieux sentir et comprendre cette vieille province.

– ***Victor de l'Aveyron,*** de Jean Itard (éd. Allia, 2009). Voici la célèbre histoire de l'enfant sauvage sourd et muet capturé en 1800 dans l'Aveyron et pris en charge par le docteur Itard. Le chemin vers l'éducation est long, la patience du médecin immense. Un récit émouvant, adapté au cinéma par François Truffaut dans *l'Enfant sauvage.*

– ***Le Lot,*** de Colette Chantraine-Zachariou et Hakim Ben Brahim (éd. Sud-Ouest, 2011). Les auteurs vivent dans le Lot. Elle est historienne de l'art, lui photographe plusieurs fois récompensé. Leur passion est communicative. De fait, ce livre marie la lumière et la mémoire, les composantes essentielles de cette terre si fréquentée et pourtant mal connue.

PERSONNES HANDICAPÉES

La marque Tourisme et Handicap

Créé par le secrétariat d'État à la consommation et au tourisme en partenariat avec les professionnels du tourisme et les associations représentant les personnes handicapées, elle permet d'identifier les lieux de vacances (hôtels, campings, sites naturels, etc.), de loisirs ou de culture (musées, monuments, etc.) mais aussi des offices de tourisme accessibles aux personnes en situation de handicap. Cette accessibilité, visualisée par un pictogramme correspondant aux quatre types de handicap (moteur, visuel, auditif et mental), garantit accueil, accessibilité et confort et une utilisation des services proposés avec un maximum d'autonomie dans un environnement sécurisant.

Pour connaître la liste des sites labellisés par départements ● *tourisme-handicaps.org* ●

TOURISME & HANDICAP

Par ailleurs, dans notre guide, nous indiquons par le logo ♿ les établissements qui possèdent un accès ou des chambres pouvant accueillir des personnes handicapées. Certaines adresses sont parfaitement équipées selon les critères les plus modernes. D'autres, plus simples, plus anciennes aussi, sans répondre aux normes les plus récentes, favorisent l'accueil des personnes handicapées en facilitant l'accès à leur établissement, tant sur le plan matériel que sur le plan humain. Évidemment, les handicaps étant très divers, des lieux accessibles à certaines personnes ne le seront pas pour d'autres. Appelez donc auparavant pour savoir si l'équipement de l'hôtel ou du resto est compatible avec votre niveau de mobilité. Malgré les combats menés par les nombreuses associations, l'intégration des personnes handicapées à la vie de tous les jours est encore balbutiante en France. Il tient à chacun de nous de faire changer les choses. Une prise de conscience est nécessaire, nous sommes tous concernés.

SITES INTERNET

- ***routard.com*** • Le site de voyage nº 1, avec plus de 800 000 membres et plusieurs millions d'internautes chaque mois. Pour s'inspirer et s'organiser, près de 300 guides destinations actualisés, avec les infos pratiques les incontournables et les dernières actus, ainsi que les reportages terrain et idées week-end de la rédaction. Partagez vos expériences avec la communauté de voyageurs : forums de discussion avec avis et bons plans, carnets de route et photos de voyage. Enfin, vous trouverez tout pour vos vols, hébergements, voitures et activités, sans oublier notre sélection de bons plans, pour réserver votre voyage au meilleur prix.
- ***vins-gaillac.com*** • Tout sur les incontournables vins de Gaillac.
- ***aveyron.com*** • Un site complet et joliment conçu, qui fournit toutes les infos sur le département : histoire, nature, sport, gastronomie... et même sur les Aveyronnais à Paris !
- ***tourisme-lot.com*** • Pour tout connaître sur le Quercy : son histoire et son patrimoine, ses richesses culturelles, gastronomiques, les nombreuses balades... Multiples liens et rubriques.
- ***tarn-vacances.com*** • Réservation de séjours, spectacles, visites guidées, musées, balades... Nombreuses idées pour organiser son séjour de manière géographique ou thématique.

LE LOT (LE QUERCY)

• Carte *p. 46-47*

ABC du Lot

- ***Nom :*** le département doit son nom à la rivière Lot, affluent de la Garonne, née au mont Lozère.
- ***Population :*** 180 470 hab.
- ***Superficie :*** 5 216 km^2.
- ***Densité :*** 34 hab./km^2.
- ***Préfecture :*** Cahors (20 000 hab.).
- ***Sous-préfectures :*** Figeac et Gourdon.
- ***Signes particuliers :*** le Lot, à l'instar de la Dordogne, regorge de petites citadelles moyenâgeuses, de châteaux, d'abbayes et d'églises au charme patiné par les siècles. C'est aussi un territoire percé de grottes et de gouffres, dont Padirac, le plus grand d'Europe.

QUERCY BEAUCOUP

Historiquement, le Quercy est un « pays » comme le Périgord ou le Rouergue. Il fut amputé d'une bonne partie de son territoire lors de la création du département du Tarn-et-Garonne. Le département du ***Lot actuel,*** si l'on veut être précis, correspond donc au ***haut Quercy.***

Sur le plan géographique, le Quercy est une très vieille terre polie par l'érosion, dont une grande partie est recouverte par des ***causses, reliefs calcaires secs,*** très perméables, qui n'ont, le plus souvent, pas su retenir les couches de terre fertile, ni l'eau bien sûr. Cette eau, en disparaissant dans le sol, a creusé des grottes qui se sont parfois effondrées, comme à Padirac. Les causses les plus connus sont ceux de Martel, de Gramat et de Limogne.

Mais on y trouve aussi de véritables oasis. D'abord, des cuvettes creusées par les eaux puis recouvertes de limon fertile. Ensuite, et surtout, des ***vallées bucoliques*** creusées par les grandes rivières traversant le pays d'est en

ouest : Lot, Célé, Dordogne, Cère, etc. De véritables « jardins », à la végétation souvent luxuriante : vignes, plantations de tabac, vergers.
Enfin, entre vallées et causses s'intercalent des régions aux sols de calcaire gréseux, moins perméables. De nombreuses ***forêts*** de châtaigniers et des pâturages apportent fraîcheur et verdure aux paysages. Et ici et là surgissent des villages de rêve, sortis directement du Moyen Âge, sans qu'ait changé un bouton de porte. Ils portent des noms qui sonnent comme les pierres des causses ou le chuchotement des sources et des cours d'eau : Carennac, Loubressac, Cardaillac, Saint-Cirq-Lapopie, Autoire, Rocamadour, Martel, Espagnac-Sainte-Eulalie, Calvignac, Puy-l'Évêque, Souillac...

L'HABITAT QUERCYNOIS

Les maisons du Quercy sont considérées comme étant parmi les plus belles de France. ***Les blocs de calcaire blanc*** prennent au soleil des tons dorés, et leur agencement n'est que décrochements, angles multiples n'offrant prise à aucune monotonie. Les plus anciennes fermes sont même ornées de fenêtres à meneaux, linteaux ouvragés, portes à accolades.
Suivant les endroits, l'architecture rurale présente certains particularismes, mais on retrouve tout de même pas mal de points communs. L'habitation comprend en général ***deux niveaux.*** Au rez-de-chaussée l'écurie ou l'étable, les chais, la remise. À l'étage, les pièces à vivre. La plus importante est la salle à manger, avec son traditionnel évier de pierre et sa grande cheminée, le *cantou,* autour de laquelle on se pressait, l'hiver, pour écouter des contes entre deux bols de soupe au pain fumante. L'accès s'effectue par un grand escalier de pierre extérieur protégé par un auvent (appelé *bolet* en Quercy). Il n'est pas rare que la bâtisse soit ornée d'un ***pigeonnier*** ; ce dernier a l'aspect d'une tourelle et se trouve parfois intégré au porche d'entrée de la ferme. Le toit le plus fréquent, à deux ou quatre grandes pentes, est couvert de ***petites tuiles brunes patinées*** ; quelquefois de tuiles « rouge canal » à la méditerranéenne ; plus rarement, de lauzes (plutôt vers l'Aveyron). Enfin, partout au hasard des causses nichent de nombreux pigeonniers de toutes formes et des ***cabanes en pierre sèche,*** anciens refuges de bergers, appelées ici *gariottes* ou *caselles*.

LE CHEMIN DES ÉTOILES

Le ***GR 65*** (premier chemin de Saint-Jacques balisé en France et inscrit depuis 1998 au classement de l'Unesco) traverse le cœur du département. La plupart des pèlerins font la route à pied ou à VTT. Depuis Figeac, les pèlerins ont le choix entre la ***vallée du Lot*** (GR 65) et ***celle du Célé*** (GR 651) ; vous les retrouverez aussi bien à Cajarc qu'à Espagnac ou Marcilhac-sur-Célé. Ils rejoignent ceux venus de Rocamadour par le GR 6 à l'entrée du pont Valentré, à Cahors, avant de repartir pour Moissac. Si les gîtes d'étape, les chambres d'hôtes et l'hôtellerie rurale ont remplacé l'accueil fait dans les hôpitaux et les églises, les paysages et les sites sont souvent restés les mêmes que ceux traversés par les premiers pèlerins. Plein d'infos auprès de l'association :

■ ***Les Chemins de Saint-Jacques-de-Compostelle :*** *4, rue Clémence-Isaure, 31000 Toulouse.* *☎ 05-62-27-00-05.* • *chemins-compostelle.com* •

LE PARC NATUREL RÉGIONAL DES CAUSSES DU QUERCY

Créé en 1999, et labellisé Géoparc par l'Unesco en 2017, il s'étend sur près de 176 000 ha et regroupe 102 communes, plus de 30 000 habitants, 23 sites d'intérêt écologique exceptionnel, 42 sentiers de promenade et randonnée balisés, 260 km de sentiers de grande randonnée, plusieurs sites dotés de circuits d'interprétation. ***Paradis des randonneurs, des spéléologues*** et permettant la pratique de nombreux autres sports de pleine nature, le parc naturel régional des Causses du Quercy recèle une diversité de paysages façonnés par un lien millénaire et permanent entre la pierre et l'eau. Si le Limargue et le Quercy blanc voient l'eau courir en surface dans un paysage de collines vallonné, il en va tout autrement sur le causse : les ***plateaux calcaires,*** couverts de pelouses sèches et de bois de chênes, sont percés de ***gouffres*** et criblés de dolines dans lesquels l'eau disparaît pour rejoindre d'immenses réseaux de ***rivières souterraines.*** Les quelques vallées verdoyantes qui traversent le causse sont bordées de corniches rocheuses qui offrent parfois un véritable ***paysage de canyons...*** C'est ce patrimoine géologique remarquable qui a été récompensé avec l'attribution du label Géoparc. Autre particularité : c'est là que l'on peut observer le ***ciel nocturne le plus « pur » de France.***

Préserver, animer et valoriser le patrimoine naturel, culturel et humain de son territoire, telle est la vocation du parc naturel régional des Causses du Quercy. Depuis sa création, le parc a choisi d'encourager un tourisme de qualité, respectueux de l'environnement et des habitants. Aujourd'hui, il poursuit cette démarche grâce à son adhésion à la charte européenne du tourisme durable.

■ ***Parc naturel régional des Causses du Quercy :*** *11, rue Traversière, BP 10, 46240* ***Labastide-Murat.*** *☎ 05-65-24-20-50. ● parc-causses-du-quercy.fr ● Lun-ven 9h-12h30, 14h-17h30 (17h ven).* Nombreuses brochures touristiques et cartes pour découvrir toutes les richesses du territoire, disponibles au sein des offices de tourisme du parc naturel régional. Également *Les Causseries,* un petit fascicule qui recense les animations organisées par le parc qui a également développé une application sur *smartphone,* avec cartes interactives, agenda, propositions de sentiers et visites... *(● m.parc-causses-du-quercy.fr ●).*

Signalons enfin que, depuis 2012, le bassin de la Dordogne, qui traverse en partie le Lot, est classé ***Réserve mondiale de biosphère*** par l'Unesco.

LES VINS DE CAHORS ET DU LOT

Vin à la réputation toujours grandissante, il revient pourtant de loin et a bien failli n'être qu'un souvenir dans nos mémoires. En 1878, le phylloxéra s'abat sur la région, détruisant en quelques années la quasi-totalité des cépages de cahors ; 2 000 ans d'histoire rongés par la maladie.

Le vin noir – par la couleur de sa robe – est déjà apprécié du temps des empereurs romains, au Ier s de notre ère. Il traverse les régions au VIIe s : saint Didier, évêque de Cahors, en envoie quelques bouteilles à saint Paul, évêque de Verdun. Il passe ensuite les frontières et se retrouve sur le marché de Londres, et même à la cour d'Henri II d'Angleterre, au XIIe s. Le « vin noir » devient ensuite le vin officiel des papes d'Avignon au XIVe s.

En 1850, c'est la gloire. Dans le monde entier (ou presque), on connaît et on boit ce fameux vin noir, ***riche et capiteux*** (à l'époque, on faisait encore chauffer le moût de raisin, ce qui lui donnait sa robe intense et ce goût de pruneau confit caractéristique).

LE CAHORS, VIN DE MESSE ORTHODOXE

Le tsar Pierre le Grand soignait son ulcère en buvant du cahors. Il en fit goûter au patriarche de Russie qui l'apprécia. Décision fut prise d'utiliser le breuvage comme vin de messe pour l'ensemble des églises de Russie. Cette obligation assura la fortune des vignerons pendant quelques siècles... jusqu'à la révolution soviétique. Pas étonnant qu'à Cahors les communistes soient minoritaires.

Un rêve qui tourne au cauchemar avec la tragédie du phylloxéra. Ruine des vignobles, exode massif, on croit le vin et la région perdus. C'était sans compter avec la détermination d'un petit groupe d'irréductibles vignerons, amoureux de leur terre et de leur vin. Plus de 70 ans d'efforts et de recherche furent nécessaires à la renaissance du vignoble et à la création de la Confrérie du vin de Cahors, en 1964. En 1971, le cahors entre à nouveau dans la légende et, avec un coup de pouce du président Pompidou, il obtient son label AOC. Les domaines se multiplient, les vignerons deviennent des récoltants-gestionnaires, mais la commercialisation ne suit pas. La confrérie choisit alors Alain-Dominique Perrin, l'ex-patron de *Cartier,* comme Grand Maître. La réputation redevient mondiale. Aujourd'hui, le cahors compte 180 domaines répartis sur 45 communes et 25 % de la production s'exporte.

Le ***cépage dominant*** (au moins 70 % pour prétendre à l'appellation) est le ***malbec.*** Le malbec est généralement associé au ***merlot,*** qui apporte de la douceur, et au ***tannat*** dont il tire son mordant. Cependant, de plus en plus de vignerons élaborent des cuvées 100 % malbec. Originaire du vignoble de Cahors, ce cépage internationalement connu (c'est celui des vins argentins notamment) exprime dans le vin de Cahors toutes ses qualités ainsi que celles de son terroir calcaire et du climat propice de la région, avec des printemps pluvieux, des étés chauds et des automnes secs.

En parcourant votre *Routard,* vous trouverez une petite sélection de vignerons qui nous ont plu pour leur travail, la qualité de leurs vins et leur accueil : les historiques bien sûr, mais aussi la jeune garde montante qui de plus en plus travaille en biodynamie. Mais il est certain que vous ferez, vous aussi, des trouvailles. Sachez cependant que le cahors recoupe une ***grande diversité de terroirs*** (haute vallée, vallée en bordure du Lot ou encore coteaux et plateaux), qu'il n'existe pas de classification officielle, et donc rien ne permet de les identifier sinon... leur prix. L'entrée de gamme consacre des vins jeunes, légers et fruités (parfum de fruits noir et rouge). En haut de gamme, plutôt des vins de garde, qui se bonifient avec le temps, aux arômes complexes et intenses d'épices, parfaits associés à du gibier, du bœuf et, du chocolat ! Les ***monocépages*** (100 % malbec) y sont légion. Entre les deux, le milieu de gamme (7-15 € env la bouteille) à la fois tannique, puissant et gourmand, est en parfaite adéquation avec la gastronomie locale. Il offre généralement le meilleur rapport qualité-prix. Un tuyau : les années 2000, 2005, 2009 et 2010 ont engendré les meilleurs millésimes. Profitez-en !

La richesse du vignoble lotois, ce sont aussi ses ***vins de pays*** qui se déclinent en rouge, rosé et blanc. Mais sachez que le Quercy (à cheval sur le Lot et le Tarn-et-Garonne) produit d'autres vins, tout à fait dignes d'intérêt, à commencer par le ***coteaux-du-quercy.*** Ce « petit » vignoble, décliné en rouge et en rosé, offre un vin bien équilibré, toujours agréable, et accompagne lui aussi merveilleusement les spécialités du terroir. Issu des mêmes cépages que le cahors, avec une dominante de cabernet franc, il offre une palette intéressante d'arômes fruités, souple en bouche et plus ou moins charnu.

Ne pas négliger non plus le petit « nouveau » du vignoble, le ***vin de pays de Glanes,*** dans la région de Saint-Céré, qu'une poignée de vignerons s'efforcent de faire renaître de ses cendres. Ils ne manquent ni de courage ni de talent...

Vous pouvez vous procurer la carte du vignoble et un livret répertoriant les différents producteurs dans la plupart des offices de tourisme du vignoble ou auprès de la ***Villa Cahors Malbec*** : *pl. François-Mitterrand à Cahors (dans les locaux de l'office de tourisme).*

A
B
Brive-la-Gaillarde
Site inscrit au Patrimoine mondial de l'Unesco
DORDOGNE (24)
D 704
D 47
A 20
D 8
Cressensac
Sarrazac
D 820
Les Quatre-Routes-du-Lot
St-Denis-lès-Martel
Martel
E 9
D 803
Gluges
Le Bugue
Les Eyzies
D 703
Sarlat
Souillac
Mayrac
Floirac
Creysse
D 840
Nadaillac-de-Rouge
St-Sozy
Meyronne
D 57
Lamothe-Fénelon
Pinsac
Belcastel
Le Buisson-Cussac
Masclat
La Treyne
Grottes
Lacave
Dordogne
D 141
Moulin de Cougnaguet
Milhac
Payrac
Calès
Les Prades
Rocamadour
Couzou
D 710
D 46
Grottes de Cougnac
D 673
Payrignac
Gourdon
Le Vigan
D 801
Séniergues
D 660
D 704
Montfaucon
D 807
Salviac
St-Chamarand
D 802
Vaillac
D 12
Villefranche-du-Périgord
Cazals
Labastide-Murat
Caniac-du-Causse
D 677
D 6
LA BOURIANE (LE QUERCY PÉRIGOURDIN)
D 45
Les Arques
D 32
D 17
LOT-ET-GARONNE (47)
Goujounac
Bonaguil
Frayssinet-le-Gélat
D 13
D 653
Cassagnes
Boissières
Montcabrier
Martignac
Plage aux Ptérosaures
Duravel
Loupiac
D 820
Grotte du Pech Merle
Prayssac
D 911
Mercuès
Château de Roussillon
Bouziès
Fumel
Puy-l'Évêque
Crayssac
Caillac
D 41
Vers
Lot
Anglars-Juillac
Pradines
Lamagdelaine
Soturac
Vire-sur-Lot
Luzech
Caïx
St-Géry
D 5
Grézels
D 8
LA VALLÉE DU LOT
Mauroux
Albas
St-Vincent-Rive-d'Olt
Douelle
St-Cirq-Lapopie
Bélaye
Labéraudie
CAHORS
Floressas
D 911
Concots
Carnac-Rouffiac
Sauzet
Tournon-d'Agenais
D 656
Flaujac-Poujols
Aujols
D 661
Villesèque
Trespoux-Rassiels
Cremps
D 10
Gayrac
LE QUERCY BLANC
D 19
Montcuq
Lalbenque
D 28
St-Cyprien
D 656
D 953
Brousse
D 19
Castelnau-Montratier
Flaugnac
Lauzerte
D 659
Montpezat-de-Quercy
D 953
D 20
Molières
0 5 10 km
TARN-ET-GARONNE (82)
D 926
Caussade
1
2
3
4

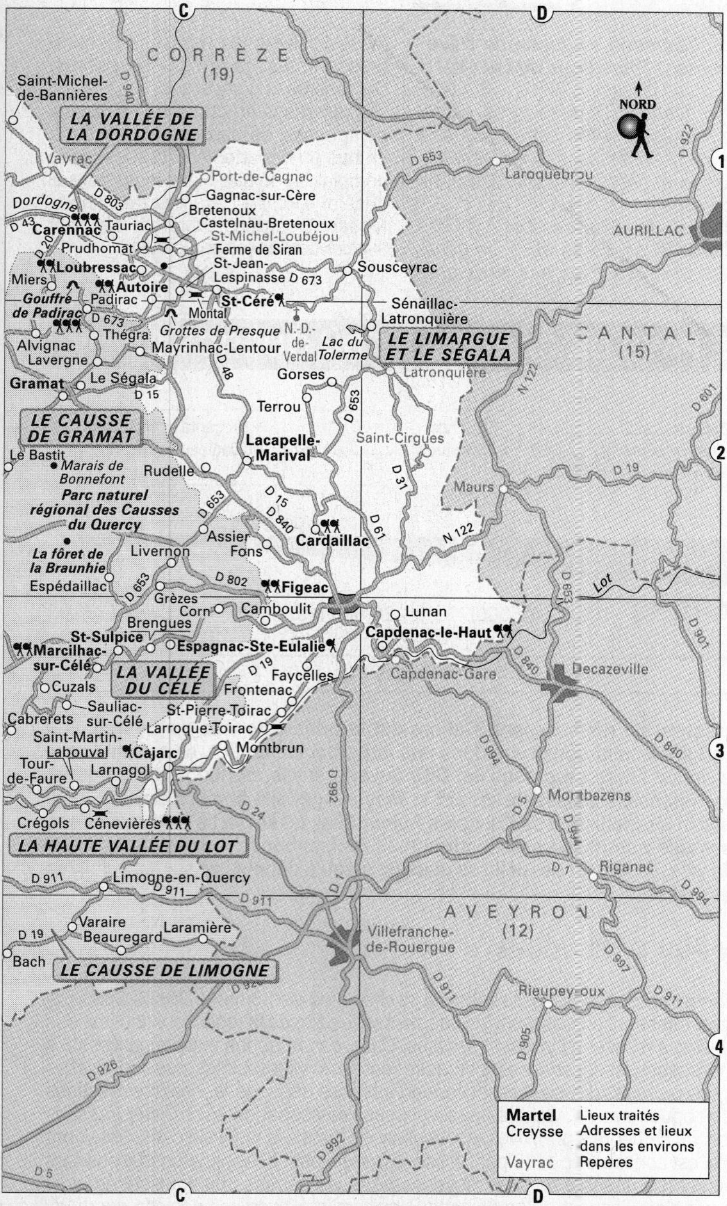
CORRÈZE (19)
Saint-Michel-de-Bannières
LA VALLÉE DE LA DORDOGNE
Vayrac
Dordogne
Carennac
Tauriac
Prudhomat
Loubressac
Miers
Autoire
Gouffre de Padirac
Padirac
Montal
Grottes de Presque
Thégra
Alvignac
Lavergne
Mayrinhac-Lentour
Gramat
Le Ségala
LE CAUSSE DE GRAMAT
Le Bastit
Marais de Bonnefont
Parc naturel régional des Causses du Quercy
La fôret de la Braunhie
Rudelle
Assier
Livernon
Fons
Espédaillac
Grèzes
Corn
Camboulit
Figeac
Brengues
St-Sulpice
Marcilhac-sur-Célé
Espagnac-Ste-Eulalie
LA VALLÉE DU CÉLÉ
Cuzals
Sauliac-sur-Célé
Cabrerets
Saint-Martin-Labouval
Cajarc
Tour-de-Faure
Larnagol
Crégols
Cénevières
LA HAUTE VALLÉE DU LOT
Limogne-en-Quercy
Varaire
Beauregard
Laramière
Bach
LE CAUSSE DE LIMOGNE
Port-de-Cagnac
Gagnac-sur-Cère
Bretenoux
Castelnau-Bretenoux
St-Michel-Loubéjou
Ferme de Siran
St-Jean-Lespinasse
St-Céré
Sousceyrac
Sénaillac-Latronquière
N.-D.-de-Verdal
Lac du Tolerme
LE LIMARGUE ET LE SÉGALA
Latronquière
Gorses
Terrou
Lacapelle-Marival
Saint-Cirgues
Cardaillac
Lunan
Capdenac-le-Haut
Capdenac-Gare
Faycelles
Frontenac
St-Pierre-Toirac
Larroque-Toirac
Montbrun
Laroquebrou
AURILLAC
NORD
CANTAL (15)
Maurs
Lot
Decazeville
Montbazens
Riganac
AVEYRON (12)
Villefranche-de-Rouergue
Rieupeyroux
D 940
D 803
D 43
D 20
D 673
D 15
D 48
D 653
D 840
D 61
D 31
D 802
D 19
D 24
D 992
D 911
D 1
D 926
D 5
D 922
D 601
N 122
D 901
D 994
D 997
D 905
C
D
1
2
3
4
Martel — Lieux traités
Creysse — Adresses et lieux dans les environs
Vayrac — Repères

LE LOT

Adresses et infos utiles

i ***Lot Tourisme – Agence de Développement Touristique du Lot*** *(ADT) : 107, quai Cavaignac, BP 7, CS90007, 46001* ***Cahors*** *Cedex 9. Pas de tél grand public.* • *tourisme-lot.com* • *(site internet très riche, à visiter impérativement). Application smartphone* • *tourisme-lot.mobi* •

■ ***Gîtes de France Lot :*** *46000* ***Cahors.*** *☎ 05-65-53-20-75.* • *gites-de-france-lot.fr* • Pour tout renseignement sur les gîtes ruraux, les chambres d'hôtes. Écrire ou téléphoner. Documenté et compétent.

■ ***Transports en commun :*** plusieurs compagnies se partagent la desserte en bus du département. Guide horaire complet sur le site internet du conseil général • *lot.fr* • Les villes de Cahors, Figeac, Gourdon et Gramat sont par ailleurs desservies par le train.

LE PAYS DE CAHORS ET DU QUERCY BLANC

CAHORS

(46000) 20 000 hab. *Carte Lot, B3*

• Plan *p. 51*

Préfecture du département, Cahors est la principale ville du Quercy. Elle fut originalement construite dans une large boucle du Lot, ce qui lui donne une douce allure de presqu'île. Cité ouverte sur le monde dès l'Antiquité, place financière puissante durant le Moyen Âge, elle sombra ensuite dans l'oubli et les méandres de l'Histoire. Aujourd'hui, on se plaît à redécouvrir son incroyable patrimoine architectural médiéval, circonscrit dans la partie est de la ville, en flânant de ruelle en placette jusqu'à déboucher sur les paisibles rives du Lot.

UN PEU D'HISTOIRE

D'abord importante ville gallo-romaine, la cité aurait été nommée *Divona Cadurcorum* en référence aux *cadourque,* une peuplade celte de la région qui fut l'une des dernières à résister à l'invasion romaine. *Cadurcorum* donna ensuite naissance à Cahors. Après la décadence de l'Empire romain, la ville subit les invasions barbares. Les outrages des siècles ont cependant laissé de-ci, de-là, quelques vestiges de l'époque romaine. Cahors se releva sous l'épiscopat de saint Didier (ou saint Géry). La cathédrale primitive cède la place au XIIe s à la nouvelle cathédrale dont l'autel est consacré en 1119 par Calixte II. Cahors était à l'époque un très puissant évêché mais une ville de taille moyenne protégée derrière son enceinte urbaine. Elle prit alors l'aspect qu'on lui connaît aujourd'hui, avec ses anciens quartiers. Cité commerçante florissante, la ville devint aussi une place financière importante où les puissants construisaient leurs palais urbains. Dans *La Divine Comédie,* Dante jette en enfer les « enfants de Sodome et de Cahors » !

Cahors est également la ville natale de ***Jacques Duèze,*** qui deviendra le second ***pape*** en Avignon en 1316, ***sous le nom de Jean XXII.*** Sous son pontificat, il enrichira Cahors de prestigieuses constructions et fondera l'université. ***De l'époque de la guerre de Cent Ans datent les grands vestiges de fortification de la ville*** (pont Valentré, la tour saint Jean et la muraille nord). La ville ne fut jamais prise et seul le traité de Brétigny, en 1360, la céda momentanément aux Anglais.
Le XVIe s vit la naissance de deux grands poètes : Olivier de Magny et, surtout, Clément Marot. Ce dernier, poète de cour de François Ier, se vit soupçonné de sympathies protestantes. Il séjourna même quelque temps en prison. Cet épisode lui inspira son œuvre maîtresse, *L'Enfer,* dénonciation de la justice de cette époque. Il finit par émigrer en Suisse, puis en Italie, où il mourut en 1544.
Pendant les guerres de Religion, Cahors demeura catholique contre Montauban, la protestante, et connut en 1560 le massacre des huguenots. ***En 1580, le futur Henri IV s'empara de la ville*** et la livra au pillage.
Aux XVIIe et XVIIIe s, la noblesse de robe, très présente en ville, construit de nombreux palais aux superbes portails finement ouvragés. Mais la prospérité est de courte durée, les tribunaux sont déplacés à Montauban et la ville s'endort sur ses lauriers.
À la veille de la Révolution, destruction des remparts ouest (à l'emplacement de l'actuel boulevard Gambetta). À l'aube du XIXe s, Cahors restait encore quasiment circonscrite à ses quartiers médiévaux. On bâtit de nouveaux quartiers (à l'ouest) sur les terrains autrefois dévolus aux cultures et aux couvents. L'arrivée du chemin de fer, paradoxalement, n'apporta ni progrès ni nouvelles industries. Au contraire, les activités traditionnelles (draperies) s'effondrèrent, au moment où son vin connaissait des débouchés aux quatre coins de l'Europe. Aujourd'hui, Cahors, ville paisible et sereine, possède toujours aussi peu d'industries.

LE LOT

Un boulevard pour Léon

En 1838, Cahors vit naître Léon Gambetta, fils de petits épiciers d'origine italienne. Sur la place Chapou (celle de la cathédrale), on voit encore écrit sur un mur au-dessus d'une banque : « Bazar génois Gambetta Jeune et Cie ». Avocat et républicain convaincu, Gambetta utilise le prétoire sous Napoléon III pour attaquer le despotisme impérial. En 1870, il proclame la république et réussit à s'évader en ballon de Paris assiégé pour continuer le combat contre l'envahisseur prussien. Président de la Chambre, président du Conseil, il exerce une grande influence sur la vie politique française des premières années de la IIIe République, avant de mourir en 1882 des suites d'une maladie et d'un accident d'arme à feu.

Arriver – Quitter

➢ ***En train :*** depuis Paris, 5 trains directs/j. Compter au min 5h15 de trajet. Depuis Toulouse : 10 trains directs/j. Compter 1h15 de trajet.
➢ ***En avion :*** 3 liaisons/j. depuis Paris-Orly vers l'aéroport de Brive-Vallée de la Dordogne (Corrèze), situé à 100 km au nord de Cahors. • *aeroport-brive-vallee-dordogne.com* • Aéroport desservi par la compagnie *HOP!,* ☎ *0825-30-22-22.* • *hop.fr* • Possible également d'arriver par le sud (aéroport de Toulouse-Blagnac, env 110 km) ; liaisons plus nombreuses.
➢ ***En bus :*** au départ de Brive-la-Gaillarde avec *Ouibus, Isilines* et *Flixbus.* 2 liaisons/j. Arrêt à Cahors pour *Flixbus* (vente de billet à l'office de tourisme).

Adresses et infos utiles

ℹ *Office de tourisme de Cahors-Saint-Cirq-Lapopie* *(plan B2)* **:** *villa Cahors Malbec, pl. François-Mitterrand.* ☎ *05-65-53-20-65.* • *tourisme-cahors.fr* • *Application smartphone* • *tourisme-cahors.*

mobi • Juin-sept, tlj en continu ; le reste de l'année, tlj sauf dim et j. fériés. Un office de tourisme dynamique qui organise, notamment en saison, un grand nombre de visites thématiques (payantes) : escapade vigneronne avec dégustation, jardins secrets, histoire et patrimoine, également d'amusantes visites apéritives mêlant découverte du patrimoine et de la cuisine locale, balades nocturnes, etc. La brochure *Laissez-vous compter Cahors* les répertorie toutes. Bref, pas de quoi se tourner les pouces à Cahors. Équipe efficace.

Point d'information pont Valentré : *av. André-Breton (au chai, face au pont Valentré). ☎ 05-65-53-20-65. Ouv en saison.*

– **Wifi gratuit** à l'office de tourisme et au point d'information du pont Valentré. Gratuit et sans limite de temps, fonctionne même le soir (devant les locaux, pas idéal mais bien pratique) lorsque l'office est fermé.

■ **Villa Cahors Malbec** *(Union interprofessionnelle du vin de Cahors ; plan B2,* **1***) : pl. François-Mitterrand. ☎ 05-65-23-82-35. • vindecahors.fr • Tte l'année lun-sam 11h30-13h30, 16h-19h ; 15 juin-30 sept tlj 11h30-19h.* La vitrine du vin de Cahors. Dégustations, rencontres avec des producteurs et plein d'infos sur le *vin noir* au cépage Malbec. Si vous souhaitez partir à la découverte du vignoble, demandez la carte et le livret des viticulteurs lotois. De bons outils. Voir aussi plus loin la rubrique « Où déguster du cahors ? ».

■ **Épicerie de nuit** *(plan B2,* **2***) : 52, pl. de la Libération.* Pour une urgence ou une fringale nocturne.

– **Marché traditionnel :** *pl. de la Cathédrale. Mer et – surtout – sam mat.* Classé parmi les 100 plus beaux marchés de France. À voir et à vivre absolument. Excellents produits. *Sinon, marché tlj sauf lun et dim ap-m aux halles.*

P Plusieurs **parkings payants** en centre-ville. On peut toutefois se **garer gratuitement** dans *le parc-relais Saint-Georges,* au pied du pont Louis-Philippe, de l'autre côté du Lot, à 5 mn de marche du centre *(hors plan par B3).* Deux **parkings gratuits** *(Ludo-Rollès et Les Chartreux)* reliés au centre-ville par une navette gratuite.

Où dormir ?

Camping

La Rivière de Cabessut *(hors plan par B1,* **10***) : 1180, rue de la Rivière. ☎ 05-65-30-06-30. • contact@cabessut.com • cabessut.com • Accès : à 2,5 km env du centre ; passer le pont, puis longer le Lot en direction de Rodez. Bien indiqué. Avr-sept. Empl. tentes 16-18 € ; mobile*

Adresses utiles

- Office de tourisme de Cahors-Saint-Cirq-Lapopie *(B2)*
- **1** Villa Cahors Malbec *(B2)*
- **2** Épicerie de nuit *(B2)*

Où dormir ?

- **10** La Rivière de Cabessut *(hors plan par B1)*
- **11** Auberge de jeunesse HI Cahors – Le Chai *(A2)*
- **12** Hôtel Jean XXII *(B1)*
- **13** Hôtel de France – Hôtel Le Valentré *(A2)*
- **14** Grand Hôtel Terminus *(A1)*
- **16** Hôtel La Chartreuse *(hors plan par B3)*

Où manger ?

- **14** Le Balandre *(A1)*
- **20** Les Pizzas du Camion jaune *(B2)*
- **21** MetsSaisons *(B2)*
- **22** Le Bergougnoux *(B2)*
- **23** Le Dousil *(B2)*
- **24** Au Fil des Douceurs *(A2)*
- **25** Cuisine Côté Sud *(B2)*
- **26** Le Marché *(B2)*
- **27** L'Ô à la Bouche *(B2)*

Où faire une pause sucrée ?

- **31** Le Jardin des thés *(B2)*

Où déguster du vin de Cahors ?
Où boire un verre ?
Où écouter de la musique ?

- **1** Villa Cahors Malbec *(B2)*
- **36** Bar ouf *(B2)*

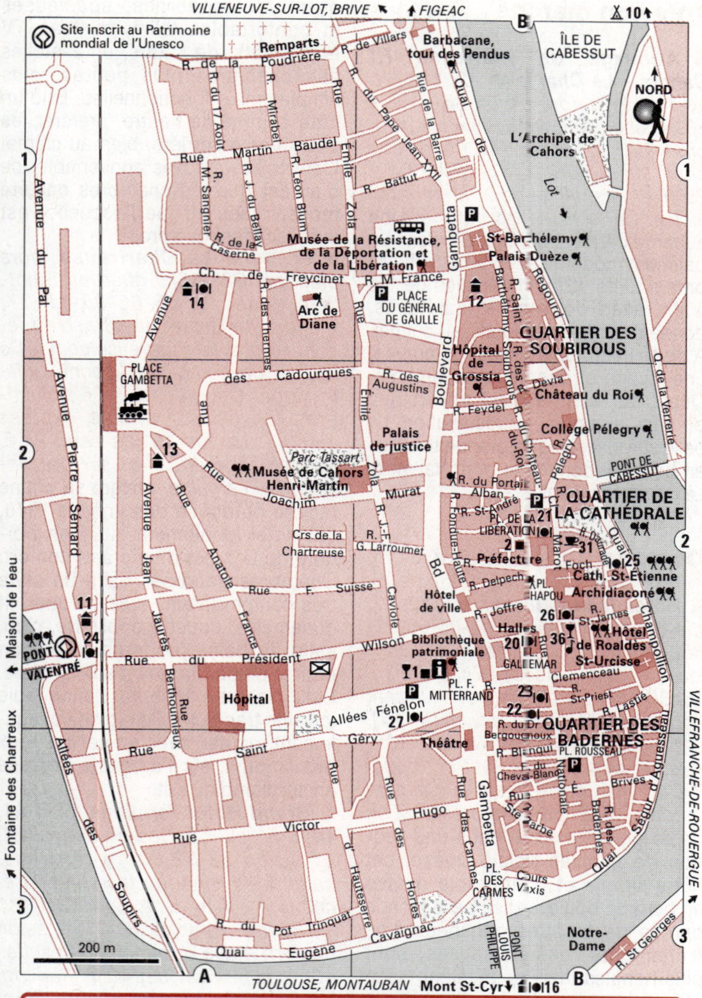

CAHORS

homes 260-680 €/sem selon saison. CB refusées. 113 empl. En bordure de rivière, au calme, dans la verdure. Des emplacements bien délimités par de jolies haies parfaitement entretenues. Également quelques mobile homes dont certains (attention, deux d'entre eux ne possèdent pas de sanitaires), loués en formule 2 nuits hors juillet-août. Blocs sanitaires impeccables. Atmosphère familiale. Très calme : pas d'animations musicales. Belle piscine en bordure de Lot et jeux pour enfants. Petite épicerie et bar. Practice de golf et minigolf à côté.

Très bon marché

Auberge de jeunesse HI Cahors – Le Chai (plan A2, **11**) : *52, av. André-Breton. ☎ 05-36-04-00-80. • cahors@hifrance.org • hifrance.org • ♿ Fermé nov-fév (reste ouv pour les groupes). Nuitée 22,40-25,10 €/pers. Linge de lit et petit déj inclus. Carte FUAJ obligatoire.* Une auberge dernière génération, dans un bâtiment moderne et épuré. 38 chambres sobres et fonctionnelles de 1 à 3 lits, avec douches et sanitaires, donnent sur le patio (donc au calme). À disposition, une cuisine commune, une laverie et des espaces détente. Quant au resto, il n'est ouvert que pour les groupes, sur réservation. La belle surprise, c'est la grande terrasse en bois qui domine le pont Valentré. Le confort du neuf !

De prix moyens à chic

Hôtel Jean XXII (plan B1, **12**) : *2, rue Edmond-Albe. ☎ 05-65-35-07-66. • jeanxxii@gmail.com • hotel-jeanXXII.com • Accueil 7h30-10h30, 16h30-20h. Fermé dim soir-lun mat hors saison. Congés : 15 j. en fév, 15 j. en nov. Doubles 73,50-75,50 € selon saison ; clim en sus. Petit déj-buffet 8 €. Remise de 10 % sur la chambre à partir de 3 nuits sur présentation de ce guide.* Installé dans une section de l'ancien palais Duèze, cet hôtel simple et confortable dresse en bord de boulevard sa belle façade percée de fenêtres géminées. Les 9 chambres, pas immenses, sont plus banales mais se révèlent clean et fonctionnelles. Toutes donnent sur une ruelle tranquille à l'arrière. Accueil sympathique.

Hôtel de France – Hôtel Le Valentré (plan A2, **13**) : *252, av. Jean-Jaurès. ☎ 05-65-35-16-76. • cahors-france@brithotel.fr • hoteldefrance46.com • Dans l'avenue menant à la gare, à deux pas du pont Valentré. Tte l'année. Doubles 55-75 € (Hôtel Le Valentré) et 79-99 € (Hôtel de France). Parking privé payant.* Deux hôtels en un, qui proposent près de 70 chambres. D'un côté, un 3-étoiles aux chambres modernes, spacieuses et confortables (clim, minibar, TV écran plat) ; de l'autre, un 2-étoiles aux chambres plus petites, plus simples mais fonctionnelles. Et d'un côté comme de l'autre, préférer les chambres à l'arrière, bien au calme. L'ensemble est très convenable, ce d'autant que les chambres ont été modernisées et que l'accueil y est aussi souriant que pro.

Hôtel La Chartreuse (hors plan par B3, **16**) : *quartier Saint-Georges. ☎ 05-65-35-17-37. • contact@hotel-la-chartreuse.com • hotel-la-chartreuse.com • De l'autre côté du Lot, par le pont Louis-Philippe. Doubles 80-92 € ; chambres familiales. Formule express 15,50 €. Menus 19 (en sem)-27 €. Parking. Apéritif offert sur présentation de ce guide.* Malgré sa vilaine façade bétonnée des années 1970, cet hôtel idéalement situé en bordure du Lot, est d'un grand confort. Chambres décorées dans un style très contemporain, avec parquet, lit *queen size*, couette douillette, clim, salle de bains moderne et balcon pour la plupart donnant sur la rivière. Belle piscine extérieure. Bonne table (cuisine traditionnelle régionale) également réputée avec un service, aux beaux jours, sur l'agréable terrasse en surplomb du Lot.

Grand Hôtel Terminus (plan A1, **14**) : *5, av. Charles-de-Freycinet. ☎ 05-65-53-32-00. • terminus.balandre@wanadoo.fr • balandre.com • À 200 m de la gare. Congés : 15-30 nov. Doubles 60-115 € selon confort, étage et orientation ; suites 105-150 €. Petit déj 10 €. Parking.* Un bel établissement début XXe s, au charme désuet. C'est toujours la même famille qui, depuis sa création, perpétue de génération en génération une certaine idée de la tradition hôtelière et l'accueil y est sincèrement dévoué et efficace. Les chambres, vastes et cossues, toutes différentes, font oublier l'environnement un peu triste de la gare voisine. Une bonne raison pour ne pas sortir et rester dîner au *Balandre*, le très bon resto de l'hôtel (voir « Où manger ? »).

Où manger ?

De très bon marché à bon marché

|●| ***Les Pizzas du Camion jaune*** *(plan B2,* ***20****) : au fond du marché aux halles, à droite. ☎ 05-65-22-14-79. Mar-sam 8h-12h30, 15h-19h.* Seulement à emporter, un long choix de pizzas confectionnées sur place avec des produits frais exclusivement, de la classique jambon-fromage à la plus locale quercynoise (asperge-cabécou). Également un plat cuisiné type lasagnes, *pastilla, briouates.* Bon point pour toutes les spécialités marocaines (dont les généreuses pâtisseries orientales) faites maison par l'une des associées. Un vrai bon plan à savourer dans un jardin, la ville n'en manque pas !

|●| ***Le Bergougnoux*** *(plan B2,* ***22****) : 77, rue Docteur-Bergougnoux. ☎ 05-65-35-62-92. Tlj sauf dim soir. Congés : 31 déc-24 janv. Résa indispensable. Menus 14,50 € (à midi) et 21 €.* Dans une ruelle étroite du vieux Cahors, un resto de poche que l'on se recommande dans le creux de l'oreille. Pas de carte, le choix est à l'ardoise pour une cuisine de marché variant au fil des saisons. Le patron est chaleureux et aime tailler la bavette avec ses clients. On a particulièrement aimé le copieux pot-au-feu de poisson et les desserts maison exposés sur le bar. Une petite adresse conviviale et économique, tout simplement bonne.

|●| ***Le Dousil*** *(plan B2,* ***23****) : 124, rue Nationale. ☎ 05-65-53-19-67. • ledousil@orange.fr • Tlj sauf dim et lun hors saison. Carte 15-20 €.* Sympathique bar à vins où l'on vient ripailler de grosses assiettes de charcuterie et fromage, ou de belles salades gourmandes. Tapas pour les petits creux ou plat du jour pour les grosses faims, tout est bon pour accompagner la belle sélection de vin au verre, servi par un patron sommelier plein d'humour. La terrasse sur la ruelle piétonne est très prisée aux beaux jours. Au fait, le *dousil,* c'est le petit bout de bois qui servait à reboucher le trou fait dans le tonneau pour goûter le vin transporté sur les gabarres.

|●| ***Cuisine Côté Sud*** *(plan B2,* ***25****) : 24, pl. Champollion. ☎ 05-65-53-15-16. • contact@cuisine-cotesud.com • Tlj sauf dim et lun, 9h30-19h (activité traiteur). Formules 18-28 €.* Côté... soleil pourrait-on dire car les préparations de ce chef traiteur réputé lorgnent du côté de la Méditerranée, tout en utilisant les produits du cru et de saison : agneau du Lot à l'aubergine façon moussaka, *involtinis* au chèvre et jambon de pays.. Simple mais raffiné. Belle terrasse aux beaux jours. Vente à emporter également. Plus simple, juste au-dessus, à l'ombre d'une pergola, l'***Auberge des Gabarres*** sert une délicieuse cuisine de ménage *(menu ouvrier à 15 € au déj, 20 € le soir).*

|●| ***MetsSaisons*** *(plan B2,* ***21****) : 64, pl. de la Libération. ☎ 05-65-23-08-31. • metssaison@gmail.com • Lun-sam le midi, plus en été le soir jeu-ven. Tarte du jour 9,50 € ; formules 11,50-13,50 €. Café offert sur présentation de ce guide.* 2 petites salles, toutes simples, toutes fraîches, et une grande terrasse qui prend ses aises à l'ombre sur la place. On s'y satisfait de bonnes tartes du jour réalisées avec les produits du marché, et servies avec salade, semoule et gaspacho. Pour le dessert, jolies verrines et pâtisseries maison poussent au péché. Un casse-croûte léger et coloré, idéal en été... comme en hiver, quand sonne l'heure des potages. Service sympa et vitaminé.

De prix moyens à chic

|●| ***Le Marché*** *(plan B2,* ***26****) : 27, pl. Jean-Jacques-Chapou. ☎ 05-65-35-27-27. • restaurant.le.marche@cegetel.net • ♿ Tlj sauf lun midi. Congés : 1 sem en avr, 2 sem à la Toussaint. Résa indispensable. Formule 22 € ; salades et planchas en été 15-23 € ; menu 36 €. Apéritif local offert sur présentation de ce guide.* Tenu par un couple accueillant, ce resto au cadre résolument contemporain bouscule avec brio les habitudes culinaires cadurciennes. Cuisine de marché fraîche, légère et créative qui

LE LOT

s'inspire, bien entendu, des produits régionaux mais qui s'autorise de nombreuses escapades hors des sentiers battus. Ardoise très intéressante au déjeuner. Quelques tables en terrasse.

L'Ô à la Bouche *(plan B2, **27**) : 56, allées Fénelon. ☎ 05-65-35-65-69. • loalabouche46@orange.fr • Tlj sauf dim-lun. Fermé vac Pâques et Toussaint. Menus déj (en sem) 21,50-27 € ; autres menus 28-42 €.* Un resto qui porte bien son nom tant la carte est appétissante. Celle-ci mise sur une sélection de produits locaux, sérieusement choisis et cuisinés avec créativité. Bref, l'occasion de goûter un terroir habilement revisité. Accueil sympathique et service efficace dans une salle très contemporaine, un brin élégante, avec cuisine ouverte. Vaste terrasse ouverte quant à elle sur l'allée piétonne. Une jolie adresse dans l'air du temps.

Au Fil des Douceurs *(plan A2, **24**) : 32, av. André-Breton. ☎ 05-65-22-13-04. Tlj sauf dim-lun. Formules déj (en sem) 16 €, carte 30-35 €.* L'un de ses principaux atouts est son agréable terrasse idéalement déployée face au pont Valentré. Cela dit on ne vient pas que pour ça, loin s'en faut ! La cuisine de terroir certes classique témoigne d'une bonne maîtrise. Et surtout, le chef, ex-pâtissier, mitonne chaque jour une sélection de douceurs qui valent à elles seules le déplacement : baba au rhum, chantilly et oranges confites, gâteau meringué, espuma menthe et glace menthe-chocolat...

Le Balandre *(restaurant du* Grand Hôtel Terminus *; plan A1, **14**) : 5, av. Charles-de-Freycinet. ☎ 05-65-53-32-00. • terminus.balandre@wanadoo.fr • Près de la gare. Tlj sauf dim-lun et j. fériés. Congés : 2 sem en nov. Formule déj 23 € et le soir 45-70 €.* La salle a du charme avec ses beaux vitraux Art déco et ses tables espacées élégamment dressées. On sert ici une cuisine maison traditionnelle et raffinée qui picore dans tous les terroirs et témoigne d'un réel savoir-faire. Service classique et attentionné. Une valeur sûre qu'apprécie la clientèle d'affaire au déjeuner. Petite terrasse l'été.

Où dormir ? Où manger dans les environs ?

De bon marché à prix moyens

Le Clos Grand : *à Labéraudie, 46090 **Pradines.** ☎ 05-65-35-04-39. • reception@leclosgrand.fr • leclosgrand.fr • À env 3 km de Cahors. Sortir de la ville en direction de Luzech (par la D 8) ; puis fléché. Congés : vac scol fév, 3e sem de juin et 1 sem fin oct. Tlj sauf lun en haute saison ; fermé lun et dim soir en basse saison. Doubles 43-63 € selon confort et saison. Formule 16,50 € (déj en sem), menus 26-35 €.* Petit hôtel calme et accueillant situé à deux pas de Cahors. Chambres simples mais bien tenues, avec balcon ou terrasse dans une annexe au fond du jardin. La plupart donnent directement sur la piscine. Resto traditionnel très correct, pour goûter aussi bien à une assiette du pêcheur qu'à une savoureuse grillade. Selon le temps, on choisira de s'installer près de la cheminée dans une salle rustique, dans la lumineuse véranda ou au jardin. Une chaleureuse affaire familiale.

De chic à plus chic

Les Hauts de Saulies : *lieu-dit Sauliez, 46090 **Vers.** ☎ 05-65-23-09-90. • leshautsdesaulies@gmail.com • leshautsdesaulies.fr • De Vers, prendre la route qui monte vers Cours, puis suivre fléchage. Tte l'année. Doubles 90-150 €, table d'hôtes 27 € (vin compris).* Comment ne pas tomber sous le charme de cette imposante demeure du XVIIIe s entièrement rénovée dans un souci de démarche environnementale. 5 chambres modernes parfaitement équipées (clim, télé) et colorées (chacune porte le nom de sa couleur en brésilien) auxquelles on accède par un superbe escalier en noyer. Coup de cœur pour la Azul, orientée sud avec son accès privé et sa terrasse. Mais vous ne per… rien dans les autres ! Beau pa… d'arbres centenaires, longue… salle de sport mieux équipée… Club Med gym et un intérieur é… pensé et décoré d'objets déco… et peintures éclectiques réalisées… Jair, artiste protéiforme. Ici, clairemen…

Où faire une pause sucré…

Le Jardin des thés (plan B2, **31**) : *12, rue Daurade. 06-89-05-62-47. En saison ouv tlj sauf dim, plus lun hors saison. Jus bio 3,50 €, pâtisseries 1-5 €. Remise de 5 % pour l'achat de thé au détail (à partir de 20 €, hors consommation) sur présentation de ce guide.* Coup de cœur pour ce salon de thé dont la terrasse fait face, sur une place piétonne, à un paisible square arboré. Du… abri… pour… thé (ex… un grand… artisanale… mangue-ba… maison com… Accueil sympa… détail et d'objets…

Où déguster du vin de Cahors ?

Villa Cahors Malbec (plan B2, **1**) : *pl. François-Mitterrand. ☎ 05-65-23-82-35. • vindecahors.fr • Tte l'année, mar-sam 11h-13h30, 16h30-19h ; du 15 juin au 30 sept, lun-sam 11h-19h et dim sur rdv. À partir de 5 € (3 vins de 3 gammes différentes).* L'Union interprofessionnelle du vin de Cahors, propose, dans un cadre lounge, différents types de dégustations richement commentée… domaines sont représent… parti pris, et aucun n'est com… Pour plus d'affinités donc, s… directement sur le domaine. U… de départ obligatoire pour qui veu… tir à la découverte de ce vignoble.

Où boire un verre ? Où écouter de la musique ?

Bar ouf (plan B2, **36**) : *10, rue Saint-James. ☎ 05-65-53-18-26. Tlj sauf dim-lun et j. fériés. Ouv dès 6h.* Un bar animé qui fait du *barouf* dans la ville ! Un bar de fou aussi, où les titis caduriens se retrouvent pour en découdre avec la nuit. Ça se passe autant dans la rue qu'au bar, que l'on atteint certains soirs en jouant des coudes. Aux murs, série de tableaux de *gars qui s'marrent*. Fréquents concerts en fin de semaine. En plus, ici, vous pouvez apporter votre casse-croûte... Bref, vraiment sympa !

À voir

➢ La ville de Cahors est à l'origine d'une initiative récompensée par plusieurs prix : ***Les Jardins secrets.*** Il s'agit de 25 jardins publics, qui servent de fil conducteur à une découverte originale et poétique de l'architecture urbaine et du patrimoine naturel de la ville. Le secteur concerne la partie ancienne de la vieille ville et les abords du pont Valentré. Nous en citons quelques-uns ci-dessous. *Pour suivre l'ensemble de la balade, rens à l'office de tourisme (visites guidées et livret de parcours).*

entré *(plan*
du centre,
de la ville. Il
ᵉ s, au cours
-anglaises, et
ecture de pont
me défensif est
du XIVᵉ s : trois
e 40 m de haut,
s en arc brisé,
becs. Il participait
de Cahors pendant
Cent Ans. Il est
endu aux piétons et
oir. On le traverse pour suivre le chemin de Saint-Jacques-de-Compo-
0 m du pont, en longeant la berge à gauche, pittoresque ***fontaine des***
. C'est cette source jaillissant au creux de la falaise qui fut à l'origine de
n de la ville gallo-romaine.

UN PACTE AVEC SATAN !

On raconte que pour arriver à construire le pont Valentré, l'architecte dut pactiser avec le diable auquel il tendit un piège au dernier moment. Pour se venger, celui-ci détruisit une partie de la tour située au milieu du pont. C'est pour immortaliser cette légende que le Malin fut sculpté dans la pierre de l'édifice, d'où son surnom de « pont du diable ».

tre côté du pont, la ***maison de l'Eau*** *(hors plan par A2)* : ☎ *05-65-53-04-*
août et vac scol, tlj 10h-13h, 15h-19h ; le reste de l'année, slt l'ap-m ven-
j. fériés. GRATUIT. Cette ancienne station de pompage du XIXᵉ s a cessé
ctivité en 1971 mais a conservé sa machinerie d'origine. Espace d'interpré-
et bornes multimédias sur le thème de l'eau et du pont Valentré. Expos
oraires également. Buvette au bord du Lot.

Le musée de Cahors Henri-Martin *(plan A-B2)* **:** *792, rue Émile-Zola.*
05-65-20-88-66. ♿ *(accès partiel). Tte l'année, tlj sauf mar 11h (14h dim et*
fériés)-18h. Fermé pour travaux. Réouverture à l'horizon 2019. Dans l'ancien
alais épiscopal concordataire, le musée abrite une collection complète des
œuvres de Henri Martin, portraitiste, paysagiste et décorateur (1860-1943).

La bibliothèque patrimoniale et de recherche du pays de Cahors *(plan B2)* **:** *pl. François-Mitterrand, au-dessus de l'office de tourisme.* ☎ *05-65-35-10-80. Mar-jeu 14h-18h et mer-jeu mat sur rdv. GRATUIT.* À l'étage d'un bâtiment classé de style néoclassique du XIXᵉ s, auquel on accède par un magnifique escalier en bois ciré. Une seule et immense pièce, entièrement tapissée de hauts rayonnages de livres et cette odeur caractéristique des vieilles bibliothèques. Environ 45 000 documents anciens, manuscrits et imprimés datant du XVᵉ s (incunables) à nos jours, et provenant pour la plupart des confiscations révolutionnaires. Le fonds est essentiellement consacré à l'histoire quercynoise avec des manuscrits en occitan. On y trouve entre autres les éditions anciennes du poète Clément Marot, première édition de *l'Encyclopédie* de Diderot et d'Alembert (1751), première édition des *Monuments de l'Égypte et de la Nubie,* dessins exécutés sous la direction de Champollion-le-Jeune (1845)...

L'ODEUR DU LIVRE

Cire, amande, vanilline, et autres notes herbacées (écorce, feuilles mortes), si caractéristiques des odeurs de vieux grimoires, résultent en réalité de la décomposition des ouvrages. Ainsi, l'odeur varie en fonction des matériaux utilisés (encre, colle, reliure) et de l'ancienneté de l'ouvrage. Le livre électronique, lui, n'a pas d'odeur !

Le musée de la Résistance, de la Déportation et de la Libération *(plan B1)* **:** *espace Bessières, pl. du Général-de-Gaulle.* ☎ *05-65-22-14-25. Tlj 14h-18h sauf dim et j. fériés ; le mat sur rdv ; GRATUIT.* Géré par une association. Ces Cadurciens défendent la mémoire comme ils ont défendu leur pays et font un incessant travail de recherche et d'archivage. Évocation de l'histoire de la Seconde Guerre mondiale et de ses incidences sur le plan local. Un vrai travail de bénédictin que ces panneaux où articles de presse, photos et lettres illustrent des textes manuscrits. Belle collection de souvenirs, armes et uniformes. Didactique et émouvant. Également une annexe en face, traitant des guerres coloniales (Indochine, Algérie...), et un historique du maréchal Bes.

Balade dans le quartier de la cathédrale
(plan B2)

⚑⚑⚑ ***La cathédrale Saint-Étienne*** *(plan B2)* **:** édifiée entre le XIIe et le XIVe s à l'emplacement du sanctuaire de saint Didier. Cette première période romane vit l'apparition du système des files de coupoles, typique du style de l'Aquitaine Plantagenêts (repris dans la région à Périgueux, Souillac et, plus loin, Angoulême, mais surtout l'abbaye royale de Fontevraud). Cette véritable prouesse technique consistait à élever des coupoles de 18 m de diamètre à 32 m de haut, jusque-là dissimulées par un toit. L'architecte Abadie décide de les faire apparaître en 1875, accentuant ainsi les contrastes entre les parties romanes et les parties gothiques. On remarquera bien sûr la façade occidentale, particulièrement massive.
– ***Le portail latéral nord :*** il date du XIIe s et s'apparente à la grande tradition des tympans sculptés de Midi-Pyrénées comme Conques, Moissac ou Saint-Sernin à Toulouse. Scène de l'Ascension du Christ entouré de deux anges sous le regard des apôtres. Juste en dessous, la Vierge. À gauche et à droite, petites scènes reproduisant le martyre de saint Étienne. En dessous, les apôtres, sagement rangés par paires dans leurs niches.
– ***Le portail sud*** *(pl. Chapou)* **:** pas aussi travaillé que le portail nord. Belle porte de bois surmontée d'un arc roman polylobé, le tout dans le style limousin.
– ***L'intérieur de l'église :*** le caractère composite de la cathédrale est ici encore plus frappant. Remarquer le contraste entre la nef, large et claire, et le chœur, plus intimiste. Cette hétérogénéité est renforcée avec la rénovation du XIXe s. Une partie des peintures murales annonce la mode encore balbutiante du néogothique, puis de l'Art nouveau. Heureusement, on peut toujours admirer quelques authentiques peintures médiévales soigneusement restaurées, comme celle de la coupole *(Lapidation de saint Étienne)* ou les peintures murales figurant le péché originel. Autre motif d'étonnement, les vitraux de la nef, réalisés en 2012 par un artiste français, Gérard Collin-Thiébaut. Leur facture moderne peut dérouter, mais leurs thèmes restent pourtant des plus classiques, puisque puisés dans les Évangiles.
– ***Le cloître :*** une pure merveille. Chef-d'œuvre de l'art gothique flamboyant. Construit entre la fin du XVe s et le milieu du XVIe s. Travail extraordinaire de dentelle de pierre et d'ornementation, en particulier sur les voûtes à liernes et tiercerons ainsi que sur les portes flamboyantes.

⚑ Juste en face de la cathédrale débute la pittoresque ***rue Delpech*** *(plan B2)*, avec ses hôtels particuliers, ses portails et ses maisons en encorbellement.

⚑⚑ ***L'archidiaconé*** *(plan B2)* **:** *accès par le n° 38 de la rue de la Chantrerie.* Remarquable ensemble de demeures Renaissance, avec un beau décor marqué par l'influence italienne. Porche d'accès à la cour, voûté d'ogives. Une fois entré, noter la riche ornementation d'un des linteaux et les grandes fenêtres à meneaux. Vue splendide sur le chevet de la cathédrale, au pied duquel s'étend un jardin potager.
En sortant par la rue de la Chantrerie, on découvre au n° 35, presque en face, le bâtiment du cuvier du *Chapitre,* élégant édifice du XIVe s à doubles fenêtres géminées. En remontant la rue de la Chantrerie, coup d'œil au jardin des simples, ***l'Herbularium,*** remis en culture à l'arrière de la cathédrale.

La rue Daurade *(plan B2)* aligne une exceptionnelle rangée de demeures médiévales. Elle démarre ***place Champollion*** avec sa fontaine et ses façades restaurées, puis au nº 42, la maison *du Bourreau,* avec cinq fenêtres géminées. À côté, au nº 24, un autre élégant édifice à encorbellement. Au nº 12, une rare maison à pans de bois, datée de la fin du XIIIᵉ s par dendrochronologie (étude des nervures de bois). En face, de l'autre côté de l'adorable square Olivier-de-Magny, construction d'un immeuble moderne intégrant des vestiges de l'ancienne église de la Daurade. Au nº 12 rue Clément-Marot, *maison natale du poète Olivier de Magny,* ami de Ronsard, secrétaire de Henri II. Au bout de cette rue, la ***place de la Libération*** *(plan B2)* présente un élégant immeuble de 1642 (au nº 64). Porte de style classique et bel escalier à vis.

Emprunter la ***rue du Portail-Alban*** *(plan B2).* Au nº 40 s'élève l'*hôtel d'Alamand,* datant du XVᵉ s. Dans la cour, une tour avec trois baies ornées de roses sculptées. Dans le coin, quelques ruelles voûtées très anciennes. Paisible, presque mystérieuse *rue Fondue-Haute.* Au nº 194, hôtel particulier avec beau porche du XVIIᵉ s.

Tourner ***rue Saint-André*** *(plan B2).* Pas mal d'édifices présentant des détails insolites. Au nº 3 rue Saint-Pierre (maison d'angle), originaux abouts de solives. Au nº 96 rue Saint-André, belle et haute maison du XIIIᵉ s, avec deux étages de fenêtres géminées.

Retour sur le parvis de la cathédrale et la ***place Chapou*** *(plan B2).* À l'emplacement du *Crédit Agricole,* une vieille façade porte comme inscription « Bazar génois ». Ce magasin était celui du père de Gambetta, importateur de produits italiens... Sur la place voisine, l'ancienne ***Halle aux grains.*** Elle abrite désormais le marché couvert.

L'hôtel de Roaldès – Maison Henri-IV *(plan B2)* **:** *pl. Henri-IV (et quai Champollion). Rarement ouv (c'est une maison privée) ; rens à l'office de tourisme.* L'une des plus belles demeures du vieux centre (date du XVᵉ s). Côté place, ravissante porte à accolade ornementée et fenêtres à meneaux (les tiges grimpantes le long de la porte sont typiques de l'époque). Côté quai, façade à colombages et *mirand* (galerie) couvrant le tout.

Promenade dans le quartier des Badernes (plan B2-3)

En partant de l'***hôtel de Roaldès*** *(plan B2),* voici une superbe balade pour les passionnés d'architecture médiévale. *Badernes* – peut-être faut-il le préciser – voulait dire simplement « bas quartier ».

La rue Saint-James *(plan B2)* **:** au nº 18, la *maison Manhol* (XVIIᵉ s), avec une symétrie caractéristique des fenêtres. Au nº 27, « L'archidiaconé ». Crochet par l'étroite venelle du ***Petit Mot,*** pour découvrir le minuscule mais coquet *jardin mauresque* du centre social, bercé par le glouglou d'un bassin.

La rue Nationale *(plan B2-3)* était l'axe principal du quartier. C'est par là que s'effectuaient les entrées pompeuses des évêques. Au nº 53, à la hauteur de la halle, la *maison Guerre* (XVᵉ s). Au nº 116, l'ancien hôtel de Marcilhac et son superbe *portail baroque.* Surmonté d'un oculus et d'un fronton, interrompu par deux volutes de pierre. Porte en bois richement sculpté de fruits et de fleurs typiques du naturalisme de l'époque baroque. Grandes arcades marchandes en arc brisé. Au nº 128, *maison romane,* l'une des plus anciennes de la ville.

Sur la gauche s'échappe la pittoresque ***rue Saint-Priest*** *(plan B2),* avec notamment un bel édifice d'angle. Elle vient buter sur l'***église Saint-Urcisse,*** érigée au XIIᵉ s *(ne se visite pas).* Porche trilobé dominé par une vierge à l'enfant. Sur la ***place Saint-Urcisse,*** surprenante horloge hydraulique, œuvre de Michel Zachariou.

Passage par la ***rue Lastié*** *(plan B2),* l'une des ruelles les plus pittoresques du quartier. Aux n°s 144 et 156, belles demeures de brique à pans de bois, fort bien restaurées. Au n° 117, la *maison Parasso* (XIVe s) et ses grandes baies rectangulaires à remplage. Au n° 35, splendide fenêtre du XIVe s. ***Place Saint-Priest,*** au n° 18, escalier extérieur du XVIIe s (dit « à la toulousaine »).

Retour sur la rue Nationale. Entre les rues Bouscarrat et Docteur-Bergougnoux, l'un des hôtels particuliers les plus remarquables : l'***hôtel d'Issala*** (XVe s). Imposants contreforts, fenêtres à meneaux aux derniers étages, tourelle et portail du XVIIe s.

Toujours ***rue du Docteur-Bergougnoux*** *(plan B2),* au n° 84, pittoresque ***escalier extérieur.*** Au n° 40, l'***hôtel de Lemozy*** présente d'admirables fenêtres Renaissance (très nette influence italienne).

Plus bas, ***rue du Cheval-Blanc*** *(plan B3),* maison à encorbellement de pierre. En face, porte ogivale avec petits chapiteaux sculptés.

Rue Nationale encore *(plan B2-3),* au n° 186, *maison Dominici.* Au n° 230, édifice du XIVe s. Au n° 286, *maison à pans de bois* du XVe s. Au n° 333, une intéressante tentative de fusion de l'ancien et du moderne. Sur la façade extérieure, fenêtres géminées. Entrer sous le porche pour découvrir comment l'architecte a intégré l'arche flamboyante et l'escalier à vis à la nouvelle construction, un ensemble de logements sociaux. Curieux faux lavoir et vrai vestige de mur médiéval à arcades gothiques. Presque un décor de théâtre !

Vagabondage dans le quartier des Soubirous *(plan B1-2)*

Le nord de la ville médiévale s'étend le long de la rue des Soubirous (*soubirou* signifiant « supérieur »). Construit sur une falaise, côté Lot, avec un plan de rues plus étriqué. Quelques beaux édifices médiévaux, mais moins d'homogénéité. Beaucoup d'entre eux sont dissimulés par des constructions postérieures.

À l'angle du quai de Regourd et de la rue Pélegry s'élevait le ***collège Pélegry*** *(plan B2),* du XIVe s. Créé initialement pour accueillir 13 étudiants pauvres, il devint, au XVIIIe s, l'un des plus importants collèges de la ville. On distingue encore sa tour hexagonale avec les fenêtres à meneaux.
Emprunter la ruelle du Four-Sainte-Catherine. On y trouve deux maisons-tours du XIVe s.

Remonter le quai de Regourd ; on distingue sur la gauche l'étrange masse du palais de Via, appelé ***château du Roi*** *(plan B2),* avec son donjon rectangulaire. Rejoindre la rue du Château-du-Roi par l'étroite ruelle Devia en escalier. Elle longe un mur très imposant : le château abritait la maison d'arrêt (façade XIXe s).

La rue du Château-du-Roi *(plan B2)* **:** redescendre jusqu'à la ruelle du Four-Sainte-Catherine. Au n° 15, l'*hôtel de Bodosquier,* bel exemple d'architecture médiévale. Au n° 43, la *maison Beraldi.* Certains éléments de la façade datent du XIIe s. Au n° 58, *hôtel particulier* du XVIIe s. Portail baroque. Au passage, arpentez toutes les ruelles ou impasses perpendiculaires (appelées parfois *botes*). Vous découvrirez moult détails architecturaux insolites, petits jardins secrets, façades cachées d'hôtels particuliers, belles fenêtres sauvées dans des constructions postérieures.

L'hôpital de Grossia *(plan B2)* **:** *102, rue des Soubirous.* Vestiges de la façade d'un hôtel, improprement appelé hôpital, du XIIIe s. Belles fenêtres. Sur le côté (50 m à droite) part l'étrange *bote de Fouilhac.* Limitée mais intéressante tentative de rénovation contemporaine. Sur une placette, fontaine musicale de Michel Zachariou.
Tout au long de la rue des Soubirous, se trouvent d'autres hôtels particuliers et palais.

Dans le prolongement de la rue des Soubirous, au n° 8 ***rue Saint-Barthélemy*** *(plan B1),* superbe demeure à colombages avec encorbellement sculpté.

L'église Saint-Barthélemy *(plan B1) :* *ouv dim en principe.* Date pour l'essentiel des XIVe et XVe s. Beau clocher gothique en brique et pierre. Joli panorama sur le Lot depuis le parvis.

Le palais Duèze *(plan B1) :* en face de l'église Saint-Barthélemy s'élève cet élégant palais du XIVe s. Construit par Pierre Duèze, frère du pape Jean XXII. Dominé par la ***tour Jean-XXII,*** une haute tour crénelée à gros appareillage de pierre et fenêtres géminées.

L'Arc de Diane *(plan A1) :* *av. Charles-de-Freycinet.* C'est le vestige le plus significatif des anciens thermes gallo-romains. On reconnaît nettement l'appareillage de galets et lignes de brique.

La Barbacane et la tour Saint-Jean, dite « tour des Pendus » (il n'y a jamais eu de pendus ! *; plan B1) :* notre itinéraire s'achève tout au nord, à ce corps de garde de l'ancienne enceinte (du XVIe s). En partant à gauche de la Barbacane, importants vestiges du rempart de ville. Le suivre jusqu'à la porte fortifiée Saint-Michel, dernière entrée de l'enceinte médiévale (elle s'ouvre aujourd'hui sur le cimetière).

À faire au départ de Cahors et dans les environs

Balade vespérale le long du Lot : le soir, à la fraîche, promenade le long des berges aménagées, par exemple entre les ponts Valentré et Louis-Philippe. Si paisible. Un incontournable cadurcien.

Balade au mont Saint-Cyr *(hors plan par B3) :* à 6,5 km en direction de Lalbenque (fléché), superbe panorama de Cahors dans sa boucle. On peut y aller en voiture ou faire la belle promenade à pied *(compter 1h env A/R).* Le soir, la vue sur la ville illuminée est superbe. Aire de pique-nique.

Balade en bateau sur le Lot : *embarquement à la base de Cahors, avec la compagnie* ***Les Croisières Fénelon,*** *près du pont Valentré. ☎ 05-65-30-16-55. • bateau-cahors.com • De mi-avr à mi-oct, tlj ; 4 départs/j. en juil-août. Tarifs : 11 € ; enfant : 5 €. Durée : 1h20. Possibilité de billet jumelé avec un tour commenté de la ville en petit train pour 15,50 € (enfants : 7 €).* Le trajet fait le tour de la boucle de Cahors, avec passage de l'écluse de Coty. Également d'autres formules : croisière à Saint-Cirq-Lapopie ou découverte du vignoble avec déjeuner à bord.

■ ***Location de péniches habitables :*** ***Babou Marine,*** *port Saint-Mary. ☎ 05-65-30-08-99. • baboumarine.com • Avr-début nov.* Pour une croisière de plusieurs jours sur le Lot, à votre rythme. Bateaux habitables pour 2 à 12 personnes, location au week-end ou à la semaine. Location de vélos (en sus) pour des escapades terrestres.

L'Archipel du Grand Cahors *(plan B1) :* *sur l'île de Cabessut (fléché). Navette gratuite depuis le centre-ville, départ de la mairie (arrêt « Ludo Rolles »). ☎ 05-65-35-05-86. Ouv 20 juin-2 sept tlj 11h-20h. Entrée : 4,20 € ; réduc.* Belle piscine en plein air encadrée de pelouses. Plusieurs bassins et un toboggan. De quoi rafraîchir les enfants ! Resto. *Le reste de l'année,* ***Divoneo,*** *juste en face de l'Archipel, 150, rue de la Guinguette. ☎ 05-65-20-82-40. Sept-juin. Espace aqualudique et balnéo-détente. Entrée : 6,30 € ; réduc ; balnéo 15 €.*

Fêtes et manifestations

– ***Cahors Juin Jardins :*** *w-e début juin.* Visites guidées des jardins secrets, jardins privés ouverts au public, animations.
– ***Festival Let's Docks :*** *3 j. mi-juin.* Spectacles, concerts payants et gratuits, avec des artistes de renommée internationale.
– ***Lot of Saveurs :*** *w-e début juil.* Festival de la gastronomie. Concours de cuisine, repas proposés par de grands chefs, *la Grande Tablée.*
– ***Cahors plage :*** *de mi-juil à mi-août 11h-20h. Au pied du pont Louis-Philippe. Accès gratuit.* Plage aménagée sur les berges du Lot, avec baignade surveillée, embarcations à pédales, initiation à la plongée… et même un miniparcours accrobranche. Nombreuses animations et buvette.
– ***Les Noctambulations de l'été :*** *juil-août, mer soir dans le centre ancien et dim soir sur le pont Valentré. Payant.* Visite aux flambeaux avec guide et/ou conteur.
– ***Festival du Blues :*** *mi-juil, pdt 5 j. ● cahorsbluesfestival.com ●* Très bonne programmation. Un grand festival.
– ***Traces contemporaines :*** *3 j. fin sept. ● tracescontemporaines.com ●* Festival de danse à l'auditorium de Cahors.

LE QUERCY BLANC

Au sud de Cahors s'étend une région de grands plateaux calcaires blancs et assez arides, se prolongeant au nord du département du Tarn-et-Garonne. Doucement vallonné par endroits, ce Quercy blanc est encore semé de nombreux moulins à vent et petites chapelles romanes. Dans les couloirs fertiles le long des rivières, on y cultive des céréales, du tabac et du raisin chasselas. Un coin du Lot hors des sentiers battus.
La partie du Quercy blanc à l'est de la D 820 (Lalbenque, Aujols, etc.) est présentée à la fin du chapitre « Le Lot » (voir plus loin « La haute vallée du Lot et le causse de Limogne »).

CASTELNAU-MONTRATIER (46170)

À 25 km au sud-ouest de Cahors. Petite bastide avec ses demeures en calcaire blanc et une place à couvert. Belle *maison des Consuls* du XVe s, surmontée d'un beffroi de la mairie original, du milieu du XVIIIe s. À l'entrée du village, venant de Cahors, trois *moulins à vent* en ligne sur une butte.

Adresse et infos utiles

ℹ ***Bureau d'accueil :*** *37, pl. Gambetta. ☎ 05-65-21-84-39. ● info@tourisme-quercy-blanc.com ● ♿ De mi-juin à mi-sept, tlj sauf dim ap-m ; hors saison, lun-sam, sinon lun-ven sauf vac scol.* Beaucoup de doc, circuits de randonnée… Le dimanche à 11h en juillet-août, dans les caves situées sous le bureau d'accueil, dégustation gratuite de vins des coteaux du Quercy accompagnés de produits du terroir (melon, charcuterie, etc.). Excellent accueil.
– ***Marchés :*** *dim mat, tte l'année. Également un marché de producteurs en juil-août mer 17h30-20h30, restauration suivie d'un concert.* Idéal pour faire le plein de beaux produits du Quercy : melons, vins…
– ***Piscine :*** extérieure et chauffée avec jeux *(juil à mi-sept tlj).*

À voir dans les environs

Flaugnac *(46170) : à 5 km env de Castelnau.* Minuscule village perché sur son roc depuis le Moyen Âge. Ici, l'expression « Quercy blanc » prend tout son sens avec sa pierre blanche grisée...

MONTCUQ

(46800) 1 260 hab. *Carte Lot, A4*

Charmant petit village, dont on se doit impérativement de prononcer le « q » final (on parle de la lettre). Daniel Prévost l'avait omis pour les besoins du *Petit Rapporteur* ; en souvenir, la rue principale porte le nom de l'émission, avant de se transformer en rue Montmartre à mesure qu'elle monte vers l'église, en longeant au passage des demeures médiévales soigneusement restaurées. Au sommet du village se dresse un énorme *donjon* du XIIe s, haut de 24 m *(ouv tlj juil-août, 10h-12h30, 15h30-19h ; 3 € ; réduc ; expo temporaire).* **D'en haut, très belle vue panoramique ; dans les étages, petite expo historique.**
Enfin, on ne peut parler de Montcuq sans évoquer Nino Ferrer, lui qui était tombé amoureux de ce coin du Lot, auquel il rendit hommage dans sa chanson « Le Sud ». L'une de ses peintures est exposée dans la cage d'escalier de la mairie, et une expo permanente lui est consacrée dans le donjon. Et si le Sud vous donne chaud, direction le plan d'eau de Saint-Sernin et sa plage de sable fin, à 2 km de Montcuq par la route de Fumel. Baignade surveillée en juillet-août *(parking 7 €).*

Adresses et info utiles

Bureau d'accueil : *8, rue La Promenade. ☎ 05-65-22-94-04. • tourisme-montcuq.com • Avr-oct, tlj sauf dim ap-m ; hors saison, ouv mar-sam mat et ap-m vac scol.* Dans le village, un circuit suit les panneaux apposés sur les façades des maisons ; également des fiches-jeu destinées aux enfants (village et tour).

@ **Internet : Espace Multimédia,** *à la médiathèque. ☎ 05-65-20-34-37. Ouv l'ap-m slt (15h-18h), lun, mar et ven.*

– **Marché :** *dim mat.* Très populaire et vivant, mieux vaut y arriver de bonne heure. *Également un marché de producteurs le jeu mat en juil-août.*

Où dormir ? Où manger ?

De bon marché à prix moyens

Café de France : *5, pl. de la République. ☎ 05-65-22-90-29. • info@cafedefrance-montcuq.com • Tlj sauf dim soir-lun. Fermé janv-fév. Menu du jour 16 €, carte env 25 €. Apéritif maison offert sur présentation de ce guide.* Dans une jolie salle style bistro d'antan rénové ou en terrasse sur la jolie place de village, carte de brasserie bien ancrée dans le terroir, agrémentée de plats thaïs qui font office d'*outsiders...* tels les saint-jacques ou le poulet au curry vert. Mention spéciale pour la carte de vins à prix d'amis. Produits frais de saison. Ambiance décontracte.

Café du Centre : *6, pl. de la République. ☎ 05-65-31-84-64. Tlj (sauf dim-jeu soir hors saison). Service midi et soir en saison ; slt midi et jeu-sam soirs hors saison. Formules 13-25 € (déj en sem) ; carte 15-20 €. Café offert sur présentation de ce guide.* Un sympathique bistrot de village, flanqué d'une délicieuse terrasse ombragée.

Beaucoup d'habitués qui viennent profiter de l'intéressant menu du jour ou tout bêtement se siffler un demi. Plats simples du terroir et belles salades de gésier, confit, fromage... Particulièrement appréciable les jours de marché.

De plus chic à beaucoup plus chic

Chambres d'hôtes The Four : *4, rue Montmartre. ☎ 05-65-21-23-08 ou 06-62-36-12-44. • fourmaisondhote@gmail.com • 4ruemontmartre.com • Face à la mairie. Doubles 135-185 € (certaines avec ventilo, slt). Table d'hôtes à partir de 4 pers : 55 €/pers (vin compris).* Au cœur du village, dans une demeure du XVe s, 4 chambres de charme à la déco résolument contemporaine, dignes d'un magazine de déco. Deux sont nichées en haut de l'escalier à vis du donjon, deux autres dans des bâtiments indépendants, côté jardin (l'une avec terrasse privative). Beau mariage de matériaux nobles et de mobilier design, linge de lit en lin et beaux objets décoratifs : le bon goût règne en maître. Une adresse luxueuse, forcément réservée aux plus fortunés.

LE LOT

Où dormir ? Où manger dans les environs ?

De prix moyens à chic

Auberge et chambres d'hôtes La Grange de Marcillac : *46800 Saint-Cyprien. ☎ 05-65-22-90-73. • grangedemarcillac@free.fr • lagrangedemarcillac.com • À 7 km sur la D 28, entre Montcuq et Saint-Cyprien, au pied du château. Resto fermé ts les midis. Doubles 66-76 €. Repas 25 €. Apéritif offert sur présentation de ce guide.* Un hameau et son château perdus au sommet d'une colline. 2 chambres d'hôtes à l'étage d'une ancienne grange, plus une 3e située au frais dans l'ancien fournil. C'est également une table remarquable, ouverte aux non-résidents. Mireille Pinatel organise à l'automne des stages de cuisine quercynoise (confit, pastis, mique...) et de découverte de la truffe ou du foie gras. Piscine dans un coin tranquille du jardin. Rando-étape et accueil de cavaliers.

Chambres d'hôtes Côté Granges : *le Bourg, 46140 **Carnac-Rouffiac.** ☎ 05-65-22-33-36 ou 06-78-84-13-31. • cotegranges@gmail.com • cote-granges.com • À 10 km env de Montcuq, par la D 653 en direction de Cahors, puis la D 45 en direction de Puy-l'Évêque. Fermé oct-mars. Doubles 75-85 €.* Dans ce petit hameau aux maisons de pierre, une ancienne grange entièrement restaurée par un couple de nordistes tombés amoureux du coin, et on les comprend. Belles chambres confortables, avec une déco dans l'air du temps. On a un petit faible pour celle avec accès indépendant et terrasse privée. Piscine chauffée dans le jardin paysager. Petit déj un peu faible à notre goût dommage...

Manifestations

– ***Festival de la Chanson à texte :*** *3-4 j. fin juil.*
– ***La rue des enfants :*** *2e w-e de sept.* Spectacles de rue.

DANS LES ENVIRONS DE MONTCUQ

Brocante et antiquités : *à 3 km env de Montcuq, au château de **Gayrac,** 46800. ☎ 05-65-31-82-06. Sur la route de Belmontet ; bien indiqué. Tlj 9h-18h (20h-20h30 l'été).* Meubles régionaux, objets insolites, dentelles, tissus, livres... Un lieu en or, tenu par deux sœurs qui ont un goût affirmé !

LA VALLÉE DU LOT, DE CAHORS À DURAVEL

Les paysages le long du Lot évoquent tout sauf la monotonie. Ici, cet affluent de la Garonne se débarrasse de ses falaises, s'évase, prend du large, sans pour autant perdre ses promontoires et belvédères. Surtout, il musarde en d'incroyables méandres (appelés ici *cingles*). Une butte, un petit rocher de rien du tout, et hop, il en fait le tour. Jamais on n'a vu le Lot aussi indolent et paresseux. C'est là que l'on produit le célèbre cahors, l'un des vins les plus anciens de France. Pour coller au Lot, rive sud (quitter la route principale), il est nécessaire d'avoir du temps devant soi. Des dizaines de petites routes adorables se perdent dans le vignoble. L'occasion d'admirer l'architecture vigneronne et de découvrir nombre de petits châteaux et maisons fortes.

DOUELLE

(46140) 794 hab. *Carte Lot, B3*

Ancien port d'embarquement du vin de Cahors, Douelle tient son nom du vocabulaire de la vigne – terme désignant une pièce de tonneau. À l'ouest du village, promenade très agréable le long du Lot qu'enjambe un vieux pont de brique désaffecté, désormais piétonnier. Paysage charmant avec, en toile de fond, le long du Lot, l'immense fresque contemporaine du peintre Chamizo. Peinte en 1992 et restaurée en 2010, elle retrace sur un mur de béton de 120 m de long et de 6 m de haut la mythologie du vin, d'une part, et d'autre part, l'histoire du vin de Cahors et le travail de la vigne. Signe qu'à Douelle, on entre dans le vignoble !

Adresse utile

■ ***Location de bateaux habitables :*** *Le Boat, au Moulinat au bout du vieux pont. ☎ 05-65-20-08-79. • leboat.fr • Avr-oct.* Location de bateaux sans permis à la semaine ou au week-end pour une balade pépère sur le Lot.

Où camper ? Où manger ?
Où passer un bon moment ?

Camping de l'Écluse : *base nautique Antinéa, lieu-dit Le Payras. ☎ 05-65-21-11-78. 📱 06-67-27-83-04. • mortimer.blanchard@gmail.com • Sur les berges du Lot (bien fléché du centre-ville). Avr-oct. Compter 15 € pour 2 pers.* À quelques centaines de mètres du centre-ville et des commerces, ce petit camping modeste et ombragé de 17 emplacements jouit d'une situation plus que stratégique sur les rives du Lot. Petite restauration de bonne qualité sur place (snack au déj et plus élaborée le soir) et bonne ambiance. Un lieu très apprécié des autochtones qui profitent de la plage et des activités de la base de loisirs (*peda'lot,* location de vélos, canoës). Bref, un bon point de chute pour des vacances actives !

MERCUÈS

(46090) 1 064 hab. *Carte Lot, B3*

Impossible d'échapper à son célèbre *château* ! Ses tours en poivrière se profilent depuis des siècles sur la rive nord. Accès de Cahors (par la D 911) ou par le pont de Douelle. Construit au XIIIe s et demeure des évêques de Cahors, il fut assiégé plusieurs fois par les deux camps pendant la guerre de Cent Ans, et incendié durant les guerres de Religion. Au XVIIe s, l'évêque du moment, ayant recueilli plusieurs centaines de personnes fuyant la peste, en profita pour faire reconstruire le château. Aujourd'hui, c'est devenu un luxueux hôtel Relais et Châteaux, doublé d'une table gastronomique étoilée, où vous pouvez simplement aller boire un verre, ne serait-ce que pour profiter de la vue en terrasse.

Où dormir ? Où manger ?

Chambres d'hôtes Le Mas Azemar : *rue du Mas-de-Vinssou. ☎ 05-65-30-96-85. 06-10-41-12-43. • masazemar@aol.com • masazemar.com • À 500 m du village, en direction de Caillac. Tte l'année. Double 117 €, 142 € pour 3 pers. Table d'hôtes, sur résa slt, 37 € avec vin et café ; menu gastronomique quercynois 43 €. Apéritif offert sur présentation de ce guide.* Au pied du château et au cœur des vignobles, un mas du XVIIIe s reconverti en demeure de charme. Au rez-de-chaussée, salon jaune, gai et lumineux comme les tournesols qui éclatent l'été sous ses fenêtres. À l'étage, chambres tout confort, classées 4 épis, toutes également superbes. Excellent petit déj et merveilleux dîner en perspective. Piscine chauffée. Jardin de roses et potager aussi utiles que décoratifs.

Où dormir ? Où manger dans les environs ?

Chambres d'hôtes chez Michel et Lydia : *lieu-dit Bertouille, 46150* ***Boissières.*** *☎ 05-65-21-43-29. • micheletlydia@orange.fr • micheletlydia.fr • À 7 km de Mercuès, traverser le pittoresque village de Boissières et monter sur la colline (fléché). Congés : mai-6 juin, déc-12 janv. Double 80 €. Remise de 10 % sur le prix de la chambre, sur présentation de ce guide.* Cette belle demeure à l'allure historique est en fait une maison moderne, construite en pierre du pays dans un style ancien. À l'étage, élégantes chambres le long d'une coursive extérieure ou dans le pigeonnier, avec une belle hauteur sous plafond. Toutes offrent beaucoup de confort. Belle terrasse dominant le parc où paissent des chèvres et grande piscine couverte chauffée toute l'année par un système géothermique. Les propriétaires organisent des séjours gastronomiques autour de la truffe en saison. Une belle adresse, conviviale, chaleureuse et gourmande.

Le Vinois : *46140* ***Caillac.*** *Dans le bourg. ☎ 05-65-30-53-60. • contact@levinois.com • levinois.com • Hôtel ouv tlj. Resto fermé dim soir, lun-mar midi ; lun-mar de fin juil à mi-août. Congés : 15 j. en oct et 3 sem en janv. Doubles 86-160 € selon confort et saison ; petit déj 12 €. Menu déj (sauf dim) 23-26 €, puis 42 €.* La terrasse et la déco branchée *black and white* tranchent avec l'épicerie-bureau de poste voisine. Au resto, le chef démontre un savoir-faire irréprochable. À sa manière, il nous fait partager deux passions, son Quercy et sa cuisine, qui redécouvre le terroir pour mieux l'embellir. On peut aussi y dormir. Les chambres à l'esprit contemporain offrent un confort parfait, et les proprios n'ont pas lésiné sur les moyens : meubles asiatiques, agréables salles de bains avec lavabo en pierre ou en verre, beaux tissus, TV écran plat. Piscine. Possibilité de cours de cuisine avec le chef (groupe de 5 personnes).

À faire

Le circuit du château de Mercuès : *4,5 km ; env 1h15.* Au départ de la porte de l'Église. Petit sentier idéal en famille. Passe au pied du château et offre de beaux panoramas sur la vallée.

Le circuit de Terre Blanc : *5,6 km (balisage vert) ; env 1h45.* Au départ de la rue du Marché, une boucle sur un sentier ombragé, qui suit les crêtes dominant le village. Belles vues sur le château et la vallée.

Le circuit du château des Bouysses : *8 km ; env 2h15.* Au départ de la porte de l'Église, ce circuit vous fera découvrir les châteaux des Bouysses (musée-conservatoire) et de Lagrézette.

DANS LES ENVIRONS DE MERCUÈS

L'église romane de Caillac : *à 3 km ; en principe, tlj 9h-18h, de mi-juin à fin sept ; sinon, clés en dépôt à la mairie en sem le matin (☎ 05-65-20-07-90).* Intéressante pour son puissant clocher carré et le remarquable porche du XVIe s avec arc sculpté en damier, chapiteaux sur colonnes, encadrement ciselé de personnages (Adam et Ève) et motifs végétaux. À l'intérieur, belles fresques baroques – et même quelques bouts datant de l'époque romane.

Le château de Lagrézette : *à 3 km de Mercuès, en direction de Caillac (puis fléché). ☎ 05-65-20-07-42. • chateau-lagrezette.tm.fr • Pâques-oct, ouv tlj 10h-18h (sam-dim sur résa).* Édifié à la Renaissance, c'est le domaine viticole d'Alain-Dominique Perrin, directeur de *Richemont International (Cartier, Lancel, Montblanc...).* Possibilité de visiter les chais et de déguster les vins.

CRAYSSAC (46150) 730 hab. *Carte Lot, B3*

Sympathique village tout en hauteur, perdu dans les collines touffues du causse. Dans le bourg, ruines d'une église romane victime de la guerre de Cent Ans. Les alentours sont creusés de carrières de *platins,* grandes pierres plates qui étaient utilisées autrefois pour les toits et le pavage. Dans l'une d'elles fut découvert un site paléontologique exceptionnel, la Plage aux Ptérosaures.
De Crayssac part une superbe route en corniche (le col de Crayssac) vers Caïx et Luzech. Belvédère livrant un prodigieux panorama sur la boucle de Parnac, considérée comme l'épicentre du vignoble de Cahors. À gauche, charmante vision du château de l'Angle, au bord du Lot. Au coucher du soleil, le paysage prend des teintes flamboyantes.

Où dormir ?

Chambres d'hôtes Le Clos du Mas de Bastide : *☎ 05-65-30-18-33. 📱 06-60-64-72-84. • sophie.rouquie@gmail.com • Du bourg, en direction de Prayssac, prendre la 1re rue à gauche, puis encore à gauche devant l'Auberge des Vitarelles ; la maison fait l'angle 200 m après le camping Trigano. Congés : janv-mars. Double 132 €.* Dans l'enceinte d'une demeure du XVIIe s avec de beaux vitraux et une vue panoramique sur la vallée, 3 chambres cosy aménagées dans l'ancien four à pain, le cellier ou un bâtiment annexe face à la piscine. Déco de style classique, un brin rococo, drapée de toile d'inspiration Jouy. Nombreuses possibilités de balades dans les bois alentour, offrant de superbes points de vue.

À voir

La plage aux Ptérosaures : *accès par la D 811 ; fléchage à droite un peu après l'embranchement pour Crayssac en allant vers Puy-L'Évêque. Rens et résa obligatoire auprès de l'office de tourisme de Cahors/Saint-Cirq-Lapopie, au ☎ 05-65-53-20-65. Ouv de Pâques à Toussaint. En saison, lun-ven : 4 visites guidées/jour, 10h30, 14h30, 16h et 17h30 ; sam-dim 14h30, 16h et 17h30. Visites en anglais les lun et ven à 12h00. Hors saison, sur rdv. Entrée : 7 €, réduc, gratuit jusqu'à 6 ans.* Le plus gros chantier paléontologique actuellement en France. Un site unique classé Réserve nationale d'intérêt géologique depuis juin 2015. Il y a 150 millions d'années, Crayssac était une plage sur laquelle vagabondaient toutes les bestioles de l'époque. Parmi elles, une trentaine d'espèces ont laissé leurs empreintes imprimées dans la vase, puis recouvertes par les marées successives, puis les couches sédimentaires. Dans cette ancienne carrière de pierres calcaires, il aura fallu 100 000 heures de fouilles minutieuses pour les révéler, mettre au jour ces pistes où passaient les ptérosaures, reptiles volants qui ont légué leur nom au lieu. Le site réserve encore bien des surprises aux chercheurs. En tout cas, les traces d'un des ptérosaures, baptisé Émile, a mis fin à une controverse scientifique. Ses empreintes le prouvent, ces drôles d'oiseaux (certains atteignaient tout de même 15 m d'envergure) ne marchaient pas sur deux pattes mais sur quatre. Et une grosse partie du travail des équipes de Crayssac consiste notamment à restituer les mécanismes de locomotion de ces ptérosaures. Après le visionnage d'un film de 30 mn, *À la recherche d'Émile* justement, on part traquer ces fameuses empreintes, guidé par un ancien fouilleur. Une exploration menée dans la pénombre, dans un cadre de fouilles, sous une structure protégeant le site des intempéries tout en favorisant des conditions idéales d'observation (en plein soleil, on ne verrait rien). La visite est aussi vivante que passionnante !

QUAND LES POULES AVAIENT DES DENTS !

Les poules auront-elles un jour des dents ? Qui sait ? Ce qui est sûr, en revanche, c'est qu'elles en ont eu, ou du moins leurs lointains ancêtres dinosaures, dont certains ont laissé leurs empreintes à Crayssac. Nos cocottes possèdent même encore un gène réprimé qui, s'il était activé, leur ferait pousser une belle rangée de ratiches !

LUZECH

(46140) 1 739 hab. *Carte Lot, B3*

À 18 km de Cahors, c'est la partie du Lot la plus nonchalante et aussi l'une des plus spectaculaires. Pensez qu'il musarde pendant 5 km avant de finir sa grande boucle...
La ville fut l'une des quatre baronnies du Quercy, et Richard Cœur de Lion l'occupa en 1188. En 1209, après la défaite des albigeois, les évêques s'y installèrent durablement, assurant une dualité de pouvoir avec les seigneurs. Il y eut ainsi deux châteaux. Pendant la guerre de Cent Ans, Luzech, bien fortifiée, résista à tous les assauts anglais.
Dominé par deux hautes collines et une tour imposante, le Lot se replie ici sur lui-même, créant un isthme de 90 m de large, le passage le plus étroit de tout

le parcours du Lot. Dans le passé, d'ailleurs, un canal reliait les deux bords du « cingle » et permettait aux bateaux de gagner une journée de voyage. Comblé dans les années 1950, c'est la « rue-place » du village, où se tient le petit marché fermier du mercredi matin.

Adresse utile

Bureau d'information : *90, pl. du Canal. ☎ 05-65-20-17-27 et 05-65-21-37-63. • tourisme-lot-vignoble.com • Avr-oct, tlj sauf sam-dim (ouv sam en juil-août) ; sinon, mer-ven.*

Où dormir ?

Gîte d'étape L'Oppidum : *av. Henri-Pélisoté. ☎ 05-65-30-72-32 (mairie). • contact@ville-luzech.fr • ville-luzech.fr • Tte l'année (chauffé). Compter 10,70-13,20 €/pers ; loc de draps : 3,10 €.* 4 chambres de 1 à 8 lits superposés. Coin cuisine et salle à manger avec cheminée.

Où dormir ? Où manger dans les environs ?

Camping La Tuque : *à La Tuque, 46140* ***Bélaye.*** *☎ 05-65-21-34-34. • info@campinglatuque.fr • campinglatuque.fr • Accès : à 17 km de Luzech par la D 8 jusqu'à Bélaye ; à 4 km de Bélaye (fléché, mais pas facile à trouver). Ouv de mai à mi-sept. Empl. tentes 14,50-28 € selon saison ; chalets, mobile homes, gîtes et safari lodges 252-525 €/sem selon saison. CB refusées.* Très beau camping, impeccablement tenu, dans un environnement forestier de 9 ha et très isolé. D'autant plus plaisant qu'il se mérite ! Piscine (avec toboggan), tennis, petite épicerie, bar, resto, minigolf, animations pour les enfants... L'un des plus beaux campings du Lot, dirigé par un couple de Hollandais accueillant. Clientèle essentiellement hollandaise en été. Piscine.

Camping Les Berges de Caïx – restaurant d'Oltitude Aux Quatre Vins : *base nautique de* ***Caïx*** *(centre-ville). ☎ 05-65-21-07-86. • caixbasenautique@orange.fr • caixbasenautique.fr • À 2,5 km par la D 9 direction Crayssac. Avr-oct. Resto ouv tlj en juil-août 9h-21h30. Env 13 € pour 2. Plat du jour 9,50 €. Plats 12-19 €. Apéritif offert sur présentation de ce guide.* Petite aire de camping contre le parking, basique mais ombragée. À côté, au resto, entre cuisine de terroir, spécialités du monde et salades composées, on trouve toujours de quoi se remplir l'estomac à bon compte. Bons produits, bonnes préparations. Fait carton plein les fin de semaine lors des soirées thématiques (apéros concerts, soirées 80's, moules-frites...) où l'on joue aisément les prolongations sur la grande terrasse au bord de l'eau.

De prix moyens à plus chic

Auberge de la Tour : *133, Grand-Rue. ☎ 05-65-36-90-05. • info@aubergedelatour.com • aubergedelatour.com • Fermé le soir sam-dim hors saison. Congés : 3 sem en janv et la 3e sem d'oct. Doubles 60-65 € selon saison ; chambres familiales. Carte 14-30 €. Apéritif régional offert sur présentation de ce guide.* Au cœur de ce petit village de 500 âmes (et quelques) l'*Auberge de la Tour* fait office de point de ralliement. Sa terrasse abritée le long de la route est bien appréciable aux beaux jours, et du petit déj au dîner, le service tourne bien. Cuisine régionale fraîche, simple et généreuse en parfaite adéquation avec les prix démocratiques. Dans les étages, les chambres, modestes mais ripolinées, sont bien calmes, y compris celles qui donnent côté rue. Les propriétaires se donnent du mal pour faire revivre cet établissement qui vaut bien une halte. Piscine à l'arrière.

Les Hauts d'Albas : *lieu-dit Bos del Pech, 46140* ***Albas.*** *06-83-80-14-44. • contact@les-hautsdalbas.com • les-hautsdalbas.com • (1 yourte). À 8 km d'Albas. Du centre, prendre la D 37 direction Sauzet, puis fléchage sur la droite après env 5 km. Tte l'année. Compter 106-844 € (min 4 nuits en juil-août). Tarif dégressif selon nombre de nuits.* Isolé sur un promontoire, un village de yourtes hyper confortables, pour moitié cachées dans un sous-bois. Rien à voir avec l'hébergement spartiate à la mongole, ici chaque yourte est compartimentée (2 chambres), tapissée de bois clair et dotée de tout le confort moderne : clim réversible, cuisine équipée, salle d'eau avec douche à l'italienne, un salon TV en mezzanine, et une terrasse. Toutes sont coiffées d'un dôme translucide, pour noyer son regard dans les étoiles. Pour compléter, 2 piscines – dont une en intérieur –, une salle commune avec billard et jeux de société, et un petit terrain multisports pour taper la balle. Vraiment chouette et excellent accueil !

LE LOT

Où acheter un bon cahors ?

La région de Luzech regroupe une douzaine de domaines viticoles. Toutes les infos et les coordonnées sont disponibles auprès de l'office de tourisme.

Domaine du Capelanel : *Fages, 46140* ***Luzech.*** *06-81-62-66-48. Lun-ven sur rdv.* Depuis 1878, la famille Dauliac produit sur l'exploitation du 100 % malbec. Le sol sidérolithique (riche en fer), rare sur la région de Cahors, donne au malbec toute sa finesse. Deux cuvées phares : la *Rangée du curé* en moyenne gamme, et la *cuvée Titouan* élevée dans des amphores en terre qui a le mérite de révéler le fruit et d'accentuer ce goût de terroir.

Château les Croisille : *Fages, 46140* ***Luzech.*** *☎ 05-65-30-53-88. 06-72-31-02-71. • lescroisille.com • Lun-sam, 9h-12h et 14h-19h.* Les époux Croisille ont créé ce domaine, dans un joli hameau de 4 maisons avec joli point de vue, en 1979. Ils travaillent aujourd'hui en famille et produisent des vins bio rouges, blancs et rosés aux goûts typiques des terroirs desquels ils sont issus. Ne pas manquer le *Divin Croisille* moult fois récompensé qui fait aujourd'hui la renommée de la maison.

Clos Trotteligotte : *Le Cap Blanc, 46090* ***Villesèque.*** *06-74-81-91-26. • clostrotteligotte.com • Ouv lun-ven 9h-12h, 14h30-18h30, sam sur rdv. Mieux vaut tél avt de passer.* Emmanuel et Émilie Rybinski travaillent sur une seule parcelle (un clos), sur un terroir d'altitude (le Causse) argilo calcaire rouge, riche en fer qui donne à leur vin toute sa caractéristique. Fraîcheur, élégance et soupçon de minéralité donc pour ces vins bio cultivés en biodynamie et élevés en jarre de terre. Leur fameux *K-2* est un 100 % malbec élu depuis 3 ans dans les 100 meilleurs vins du monde aux États-Unis. Goûter également le *K-Libre,* un 100 % chenin.

Château Combel-la-Serre : *Cournou, 46140* ***Saint-Vincent-Rive-d'Olt.*** *☎ 05-65-30-71-34. 06-75-01-50-28. • combel-la-serre.com • Lun-ven 9h-12h, 14h-18h ; sur rdv le w-e.* Un autre domaine familial tenu par Jean-Pierre et Julien Ilbert, père et fils, passé en mode biologique depuis 2 ans. Produisent des assemblages et cuvées parcellaires sur 3 cuvées en 100 % malbec. Des vins frais et digestes comme ces cuvées *Château* et *Aux Cerisiers.*

Mas del Perie : *le bourg, 46090* ***Trespoux-Rassiels.*** *☎ 05-65-30-18-07. 06-86-66-10-74. • masdelperie.fr • Tlj 9h-12h, 14h-18h.* Un domaine récent créé par Fabien Jouves en 2006 sur les plus hauts terroirs de l'appellation cahors. On y trouvera des vins naturels cultivés en biodynamie, différemment racés selon les parcelles et les assemblages. La cuvée *Les Escures* plaît bien. Quant à la cuvée *Amphore,* elle est vinifiée dans de vieilles amphores italiennes.

Domaine Campoy : *Les Pradelles, 46090* ***Flaujac-Poujols.*** *☎ 05-65-35-07-95. 06-99-95-15-80. Ouv 9h-12h,*

14h-19h, de préférence sur résa. Sur rdv le dim. À l'extrémité est de la zone d'appellation cahors, un petit domaine où Christophe Campoy produit, en respect du terroir, du malbec et du chenin 100 %.

Domaine Lafon : *à* ***Caïx*** *(46140). Dans le centre (bien indiqué), juste à côté de la base nautique.* ☎ *05-65-20-14-97. Ouv 9h-19h, sur rdv le w-e.* Les Lafon connaissent leur métier et ils l'aiment. Cette famille de vignerons possède un réel savoir-faire. Cave de présentation et de dégustation.

Château Les Grauzils : *au lieu-dit Gamot, à env 3 km de Prayssac (46220) ; bien fléché.* ☎ *05-65-30-62-44. Tte l'année, tlj 9h-12h, 14h-19h, sauf dim.* Philippe Pontié perpétue la lignée née en 1880. Le vin, ici, est une affaire de famille et de tradition. Il a souvent été primé, et on peut vous assurer que sa réputation n'est pas usurpée.

Château d'Anglars-ferme départementale (46140) *: le bourg, bâtiment 9, 46140* ***Anglars-Juillac.*** ☎ *05-65-36-28-93. • ferme-departementale-vindecahors.com • Visite lun-ven, w-e sur rdv.* Association dédiée à la recherche-expérimentation viticole et œnologique, et conservatoire national du cépage cot (malbec, auxerrois). Site de référence pour la maîtrise de la qualité et le respect de l'environnement. Dégustations, expos.

Où voir un spectacle dans le coin ?

L'Œil du Silence : *domaine d'Anglars, 46140* ***Anglars-Juillac.*** ☎ *05-65-36-23-76. • loeildusilence.com • À env 10 km de Luzech.* Un centre de création, de formation et de réflexion théâtrales en pleine campagne dirigé par Anne Sicco, veuve du mime Marceau. Des chantiers et ateliers réservés aux professionnels, et de nombreuses représentations au cours de l'année (programmation sur le site). Une initiative à saluer et à encourager.

À voir

Circuit d'interprétation qui parcourt la ville, avec panneaux explicatifs devant chaque bâtiment méritant votre attention.

La maison des Consuls : *rue de la Ville.* Superbe demeure du XIIe s. Grande arche gothique de pierre, surmontée d'un premier étage en brique avec fenêtres romanes géminées.

– ***Musée Armand-Viré*** *(espace archéologique et espace ammonites)* ***:*** *rue de la Ville.* ☎ *05-65-30-58-47 (rens) ; se renseigner pour les horaires. Entrée : 3 € (Musée Armand ou Ichnospace) ; 5 € pour les deux sites ; gratuit moins de 12 ans ; audioguide 1 €.*

L'espace archéologique : expose les découvertes des fouilles archéologiques effectuées sur l'oppidum de l'Impernal et les alentours. Objets datant du Paléolithique à la période gallo-romaine : silex, céramiques, parures, pointes de flèches, pièces de monnaie, etc.

L'espace des ammonites : cette salle présente des ammonites issues des causses jurassiques supérieurs du Quercy. Pour comprendre leur évolution sur près de 10 millions d'années.

– ***Musée Ichnospace :*** *au-dessus de la médiathèque, rue de la Ville.* ☎ *05-65-30-58-47 (rens) et* ☎ *05-65-20-17-27 (office de tourisme). Se renseigner pour les horaires.* Musée consacré aux traces de dinosaures. Présentation moulage de 60 m² d'une piste d'empreintes de dinosaures.

Musée La Planète des Moulins : *quai Émile-Gironde.* 📱 *06-80-83-24-24. • laplanetedesmoulins@wanadoo.fr • museelaplanetedesmoulins.fr • Visite guidée slt (sur résa) en juil-août lun-ven, 15h30-18h. Tarif : 5 €, réduc, gratuit moins de*

7 ans. Évocation du travail des hommes pour apprivoiser les énergies naturelles, à travers une étonnante collection de maquettes animées par l'eau et le vent.

Quelques rues particulièrement pittoresques comme la ***rue des Mariniers,*** qui permettait d'arriver directement sur les berges du Lot en passant sous la route. La *porte du Capsol* (XIIe s), en brique, était une porte intérieure pour le péage sur le poisson (le « capsol »). Pour finir, on arrive à la *porte de Ruffer,* donnant accès au donjon. À droite, escalier et sentier.

Le donjon : édifié au XIIe s, c'est l'unique vestige du château épiscopal, haut de 25 m. Du donjon, continuer à grimper la colline au-dessus de la centrale électrique, pour arriver au ***point de vue de l'Impernal*** et à l'oppidum gallo-romain, dont il reste quelques pierres visibles sur le parcours d'un sentier fléché. Belle vue sur les méandres du Lot et la vallée. Redescendre pour arpenter le faubourg du Barry. Au passage, quelques ruines de l'ancien château des seigneurs (en contrebas de celui des évêques).

Le faubourg du Barry : dans le prolongement de la Grand-Rue, de l'autre côté de la place. Intéressant, car il a conservé intégralement son plan de lotissement médiéval (ruelles partant en impasse sur les côtés). Nombreux détails architecturaux à saisir au passage, comme les *obrades,* ces grandes ouvertures en ogive des boutiques, avec pierres plates pour commercer. Tout au bout, l'*église Saint-Pierre,* du XIVe s, remaniée au XIXe s.

Au fond de la boucle, petite ***chapelle Notre-Dame-de-l'Île,*** construite en 1505. Ravissant portail de style flamboyant.

À voir. À faire dans les environs

Saint-Vincent-Rive-d'Olt *(46140) : rive sud du Lot.* Joli village blotti autour du ruisseau de Bondoires. Quelques moulins, dont le *Moulin-Bas* avec un double escalier. *Église Saint-Vincent,* du XVe s. Porche Renaissance. À l'intérieur, beau mobilier : retables baroques, chaire, porte du baptistère sculptée, bénitier du XVIIe s. Demander les clés à Mme Tardieu, la voisine, ou à la mairie. *Château* du XVIIIe s à l'entrée du village. Monter à la *croix de Cavanié* pour le panorama extra sur le cingle de Luzech.

Caïx *(46140) :* rattaché à la commune de Luzech, Caïx est un village vigneron typique, posté tout en bas de la côte de Crayssac. Église du XIIe s, croix du XVIIIe. Au-dessus, ***le château de Caïx*** *(ouv 15 avr-15 oct, tlj sauf dim et j. fériés ; visite guidée slt à 15h. Rens et résa : ☎ 05-65-20-13-22. Tarif : 7 €)* datant du XVIIe s, appartient à la reine du Danemark, dont le mari est un Lotois. Dans les caves voûtées, présentation de la collection privée d'Arts premiers asiatiques et africains, ainsi qu'un ensemble de jades chinois.

– ***Base de loisirs CopaCaïxBana :*** *à Caïx.* Aire de jeux, pique-nique, locations de canoës kayaks et buvette en bord de plage de sable *(surveillée en juil-août).* Également un camping et un resto (voir plus haut « Où dormir ? Où manger dans les environs de Luzech ? »).

Albas *(46140) : rive sud du Lot. À 4 km de Luzech.* Pittoresque village fortifié accroché à la falaise. De par sa position défensive, il fut une des résidences privilégiées des évêques de Cahors (au XVIe s, l'un d'eux y séjourna si longtemps que ses fidèles de Cahors, irrités, l'avaient surnommé Monseigneur d'Albas !). Seule l'*église* du XIXe s détonne un peu (mais beau presbytère du XVe s, ancien palais épiscopal). *Maison-tour* du XIVe s et vieille porte de ville.

PUY-L'ÉVÊQUE

(46700) 2 300 hab. *Carte Lot, A3*

Comme Luzech, Puy-l'Évêque fut une importante cité médiévale, qui occupait une position extrêmement stratégique sur le Lot. Ses vieilles demeures, ses prestigieux manoirs reliés par des volées d'escaliers dégringolent en rangs serrés vers le Lot avec une merveilleuse homogénéité. Son charme est resté intact.

Située sur une colline, la ville s'appela d'abord *Puech,* ce qui signifie en celte « sur une hauteur » (comme *puig* ou *puy*). Elle épousa la cause cathare. Vaincue par l'évêque de Cahors, elle est alors nommée Puy-l'Évêque. Pendant la guerre de Cent Ans (de 1346 à 1441), la ville changea cinq fois de mains. Durant les guerres de Religion, les troupes protestantes s'y cassèrent les dents (l'église reçut au moins cent boulets de canon, les traces sont encore visibles). Pendant la Révolution, Puy-l'Évêque prit le nom de Puy-Libre, et ensuite Puy-sur-Lot avant de reprendre, sous Napoléon Ier, son ancien (et actuel) nom.

Adresses et info utiles

Office de tourisme intercommunal Lot-Vignoble : *12, Grand-Rue. ☎ 05-65-21-37-63. • info@tourisme-lot-vignoble.com • tourisme-lot-vignoble.com • Juil-août tlj sauf dim ap-m ; sept à juin, du lun au sam midi.* Organise des visites commentées de la ville pour les individuels *(juil-août mar soir ; 5 €).*

La Cave des Vignerons de Puy-l'Évêque : *14, Grand-Rue. ☎ 05-65-24-38-47. À côté de l'office de tourisme. Mai-oct, lun-ven 10h-12h30, 14h30-19h ; le w-e, boutique ouv selon la présence de vignerons.* Dégustation-vente de vins des producteurs de Puy-l'Évêque dans un beau caveau. Dégustation des produits locaux (foie gras et fritons) en plus des crus en juillet-août, le jeudi à 18h.

On trouve en ville ***tous les services*** (supermarchés, station-service, banque, poste).

– ***Marché :*** *mar mat, pl. de la Truffière.*

– ***Marché gourmand :*** *juil-août mer soir, promenade de Héron.*

Où dormir ? Où manger ?

Campings

Camping Les Vignes : *lieu-dit* ***Le Méoure.*** *☎ 05-65-30-81-72. 06-76-39-27-81. • campinglesvignesh6@gmail.com • camping-lesvignes.fr • Accès : à 3 km du centre-ville ; prendre la direction de Vire-sur-Lot, puis, avt de traverser le Lot, fléché sur la gauche. Ouv d'avr à fin sept. Empl. tentes 13-18 € selon saison. Également loc de gîtes (235-740 €/sem). 115 empl. Réduc de 10 % sur l'emplacement camping sur présentation de ce guide.* Très bien situé (au milieu des vignes et au bord du Lot !), très bien ombragé et parfaitement tenu. Emplacements spacieux délimités par de belles haies. Bon confort et bons équipements : ping-pong, kayak, volley-ball, location de vélos, etc. Également une piscine chauffée, mais possibilité de baignade (et de pêche) dans le Lot. Resto sur la plage. Point de départ de nombreuses excursions. Le GR 36 passe dans le secteur. Épicerie, salle de jeux, bibliothèque. Piscine.

L'Évasion : *D 28. ☎ 05-65-30-80-09. • evasion@wanadoo.fr • lotevasion.com • Accès : par l'autoroute jusqu'à Cahors, puis la D 911 pour*

Puy-l'Évêque ; à Puy-l'Évêque, prendre la rue qui monte en face de la mairie, puis fléché. Ouv de mi-avr à mi-sept (loc tte l'année). Empl. tentes 23-30 € selon saison (avec électricité). Loc chalets et mobile homes 420-980 €/sem. Caravanes 161-210 €/sem. 35 empl. Dans un complexe comprenant un camping et un village-club doté de chalets très confortables et de mobile homes. Situé au sommet d'une colline dans un magnifique bois de pins, chênes et châtaigniers. Pas mal d'activités sportives à pratiquer (foot, volley, basket, etc.). Animations en juillet et août. Espace aquatique chauffé avec bassin d'eau vive, rivière et cascade. Resto et snack. Possibilité de pêcher au lac de Cassagnes à 3 km.

De bon marché à prix moyens

Hôtel Henry : *rue du Docteur-Rouma. ☎ 05-65-21-32-24. • contact@hotel-restaurant-henry.fr • hotel-henry.com • À l'entrée de la ville, en bas de Puy-l'Évêque. Fermé 2 sem en oct et 3 sem en fév. Doubles 48-56 €. Menus 13,50 € (déj en sem)-27 €. Parking.* Hôtel traditionnel, simple et confortable. Chambres rénovées, climatisées et surtout à prix modérés. Préférer celles avec balcon ou terrasse donnant sur le petit jardin fleuri, beaucoup plus calme. Cuisine locale au resto.

Les Dodus en Ville : *11, rue Marcouly (dans le haut du village). ☎ 05-65-22-91-82. • ruiz.joselyne@orange.fr • Fermé dim-lun. Formule 12,50-18 €. Carte env 20 €.* Un minuscule bistrot d'aujourd'hui dans un décor d'hier, avec tables en Formica, et proposant des options végétariennes. On y pioche à l'ardoise une petite cuisine maison, simple et fraîche, privilégiant les produits de saison. Accueil décontracté, clientèle mélangée de copains, touristes et habitués. Quelques tables se serrent sur le trottoir pour prendre le frais.

Chic

Hôtel Bellevue – Restaurant Côté Lot : *pl. de la Truffière. ☎ 05-65-36-06-60. • hotelbellevue.puyleveque@wanadoo.fr • hotelbellevue-puyleveque.com • ♿ Resto fermé lun et mar midi (hors saison dim soir-lun et mer soir). Congés : nov-fév. Doubles 76-96 € selon confort ; chambres familiales. Menus (déj en sem) 19,50 €, puis 34 €. Café offert sur présentation de ce guide.* Sur les hauteurs de la ville, le réputé hôtel *Bellevue* embrasse, de ses salles arrière, le Lot et les plaines avoisinantes. La vue est saisissante, le soir surtout au coucher du soleil. Une vue dont disposent certaines chambres avec balcon. Déco contemporaine différente dans chacune. Les plus chères sont particulièrement spacieuses. Au resto, délicieuse cuisine du moment, légère et parfumée, à juste titre très réputée. La grande salle panoramique fait heureusement oublier le mobilier de cantine d'entreprise. Service également sous l'élégante véranda, côté place. Accueil exceptionnel.

Où dormir ? Où manger dans les environs ?

Chambres d'hôtes Moulin de Clédelle : *chez Michel Borredon, 46700* **Loupiac.** *☎ 05-65-30-83-39. À env 3 km de Puy-l'Évêque ; prendre direction Cahors, puis suivre Loupiac, sur la gauche. Avr-oct. Double avec sdb 50 €. Parking privé. Apéritif et boîte de pâté offerts sur présentation de ce guide.* Une adresse à la ferme avec poules et canards qui déambulent dans la cour. 2 chambres simples, avec entrée indépendante, dont une sympathique familiale en duplex.

Restaurant Le 14 : *14, pl. d'Istrie, 46220* **Prayssac.** *☎ 05-65-36-04-86. • restaurant-le14@outlook.com • ♿ À 5 km de Puy-l'Évêque. Dans le centre, face à l'hôtel de ville. Tlj sauf dim-lun ; ouv slt à midi hors saison. Menus 14-23,90 €.* Un resto-salon de thé installé au cœur d'un magasin de déco ! Le cadre est gai comme le chant du rossignol et coloré comme un tableau de Vasarely. La cuisine est fraîche et simple (salades, assiettes gourmandes, grillades), avec quelques propositions singulières comme la pastilla au confit de canard. Assiettes composées originales, réussies et suffisamment copieuses pour un repas. En été, joli patio ombragé. Très bon accueil.

Restaurant Le Caillau : *lieu-dit Le Caillau, 46700* ***Vire-sur-Lot.*** *☎ 05-65-23-78-04. • info@lecaillau.com • Par la D 5, direction Mauroux. Tlj sauf dim soir, lun soir et mar hors saison. Formule déj 14,50 €. Carte 25-30 €. Résa recommandée.* Dans un ancien domaine viticole entouré de vignes, le *Caillau* surprend autant par la déco « countryside » (les propriétaires sont anglais et ont aménagé la grange ouverte sur l'extérieur de façon très cosy) que la créativité de la cuisine. Ouverture récente d'une magnifique salle pour 60 couverts dans l'ancien chai. Produits de saison et de terroir sont revisités avec ingéniosité par un chef qui ne manque pas de ressource et bouscule ainsi les codes de la gastronomie lotoise ! Burger d'agneau extra. Un rapport qualité-prix épatant, ce d'autant que les plats sont généreusement servis. Service parfait. Un sans-faute qui mérite largement le détour.

Voir aussi plus bas « Où acheter un bon cahors ? », le ***Château de Chambert*** à ***Floressas.***

Où acheter un délicieux gâteau aux noix ?

Pâtisserie Franck Tonel : *49, rue Ernest-Marcouly. ☎ 05-65-21-32-56. Fermé lun. • patisserie-tonel.fr •* Le gâteau aux noix est une spécialité de la région que l'on trouve dans de nombreuses pâtisseries. Franck Tonel, maître-artisan, en réalise une version d'après la recette originale, dont il s'enorgueillit d'être le seul détenteur. Fi de ces batailles, avouons que celui-ci se défend plus que bien ! Les noix quasi confites forment un caramel au goût unique et à la texture fondante. Existe aussi agrémenté d'écorces d'oranges (excellent), de framboises ou de pruneaux. Le danger : l'addiction. Qu'à cela ne tienne, les petites merveilles peuvent être expédiées, si vous souhaitez en commander.

Où prendre un verre ?

L'Astrolabe : *1, rue de la Cale. ☎ 06-69-04-76-38. • astrolabe46d@yahoo.fr • Tlj en saison ; fermé mar et sam midi en mi-saison ; l'hiver slt le bar ven-sam soir.* Un rade sympathique proposant pas moins d'une trentaine de bières, et profitant d'un emplacement et d'une terrasse de choix, face au Lot et au soleil couchant. De temps en temps, quelques concerts (jazz, blues, etc.) ; en principe, 1 vendredi sur 2. Sinon, pour tuer le temps, billard, fléchettes et babyfoot. Fait également restaurant (surtout des tapas).

Où acheter un bon cahors à Puy-l'Évêque et dans les environs ?

Le Clos Triguedina : *Les Poujols, 46700* ***Vire-sur-Lot.*** *☎ 05-65-21-30-81. • jlbaldes.com • À env 7 km de Puy-l'Évêque. Tlj sauf dim 9h-12h, 14h-18h.* Tout simplement un des plus prestigieux cahors. Les générations précédentes ont largement contribué au renouveau du vignoble, et aujourd'hui, la relève a toujours le même souci d'excellence. Et comme les prix sont restés très raisonnables, on se permet de vous le recommander chaudement. Les amateurs de vins capiteux pourront tenter le *New Black Wine,* hommage aux anciens et prestigieux vins de Cahors. Du velours noir aux arômes de fruits confits compotés... Petit rappel : à consommer avec modération !

Château de Chambert : *Les Hauts Coteaux, 46700* ***Floressas.*** *☎ 05-65-31-95-75. • chambert.com • À 10 km env de Puy-l'Évêque.* L'un des grands domaines du vin de Cahors qui a obtenu de nombreuses médailles et distinctions. Réputé notamment pour son travail en biodynamie. Visite guidée des chais sur rendez-vous suivie d'une dégustation. Le propriétaire a eu la bonne idée d'ouvrir dans une dépendance un bistrot-bar à vins *(tlj 9h-19h)*, joliment aménagé. Planches de fromages de chez *Marty* (la star des fromagers à Cahors), de charcuteries sélectionnées avec soin, et proposées en accords mets et vins. Autres planches variées, snacks et salades (légumes bio). Sans oublier les délicieuses pâtisseries. Une bonne occasion de goûter « en situation » les vins de la propriété, mais également d'autres terroirs (sélection pointue).

Château Pineraie : *au lieu-dit* ***Leygues,*** *Puy-l'Évêque. ☎ 05-65-30-82-07. • chateaupineraie.com • Lun-ven 9h-12h, 14h-18h.* Les sœurs Anne et Emmanuelle Burc, 6e génération de la famille, ont repris l'exploitation et travaillent en culture raisonnée. Elles produisent 3 cuvées : le *Château Pineraie* et *La cuvée des Dames,* composées de 85 % de malbec et de 15 % de merlot, qui renferment toute la typicité du cahors ; et *L'Authentique,* 100 % malbec, devenu un classique incontournable, vendu dans de nombreux pays.

Château tour de Miraval : *Miraval, 46800* ***Saint-Matré.*** *06-86-05-89-74. • chmiraval.fr • À 17 km au sud de Puy-l'Évêque par la D 44. Tlj 10h-18h.* Évelyne Levy a repris avec enthousiasme et sens du partage l'exploitation de sa grand-mère, qui la tenait elle-même de ses grands-parents ! Vin rouge uniquement en production biologique produit sur un terroir argilo-calcaire. Évelyne ne ménage pas ses efforts pour produire notamment cette cuvée *Perle noire* 100 % malbec ou la *Cuvée Rachel,* cuvée de femmes présentée de façon non traditionnelle dans une bouteille de bourgogne. Pas mal non plus, la cuvée *Quatuor,* qui ne sort que les bonnes années et donne un vin particulièrement long en bouche.

À voir. À faire

Balade en gabare électrique sur le Lot : ***Gabare Copeyre.*** *☎ 05-65-20-03-25. • gabare-copeyre.com • Pâques-Toussaint. Durée 1h ou 2h. Compter 10-16 € selon le parcours (dégustation de vin de cahors comprise) ; enfant 7-15 €.* Sous l'apparence d'une gabare d'autrefois, un bateau électrique moderne, pouvant recevoir jusqu'à 50 personnes pour une balade silencieuse au fil du Lot. Plusieurs thématiques selon horaires de départ et deux circuits dont un (le plus long) avec passage d'écluse. Possibilité de location de canoës.

Porcelaine Virebent : *rue de l'Usine. ☎ 05-65-36-46-31. • virebent.com • Visite libre et gratuite. Tte l'année 10h-12h, 14h-19h, plus le dim 15 mai-15 oct.* Cette manufacture créée en 1924 fabriquait des composants électriques en porcelaine avant sa reconversion dans les arts de la table. Reprise par un couple de designers parisiens, la manufacture connaît un regain de créativité. Beau choix à la boutique, dont des pièces de 2nd choix à tarifs bradés. L'espace muséographique, installé autour du vieux four à charbon montre les différentes étapes de la fabrication artisanale de la porcelaine et de la faïence, de la matière première à la pièce finie. Très peu d'explications, poussiéreux et circuit pas clair, dommage.

L'église Saint-Sauveur : édifiée au XIVe s. Clocher-porche massif avec tourelle ronde sur le côté. Splendide portail flamboyant (classé Monument historique). Sur le tympan, *Crucifixion* et gracieuse *Vierge à l'Enfant.* Beau chevet gothique flamboyant avec balustrade ajourée. Le poste d'observation avec l'élégante échauguette carrée au coin rappelle que l'église fut aux avant-postes du système de défense.
À gauche, dans le cimetière, sous un baldaquin de pierre, un *calvaire* du XVe s au coup de ciseau assez archaïque.

La tour épiscopale : *pl. de la Truffière (à côté de l'hôtel de ville).* Imposant vestige du château des Évêques. Haut de 23 m, il date du XIIIe s et répondit aux mêmes buts défensifs que celui de Luzech. Bel appareillage de pierre. Ne se visite pas.

Entre le donjon et la rivière, on éprouve un réel enchantement à parcourir les ruelles reliées par des escaliers et tournant en anneaux circulaires le long de la pente. Concentration maximale de nobles manoirs qui, vu la place restreinte, furent édifiés serrés les uns à côté des autres.
Emprunter la *rue du Fort* au pied du donjon. On longe le ***château de Lychairie,*** du XIVe s, ancienne salle d'audience des vassaux. On arrive vite à l'ancienne ***chapelle des Pénitents*** avec son petit campanile et son écusson sculpté. Continuer la *rue Bovila* jusqu'à cette étrange sculpture sur un linteau de porte : un bateau au-dessus d'une accolade (avec une croix comme ancre ou gouvernail). Plus loin, le ***château Bovila*** présente un beau linteau faisant référence aux pèlerins de Saint-Jacques-de-Compostelle. Beaucoup d'édifices n'ayant pas encore été restaurés, l'usure du temps et la maladie de la pierre ajoutent un côté pathétique au plaisir de la découverte. Là, sur une autre porte, des mains semblent sortir du mur ! Traverser les ***jardins suspendus*** jusqu'en bas de la rue des Capucins et continuer vers la *place Guillaume-de-Cardaillac,* sur laquelle on retrouve les demeures médiévales construites sur les anciens remparts du XIIIe s. Plus loin, ***place de la Halle,*** la plus belle porte Renaissance du quartier (XVe s). Pittoresque *ruelle des Cloutiers* menant au Lot. *Place de la Cale,* belle vue d'ensemble sur d'anciens hôtels particuliers. *Ruelle des Clédelles,* porte de ville et ancien ruisseau menant à un moulin du XVIIe s.

DANS LES ENVIRONS DE PUY-L'ÉVÊQUE

Martignac *(46700) : à 3 km de Puy-l'Évêque.* Ce petit hameau, sur la route de Puy-l'Évêque à Cassagnes, mérite largement le détour. Dans l'*église* romane du village *(tlj 10h-18h), fresques médiévales* (du XVe s ; en fait, des peintures à la détrempe) absolument remarquables. Sur le mur de gauche en entrant, curieuse scène évoquant les péchés capitaux avec le diable et des monstres. Dans le chœur, à gauche, *Mise au tombeau.* Jolies grisailles, à la mode flamande ou italienne, plutôt rares dans nos contrées... Bien plus rare encore, sur la voûte, *Dieu le Père en majesté.* Sur le mur de droite (au-dessus du confessionnal), *Couronnement de la Vierge* et *Saint Pierre,* patron de l'église. Petit descriptif disponible sur place.

DURAVEL (46700) 957 hab. *Carte Lot, A3*

Encore un village typique des bords du Lot, avec sa belle église et ses grosses maisons quercynoises autour.

Adresse utile

Bureau d'information : *pl. de la Mairie. ☎ 05-65-24-65-50 et 05-65-21-37-63. • tourisme-lot-vignoble.com • Juil-août, lun-sam mat ; sinon j. et horaires restreints, fermé nov-mars.* Livret de visite de l'église disponible.

LE LOT

Où dormir ? Où manger dans les environs ?

De prix moyens à chic

Hostellerie Le Vert : *46700 Mauroux. ☎ 05-65-36-51-36. • info@hotellevert.com • hotellevert.com • À 10 km env au sud de Duravel, sur la D 5 (route de Tournon-d'Agenais). Resto ouv ts les soirs, sauf jeu hors saison. Fermé nov-mars. Résa conseillée. Doubles 85-130 €. Menu 32 €. Apéritif offert sur présentation de ce guide.* Un vrai coup de cœur pour cette superbe demeure quercynoise en pleine campagne, dans un cocon de verdure magnifiquement entretenu. Verger, piscine chauffée. Quel calme ! Vastes chambres de style rustique-chic réparties entre la bâtisse principale et l'annexe. Excellent confort. Table réputée où l'on sert une cuisine de marché légèrement créative. L'été, petits déj (excellents) et repas sont servis en terrasse ; du pur bonheur ! Accueil pro, tout à fait charmant.

Où acheter un bon cahors ?

Le Clos du Chêne : *à env 1 km du bourg (bien indiqué). ☎ 05-65-36-50-09. • closduchene-cahors.fr •* Vignoble de 17 ha, exploité depuis 4 générations par la même famille. Produisent également un côtes-du-lot rosé.

Château La Gineste : *chemin de la Gineste, à 1 km du bourg. ☎ 05-65-30-37-00. • chateaulagineste.free.fr •* Vin bio bien vinifié, de bonne structure. Vieux millésimes disponibles. Également des vins rosés monocépages, auxerrois ou merlot.

Le Clos d'un jour : *☎ 05-65-36-56-01. • leclosdunjour.fr • À env 2 km de Duravel par la D 811 direction Puy-l'Évêque, puis fléché sur la gauche.* Stéphane Azémar, ancien architecte, a l'originalité d'élever une partie de sa production bio en jarre de terre cuite de 140 l. L'oxygénation du vin est idéale et lui offre toute sa rondeur.

À voir

L'église : *demander la clé à l'office de tourisme, à la vitrine communale (bureau de poste) ou à la boulangerie.* Édifiée au XIe s et considérablement remaniée aux XIVe et XIXe s. Cela dit, elle a belle allure avec ses remparts dégagés et son remarquable chevet dont il faut détailler les fines sculptures de la corniche. À l'intérieur, on découvre une magnifique ***crypte*** préromane. Petite salle avec double rangée de colonnes. Chapiteaux au dessin très rustique mais fort bien exécuté. L'un d'eux est orné d'un paon. De l'ensemble se dégage une grande harmonie. S'attarder aussi sur les beaux chapiteaux historiés de l'abside. Thèmes classiques de l'époque : l'Enfer, punition de la cupidité, dragon terrassé, supplice de saint Pierre, etc. Bas-relief gallo-romain dans la nef. Derrière l'autel, sarcophage contenant les restes de trois saints orientaux, Hilarion, Agathon et Poémon. Au Moyen Âge, ils furent l'objet d'un important pèlerinage. Tous les 5 ans, le 21 octobre, le sarcophage est ouvert au public pendant un mois pour permettre de contempler les « corps saints de Duravel » momifiés. Prochaine cérémonie prévue en 2020.

Quelques ***demeures médiévales*** dignes d'intérêt à Duravel : en face du chevet de l'église, un superbe manoir du XVIe s (harmonieuse perspective des toits). Dans le même bloc que l'église, voir encore le *château du Viguier* (sur les hauteurs du village), le *logis du Prieur* (à deux pas) et diverses maisons du XVe s.

Manifestations

- ***Foire aux fleurs :*** *3e w-e d'avr.*
- ***Foire aux vins et produits régionaux :*** *les 14 et 15 août.*

LA BOURIANE (LE QUERCY PÉRIGOURDIN)

On n'est guère loin de Villefranche-du-Périgord et de Sarlat. Belle terre rouge, collines boisées (châtaigniers et fougères), entrecoupées de vertes vallées. Paysages doucement accidentés de Montcabrier à Gourdon, parsemés de coquets villages.

MONTCABRIER

(46700) 375 hab. *Carte Lot, A3*

Petite bastide créée par Philippe le Bel en 1297. L'archétype du joli village quercynois, dont la bastide est bien organisée avec ses rues parallèles qui s'entrecroisent autour d'une place carrée, bordée de belles façades médiévales avec arcades et cornières en encorbellement (à noter, les escaliers dans les entremis, séparant les habitations). Superbe *église Saint-Louis* du XIVe s, dont le clocher domine la place centrale. Mur à six arcatures et élégant portail rayonnant, intégrant une rosace. La balade dans le village révèle de fort belles demeures médiévales : le *presbytère,* la *maison* dite *de la cour de justice,* avec son échauguette du XVIe s, l'ancienne *maison de la jugerie* (fenêtre Renaissance). Également, vestiges de l'enceinte, remparts, tour d'angle, porte fortifiée (XIVe s) et point de vue sur la vallée de Thèze.

Où dormir ? Où manger à Montcabrier et dans les environs ?

Campings

⛺ ***Camping Le Carbet :*** *D 673, lieu-dit La Barte, 46700* ***Cassagnes.*** *☎ 05-65-36-61-79. • camping-le-carbet@orange.fr • camping-le-carbet.fr • ♿ Accès : par la D 673 entre Gourdon et Fumel ; à 9 km de Montcabrier. De mi-avr à mi-sept. Empl. tentes 13-18 € ; mobile homes 205-545 €/sem ; caravanes 280-340 €/sem. 29 empl.* Des emplacements en terrasses, ombragés et dispersés dans une forêt de 3 ha sur une colline surplombant le plan d'eau. Vente de permis de pêche. Piscine chauffée.

⛺ ***Camping Moulin de Laborde :*** *D 673. ☎ 05-65-24-62-06. • moulindelaborde@wanadoo.fr • moulindelaborde.eu • ♿ Accès : par la D 673 entre Gourdon et Fumel, à 2 km du bourg de Montcabrier. De mi-mai à mi-sept. Empl. tentes 20,64-25,80 €. 90 empl. CB refusées. Réduc : forfait 17 € pour 2 pers en basse saison sur présentation de ce guide.* Un camping confortable et très bien entretenu dans un environnement verdoyant, avec un beau moulin du XVIe s. Pas de locatif, du bonheur pour les campeurs ! Resto, épicerie et tipis indiens pour les enfants. Possibilité de belles randonnées dans la région (GR 36 et GR 652). Lac de Cassagnes à proximité (pêche). Piscine.

De bon marché à prix moyens

🏠 🍽 ***Chez Odette et Roger Lemozy :*** *Mérigou, 46700 Montcabrier. ☎ 05-65-36-53-43. • roger-lemozy@orange.fr •*

gite-merigou-lot.com • À 2,5 km de Montcabrier ; depuis la D 673 reliant Fumel à Frayssinet, suivre la direction de Sauveterre ; après le pont, prendre la 2e à droite ; c'est 1,5 km plus loin. Double 40 €. Repas le soir 14 €. Gîtes 5-8 pers 350-1 000 €/sem. Une bouteille d'apéritif maison offerte pour un séjour de plusieurs nuits sur présentation de ce guide. Ferme perchée sur une colline boisée, à l'écart de tout passage. Odette et Roger, retraités agricoles d'une hospitalité hors pair, proposent des chambres d'hôtes à la ferme ainsi que 2 gîtes ruraux dans des maisons de caractère. Piscine près du grand gîte, dans le hameau (également accessible aux locataires des chambres d'hôtes).

Chambres d'hôtes Le Clos de la Thèze : *La Thèze, 46250* ***Frayssinet-le-Gélat.*** *☎ 05-65-36-65-39. • closdelatheze@orange.fr • closdelatheze.fr • À 12 km env de Montcabrier ; par la D 660 en direction de Villefranche-du-Périgord, puis la D 28 (fléché). Congés : fév. Double 60 €, 85 € pour 3 pers.* Au sein d'un charmant petit hameau et à deux pas de leur ferme, un couple d'agriculteurs a aménagé une maison d'hôtes avec 3 chambres de bon confort (salle de bains privée, parquet flottant, anciens meubles de famille ou plus contemporains). L'ensemble est scrupuleusement tenu, et la tondeuse est régulièrement passée dans le jardin attenant où une poignée de transats vous tendent les bras. Bon petit déjeuner sucré-salé avec gâteaux, laitages, brochettes de fruits, confitures, magrets séchés... faits maison. Un bon rapport qualité-prix.

Aux Délices de La Serpt : *ferme de La Serpt, 46250* ***Frayssinet-le-Gélat.*** *☎ 05-65-36-66-15. • mfsoulie46@orange.fr • Par la D 660 en direction de Villefranche-du-Périgord, puis la D 28 (fléché). Fermé dim soir, lun, jeu et sam midi ; sur résa. Une double avec sdb et TV 40 €, petit déj inclus. Menus 16-28 € (apéritif, vin et café compris).* Belle ferme de 1730, avec pigeonnier, située dans un hameau. Salle à manger agréable, parfaite pour apprécier une solide cuisine de terroir. Les menus comprennent fromage, dessert, etc. Spécialités maison (uniquement sur commande) : poule au pot, canard au cahors, rôti de magret au foie, mique levée... Bon accueil. Vente de conserves. Une chambre également mais très simple.

Hostellerie de Goujounac : *dans le bourg, 46250* ***Goujounac.*** *☎ 05-65-36-68-67. • info@goujounac.com • goujounac.com • À 15 km env de Montcabrier, sur la D 660 en direction de Cahors. Tlj sauf dim soir-lun, plus mar hors saison. Fermé déc-fév. Double env 67 €. Triple 78 €. Menus 15 € (déj sauf dim et j. fériés), puis 25,50-29,90 €.* Un petit hôtel-restaurant situé au cœur d'un joli village de pierre blanche. On vient s'y sustenter d'une cuisine traditionnelle, en profitant de la fraîcheur de la pergola de chèvrefeuille avec sa fontaine qui glougloute, à moins d'opter pour la salle rustique. Également 5 chambres à l'étage, et un jardin à l'arrière. Une adresse tenue par un sympathique couple de Néerlandais, bien pratique pour faire une pause dans ce coin du Lot assez pauvre en établissements.

LE LOT

À voir. À faire

Le musée Le Livre et la Lettre : *en face de l'église. 06-32-02-31-51. • lelivreetlalettre.com • Uniquement sur rdv. Entrée : 3 € ; tarif réduit pour groupe dès 10 pers : 2 € ; visite guidée : 5 €.* Dans l'ancienne épicerie aux arcades du XVIe s, intéressante collection privée d'un libraire parisien passionné, qui retrace l'histoire du livre au cours des siècles. Reliures, enluminures, incunables du XVe s, ouvrages de calligraphie, de typographie et des documents manuscrits satiriques comme le testament d'Hitler et de Mussolini.

➢ Beau ***sentier de randonnée*** de 12 km en partant de l'église du village, empruntant pour moitié le GR 652, à faire à pied ou à VTT. Balisage rouge et blanc sur le GR, bleu et blanc sinon. On suit des sentiers ombragés très sympas, en longeant des *gariottes* et un moulin à eau. *Rens auprès du bureau d'information à Duravel : ☎ 05-65-24-65-50.*

Manifestation

– **Marché de producteurs :** *en juil-août, ven à partir de 18h.*

LES ARQUES (46250) 180 hab. *Carte Lot, A3*

Petit village merveilleux, perché au-dessus d'un vallon entouré de taillis et de forêts de chênes. Deux rangées de maisons, allant de l'ancienne école à la place de l'Église. C'est aux Arques que le sculpteur Ossip Zadkine s'est installé. Il a su s'intégrer à la vie villageoise d'une manière incroyable. Tous les anciens se souviennent de lui. Ce qui explique que la mairie se soit battue avec le conseil général du Lot pour respecter la volonté de l'artiste : la création d'un *musée Zadkine* aux Arques.

Info utile

– Ce modeste village, dont le centre compte à peine 20 habitants, perpétue sa vocation culturelle en accueillant, à l'année, une résidence d'***artistes-plasticiens,*** qui exposent leurs travaux dans les villages du coin de juillet à mi-septembre. *Rens : ☎ 05-65-22-81-70. • ateliersdesarques.com •*

Où manger ?

🍽 ***La Récréation :*** *à l'entrée du bourg. ☎ 05-65-22-88-08. • isoupinot@gmail.com • Tlj sauf mer-jeu. Fermé de mi-nov à mi-fév. Menus 26 € (midi sauf dim), puis 38 €. Apértif offert sur présentation de ce guide.* Une autre bonne raison de visiter Les Arques. Réservez une table, s'il fait beau, pour manger sur la petite terrasse ombragée dans l'ancienne cour de récréation du village. À moins que le temps ne vous incite à devancer la rentrée des classes et à vous installer à l'intérieur de l'ancienne école, au décor désormais contemporain. Quoi qu'il en soit, c'est une vraie cuisine plaisir qui vous attend dans ce lieu original. Spécialités de poisson, mais aussi d'excellentes viandes, le bonheur... Accueil très sympa.

À voir

👣👣 ***L'église Saint-Laurent :*** Zadkine a grandement participé à sa restauration, en relevant des gravats ce qu'il restait d'un ancien prieuré du XIIe s longtemps abandonné. Trois œuvres du sculpteur ornent la place : *Les Lotophages* (1961), *L'Arbre des Grâces* (1962) et *L'Arlequin hurlant* (1956).
De la nef, rénovée au XIXe s dans le style néoroman, vous êtes attiré au-delà, vers le transept sur lequel s'ouvrent le chœur et ses deux absidioles du XIIe s dans une blancheur magique. Ne manquez pas de découvrir les bizarreries architecturales : l'entrée des absidioles est constituée d'un arc à l'oriental, souvent utilisé dans les églises du Quercy. Drôle de courbure des voûtes latérales séparant le

chœur des absidioles. Elles se terminent par une espèce d'amorce de spirale. Le terme consacré est « arc rampant en bec de corbin renversé ». Rien ne laisse indifférent, jusqu'aux chapiteaux étrangement sculptés, comme celui situé entre le chœur et l'absidiole de droite, représentant deux anges pourvus d'ailes de chauve-souris. Une scène énigmatique dont on ignore aujourd'hui encore la symbolique. Admirez la variété des motifs des chapiteaux dans le style mozarabe.
Dans la crypte, *pietà* de Zadkine en bois polychrome se tordant de douleur et de chagrin (même si, aux yeux de l'artiste, très choqué à son retour de la Première Guerre mondiale, elle symbolisait plutôt la mère patrie souffrant de la mort de son peuple).
Au-dessus du portail, un impressionnant *Grand Christ* sans croix, toujours de Zadkine, de 5,25 m de hauteur, taillé dans un orme du village dont les torsions puissantes infligent autant de tourments au Corps martyr. Le *Grand Christ* sans croix et la *pietà* furent exécutés aux Arques.

Le musée Zadkine : *en face de l'église. ☎ 05-65-22-83-37. • musees.lot.fr • Tlj sauf lun : avr-oct, 10h-13h, 15h-19h ; hors saison, slt 14h-18h. Fermé janv et certains j. fériés. Entrée : 3 € ; réduc moins de 26 ans. Expo temporaire chaque année.*
Un musée aménagé dans une ancienne grange et situé à proximité de l'ancien atelier-résidence de l'artiste. Il abrite une petite partie de ses œuvres, mais très représentatives du style de Zadkine, caractérisé par un mélange de rigueur et d'exubérance. Il permet aussi d'admirer son talent de sculpteur en « taille directe », digne d'un artiste qui a su digérer le cubisme, travaillant sur des pièces de bois d'un seul tenant.
Zadkine naquit en 1890 en Biélorussie. En 1909, il vint s'installer en France et fréquenta le grand mouvement des Montparnos. Avec sa femme Valentine Prax, ils achètent en 1934 une maison aux Arques. C'est dans cet environnement naturel qu'il puisa son inspiration pour de nombreuses créations.
Les œuvres sont exposées sur deux niveaux. Collections de superbes *lithographies,* ainsi que quelques portraits en noir et blanc réalisés ici par le photographe Daniel Frasnay. Pierres (une *Diane* de 1927). Également quelques très beaux bronzes, dont le *Projet de monument pour une ville bombardée* (1953), un *Pomone* (1960) et les *Ménades* (1937). Au sous-sol, quatre sculptures monumentales, réalisées aux Arques, remplissent l'espace de la salle : l'*Homo sapiens* ; *Diane chasseresse,* en bois polychrome ; *Orphée,* inachevé, taillé dans le vif d'un grand orme ; *Daphné* (1939). Sur l'esplanade du musée, cinq sculptures de l'artiste. Deux autres sont exposées dans l'église Saint-Laurent (lire ci-dessus).

Les peintures murales de la chapelle Saint-André-des-Arques : *à 2,7 km du village, après avoir traversé la D 45 et la Masse. Demander la clé (contre une pièce d'identité) au musée Zadkine.* Perdue dans la verdure en haut d'une colline, cette petite église romane abrite de magnifiques décors pariétaux polychromes romano-gothiques (XIIIe-XVe s).

DANS LES ENVIRONS DES ARQUES

Le sentier balisé de l'espace naturel sensible de la vallée de la Masse : *départ derrière le musée Zadkine (contourner la bibliothèque sur le côté droit). Brochure (1 €) disponible au musée Zadkine ; également des fiches explicatives à insérer dans les bornes au cours de la balade.* Un sentier de découverte qui pénètre au cœur du marais.

Cazals *(46250) :* à 6 km au nord des Arques, sur la route de Gourdon, un beau village. Ancienne bastide construite par les Anglais, avec une belle place centrale *(office de tourisme : ☎ 05-65-22-88-88 ; tte l'année : en été, tlj sauf sam mat et dim).*

– ***Le musée des Vieilles Mécaniques :*** *06-30-08-91-59. • vieillesmecaniques.com • À la sortie du village en direction de Fumel. Juin-sept. En principe, jeu 9h-18h ; dim 10h-12h (hors saison sur résa). GRATUIT.* Dans un hangar, des dizaines de machines d'autrefois et de vieux tracteurs restaurés, sur place, par une poignée de bénévoles passionnés.

Musée agricole et de l'automobile : *à* ***Salviac*** *(46700), 7 km plus au nord, lieu-dit Pépy. ☎ 05-65-41-56-18. • musee-agricole-salviac.com • Tlj 10h-19h juil-août (visite guidée à 11h, puis 15h et 16h30) ; avr-juin et sept à mi-nov, 10h-12h, 14h-19h. Entrée : 8 € ; visite passion 12 € (démarrage des moteurs, etc. !) ; réduc.* Si vous en voulez encore, plus de 200 autos, motos, vélos, camions, tracteurs, objets usuels et machines agricoles. Impressionnante collection commentée d'anecdotes croustillantes par un guide jovial. Également une reconstitution d'une demeure d'antan, d'une ancienne école.

GOURDON

(46300) 4 638 hab. *Carte Lot, B2*

Petite cité médiévale qu'on aperçoit de loin, lovée sur sa butte. Capitale de la Bouriane et voisine du Périgord noir, ce fut une ville très importante au Moyen Âge. Richard Cœur de Lion s'en empara en 1189. On y compta jusqu'à quatre monastères, pillés et détruits par le célèbre capitaine huguenot Duras, en 1562. Pour avoir choisi le mauvais camp, c'est-à-dire contre Louis XIII, le seigneur de Gourdon vit son château complètement rasé en 1651. Enfin, les remparts furent abattus au XVIIIe s (à l'endroit du boulevard circulaire). Malgré ces coups durs, l'essentiel du vieux cœur de la ville demeure. Agréable et romantique balade dans les ruelles entourant la splendide église Saint-Pierre. Pas de commerce dans la ville close endormie, l'activité se concentre sur le boulevard circulaire qui la ceinture.

Adresses et info utiles

Office de tourisme : *20, bd des Martyrs (à l'entrée de la ville). ☎ 05-65-27-52-50. • tourisme-gourdon.com • Tlj sauf dim (ouv dim mat 15 juin-15 sept). Visite guidée « classique » de la ville jeu 17h, visite sensorielle mar 10h30 (4 €, réduc) de mi-juin à mi-sept ; juil-août, visite aux flambeaux, rallye à vivre en famille (3-5 €), etc.* Bonne documentation et fiches randos. Super accueil.

Gare SNCF : *rens au ☎ 36-35 (0,40 €/mn).* Ligne Toulouse-Paris.

– ***Marchés :*** *marché fermier, jeu mat en juil-août, pl. Saint-Pierre. Marché hebdo, sam mat tte l'année, pl. du Général-de-Gaulle. Foire les 1er et 3e mar de chaque mois, sur le tour de ville.*

Où dormir ? Où manger à Gourdon et dans les environs ?

Camping

Domaine Le Quercy : *lieu-dit Écoute-S'il-Pleut. ☎ 05-65-41-06-19. • domainequercy@orange.fr • domainequercy.com • Accès : à 1,5 km du centre-ville, direction Sarlat (fléché). De fin avr à fin sept. Empl. tentes*

13-25,45 € ; mobile homes, chalets, maisonnettes et bungalows toilés 182-931 €/sem. 160 empl. Réduc de 50 % sur la 2e semaine de loc en basse saison. Camping de qualité, bien ombragé, confortable et fort bien situé. Piscine chauffée avec toboggan, pataugeoire pour enfants et tennis (payant). Équitation à proximité. Location de vélos. Animations en saison. Accès direct à la plage de la base de loisirs en contrebas. Restauration sur place.

De bon marché à prix moyens

Hôtel La Promenade : *48, bd Galiot-de-Genouillac. ☎ 05-65-41-41-44. • la.promenade.gourdon@orange.fr • lapromenade-gourdon.fr • Doubles 59-79 €.* Central mais pas bruyant puisque les 10 chambres donnent sur le jardin public et non pas côté rue. Elles sont d'ailleurs avenantes et coquettes avec leur déco déclinée en plusieurs thématiques (marine, zen, britannique). Bar et resto au rez-de-chaussée.

Chambres d'hôtes La Métairie des Songes : *lieu-dit Flagel, à env 4 km de Gourdon. ☎ 05-65-32-19-33. • info@lametairie-gourdon.com • lametairie-gourdon.com • En direction de Fumel-Salviac, passer la zone commerciale, puis prendre la D 39 à droite au niveau du magasin de foie gras Godard et suivre le fléchage. Congés : de début nov à fin mars. Double 80 €, 75 € à partir de 2 nuits. Table d'hôtes 32 €, vin compris.* Dominant une vallée verdoyante, belle bâtisse restaurée recelant 4 chambres confortables et élégamment meublées à l'anglaise. Après une quinzaine d'années passées dans les cuisines d'un resto gastronomique londonien, Mark propose une table d'hôtes d'exception dans un cadre raffiné.

Chambres d'hôtes Le Paradis : *la Ferme du Paradis, route de Salviac. ☎ 05-65-41-09-73. 📱 06-72-18-05-44. • chambresduparadis@gmail.com • chambresduparadis.com • À 1,5 km de Gourdon, dir Fumel-Salviac ; fléché au niveau du rond-point de la zone commerciale (Intermarché) ; c'est à 200 m. Tte l'année. Double 62 €.* Maison récente bordant un camping, bien isolée de la zone commerciale par d'efficaces rideaux d'arbres. Agréables chambres. Petite piscine couverte. Petit déj avec de bons gâteaux maison ! Frigo, micro-ondes, plancha et vaisselle à disposition. Excellent accueil.

Chic

Le Moulin des Fumades : *46300* ***Payrignac*** *(traverser le village puis suivre le fléchage). ☎ 05-65-41-04-70. 📱 06-28-06-31-72. • contact@lemoulindesfumades.com • lemoulindesfumades.com • À 5 km de Gourdon, par la D 704 direction Sarlat puis la D 47. Double 85 € et 95 € juin-sept.* Au milieu des prés, dans la longue grange attenante à la ferme rénovée, Isabelle et son mari proposent 3 belles chambres aux teintes contemporaines, toutes avec TV et salle de bains privée. L'une est mansardée ; une autre aligne 2 lits jumeaux ; la 3e, la plus agréable, s'ouvre sur une petite terrasse nichée sous une treille. Salon commun avec kitchenette. S'il fait beau, on prend son petit déj sous les arbres, au bord de la grande piscine, avant d'aller visiter le moulin à huile de noix du domaine, remis en état. Et il tourne.

Où prendre un verre ?

Café Divan : *pl. de la Libération. ☎ 05-65-41-09-89. Tlj jusqu'à 23h (2h en été).* Bar traditionnel avec baby-foot et grand écran qui chauffe la salle les soirs de match. Beaucoup d'habitués qui ne décollent pas de la terrasse, lieu stratégique incontournable pour humer l'ambiance de la ville. Concerts certains vendredis d'été. Accueil jeune et sympa.

Où acheter un bon cahors ?

Le vignoble Roch : *Maillol-Haut.* *☎ 05-65-41-39-69. 📱 06-63-31-41-74. • vignoble-mc-roch.jimdo.com • À 4 km env du centre de Gourdon ; prendre direction Fumel (D 673) ; après le concessionnaire* Peugeot, *suivre Maillol-Haut (sur la gauche). En juil-août, visite et dégustation gratuites mar et ven 18h ; sur rdv le reste de l'année.* Un vigneron qui produit un vin de grenier : la vendange est séchée sur un lit de paille pendant plusieurs semaines avant le pressurage, puis vinifiée en fût d'acacia. Visite intéressante des chais pour découvrir cette technique qui remonte au Moyen Âge et qui a bien failli disparaître. Sur place, également, un gîte de 12 personnes, avec piscine, parfait pour des vacances vertes.

Où acheter du bon foie gras dans les environs ?

Ferme de Peyres (Monique, Yves et Jordane Thocaven) : *Peyres, 46300* ***Le Vigan.*** *☎ 05-65-41-28-63. • fermedepeyres@yahoo.fr • fermedepeyres.fr • À 5 km de Gourdon. Tte l'année, lun-sam 9h-12h30, 14h30-18h30. Congés : 2 sem début janv. Visite de la ferme et dégustation gratuite en juil-août, mer-jeu à 17h30.* À la ferme de Peyres, entre oie et canard, à vous de choisir ! Foie gras d'oie et de canard, cou farci au foie d'oie ou de canard, confits, rillettes, gésiers de canard confits, fritons, terrine aux deux magrets, terrines aux noix, au rocamadour, au pain d'épice au chocolat (originale et très goûteuse !), au foie gras et figues, magret fourré au foie gras de canard, magret fumé, cassoulet. Miam !

À voir

👥 ***L'église Saint-Pierre :*** puissante construction commencée en 1302. Façade avec galerie à mâchicoulis et tours fortifiées hautes de 35 m. Portail à voussures ogivales sur colonnettes ornées de petits chapiteaux finement sculptés. À l'intérieur, nef unique d'une grande ampleur. Voûte à croisée d'ogives avec médaillon. Dans l'abside, hautes baies intégrant des fragments de vitraux du XIVe s (s'amuser à les retrouver). Tout autour du chœur, superbes boiseries dorées du XVIIe s. Arcades des chapelles toutes curieusement de formes et de tailles différentes. Dans la chapelle de la Vierge, remarquable panneau décrivant la Vierge et l'Enfant Jésus tendant un rosaire à sainte Catherine et à saint Dominique. Dans la première chapelle à gauche, de style flamboyant, jolie porte et frise à mi-hauteur. Vieux bénitier du XVIIe s sur cariatide.

👥 Tout le quartier autour de l'église est digne d'intérêt, on pourra suivre le fléchage des 2 balades piétonnes (dépliant à retirer à l'office de tourisme). En face, la ***mairie,*** élégant édifice du XVIIe s avec rez-de-chaussée sur arcades voûtées servant de halle. Nombreuses belles maisons anciennes. Escaliers menant à la plate-forme où s'élevait le château. Bien entendu, magnifique ***panorama*** à 360° sur les alentours, et même des tables de pique-nique pour casser la croûte face à la vue. Derrière l'église, place des Marronniers, la ***maison natale de la famille Cavaignac.*** Magnifique porte Renaissance (encadrement et porte sculptés).
Parcourir les *rues du Corps-Francs-Pommies, Sourde, du Cardinal-Farinié* et surtout la ***rue du Majou,*** ancienne rue principale de la ville, pour ses nobles demeures médiévales. Noter, au no 17, la *maison du Sénéchal* (XV-XVIIe s), Centre d'interprétation de l'architecture et du patrimoine *(☎ 05-65-27-01-10)* ; au rez-de-chaussée, c'était une échoppe de drapier avec de larges ouvertures, arrière-cour et jardins. À l'étage, belles fenêtres à meneaux. En bas de la rue du Majou, porte fortifiée et petite chapelle.

L'église des Cordeliers : *sur le bd circulaire. Ouv ponctuelle (expo, manifestions).* Ancienne chapelle de couvent. Impossible d'échapper au si peu esthétique clocher longitudinal du XIXe s. Mais à l'intérieur, on retrouve la pureté de l'architecture gothique. Fort belle cuve baptismale du XIVe s.

La chapelle Notre-Dame-des-Neiges : *à env 1 km de la ville. La route part devant l'Hostellerie de la Bouriane ; après être passé sous un pont, embranchement à 200 m ; là, prendre à droite.* Dans un environnement bucolique à souhait, une adorable chapelle, lieu de pèlerinage depuis le XIIe s pour sa source miraculeuse. Reconstruite après les guerres de Religion. Beau linteau sculpté sur le côté et porche baroque. À l'intérieur, sublime retable baroque (si l'église est fermée, vous pouvez demander les clés à la maison juste à côté).

ON NE CHOISIT PAS SES ENFANTS

La famille Cavaignac est célèbre à Gourdon. Jean-Baptiste Cavaignac, député, termina sa carrière comme conseiller de Napoléon Ier. Son premier fils, Godefroy, fameux journaliste républicain, créa la Société des droits de l'homme. En revanche, son second fils fut le sinistre sabreur, général de son état, et massacreur du peuple parisien lors de la révolution de 1848.

Fêtes et manifestations

- ***Fête de la Saint-Jean :*** *4 j. fin juin, sur tt le bd circulaire.* Fête foraine avec concerts et feux d'artifices.
- ***Festival Léo Ferré :*** *3 j. mi-juil.* Un festival de mots, de chansons et de poésie. Concerts, conférences, expos...
- ***Rencontres estivales :*** *en août. Rens : ☎ 05-65-41-20-06.* Festival de musique.
- ***Festival Happy Days Music :*** *3e sem de juil.* Masterclass et concerts en soirée dans les villages avoisinants.
- ***Les Médiévales :*** *le 1er w-e d'août.* Reconstitution historique qui anime tout le village : jeux médiévaux, jongleurs, chants et danses ; marché d'artisans-créateurs, village de vieux métiers (vanniers et tailleurs de pierre en action), animations nocturnes...
- ***Fête du Pain :*** *le 15 août, au lieu-dit La Fontade.* Animations pour les enfants, fabrication de pain, marché fermier...

DANS LES ENVIRONS DE GOURDON

Les grottes de Cougnac : *46300* ***Payrignac.*** *☎ 05-65-41-47-54. • grottesdecougnac.com • À 3,5 km de Gourdon, en direction de Sarlat (panneau sur la droite). 11 juil-25 août, tlj 10h-17h45 ; Pâques-début juil et fin août-sept, tlj 10h-11h30, 14h30-17h ; oct-début nov, tlj sauf dim 14h-16h. Fermé le reste de l'année. Entrée : 8,50 € ; 6 € pour les 5-12 ans ; réduc. Durée de la visite : 1h15 (prévoir une petite laine).* Ces grottes valent autant pour la beauté de leurs concrétions (impressionnant plafond de fistuleuses) que pour la qualité de leurs peintures. En 1952, des prospections aboutissent à la salle des fresques préhistoriques, avec bouquetins, cervidés, mammouths et plusieurs représentations humaines, parmi les plus vieilles représentations pariétales connues (et surtout une des rares accessibles au grand public). Elles dateraient de 30 000 ans. Buvette et tables de pique-nique sur place.

LA VALLÉE DE LA DORDOGNE, DE SOUILLAC À ROCAMADOUR

Terre de contrastes. En 10 mn, on change de paysage. De larges vallées veloutées succèdent aux gorges abruptes, des causses rugueux prolongent une plaine verdoyante...

SOUILLAC

(46200) 3 670 hab. *Carte Lot, B1*

La petite ville de plaine, porte de la vallée de la Dordogne, s'est construite autour de son abbaye. Fondée par saint Géraud d'Aurillac, Souillac connut deux temps forts : l'occupation anglaise et les saccages des guerres de Religion (c'est une habitude en Quercy !). On y fait aujourd'hui une étape pour sa belle église Sainte-Marie, son fameux musée de l'Automate et son agréable centre médiéval rendu aux piétons.

Adresse et infos utiles

ℹ ***Office de tourisme :*** *bd Louis-Jean-Malvy (D 820).* ☎ *05-65-33-22-00.* • *vallee-dordogne.com* • *À côté du* Grand Hôtel. *Ouv Pâques-Toussaint ; tlj sauf dim ap-m en été.* Visite guidée de l'abbatiale de juillet à mi-septembre, les mardi et jeudi à 11h *(gratuit).* Dépliant pour visite libre.

🚂 ***Gare SNCF :*** *rens au* ☎ *36-35 (0,40 €/mn).* Ligne Toulouse-Montauban-Castres-Brives-Paris.

– ***Marché :*** *ven mat. Marché de producteurs le mer en juil-août, à partir de 17h.*

Où dormir ? Où manger à Souillac et dans les environs immédiats ?

Campings

⛺ ***Flower Camping Les Ondines :*** *à* ***La Borgne.*** ☎ *05-65-37-86-44.* • *camping.les.ondines@flowercampings.com* • *camping-lesondines.com* • ♿ *Accès : à 500 m de la ville. De mai à fin sept. Empl. tentes 12-24 € selon saison ; mobile homes et bungalows toilés 252-833 €/sem. 233 empl.* En bordure de la Dordogne. Gros camping aux emplacements bien ombragés et au frais. Location de VTT et de canoës-kayaks à la base de loisirs *Quercy Land,* juste en face. Piscine chauffée avec pataugeoire. Pétanque et aire de jeux pour les enfants. Snack.

⛺ ***Camping La Verte Rive :*** *route de Pinsac,* ***Pinsac.*** ☎ *05-65-37-85-96.* • *camping-laverterive@orange.fr* • *camping-laverterive.com* • ♿ *Accès : à 3,5 km de Souillac, en direction de Pinsac et Lacave. D'avr à sept.*

Empl. tentes 12-19,50 € selon saison ; mobile homes, bungalows et chalets 280-630 €/sem. 65 empl. Apéritif offert sur présentation de ce guide. Un camping tout en longueur, blotti au sein d'un vallon parfaitement ombragé. Tout au bout, une plage au bord de la Dordogne. C'est là que sont les meilleurs emplacements. Atmosphère très familiale, salle de jeux (billard, ping-pong, flipper, baby-foot, salle TV). Piscine chauffée. Snack-bar. Location de vélos (prestataire extérieur) et de canoës.

De bon marché à prix moyens

Grand Hôtel : *1, allée de Verninac. ☎ 05-65-32-78-30. • grandhotel-souillac@wanadoo.fr • grandhotel-souillac.com • ♿ Congés : de mi-oct à mi-avr. Doubles 55-67 € selon confort ; triple 78 € ; quadruple 98 €. Plat du jour 11 €. Menus 23-29 € et carte.* Hôtel historique de bonne tenue, avec de nombreuses chambres d'un bon rapport qualité-prix, plus ou moins spacieuses. Certaines s'ordonnent autour d'un atrium. Simple mais propre, et depuis le dernier étage, avec un peu de chance, on peut avoir une vue sur les coupoles de l'abbatiale. Les chambres donnant sur l'arrière sont plus tranquilles. Côté resto, grande salle aux murs colorés, véranda et terrasse ombragée sur la rue. Cuisine classique.

Le Beffroi : *6, pl. Saint-Martin. ☎ 05-65-37-80-33. • giorgi.marco@aliceadsl.fr • Tlj sauf dim, plus le soir lun-jeu hors saison. Formule 13,50 € (déj en sem) ; menus 22,50-28,50 €. Café offert sur présentation de ce guide.* Idéalement posté sur la mignonne place Saint-Martin, au pied du beffroi de l'ancienne église, le traditionnel bar-brasserie, où se sustenter pour pas cher d'une honnête cuisine régionale, sans envolées mais sans truquage, en témoignent les bonnes frites maison. Longue salle aux teintes mauve, et surtout 2 grandes terrasses, la plus agréable sous une glycine centenaire. Simple et sans chichis, sympathique en somme.

De prix moyens à chic

Chambres d'hôtes Le Clos Fleury : *149, route de Sarlat. ☎ 05-65-37-68-25. 📱 06-11-87-07-50. • jojoetminouche@yahoo.fr • À 2,5 km env du centre-ville, sur la gauche, direction Sarlat. De Pâques à fin oct. Double 75 € (65 € à partir de la 2e nuit). Apéritif offert sur présentation de ce guide.* Un beau vieux corps de ferme dont la cour est aménagée en place de village à l'ancienne avec son vieux bistrot, sa mairie, son épicerie, son bureau de poste PTT... La maison d'hôtes, indépendante, recèle des chambres de couleurs différentes et confortables. L'une est située à l'étage de la maison des propriétaires. Vaste salon commun avec cheminée, billard et jeux à dispo. Grand jardin avec un étang, un coin transat et une petite plage aménagée pour faire trempette dans la Dordogne.

Le Pavillon Saint-Martin : *5, pl. Saint-Martin. ☎ 05-65-32-63-45. • contact@hotel-saint-martin-souillac.com • hotel-saint-martin-souillac.com • ♿ En plein centre-ville. Doubles 55-81 € ; chambres familiales. Parking. Réduc de 10 % sur le prix de la chambre (hors juil-août) sur présentation de ce guide.* Un très bel hôtel installé dans une ancienne maison de notaire royal du XVIe s. Au choix, des chambres romantiques à souhait ou d'autres au look plus moderne (murs bardés de bois et tissus aux couleurs pimpantes). Bon petit déj, servi dans une belle salle voûtée en brique. Excellent accueil. Une adresse de charme à prix très raisonnables !

Hôtel Le Quercy : *1, rue de la Recège. ☎ 05-65-37-83-56. • reservation@le-quercy.fr • le-quercy.fr • À deux pas du centre-ville mais dans un quartier calme, au bord de la rivière. Fermé de mi-nov à mi-mars. Réception à l'hôtel-restaurant* La Vieille Auberge *à côté (même proprio). Doubles 72-80 €. Parking privé payant.* Un bâtiment des années 1970 sans charme évident ; en revanche, les chambres contemporaines sont confortables, avec balcon (sauf au dernier étage). Piscine avec transats pour buller et petit jardin avec jeux pour les enfants.

La Vieille Auberge : *1, rue de la Recège. ☎ 05-65-32-79-43.*

LE LOT

• contact@la-vieille-auberge.com • la-vieille-auberge.com • Fermé déc-janv ; resto fermé lun midi, plus dim soir hors saison. Doubles 72-80 € selon saison ; petit déj 12 €. Formules déj en sem 17-20 € ; menus 26-68 €. Parking, garage payant. Réduc de 10 % sur le prix de la chambre sur présentation de ce guide. Géré par le sympathique propriétaire de l'hôtel mitoyen *Le Quercy.* On vient pour le meilleur resto de la ville ! Une cuisine de terroir finement travaillée suivant le fil des saisons, avec un confit de canard exceptionnel. Une bien bonne adresse. Pour dormir, préférez les chambres du *Quercy.*

Où dormir ? Où manger dans les environs ?

Camping

⛺ ***Camping du Domaine de la Paille Basse :** à **La Paille Basse.** ☎ 05-65-37-85-48. • info@lapaillebasse.com • lapaillebasse.com • ♿ Accès : A 20 sortie 55 (Souillac) ; de Souillac, depuis la D 820, prendre direction la gare, puis 1re à droite (fléché ensuite sur 9 km par la D 165 vers Salignac). De début avr à mi-sept. Empl. tentes 16-33 € selon saison ; mobile homes 209-1 289 €/sem ; caravanes 147-308 €/sem. 288 empl. Réduc de 10 % sur présentation de ce guide.* Une hostellerie de plein air au milieu de plusieurs dizaines d'hectares de bois et collines. Calme assuré. Très confortable. Très bien ombragé. Les emplacements A et B sont plus grands. Piscine avec toboggans, tennis, petite ferme d'animaux pour les enfants, vaste salle TV dans une grange. Location de vélos. Resto, bar, grande épicerie, marché de producteurs certains jours... Animations l'été. Pêche et voile à 5 km. Mention très bien ! Piscine.

Prix moyens

🏠 🍽 ***Hôtel-restaurant Chastrusse :** 46350 **Nadaillac-de-Rouge.** ☎ 05-65-37-60-08. • chastrusse.francis@wanadoo.fr • hotel-restaurant-chastrusse.com • ♿ À 11 km de Souillac, par la D 820 direction Cahors, puis la D 105 à droite ; l'hôtel est à l'entrée du bourg. Resto ouv slt le soir. Congés : nov-mars. Double 58 € ; familiale 76 €. Menu 23 €.* Coquette demeure en pierre du pays, très fleurie et au calme. Elle abrite une auberge familiale aux chambres simples, à la déco passée de mode, réparties dans différents bâtiments. Terrasse ombragée extrêmement agréable. Bonne cuisine traditionnelle : pâté de foie truffé, escargots farcis, confit de canard, etc. Tout cela, bien sûr, selon votre appétit et votre bourse.

À voir

👥👥 ***L'abbatiale Sainte-Marie :** tlj 9h-18h30. De mi-juin à mi-sept, visite commentée gratuite mar et jeu 11h.*

Édifiée au XIIe s, cette église est l'un des plus beaux édifices romans du Quercy. Ancienne église abbatiale en forme de croix latine avec abside et absidioles rayonnantes. La tour-porche date, quant à elle, du XIe s. À l'intérieur, une audacieuse file de coupoles, dans la tradition de Cahors et Périgueux. Le chœur avec ses chapelles, ses petites ouvertures au-dessus, son impressionnante croisée du transept, le tout rythmé par des colonnes à chapiteaux, dégage une très grande harmonie. L'absence de mobilier religieux intempestif contribue à l'épurement des lignes, à l'unité de style. Dans les bras du transept droit, beau meuble sculpté. Dans la nef, à droite, immense *Christ* de Chassériau. Sur le même bas-côté, un polyptyque du XVIe s représentant les mystères du Rosaire. La nef se termine par une abside plus sombre, agrémentée de trois chapelles rayonnantes. Des stalles en noyer de forme circulaire délimitent autour du chœur le

déambulatoire. À la croisée du transept et dans les absidioles, beaux chapiteaux aux motifs variés, tantôt décoratifs avec des palmes et palmettes, tantôt historiés. Mais le must de Sainte-Marie, ce sont les ***vestiges d'un portail*** resté inachevé, dont les éléments ont été montés à l'intérieur de l'église.
– *La plaque décorative :* en forme de triptyque, avec saint Benoît et saint Pierre encadrant le relief illustrant la légende de Théophile. Ce diacre signa un pacte avec Satan (couple à gauche), le liant à lui (couple à droite). Mais une fois repenti, Théophile supplia Marie de le sauver des mains démoniaques. Elle s'exécuta et prit le pacte à Satan pour le lui remettre (ce qu'il voit en songe au-dessus).
– *Le prophète Isaïe :* il semble esquisser un pas de danse, enveloppé dans un ample manteau aux bordures décorées et particulièrement ouvragées.
– *Le trumeau :* encastré dans un pilier, un autre chef-d'œuvre de sculpture dans la tradition de Moissac. Il était destiné à soutenir le linteau de l'ancien porche. Quant à sa signification, certains avancent l'idée d'une allégorie du péché et de ses conséquences. Mais il s'agirait plus vraisemblablement d'une liberté d'artistes, influencés par les manuscrits irlandais et orientaux qui circulaient à l'époque. Sur le côté droit, les couples enlacés incarnent le péché véniel. Sur la face principale, les scènes fantastiques où s'entremêlent monstres et animaux extraordinaires symbolisent les souffrances qu'endurent les pécheurs. Tout en haut, on voit un personnage aux prises avec un fauve et un oiseau de proie lui dévorant le foie, un Prométhée chrétien en quelque sorte. Sur le côté gauche, une scène biblique : la rédemption des péchés par le sacrifice d'Abraham.

L'ancienne église Saint-Martin : victime des guerres de Religion, il n'en reste que le clocher-porche gothique éventré et un tympan roman représentant le Christ en majesté entouré de la Vierge et d'un moine. Accueille des expos temporaires (fermé dimanche hors saison).

La vieille ville : au n° 16 *place de la Nau,* noter sur la façade les symboles du pèlerin de Saint-Jacques : la gourde, la coquille, le bâton. Pittoresque *rue de l'Orbe* qui a quasiment conservé son aspect médiéval. Passages habités et passerelles relient les maisons des deux côtés de la rue. Peu de pans de bois ou d'encorbellements, mais plutôt de robustes maisons en pierre avec d'élégants encadrements de porte. Charmante *place du Puits* avec sa vieille fontaine et de coquettes demeures autour. De la place du Puits, s'engager dans la *rue Juillet* d'où partent d'étroites ruelles (rues du Lavoir, du Pressoir, Bénétou). Arrivée à la *place des Toiles.* Au n° 10, *rue de la Halle,* le splendide édifice à ouvertures ogivales abrite aujourd'hui un espace culturel. Au dernier étage, fenêtres géminées. Belle halle en pierre du XIXe s avec, sur le côté, des mesures à grain

Le musée de l'Automate : *pl. de l'Abbaye. ☎ 05-65-37-07-07. • musee-automate.fr • ♿ Juil-août, tlj 10h-12h30, 14h-18h30 ; avr-juin et sept-oct, tlj sauf lun 10h-12h, 14h-18h. Entrée : 7 € ; réduc.* Cette collection nationale installée dans une ancienne manufacture de tabac forme le plus important musée d'Europe dans ce domaine. Jouets mécaniques essentiellement issus des ateliers *Roullet-Decamps* et toute l'histoire de l'automate, du premier datant d'avant 1870 jusqu'au milieu du XXe s. Présentés par thème, avec une certaine prédilection pour tout ce qui touche à l'univers du cirque, du spectacle, des magiciens et, plus largement, au monde de l'enfance. Les automates que l'on voit fonctionner par intermittence sont électriques. Quant aux automates mécaniques, les plus anciens, ils illustrent la vie quotidienne à la fin du XIXe et au début du XXe s. De belles surprises comme l'irrésistible *Rieur* de 1930 ou *le petit jardinier,* premier automate et emblème de la maison. On adore l'automate créé à partir des dessins d'Albert Dubout pour les grands magasins : *La pêche sous-marine.* Dans un autre genre, la scène du métro au Palais Royal est une réussite ! Beaucoup de magie et de poésie ! Une visite à faire en famille. Expos temporaires également et boutique.

LE LOT

Le musée de la Vieille Prune – Distillerie Louis Roque : *41, av. Jean-Jaurès (av. de la Gare). ☎ 05-65-32-78-16. • lavieilleprune.com • Tte l'année, lun-ven 8h30-12h, 14h-17h30 (17h ven). GRATUIT (visite guidée et dégustation). Dernier départ 1h avt la fermeture.* Une vieille dame célèbre, qui méritait bien d'entrer un jour au musée. Cette célébrissime bouteille de prune à l'étiquette écrite à la plume d'oie vous dit sûrement quelque chose. Sinon, découvrez-la, à l'issue d'une visite instructive et savoureuse des chais. La balade permet de voir le personnel de la maison refaire les mêmes gestes qu'autrefois, du remplissage à l'étiquetage manuel des bouteilles. Belle collection de vieux alambics remontant jusqu'à 1880. Créée en 1905, la distillerie produit aujourd'hui 100 000 bouteilles par an. On peut évidemment en acheter sur place.

Manifestation

– **Festival de Jazz :** *la 3e sem de juil (mar-dim). Rens : • souillacenjazz.fr •* Des pointures s'y produisent chaque année.

MARTEL

(46600) 1 530 hab. *Carte Lot, B1*

À 15 km au nord-est de Souillac, une bourgade médiévale parmi les mieux préservées, et dont l'architecture est l'une des plus homogènes de la région. À ce titre, c'est un des sites majeurs. Délicieuse balade, donc, dans cette cité aux sept tours, à travers des ruelles étroites bordées de remarquables petits palais et de belles maisons anciennes aux arcades ogivales. Quant au nom de Martel, la légende veut que la cité en ait hérité de Charles, qui aurait fondé la ville à la suite d'une nouvelle défaite des Sarrasins dans la région.

Adresse et info utiles

Office de tourisme : *cour de la Raymondie. ☎ 05-65-33-22-00. • vallee-dordogne.com • Ouv Pâques-Toussaint ; tlj sauf dim ap-m juil-août.* Service billetterie, notamment pour les grottes de Lacave (réduction). Boutique.

– **Marché traditionnel :** *mer et sam mat, sous la halle.*

Où dormir ? Où manger ?

De bon marché à plus chic

Auberge des 7 Tours : *av. de Turenne. ☎ 05-65-37-30-16. • auberge7tours@wanadoo.fr • auberge7tours.com • Fermé 1 sem en juil, 2 sem en déc. Fermé nov-mars ven soir, sam et dim ; avr-oct ven, dim soir et sam midi ; été ven soir et sam midi. Menus 21-33 € ; midi sem 14 €. Résa souhaitée. Doubles 70-75 € selon confort.* À 100 m du centre, un petit hôtel classique avec des chambres rénovées et gentiment personnalisées, les moins chères avec w-c sur le palier. Cuisine familiale côté resto, s'appuyant largement sur le terroir. Belle salle lumineuse et terrasse panoramique aux beaux jours.

Le Relais Sainte-Anne : *rue du Pourtanel. ☎ 05-65-37-40-56. • relais.sainteanne@wanadoo.fr • relais-sainte-anne.com • Fermé de mi-nov à fin avr. Resto ouv le soir et dim midi. Doubles 85-185 € ; suites également. Menu* *du marché 30 € ; carte env 50 €.* Des chambres de charme (clim dans certaines) dispersées dans le parc paysagé d'un ancien orphelinat de jeunes filles, autour d'une belle chapelle et d'une piscine chauffée. Toutes différentes, certaines avec terrasse privative, elles offrent un grand confort et une excellente literie. Cuisine gastro confectionnée par un chef talentueux, servie au jardin ou dans une salle chaleureuse autour d'une cheminée. L'adresse chic de la ville.

Chambres d'hôtes la Devinie : *rue de l'Église. 06-61-10-62-97. • sylvie.pivaudran@la-devinie.com • la-devinie.com • Congés : nov à mi-mars. Double 120 € ; 160 € pour 4 pers.* Au cœur de la ville médiévale, la majestueuse demeure se cache derrière de hauts murs. 4 chambres élégantes et confortables, où plancher et poutres d'origine sont élégamment mis en valeur. Jardins suspendus sur le rempart et bassin de rafraîchissement. Une belle adresse de charme.

Au Hasard Balthazar : *rue Tournemire. ☎ 05-65-37-42-01. • contact@lesbouriettes.fr • Juil-août, fermé dim soir, lun, plus ven midi hors saison. Congés : de fin sept à début avr. Formule déj 18,90 € (sauf dim) et menu 28,50 € ; carte env 32 €.* L'endroit le plus sympa de Martel, tant pour la déco rustique, chic et bohème (bobo, en somme !) que pour le contenu des assiettes, du terroir pur jus. La famille produit ses conserves de canard pendant l'année et, en saison, ouvre cet estaminet dans le vieux Martel. Pâtés en tout genre, grosses salades ou plats plus élaborés, la gamme reste large. Gros efforts sur le choix des produits, ainsi que sur l'accueil, souriant... Voilà qui fait plaisir ! En été, quelques tables installées dans une ruelle pavée et ombragée par une treille. Petite boutique au rez-de-chaussée.

Le Petit Moulin : *rue Droite. 06-59-59-27-66. • adriencastagne46@gmail.com • Tlj sauf dim soir-lun hors saison. Congés : janv-Pâques. Menu 26,50 €. Carte 20-30 €. Café offert sur présentation de ce guide.* Oh, la jolie adresse qui peut s'enorgueillir de rassasier ses convives du matin au soir dans son resto/bar à vins/épicerie ! Pas de fausse note pour le cadre bistrotier vitaminé, ni pour les produits, fermiers et locaux. Du simple, mais du bon, et une large sélection de vins, vendus à prix propriété une fois acquitté le droit de bouchon. Pour un apéro ou un petit creux, des charcuteries, du foie gras maison et des fromages au lait cru bien entendu. Le genre d'adresse où l'on prend vite ses habitudes !

Saveurs des Halles : *rue Sans-Lys, pl. des Halles. ☎ 05-65-37-35-66. Fermé mer-jeu. Congés : 11 nov-4 fév. Menus 28-38 €.* Alexis, un jeune chef créatif, propose une cuisine tout en saveur à partir des classiques locaux, et s'autorise de belles échappées autour du poisson. Agréable terrasse sur la place des Halles. Une table qui s'est taillée une belle réputation.

Où dormir ? Où manger dans les environs ?

De bon marché à prix moyens

Ferme-auberge Le Moulin à Huile de Noix : *rte de Bretenoux, au lieu-dit Les Landes, 46600 Martel. ☎ 05-65-37-40-69. À 2,5 km de Martel, sur la route de Saint-Céré/Bretenoux (fléché sur la gauche). Pâques-Toussaint, sur résa. Fermé dim soir et lun. Formule et menu 22-27 € (menu unique au printemps et en automne). CB refusées. Café offert sur présentation de ce guide.* Ce moulin à huile de noix est récent, mais les propriétaires ont retrouvé les recettes de fabrication d'antan pour le faire tourner selon les traditions locales. Il fonctionne le mardi et le jeudi après-midi en juillet et août, et produit 1 litre d'huile pour 5 kg de noix. Dans le relais de charme du XIVe s attenant, vous mangerez dans une grande salle rustique sur de vastes tables en chêne. Cuisine généreuse, tournant – on vous le donne en mille ! – autour de la noix. Vinaigrette et sauces, gâteau et soufflé glacé aux noix. Accueil familial.

LE LOT

Chambres d'hôtes Les Hauts de Louchapt : *à* ***Baboyard****, 46600 Martel. ☎ 05-65-32-59-73. 06-24-05-14-72. • leshauts.delouchapt@orange.fr • chambres-hotes-lot.com • À 4 km du village : prendre la direction de Saint-Céré, puis, à 1 km, bifurquer à gauche ; discrètement fléché ensuite. Tte l'année. Doubles 65-78 € selon saison ; familiales 75-94 €. Repas 24 €.* Isolée au milieu des chênes et des murets de pierre, une ancienne ferme avec 4 chambres à l'entrée indépendante. Déco fraîche, simple et mignonne. Toutes donnent sur une terrasse d'où la vue sur le vallon est particulièrement apaisante. Piano et billard dans la salle à manger, frigo à disposition. Piscine. Accueil discret de Marie. Difficile de trouver plus au calme...

Chambres d'hôtes de Saint-Julien : *lieu-dit Saint-Julien, 46110* ***Les Quatre-Routes-du-Lot.*** *☎ 05-65-32-11-82. 06-86-21-19-93. • josette.chaboy@orange.fr • maisonhotes-st-julien46.com • À 9 km de Martel, à la limite de la Corrèze. Aux Quatre-Routes, suivre direction Brive ; juste après le pont de la voie ferrée, prendre à gauche, puis 1re à droite (fléché ensuite). Fermé oct-avr. Doubles 50-65 €.* Dans une ravissante maison aux robustes murs de pierre, 3 chambres confortables et joliment décorées, toutes avec salle d'eau et coin terrasse. Que des bonnes surprises, et les moins chères ne déméritent pas ! Cuisine à disposition. Terrasse surplombant un vallon, glycine et rosiers fleurissant le jardin. Un endroit mimi comme tout.

Hôtel-restaurant de La Bonne Famille : *46600* ***Sarrazac*** *(au bourg). ☎ 05-65-37-70-38. • hotel.restaurant@labonnefamille.fr • labonnefamille.fr • À 12 km de Martel ; en direction des Quatre-Routes (fléché sur la gauche). Tte l'année, tlj sauf sam midi et dim soir (sur résa ven-sam hors saison). Doubles 62-65 € ; chambres familiales. Menus 14 € (déj en sem), puis 21-45 €. Café offert et réduc de 10 % sur le prix de la chambre (slt 2 janv-30 mars) sur présentation de ce guide.* Une adresse au calme, entre Martel et Brive. Ici, on est cordon-bleu depuis 4 générations. C'est Jean-Baptiste qui a repris le flambeau, épaulé par ses parents. Cuisine traditionnelle améliorée, joliment amenée. Chambres simples (certaines sont climatisées) mais de bon aloi. En revanche, salles de bains vraiment exiguës. Pour se dégourdir, piscine chauffée et tennis à 500 m dans les bois. Une adresse attachante.

Les Voyageurs : *en face de la gare, 46600* ***Saint-Denis-lès-Martel.*** *☎ 05-65-32-46-15. • lesvoyageurs46@gmail.com • lesvoyageurs46.com • Congés : nov-20 mars. Double 68 €.* Dans un minuscule hameau, 4 chambres d'hôtes pleines de souvenirs de voyages, malheureusement en bord de route. Jardin. Accueil plein d'entrain, *gay friendly.*

Chic

Chambres d'hôtes Les Hauts des Magrières : *Les Magrières, 46600 Martel. ☎ 05-65-37-03-67. 06-76-74-25-03. • lesmagrieres46@yahoo.com • lesmagrieres.fr • De Martel, prendre la D 840 sur 1,8 km direction Gramat puis voie sans issue à droite. Au bout de la route goudronnée, prendre le chemin (très accidenté) de droite. Au bout à droite. Double 132 €. Table d'hôtes sur résa 25 €.* Cette vue majestueuse sur la Dordogne en contrebas, c'est sur le causse que les propriétaires sont venus la chercher ! Pour avoir le plaisir de surplomber la rivière et de planter leur regard à des kilomètres à la ronde, sur cette nature sauvage. Avec son architecte de mari, la pétulante Nathalie s'est lancée dans une extension ultra contemporaine de la bergerie, et accueille ses hôtes dans 2 superbes chambres avec pierre au sol, vastes volumes et vue dégagée. Modernes et élégantes, elles sont décorées avec les œuvres d'art de la famille, associant harmonieusement l'ancien et le moderne. Piscine avec vue sur la vallée... Difficile de repartir !

Maison d'hôtes la Bruyle : *Colonjac, 46110* ***Saint-Michel-de-Bannières.*** *☎ 05-65-37-48-03. • contact@labruyle.com • labruyle.com • À 11 km de Martel par la D 803. Doubles 80-115 €. Table d'hôtes 30 € (certains soirs).* Un charme indéniable émane de cet ancien relais de chevaux : épais murs de pierre, poutres, grande cheminée. D'emblée, on se sent à l'aise dans cette atmosphère rustique et chic. 4 chambres spacieuses, la plus grande avec un lit de 180 cm. Celle située sous les combles est certes plus petite, mais très intime. Accueil plein de chaleur des propriétaires qui se démènent pour satisfaire leurs hôtes. Leur généreuse cuisine en est bien la preuve ! Grand jardin avec piscine. Une bouffée d'oxygène !

À voir

Arrivée classique par la place Gambetta et le fossé des Cordeliers. En effet, tout le boulevard circulaire est l'ancien fossé comblé. Vestiges significatifs de l'enceinte tout autour (surtout côté fossé des Capitani).

La tour de la Prison *(Tournemire)* **:** *au milieu de l'esplanade.* Imposante. Bel appareillage de pierres. À côté, élégante fenêtre à meneaux sculptés.

L'hôtel de la Raymondie : *accès sur la pl. Henri-Ramet.* Véritable forteresse édifiée à la fin du XIIIe s par Bernard Raymondi, fils de Raymond IV, vicomte de Turenne. Rue Sans-Lys, beau rythme d'arcades, de style roman tardif, surmontées de magnifiques fenêtres à rosaces sculptées en pierre. Beffroi haut de 32 m. L'hôtel abrite aujourd'hui la mairie et l'office de tourisme. Accès par la ***place des Consuls*** (place de la Halle). Grande halle couverte du XVIIIe s, avec une charpente rayonnante en châtaignier posée sur des piliers de pierre. Dans la rue Tournemire, remarquer la belle fenêtre de style gothique, ornée d'une rosace quadrilobée.

Dos à la mairie, on trouve à droite de la place l'*hôtel de la Monnaie* (avec tour à échauguette). À gauche, la ***maison Fabri,*** du XVe s, avec sa tour ronde. C'est là que mourut, en 1183, Henri, le fils aîné du roi d'Angleterre, frère de Richard Cœur de Lion, traqué et épuisé, après sa révolte contre son père. À l'entrée de la rue Mercière, *tour de l'hôtel de Linars.* De l'autre côté de la mairie, *hôtel de Chauffour,* du XVIe s. En le contournant, vous parvenez à l'énorme *tour des Pénitents.*

Rue Droite, derrière la maison Fabri, maison à colombages, puis la *tour* et l'*hôtel de Briance, dit « Vergnes-de-Ferron »* (portail à colonnes corinthiennes et fronton sculpté).

Continuer la rue Droite vers l'***église Saint-Maur*** *(ouv 9h-17h ; jusqu'à 20h en été),* qui était naguère intégrée aux remparts de la ville. Superbe édifice gothique, du XIVe s, au chevet fortifié. Imposant clocher-porche de 40 m à contreforts et étroites meurtrières. Sous le porche, intéressant tympan roman appartenant à l'église précédente *(Jugement dernier).* Large nef unique qui, contrairement aux autres églises de la région, n'a pas de bas-côtés et se termine par un chevet plat et non par une abside. Grand vitrail de chœur du XVIe s et série de panneaux peints du XVIIIe s. Chaire en bois sculptée. Sur le flanc droit de l'église, importants vestiges du rempart.

Revenir dans le centre par la ***rue de l'Église.*** Au passage, une des rares maisons à colombages de la ville. Rue de la Bride, *maison* et *tour de Mirandol* (bel hôtel particulier). Arrivée sur le *couvent des Mirepoises* (cour Renaissance).

De l'autre côté du fossé des Cordeliers, ***tour des Cordeliers*** (vestiges d'un couvent) et, vers la droite, le *grenier d'Abondance* (de style Renaissance) qui servait à stocker de la nourriture pour les pauvres.

Reptiland : *à la sortie de Martel, sur la D 840 vers Figeac, au lieu-dit* ***Puy-Lombry.*** *☎ 05-65-37-41-00. • reptiland-le-renouveau.fr • Juil-août, tlj 10h-18h30 (fermeture des caisses 1h avt). Fév-nov, tlj sauf lundi 10h-18h, ouv j. fériés. Fermé déc-janv. Entrée : 9,50 € ; 6 € enfants 4-12 ans.* Vivarium couvert et climatisé. Plusieurs centaines de reptiles vivants présentés à la lumière du jour. Lézards, serpents, tortues, scorpions, araignées et même des crocos !

À faire

Chemin de fer du Haut-Quercy « Le Truffadou » : *☎ 05-65-37-35-81. • trainduhautquercy.info • À la gare de Martel. Juil-août, tlj départ à 11h, 14h30 et 16h ; mai-juin, sept et vac de Toussaint, 1 départ mar, jeu et ven à 15h, 3 départs le dim à 11h, 14h30 et 16h. Trajet : 1h env A/R. Billet : 8-10,50 € selon le train (Diesel ou à vapeur) ; 5-6,50 € enfants 4-11 ans. Accès musée : 1 €. Tarif groupe accordé sur présentation de ce guide.* Voyage commenté à bord de voitures ouvertes, à la découverte des merveilleux paysages de la vallée de la Dordogne et de la riche histoire de cette ligne de chemin de fer mise en service à la fin du XIXe s. Superbe parcours panoramique en corniche et sur la falaise. Également un musée d'anciens objets ferroviaires à l'étage du hall voyageurs.

Fêtes et manifestations

– ***Bals du mercredi soir :*** *mer soir (donc !) en juil-août, pl. de la Halle. GRATUIT.*
– ***Festival mexicain et latino :*** *1er w-e de juil.* Martel se met littéralement à l'heure latino ! Musiques, danses...
– ***Festival de Bandas :*** *le w-e autour du 14 juil.* Fanfares, fiesta et bamboula ! Concours pour remporter les *Marteaux d'or.*
– ***Fête des Tondailles :*** *14 juil.* Concours de tonte de mouton. Grand banquet campagnard. Ambiance sympa.
– ***Brocante :*** *le dernier dim de juil.*
– ***Festival de la B.D. :*** *fin juil.*
– ***Fête votive :*** *le w-e après le 15 août.* Bal, concours de boules...

DE MARTEL À ROCAMADOUR

Oubliez la D 840, la route directe. Mieux vaut musarder sur les petites routes des falaises en bordure de la Dordogne, qui effectuent d'incessants sauts-de-mouton entre collines et rivière, découvrant à chaque fois des points de vue époustouflants... Dans ce carré Martel-Souillac-Payrac-Rocamadour, vous trouverez de vraies bonnes adresses pour résider et de beaux villages à visiter. Alternative utile en haute saison pour éviter les embouteillages de Rocamadour.

Adresse utile

■ ***Compagnie Sports Nature :*** *au lieu-dit Gluges, 46600* ***Martel.*** *☎ 05-65-32-27-59. • contact@compagnie-sports-nature.com • Autre point d'accueil au Camping du Port (voir ci-après « Où dormir ? Où manger en chemin ? »). De Pâques à fin sept.* Descente de la Dordogne et circuits découverte en canoës-kayaks, *stand-up paddle,* spéléo, canyoning, escalade. Pour faire le plein d'activités sportives !

Où dormir ? Où manger en chemin ?

Campings

Camping Les Falaises : *au lieu-dit Gluges, 46600* ***Martel.*** *☎ 05-65-37-37-78. • contact@camping-lesfalaises.com • camping-lesfalaises.com • Accès : à 5 km de Martel sur la droite (avt le pont). De mi-juin à début sept. Empl. tente en hte saison 14,40 €. 47 empl.* Fort bien situé. Bel environnement arboré et emplacements agréables qui s'étendent jusqu'en bordure de rivière. Pas de locatif. Bien ombragé. Barbecue. Plage aménagée, baignade, pêche. À proximité immédiate de *Port Loisirs*. Resto à proximité, buvette.

⛺ ***Camping Le Pic :*** *46200* ***Mayrac.*** ☎ *05-65-32-25-04.* • *infos@campinglepic.com* • *campinglepic.com* • *À 4 km du bourg direction Baladou, puis à droite sur la D 33. De mi-juin à fin sept (tte l'année pour les gîtes). Empl. tentes 10-17 € ; gîtes, mobile homes, bungalows et chalets 250-940 €/sem.* Dans une vallée sauvage et isolée, un beau petit camping, bucolique, tranquille et familial, étagé sur 4,5 ha à flanc de colline, dans la forêt. Tout est mignon, même les sanitaires, installés dans une bâtisse ancienne en pierre. Piscine avec toboggan en spirale. Billard, baby-foot, pétanque. Snack en juillet-août, avec soirée moules-frites le mardi et barbecue le jeudi. Spa, sauna. Que du calme sinon, à peine troublé par quelques lamas, ânes et chèvres. Bon accueil.

⛺ ***Camping du Port :*** *46600* ***Creysse.*** ☎ *05-65-32-20-82.* • *contact@campingduport.com* • *campingduport.com* • ♿ *Accès : par la D 23 ; sortie 54 autoroute Paris-Toulouse ou sortie 55 autoroute Toulouse-Paris. De fin avr à fin sept. Empl. tente 18 € ; mobile homes et Tithomes 190-690 €/sem. 86 empl.* Magnifique environnement au calme parfait. Terrain ombragé en bordure de la Dordogne. Esprit safari avec des tentes luxueuses et des cabanes lodges sur pilotis. Épicerie. Belle plage et grande piscine. Différentes activités sportives proposées sur place (canoë, escalade, spéléo, etc.) et nombreuses animations gratuites (dont la pêche pour les enfants). Bar, avec animations et petite restauration, ouvert de 20h à minuit en été. Location de vélos. Piscine.

⛺ ***Camping La Rivière :*** *au Bougayrou, 46200* ***Lacave.*** ☎ *05-65-37-02-04.* 📱 *06-85-08-45-49.* • *contact@campinglariviere.com* • *campinglariviere.com* • ♿ *Accès : par l'A 20, direction « Grottes de Lacave », puis sur la droite prendre direction « Saint-Sozy-Grottes de Lacave » ; ou par la D 23. De mai à mi-sept. Empl. tentes 15-21,20 € selon saison ; hébergements locatifs 265-665 €/sem. 110 empl.* Entre Rocamadour et Sarlat, au bord de la Dordogne. Il y a d'ailleurs une plage aménagée. Grand parc ombragé et plat. Restauration ; animations en saison. Piscine chauffée. Ambiance familiale et conviviale : minigolf, ping-pong, terrain de volley, balançoires et jeux enfants.

⛺ ***Camping municipal Beauregard :*** *le port de* ***Pinsac.*** ☎ *05-65-37-06-02.* • *contact@campingduport.com* • *Accès : par la D 43 depuis Souillac ; à 600 m du village, en direction de Lacave. De juin à fin sept. Empl. tente 12 € en hte saison. 40 empl. CB refusées.* Au bord de la Dordogne, au pied des falaises, des emplacements bien ombragés mais aucun équipement. Épicerie à 800 m. Baignade, pêche et canoë. Le GR 6 passe dans le coin.

Prix moyens

🏠 🍴 ***Hôtel-restaurant Grangier :*** *46200* ***Saint-Sozy.*** ☎ *05-65-32-20-14.* • *info@hotel-grangier.com* • *hotel-grangier.com* • *Au cœur du village. Fermé lun et le midi mar-mer. Congés : fév. Doubles 60-75 € ; chambres familiales. ½ pens intéressante 61-69 €/pers. Menus 19,50-28,50 € ; carte env 30 €.* La bonne affaire familiale qui propose des chambres confortables, sobres et refaites à neuf pour certaines, à bon prix. Également des suites spacieuses, dont une avec terrasse privative. Mais la surprise la plus agréable se trouve dans les assiettes, avec une cuisine à base de produits régionaux, là encore à des prix fort raisonnables. La carte est succincte, mais tout est fait maison. En été, tables installées au cœur du jardin sous les mûriers. Piscine à débordement.

🏠 🍴 ***Le Petit Relais :*** *46350* ***Calès.*** ☎ *05-65-37-96-09.* • *petit.relais@orange.fr* • *hotel-petitrelais.fr* • ♿ *Tlj en saison ; oct et mars, fermé mar-mer. Congés : 15 nov-15 mars. Doubles 71-79 € ; familiales 87-103 €. Menus 29,50-45,50 €.* L'auberge de village récemment rénovée, comme on les aime ! Chambres modernes et confortables, décorées avec goût. Dans les assiettes, belle cuisine régionale soignée et copieuse. On se régale ! Piscine et terrasse pour profiter des beaux jours.

Hôtel-brasserie de Lacave : *le Bourg, 46200* ***Lacave.*** *☎ 05-65-37-87-06. • hotel-brasseriedelacave@wanadoo.fr • hotel-brasseriedelacave.fr • Dans le village, face aux grottes. Congés : 1er nov-20 mars. Double avec TV 60 €. Menu 15 (déj)-28 € ; carte env 20 €.* Sympathiques chambres fraîchement rénovées. Toutes disposent d'une salle de bains et d'un balcon donnant sur le jardin et la piscine, au loin. Une étape touristique à prix raisonnable. Cuisine régionale sans grand relief servie en salle ou en terrasse. À l'arrière, grand jardin avec trampoline.

De chic à beaucoup plus chic

Hôtel-restaurant La Terrasse : *46200* ***Meyronne.*** *☎ 05-65-32-21-60. • contact@hotel-la-terasse.com • hotel-la-terrasse.com • Doubles 90-145 € ; familiales. Menu déj à partir de 20 €, puis 29,50-56 €.* Ancienne résidence d'été des évêques de Tulle, ce château en surplomb de la Dordogne a du caractère. Pierre, poutres, cheminées, lits à baldaquin... Rien ne manque au décor moyenâgeux. On a un faible pour les chambres dans la tour, avec vue imprenable sur la rivière et les falaises. Piscine extérieure chauffée. Au resto, menus régionaux servis dans la salle ou mieux, en terrasse.

Le Pont de l'Ouysse : *46200* ***Lacave.*** *☎ 05-65-37-87-04. • pont.louysse@wanadoo.fr • lepontdelouysse.com • Par la D 43, à une dizaine de km de Rocamadour et de Souillac ; à la sortie de Lacave, direction Sarlat. De fin mars à début nov. Fermé lun (ouv lun soir en saison) et mar midi. Doubles 108-187 € selon saison ; petit déj 17 €. Menu déj 40 €, puis 60-92 € ; carte 30-110 €.* En bord de rivière, et le chemin, comme le temps, s'y arrête : autant dire calme absolu garanti. Maison de charme, au pied de la falaise et du château de Belcastel, proposant des chambres douillettes et charmantes. Grand jardin avec une terrasse agréable l'été. Très belle piscine. Cuisine signée Daniel et Stéphane Chambon, un pur délice, tant ce duo père-fils fait preuve d'imagination. Une référence régionale, d'ailleurs ! Le dîner sous les marronniers, avec le bruit et la fraîcheur de l'eau pour vous accompagner (sans parler d'un bon cahors), est un grand moment à partager.

À voir

Gluges *(46600)* **:** adorable hameau caché au pied de hautes falaises à pic. Petite *église* romane du XIIe s. En face, le très beau *cirque de Montvalent.* Suivre à droite vers Creysse la belle route qui longe la falaise.

Creysse *(46600)* **:** joli village en bordure de la Dordogne. Ici, la noix est dans son royaume depuis l'ouverture d'une station expérimentale qui lui est dédiée ! Vestiges du *château* du XVIe s tout en haut sur un roc. Grosse tour avec clocher à bulbe. Petite *église* du XIIe s (ancienne chapelle du château), qui présente un très rare chevet à deux absides jumelles. Petite *halle* aux piliers de pierre. Plus loin, à ***Saint-Sozy,*** manoir du XVIe s. Jolie route jusqu'à ***Pinsac,*** où l'on retraverse la Dordogne.

Belcastel : en marge de la route vers Rocamadour, l'un des paysages les plus romantiques de la région. Le *château* en à-pic de la falaise, au confluent de la Dordogne et de l'Ouysse, bénéficie d'un site admirable. Au jour déclinant, la plus belle image de la journée.

Le château de La Treyne : *sur la commune de* ***Lacave*** *(à 4 km env du village, en direction de Pinsac). ☎ 05-65-27-60-60. • chateaudelatreyne.com • Visite guidée des jardins à la française et de la chapelle (expos temporaires) juil-août, tlj sauf* *mardi 10h-19h (sinon visite libre). Entrée : 5 € (chapelle) ; gratuit moins de 12 ans.* Domine orgueilleusement le paysage en aplomb de la rivière. C'est aujourd'hui un hôtel-resto de luxe.

Les grottes de Lacave *(46200) : dans le village de Lacave. ☎ 05-65-37-87-03. • grottes-de-lacave.com • Tlj 1er oct-11 nov, 26-30 déc, 6 fév-31 mars, 10h-12h, 14h-17h ; avr-juin et fin août-sept, 9h30-12h, 14h-17h30 ; juil-août 9h30-18h. Entrée : 10,50 € ; 6,50 € enfants 4-13 ans ; réduc sur Internet. Durée de la visite : 1h20 (départ ttes les 30 mn).* Belles grottes découvertes au début du siècle dernier. Départ en petit train, pour la plus grande joie des enfants. Succession de salles alignant des concrétions aux formes les plus étranges. *Salle du Grand Dôme,* de 60 m de haut. Curieuse *colonne aux pattes d'araignée.* Pour finir, la *salle des Merveilles* offre effectivement le merveilleux spectacle de ses concrétions brillant de mille feux sous les effets d'un jeu de lumière noire.

Préhisto Dino Parc : *à 2 km de Lacave, en direction de Gramat-Rocamadour. ☎ 05-65-32-28-28. • contact@prehistodino.com • Ouv avr-nov et vac scol. Juil-août, tlj 10h-20h ; avr-juin, sept-nov 10h-19h (18h oct-nov) ; le reste de l'année, se renseigner. Entrée : env 8 € ; 4,50 € pour les 5-13 ans.* Espace ludique pour petits et grands. Ce n'est pas *Jurassic Park,* les bébêtes ne bougent pas, au grand désespoir des enfants. Malgré tout, cela reste la plus impressionnante reconstitution grandeur nature d'animaux préhistoriques en Europe. Également une reconstitution d'un village du Néolithique.

Le moulin fortifié de Cougnaguet : *à 1 km du* Préhisto Dino Parc, *en direction de Gramat-Rocamadour, fléché sur la droite. ☎ 05-65-32-63-09. • cougnaguet.com • Visite (avec démonstration et mouture) d'avr à mi-oct, 10h-12h, 14h-18h (17h en oct). Entrée : 5 € ; 3 € pour les 6-15 ans ; réduc.* Beau moulin fortifié (XIVe s), coincé entre l'Ouysse et les rochers, bâti par les moines cisterciens pour nourrir les pèlerins. Sympa et très bucolique. Visite commentée avec mise en fonctionnement des quatre meules, puis petite dégustation d'alcool de prune et de noix dans l'habitation du meunier à l'étage.

LE CAUSSE DE GRAMAT, DE ROCAMADOUR À PADIRAC

Rocamadour, c'est déjà le causse de Gramat, mais tellement lié d'un point de vue touristique à la vallée de la Dordogne que l'on comprend l'hésitation des professionnels du tourisme local, qui ne savent plus comment se situer. Pourtant, qu'importent les classements, on change bien de paysage. Fini les berges verdoyantes, place aux plateaux calcaires parcourus de troupeaux de chèvres, semés de murets et *cazelles* (cabanes de berger) en pierre sèche, creusés de ces rivières souterraines qui donnèrent naissance au tonitruant gouffre de Padirac. Vous voilà entré de plain-pied dans le parc naturel régional des Causses du Quercy.

LE LOT

ROCAMADOUR

(46500) 653 hab. *Carte Lot, B2*

Un des sites les plus visités de France, c'est tout dire ! Et ça ne date pas d'hier. Fréquentée en son temps par le gratin médiéval, Rocamadour attire les pèlerins depuis plus d'un millénaire. C'est qu'il faut bien l'avouer, le lieu est vraiment exceptionnel. On a beau être largement prévenu, que l'on arrive du sud par Couzou ou du nord par L'Hospitalet, on ressent le même choc émotionnel devant la grandeur du spectacle. Défiant les lois de l'équilibre, sanctuaire troglodyte et superbes maisons médiévales agrippées au roc dévalent une immense falaise dominant les gorges de l'Alzou. Au fond, dans une profusion de verdure, serpente la rivière. Cela étant dit, si vous préférez la solitude des vierges forêts à la foule, évitez Rocamadour en pleine saison, ou alors visitez la cité tôt le matin ou au crépuscule.

UN PEU D'HISTOIRE

On pense qu'un tel lieu dégageant autant de spiritualité devait connaître depuis longtemps déjà un petit ***culte marial.*** On évoque même le culte primitif d'une déesse païenne, remontant à la préhistoire. La tradition préfère attribuer la naissance du pèlerinage à la peur que suscita l'an 1000 et à la découverte d'un cadavre au pied de la chapelle troglodytique, un jour de 1166. Intact (d'après les textes !), il ne pouvait s'agir que d'un saint ! On le baptisa ***Amadour,*** ce qui signifie « serviteur de Marie », référence à un vieil ermite qui avait autrefois, dit-on, vécu dans cette même grotte... Les bénédictins de Tulle ayant pris possession du sanctuaire, ***un pèlerinage commença à se développer,*** qui connut rapidement un grand succès dans toute l'Europe.

Du XIIe au XIVe s, Rocamadour connut son âge d'or. Souverains et saints s'y précipitèrent : le roi d'Angleterre Henri II Plantagenêt – souverain de la région –, Thomas Becket, Saint Louis, Philippe le Bel, Charles VI et Charles VII, Jean le Bon, saint Antoine de Padoue, Louis XI, etc. La petite cité se fortifia et se couvrit d'édifices religieux. Au cours de cette période, elle ne souffrit que du pillage du prince Henri, fils d'Henri II d'Angleterre (et frère de Richard Cœur de Lion), qui vola la célèbre Durandal, l'épée de Roland.

Dès le XVe s les grands pèlerinages passant de mode, Rocamadour commença à décliner, réduisant le pèlerinage à un petit culte local pendant quelques siècles. C'est à partir de ***1858 que débutent les restaurations du sanctuaire de Rocamadour,*** dans un style néogothique troubadour que l'on peut observer aujourd'hui encore.

> **VOL PLANÉ**
>
> *La légende l'affirme, l'épée fichée dans le rocher à Rocamadour n'est autre que la mythique Durandal, l'épée du non moins mythique Roland. Pour qu'elle ne tombe pas entre les mains des Sarrasins lors de la défaite de Roncevaux, Roland tenta de la briser sur un rocher, mais c'est le roc qui se fendit, créant au passage la brèche de Roland, près du cirque de Gavarnie. Roland jeta alors Durandal de toutes ses forces, si fort qu'elle vint se planter quelques centaines de bornes plus loin, au-dessus de la chapelle Notre-Dame de Rocamadour, où elle est toujours visible aujourd'hui (et sacrément rouillée).*

Adresse et infos utiles

Office de tourisme de la vallée de la Dordogne : *à L'Hospitalet.* ☎ *05-65-33-22-00.* • *vallee-dordogne.com* • *Ouv Pâques-Toussaint. Juil-août, tlj 9h30-19h.* Bonne documentation sur la région, et visite ludique de Rocamadour pour les enfants (document). Également un bureau à l'hôtel de ville, au cœur de la cité médiévale *(plus petit mais ouv tlj, tte l'année).*

Stationnement et accès

Ne pas tenter d'entrer dans la vieille ville en voiture, l'accès n'est autorisé qu'aux clients des hôtels. On vous conseille de vous garer en haut, au niveau du château (parking gratuit), de descendre à pied (env 15 mn) via le sanctuaire et de remonter en ***ascenseur.***

■ ***Pour le parking :***
– à l'entrée basse du village près de la porte du Figuier (payant) ;
– en bas, dans la vallée (gratuit). De là, marcher pour rejoindre la cité (ça grimpe) ou prendre le petit train effectuant la navette *(avr-sept, 10h-19h, ttes les 15 mn ; tarifs : 2,50 € l'aller ou 3,50 € A/R ; réduc enfants)* ;
– en haut, au niveau du château (gratuit). C'est là qu'il y a le plus de places, et c'est l'option qu'on vous recommande. **Bus-navette** *entre la pl. de l'Europe, la porte du Figuier et le château ttes les 30 mn 12h-19h15 en juil-août ainsi que ponts de mai, w-e en juin, 1er-18 sept. Tarifs : 3 € l'aller ou 4 € A/R ; réduc enfants.* Du château, on peut aussi emprunter le ou les ***ascenseurs*** ; mais ça revient cher, surtout en famille.

■ ***Les ascenseurs :***
– le *1er ascenseur* effectue le trajet cité-sanctuaires. *Fonctionne en juil-août 8h-22h ; hors saison, 9h-18h. Compter 2,10 € l'aller ; 3,10 € l'A/R* (mais franchement, vous ratez une des plus jolies parties du village !) ;
– *l'ascenseur incliné* vous épargne la remontée par le chemin de croix pour relier le château. *Fonctionne tte l'année sauf 25 déc et janv (9h-22h en été). Compter 2,60 € l'aller ; 4,20 € l'A/R.*

■ ***Toilettes publiques :*** plusieurs, notamment au niveau des ascenseurs. *Accès payant : 0,50 €.*

Où dormir ? Où manger ?

Dans la cité

Prix moyens

Le Terminus des pèlerins : *rue Principale, pl. de la Carretta.* ☎ *05-65-33-62-14.* • *contact@terminus-des-pelerins.com* • *terminus-des-pelerins.com* • *Congés : de début nov à Pâques. Doubles 66-89 €. Formules et menus 19,80-35 €, carte 45 €.* Accueil sympathique et service efficace pour ce charmant hôtel situé dans la rue principale. Une douzaine de chambres bien entretenues à défaut d'être à la dernière mode. On a bien aimé celles qui donnent sur la vallée, mais la vue sur le sanctuaire n'est pas mal non plus. Au resto, cuisine de bonne tenue, mettant à l'honneur le canard et les produits du terroir. Depuis la terrasse, on surplombe la vallée.

Envies de Terroir : *rue de la Couronnerie.* ☎ *05-65-33-67-38.* • *enviesdeterroir46@orange.fr* • ♿ *Tlj sauf ven. Fermé de mi-nov à mi-fév, mais ouv 20 déc-2 janv. Assiette express 14,50 €, menu 26,50 €, carte env 30 €.* Sympathique resto au cadre contemporain, prolongé d'une agréable terrasse suspendue au-dessus de la vallée. Cuisine de terroir convaincante, avec quelques bonnes surprises, comme la souris d'agneau confite, pour ceux qui se lassent du canard. Glaces. Excellent accueil, plein d'humour et d'énergie. Pourvu que ça dure...

Les Jardins de la Louve : *pl. Hugon.* ☎ *05-65-33-62-93.* • *rocamadour.lesjardinsdelalouve@orange.fr* • *Tlj. Congés : de mi-nov à mi-mars.*

Formules 18-23 €. Menus 21-38 €. Apéritif maison (2 pers max) offert sur présentation de ce guide. Une adresse touristique mais néanmoins sérieuse. Dans l'assiette, des salades, pizzas, omelettes ou une cuisine de terroir correcte. Suffisant pour venir profiter de la belle terrasse ombragée qui domine la vallée. Pour les jours moins cléments, salle rustique avec cheminée. Pub en sous-sol.

Chic

Hôtel-restaurant Le Beau Site : *cité médiévale. ☎ 05-65-33-63-08. • info@bestwestern-beausite.com • bestwestern-beausite.com • Congés : 6 nov-10 fév. Doubles 85-130 €. Formule 19,50 € (déj sauf dim), puis 27-39 € ; carte env 45 €. Parking privé. Réduc de 10 % sur le prix de la chambre sur présentation de ce guide (résa directe, non cumulable).* Au cœur de Rocamadour, *Le Beau Site* porte un nom de circonstance : de certaines chambres, vue enivrante sur le sanctuaire accroché à sa falaise. Cet hôtel-restaurant, qui appartient à la famille Menot depuis cinq générations, fournit des prestations d'excellente qualité. Réception et salons meublés haute époque. De taille variable, toutes les chambres sont climatisées et très bien tenues. Certaines sont mansardées, celles au-dessus du resto sont plus modernes et il y a aussi des chambres familiales (avec mezzanine). Au resto *Jehan de Valon,* considéré par beaucoup comme la meilleure table de la cité, cuisine du terroir goûteuse, délicate et parfumée, servie par un personnel souriant. Terrasse joliment aménagée sous les tilleuls en été.

Près de L'Hospitalet

Campings

Ferme des Campagnes : ***Les Campagnes.*** *☎ 05-65-33-62-54. • ferme-des-campagnes@wanadoo.fr • ferme-des-campagnes.com • Accès : à 1 km de Rocamadour par la D 247, direction Souillac. 2 avr-28 oct. Empl. tentes 9-13 € selon saison ; mobile homes et bungalows toilés 280-490 €/sem. 50 empl. Réduc de 5 % (avr-juin et sept-oct) sur présentation de ce guide.* Si c'est une aire naturelle, c'est aussi un camping à la ferme de 3 ha, sec mais bien ombragé. Barbecue à disposition. Possibilité d'y prendre le petit déj. Court de tennis à 1 km, jeux pour enfants. Vente des produits de la ferme et d'assiettes-repas. Accès à Rocamadour par un sentier pédestre.

Camping Les Cigales : ***L'Hospitalet.*** *☎ 05-65-33-64-44. • camping.cigales@orange.fr • camping-cigales.com • Accès : à 600 m de la maison du tourisme, direction Gramat. Avr-sept. Empl. tentes 18-24 € selon saison ; mobile homes, bungalows et roulottes 295-940 €/sem ; caravanes 119-154 €/sem. 100 empl. Café offert sur présentation de ce guide.* Un grand camping sur 3 ha, plus ou moins ombragé mais bien équipé (écran géant, jeux pour enfants, trampolines, château gonflable, ping-pong, terrain multisports). Beaucoup de locatif. Animations, ateliers et sorties canoë en juillet-août. Piscine chauffée de mi-mai à mi-sept. Snack et pizzas maison.

De bon marché à prix moyens

Amadour Hôtel : ***L'Hospitalet.*** *☎ 05-65-33-73-50. • contact@amadour-hotel.com • amadour-hotel.com • Proche de l'office de tourisme. Doubles 52,50-65 €.* Une étape fonctionnelle et confortable à défaut d'être charmante. Chambres standard bien équipées et climatisées. Les plus chères ont un balcon. Une adresse pratique avant tout, au personnel sympathique.

Au Panorama : ***L'Hospitalet.*** *☎ 05-65-40-67-36. • chaumeilhelene@yahoo.fr • Tt proche de l'hôtel Amadour. Pâques-Toussaint, tlj. Menus 18-25,80 €. Parking.* Un resto à la bonne franquette qui n'abuse pas de sa situation centrale pour tirer sur la corde. Pas de vue vertigineuse sur la vallée, mais une terrasse plaisante sous les tilleuls, un peu proche de la route toutefois. Généreuses salades repas, assiettes de brasserie, galettes et crêpes. C'est bon, pas compliqué, et le service est avenant.

🍴 ***Le Roc du Berger :*** *route de Padirac (D 673),* ***Belveyre*** *(à env 1,5 km de Rocamadour).* ☎ *05-65-33-19-99.* • *rocduberger@wanadoo.fr* • ♿ *Tlj de fin mars à fin sept ; oct ouv sam soir et dim midi. Résa conseillée. Formule casse-croûte 14 €, menus 19,50-28 € et carte.* Ce gros chalet installé à quelques encablures de Rocamadour est assurément l'adresse la plus sympa du coin. Entre le resto et la ferme-auberge, on y déguste des produits du terroir. Agneau du Quercy, cabécous, charcuterie... tout provient des producteurs voisins et copains. On s'installe sur la grande terrasse au milieu des chênes et on se régale de grillades saisies d'une main de maître. Les amateurs choisiront directement l'assortiment de viandes grillées... Aire de jeux pour les enfants et enclos de biquettes. Vraiment une bonne adresse !

De prix moyens à chic

🏠 🍴 ***Le Troubadour :*** *à* ***Belveyre*** *(D 673).* ☎ *05-65-33-70-27.* • *hoteltroubadour@wanadoo.fr* • *hotel-troubadour.com* • *À 800 m de L'Hospitalet en direction de Martel et d'Alvignac. Fermé de mi-nov à mi-fév. Resto ouv slt le soir. Doubles 69-145 € selon confort et saison. Loc de gîtes 4-5 pers dans les environs 350-1 150 €/sem. Menu 33 €. Apéritif offert sur présentation de ce guide.* Cette grande maison en pierre blanche du XVIIe s, à l'écart de la route, est une aubaine pour ceux qui ne veulent pas subir les délires estivaux de Rocamadour. Une dizaine de chambres coquettes calfeutrées derrière d'épais murs de pierre qui maintiennent la fraîcheur en été. Celles du rez-de-chaussée s'ouvrent sur la piscine chauffée, avec vue dégagée sur le causse. Billard dans l'ancien fournil. Cuisine traditionnelle servie dans la salle de resto climatisée ou en terrasse. Une adresse au charme certain.

🏠 ***Les Esclargies :*** *route de Payrac, à 100 m de la corniche.* ☎ *05-65-38-73-23.* • *infos@esclargies.com* • *esclargies.com* • ♿ *Congés : 15 déc-15 fév. Doubles 76-160 € selon confort et saison ; petit déj (un brunch !) 12,50 €. Boisson d'accueil offerte ou un petit déj par chambre en basse saison, pour les résas passées en direct, sur présentation de ce guide.* Un établissement récent, à l'architecture particulièrement réussie, qui s'est glissé au sein d'une chênaie... De la pierre, du bois, de grandes vitres pour une luminosité optimale : on est au cœur d'une belle nature, et cette nature est au cœur de l'hôtel. Des chambres au confort parfait, spacieuses et climatisées, avec vue sur la campagne. Un accueil sans reproche. Salle du petit déj donnant sur un parc à l'arrière. Piscine chauffée. Propose également des « randocroquis », des stages de 5 jours qui conjuguent randonnées et cours d'aquarelle ou de dessin en compagnie d'un peintre. Une belle adresse !

Où dormir ? Où manger dans les environs ?

Camping

⛺ ***Aire naturelle Chez Gaby :*** *au lieu-dit* ***Magès.*** ☎ *05-65-33-65-17.* ♿ *Accès : à 2 km de Rocamadour, sur la D 32 vers Couzou. D'avr à mi-nov. Empl. tente en hte saison 10 € ; caravane 70-200 €/sem. CB refusées. 25 empl.* Retraités mais pas inactifs, ces anciens agriculteurs mettent à la disposition des campeurs un champ avec sanitaires simples. Salle à dispo dans une petite grange. On domine les vallées de l'Alzou et de l'Ouysse. Vue superbe sur le causse.

De bon marché à prix moyens

🏠 🍴 ***Hôtel du Château :*** *46500* ***Alvignac.*** ☎ *05-65-33-60-14.* • *hotel-du-chateau@wanadoo.fr* • *hotelduchateaualvignac.com* • ♿ *(resto). À 6 km env de Rocamadour ; à mi-chemin entre Rocamadour et Padirac. Resto* *fermé dim et le midi sam et mer hors saison. Fermé 5 nov-13 avr. Selon saison, doubles 52-59 € avec douche ; chambres familiales. Formule déj en sem 15 € ; menus 24-31 €. Café offert sur présentation de ce guide.* Dans le centre du village, une bâtisse à la façade entièrement recouverte de vigne vierge. Certes, il ne reste rien de l'ancien château, mais l'établissement propose des chambres simples, propres, sympathiquement relookées et à prix tassés. Au resto, une bonne cuisine traditionnelle. Tenu par un jeune couple aimable. Piscine dans le jardin.

|●| ***Chez Ernestine :*** *Grand-Rue, 46500* ***Alvignac.*** *☎ 05-65-10-89-12. • chezernestine46@gmail.com • Fermé nov à fin mars ; fermé lun (juin, sept, oct) + mar (oct). Menus 19,50-28 €. Carte env 35 €. Café offert sur présentation de ce guide.* Y'a d'la joie chez Ernestine ! Dans la sympathique salle avec ses nappes vichy, en terrasse (sur la rue), dans les assiettes et sur les visages ! Les jeunes qui ont repris l'affaire mettent tout leur talent dans leur cuisine pour régaler leurs clients. Ils apportent au terroir un saupoudrage de fantaisie et de légèreté. Vite, à quand le prochain repas ?

Chic

🏠 |●| ***Hôtel-restaurant Les Vieilles Tours :*** *à* ***Lafage,*** *46500 Rocamadour. ☎ 05-65-33-68-01. • les.vieillestours@wanadoo.fr • vtrocamadour.com • ♿ À 3 km de L'Hospitalet, par la D 673 en direction de Gourdon (fléché sur la droite). Resto ouv le soir slt ; fermé mardi hors saison (résa conseillée). Fermé Toussaint-Pâques. Doubles 83-93 €, chambres familiales. Menus 27-33 €. Apéritif offert sur présentation de ce guide.* Un splendide manoir des XIIIe-XVIIe s, transformé en hôtel cosy avec parc et piscine. Une quinzaine de chambres spacieuses, réparties dans plusieurs bâtiments. Mention spéciale pour la suite logée dans la tour. La table, d'inspiration régionale, délicieuse et raffinée, vaut vraiment le détour. Belle terrasse, avec une vue qui porte à 30 km par temps clair. Accueil courtois et charmant. Une adresse élégante pour s'adonner au farniente dans les règles de l'art !

🏠 ***Domaine de la Rhue :*** *à 6 km de Rocamadour. ☎ 05-65-33-71-50. • domainedelarhue@wanadoo.fr • domainedelarhue.com • Par la D 673 (direction Martel), puis la D 840 (direction Brive) et à gauche à 1 km. Fermé de fin sept à mi-avr. Doubles 95-135 € selon saison.* Manoir du XIXe s au milieu d'un beau domaine en pleine nature. Anciennes écuries transformées avec goût en maison d'hôtes chic et rustique tout à la fois. On aime tout : l'ambiance détendue, le cadre chaleureux avec profusion de bois et de pierre, les grands volumes. 5 chambres spacieuses avec vue, toutes différentes, paisibles et confortables. Piscine. Une adresse élégante.

Où prendre un verre ? Où voir un spectacle ?

🎭 🍷 ***Côté Rocher :*** *rue Roland-le-Preux (rue principale). ☎ 05-65-10-93-39. • coterocher.com • ♿ En été, tlj sauf mer à 21h30 ; en moyenne saison, tlj sauf lun-mar ; en hiver, ven-sam à 21h et dim à 15h. Fermé 1er-15 janv et 2-12 juil. Sur résa, possibilité de billet combiné resto-spectacle. Entrée : 15 € (plus pour soirées « tête d'affiche ») ; réduc. CB refusées.* Après quelque temps passé dans l'émission *Bouvard du Rire*, Corinne Delpech a posé ses valises dans son village natal pour ouvrir un vrai café-théâtre. Au programme : humour, comédie et musique. Un endroit intime et chaleureux, avec une terrasse face au rocher pour prolonger la soirée autour d'un verre en compagnie des artistes. Un pari audacieux mené de main de maître par Corinne, et c'est le seul café-théâtre du Lot ! Bravo !

🍷 ***Les Jardins de la Louve :*** *voir « Où dormir ? Où manger ? Dans la cité ». De mi-mars à mi-nov, tlj à partir de 22h.* Sympathique pub au rez-de-chaussée du resto, donnant sur une terrasse au bord de la vallée pour prendre le frais.

À voir

Le sanctuaire

– Si vous avez un peu de temps, on vous conseille les ***visites guidées*** à thème proposées par le pays d'art et d'histoire *(6-8 € ; gratuit jusqu'à 18 ans ; résa à l'office de tourisme)* qui vous permet d'accéder au sanctuaire. Des bénévoles qui dépendent du sanctuaire proposent également des visites axées sur la religion. En visite libre (et gratuite), seules sont accessibles la *chapelle Notre-Dame*, la *basilique Saint-Sauveur et la crypte Saint-Amadour (tlj 8h-20h env.).*

– ***La chapelle Notre-Dame et la crypte saint-Amadour :*** c'est le cœur de la cité sainte. Reconstruite au XVe s et agrandie au XIXe s. À droite du beau portail flamboyant (XVe s), vestiges de peintures murales de la même époque, évoquant le *Dict des trois morts et des trois vifs.* À côté, dans le rocher, le *tombeau de saint Amadour,* où fut retrouvé le corps intact du saint. Au-dessus, épée plantée dans le roc et qui serait, selon la légende, la fameuse Durandal. En face du portail, en haut, vestiges d'une peinture murale représentant l'Annonciation et la Visitation ; au registre inférieur, une fresque du XIVe s représentant saint Christophe, patron et protecteur des voyageurs.
À l'intérieur, *Vierge noire* datant du XIIe s, objet de la ferveur des pèlerins. Elle serait à l'origine de plusieurs miracles et impose le respect. Quelques éléments insolites, comme cette cloche pendue au plafond qui daterait du VIIIe ou du IXe s (et aurait sonné d'elle-même pour annoncer les miracles), ces fers de prisonniers libérés, et deux bateaux ex-voto de marins sauvés.

NOTRE-DAME DES MARINS

Située à 200 km de la mer, la Vierge noire est bizarrement honorée par les matelots depuis des siècles. On la prie lors des tempêtes et les miracles sont, dit-on, nombreux. Les ex-voto de maquettes de bateaux dans la chapelle en sont la preuve. On a même bâti deux autres églises en son honneur (à Camaret en Bretagne et à Québec) pour que la Vierge soit facilement accessible aux gens de la mer.

– ***La basilique Saint-Sauveur :*** du XIIe s, elle jouxte la chapelle Notre-Dame. Deux nefs accrochées à la falaise sont séparées par une rangée de hauts piliers. Grand christ du XVIe s. Au-dessous, la *crypte Saint-Amadour,* où était conservé le corps du saint. Magnifique orgue suspendu (construit dans la région en 2013) en forme de proue de navire, dont les 1 400 tuyaux font vibrer la pierre de la basilique.

– ***La chapelle Saint-Jean-Baptiste,*** du XVe s, lourdement rebâtie au XIXe. Puis la ***chapelle Saint-Blaise,*** du XIIIe s. Quant à la ***chapelle Sainte-Anne,*** rebâtie au XIXe s, elle a récupéré un portail du XVe s provenant d'une abbaye de la région.

– ***La chapelle Saint-Michel :*** à l'extérieur, une fresque du XIIe s, d'inspiration byzantine, représente l'Annonciation à Marie et la Visitation. À l'intérieur, une autre fresque du XIIIe s figure un Christ en gloire.

La ville basse

➢ L'office de tourisme propose un parcours découverte *Laissez-vous conter Rocamadour (0,50 €).* Possibilité de faire une ***excursion de nuit en petit train,*** face au site illuminé *(tlj Pâques-sept ; ☎ 05-65-33-65-99 ; • lepetittrainderocamadour.com • Adulte : 6 € ; 2,50 € enfant 5-12 ans ; départ de la porte du Figuier).*

LE LOT

La porte du Figuier : c'est l'entrée de la ville. Elle date du XIIIe s. De là part l'unique rue de Rocamadour, qui se termine *porte Basse.* De nombreuses maisons présentent encore de belles fenêtres à meneaux et arcades médiévales. Au centre, la *porte Salmon,* qui possède toujours sa tour.

La mairie : installée dans une belle demeure (ancien palais de la Couronnerie) dont le rez-de-chaussée date du XIIIe s et la façade du XVe s. Élégantes fenêtres à meneaux. À l'intérieur, exposition de tapisseries de Jean Lurçat. Une tapisserie, réalisée spécialement pour la ville, est mise en lumière et commentée *(tarif visite : 2 € ; rens à l'office de tourisme de la cité médiévale).*

La porte Hugon (XIIIe s) mène au vieux *quartier du Coustalou.* Peu avant, on arrive *place de la Carretta,* d'où part le *grand escalier* vers les sanctuaires. Les 144 premières marches étaient autrefois gravies à genoux par les pèlerins. Elles aboutissent à la *rue de la Mercerie,* la plus ancienne de la ville. *Maison de la Pomette,* remaniée au XVe s, avec fenêtres à meneaux.

À voir encore

Les remparts du château : *en haut de Rocamadour, au niveau du château. ☎ 05-65-33-23-23. Tlj 9h-19h. Accès : 2 €.* Depuis le sanctuaire, on y accède par un chemin de croix serpentant à flanc de falaise (ou par l'ascenseur, pour ceux qui refusent de faire pénitence). Remparts édifiés au XIVe s. Vertigineux surplomb au-dessus du sanctuaire et de la cité, et superbe panorama sur le causse de Gramat et le canyon de l'Alzou. Le château, construit, lui, au XIXe s, ne se visite pas.

Le Rocher des Aigles : *près du château. ☎ 05-65-33-65-45. • rocherdesaigles@wanadoo.fr • rocherdesaigles.com • Avr-sept, 14h-19h ; fermeture des caisses à 17h. 2-4 démonstrations/j. selon mois de rapaces et de perroquets en vol. Entrée : 10 € ; 6 € 4-13 ans.* Un spectacle présentant une variété impressionnante d'aigles, faucons, vautours, perroquets... et des gens motivés et passionnés, qui délivrent de vrais messages (écologie, respect, etc.). En bonus, lors du dernier spectacle, on voit aussi chouettes et hiboux. C'est le plus grand centre de reproduction d'Europe.

Spectacle équestre Durandal : *près du château. 📱 06-19-39-18-00. • parcdurandal.com • En juil-août, à 11h, 15h et 17h de mi-juil à mi-août, spectacle nocturne à 22 h. Fermé le reste de l'année sauf w-e de Pâques, 1er mai, 8 mai et Ascension. Tarif : 9-15 € ; 7-10 € 4-14 ans.* Spectacle équestre de 1h revisitant la légende de l'épée Durandal, avec cascades, joutes, combats à pied...

La grotte des Merveilles : *à côté de la maison du tourisme de L'Hospitalet. ☎ 05-65-33-67-92. • grottesdesmerveilles.com • Avr-juin et sept-Toussaint, tlj 10h-12h, 14h-18h (17h oct-nov ; dernier départ) ; juil-août, tlj 9h30-19h30. Entrée : 7 € ; 5-11 ans 4,50 €.* Une jolie petite grotte découverte en 1920. Quelques (discrètes !) peintures rupestres (chevaux, cerf, félins, mains en négatif) mais visite commentée intéressante.

La Forêt des Singes : *juste avt d'arriver à Rocamadour en venant de Gramat. ☎ 05-65-33-62-72. • la-foret-des-singes.com • Juil-août, tlj 9h30-18h30 ; le reste de l'année plus aléatoire : se renseigner. Entrée : 9 € ; 5-14 ans 5,50 € ; gratuit moins de 5 ans.* Pas moins de 150 singes en liberté, tous de la même race : les magots, ou macaques de Barbarie. On observe les singes... et les macaques nous singent ! Toujours beaucoup de succès auprès des enfants, surtout lors du nourrissage (chaque heure).

La borie d'Imbert : *à 2 km de Rocamadour ; depuis L'Hospitalet, prendre la D 247 en direction de Souillac (fléché). ☎ 05-65-33-20-37. • laboriedimbert.com • ♿ Tlj 10h-19h. GRATUIT. Pour la Maison de Justine : 5 € ; 3 € 5-15 ans ; gratuit moins de 5 ans.*

La visite comporte trois parties bien distinctes : la *Maison de Justine* (la seule partie payante), un sentier de découverte et une chèvrerie qui produit du rocamadour. Cette borie (terme désignant une ferme dans le Quercy), restaurée par les personnes handicapées d'un institut voisin, plonge les visiteurs dans le monde rural du début du XXe s. On visite la maison familiale, guidé par la voix et la mémoire de Justine, qui vécut là après la mort de ses fils tués à la guerre de 14-18. Des effets spéciaux discrets et vraiment bien faits donnent vie à l'ensemble. C'est touchant. Dans la maison à côté, on assiste à la fabrication du pain par Janissou, le mari de Justine. Également un jardin potager avec ses légumes d'autrefois. Petit crochet par la basse-cour, où l'on croise des brebis, ânes, poules, cochons... Enfin, on peut se promener sur le causse, le long d'un sentier de découverte de 1 km, « Le chant des pierres » (en accès libre), ponctué de panneaux d'interprétation.
Cette visite, familiale par excellence, oscille entre nostalgie et mémoire. C'est aussi un fabuleux espace de sensibilisation à l'environnement, au lien intime tissé entre l'homme et le paysage...

À l'accueil, vente de produits fermiers, de quoi préparer un bon pique-nique que l'on peut manger sur place.
– En face de la ferme, la *chèvrerie-fromagerie* est ouverte tous les jours de l'année *(10h-19h)* ; visite libre et gratuite, traite des chèvres à 17h et fabrication du rocamadour... Animations (en été) et dégustations.

La maison des Abeilles : *à 300 m du site de Rocamadour, face à La Forêt des Singes. ☎ 05-65-33-66-98. • abeilles-rocamadour.com • Avr-oct, tlj 10h-12h30, 14h-19h. GRATUIT.* Un petit espace pour enrichir ses connaissances sur la vie des abeilles et le métier d'apiculteur. Film, salle d'expo avec des ruches derrière une baie vitrée, jeux et animations. Boutique proposant tout ce que l'on peut produire avec du miel et vente de pain d'épice artisanal.

Manifestations

– ***Fête du Fromage :*** *le dim de Pentecôte.* Une palette de fromages fermiers (brebis, vache, chèvre) réunis autour de l'AOC rocamadour, ce petit fromage au lait de chèvre qui a du caractère. Concours de fromages fermiers, animations musicales, déjeuner champêtre...
– ***Festival de Rocamadour :*** *en août. • rocamadourfestival.com •* Essentiellement tourné vers la musique sacrée.
– ***Rassemblement de montgolfières :*** *le dernier w-e de sept.* Magnifique !
– ***Les Médiévales :*** *début juil. • rocamadourmedievales.com •*

GRAMAT

(46500) 3 545 hab. *Carte Lot, C2*

Un point de chute pratique que cette ville-carrefour du parc naturel régional des Causses du Quercy, postée sur la D 840 à mi-chemin entre Martel et Figeac, et à quelques encablures de Rocamadour. Plusieurs vestiges du passé à voir à Gramat : la *tour de l'Horloge,* ancien beffroi de la ville ainsi que la halle en pierre et brique.

Adresses et infos utiles

Office de tourisme de la vallée de la Dordogne : *pl. de la République. ☎ 05-65-33-22-00. • vallee-dordogne.com • Ouv Pâques-Toussaint ; tlj* *sauf dim (ouv dim mat en juil-août et j. fériés).*

Gare SNCF : *rens au ☎ 36-35 (0,40 €/mn). ☎ 05-65-38-71-27.* Ligne TER Rodez-Figeac-Brives-Paris.

@ **Internet :** ***Espace multimédia*** *à la médiathèque, av. Paul-Mazet. ☎ 05-65-38-84-63. Mar et jeu 10h-12h ; mer et sam 10h-12h, 13h30-18h ; ven 13h30-15h, 17h-18h ; fermé dim-lun.*

– **Marchés :** *mar et ven mat, tte l'année, pl. de la Halle. Foire les 2e et 4e jeu mat du mois, pl. du Foirail.*

Où dormir ? Où manger ?

Bon marché

Le Heurtoir rouge : *3, rue Notre-Dame (dans le centre). ☎ 05-65-40-97-45. • marcpavageau@yahoo.com • le-heurtoir-rouge-gramat46.fr • Double 45 €.* Dans une maison de ville au vénérable parquet lustré, deux chambres simples mais claires et fraîches, partageant la salle d'eau (w-c indépendants). Agréable terrasse-jardin à l'arrière, donnant sur l'église. Accueil vraiment sympa de Marc, qui propose, tout sourire, un petit déj qu'il qualifie d'« étoffé », avec fromage, charcuterie, yaourt... Un bon rapport qualité-prix.

Aux Volets blancs : *34, av. Louis-Mazet. ☎ 05-65-33-70-96. • auxvoletsblancs@hotmail.fr • auxvoletsblancs.nuxit.net • Congés : de mi-nov à mi-janv. Double 52 € ; familiale 3 pers 80 €. Table d'hôtes 22 € apéro et vin compris.* À côté de la gare, la maison des charmants propriétaires est une étape où repos et gentillesse vont de pair. À l'étage, 3 chambres bien tenues et coquettes avec salles de bains spacieuses. Pratique pour les familles, 2 chambres communiquent entre elles. Surtout, Marie-Josée et son mari se plieront en quatre pour vous rendre le séjour agréable.

De prix moyens à plus chic

Hôtel du Centre : *pl. de la République. ☎ 05-65-38-73-37. • le.centre@wanadoo.fr • lecentre.fr • Sur la place principale. Tlj sauf ven soir, sam et dim midi de mi-nov à début fév. Parking payant. Doubles 75-85 €, ½ pens 75 €/pers. Formules 15,90-20,90 € (déj en sem), menu 27,90 €. Parking payant.* Un très bon hôtel à la façade *seventies,* qui propose des chambres entièrement refaites avec soin dans un style contemporain zen. Vue sympathique sur les toits depuis le Velux des chambres du 2e étage. Un rapport qualité-prix excellent et aucune impasse sur le confort : clim, veilleuses pour bouquiner, grande télé, salles de bains modernes. Cuisine également convaincante, à base de bons produits locaux. En prime, accueil enthousiaste.

Le Relais des Gourmands : *2, av. de la Gare. ☎ 05-65-38-83-92. • relais-des-gourmands@orange.fr • relais-des-gourmands.com • Face à la gare. Fermé lun midi en été, dim soir et lun hors saison (sauf résa). Doubles 71-83 € ; chambres familiales. Formule 18 € (déj en sem), menus 21-45 €. Réduc de 10 % sur le prix de la chambre (sauf w-e de fête et juil-août) sur présentation de ce guide.* Légèrement excentré, mais devant la gare, l'hôtel-restaurant est installé dans une grande maison avec piscine et bar extérieurs. Au 1er étage, chambres classiques et confortables, rénovées. Ping-pong et balançoire, les enfants seront ravis. Le resto s'est fait une belle réputation dans la région. Cuisine de terroir créative. Large palette de vins à prix raisonnables. Terrasse ombragée.

Où dormir ? Où manger dans les environs ?

Chambres d'hôtes Moulin de Fresquet : *à Gramat. ☎ 05-65-38-70-60. 06-08-85-09-21. • info@moulindefresquet.com •*

moulindefresquet.com • À 2 km env du centre-ville. Sortir de la ville par la D 840 en direction de Figeac et prendre le petit chemin au niveau du grand rond-point (fléché). Congés : oct-avr. Double avec sdb 83 € ; suite 119 €. Réduc de 10 % sur présentation de ce guide. Moulin à eau quercynois entouré d'un grand parc, avec 3 chambres et 2 suites, très confortables et au charme romantique. Un véritable havre de paix. Accueil soigné.

Chambres d'hôtes Le Clos du Chevalier : *46500* ***Le Bastit.*** *☎ 05-65-38-77-51. • leclosduchevalier@orange.fr • leclosduchevalier.fr • À 9 km de Gramat par la D 807 en direction de Cahors. Doubles 69-95 € ; familiales 4-5 pers 119-165 €. Apéritif ou goûter offert sur présentation de ce guide.* Un monument historique. Cette belle demeure seigneuriale aux allures de manoir fut, au Moyen Âge, une commanderie templière étendant sa domination sur une grande part du Quercy. Récupérée ensuite par les hospitaliers, elle était, au XVe s, plus riche que l'évêché de Cahors ! Elle abrite aujourd'hui 3 belles chambres d'hôtes, alliant confort moderne (bonne literie, douche à l'italienne) et charme des vieilles pierres. Celle située à l'étage communique avec une 2e chambre où peuvent loger jusqu'à 3 enfants. Immense jardin à l'avant, avec piscine. Petit déj copieux, avec confitures et gâteaux maison, etc. Frigo, micro-ondes et jeux de société à disposition. Gîtes dans une bâtisse annexe rénovée.

Chambres d'hôtes du domaine du Cloucau : *chez Francine Bougaret, route de Cahors-Gourdon, 46500 Gramat. ☎ 05-65-33-76-18. • lecloucau@orange.fr • domaineducloucau.com • À 4 km par la D 807, fléché à droite. Congés : nov-mars. Chambres 81-89 € selon saison, suites familiales 135-145 €.* Une poignée de chambres pleines de charme, avec accès indépendant, classées 4 épis. L'authenticité du site – une jolie demeure quercynoise du XVIIe s – et la gentillesse naturelle des propriétaires renforcent d'emblée le sentiment de bien-être. Belle et grande piscine, jardin bien entretenu et fleuri. Madame est décoratrice, et ça se voit ! Petit déj revigorant avec confitures et pain aux noix maison.

Où acheter de bons produits ?

Épicerie fine de Mme Pégourié : *pl. de la Halle. ☎ 05-65-38-71-09. Tlj 8h30-12h30, 14h-19h, dim 9h-13h ; hors saison, fermé lun.* Depuis des lustres, cette délicieuse dame propose dans son magasin une foule de bons produits de producteurs locaux qu'elle a vu grandir (charcuterie, fromage, conserves, morilles, cèpes, vins...). Un lieu attendrissant hors du temps, qui embaume le café torréfié, le salers et le saint-Nectaire fermier.

Manifestations

– ***Les Musicales du Causse de Gramat :*** *avr-nov. ☎ 05-65-33-22-00. • lesmusicalesducausse.fr •* Une demi-douzaine de concerts de musique classique et récitals.
– ***Grande brocante et vide-greniers :*** *14-15 août.*

DANS LES ENVIRONS DE GRAMAT

Le parc animalier de Gramat : *à 2 km env de Gramat ; prendre la route de Cahors, puis fléché sur la gauche à la sortie de Gramat. ☎ 05-65-38-81-22. • gramat-parc-animalier.com • ♿ (et parcours adapté pour pers malvoyantes). Avr-juin, sept, oct (dim) et vac Toussaint 10h-18h ; juil-août, 9h30-19h ; le reste de l'année, 14h-18h. Entrée : 12,50 € ; 7,50 € enfants 4-13 ans.* Sur 40 ha,

LE LOT

1 000 animaux d'Europe en semi-liberté : loups, lynx, bisons, ours, loutres... et quelques spécimens rares de poules ou de porcs, parce qu'il n'y a pas que les espèces sauvages qui sont en voie de disparition ! De fin août à octobre, on y entend le brame des cervidés.

Le centre de formation des maîtres-chiens de la Gendarmerie : *Le Ségala, à **Gramat.** ☎ 05-65-10-14-30. Suivre le fléchage « École de gendarmerie ». Démonstrations à 15h30 le jeudi de mi-juin à fin août. GRATUIT.* Pour découvrir un univers plutôt fermé, celui des chiens qui sauvent des vies (et font peur aux méchants).

Le château de la Pannonie : *La Pannonie, à **Couzou.** ☎ 05-65-33-71-71. • lapannonie.com • Tlj sauf mar, mi juin-fin sept. Entrée : 6 €. Visite guidée en juil-août à 11h, 14h30, 15h30, 16h30 et 17h30. À 6 km à l'ouest de Gramat par la D 39, en direction de Rocamadour.* Quelle surprise de voir un château du XVIIIe s dans ce paysage du causse de Gramat, aride en été, battu par les vents en hiver. Au départ une grange cistercienne qui a été agrandie au fil des siècles, la demeure comporte une partie ancienne et une façade sud classique, avec une grande cour intérieure en forme de U autour de laquelle s'ordonnent les bâtiments. Elle appartient à la même famille depuis plus de 300 ans. À l'intérieur, beaux salons XVIIIe s très bien conservés, salon boudoir aux murs couverts de peintures italianisantes, très beaux fauteuils Empire ayant appartenu au maréchal Soult, et une remarquable cuisine voûtée de l'époque.

La réserve naturelle régionale du marais de Bonnefont : *à **Mayrinhac-Lentour.** 06-78-00-93-07. • rnr-maraisdebonnefont.fr • À 7 km de Gramat, en direction de Saint-Céré, tourner à droite (fléché) ; c'est 3,5 km plus loin. GRATUIT. Sur résa, visites guidées juil-sept, mar-jeu (tarifs : 5 € ; réduc ; gratuit moins de 4 ans) ; également des balades nocturnes (à la lampe de poche !) et des ateliers pour enfants.* Dans cette zone de transition entre causses et premiers contreforts du Massif central, il s'agit d'un des rares espaces humides du Lot (roselières, zones tourbeuses). Nombreuses espèces inféodées à ce type de milieu. On se balade sur des pontons. Panneaux d'interprétation. Aire de pique-nique agréable au départ du sentier.

➢ Le ***sentier du GR 6*** relie Gramat à Rocamadour.

➢ ***Le canyon de l'Alzou :*** sentier balisé ENS (Espace naturel sensible). Voir les ruines des moulins du Saut et de Tournefeuille. Fiches-rando disponibles à l'office de tourisme.

SUR LA ROUTE DE PADIRAC

➢ Vous traverserez une jolie région de bocage vallonnée, où s'égaillent minuscules hameaux et très anciennes et rudes fermes quercynoises.
Si vous musardez, voici ce que vous découvrirez au hasard des taillis, haies et bosquets : à ***Lavergne*** *(46500),* à la lisière du village, un curieux *pigeonnier-porche* de l'époque médiévale. Au centre du village, petite *église* romane avec un clocher-mur et un portail parcouru par une suite de modillons représentant des têtes d'hommes ou d'animaux. À l'intérieur, l'abside en cul-de-four est d'époque, mais pas le lustre en cristal au-dessus de la tribune.
À ***Thégra*** *(46500), château* du XVe s dans le pittoresque village, avec tours en poivrières. Dans l'*église,* chaire en pierre du XVIe s et crypte.

LE GOUFFRE DE PADIRAC (46500) *Carte Lot, C1*

L'une des plus grandes curiosités géologiques françaises. Situé à 2,5 km au nord du petit village de Padirac, peuplé de 200 âmes.

Où dormir ?

Camping

⛺ ***Camping Le Ventoulou :*** *Ventoulou, 46500* ***Thégra.*** *☎ 05-65-33-67-01. • contact@leventoulou.com • camping-leventoulou.com • ♿ Accès : à 2 km du village de Padirac ; par la D 673, direction Saint-Céré, puis, 800 m plus loin, bifurquer à droite (D 60), direction Mayrinhac-Lentour. Avr-oct. Empl. tentes 19-28 € selon saison ; mobile homes, chalets, cottages et bungalows toilés 260-931 €/sem. 70 empl. Réduc de 10 % pour un séjour de 7 nuits min, sur présentation de ce guide.* Un camping agréable de taille très raisonnable (2 ha), bien ombragé et au calme. Les emplacements pour les tentes d'un côté, les mobile homes au fond. Aussi 2 roulottes toilées. Atmosphère très familiale. Piscine chauffée (couverte hors saison), épicerie, resto, ping-pong, terrain multisports. Quelques activités et animations en été. Très bon accueil.

De bon marché à plus chic

🏠 ***Chambres d'hôtes à la ferme de la Treille :*** *chez Marie-Joëlle et Philippe Lescale, 46500* ***Padirac.*** *☎ 05-65-33-67-57. À 1 km du village en direction du gouffre, tourner à gauche ; c'est un peu plus loin. Tte l'année sauf Noël-Jour de l'An. Double 49 € ; familiales 57-63 € (3-4 pers). Une nuit gratuite pour 7 nuits, sur présentation de ce guide.* Dans un bâtiment indépendant situé au cœur de son exploitation laitière, la famille Lescale propose 4 chambres carrelées, avec salle de bains. Basiques mais tout à fait satisfaisantes vu les prix serrés, et cela à proximité du célèbre gouffre ! Animaux acceptés.

🏠 ***Chambres d'hôtes et roulottes La Grange de Penot :*** *lieu-dit Penot, 46500* ***Padirac.*** *☎ 05-65-38-13-42. • bruno.rasse@wanadoo.fr • chambredhote-padirac-rocamadour.com • ♿ Entre le village et le gouffre, fléché à droite. Chambre 83 €, roulottes 99-136 € (plus petit déj 7 €) pour 4 pers.* 4 chambres confortables installées dans une grange soigneusement restaurée avec terrasse privative et 6 roulottes dans une clairière paysagée. Piscine et possibilité de balade avec les ânes. Idéal pour un séjour en famille au calme. Tenu par un couple très accueillant.

Où dormir dans les environs ?

⛺ ***Camping Le Pigeonnier :*** *46500* ***Miers.*** *☎ 05-65-33-71-95. 📱 06-82-40-95-99. • camping-le-pigeonnier@orange.fr • campinglepigeonnier.com • ♿ Accès : à 4 km de Padirac, en direction de Carennac. D'avr à mi-oct. Empl. tentes 14-18 € selon saison ; mobile homes 239-759 €/sem. 45 empl. Café offert sur présentation de ce guide.* Surplombant le charmant village de Miers, un camping familial tranquille et bien entretenu. Des emplacements bien ombragés autour d'un joli pigeonnier et de la maison des proprios. Piscine chauffée, jeux pour enfants.

🏠 ***Chambres d'hôtes Le Vieux Séchoir :*** *chez Josiane Lavergne, à Grèzes, 46500* ***Miers.*** *☎ 05-65-33-68-33. • levieuxsechoir@wanadoo.fr • levieuxsechoir.com • À 1,5 km de Miers, route de Gramat. Double 58 €,*

80 € pour 4. Un pot de confiture offert sur présentation de ce guide. 4 chambres coquettes de belles dimensions, installées dans un beau corps de ferme typiquement quercynois, à l'étage de l'ancien séchoir à tabac du grand-père jouxtant la maison d'habitation. Chaque chambre dispose d'une salle d'eau privée avec w-c séparés. Accueil très convivial. Petit déj servi dans la cour en saison, à l'ombre des platanes centenaires. Cuisine, barbecue, balançoire. Un excellent rapport qualité-prix.

À voir

Le site : *☎ 05-65-33-64-56. • gouffre-de-padirac.com • Ouv Pâques-Toussaint, dernière admission 1h30 avt la fermeture du site. Horaires fluctuants, voir sur le site. L'achat des billets en ligne est vivement conseillé, on évite alors la queue aux caisses. Sinon, venir dès l'ouverture. Entrée : 12,50 € ; 4-12 ans 9 €. Visite d'env 1h30, dont 40 mn de visite guidée (au pas de course). Films et photos interdits à partir de l'embarcadère. Parking gratuit.*
Le gouffre de Padirac accueille près de 450 000 visiteurs par an ! L'entrée n'est pas donnée, mais descendre dans le gouffre vaut vraiment la peine. De l'extérieur, la large cavité (33 m de diamètre et 75 m de profondeur) au-dessus de laquelle on peut se pencher est déjà impressionnante. Comme pour toute grotte, pensez à prendre un pull : il fait 13 °C constants, et la visite est particulièrement humide. Il faut dire qu'on descend 103 m, par des escaliers ou des ascenseurs (même prix). Connu depuis longtemps, le gouffre ne fut pourtant exploré qu'en 1889 par Martel, le père de la spéléologie moderne. À la fin du XIXe s, Padirac recevait ses premiers touristes.
Après avoir atteint le fond du gouffre à proprement parler s'ensuit un long voyage dans les entrailles de la terre, à pied et en barque sur une rivière. Celle-ci a une profondeur allant jusqu'à 6 m, entre des parois atteignant parfois 30 m de haut. Au *lac de la Pluie,* on peut admirer la *Grande Pendeloque,* immense stalactite longue de 60 m, ainsi que la *Grande Colonne* (ou *Grand Pilier*), longue de 75 m et qui descend jusqu'au niveau de l'eau. Dans la *Salle des Grands Gours,* la rivière s'ouvre en une série de bassins créés par des barrages de concrétions. Pour finir, dans la *salle du Grand Dôme,* la voûte de 94 m est l'une des plus hautes d'Europe. À ce niveau, on trouve d'autres concrétions étonnantes, en forme de piles d'assiettes. On grimpe alors par une passerelle qui révèle de superbes points de vue sur les lacs, avant de retourner aux barques et à la rivière.
– Restos sur place, et possibilité de ***pique-nique*** dans le parc situé face au gouffre. Tables sous les arbres, pelouses et buvette.

Insectopia : *à Padirac, derrière l'entrée du gouffre. ☎ 05-65-33-76-76. • insectopia.fr • ♿ Avr-Toussaint, tlj 10h-18h ; juil-août 9h-19h. Entrée : 7 € ; enfant 3,50 €.* Un espace éducatif et interactif dédié aux insectes. Projection de documentaires, d'extraits de films d'horreur kitsch, et possibilité d'entrer dans le pavillon des papillons.

À voir dans les environs

L'archéosite des Fieux : *à **Miers** (46500), à 4 km de Padirac. Sortir de Miers direction Carennac, puis poursuivre sur 2 km (fléché). 📱 06-16-26-74-35. • archeositedesfieux.com • Pâques-Toussaint : juil-août, tlj 10h-19h30 ; vac Pâques et Toussaint 10h-17h30 ; hors vac scol, mer, w-e et j. fériés 10h-17h30. Fermé 2 premières sem oct. Entrée : 8 € ; enfant 6 € (gratuit jusqu'à 3 ans). Ateliers créatifs (sur résa).* Site archéo-ludique, conçu autour d'une cavité karstique utilisée par nos ancêtres d'il y a 80 000 ans comme piège naturel pour chasser de gros animaux. On jette un œil au chantier de fouilles et aux moulages des ossements qui y furent découverts (mammouth notamment), avant de s'essayer aux ateliers participatifs, pour apprendre à tailler des silex, à faire du feu, à chasser au propulseur ou à peindre comme les graffeurs néanderthaliens. Rigolo. Le site recèle également une grotte ornée découverte en 1964, mais elle ne se visite pas.

LA VALLÉE DE LA DORDOGNE, DE CARENNAC À SAINT-CÉRÉ

LE LOT

CARENNAC (46110) 395 hab. *Carte Lot, C1*

L'une des jolies petites cités médiévales comme la région sait nous en offrir. Ce n'est que festival de toits de toutes les formes, de toutes les pentes, de décrochements et d'angles impossibles, dans un joyeux désordre architectural. Tours, tourelles et cheminées viennent en prime brouiller les lignes. Carennac est d'ailleurs labellisé parmi les « Plus Beaux Villages de France ». C'est aussi un « site clunisien ». Et si cela ne suffisait pas, son église et sa *Mise au tombeau,* chef-d'œuvre de la sculpture gothique, valent à elles seules le détour.

UN PEU D'HISTOIRE

Saccagé par la guerre de Cent Ans mais épargné par les guerres de Religion grâce aux lignes de fortification, le prieuré passa dans les mains de la grande famille des Salignac de La Mothe-Fénelon. Avant de devenir archevêque de Cambrai, le célèbre Fénelon lui-même le dirigea de 1681 à 1695. Il y écrivit, entre autres, dit-on, *Les Aventures de Télémaque.*

Adresses utiles

Office de tourisme : *cour du Prieuré. ☎ 05-65-33-22-00. • vallee-dordogne.com • Ouv Pâques-Toussaint ; tlj en saison.*

Gare SNCF : *à* ***Saint-Denis-lès-Martel,*** *à 10 km de Carennac. Rens : ☎ 05-65-32-42-08 ou ☎ 36-35 (0,40 €/mn).* Ligne Brive-Figeac.

Où dormir ? Où manger ? Où boire un verre à Carennac et dans les environs ?

Camping

Camping L'Eau Vive : *à 1 km du village, en direction de Saint-Céré. ☎ 05-65-10-97-39. 06-64-69-79-89. • info@dordogne-soleil.com • camping-lot-eauvive.com • Accès : à 1 km du village, en direction de Saint-Céré. Mai-sept. Empl. tentes*

14,90-25 € selon saison ; bungalows toilés et mobile homes 4-6 pers 195-826 €/sem. 100 empl. Camping verdoyant, ombragé et plutôt calme. Certains emplacements sont au bord de la rivière. Location de canoës, terrain multisports, boulodrome, ping-pong et piscine.

De bon marché à prix moyens

Hostellerie Fénelon : *rue Principale, dans le village. ☎ 05-65-10-96-46. • contact@hotel-fenelon.com • hotel-fenelon.com • Congés : janv-15 mars. Doubles 54-59 €. Menus 15 € (midi sem) puis 19-34 €. Café offert ou un petit déj/chambre/nuit sur présentation de ce guide.* Idéalement placé au cœur du village, en surplomb de la Dordogne et dans un environnement calme, cet hôtel traditionnel propose des chambres agréables à la déco vieillotte, avec vue sur la rivière pour les plus chères. Repas en terrasse aux beaux jours ou dans l'agréable salle à manger avec poutres et cheminée. Piscine.

Le Pourquoi Pas : *46600* ***Floirac.*** *☎ 05-65-32-46-79. • gerfaultphilippe@gmail.com • À 8 km de Carennac par la D 43. Tlj sauf sam midi et dim-mar hors saison, le midi 11h-15h et le soir à partir de 18h. Café offert sur présentation de ce guide.* Un bled oublié sur une départementale longeant la Dordogne. Et là, comme tombé du ciel, un authentique bistrot belge alignant à la carte 110 références de bières ! Une bonne mousse vaut bien quelques kilomètres... Même des crêpes pour contenter les jeunes, qui viennent en habitué. Terrasses.

À voir

Le château des Doyens – Espace patrimoine : *dans l'enceinte du prieuré, à côté de l'église. ☎ 05-65-33-81-36. Juil-sept, lun-ven 10h-12h et 14h-18h, sam-dim 14h-18h. Fermé sam mat et dim mat ; Pâques-fin juin et oct-Toussaint, en principe mar-ven (se renseigner). GRATUIT.* Surplombant la rivière, il a fort belle allure avec ses élégantes tourelles en encorbellement et ses fenêtres à meneaux. Il date en grande partie du XVIe s. Fénelon, qui fut doyen de Carennac, y aurait écrit *Télémaque.* Aujourd'hui, il accueille l'*Espace patrimoine* du « pays d'art et d'histoire » de la vallée de la Dordogne lotoise (voir les « Adresses utiles » en début de chapitre sur le Lot). Propose, d'avril à novembre, des visites guidées, des animations, des conférences et des ateliers (gratuits ou payants ; certains sur résa). Expo permanente sur le patrimoine géologique, géographique, architectural et artistique de ce coin du Quercy. Également des expos temporaires. Au 1er étage, exceptionnel plafond peint à la française datant du XVIIe s (et une envoûtante odeur de cire !).

L'église Saint-Pierre : *à côté de l'office de tourisme.* On y parvient par une porte de l'enceinte du prieuré. Déjà, de loin, à travers la porte, apparaît le magnifique portail. Église du XIIe s, de style roman. Tympan particulièrement remarquable, influencé par l'art de Moissac et de Cahors, représentant le Christ en majesté avec les symboles des évangélistes. Sur les deux registres, remarquer les apôtres conversant deux à deux. Très grande finesse d'exécution. Noter la petite frise avec les animaux. Narthex ouvert à colonnes, particulièrement original.

Le cloître et la salle capitulaire : *à côté de l'office de tourisme. En été, tlj 9h30-12h45, 14h-18h45 ; sept-début nov et avr-juin, lun-sam 10h-12h15, 14h-17h45 et dim ap-m ; fermé dim mat. Entrée : 3 € ; réduc ; gratuit moins de 14 ans. Jetons d'accès en vente à l'office de tourisme.* Cloître composite conjuguant deux styles : une galerie romane avec colonnes géminées et trois autres de style gothique flamboyant (sacrément amochées lors de la Révolution !). Petite mais plutôt massive tour du Trésor du XVe s. Large escalier à vis menant à la galerie du 1er étage. Joli portail d'entrée de la salle capitulaire, de style gothique, avec colonnettes et chapiteaux à mi-hauteur. À l'intérieur, bas-reliefs et, surtout, une splendide *Mise au tombeau* en pierre (autrefois polychrome) de la fin du XVe s, œuvre d'un atelier ayant travaillé à Cahors et à Cadouin. S'attarder sur le visage empreint de douleur de la Vierge.

LOUBRESSAC

(46130) 430 hab. *Carte Lot, C1*

Encore un fort beau village médiéval fortifié, lui aussi classé parmi les « Plus Beaux Villages de France ». Accroché de façon pittoresque sur le bord d'un plateau, il livre un panorama unique sur les vallées alentour. *Château* des XVe et XVIIe s, avec échauguette, dominant le paysage (ne se visite pas). Les maisons aux belles pierres de calcaire blond piquetées de massifs de fleurs présentent une remarquable homogénéité. *Église* des XIVe et XVIe s avec portail Renaissance massacré par les huguenots, mais il subsiste les jolies petites frises en écailles de poisson et coquilles Saint-Jacques.

Où dormir ? Où manger ?

Camping La Garrigue : *à Croix-de-la-Balme. ☎ 05-65-38-34-88. 06-42-97-76-51. • infos@camping-lagarrigue.com • camping-lagarrigue.com • Accès : à 150 m du village. Avr-fin sept. Empl. tentes 15-19,50 € selon saison ; mobile homes 190-640 €/sem. 50 empl.* Un petit camping familial aux emplacements en paliers dans la forêt. Plutôt bien ombragé et bien équipé. Ping-pong et jeux enfants. Pas d'animations ici, on recherche avant tout le calme. Snack et pizza maison le soir. Belle piscine.

Le Relais de Castelnau : *à l'entrée du village. ☎ 05-65-10-80-90. • rdc46@orange.fr • relaisdecastelnau.com • Congés : 15 oct-Pâques. Doubles 89-110 €. Menus 25-35 € ; carte env 30 €.* L'emplacement de l'hôtel, face à la vallée, est bluffant ! Si vous en avez les moyens, privilégiez donc les chambres avec la vue grandiose et le château de Castelnau-Bretenoux au loin. Confort indéniable, mais plutôt standard. Tennis, belle piscine sur la terrasse panoramique et resto correct.

À voir dans le coin

La ferme de Siran : *à 4 km de Loubressac (fléché). ☎ 05-65-38-74-40. Visites guidées vac scol. Juil-août, tlj 11h-17h30 (en continu) ; pdt les autres vac, 15h30 et 17h. Vac scol, tlj sauf sam 11h-18h30 (le reste de l'année, sur rdv). Boutique ouv tte l'année sauf janv. Tarif : 4,20 € ; 2,80 € enfant.* Gaëlle et Julien Taillefer ont la passion de la chèvre angora, cette jolie biquette originaire de Turquie, dont les poils bouclés produisent le mohair. Visite de la chèvrerie, vidéo expliquant le processus de fabrication de la laine. Les chèvres sont très dociles, et les enfants sont ravis... Boutique avec, bien entendu, des pelotes de laine, mais aussi des tapis, chaussettes, écharpes, etc. Buvette l'été, sous les parasols.

DANS LES ENVIRONS DE LOUBRESSAC

PRUDHOMAT (46130)

Petit village dominé par le château de Castelnau. Église collégiale du XVe s. Stalles sculptées de la même époque, vitraux Renaissance et jolie statuaire.

Où dormir ? Où manger ?

Les Remparts : *au pied du château de Castelnau. ☎ 05-65-38-52-88. • delphinefernandez@gmail.com • Avr-oct, ouv tlj sauf mar ; juil-août, ouv tlj. Fermé Toussaint-Pâques. Menu 16,50 € midi en sem puis 23,50-30 €. Carte env 18 €.* La vaste terrasse ombragée qui s'étire devant le château jouit d'un emplacement exceptionnel. Plats de brasserie, burgers, pizzas et menus roboratifs servis avec efficacité malgré l'affluence. Très correct sans être inoubliable. En revanche, la vue panoramique sur la campagne quercynoise, elle, est un must, en particulier au crépuscule. Jeux enfants à côté, bien pratiques pour ceux qui ne tiennent pas à table.

Chambres d'hôtes La Grange des Manoques : *Les Granges. ☎ 05-65-38-16-70. • jmverlhac@orange.fr • grangedesmanoques.com • À 2,5 km de Prudhomat, en direction de Saint-Céré (fléché sur la gauche). Fermé oct-avr. Double 80 € ; 155 € pour 4 pers (chambres communicantes). Parking.* Un ancien hameau agricole du XIXe s, blotti au cœur d'un écrin de verdure. Dans l'étable, 4 chambres spacieuses, rustiques et chic avec pierres apparentes. Chacune a sa terrasse privée et un coin salon. L'ancien fournil, qui conserve toute son authenticité, sert de salle pour le petit déj. Quant à l'ancienne bergerie, elle a été convertie en salon-bibliothèque avec TV et coin cuisine. Piscine pour se relaxer, au calme parfait, et accueil aimable de Jean-Marie, le discret propriétaire jeune retraité.

À voir

Le château de Castelnau-Bretenoux : *en surplomb du village et de la bastide de Bretenoux. ☎ 05-65-10-98-00. • castelnau-bretenoux.monuments-nationaux.fr • (en partie). Tlj sauf certains j. fériés : mai-juin, 10h-12h30, 14h-18h30 ; juil-août, 10h-19h ; sept-avr, 10h-12h30, 14h-17h30 (fermé mar oct-mars) ; la billetterie ferme 1h avt. Entrée : 8 € ; tarif réduit 6,50 € ; gratuit moins de 26 ans (UE) ; billet jumelé avec le château de Montal 12 €. Visite commentée le mat en juil-août. Parking 2 € mars-nov.*

L'un des plus beaux châteaux forts du Lot. Édifié aux XIIe et XIIIe s pour surveiller quatre provinces : le Périgord, le Limousin, l'Auvergne et le Quercy. De forme triangulaire avec moult tours rondes. Donjon carré à mâchicoulis de 30 m de haut. On peut visiter la tour d'artillerie du XVe s. Depuis la terrasse, panorama exceptionnel sur le paysage du haut Quercy.

En piteux état après avoir subi moult vicissitudes (Révolution, incendie, etc.), le château fut racheté en 1896 par le ténor Jean Mouliérat, qui le restaura. À la différence de Maurice Fenaille au château de Montal, Jean Mouliérat cultivait un certain goût (et un goût certain) pour le décor... Il achetait, entassait, accumulait... Sa chambre en est un parfait exemple : trois tables, une vingtaine de chaises, toutes dépareillées, etc. Styles et époques cohabitent dans une délicieuse cacophonie. On retrouve tout le côté kitsch du néogothique. Notamment les magnifiques retables et triptyques religieux qui décorent la salle à manger. Voir aussi la grande salle de l'aile sud-ouest, avec accès au balcon d'honneur du XVIIe s.

– En outre, le château accueille des représentations lyriques du festival de Saint-Céré (voir plus loin).

BRETENOUX (46130)

Joli village traversé par la Cère. Ancienne bastide du XIIIe s. Voir la *maison des Consuls,* les vieilles demeures à arcades, à colombages et en encorbellement, la *porte de la Guierle,* etc. Premier centre européen de la confiture industrielle, avec deux grandes marques : *Andros* et *Boin.* Balade sympa au bord de la Cère, jusqu'à l'île Bourgnatelle.

Où dormir ? Où manger dans les environs ?

Hostellerie Belle Rive : *Port-de-Gagnac, 46130* ***Gagnac-sur-Cère.*** *☎ 05-65-38-50-04. • hostelleriebellerive@yahoo.fr • bellerive-dordogne-lot.com • À 4,5 km de Bretenoux par la D 14. Resto fermé w-e de Pâques à mi-juil et de fin août à Toussaint ; de mi-juil à fin août fermé slt sam midi et dim soir. Congés : vac de Noël. Chambres 80-110 €, familiale 150 €. Menus 17 € (en sem), puis 27-31 €.* Face à la rivière, le site est on ne peut plus agréable. Les chambres sont ravissantes et pour la plupart entièrement rénovées. Toutes sont différentes, toutes donnent sur la Cère. Murs et meubles peints au pochoir donnent à l'ensemble une touche fraîche et champêtre. Côté resto, cuisine traditionnelle de bon aloi (foie de canard poêlé aux fruits de saison, rognons de veau au thym, ris de veau en cocotte...), à déguster sur la terrasse aux beaux jours.

AUTOIRE (46400) 350 hab. *Carte Lot, C1-2*

Un autre parmi les « Plus Beaux Villages de France », une douzaine de kilomètres avant Saint-Céré. À découvrir surtout de la petite route venant de Loubressac ou de Padirac (sinon, ne pas oublier de remonter la vallée pour le point de vue). Étagé au fond d'une large vallée, dominé par des rocs saillants, resté en dehors du temps, Autoire présente une homogénéité architecturale quasi parfaite. Nobles demeures médiévales et vieilles granges de pierre aux tuiles sombres patinées (en grande majorité du XVIe s). Toits à quatre pentes agrémentés de lucarnes ouvragées, gracieuses tourelles et poivrières particulièrement remarquables. Rues abondamment fleuries, jardins exubérants, façades couvertes de vigne vierge en prime. *Église* du XIe s aux arches romanes et aux lignes très pures, avec chapiteaux originaux en forme de « ronds de serviette » ciselés d'entrelacs et chœur en cul-de-four percé de trois baies romanes. À côté de l'église, élégant *manoir* aux multiples décrochements de toits, tours et tourelles (aujourd'hui la mairie).
Si vous venez de Saint-Céré, remontez la vallée, qui devient de plus en plus étroite, les falaises calcaires remplaçant progressivement les pâturages. Beau panorama du *cirque d'Autoire.* Cascade qui tombe de 30 m. Sur la falaise à gauche, les ruines du *château des Anglais* taillé dans la falaise, souvenir de la guerre de Cent Ans.

Où dormir ? Où manger ?

Auberge de la Fontaine : *dans le bourg. ☎ 05-65-10-85-40. • auberge.de.la.fontaine@orange.fr • auberge-de-la-fontaine.com • Hors juil-août, fermé dim soir-lun (mar-jeu repas sur résa slt). Congés : 23 déc-1er mars. Doubles 64-72 € selon saison. Formules 11,50-16,50 € (déj en sem) ; menus 21,80-28 €.* Belle maison traditionnelle, proposant une dizaine de chambres pimpantes. Derrière les fourneaux, le jeune cuistot s'applique à travailler de manière assez originale une cuisine de terroir, à base de produits frais et joliment présentée. Également de grandes salades-repas et de solides assiettes découverte. Salle à manger d'un rustique agréable et terrasse en bord de rue, devant la fontaine du village. Bon accueil. Une adresse charmante.

LE LOT

SAINT-CÉRÉ

(46400) 3 515 hab. *Carte Lot, C1*

À la croisée de plusieurs itinéraires, à proximité de nombreux sites, voilà une petite ville populaire lovée au cœur d'un grand bassin fertile, au pied d'un château en ruine. Si la Bave – douce rivière au nom pour le moins évocateur – y prend toujours ses aises, les petits bras d'eau qui sillonnaient autrefois le centre ont depuis été couverts. Saint-Céré n'en a pas perdu son charme pour autant, de remarquables hôtels particuliers et bâtisses anciennes témoignant de son passé florissant.

Adresses et infos utiles

Office de tourisme : *13, av. François-de-Maynard, sur la pl. principale. ☎ 05-65-33-22-00. • vallee-dordogne.com • Ouv Pâques-Toussaint, lun-sam 10h-12h30, 14h-18h (juil-août 9h30-13h, 14h-18h30 plus dim mat). En juil-août, visite guidée de la ville avec le Pays d'art et d'histoire (6-8 € ; gratuit moins de 18 ans).*

Gare SNCF : *à Bretenoux-Biars, à 8 km. Rens : ☎ 36-35 (0,40 €/mn).* Ligne Brive-Aurillac.

On trouve ***tous les services*** en ville (banques, poste, station-service, supermarchés, hôpital, etc.).

– ***Marché :*** *dim mat, pl. de la République.*

Où dormir ? Où manger ?

Camping

Camping Le Soulhol : *quai Auguste-Salesses. ☎ 05-65-38-12-37. • contact@campinglesoulhol.com • campinglesoulhol.com • ♿ Accès : par l'A 20, sortie 52 ou 54 ; à 500 m env (fléché). D'avr à sept. Empl. tentes 13,60-17,50 € selon saison ; mobile homes et gîtes 150-575 €/sem. 110 empl.* Un camping de 4 ha, tout en longueur et au bord de l'eau, plutôt bien ombragé, avec de grands emplacements. Piscine et pataugeoire chauffées. Pas de services superflus, et pas d'animations, pour préserver le calme. Tennis à proximité.

De bon marché à prix moyens

Le Victor Hugo : *7, av. des Maquis. ☎ 05-65-38-16-15. • vichugostcere@wanadoo.fr • hotelsaintcere.com • ♿ Au bord de la rivière,* *dans le centre. Congés : 19 fév-6 mars. Doubles 64-71 €. Formule déj en sem 14,50 € ; menus 19,20-38 € ; carte env 35 €. Garage payant. Apéritif offert sur présentation de ce guide.* Jolie demeure fleurie, en pierre et colombages. Chambres agréables et tout confort (clim), arrangées dans un style contemporain. Certaines donnent sur la rivière, d'autres sur un vaste patio ouvert. Toutes sont au calme. Belle cuisine inventive, inspirée du terroir et parfois agrémentée de touches asiatiques. 2 terrasses en été. Cuisine très soignée avec des produits locaux. Accueil fort sympathique. Une bonne adresse !

Hôtel de France : *139, av. François-de-Maynard. ☎ 05-65-38-02-16. • lefrance-hotel@wanadoo.fr • hotel-de-france-saint-cere.fr • À 100 m du centre, direction Aurillac. Resto fermé à midi lun, ven, sam et j. fériés, plus ven soir hors saison. Congés : 18 déc-14 janv. Double 66 € ; chambres familiales. Formules 16-22 € (déj en sem), menus 28,50-36 € ; carte env 45 €. Parking. Apéritif maison offert sur présentation de ce guide.* Bâtiment moderne franchement pas très esthétique, mais chambres confortables, dont certaines avec balcon, qui donnent sur un grand jardin fleuri et verdoyant, avec piscine chauffée. Privilégiez donc celles-ci plutôt que celles sur la rue, assez passante. Excellente cuisine au resto. Sa star, le magret de canard habillé d'une sauce variant avec les saisons. Accueil chaleureux et attentif.

Pizzeria Le Mercadial : *4, pl. du Mercadial. ☎ 05-65-38-35-77. Fermé dim soir-lun. Congés : 3 sem en fév, 2 sem à Noël. Formules déj 16-19 €. Café offert sur présentation de ce guide.* On ne se fait pas prier pour goûter aux généreuses pizzas à la farine de châtaigne qui changent du régime quercynois ! Aussi des plats du jour variés, des pâtes et des produits du terroir qui côtoient des spécialités transalpines toujours fraîches et gourmandes. En plus, belle terrasse sur la place piétonne.

L'Instant T : *3, pl. du Mercadial. ☎ 05-65-10-66-82. Tlj sauf dim en saison ; plus le soir lun-mer hors saison. Formule déj en sem 13,50 € ; carte env 28 €. Café offert sur présentation de ce guide.* Ce resto qui, aux beaux jours, étale sa terrasse sur la plus belle place de Saint-Céré (piétonne), s'efforce de sortir de l'incontournable canard. À midi, l'imbattable menu joliment travaillé côtoie une petite restauration simple mais fraîche (belles salades, tartes, tartines, plat du jour). Intérieur à la tonalité rustique et patio à l'arrière.

LE LOT

Où dormir ? Où manger dans les environs ?

Hôtel-restaurant Les Trois Soleils : *au lieu-dit Marot-Bas, 46400* **Saint-Jean-Lespinasse.** *☎ 05-65-10-16-16. • lestroissoleils@wanadoo.fr • 3soleils.fr • ♿ À 2 km env de Saint-Céré, au pied du château de Montal, à côté du golf. Resto fermé dim soir-mar midi hors saison, slt lun midi et mar midi avr-fin sept. Congés : 15 nov-23 déc, 2-15 janv, 2 sem début mars. Doubles 99,50-141 €. Menus 36 € (déj en sem), puis 52-68 €.* Un hôtel dans un parc de 6 ha, avec piscine, au calme. Moderne et cossu, il est avant tout destiné à ceux qui privilégient le confort et qui en ont les moyens... Chambres spacieuses avec terrasse ou balcon. Lumineuse salle des petits déj ouverte sur le jardin. Côté resto, Frédéric Bizat réinvente à sa façon la cuisine du pays et sert des plats de haute volée.

À voir à Saint-Céré et dans les environs

La place du Mercadial *(pl. de l'Hôtel-de-Ville)* **:** bordée de maisons à colombages, voici la très vénérable place médiévale du marché, au charme incontesté. On y trouve de remarquables édifices comme la *maison des Consuls,* qui occupe tout un côté. Harmonieuse construction alliant façade de pierre, encorbellement, colombages à remplage de brique et beau toit à la Mansard (presque en pagode !).

Sur le côté gauche part la ***rue de l'Hôtel-de-Ville.*** À quelques mètres, dans un renfoncement, belle série de fenêtres Renaissance, avec tourelle en encorbellement ouvragée.
À l'angle de la rue Pasteur et de la place, la *maison Jean-de-Séguier* (XVe s). Elle possède encore son *taoulié* (ou « pierre à poissons »), sur lequel les poissons étaient vendus.
De l'autre côté de la place, la ***rue de l'Olié*** présente une belle unité architecturale. À l'angle avec la rue Saint-Cyr, *hôtel Miramon* (XVe s) avec tourelle d'angle en encorbellement. En continuant la ***rue Saint-Cyr,*** on tombe sur l'arrière d'un hôtel Louis XIII (classé Monument historique). Le petit *passage des Fossés* permet ensuite d'en admirer la façade principale : balcon à balustres et à clocheton, belle série de lucarnes.
À l'angle des rues Saint-Cyr et Mazel, *hôtel d'Ambert* (XVe s), l'un des plus séduisants de la ville.
Enfin, ***place Jean-Jaurès,*** *maison Queyssac* (XVIIe s) reconnaissable à son toit aux très nombreuses lucarnes.

🔭 ***Rue Pasteur,*** de l'autre côté de la rue de la République, un autre *taoulié* (au coin avec la rue Centrale). Au bout de la rue Pasteur, si la vieille auberge du XVIIIe s a fermé ses portes, les deux *passages à arcades* au niveau de la Bave existent toujours. Ils permettaient aux chevaux de poste ou de diligence de s'abreuver. Du pont, vision romantique sur la Bave, le vieux Saint-Céré, le *quai des Récollets.*

🔭 Ensuite, on retraverse la Bave au petit pont, jusqu'aux *rues Faidherbe* et *Paramelle.* Après avoir passé la *maison de Longueval* (XVe s) avec tourelle, on parvient à l'*église Sainte-Spérie* (XIIIe s). Reconstruite après les dégâts des guerres de Religion. Clocher-porche du XVIIIe s, de style classique. Dans la chapelle de droite, intéressante Nativité. Place de l'Église, *hôtel de Puymule* (XVe s). Ouvertures de style flamboyant.

🔭 ***Les tours de Saint-Laurent et l'atelier-musée Jean-Lurçat :*** *à* ***Saint-Laurent-les-Tours,*** *à 2 km env de Saint-Céré, sur la colline dominant la ville. ☎ 05-65-38-28-21. Prendre la direction de Bretenoux ; fléché au rond-point de l'hôpital. Possibilité d'y aller à pied par un petit sentier qui part dans la ruelle (rue des Hortes) située derrière l'office de tourisme (compter 20 mn env). Musée ouv tlj sauf lundi avr-sept, 10h30-12h30, 14h30-18h30. Entrée : 4 € ; réduc ; gratuit jusqu'à 11 ans.* Vestiges du château de Turenne. Un donjon du XIIe s, l'autre du XIVe s. C'est dans ce château, reconstruit au XIXe s dans un style néogothique, que Jean Lurçat (1892-1966) s'installa à la fin de la dernière guerre. L'artiste laisse derrière lui une œuvre considérable, réunie aujourd'hui en un superbe musée. On mesure combien ce cadre exceptionnel fut propice à l'inspiration de Lurçat. Tapisseries, bien sûr, dont il fut le maître incontesté, mais aussi dessins, aquarelles, peintures, gravures, céramiques. Expos temporaires dans la tour du XIVe s.

🔭🔭 ***Le château de Montal :*** *46400* ***Saint-Jean-Lespinasse.*** *☎ 05-65-38-13-72. • montal.monuments-nationaux.fr • À 2 km de Saint-Céré, sur la route de Gramat. Tlj 10h-12h30, 14h-17h30 sauf mar ; tlj mai-août et fermeture à 18h30. Entrée : 8 €, réduc ; gratuit moins de 25 ans, billet jumelé avec le château de Castelnau-Bretenoux, 11 €.*
Le plus bel exemple d'architecture Renaissance du Quercy, dans la tradition des châteaux français de cette époque. Dans un beau site verdoyant et vallonné, ce château fut édifié au début du XVIe s par Jeanne de Montal pour son fils parti à la guerre. Celui-ci ne revint jamais, et les deux autres ailes ne furent jamais construites.
À la fin du XIXe s, le château fut racheté par un marchand de biens qui le démantela et le vendit en pièces détachées. Il a fallu la patience du propriétaire suivant, le célèbre mécène et amateur d'art Maurice Fenaille, industriel ayant fait fortune dans le pétrole, qui se dévoua corps et âme pour que le château reprenne forme et vie.

Il rechercha et racheta pièce par pièce chacun des éléments d'origine. Il en fit don à l'État en 1913. Le château est aujourd'hui sous la responsabilité du Centre des monuments nationaux.
Pour l'anecdote, *La Joconde* y fut cachée en 1943 avant de retrouver sa place au Louvre à la fin de la guerre. Plusieurs films y furent tournés, dont *La Fille de D'Artagnan* réalisé en 1994 par Bertrand Tavernier, avec Sophie Marceau dans le rôle principal.

Les grottes de Presque : *à 3 km de Saint-Céré, en direction de Gramat. ☎ 05-65-40-32-01. 06-70-53-82-87. • grottesdepresque.com • De mi-fév à fin mars et oct, 10h-12h, 14h-17h ; juil-août, 9h30-18h30 ; avr-juin et sept 9h30-12h, 14h-18h. Entrée : 8 € ; 7-11 ans 4 € ; gratuit moins de 6 ans. Visite env 45 mn.* Grotte longue de 250 m, présentant une succession de pittoresques concrétions. Nombreuses colonnes stalagmitiques de 8 à 10 m de haut.

Manifestation

– ***Festival de Saint-Céré :*** *de fin juil à mi-août. Rens : ☎ 05-65-38-28-08. • festival-saint-cere.com •* Ce festival musical éclectique se déroule dans plusieurs lieux prestigieux : tours de Saint-Laurent, églises et château de Castelnau. Récitals, opéras, opérette, chanson, jazz...

DE SAINT-CÉRÉ À FIGEAC

LE LIMARGUE ET LE SÉGALA

Se confondant en partie au nord avec la vallée de la Dordogne, le Limargue est une longue bande de terre entre Saint-Céré et Figeac. Ni causse aride ni région de forêt, il s'agit plutôt d'un genre de bocage, alternant bois, bosquets, riches cultures et prairies. À l'est du Limargue, aux confins du Quercy, s'étend le Ségala, un avant-goût du Cantal. Collines plus élevées, terres beaucoup plus rudes où poussent en majorité landes à bruyère et châtaigniers, qui annoncent déjà le paysage cantalou. Peu d'hommes, seulement des hameaux agricoles égarés au détour d'étroites départementales. Le blé ne se plaisant guère dans cette terre pauvre, on y fit croître le seigle (à l'origine du nom *Ségala*).

SOUSCEYRAC (46190)

Le gros bourg de la zone, posté à 15 km de Saint-Céré. Ancien village fortifié dont subsistent quelques vestiges, comme la *porte Notre-Dame.* Dans les environs, nombreux exemples de belle architecture rurale quercynoise. À 1 km, *château de Grugnac,* petit et trapu, avec de grosses tours à mâchicoulis.

Où dormir ? Où manger à Sousceyrac et dans les environs ?

Au Déjeuner de Sousceyrac : *au centre du village. ☎ 05-65-33-00-56. Resto fermé dim soir-lun. Congés : de nov à début mars. Résa indispensable. Double env 65 €, familiale 3 pers env 90 €. Formule déj 30 € ; menus 30-70 € ; carte env 80 €.* Faites donc une halte pour marcher sur les traces de l'écrivain Pierre Benoit dont le roman *Le Déjeuner de Sousceyrac* se déroule ici même. Mais surtout pour savourer la cuisine élégante et raffinée de Patrick Lagnès, dans une salle rustique et chic, avec pierres aux murs et poutres au plafond. Il s'agit, tout simplement, de l'une des meilleures tables de ce coin du Lot. Agréables chambres rénovées et colorées à l'étage. Terrasse.

Hôtel-restaurant Colombié : *46210* ***Gorses.*** *☎ 05-65-40-28-02. • eliane-bazerque-hotelrestaurant@wanadoo.fr • hotel-colombie.com • À 12 km env de Sousceyrac et à 4 km du lac du Tolerme. Fermé le soir lun, ven et dim hors saison. Doubles 60-66 € ; chambres familiales. Formule déj en sem 12 €, puis menus 14,50-30 € ; carte env 30 €. Apéritif maison offert sur présentation de ce guide.* Un hôtel en plein cœur du Ségala, tenu de mère en fils par une famille qui sait recevoir. Chambres confortables, réparties sur plusieurs bâtiments, dont 3 plus spacieuses, vraiment belles, au bout du jardin, face à la piscine. À table, cuisine d'inspiration régionale qui a pris son envol avec la nouvelle génération. Des pointes d'originalité agrémentent les plats, pour le plus grand plaisir des yeux et des papilles. Terrasse aux beaux jours. Une bonne adresse.

À faire dans les environs

Le lac du Tolerme : *à* ***Sénaillac-Latronquière,*** *à 8 km au sud de Sousceyrac. Bureau d'accueil, juil-août : ☎ 05-65-40-31-26. Hors saison, se renseigner auprès de l'office de tourisme de Figeac • letolerme.fr • Activités gratuites et payantes.* Lac de 38 ha (le plus grand du Lot !), bordé d'un sentier courant sur 5 km. Activités nautiques de début juillet à fin août : baignade surveillée, toboggans géants, pêche, canoë-kayak, sentier botanique, etc. Aviron toute l'année. Et pour qui veut grignoter au bord de l'eau, 2 restos : les *Rives du Tolerme* et *La Presqu'île,* sur la rive opposée à la plage.

Camping du Tolerme : *au* ***lac du Tolerme.*** *☎ 05-65-40-21-23. • campingdutolerme46@gmail.com • camping-du-tolerme.com • Mai-sept. Empl. tente en hte saison 11,50 € ; mobile homes 200-500 €/sem. 37 empl. CB refusées.* Au bord du plus grand lac du Lot (38 ha de surface et 5 km de rives), un petit camping très nature, avec accès à la plage tout proche. Des emplacements ombragés séparés par des haies et entourés d'arbres. Paisible et familial : balançoire, ping-pong, terrain de volley.

LACAPELLE-MARIVAL

(46100) 1 350 hab. *Carte Lot, C2*

À 3 km de la D 840, à 20 km au nord de Figeac. Un petit village fondé au XIIe s qui se laisse parcourir tout en douceur. Place du Fort, ancienne porte fortifiée du village avec une imposante tour ronde qui servait de tour de guet. Jolie halle du XVIe s dont la charpente est en châtaignier.

Adresse utile

🛈 ***Office de tourisme :*** *pl. de la Halle. ☎ 05-65-40-81-11. • tourisme-figeac.com • Juil-août, mar-sam 9h-12h30, 15h-19h ; horaires réduits hors saison ; nov-fév, ouv slt mer et sam.* Demander le fascicule *Les Clefs de Lacapelle-Marival* pour la visite du village en suivant le parcours balisé.

Où dormir ? Où manger dans le coin ?

Auberge de la Forge : *46120 Terrou. ☎ 05-65-38-45-14. • aubergelaforge@gmail.com • À 12 km de Lacapelle-Marival. Tlj sauf dim soir-lun. Formule déj en sem 12,90 € ; menu 19 € ; carte env 25 €.* Postée à la jonction de 2 routes oubliées, une auberge de village comme on n'en fait – presque – plus. Une salle rustique, une pergola ombragée et, dans l'assiette, une bonne petite cuisine maison, simple et familiale, bâtie sur des produits locaux et de saison. Le menu du midi est une vraie aubaine, avec soupe, charcutaille, plat du jour, fromage, dessert. De quoi entraîner jusqu'ici une ribambelle d'habitués. Bonne ambiance, relax et conviviale, distillée par le jeune couple maître des lieux.

LE LOT

À voir

Le château : *dans le centre. ☎ 05-65-40-81-11. • ap-chateau-lacapelle-marival.fr • Juil-août slt, tlj 10h30-12h30, 15h-18h30 (fermé le matin début juil et fin août). Entrée gratuite pour l'expo temporaire, avec accès à quelques salles du château. Sinon, visites guidées payantes (durée : 1h15) tlj sauf mar mat (1 le mat et 2 l'ap-m) : 3,50 € ; réduc ; gratuit moins de 12 ans ; réduc de 10 % sur présentation de ce guide.* Imposant château édifié par le seigneur de Cardaillac au XIIIe s qui connut de nombreuses modifications jusqu'au XVIIe s. Intéressant plafond peint dans le donjon. Fresques du XVIe s et une salle aux boiseries du XVIIIe s. La visite guidée permet également d'accéder au chemin de ronde d'où la vue sur le village et les environs est remarquable. Expos temporaires.

DANS LES ENVIRONS DE LACAPELLE-MARIVAL

RUDELLE (46120)

Au bord de la D 840, insolite *église-forteresse* du XIIIe s. Avec ses créneaux, elle ressemble plus à un gros donjon qu'à une église.

ASSIER (46320)

À la frontière du causse de Gramat, en plein Limargue, juste après avoir quitté le Ségala. C'est là qu'on mesure l'étonnante rapidité des changements de paysages. Accès par la D 653 peu après Le Bourg (sur la D 840). Assier mérite vraiment le détour, pour son château et son église, œuvres d'un célèbre seigneur de la Renaissance, Galiot de Genouillac.

1515

Galiot de Genouillac, assez mégalo, chef de l'artillerie de François Ier, fut considéré comme l'un des principaux artisans de la victoire de Marignan pour avoir utilisé massivement, et pour la première fois, le canon lors d'une bataille. Couvert d'honneurs et d'argent, il entreprit donc, dans le modeste village d'Assier, la construction d'édifices dignes des châteaux de la Loire. Bon voyons !

Où manger ?

L'Assiérois : *pl. de l'Église. ☎ 05-65-40-56-27. • lassierois@orange.fr • lassierois.com • Fermé dim soir-lun, ainsi que mer soir hors juil-août. Congés : 10 j. en fév et 10 j. fin juin-début juil. Au déj en sem, formule 14 €, menus 32-44 €, carte env 50 €.* Devant l'église, le resto du village prodigue une excellente cuisine, raffinée de surcroît. À midi, c'est ambiance bistrot dans la salle coquette ou sur la charmante terrasse ombragée. Le menu ouvrier donne déjà un aperçu du talent du chef, qui régale bon nombre d'habitués. En été, quelques plats traditionnels accompagnés de délicieuses pommes soufflées viennent compléter l'intéressant menu. Le soir, changement de registre, pour une cuisine gastro inventive et joliment travaillée.

À voir

Le château : *☎ 05-65-40-40-99. • assier.monuments-nationaux.fr • Tlj sauf mar (tlj juil-août) 10h-12h30, 14h-18h45 (17h30 sept-avr) ; fermeture de la billetterie 45 mn avt. Entrée : 3 € ; tarif réduit 2,80 € ; gratuit moins de 26 ans (UE).* Construit autour de 1515, le château se composait initialement de quatre corps de bâtiment superbement décorés, avec tours d'angle. Les matériaux de trois ailes furent vendus à des entrepreneurs par le duc d'Uzès. Il reste quand même une aile, témoignage unique de la magnificence du château. Si la façade extérieure présente déjà un intéressant décor (portail de type classique avec une niche au-dessus qui abritait la statue équestre du grand maître de l'artillerie), la façade intérieure est la plus richement ornée. Fenêtres à pilastres et chapiteaux, frises courant entre les étages et rappelant les fonctions de Galiot de Genouillac : armes, boulets, canons, scènes des travaux d'Hercule évoquant son héroïsme, etc. À l'intérieur, bel escalier voûté d'ogives. Dans la cour, une installation contemporaine symbolisant, par de grandes structures métalliques, les ailes aujourd'hui disparues.

L'église : *en principe ouverte tlj, sinon voir à la mairie (☎ 05-65-40-57-97).* Architecture plutôt originale. Entièrement édifiée à la gloire de Galiot de Genouillac. Façade triangulaire à élégants contreforts et portail classique. Au-dessus, la Vierge reçoit d'un ange l'épée de Galiot. Une frise consacrée aux exploits de notre maître artilleur court à 2,50 m du sol sur une grande partie de l'église. À l'intérieur, le panégyrique à la gloire du fondateur de ces lieux continue. Tombeau dont Galiot de Genouillac assura lui-même la conception de son vivant. Au-dessus du gisant, un Galiot triomphant, représenté en tenue de guerre, bien entendu ! Au plafond, magnifique et rare voûte en étoile (on n'en connaît que deux exemplaires au monde). Belle clôture en bois également. Galiot mourut en 1546, à 81 ans. Il eut des funérailles modestes, puisque la messe ne fut célébrée que par 500 prêtres...

CARDAILLAC (46100) 580 hab. *Carte Lot, C2*

À 10 km au nord de Figeac, Cardaillac, classé parmi les « Plus Beaux Villages de France », est l'une des portes d'entrée du Ségala. C'est aussi le berceau de l'une des plus grandes familles du Quercy. Au XIIe s, Cardaillac fut une très importante ville fortifiée, comme en témoignent de nombreux et imposants vestiges. Au XVIIe s, la cité étant une place forte protestante, Richelieu démantela une grande partie de ses remparts. Aujourd'hui, c'est un village paisible au riche patrimoine architectural et ethnographique.

– ***Visites contées :*** *juil-août, en principe jeu 10h30. Rdv au niveau du fort. 06-85-70-06-64. GRATUIT.* En costume d'antan, dame Béatrice (bénévole passionnée) retrace les grandes lignes de l'histoire de Cardaillac, dont elle connaît aussi les menus détails. Ludique pour les enfants et fort instructif pour tous.

Où dormir ?

Au Relais des Conques : *rue des Conques. ☎ 05-65-40-17-22. • contact@relais-des-conques.fr • relais-des-conques.fr • Double 49 € ; suite 75 € ; 24 €/pers sup. Repas 15-25 €. Apéritif offert sur présentation de ce guide.* Pour humer la quiétude de ce bourg médiéval sans se presser, le mieux est d'y passer la nuit. L'accueillant Jacky propose 4 chambres mignonnes comme tout. 3 d'entres elles se partagent la salle de bains, et l'une a son lavabo. La suite permet de loger enfants ou amis dans l'immense salon et dispose d'une salle de bains privée, ainsi qu'un lit de 160. La table d'hôtes (sur réservation) révèle les talents de cuisinier du propriétaire. Aux beaux jours, repas servis sur la terrasse qui surplombe la ruelle piétonne.

À voir

Le Musée éclaté : *pl. de la Tour. ☎ 05-65-40-10-63. • musee-eclate-cardaillac.fr • Juil-août, visite guidée slt, tlj à 15h sauf sam ; le reste de l'année, sur rdv. Entrée à l'appréciation des visiteurs.* Ce musée est une idée géniale d'une poignée d'habitants amoureux de leur village et de leur patrimoine culturel. Visite guidée à travers les ruelles pour découvrir la maison du sémalier, son atelier, l'étuve à pruneaux, le séchoir à châtaignes, le four à pain, la vieille école, etc. Meubles, outils, objets domestiques demeurent où ils ont toujours vécu. On dirait presque que le fabricant de comportes (récipients pour vendangeurs) vient juste de quitter sa maison, ou le vieil instituteur de sortir de sa classe. Commentaires enthousiastes et accueil chaleureux. Venez vous « éclater » dans ce « grand petit musée » qui permet de porter un regard nouveau sur le travail des hommes.

Le jardin médiéval : *dans le village. Entrée libre.* Jolie petite balade bucolique au sein de ce jardin parfaitement entretenu. Nombreuses plantes médicinales, toutes étiquetées, et potager médiéval.

Le quartier du fort : intéressante balade pour découvrir de belles maisons anciennes accrochées à un éperon rocheux. Procurez-vous le fascicule *Les Clefs de Cardaillac,* disponible dans les bureaux d'infos touristiques du Pays de Figeac. Itinéraire bien balisé et commenté, aussi nous contenterons-nous de signaler les points forts : le pittoresque *puits* de la place *del Manganel,* l'impressionnante *tour de l'Horloge* du XIIIe s qui servit de prison (en réfection), la *tour ronde* du XVe s (ancienne tour d'escalier transformée en habitation), la *tour de Sagne,* édifice typique de défense, de 21 m de haut. Ne pas manquer d'y grimper pour la vue. Vous remarquerez que la porte est très haute. Elle est à la hauteur des remparts, qui ont été ensuite démantelés. La promenade en contrebas du fort donne une vision pittoresque du village.

Les autres rues du village : nombreux clins d'œil architecturaux (vénérables fenêtres et lucarnes, portes ogivales, vieux balcons, etc.). Belles demeures en encorbellement dans la *rue Cap-del-Castel,* prolongée par la *rue Beauvert* et la rue Marquèze.

FIGEAC

(46100) 9 800 hab. *Carte Lot, C2-3*

• Plan *p. 125*

Deuxième ville du Lot, petite perle à l'extraordinaire patrimoine architectural, Figeac s'étage sur deux collines au bord du Célé. C'est un véritable enchantement que de parcourir son centre médiéval le nez en l'air, en détaillant les façades sculptées, tourelles, fenêtres ouvragées, blasons et, surtout, les *solelhos,* ces greniers ouverts utilisés comme séchoirs (denrées, draps, etc.), aujourd'hui très prisés pour l'habitat.

LA VILLE NATALE DE CHAMPOLLION

Figeac s'enorgueillit d'avoir donné naissance à Jean-François Champollion, le 23 décembre 1790. Extrêmement doué (mais pas forcément bon élève !), celui-ci était déjà capable de parler le latin à 9 ans et l'hébreu à 13 ans ! Encore lycéen, il commença à étudier les hiéroglyphes égyptiens. Puis il monta à Paris pour étudier les langues orientales. C'est à partir de la ***célèbre pierre de Rosette,*** découverte lors de la campagne d'Égypte de Bonaparte, que Champollion perça le secret de ces mystérieuses inscriptions.

PIERRE SAVANTE

La pierre de Rosette comportait le même texte transcrit en trois écritures (en grec, en démotique et en hiéroglyphes), ce qui permit à Champollion une fructueuse étude comparative et le décryptage des fameux hiéroglyphes. Il établit ainsi que c'était une écriture assez complexe, basée sur trois éléments : figuratif, symbolique et phonétique. Il fut élu à l'Académie en 1831 et mourut un an après, à 42 ans.

Il laisse derrière lui deux grandes œuvres posthumes, une *Grammaire égyptienne* et un *Dictionnaire égyptien,* qui firent universellement autorité. Sa ***maison natale*** accueille aujourd'hui un remarquable musée (*Le musée Champollion – Les Écritures du monde* ; lire plus loin « À voir »), à ne manquer sous aucun prétexte !

Adresses et infos utiles

Office de tourisme *(plan A2) : pl. Vival, dans l'hôtel dit « de la Monnaie ». ☎ 05-65-34-06-25. • tourisme-figeac.com • En été, tlj 9h-19h ; le reste de l'année, tlj sauf dim (ouv dim mat mai-juin et sept).* Beaucoup de documentation. Consigne à bagage gratuite, renseignements covoiturage. Équipe dynamique et efficace.

– ***Visites guidées de la ville :*** *juil-août, départ de l'office de tourisme tlj à 16h30 ; avr-juin et sept-oct, sam à 16h30. Participation : 6 € ; gratuit moins de 12 ans.* Nombreuses visites thématiques, se renseigner.

– La ville de Figeac fait de réels efforts dans l'accueil de nos chers bambins. De multiples activités, tant culturelles que sportives, leur sont proposées (ateliers avec le musée Champollion, ateliers sur le patrimoine, sorties pêche, « mardis curieux », initiations diverses...). *Pitchouguide* disponible à l'office de tourisme.

Gare SNCF *(hors plan par A2) : rens au ☎ 36-35 (0,40 €/mn).* Depuis la gare, bus en direction de Cahors.

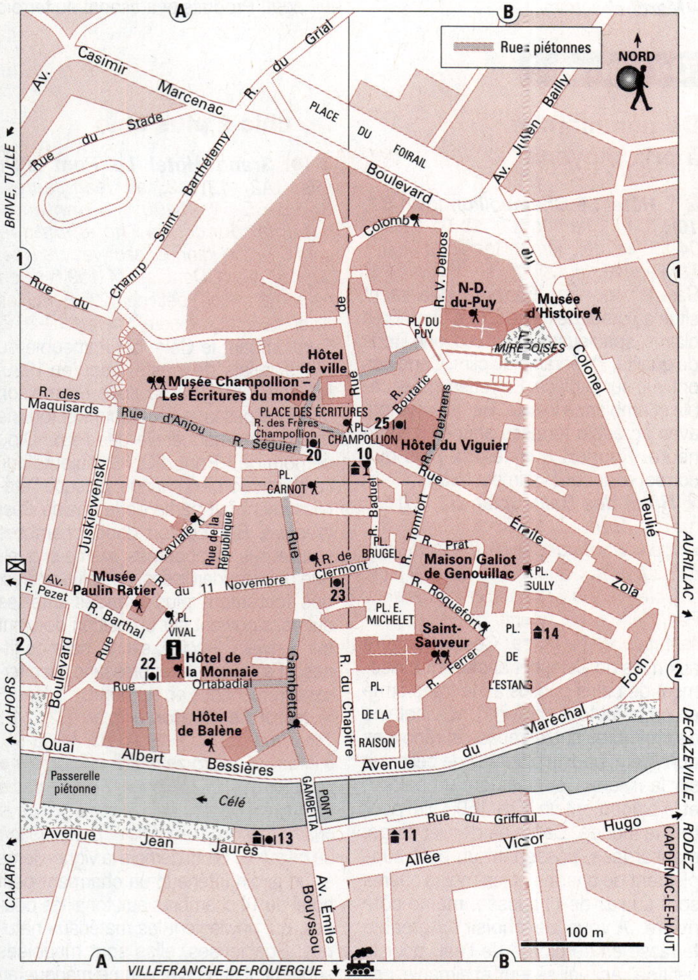

FIGEAC

Adresses utiles

- Office de tourisme *(A2)*

Où dormir ?

- **10** Hôtel Le Champollion *(B1)*
- **11** Hôtel des Bains *(B2)*
- **13** Grand Hôtel Le Pont d'Or *(A2)*
- **14** Hôtel le Quatorze *(B2)*

Où manger ?

- **20** Les Anges Gourmands *(A1)*
- **22** Mémé du Quercy *(A2)*
- **23** La Cuisine du marché *(A2)*
- **25** Restaurant La Dînée du Viguier *(B1)*

Trains pour Paris, Toulouse et Clermont-Ferrand.
– **Marché :** *sam mat.*
– **Foire :** *2e, 4e et 5e sam de chaque mois.*
– **Marchés nocturnes :** *à 3 reprises en juil-août.* Produits et artisanat du terroir.

Où dormir ?

De bon marché à prix moyens

Hôtel Le Champollion *(plan B1,* ***10****) : 3, pl. Champollion. ☎ 05-65-34-04-37. • hotelchampollion@orange.fr • Tte l'année, tlj. Double avec sdb 64 €. Garage pour vélos.* Bar-hôtel idéalement situé au cœur de Figeac. Des chambres claires, spacieuses et sobres, une literie de qualité, TV écran plat, clim. Certaines ont vue sur la place. Entretien impeccable et ambiance joviale. Bar très sympa, avec agréable terrasse animée à toute heure. Rapport qualité-prix plus que correct et accueil vraiment extra.

Hôtel des Bains *(plan B2,* ***11****) : 1, rue du Griffoul. ☎ 05-65-34-10-89. • figeac@hoteldesbains.fr • hoteldesbains.fr • Congés : 20 déc-10 janv. Doubles 55-83 € ; chambres familiales. Petit déj 8,50 €. Apéritif offert sur présentation de ce guide.* Comme amarré aux rives du Célé, cet ancien établissement de bains publics a été transformé en un hôtel tout confort. Une vingtaine de chambres chaleureuses et rénovées qui offrent, pour la plupart, une belle vue sur la rivière. Certaines ont un balcon, et la plupart ont un lit de 160. Clim pour tout le monde. Celles au dernier étage, mansardées, possèdent un petit supplément de charme et les moins chères sont au rez-de-chaussée, même côté rivière. À vous de choisir ! Agréable terrasse en surplomb de l'eau pour le petit déj. Accueil sérieux et aimable. Les cyclotouristes sont les bienvenus.

De chic à plus chic

Grand Hôtel Le Pont d'Or *(plan A2,* ***13****) : 2, av. Jean-Jaurès. ☎ 05-65-50-95-00. • contact@hotelpontdor.com • hotelpontdor.com • Tte l'année, sauf vac de Noël pour le resto. Doubles 74-159 € selon confort et saison ; petit déj 12 €. Formules 13,50-16 € (déj en sem), menus 19-26 €.* Surplombant le Célé, cet immeuble du XIIIe s, relais de poste jusqu'en 1920, fut transformé par la suite en maison dite « de passage », ce qui fit la fortune de la mère maquerelle des lieux. D'où ce nom de « Pont d'Or »... Aujourd'hui, l'ambiance a bien changé, puisque l'établissement fait partie de la chaîne *Best Western.* Bon confort donc, chambres spacieuses et modernes, même si quelque peu standardisées. Les plus chères, pas forcément plus grandes que les autres, s'ouvrent sur un balcon donnant sur la rivière. Piscine, sauna, salle de fitness. Fait aussi bar et brasserie avec terrasse romantique en surplomb de l'eau.

Hôtel Le Quatorze *(plan B2,* ***14****) : 14, pl. de l'Estang. ☎ 05-65-14-08-92. • infos@le-quatorze.fr • le-quatorze.fr • Doubles 69-107 €. Congés : de mi-déc à début janv. Remise de 5 % sur le prix de la chambre (hors juil-août) sur présentation de ce guide.* Blotti derrière la vigne-vierge et un jardin intérieur, un charmant petit hôtel de 14 chambres aux tonalités douces, qui privilégient les matériaux naturels. Spacieuses, elles sont meublées sobrement sans que rien ne manque au confort. Bons produits locaux au petit déj.

Où manger ?

De bon marché à prix moyens

Les Anges Gourmands *(plan A1,* ***20****) : 4, rue Séguier. ☎ 05-65-34-08-01. • lesangesgourmands@orange.fr • Tlj sauf lun-mar hors vac scol. Formules 13,50 € (midi sauf dim)-19,50 € (apéro et verre de vin inclus) ; carte env 23 €. Apéritif maison offert sur présentation de ce guide.* Au cœur de la zone touristique, petit resto à la déco auréolée d'anges, et prolongé de quelques tables déployées dans la ruelle entre les halles et la place Champollion. Une 2e salle permet d'augmenter le nombre de couverts en été. Salades, assiette du terroir, tartine Poilâne avec du cabécou et du magret... Pratique et pas cher pour un déjeuner sur le pouce.

|●| ***Mémé du Quercy*** *(plan A2, **22**) : 1, pl. Vival. ☎ 09-83-55-06-07. • figeac.memeduquercy@orange.fr • Fermé mar, plus le soir hors saison. Fermé janv-fév. Formule 17,50 €. Carte 20-25 €.* Sur la ravissante place Vival, ce restaurant-boutique est une association de producteurs. Juste une douzaine de tables intérieures et une terrasse, où il fait bon déguster foie gras et produits du terroir de qualité. La carte est succincte, gourmande et 100 % quercynoise. À arroser d'un vin de cahors, bien entendu. Accueil attentionné.

De prix moyens à chic

|●| ***La Cuisine du marché*** *(plan A2, **23**) : 15, rue de Clermont. ☎ 05-65-50-18-55. • lacuisinedumarchefigeac@orange.fr • Tlj sauf dim et lun midi. Congés : 4 janv-8 fév. Formule 19 € (déj en sem), menu 32 €, carte 45 €.* Une cuisine de marché qui revisite les standards régionaux en leur offrant de la légèreté. Mi-cuit maison de lobe de foie gras, *parrillada* de poissons sauvages, et quelques envolées lyriques sucrées... Le tout est préparé dans une cuisine ouverte sur la salle par un chef espagnol créatif. Bel accueil également. Une bonne adresse.

|●| ***Restaurant La Dînée du Viguier*** *(plan B1, **25**) : 4, rue Boutaric. ☎ 05-65-50-08-08. • contact@ladineeduviguier.fr • ♿ Fermé sam midi, dim soir-lun. Congés : 3 sem janv-fév et 15-30 nov. Résa conseillée. Intéressante formule à 23,50 € (déj en sem), menus 32,50-48 €. Apéritif offert sur présentation de ce guide.* Depuis le XIIe s, le château du Viguier du Roy semble veiller avec bienveillance sur le cœur de la cité médiévale. Intérieur chic mais pas snob et tables installées au cœur d'un patio intime aux beaux jours (réservez car il y a peu de place). Cuisine traditionnelle de haute volée ; c'est tout simplement la meilleure table de la ville.

Où dormir ? Où manger dans les environs ?

De bon marché à prix moyens

🏠 ⛺ ***Le Relais Saint-Jacques :*** *La Cassagnole, 46100 **Faycelles.** ☎ 05-65-34-03-08. • jesus.gomez.46@orange.fr • cassagnole.com • ♿ À 3 km du village, fléché. Compter 14 €/pers en dortoir, une chambre double à 40 €, 2 chambres d'hôtes à 60 € et env 6 €/pers pour camper ; petit déj et panier pique-nique (sur résa) 6 € ; loc de draps 4 €. Pour un séjour de plus de 6 j., une nuit offerte sur présentation de ce guide.* Gîte destiné essentiellement aux pèlerins en route pour Compostelle, ainsi qu'aux randonneurs. D'une capacité totale de 40 places, soit en grand dortoir, soit en minidortoir de 3-4 lits, soit en chambres doubles. Possibilité de planter sa tente sur le terrain mais en dépannage seulement. Accueil de chevaux.

🏠 ***La Caselle d'Hôtes :*** *46100 **Faycelles.** ☎ 05-65-34-05-68. • lacaselledhotes@gmail.com • lacaselledhotes.com • À 8 km de Figeac par la D 662. Tte l'année. Compter 64 € pour 2. Apéritif ou café offert sur présentation de ce guide.* Une chambre toute mignonne, installée dans une *caselle,* un ancien abri de berger circulaire joliment rénové, et désormais prolongé d'une salle d'eau. 2 lits de 90 cm côte à côte, micro-ondes, cafetière, TV. Jardin privatif à l'arrière, avec table et transats. Également une 2de chambre, moins chère, attenante à la maison principale mais avec entrée indépendante, et plutôt réservée aux marcheurs. 3 lits individuels dont 2 superposés, salle d'eau, petite terrasse. Une halte vraiment tranquille. Bon accueil de Caroline.

🏠 |●| ***Chambre d'hôtes la Belle Époque :*** *Le Coustal, 46100 **Camboulit** (sur la D 41 en direction de Boussac). ☎ 05-65-40-04-42. • a.belle-epoque@orange.fr • domainelabelleepoque.*

com • ♿ À 8 km de Figeac, en direction de Cahors par la vallée du Célé. Doubles 69-92 € selon confort. Table d'hôtes 20 €. 5 chambres avec accès indépendant, dont une familiale sous les combles, avec lits en duplex. En été, terrasse sous les platanes, piscine. Agréable coin salon.

De prix moyens à chic

Les Jardins de la Contie : *La Contie, 46100* ***Lunan.*** *06-11-64-78-57. • contact@lacontie.com • lacontie.com • À 6,5 km de Figeac. Prendre la D 840 vers Capdenac, puis à gauche par la D 2 (fléché). Fermé janv. Doubles 85-98 €.* Plus qu'une maison, c'est en fait un petit hameau du XIVe s aux vieilles bâtisses en pierre que Sabine et Ken ont restauré. 2 chambres d'hôtes, dont l'une installée dans une ancienne chapelle et 3 maisons d'hôtes (pour 2 à 4 personnes) qui peuvent être loués à la semaine. La rénovation a parfaitement préservé l'authenticité des lieux sans rien sacrifier au confort. Belle piscine à débordement en plein champ. Accueil exemplaire des maîtres des lieux, qui seront de bon conseil pour vos escapades dans le coin. Une belle adresse, vraiment.

Le Relais de la Tour : *pl. Lucter, 46100* ***Capdenac-le-Haut.*** *☎ 05-65-11-06-99. • lerelaisdelatour@orange.fr • lerelaisdelatour.fr • ♿ À 7 km de Figeac. Fermé ven soir, sam midi et dim soir. Congés : vac scol fév et Toussaint. Doubles 73-100 €, petit déj inclus. Formules déj 11-14 € (en sem), menus 16-30 €.* Un emplacement de choix dans ce ravissant village, et pas de concurrence : c'est le seul hôtel. Belle déco, sobre, moderne et chaleureuse. Les chambres sont réussies, tout comme la salle de resto. Belle cuisine régionale. Terrasse sur la place principale du village.

Le Hameau du Quercy : *Saint-Jean, 46160* ***Frontenac.*** *06-60-10-98-30. • contact@hameauduquercy.com • hameauduquercy.com • À 13 km de Figeac par la D 662. Double 115 € ; familiales 145-175 €.* Un petit havre de paix que cet ancien hameau posté à l'entrée de la vallée du Lot, et entièrement rénové avec beaucoup de goût sans rien perdre de son cachet ancien. Au choix, 2 chambres indépendantes, dont une peut convenir à une famille (mezzanine), toutes deux avec terrasse privée. Atmosphère sobre et élégante, les pierres apparentes voisinant avec des meubles et éléments de décor façonnés pour la plupart par des artisans du cru. Belle piscine naturelle, filtrée par un bassin de plantes. Vaste jardin travaillé selon les principes du feng shui. Petit déj frais et soigné.

Chambres d'hôtes du domaine de la Piale : *chez Adeline et Bertrand Spindler, 46100* ***Fons.*** *☎ 05-65-40-19-52. • info@domainedelapiale.com • domainedelapiale.com • À 11 km de Figeac. Sur la D 840, suivre la direction de Gramat, puis tourner sur la D 148 en direction de Fons, puis sur la D 21 en direction de Reyrevignes. Tte l'année. Doubles 70-125 € selon confort et saison (2 nuits min juil-août), accès au spa en sus. Gîte 4 pers 500-1 200 €/sem.* Une demeure splendide du XVIIIe s : simple, rustique, rénovée avec goût, où murs en pierre et mobilier contemporain se côtoient harmonieusement. Dans la grange à foin, 2 chambres indépendantes de plain-pied avec terrasse commune. La maison principale abrite 2 suites avec un chaleureux salon joliment meublé dans chacune, et des lits ultra larges. Piscine et spa dans le jardin. Une véritable adresse de charme et de caractère au milieu d'une belle nature. Pas de table d'hôtes, mais le resto *La Halle*, au village, est très correct *(☎ 05-65-40-06-49)* et il est évidemment possible de pique-niquer dans l'immense jardin.

À voir

Figeac, c'est avant tout la poésie urbaine, le romantisme de ruelles médiévales quasiment homogènes. De nuit, c'est encore plus magique. Sachez d'ailleurs qu'il existe, en saison, des ***visites nocturnes aux flambeaux.*** En collaboration avec le réseau national des « Villes et pays d'art et d'histoire », la ville propose des ***visites***

guidées de grande qualité, animées par des guides conférenciers *(6 €).* Sinon, procurez-vous à l'office de tourisme la brochure *Les Clés de Figeac,* avant de partir à la découverte du riche patrimoine de la ville (également une version pour les enfants).

L'hôtel dit « de la Monnaie » *(plan A2)* **:** *pl. Vival.* Siège de l'office de tourisme (mêmes horaires donc), c'est le point de départ naturel de la balade. Bel édifice du XIIIe s. Détaillez les fenêtres, d'un grand intérêt. Celles situées au nord, place Vival, datent du XIIe s. Ce sont des baies triples à motifs végétaux, animaux et humains, remployées sur cet édifice. Les fenêtres sud, côté rue Ortabadial, datent, comme la façade, du XIIIe s. Nommée par erreur « hôtel de la Monnaie », cette maison appartenait en fait à un particulier. À l'intérieur, très belles portes d'anciens hôtels Renaissance.

Tout autour de la ***place Vival*** *(plan A2),* nombreuses demeures intéressantes, notamment au no 33, rue Ortabadial. Ensuite, rue Balène, allez admirer l'*hôtel d'Auglanat.* Porche profond en anse de panier du XIVe s, surmonté d'un tympan (avec blason et guirlande de lierre) et d'une tourelle en encorbellement jaillissant de la façade. Sous le toit, le traditionnel *solelho* (mot occitan, prononcer « soleilo »). À 20 m, le ***Palais Balène*** *(plan A2)* présente un porche à profondes voussures et de grandes baies à remplages. À l'angle de la place Barthal et de la rue Caviale, belle *maison Day-Lostanges* (XVIIe s).

La rue Caviale *(plan A2)* **:** très pittoresque. Bordée de prestigieux hôtels particuliers et de passages voûtés (rue porte Garine) ; au no 30, Louis XI aurait séjourné en 1463. Remarquer aussi une maison du XIIIe s restaurée au no 24. Au no 16, les passionnés d'aviation pourront marquer l'arrêt à l'insolite ***musée associatif Paulin-Ratier*** *(plan A2, déménagement courant 2018 pl. Edmond-Michelet).* • *ratier.org* • *Ouv juil-sept, lun-ven 15h-19h, sam 10h-12h, 15h-19h ; le reste de l'année, ouv slt sam 10h-12h, 14h30-18h – 15h-19h avr-juin. GRATUIT).* Y sont alignées comme à la parade des hélices en bois, fabriquées par les usines Ratier, établies à Figeac depuis 1919. À voir également, une voiture à pédale, la « citroënette ». Sous-traitant des grands groupes de l'aéronautique, les usines Ratier produisent aujourd'hui encore du matériel de pointe, pour Airbus notamment.

MA PETITE ENTREPRISE

Ébéniste de formation, Paulin Ratier se lança en 1910 dans la production d'hélices pour avion. En 1914, quand la guerre éclata, il se retrouva mobilisé, comme la plupart de ses ouvriers. Mais l'armée française avait besoin de l'entrepreneur, qui devint fournisseur officiel de l'aviation militaire. Pour le reste de la guerre, le soldat Paulin Ratier reçut alors comme affectation de travailler dans sa propre entreprise...

La place de la Halle *(pl. Carnot ; plan A1-2)* **:** autrefois, la place principale de la cité. À découvrir, si possible, animée par le marché des producteurs venus du pays alentour, le samedi matin. Cette halle métallique du XIXe s a remplacé l'ancienne halle en pierre. Sous les toits des bâtiments encadrant la place s'ouvrent les fameux *solelhos,* qui servaient à entreposer les vivres ou à faire sécher le linge. À l'angle nord-ouest, belle maison avec tourelle, longtemps attribuée à un armurier de Louis XIV. Par un passage côté nord de la place, on accède à la rue Séguier. Au milieu de la rue, ensemble de trois façades avec consoles en bois sculptées. Face à celles-ci, la rue de la Monnaie présente, au no 1, une ravissante porte à accolade ornée d'un blason, et des symboles du soleil – ou d'une rouelle – et de la lune.

La rue Séguier et la place Champollion *(plan A-B1)* **:** jalonnée de nobles édifices (avec tour ronde au no 5), la rue Séguier aboutit à la délicieuse place Champollion (ancienne place Haute). Au no 4 se trouve la maison dite « du Griffon », du

XIIe s, aujourd'hui la plus ancienne de la ville. Au no 5, belle maison avec fenêtres gothiques. Dans une impasse, on trouve la maison natale de Champollion (des XIIe et XVIIIe s).

ATTENTION AUX PROVERBES !

Un vieux dicton égyptien prétend que « Celui qui boit l'eau du Nil est certain d'y revenir. » Champollion n'aurait pas dû suivre cette bêtise : il est mort d'une bilharziose (infection parasitaire) à 42 ans !

Le musée Champollion – Les Écritures du monde *(plan A1)* **:** *pl. Champollion. ☎ 05-65-50-31-08. ● musee-champollion.fr ● Juil-août, tlj 10h30-18h30 ; avr-juin et sept-oct, tlj 10h30-12h30, 14h-18h sauf lun ; le reste de l'année, tlj sauf lun 14h-17h30. Fermé 1er janv, 16-31 janv, 1er mai, 25 déc. Tarifs : 5 € ; réduc ; gratuit moins de 13 ans et pour ts 1er mer de chaque mois sauf juil-août ; billet jumelé avec le musée d'Histoire ou l'expo temporaire 7 € (9 € pour les 3) ; audioguide 3 € ; livrets-jeux pour enfants 0,50-1,50 €. Juil-août, visite guidée à 10h30 2 fois/sem (9 € ; réduc enfants ; résa conseillée) ; aussi des animations et ateliers pour enfants 2 fois/sem à 10h30 (5 € pour 7-12 ans ; résa conseillée).* Installé en partie dans la maison natale de l'illustre savant, le musée rend hommage, comme il se doit, au travail et au génie de Jean-François Champollion qui a déchiffré les hiéroglyphes. Mais ses collections se sont considérablement élargies. Elles abordent désormais la fabuleuse aventure des écritures du monde, depuis l'apparition du cunéiforme en Mésopotamie jusqu'à l'écriture numérisée en usage de nos jours (soit près de 5 300 ans d'histoire !). Une fois n'est pas coutume, le musée s'admire d'abord de l'extérieur, avec sa double façade qui est une véritable œuvre d'art ! À travers les portes en ogive et les fenêtres de la façade historique, on perçoit un mur-rideau constitué de panneaux de verre enserrant des feuilles de cuivre sur lesquelles figurent près de 1 000 caractères d'écritures de toutes les cultures du monde. À l'intérieur, huit salles distribuées sur quatre niveaux, avec un agencement résolument contemporain, où les couleurs et la lumière créent des atmosphères intimes. Grâce à des bornes interactives notamment, le musée évoque l'apparition de l'écriture en plusieurs endroits du monde, son évolution au gré des échanges humains (routes des marchands, conquêtes guerrières, travail des scribes, etc.). Si vous vous sentez l'âme d'un Champollion, sachez que plusieurs écritures sur la planète restent encore à déchiffrer ! En exposition, plus de 600 objets, dont plusieurs pièces particulièrement remarquables comme le *Livre des morts* de la défunte Nériou (IIIe s av. J.-C.), un coran d'Andalousie des XIIe-XIIIe s, des livres manuscrits sur bois, parchemin, ou encore sur feuilles de palmier, etc. Après un voyage à travers les millénaires, la visite s'achève par le salon de lectures électroniques, histoire de se remettre de plain-pied dans le XXIe s ! Belles expos temporaires également, dans l'annexe du musée.

La place des Écritures *(plan A1)* **:** au bout de la rue des Frères-Champollion se trouve cette œuvre de Joseph Kosuth. Au sol, une magnifique réplique de la pierre de Rosette, agrandie à l'extrême et taillée dans le granit noir. Choc des matières, des époques, des couleurs. Et pourtant, quelle harmonie ! Installée en 1990 pour célébrer le bicentenaire de la naissance de Champollion, cette place des Écritures est devenue le symbole de la ville.

La rue de Colomb *(plan A-B1)* **:** à l'entrée de la rue, l'*hôtel de ville,* installé dans un édifice des XIIIe, XVIIe et XIXe s, qui abrite l'espace Patrimoine (voir ci-dessous). Au no 21, l'*hôtel d'Arnaldy,* du XVIIIe s (jolie cour). Ne pas rater, rue Maleville, l'*hôtel de Laporte,* du XVIIe s. Passage voûté, petite tourelle encastrée dans un angle. Vous n'êtes plus très loin des importants vestiges des remparts de la ville (à l'esplanade du Calvaire).

L'espace Patrimoine *(plan A1)* **:** *dans l'hôtel de ville, 5, rue Colomb. ☎ 05-65-50-05-40 (service du Patrimoine). Avr-début juil et 22 sept-oct, tlj 14h-18h sauf lun ; début juil-21 sept, tlj 10h-12h30, 14h-18h ; nov-mars, sur résa. GRATUIT.* Dans le cadre du label « Ville et Pays d'art et d'histoire », exposition permanente sur l'histoire et l'architecture de la ville, pardi ! Accueille également des expos temporaires.

L'église Notre-Dame-du-Puy *(plan B1)* **:** *lun-mar et jeu-ven 10h-17h ; mer 10h-12h ; fermé sam-dim. En hauteur, sur la colline du Puy.* Depuis le parvis, beau panorama sur les toits aux tuiles sombres et patinées. L'église date des XIIIe et XIVe s. Détruite aux deux tiers en 1622, lorsque les catholiques reprirent la ville aux protestants, elle fut reconstruite au XVIIe s, dans l'esprit de la Réforme catholique. Portail du XIVe s, où l'on notera les animaux sculptés tout autour. À l'intérieur, on retrouve des vestiges de l'édifice gothique dans l'abside et les absidioles (jolis chapiteaux sculptés), ainsi que de belles peintures murales du XVIIe s. L'ample nef est fermée par un majestueux retable en noyer terminé en 1696. De la terrasse, partent de vénérables ruelles aux longs murs cachant des jardins secrets, comme la *rue Delzhens.* Très romantique la nuit. Pavée de galets ronds, elle est bordée de nobles édifices. Premier d'entre eux, l'***hôtel du Viguier*** (fermé à la visite), dont on remarque la tour du XIVe s et, coté rue Émile-Zola, la superbe façade alignant les fenêtres aux chapiteaux sculptés.

Le musée d'Histoire – Salons du Collège du Puy *(plan B1)* **:** *derrière l'église Notre-Dame-du-Puy, accès par la rue Delbos. ☎ 05-65-34-06-25. Tlj juil-août 14h30-18h30 (visite pour les groupes sur résa le reste de l'année). Entrée : 2-3,50 € ; réduc ; billet jumelé avec le musée Champollion ou son expo temporaire 7 € (9 € pour les 3). Visite guidée 1 fois/sem en été et à certaines dates en avr-mai et sept-oct, se renseigner.* Situés dans l'ancienne résidence du prieur de l'église, ces deux salons réalisés vers 1690 présentent un remarquable décor de panneaux peints, entièrement restaurés. La plus grande pièce empile trois séries de frises : scènes presque sépia illustrant la vie quotidienne en bas, scènes de bataille au centre, et scènes bibliques en haut. Dans l'autre salon, des paysages, dans le style des maîtres hollandais et italiens de l'époque. Dans une pièce attenante, petit cabinet de curiosités abritant une collection hétéroclite d'outils préhistoriques, fossiles, objets religieux et cadeaux offerts au président Pompidou (selles d'apparat, défense d'ivoire finement sculptée...). On y trouve même un crapaud-buffle naturalisé ! Enfin, dans le couloir, quelques toiles lotoises du peintre catalan Pierre Daura (1896-1976), voguant entre fauvisme et cubisme.

D'autres rues où il fait bon flâner le nez en l'air. Comme la ***rue Gambetta*** *(plan A2),* rue commerçante de la vieille ville. Magasins s'insérant dans de grandes arcades médiévales. Puis la *rue Tomfort,* aboutissant ***rue Roquefort*** *(plan B2).* Là, découvrez les restes élégants de la *maison de Galiot de Genouillac,* grand maître artilleur de François Ier (voir « Assier »). Elle fut très abîmée au XIXe s. Belle tour en encorbellement. ***Rue de Clermont*** *(plan A-B2),* maison de la fin du XIIIe s au n° 17. ***Place Sully*** *(plan B2),* emplacement d'une maison attribuée au ministre d'Henri IV (détruite).

L'église Saint-Sauveur *(plan B2)* **:** *tlj 9h-18h.* Elle dépendait de l'abbaye de Conques, puis de Cluny. Romane dans sa partie basse, elle présente une voûte du XVIIe s. La façade actuelle date du XIXe s. Portail nord du XIIIe s (particulièrement usé et mutilé). À l'intérieur, gros piliers romans. En bas de la nef, anciens chapiteaux romans transformés en bénitiers. Mais le bijou de Saint-Sauveur, c'est la *salle capitulaire* du XIIIe s, transformée aujourd'hui en chapelle et autrefois ouverte sur le cloître (place de la Raison). Un pur chef-d'œuvre ! Très belle retombée de voûtes d'ogives. Somptueuse décoration de panneaux de bois sculpté du XVIIe s, illustrant la Passion. Sur le mur du fond, à gauche, *Descente de croix,* et à droite, *Mise au tombeau,* œuvres assez remarquables. Devant l'autel *la Cène* et panneau du *Songe prémonitoire de l'Enfant Jésus.*

LE LOT

À faire

– ***Base de loisirs du domaine du Surgié :*** *à 1,5 km de la ville, en bord de rivière, dans un grand parc. Prendre la direction de Rodez-Decazeville, puis fléché sur la gauche. De mi-mai à mi-sept.* Immense plan d'eau (baignade interdite), bordé de grasses pelouses ombragées. Location d'embarcations à pédales et de canoës (juil-août). Resto et bar. Également un ***espace aquatique*** avec piscine à vagues et toboggan *(☎ 05-65-34-18-76 ; tlj juil-août 11h-18h45 – dim 10h ; 6,50 € ; enfants 3,50 €).*
– ***Canoë-kayak et VTT :*** *avec l'office intercommunal des sports. ☎ 05-65-34-52-54. Plan d'eau du Surgié en juil-août ; 2, av. du Général-de-Gaulle le reste de l'année.* Descente du Célé en été (s'il y a assez d'eau). Location de VTT hors saison.

Fêtes et manifestations

– ***L'Astrolabe, services culturels du Grand Figeac :*** *2, bd Pasteur. ☎ 05-65-34-24-78. • astrolabe-grand-figeac.fr •* Programme musical et théâtral de qualité (et gratuit !) les mardis soirs juil-août.
– ***Salon des collectionneurs :*** *jeudi de l'Ascension. ☎ 05-65-50-01-46.*
– ***Cinétoile sous les étoiles :*** *cinéma gratuit en plein air juil-août dans différentes communes des environs.*
– ***Noctambules :*** *rencontres cinématographiques début juil.*
– ***Festival de Théâtre :*** *de fin juil à début août. Rens : ☎ 05-65-38-28-08. • festivaltheatre-figeac.com •*
– ***Rencontres musicales de Figeac :*** *6-20 août. • festivaldefigeac.com •* Concerts et récitals de musique classique.

DANS LES ENVIRONS DE FIGEAC

Capdenac-le-Haut : *à 7 km de Figeac. Se procurer le fascicule « Les Clefs de Capdenac-le-Haut » au petit office de tourisme au pied du donjon.* Petit village, fier de faire partie des « Plus Beaux Villages de France », édifié sur un promontoire qui domine un méandre du Lot. Superbe panorama. Possibilité de visiter le donjon *(☎ 05-65-38-32-26 ; avr-Toussaint tlj – sauf dim avr et oct ; 2,50 € ; réduc).* Voir également les 2 bassins de la *fontaine romaine,* accessibles par un escalier de 135 marches, de l'autre côté des ruines du château. Dans le village, un bon resto, *Le Relais de la Tour* (voir « Où dormir ? Où manger dans les environs ? », plus haut).

LA VALLÉE DU CÉLÉ ET LE SUD DU CAUSSE DE GRAMAT

• Carte *p. 135*

Né dans le Cantal, le Célé s'est enfui en douce dans le Quercy. Il va paisiblement suivre une large vallée encadrée de hautes falaises calcaires, dans lesquelles la route se creuse d'étroits passages. Bordant la rivière, glissent des paysages sereins parsemés de boqueteaux, bois, prairies, cultures de maïs et de tabac, et de quelques arpents de vigne. Peu de villages, des petits hameaux, des grandes fermes, des moulins. Une sorte de « vallée heureuse », en dehors du temps, lieu de villégiature antistress idéal pour quelques jours.

➢ La balade commence réellement à ***Corn,*** ancien village fortifié (vestiges d'un *château* du XVe s). Belle architecture rurale qui vous donne un aperçu de ce qui vous attend ensuite. Au loin, le *château de Goudou.* En face s'élève celui de *Roquefort* (XVIIe s).

Adresse et info utiles

■ ***Kalapca Loisirs :*** *Conduché, 46330* ***Bouziès.*** *☎ 05-65-24-21-01.* • *kalapca.com* • VTT, canoë, escalade, spéléo, randonnée, canyoning, course d'orientation, etc. De la simple location de matériel à l'activité encadrée, en initiation ou en perfectionnement, à la journée, à la demi-journée ou en stage, sur place ou en circuits itinérants.

– ***Autour de Saint-Cirq-Lapopie :*** 3 chemins pédestres à parcourir dans les vallées du Lot et du Célé, muni d'une fiche technique (prix symbolique), ou de l'application Cahors/St-Cirq-Lapopie Tour pour smartphones. *Rens : office de tourisme de Cahors/Saint-Cirq Lapopie (☎ 05-65-31-31-31).*

ESPAGNAC-SAINTE-EULALIE

(46320) 92 hab. *Carte Lot, C3*

Un village adorable, construit autour d'un ancien prieuré de chanoinesses augustines créé au XIIIe s par Aymeric d'Hébrard, évêque de Coimbra au Portugal. L'endroit était tellement idyllique qu'il prit comme nom « Val-Paradis ». Vestiges de la muraille qui protégeait le prieuré, ainsi que de divers bâtiments, malgré la guerre de Cent Ans, qui fut terriblement destructrice. Le clocher à la forme quasi unique est particulièrement remarquable : tour surmontée d'une pièce en encorbellement de bois avec toit octogonal. Le tout forme un ensemble très gracieux ressemblant plus à un élégant pigeonnier qu'à un clocher médiéval. Baignade possible dans la rivière (non surveillée), au niveau du pont sur la D 41.

Où dormir ? Où manger ?

🏠 🍽 ***Gîte d'étape communal :*** *dans le village, au bord du GR 651. ☎ 05-65-11-42-66.* • *giteespagnac@orange.fr* • *♿ Avr-oct. Compter 14 €/pers en dortoir et 35 € pour 2 pers pour une chambre. Draps et serviettes 6 €.* Une vingtaine de places réparties sur 3 gîtes. 2 dortoirs de 4 et 8 lits et 3 chambres de 3 lits avec sanitaires privatifs dans la vieille tour du prieuré datant du XIIe s. Salle commune avec cuisine et courette pour prendre ses repas. Magnifique !

🏠 🍽 ***Chambres d'hôtes Les Ânons du Célé :*** *hameau de Sainte-Eulalie, à 2 km avt le village d'Espagnac.*

☎ 05-65-50-26-57. • lesanonsducele@orange.fr • lesanonsducele.free.fr • Avr-oct. Doubles 55-65 € selon chambre ; 80 € pour 3. Repas 23 €, tt compris. Dans le séchoir à tabac d'une ferme quercynoise datée de 1868, 5 chambres mansardées au mobilier chiné, dont une avec entrée indépendante et terrasse privative. 2 autres chambres logent dans l'ancienne grange. La table met à l'honneur les produits du potager, l'agneau du voisin et le veau au safran (de culture). Pain et brioche maison au petit déj. Accueil tout sourire d'Isabelle, d'Yves et de leurs ânons.

Où dormir dans les environs ?

Campings

Camping Le Moulin Vieux : *lieu-dit Le Moulin-Vieux, 46320* ***Brengues.*** *☎ 05-65-40-00-41. 06-81-09-65-01. • lemoulinvieux@gmail.com • camping-lemoulinvieux.com • ♿ Accès : à 1,5 km après Espagnac par la D 41. Ouv 1er avr-1er oct. Empl. tentes 12,40-15,50 € ; mobile homes 196-602 €/sem. Caravanes 168-294 €/sem. Possibilité d'hébergement à la nuitée avec ½ pens à 44 €/nuit. Tente associative 5 pers (14 €/pers/nuit). 81 empl.* Très bien situé, au bord du Célé (accès direct). Au-delà de la verdoyante pelouse tondue de près, de vastes emplacements en bordure de rivière, sous les arbres. Très calme et bucolique à souhait. Piscine, minigolf, brasserie et jeux : balançoire, baby-foot, billard, ping-pong, terrain de foot, badminton, volley, trampoline... Terrain plat et dégagé, bien pratique pour ne pas perdre les enfants de vue. Location de canoës. Excellent accueil.

SAINT-SULPICE

(46160) 145 hab. *Carte Lot, C3*

Vieux village accroché à la falaise. Pittoresques maisons là aussi, certaines épousant littéralement le roc. Église toute de simplicité et d'humilité. Voûte en berceau tout en briquettes. Une curiosité : le confessionnal creusé dans le mur et communiquant avec une cellule derrière.

Où dormir ?

Camping Le Célé : *au bourg. ☎ 05-65-40-87-55. • contact@camping-du-cele.fr • camping-du-cele.fr • ♿ Mai-sept. Empl. tente 12,74 € en hte saison ; loc de caravanes et chalet (tél pour devis au 06-29-46-48-22). CB refusées.* Petit camping plus ou moins ombragé, bien tenu et agréablement étendu au bord du Célé. Vue sur la falaise et les habitations troglodytiques d'un côté, sur la rivière de l'autre. Il est d'ailleurs possible de pêcher et de se baigner, au pied d'un joli pont ancien. Piscine (payante). Petite aire de jeux, snack-buvette, épicerie de dépannage, resto au village. Le GR 65 passe dans le coin. Location de canoës et de vélos. Accueil familial sympa.

MARCILHAC-SUR-CÉLÉ

(46160) 190 hab. *Carte Lot, C3*

Au cœur de la vallée, dominé par de hautes falaises, ce village, pelotonné autour de ses magnifiques ruines, est un lieu de résidence particulièrement agréable. Ce fut, au XIe s, à l'image de Conques, une des abbayes les

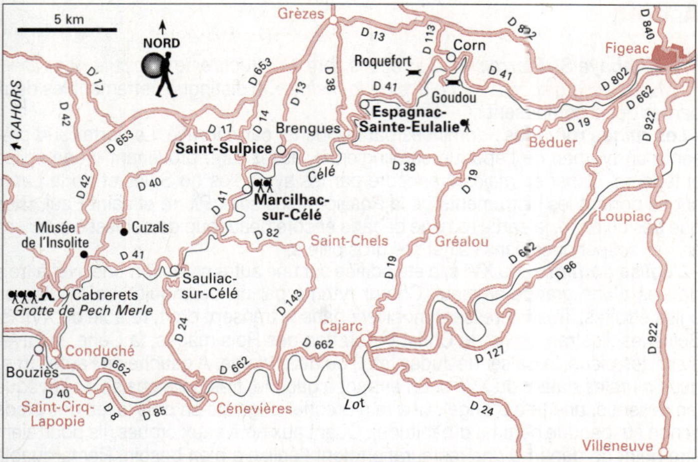

LA VALLÉE DU CÉLÉ

plus importantes de la région. Sa richesse provenait en grande partie de la concession des droits sur le pèlerinage de Rocamadour. Elle dut cependant les céder à l'abbaye de Tulle après une longue querelle à la fin du XIIe s.

Adresse utile

Office de tourisme : *dans la maison du Roy. ☎ 05-65-34-06-25 (office de tourisme de Figeac). Tlj de début juil à mi-sept 10h-12h30, 14h30-18h30 ; le reste de l'année, se renseigner à l'office de tourisme de Figeac (voir plus haut).* Visites et balades guidées, notamment via l'association des « amis de l'Abbaye de Marcilhac ».

– À la sortie du village, baignade possible dans la riviere et ***location de canoës*** avec *Passion Aventure* (au resto *Ô Pieds dans l'Eau*). *06-10-73-73-12.*

– ***Marché :*** *mar 17h-20h en juil-août.*

Où dormir ? Où manger ?

Camping Le Pré de Monsieur : *au bourg. ☎ 05-65-40-77-88. 06-11-10-37-69 • lepredemonsieur@gmail.com • lepredemonsieur.e-monsite.com • Accès : par la D 41. Avr-sept. Empl. tentes 11,84-13,04 € selon saison ; bungalows toilés, roulottes et caravanes 200-270 €/sem (loc à la nuitée également). 53 empl. Café offert sur présentation de ce guide.* Sympathique camping familial de 2 ha, au bord de la rivière, face à la falaise. Grands emplacements, on ne se marche pas dessus. Calme, ombragé par des peupliers et bucolique. Petite piscine hors d'eau, tennis (prix modique), et resto (menu pèlerin copieux et économique).

Ô Pieds dans l'Eau : *à l'embarcadère des canoës, à la sortie du village. 06-20-78-27-67. • contact@location-canoe-cele.com • location-canoe-cele.com • Juil-août, tlj (sauf en cas d'orage). Assiettes ou plats 10-20 €. CB refusées. Café offert sur présentation de ce guide.* Pour un repas sur le pouce (salades, grillades...), à prendre sur la sympathique terrasse d'une cabane au bord de l'eau. Ambiance très nature et accueil chaleureux. Location de canoës sur place.

À voir

L'abbaye St-Pierre : *visite en accès libre. Se procurer le fascicule « Les Clefs de Marcilhac », disponible à l'office de tourisme.* On distingue nettement les deux parties qui la composent :
– ***Les ruines romanes :*** dominées par le clocher carré fortifié. Le portail sud présente un tympan de l'époque carolingienne, assez rare, provenant d'une église antérieure. *Christ en majesté* encadré par les symboles du Soleil et de la Lune, anges portant les instruments de la Passion, plus saint Pierre et saint Paul. Bien que très en ruine, la partie romane dégage encore beaucoup de noblesse avec ses arches suspendues dans l'air et ses gros piliers.
– ***L'église gothique,*** du XVe s, a été édifiée sur une autre partie romane. Nef à trois travées d'une grande ampleur. Chœur rythmé par un déambulatoire. Voûtes en ogive étroites. Très intéressant mobilier : dans le transept droit, retable du XVIIe s. Boiseries illustrant la vie du Christ (Adoration des Rois mages, la Cène, le Lavement des pieds, le Baiser de Judas, etc.) ou de la Vierge. À gauche de l'autel, fresques murales datant du XVIe s. En entrant à gauche, très belle chaise de l'évêque (en dessous, une tête d'ange). Chaire à prêcher originale en bois (avec des pieds et non suspendue comme d'habitude). Quant aux nouveaux orgues, ils pourraient être point de départ d'une restauration dont l'église a bien besoin. Remarquable vestige de la période romane : la ***salle capitulaire,*** du XIIe s, d'une seule portée en grandes croisées d'ogives. Trois grandes baies ornées de chapiteaux finement ciselés aux motifs d'animaux et de végétaux. Horloge de l'ancien clocher.

Le village : quelques maisons très anciennes. L'une d'elles, à colombages, aurait accueilli Henri IV en 1580 (reconnaissable à son linteau décoré du monogramme du Christ). On l'appelle la ***maison du Roy*** et se situe au cœur de l'enceinte abbatiale. Elle abrite un petit ***musée d'Art sacré*** *(au-dessus de l'office de tourisme, mêmes horaires d'ouverture ; participation libre),* où sont exposées les statues qui décoraient l'intérieur de l'église, dont un *saint Jacques* du XVe s. Enfin, ne pas manquer de faire le tour de l'abbaye et de l'église en passant sur les berges verdoyantes du Célé (plage aménagée). De la place des Platanes, vue sur le donjon.

DANS LES ENVIRONS DE MARCILHAC

SAULIAC-SUR-CÉLÉ (46330)

Vieux village situé à 7 km au sud de Marcilhac, dont certaines maisons sont plaquées contre la falaise. Quelques *grottes fortifiées* dans cette dernière, où la population se réfugiait pendant les guerres. *Château de Saint-Geniès* (XVIe s). Petite *chapelle Notre-Dame-de-Roc-Traoucat.*

Où dormir ? Où manger ?

Lodges du Mas de Nadal : *Mas de Nadal. Depuis le village, suivre le fléchage. ☎ 05-65-31-20-51. • lodges@masdenadal.com • masdenadal.com • Mai-sept. Empl. tente 25 € pour 2. Nuit en lodge 2 pers 83-99 € selon confort et saison. Lodge 4 pers 129-149 €. 25 €/pers en tente collective. Au resto, menu 21,90 €. Café offert sur présentation de ce guide.* Dépaysement assuré dans cette surprenante vallée du Célé qui prend ici des airs de safari ! Dans un esprit *Out of Africa,* sur un immense terrain, 24 superbes lodges que Philippe et Myriam, voyageurs dans l'âme, ont fait venir d'Afrique du Sud. Le charme opère déjà dans les plus petits (les dômes), de 25 m² quand-même (2 lits simples). Les familles ont carrément 2 chambres séparées et un confort luxueux ! Pour tous, un aménagement sans faille, des couleurs naturelles et une terrasse extérieure en bois. On serait à peine surpris de voir surgir un lion du bush quercynois ! Accueil charmant et sincère, pour ne rien gâcher. Aucun détail ne laisse à désirer, jusqu'aux espaces de farniente avec canapés. Piscine chauffée à débordement et resto sur place.

LE LOT

À voir. À faire dans les environs

L'écomusée de Cuzals : *à 5 km env de Sauliac, en direction de Cahors (fléché). ☎ 05-65-31-36-43. • musees.lot.fr • Juil-août, tlj 10h-19h ; mai-juin et sept, mer-dim 14h-18h. Entrée : 4 € au lieu de 5 € sur présentation de ce guide ; tarif réduit 2,50 € ; gratuit moins de 12 ans. Animations quotidiennes (visites commentées, démonstrations...) ; en juil-août, un métier d'autrefois à l'honneur chaque jour lun-ven (atelier gratuit pour les enfants, mer ap-m), se renseigner pour le programme.*
Cet immense musée ethnographique étend sur 20 ha ses espaces thématiques illustrant les évolutions de la vie rurale dans le Quercy (machines agricoles, vie domestique, ruche d'observation, etc.). À découvrir également, une reconstitution d'une chaumière de l'Ancien Régime et une ferme du début XXᵉ s dans laquelle le temps semble s'être arrêté. Selon les jours, de nombreux artisans travaillent devant les visiteurs (sabotier, tisserande, imprimeur, forgeron, tailleur de pierre, boulanger, etc.). Très pédagogique.
Bistrot dans le château (juillet-août), et possibilité de pique-nique.

■ ***Location de canoës-kayaks :*** ***Nature et Loisirs,*** *base d'Anglanat, sur la D 41. ☎ 05-65-30-25-69. • nature-et-loisirs.com • Ouv fin mars-oct. Résa recommandée. Prix selon distance parcourue. Aire de pique-nique et buvette sur place.*

CABRERETS (46330)

À une vingtaine de kilomètres au sud de Marcilhac, au confluent du Célé et de la Sagne, agréable village dominé par le *château de Gontaud,* des XIVᵉ et XVᵉ s (mais très restauré au XIXᵉ s). Sur la grande falaise de Rochecourbe s'accrochent les ruines troglodytiques du *château des Anglais* (ou *château du Diable*). Édifié au XIIIᵉ s, il servit de refuge aux pillards des grandes compagnies pendant la guerre de Cent Ans.

Adresse utile

Point infos touristiques : *devant la mairie. Lun-sam juil-août. Le reste de l'année, s'adresser à l'office de tourisme de Saint-Cirq-Lapopie (☎ 05-65-31-31-31).*

Où dormir ? Où manger ?

Camping

Camping Le Cantal : *au bord de la rivière, D 41. ☎ 05-65-31-26-61 (mairie). • commune-de-cabrerets@orange.fr • Accès : par la D 41. De mi-avr à mi-oct. Empl. tente 11 €. 40 empl. CB refusées.* Peu équipé mais à proximité des grottes, au calme et au frais, au pied des falaises et près du Célé. Pêche et baignade possibles. Épicerie au village à proximité.

De prix moyens à plus chic

Auberge de la Sagne : *route de la Grotte-de-Pech-Merle.*

☎ 05-65-31-26-62. • contact@hotel-auberge-cabrerets.com • hotel-auberge-cabrerets.com • À la sortie du village en direction de la grotte. Tlj (résa indispensable en été). Fermé dim soir-lun midi et sam soir. Double 69 €. Formule et menus 19-23 €. Parking. Café offert sur présentation de ce guide. Paisible petit hôtel dans la verdure, proposant 8 chambres avenantes avec douche à l'italienne et terrasse ouverte sur le jardin à l'arrière. Pas de TV, mais une belle piscine. En salle ou sur la belle terrasse ombragée, généreuse cuisine traditionnelle préparée avec soin par un jeune restaurateur-artisan consciencieux. Penser à réserver et vérifier les horaires de service (très réduits).

Chambres d'hôtes Atypiques : *le Bout-du-Lieu. ☎ 05-65-21-48-97. 06-80-42-46-47. • yp.bessac@laposte.net • chambrehoteatypique.com • Face au camping municipal de Cabrerets. Doubles 120-170 € (dégressif dès la 2e nuit). Réduc de 10 % sur présentation de ce guide.* Dans une surprenante maison d'architecte à flanc de colline dominant le Célé, des chambres atypiques, accessibles par une drôle de passerelle extérieure, et même une troglodytique recouverte de lichen et de branchages. Les lits sont ronds pour la plupart, l'un d'eux est suspendu ! Une chambre ouverte à 360° dispose d'une salle de bains entièrement vitrée, une autre est creusée dans la roche... Le propriétaire a laissé aller son imagination débordante. Sur un promontoire du jardin, il a également installé un double tipi d'Indien avec salle de bains intégrée et sauna à côté. Original encore, un cabanon, en paille et bambou. Un hébergement hors norme, de grand confort, offrant beaucoup de poésie.

La Roue : *dans le bourg, au bord de la Sagne. ☎ 05-65-22-91-79. Tlj en saison, tte la journée. Congés : 3 nov-25 mars. Carte env 28 €. Café offert sur présentation de ce guide.* Au cœur du village, une adresse vitaminée, où l'animation va bon train. La cuisine ouverte laisse apercevoir le chef, jamais en panne d'imagination. Une cuisine inventive donc, qui s'autorise quelques embardées malicieuses au-delà du terroir. En terrasse sous les arbres ou en bordure de rivière, l'attente semble moins longue.

À voir dans les environs

La grotte du Pech Merle : *☎ 05-65-31-27-05. • pechmerle.com • À 3 km après le village de Cabrerets. Fév-mars : ouv lun, ven et dim ap-m, de 14h à 16h. En continu juil-août. Avr-nov, tlj 9h30-12h, 13h30-17h (vente des billets). Nombre de visiteurs limité (résa conseillée par Internet), mais on peut tenter sa chance. Soyez matinal, c'est parfois complet en tt début d'ap-m, et sachez qu'il y a moins de monde le w-e, notamment le sam. Entrée (le prix du billet inclut la visite de la grotte et celle du musée) : 13 € ; 8 € pour les 5-14 ans. Durée : env 1 h. Pensez à prendre une petite laine.* L'une des grottes préhistoriques les plus importantes de la région Occitanie. Visite incontournable. D'abord, parce qu'il ne s'agit pas d'un fac-similé et que les occasions de visiter des grottes originales sont rares. Et surtout, parce que, sur près de 1 km de galeries, on peut admirer des fresques rupestres absolument remarquables : mammouths, bœufs, bisons. Dans la *salle des Disques,* empreintes de pas humains (notamment ceux d'un enfant). Et enfin, le panneau le plus célèbre de Pech Merle, la *fresque des Chevaux ponctués.* Des mains « au pochoir » les entourent.

COUPS DE CANNE À PECH MERLE

Le poète de L'Amour fou, *André Breton, qui aimait parcourir le causse à la recherche de débris néolithiques, se laissa aller à caresser les fresques de la grotte de Pech Merle. Il s'en retira les mains pleines de peinture, et ce moment d'émotion lui valut les coups de canne du gardien.*

LE LOT

– Avec la grotte (billet jumelé), visite du ***musée Amédée-Lémozi*** : *même période d'ouverture que la grotte.* Musée de préhistoire très intéressant par sa présentation didactique. Du Paléolithique à l'âge du fer, armes, ornements, objets domestiques et d'art provenant de nombreux gisements du Quercy (grottes, dolmens, divers tumuli). Trois expositions et projection d'un film documentaire de 20 mn sur la grotte.

|●| Bar et snack sur place.

Le musée de l'Insolite : *à 3 km de Cabrerets, sur la D 41, en direction de Sauliac. ☎ 05-65-30-21-01. ● museedelinsolite.com ● Juil-août, tlj 9h-19h30 ; avr-juin et sept-oct, horaires fluctuants... Participation 3 €/pers.* Une petite maison adossée au pied de la falaise comme un repaire d'ermite, qui s'avère être en réalité une véritable caverne d'Ali Baba. Depuis 20 ans, Bertrand Chenu récupère les vieux objets usagés, accidentés ou défigurés par le temps, les rebuts de la société de consommation et les éléments que la nature a délaissés. Beaucoup d'humour, tantôt provocant, tantôt corrosif, un zeste d'inspiration farfelue, pas mal de jeux de mots, une bonne dose de poésie, et voilà l'inutile détourné, l'objet transformé en créature fantastique, en œuvre d'art qui fait rire, grincer des dents ou qui émeut tout simplement. Un endroit hors du commun, classé *Monument hystérique* ! Également une galerie avec des sculptures en vente. Amis photographes, abstenez-vous de dégainer d'office votre appareil : le droit à l'image n'est pas pris à la légère !

LE SUD DU CAUSSE DE GRAMAT

Avant d'aborder la haute vallée du Lot, petit détour par le sud du causse – dit « de Gramat » ou encore « causse du parc naturel régional du Quercy » – pour ceux qui veulent mieux connaître cet aspect très caractéristique du Quercy. C'est le plus étendu de la région, le plus sauvage et le moins peuplé. Vous serez surpris par la diversité des paysages qui, en quelques kilomètres, peuvent varier du calcaire le plus aride aux collines boisées, en passant par des poches fertiles et vertes et de grandes landes caillouteuses. Le muret de pierre sèche, fruit d'un savoir-faire ancestral, est l'élément fort du paysage.

LA FORÊT DE LA BRAUNHIE

À une vingtaine de kilomètres au nord de Cabrerets. Vastes landes pauvres où ne poussent que de petits arbres, chênes nains, genévriers, épineux, églantiers. La Braunhie (prononcez « braugne ») est le royaume des orchidées, des papillons, du grand lézard ocellé et du circaète jean-le-blanc (race apparentée aux aigles). Les cours d'eau ont disparu dans le calcaire pour créer un fascinant réseau souterrain. Nombreuses grottes, dolmens et vestiges mégalithiques, comme le dolmen de Planagrèze. Et au milieu, la plus grande forêt du causse. Celle-ci a été classée « espace naturel sensible » et deux circuits d'interprétation ont été créés.

CANIAC-DU-CAUSSE (46240)

Porte d'entrée à la forêt de la Braunhie. L'église du village abrite une *crypte* romane du XIIe s. Si elle est fermée, s'adresser à la maison à côté du monument

LE LOT

aux morts. À voir aussi, *La ferme du Bouch,* élevage de canards avec dégustation et vente à la ferme *(chez Bernadette Vaquié : ☎ 05-65-31-01-20 ou 📱 06-83-51-93-91).*

Où dormir ? Où manger dans les environs ?

Auberge Beauville : *au cœur du village, 46320* ***Espédaillac.*** *☎ 05-65-40-55-62. • stephane.rossignol785@orange.fr • Fermé dim soir et lun en été, ts les soirs hors saison. Fermé 10 j. fin fév-début mars. Formule 14 € (déj sauf dim), menu 23 €. CB refusées. Café et digestif offerts sur présentation de ce guide.* Vieille auberge tout en pierre. Atmosphère familiale à souhait, beaucoup d'habitués. Repas vraiment copieux dans la pure tradition régionale (potage, entrée, plat, fromage et dessert, pour 12,50 € vin compris !). Du gibier en saison et un far levé (un peu comme la *mique*) certains jours. Petit détour tout à fait sympathique !

Le Grézalide : *le Bourg, 46320* ***Grèzes.*** *☎ 05-65-11-20-40. • chateaugrezes@wanadoo.fr • grezalide.com • ♿ À 4 km env d'Espédaillac. Resto ouv ts les soirs, sauf sam hors saison. Congés : oct à Pâques. Doubles 80-100 € selon confort et saison. Résa conseillée au resto. Menus 32-45 €. Apéritif offert sur présentation de ce guide.* Au cœur du parc naturel des Causses du Quercy, une belle bâtisse du XVIIe s transformée en hôtel. Vaste gamme de confort et de prix, avec, à l'écart, un bâtiment récent proposant des chambres un peu moins chères. Toutes portent le nom d'un peintre du XXe s. Ici, le développement durable et la protection de l'environnement ne sont pas de vains mots (panneaux solaires, pas d'utilisation de produits chimiques pour l'entretien, réserve d'eau de pluie pour l'arrosage du jardin, tri sélectif). Petit parcours aménagé pour la découverte des orchidées en saison. Piscine, sauna. Au resto, les produits du terroir sont à l'affiche, comme il se doit. Également une très belle galerie d'art-salon de thé ouverte l'après-midi.

À voir dans les environs

L'église de Livernon *(46320)* **:** possède le plus beau clocher roman de la région, à bandes lombardes. À la fois rythme et harmonie des ouvertures. Tourelle ronde sur le côté, toit à double décrochement. À l'intérieur, voûte en berceau et coupole à la croisée du transept. Trois élégantes baies à colonnettes dans le chœur.

LABASTIDE-MURAT (46240)

Ancienne bastide royale, aujourd'hui grosse bourgade située au centre du Lot, au cœur du parc naturel régional des Causses du Quercy, sur la route Cahors-Rocamadour. Village natal de Joachim Murat (1767-1815), beau-frère de Napoléon Ier, maréchal d'Empire, roi de Naples. Artisan de la victoire de Marengo en 1800, de la prise de Madrid (et de la terrible répression illustrée par Goya) en mai 1808. En 1812, il était commandant en chef de l'armée de Russie. À la chute de Napoléon, il tenta de reconquérir son royaume mais il fut pris et fusillé au Pizzo (en Italie), en octobre 1815.

Adresse utile

Office de tourisme : *Grand-Rue. ☎ 05-65-21-11-39. • tourisme-labastide-murat.com • Juil-août, tlj sauf ap-m sam-lun et certains mar ; le reste de l'année, fermé w-e et j. fériés, ouv 2e et 4e lun du mois pour la foire.*

Informations pour découvrir en famille les villages alentours : « Circuits de bourg » (dépliant gratuit) et les 2 espaces naturels sensibles.

Où dormir ? Où manger ?

Hôtel-restaurant La Garissade : *pl. de la Mairie. ☎ 05-65-21-18-80. • hotel@garissade.com • Tlj. Fermé de mi-oct à mi-avr. Double 78 € ; chambres familiales. Le midi, formule 15 € ; le soir, carte env 33 €.* Récemment repris, un amour de petit hôtel aux chambres rénovées et confortables, avec chacune sa couleur. Cuisine bistro pour la pause du midi, qui change de gamme le soir. On vient en voisin, en habitué ou même parfois de fort loin pour se mettre au vert.

À voir

Le château : du plus pur style Empire, ça va de soi. Joachim le fit construire pour son frère André.

Le musée Murat : *pl. de Tolentino, à côté de l'église. ☎ 05-65-35-23-63. De mi-juil à mi-sept, tlj sauf mar 10h-12h, 15h-18h. Entrée : 3 € visite guidée ; réduc.* L'auberge où naquit Murat a été transformée en petit musée-souvenir avec documents, témoignages et mobilier de l'époque.

JUSTICE EXPÉDITIVE

Devenu malgré lui roi de Naples – il lorgnait plutôt sur l'Espagne –, Murat appliqua une politique de répression impitoyable contre le brigandage qui ravageait la région. À peine un bandit était-il capturé qu'il était fusillé contre le mur le plus proche. Quant aux brigands notoires, il ordonna qu'on les promène en ville leurs mains coupées pendues autour du cou. Pas étonnant dès lors que, lorsqu'il tenta de reconquérir son royaume récupéré par les Bourbons, la population l'accueillit avec réserve...

MONTFAUCON (46240)

Le village est en fait une ancienne bastide du XIIIe s, perchée sur une colline. Rues bien alignées au cordeau. Dans l'église, de superbes retables du XVIIe s. C'est dans ce village que Léon Gambetta a passé 2 ans, au petit séminaire.

Où dormir dans les environs ?

Domaine de la Faurie : *lieu-dit La Faurie. ☎ 05-65-21-14-36. • contact@camping-lafaurie.com • camping-lafaurie.com • Accès : depuis l'A 20, sortie 56 ; au rond-point, prendre la direction de Saint-Germain-du-Bel-Air, puis faire 5 km (fléché sur la droite). De mi-avr à fin oct. Empl. tentes 15-25,30 € selon saison ; chalets, mobile homes et bungalows toilés 329-700 €/sem. 70 empl. Digestif local offert sur présentation de ce guide.* Un adorable camping en pleine nature, comme on en rencontre peu ! Des espaces fleuris, une volière, un jardin de buis, un boqueteau de chênes avec petits murets carrément génial pour planter sa tente à l'écart, un corps d'ancienne ferme où sont organisées des soirées conviviales. Restaurant, bar, nouveau snack de style très contemporain avec terrasse offrant une belle vue dégagée. Accueil décontracté et très sympa. Boutique de produits locaux et dégustations. Organise des randos, etc. Plein de sentiers de rando aux alentours. L'un des plus beaux campings du Lot ! Piscine.

LA HAUTE VALLÉE DU LOT ET LE CAUSSE DE LIMOGNE

De Cahors à Capdenac, le Lot se faufile entre de hautes falaises, coincé entre les causses de Gramat et de Limogne. Bien plus encaissé qu'en aval de Cahors, il a dû tailler ici son cours à travers le calcaire, obligeant les hommes à percher leurs villages au sommet des rochers, voire en certains endroits dans la roche, forçant la route à se frayer par endroits un passage à même la pierre. Parfois, un méandre rompt l'unité du paysage et une des falaises cède la place à une large plaine sur la rive. Les paysages de ce côté-ci du Lot sont variés et les villages médiévaux, lovés dans des écrins de verdure, définitivement charmants.

SAINT-CIRQ-LAPOPIE (46330) 207 hab. *Carte Lot, B-C3*

À l'instar d'André Breton, qui « a cessé de se désirer ailleurs » lorsqu'il a découvert « Saint-Cirq » (prononcer Saint-Cir), difficile de ne pas tomber amoureux de ce merveilleux village, considéré comme l'un des plus beaux de France (allez, ex æquo avec Conques !). D'une homogénéité architecturale quasi parfaite, il s'agrippe à une falaise de 100 m de haut, dégringolant dans le Lot. Un paysage de carte postale qui attire les foules en saison.
Site défensif, Saint-Cirq connut une histoire agitée. Contre Gaiffier, duc d'Aquitaine, au VIIIe s, ce fut la dernière cité conquise par le roi Pépin. Pendant la guerre de Cent Ans, Saint-Cirq resta fidèle à la France. Ce fut une importante ville médiévale, dominée par un ensemble de châteaux et de maisons fortes des familles Gourdon, Cardaillac et Lapopie. Au XIIIe s, la cité connut son âge d'or avec, outre le commerce, des artisans réputés comme les *roubinetaïres* (fabricants de robinets de tonneau), les chaudronniers (ou *peyroliers*) et les peaussiers. Les ruelles du village portent encore les noms de ces corps de métiers qui firent sa renommée. Entre 1341 et 1390, la cité changea trois fois de mains. Pendant les guerres de Religion, Cardaillac, l'un des seigneurs de Saint-Cirq, devint le leader de tous les huguenots de la région. L'autre seigneur des lieux, Jean de Saint-Sulpice, resta catholique. Ils se mirent cependant d'accord pour épargner à Saint-Cirq les horreurs de la guerre. Henri de Navarre (futur Henri IV), moins motivé, s'empara cependant de la ville et fit démolir le château le plus important.

Adresses et infos utiles

ℹ ***Office de tourisme :*** *pl. du Sombral. ☎ 05-65-31-31-31. • saint-cirqlapopie.com • Avr-oct, tlj ; nov-mars, tlj sauf dim-mar (vac de Noël et d'hiver*

ouv mar-dim). Fournit un petit guide de visite du village (gratuit). Visites guidées et ludiques pour enfants d'avril à octobre. Autres visites thématiques et familiales sur demande.
– ***Stationnement :*** plusieurs parkings, tous payants en saison de 9h à 19h (forfait journalier), puis gratuits de 19h à 9h (stationnement de nuit interdit pour les camping-cars). Le P1 près de la halte nautique (gratuit), les P2 et P3 *(4 €/j.)* sont situés 1 km env avant d'arriver dans le village en venant de Tour-de-Faure. Le P4, le plus proche du bourg, est posté juste au-dessus du village, accès voiture après le P5 *(4 €/j.)*. Le P5 se trouve 350 m plus loin *(4 €/j.)*.
– ***Marché de producteurs :*** *pl. du Sombral, mer 16h-20h en été.*
– ***Théâtre de plein air de la Maison de la Fourdonne :*** *dans le bourg. • maisondelafourdonne.com •* L'été, propose des spectacles et concerts.

Où dormir ? Où manger ?

Campings

⛺ 🍽 ***Camping de la Plage :*** *au pied du village de Saint-Cirq, en bordure du Lot. ☎ 05-65-30-29-51. • campinglaplage@wanadoo.fr • campingplage.com • ♿ D'avr à fin sept. Empl. tentes 19-25 € selon saison. Tente-lodge 53 €/nuit ; mobile homes et chalets 245-796 €/sem. 120 empl.* Un camping familial aux emplacements confortables dans un cadre verdoyant en bordure de Lot. Très bien tenu. Emplacements tous agréables, mais coup de cœur pour les nos 11 à 20 bien ombragés tout près de l'accès à la plage de Saint-Cirq (surveillée en saison). Aire de jeux, animations artistiques, pêche, canoë, toboggans, trampolines... beaucoup d'équipements et des concerts en saison. Resto de qualité proposant des produits locaux et bio, et d'excellentes pizzas. Ouvert aux non-résidents.

⛺ ***Camping La Truffière :*** *route de Concots (D 42), lieu-dit Pradines. ☎ 05-65-30-20-22. 📱 06-17-70-73-59. • contact@camping-truffiere.com • camping-truffiere.com • Accès : de Cahors, D 911 vers Rodez et tourner à Concots ; à 3 km de Saint-Cirq. Bien fléché. De début avr à fin sept. Empl. tentes 18-23 € selon période ; chalets 290-795 €/sem selon capacité, saison et orientation. 96 empl. Café offert sur présentation de ce guide.* Sur le causse, au-dessus de Saint-Cirq-Lapopie. De l'espace, de la verdure et de l'ombre au sein d'une vaste chênaie. Ensemble parfaitement intégré dans son environnement. Piscine chauffée, tennis de table, vaste aire de jeux pour enfants et plein d'activités dans le secteur (canoë, spéléo, escalade, etc.). GR 36 à proximité. Un camping très « family friendly » ; du reste, les familles sont regroupées et les gamins se font plein de copains ! Snack (salades, pizzas) et épicerie.

De bon marché à prix moyens

🍽 ☕ ***Le Saint-Cirq Gourmand :*** *grand route, à gauche sur la route qui monte au village. ☎ 05-65-35-30-30. • contact@lou-pastis.fr • Tte l'année, tlj 10h-18h ; slt les w-e et j. fériés oct-mars. Formules 9,80-15,80 €.* Ouvert en continu, cet adorable salon de thé au décor campagnard régale de salades, sandwichs, quiches et tartes à consommer sur place ou à emporter. Tout est frais et maison. Côté douceurs, délicieuses gaufres mais ne pas manquer le traditionnel pastis quercynois, un gâteau feuilleté aux pommes, arrosé d'un soupçon de vieille prune et confectionné par le papa d'Adeline (voir sa boulangerie à Cajarc). Aux beaux jours on se pose sur la terrasse aux tables nappées de toiles cirées rétro, avec vue saisissante sur Saint-Cirq.

🍽 ***Le Cantou :*** *rue de la Pelissaria, dans le bas du village, après l'église. ☎ 05-65-35-59-03. • basilic-et-chocolat@live.fr • En principe, tlj. Congés : nov-mars. Formules 14,80-15,80 € ; menus 19-28 € ; carte 25-30 €.* Ancienne demeure aux robustes murs de pierre, dissimulant une petite salle rustique doublée de 2 terrasses, l'une suspendue au-dessus de la ruelle, l'autre, plus intime, lovée dans une cour à l'arrière. On y sert sans se prendre la tête une sympathique cuisine d'aujourd'hui, de celles qui connaissent leur terroir mais savent aussi lui donner un coup de frais, oser de nouvelles associations de goûts. Le tout à un prix vraiment raisonnable, surtout si l'on opte pour la formule à l'ardoise. Jolis desserts enfin, et glaces artisanales.

L'Oustal : *dans le bas du village, juste au-dessus du Cantou. ☎ 05-65-31-20-17. Fermé lun. Formules env 15-18 € (déj), menus 20-25 €.* Que ce soit à l'ardoise au déjeuner ou à la carte, les plats servis mettent à l'honneur une cuisine locale et de saison (salades estivales durant les étés chauds, assiettes plus roboratives autrement) judicieusement teintée d'une pointe de créativité. Assiettes généreuses, produits frais et accueil adorable. Un petit resto franchement sympathique tenu par un jeune couple méritant. Mention spéciale enfin pour la petite terrasse discrète, en surplomb, qui fait office de mirador avec sa vue dégagée sur le bas du village.

De prix moyens à chic

Le Gourmet Quercynois : *rue de la Peyrolerie, au-dessus du musée du Vin, dans le haut du village. ☎ 05-65-31-21-20. • legourmetquercinois@gmail.com • ♿ Tlj. Congés : 10 j. début déc et janv. Une pléiade d'assiettes gourmandes et menus 13,90-29 €.* Belle maison du XVIIe s avec sol en terre cuite, cheminée Louis XIV et 2 agréables terrasses ombragées par une glycine, pour apprécier une cuisine de terroir revisitée. On recommande particulièrement la copieuse assiette du chef, où le canard est servi dans tous ses états. Mention spéciale également pour les desserts. Très bon accueil.

Auberge du Sombral : *pl. du Sombral. ☎ 05-65-31-26-08. • aubergesombral@gmail.com • lesombral.com • En face de l'office de tourisme. Ouv 1er avr-11 nov, tlj le midi (fermé mer hors juil-août). Résa conseillée. Doubles 60-85 € selon taille ; triple 95 €. Menus 19,80-31 € et carte.* Une auberge charmante au cœur du village, avec un haut toit à 4 pentes. 8 belles chambres rénovées et agréablement meublées, aux teintes douces et chaleureuses. Au resto, salle cosy où l'on déguste une cuisine bourgeoise. Le choix n'est pas vaste, peut-être, mais c'est pour mieux garantir la fraîcheur des produits locaux. Une affaire familiale solide !

Où dormir ? Où manger dans les environs ?

À Tour-de-Faure *(2 km est)*

Hôtel Les Gabarres : *au lieu-dit Le Roucayral, 46330 Tour-de-Faure. ☎ 05-65-30-24-57. • contact@hotellesgabarres.com • hotellesgabarres.com • ♿ À 3 km de Saint-Cirq, à gauche, juste avt le pont. De mi-avr à fin oct. Doubles 80-92 €, studios avec kitchenette et chambres familiales. Réduc de 10 % sur le prix de la chambre (hors juil-août) pour une résa en direct sur présentation de ce guide.* Un hôtel assez banal de l'extérieur, quoique sa façade couleur terre de Sienne interpelle. Chambres standardisées, simples et pas très grandes, mais fonctionnelles et agrémentées de quelques touches décoratives de bon ton. Toutes sont dotées de terrasse privative, mais seule une moitié d'entre elles ouvrent sur la piscine de l'hôtel et offrent une vue aérée sur la vallée.

Hôtel Le Saint-Cirq : *au lieu-dit Le Mas, 46330 Tour-de-Faure. ☎ 05-65-30-30-30. • contact@hotel-lesaintcirq.com • hotel-lesaintcirq.com • ♿ Face au village de Saint-Cirq-Lapopie. Congés : janv. Doubles 88-198 €, chambres familiales.* Un vrai hôtel de charme, sur un coteau du Lot, offrant une vue exceptionnelle sur Saint-Cirq. 25 chambres de caractère et de grand confort, avec clim, chaîne hi-fi (mais pas de TV), et terrasse privative pour la plupart. Beau mariage de mobilier design et de brocante, ciel de lit et baignoire double pour les plus luxueuses. Piscine chauffée dans le jardin paysager et un nouvel espace bien-être avec piscine couverte, hammam et spa. Excellent et copieux petit déj-buffet. Prêt de vélos et de barques. Service de navette pour dîner au *Gourmet Quercynois* (voir plus haut « Où dormir ? Où manger ? »). Une totale réussite que cet hôtel impeccablement tenu !

Chambres d'hôtes Maison Redon : *au lieu-dit Roucayral, La Combe, 46330 Tour-de-Faure. ☎ 05-65-30-24-13. • patrice@maisonredon.com • maisonredon.com • À 4 km env de Saint-Cirq ; à Tour-de-Faure, prendre la route à gauche de la mairie ; c'est à 100 m. De Pâques à mi-oct. Doubles 74-84 € selon saison (20 €/pers suppl.).* Belle demeure du XVIIIe s, confortable, calme et cossue, avec une très belle piscine dans le parc. Les 5 chambres, classées 3 épis et pouvant accueillir de 2 à 3 personnes, sont toutes à l'étage. Cuisine à disposition des hôtes. Également un nouveau gîte dans le jardin, loué à la semaine en saison. Teintes claires, déco sobre et soignée. Une bonne adresse pleine de sérénité à quelques minutes de Saint-Cirq-Lapopie.

Pizzeria L'Oïlo : *lieu-dit L'Île, 46330 Tour-de-Faure. ☎ 05-65-24-78-91. Fermé mer et sam midi ; tlj en été. Pizzas au feu de bois 10,50-15,50 €.* Le cadre à lui seul justifie le déplacement tant la vue sur le village de Saint-Cirq agrippé à son éperon rocheux est saisissante. Effet garanti, en particulier le soir, lorsque le soleil couchant donne à la pierre cette couleur ocre rouge si chatoyante... Atmosphère jeune et enthousiaste. Concerts le samedi soir. Et comme les pizzas se défendent bien, on y revient ! Excellents cocktails.

À Bouziès *(4,7 km nord-ouest)*

Chambres d'hôtes Le Rucher de Pech Larive : *46330 Bouziès. ☎ 05-65-30-20-93. • pechlarive@gmail.com • lerucherdepechlarive.com • À 5 km env de Saint-Cirq, par la D 40. Avr-Toussaint. Doubles 45-55 € selon confort ; gîte 4 pers 250-300 €/sem. Petit déj bio. Remise de 10 % sur le prix de la chambre sur 2 nuits consécutives, sur présentation de ce guide.* Sur leur exploitation certifiée « Agriculture biologique » et isolée au milieu des chênes, Véronique et José produisent confitures, pain d'épice, miel, compotes, sirops, etc. Dans une ancienne grange en pierre, légèrement à l'écart, ils ont aménagé 3 chambres agréables dont 2 mansardées à l'étage (sanitaires communs). La 3e, plus chère, dispose de sa propre salle d'eau, d'une kitchenette et d'une petite terrasse (barbecue possible), louée à la semaine en été. Cuisine et salle à manger à dispo pour quelques euros de plus. L'ensemble est alimenté par l'énergie solaire. Idéal pour se mettre au calme et décompresser, sans vider le porte-monnaie. Super accueil !

À Saint-Martin-Labouval *(6,4 km est)*

Chambres d'hôtes Le Mas de Redoules : *Nougayrac, 46330 Saint-Martin-Labouval. 06-31-79-63-86. • info@masderedoules.com • masderedoules.com • À env 9 km de Saint-Cirq. Congés : déc-mars. Double 50 €, suite familiale 80 € (4 pers).* Entièrement rénovée et agrandie, cette belle propriété en pierre isolée dans les collines comprend 3 chambres doubles et 1 suite familiale, simples mais confortables de style rustique chic. Sans compter la cuisine d'été au bout du jardin, et la terrasse. Le cadre est idéal pour déconnecter et offre en prime une vue imprenable sur la vallée du Lot.

À Cénevières *(7,7 km est)*

Camping municipal Le Grand Pré : *Grand-Pré, 46330 Cénevières. ☎ 05-65-31-28-16 (mairie). 06-02-23-64-70. • camping-cenevieres@orange.fr • cenevieres.fr • ♿ Par la D 8, puis la D 662 direction Saint-Martin-Labouval. Juin-fin sept. Empl. tente en hte saison 13,10 €. 16 empl. CB refusées.* Au bord de l'eau et d'un terrain de foot, à proximité du fameux château (à ne pas manquer !). Calme et bien ombragé. Possibilité de pêcher dans le Lot et plein d'activités dans un court périmètre.

– Voir aussi nos adresses à Vers, dans les environs de Cahors.

À voir

Le village : du rouge, de l'ocre, du rose orangé, toutes les nuances de gris et les taches multicolores des roses trémières. Tel apparaît Saint-Cirq quand le regard saisit dans son ensemble les petites maisons qui grimpent au flanc de la colline dans un infatigable assaut. Puis ce sont les détails qui émerveillent : telle petite maison haute et droite, telle fenêtre dans un toit, tel seuil de porte, tel balconnet, et puis les nombreuses façades en encorbellement, les fenêtres à meneaux, les ouvertures en accolade. Il faut prendre le temps de détailler les maisons une à une *(guide de visite libre disponible à l'office de tourisme).* Saint-Cirq-Lapopie est un miracle d'équilibre reconstitué. Peut-être, parfois, aimerait-on plus de vie dans le village l'hiver et moins de monde dans les ruelles l'été, investies par les amoureux de l'authentiquement beau et les inévitables boutiques de créateurs. Beau panorama sur la vallée depuis le roc dominant le bourg, là où se dressait jadis le château.

L'église : sobre et dépouillée, comme le sont les églises gothiques méridionales, elle fut édifiée au XVIe s sur les vestiges de l'église antérieure. Ainsi découvre-t-on à droite une abside romane. Bas de colonne et chapiteau sculptés. Copie d'un fragment de fresque du XIIIe s *(la Cène).*

Le musée Rignault : *dans le bas du village.* ☎ *05-65-31-23-22. Fin mars-oct, tlj sauf mar 10h-12h30, 14h30-18h (19h en juil-août). Entrée : 2 €.* Une belle surprise que ce musée qui présente les pièces de la collection particulière de l'artiste et amateur d'art Émile Joseph Rignault, dans sa maison. Masques africains, statues Renaissance, tableaux, meubles... présentés par roulement dans le cadre d'expositions temporaires. Depuis les jardins et les terrasses, belle vue sur la vallée du Lot.

La maison Breton : *sur une petite place, dans le bas du village, sous le musée Rignault. Ne se visite pas.* Ancienne auberge des mariniers cette imposante maison, pas encore rénovée, est la plus ancienne du village avec sa tour carrée originale du XIIe s. En 1951, elle sera achetée par André Breton, chef de file des surréalistes, qui y invitait sa communauté poétique. Revendue depuis, le village vient de la racheter pour en faire un lieu culturel.

Pour barboter dans le Lot, ***plage surveillée*** en été à la Halte nautique, située au pied du village, en aval du pont. Plusieurs autres plages – surveillées ou non – jusqu'à Larnagol, en remontant vers Cajarc. Pour plus de prudence, voir le site • *valleedulot.com* • pour les lâchers d'eau du barrage de la Truyère en Auvergne.

DANS LES ENVIRONS DE SAINT-CIRQ-LAPOPIE

Quercy Terre d'Arômes : *Les Bories, 46330* ***Crégols.*** ☎ *05-65-24-79-32.* *06-85-47-28-89.* • *quercy-terre-arome.com* • *À 7 km de Saint-Cirq-Lapopie (fléché à partir du pont de Saint-Cirq-Lapopie). Juil-sept, vente à la ferme, tlj sauf sam 10h-12h, 14h30-18h30, visite 5 € adultes ; 3 € 6-12 ans.* Sur son exploitation agricole bio, Samuel cultive et récolte le safran, le *Crocus sativus,* cette petite fleur mauve originaire du Cachemire et du Népal, autrefois très connue pour ses vertus médicinales et tinctoriales, et aujourd'hui très prisée pour l'épice qu'elle produit. La floraison ne dure que 10 jours (vers mi-octobre). Sa récolte est un véritable travail d'orfèvre ! Avec une passion communicative, Samuel vous explique tout sur cette belle plante. Petite boutique.

➢ ***Le chemin de halage de Saint-Cirq à Bouziès :*** départ au pied du village, face à l'écluse. Compter 2h pour parcourir les 10 km aller-retour le long du Lot (rive gauche) par un agréable chemin de halage bien entretenu, emprunté au XIXe s par les bœufs tirant les gabarres vers l'amont de la rivière. Une partie du parcours est creusée dans le roc. Après l'écluse de Ganil et avant d'arriver au parking de Bouziès, bas-relief de 30 m de long sur le flanc de la falaise, œuvre réalisée par le sculpteur Daniel Monnier. En été, possibilité de faire le trajet simple (aller ou retour) **en bateau,** avec *Les Croisières de Saint-Cirq-Lapopie* *(voir ci-après).*

➢ **Balades en bateau sur le Lot** (Les Croisières de Saint-Cirq-Lapopie) **:** *de* ***Bouziès*** *(à 4 km de Saint-Cirq), embarquement devant l'Hôtel des Falaises ; de* ***Saint-Cirq,*** *à la Halte nautique. ☎ 05-65-31-72-25. • croisieres-saint-cirq-lapopie.com • Avr-oct. Départ ttes les 30 mn en juil-août. Croisière avec aller simple au départ de Saint-Cirq-Lapopie ou de Bouziès (1h15 env ; départs de 11h à 17h en juil-août). Compter 12 € ; enfant 8 €. Résa fortement conseillée en juil-août. Croisières thématiques et loc de bateaux sans permis. Agréables snack et tables de pique-nique près des deux points de départ.* Superbe balade, au rythme paisible du Lot, à travers des paysages très variés alternant falaises ocre et blanches et douces collines boisées. Le tout saupoudré de beaux villages et châteaux de rêve.

➢ **Kalapca Loisirs :** *au pied du pont de Conduché, à* ***Bouziès,*** *sur la D 41. ☎ 05-65-24-21-01. • kalapca.com •* Pour une descente du Lot ou du Célé en **canoë-kayak** ou toute autre activité sportive dans les environs. Voir « Adresse et info utiles » au début du chapitre « La vallée du Célé et le sud du causse de Gramat », plus haut.

Le château de Cénevières : *à 8 km à l'ouest de Saint-Cirq. ☎ 05-65-31-27-33. 📱 06-07-01-76-69. • chateau-cenevieres.com • ♿ Mai-sept, visite guidée de 1h, sans rdv, tlj sauf dim mat 10h-12h, 14h-18h ; avr et oct-début nov, 14h-17h. Entrée : 8 € ; réduc. De mi-juin à oct, visite nocturne sur résa, 11 €, le mer soir (20h30) : les hôtes, en tenues d'époque, vous font découvrir les lieux à la chandelle. Concerts classiques occasionnels et expos temporaires.*

DU VIN POUR CALMER LES ARDEURS INCENDIAIRES

Pendant la Révolution française, le château de Cénevières échappa à l'incendie grâce à un coup de génie de son intendant. Les révolutionnaires, venus de Cajarc pour le brûler, se virent ouvrir toutes grandes les portes de la riche cave par l'intendant. Cela ne les empêcha pas de piller le château et de l'abîmer un peu, mais c'était un moindre mal !

Très belle façade, côté Lot, à 70 m de hauteur, sur un roc à pic. Le site fut de tout temps un poste d'observation fortifié. Ce fut aussi l'un des derniers points de résistance de Gaiffier, duc d'Aquitaine, à Pépin le Bref (le premier fédérateur de la France). Un premier château fut construit au XIIIe s par les Gourdon en prévision des attaques anglaises. Le gros donjon est l'unique vestige de cette époque.

C'est au XVIe s que Cénevières connut son apogée avec Flottard de Gourdon (quel beau nom !), ami de Galiot de Genouillac, le grand maître d'artillerie de François Ier. Il avait d'ailleurs participé aux grandes batailles de Ravenne, Marignan et Pavie, et épousé, en 1531, Marguerite de Cardaillac (l'une des grandes familles de Saint-Cirq, avec les Gourdon). C'est à cette époque que Cénevières fut magnifiquement reconstruit selon le style Renaissance. Antoine de Gourdon succéda à son père en 1561 et rejoignit la cause des huguenots. C'est d'ailleurs dans son château que Henri de Navarre (futur Henri IV) prépara l'attaque de Cahors, en mai 1580. Aujourd'hui, le château, privé, est toujours habité. Il appartient à la même famille depuis 1793.

– ***Le donjon carré :*** gros donjon sur l'aile gauche, datant du XIIe s (mais fenêtres du XVIe s). Le reste date de la Renaissance. Lucarnes joliment ouvragées. Façade fortifiée à mâchicoulis, mais portail au décor raffiné.

– ***Les appartements :*** remarquables. Très beau mobilier d'époque. On doit à une gouttière bouchée par des feuilles de platane la découverte des peintures de la Renaissance (datant de 1530). Quelques années plus tard, rebelote ! Une deuxième fuite de gouttière permit de mettre au jour des fresques uniques, représentant Istanbul ! Cheminée monumentale, belles poutres peintes. Étrange cabinet d'alchimie, décoré de fresques du XVIe s. Dans la cuisine, table à gibier du XVIe s, très travaillée. Tapisseries très anciennes. Bibliothèque des Gourdon et documents originaux sur la Révolution française. Au rez-de-chaussée, impressionnant cellier du XIIIe s. Et quantité de choses insolites. Élégante terrasse avec galerie donnant sur le Lot.

CAJARC (46160) 1 130 hab. *Carte Lot, C3*

Ancienne ville épiscopale, Cajarc présente un mignon centre-ville de forme ovale, tassé autour de l'église et bordé d'un boulevard « circulaire » alignant cafés, commerces et restos remarquables (une chance pour les gourmets !). Enfin, si la ville est modeste, elle a pourtant vu passer quelques célébrités : Françoise Sagan y est née le 21 juin 1935 et y a passé une grande partie de son enfance ; Pompidou venait s'y mettre au vert, sans oublier Papy Mougeot du *Schmilblick* de Coluche...

OR ROUGE

Cajarc est la capitale du safran du Quercy, une culture relancée en 1997 et qui occupe une soixantaine de producteurs sur seulement 3 ha. Un travail d'une extrême précision puisque entièrement réalisé à la main, de la cueillette des fleurs au prélèvement de l'épice qu'elles renferment. 200 fleurs donnent à peine 1 g de safran.

Adresse et infos utiles

ℹ ***Office de tourisme :*** *pl. du Foirail, dans l'enceinte de la chapelle néogothique Sainte-Madeleine. ☎ 05-65-40-72-89. Mai-oct, tlj sauf dim ap-m (tlj juil-août) ; avr, slt l'ap-m (fermé dim) ; le reste de l'année, s'adresser à l'office de tourisme de Figeac.* Demander le livret *Les clefs de Cajarc* pour une visite libre.

– ***Activités nautiques :*** *au plan d'eau. Rens au 📱 07-77-22-10-76.*

– ***Marchés :*** *mer (foire 2e et 4e du mois) et sam (bio) 8h-13h.*

Où dormir ? Où manger ?

Bon marché

🍴 ***L'Auberge du pont :*** *16, av. Coluche. ☎ 05-65-40-67-84. • auberge.cajarc@gmail.com • ♿ À la sortie de Cajarc, près du... pont, pardi ! Tlj sauf sam. Formules sem (obligatoire) 11-13,50 €. Carte env 25 €.* Il aura fallu qu'un lecteur avisé nous informe de sa trouvaille pour que l'on prenne place dans cette cantine populaire totalement relookée. Murs gris et lie-de-vin, portraits à l'huile (en vente) de stars du cinéma. Une auberge bien dans son temps mais qui pratique des prix d'avant-guerre. La cuisine de tradition régionale, solide et généreuse, met bien entendu le canard à l'honneur. Exceptionnelle formule déj incluant un copieux buffet de hors-d'œuvre. Accueil extra. Seul bémol, la petite cuvée spéciale « Auberge du Pont » n'est pas un cahors !

De prix moyens à chic

🏠 🍴 ***Cajarc Blue Hotel :*** *à la sortie de Cajarc sur la route de Capdenac, sur le GR 65. ☎ 05-65-40-65-35.*

• contact@cajarcbluehotel.fr • cajarcbluehotel.fr • ♿ Resto ts les soirs et à midi les dim et j. fériés (jeu-lun en juil-août). Doubles 78-125 € selon saison. Menus 28-34 €. Digestif offert sur présentation de ce guide. Un environnement verdoyant (beau parc) et une superbe piscine font vite oublier l'architecture de l'établissement (genre cube de béton des années 1970). Cela dit, le bâtiment a depuis été rénové, de même que les chambres aussi agréables que confortables (épaisses literies, clim et bonne insonorisation). La plupart ont une terrasse, sauf les moins chères, avec vue plongeante sur la piscine. Au resto, carte légère au déjeuner et cuisine du terroir réussie à déguster en terrasse. Excellent petit déj-buffet. Une excellente adresse aux portes de l'Aveyron.

L'Allée des Vignes : *32, bd du Tour-de-Ville, à Cajarc. ☎ 05-65-11-61-87. • alleedesvignes@gmail.com • ♿ Tlj sauf dim soir-mer midi (plus le soir mer-jeu en basse saison). Congés : janv-12 fév. Formule déj sem 22 € ; menus 35-65 €. Café offert sur présentation de ce guide.* Pour rompre avec les codes traditionnels du gros repas lotois, un jeune chef plein de talent et de créativité bouscule le terroir sans perdre de vue l'incontournable canard. Une cuisine gastro récréative servie en plats ou demi-plats, dans une salle cosy ou en terrasse dans la jolie cour. Fait également salon de thé en journée, avec mignardises gourmandes.

Le Jeu de Quilles : *7, bd du Tour-de-Ville. ☎ 05-65-33-71-40. Tlj sauf dim-lun. Congés : 10-19 juin. Menus 25-31 € ; carte env 30 €. Résa indispensable.* Une halte gourmande que ce bistrot-bar à vins qui joue à fond la carte du bistronomique. Sur ardoise, une cuisine du moment, à partir de produits de saison, essentiellement locaux et bio. Un résultat convaincant avec des assiettes simples mais raffinées, et d'intéressantes associations qui changent des traditions locales. Belle carte de vins. Agréable terrasse.

LE LOT

Où dormir dans les environs ?

Camping

Camping Les Cournoulises : *46160 Montbrun. 06-15-53-00-58. • yannick@lescournoulises.fr • lescournoulises.fr • ♿ À 6 km de Cajarc par la D 662 direction Figeac. En contrebas de la route, juste avt la voie ferrée. Fin mai-sept. Empl. tente 12,70 € en hte saison ; forfait 4 pers 52-65 €/nuit en tipi (268-315 €/sem) ; 40-50 € pour 2 en tente trappeur (petit déj compris) 5 % de réduc sur le prix du séjour, qui s'ajoute aux réducs habituelles, sur présentation de ce guide.* Au pied de hautes falaises, en bordure du Lot, un grand pré accueillant une quarantaine d'emplacements dans l'herbe, entre arbres et bosquets de bambous. Également des tipis, équipés de 5 petits lits, pour jouer les tribus indiennes. Pour ceux qui préfèrent les cow-boys, de grandes tentes trappeur hyper confortables. Coin pour la baignade, un autre pour la pêche, location de canoës. Petite épicerie de dépannage, bon snack, et petit déj sur demande *(4,70 €).* Accueil sympa de Yannick qui veille au bon entretien général, et rencarde les clients sur les balades et lieux de baignades. Un plan nature bien tranquille.

Camping du Ruisseau du Treil : *au village de Larnagol. ☎ 05-65-31-23-39. • contact@lotcamping.com • lotcamping.com • ♿ Accès : à 9 km de Cajarc par la D 662 ; à l'entrée du village, à droite. De mi-mai à mi-sept. Empl. tentes 21-26 € selon saison ; caravanes, mobile homes 160-675 €/sem et 1 bungalow toilé 275-550 €/sem. CB refusées. 49 empl.* Tenu par un couple britannique, un petit camping confidentiel, familial et ombragé. Beaux emplacements, notamment les n°s 38 à 44 bien agréables, sous les arbres. 2 petites piscines et baignade possible dans le Lot, situé à deux pas. Terrains de sport (volley, foot, ping-pong, boulodrome...). Bar-resto.

Chic

Domaine Le Broual : *Le Broual, à Saint-Pierre-Toirac (46160). ☎ 05-65-40-35-13. • info@domainelebroual.*

com ● domainelebroual.com ● Doubles 115-130 €. Gîtes 4-6 pers 550-1 390 € sem ; loc possible en formule 3 j. (sauf juil-août) 350-600 €. Des rives de la Loire... à celle du Lot, il n'y a qu'un pas, franchi par Antoine et Virginie, conquis par ce superbe domaine. Dans la grange, à l'imposante toiture en forme de coque de bateau inversée, deux chambres et deux gîtes conjuguent convivialité (confort douillet) et art de vivre (déco stylée, jolies parures de draps). Le style contemporain fait ici bon ménage avec poutres et vieilles pierres. Petit déj servi dans le jardin aux beaux jours. Belle piscine. Un lieu qui invite au repos. Et ça tombe bien, Antoine, en qualité de stomatothérapeute (il vous expliquera !) propose des massages dans le pigeonnier.

Où acheter de bons produits ?

Boulangerie-pâtisserie Lagarde : *pl. du Foirail. ☎ 05-65-40-69-23. ● lou-pastis.fr ●* C'est ici que M. Lagarde confectionne un pastis dont lui seul a le secret : une pâte fine et croustillante, généreusement fourrée de pommes fondantes et arrosée d'une pointe de vieille prune. On se l'arrache. Mieux vaut venir tôt ou aller le déguster chez sa fille au *Saint-Cirq-Gourmand* à Saint-Cirq-Lapopie.

Les Fins Gourmets : *pl. du Foirail. ☎ 05-65-40-69-98. ● les-fins-gourmets.com ● Mar-sam 9h-12h, 15h-19h, dim 9h-12h.* Quatre producteurs associés du Quercy proposent leurs spécialités de canard moult fois médaillées. Nourri au bon grain et au grand air, le canard répond à tous les engagements du produit de qualité. Cru, cuit, cuisiné... goûtez ce magret de canard au piment d'Espelette ou plus simplement ces carcasses qui se grignotent à l'apéro avec les doigts ! Également un choix varié de produits régionaux.

À voir

La maison de l'Hébrardie : jolies fenêtres gothiques (anciens vestiges du château du XIIIe s).

La maison des Arts Georges-Pompidou – centre d'art contemporain : *134, av. Germain-Canet. ☎ 05-65-40-78-19. ● magp.fr ● ♿ L'été, tlj sauf lun 11h-19h ; le reste de l'année, tlj sauf lun 14h-18h ; fermé nov-avr. GRATUIT.* Espace d'expositions temporaires consacré à l'art contemporain.

Le Musée ferroviaire : *halle à marchandise, à la gare. ☎ 05-65-40-57-90. En principe, de juil à mi-sept, mer-ven 15h30-18h30. GRATUIT.* Tout sur les trains (ou presque) : la signalisation, le matériel de téléphonie, etc.

Fêtes et manifestations

– ***Africajarc :*** *4 j. fin juil. ● africajarc.com ●* Beau festival consacré à l'Afrique.
– ***Marché des Potiers :*** *3e w-e de juil.*
– ***Salon de la B.D. :*** *un w-e fin sept.*
– ***Fête du safran :*** *un w-e fin oct.* Visite d'une safranière, suivie d'une démonstration d'émondage, et rencontre de producteurs de fromages fermiers au safran.

À voir dans les environs

Le château de Larroque-Toirac : *à 13 km au nord-est de Cajarc en direction de Figeac. 📱 06-12-37-48-39 ou 📱 06-60-08-80-10. ● chateautoirac.com ● Juil-sept, tlj 10h30-12h, 14h-18h. Visite nocturne costumée les mar en août (20h30).*

Mai-juin et oct, w-e et j. fériés 14h-18h. Entrée : 7 € (9 € nocturne) ; 3 € enfant ; gratuit moins de 4 ans. Ce logis seigneurial, agrippé à la falaise, et flanqué de deux tours circulaires des XIIe et XVe s appartenait aux Cardaillac. À l'intérieur, belles cheminées, cuisines d'origine, fresques et mobilier intéressant. Les souterrains, les salles troglodytiques, la chapelle dans la falaise fascinent petits et grands. Jardins en terrasses.

Saint-Pierre-Toirac *(46160) : à 14,5 km de Cajarc, peu après le village de Larroque-Toirac.* Joli village un peu en surplomb, qui possède une remarquable ***église*** romane du XIIe s, fortifiée au XIVe s. L'église ressemble à un gros donjon carré avec mâchicoulis et grands créneaux, auquel on aurait accolé une toute petite abside. À l'intérieur, nef séparée en trois travées. Énormes piliers carrés. Anges sur les croisées d'ogives. Ne pas manquer non plus les remarquables chapiteaux. Au-dessus, une salle où toute la population pouvait se réfugier.

LE LOT

LE CAUSSE DE LIMOGNE

Causse, toujours, pour terminer cette balade à la découverte du parc naturel régional des Causses du Quercy. Une balade qui prend ici volontiers des couleurs hivernales, pour cause de... truffes ! La région abrite de très jolis villages que trop souvent les voyageurs semblent bouder. C'est le moment d'y aller !

LIMOGNE-EN-QUERCY (46260)

Paisible et authentique village en pierre blonde. Petit *musée d'Art et Traditions populaires* dans les locaux de l'office de tourisme (entrée libre).

Adresse et infos utiles

Bureau d'information touristique : *55, pl. d'Occitanie. ☎ 05-65-24-34-28. • lalbenque.net • En été, tlj sauf dim ap-m ; hors saison, mar et ven 9h-12h30, 14h-17h30 et le mat mer-jeu et w-e.* Bonne doc et accueil dynamique. À l'étage, musée d'Arts et Traditions populaires et expos *(GRATUIT).*

– ***Marchés :*** *dim mat. Marché aux truffes d'été (dim mat de mi-juin à mi-août, pl. d'Occitanie) et d'hiver (ven mat à 10h30 précises déc-début mars, pl. de l'Église).*

Où dormir ? Où manger ?

Chambres d'hôtes La Hulotte : *au lieu-dit Mas-de-Games. ☎ 05-65-31-58-51. • chambreslahulotte@orange.fr • chambreslahulotte.fr • À 3 km du village : prendre la direction de Cajarc, puis, à 2 km, fléché sur la droite. Congés : de mi-nov à mi-fév. Doubles 68-75 € ; familiales 116 €.* Une maison au sein d'un petit hameau perdu au beau milieu du causse, des chênes et des murets de pierre. Claudine et Lionel y ont aménagé 4 chambres avec accès indépendant, dont 2 se partagent une salle de bains. Déco colorée et joyeuse. Cuisine et barbecue à disposition pour préparer ses repas. Le jardin fleuri semé de transats donne à l'ensemble un petit côté cottage. Une adresse au charme simple à 180 pas (!) du GR 65 (le chemin de Saint-Jacques-de-Compostelle). Un p'tit coup de cœur.

À voir. À faire à Limogne et dans les environs

– ***Truffes Passion :*** *151, chemin du Joncas. 📱 06-21-52-77-70. • truffespassion.com • Démonstrations de recherche de truffe ven 10h30 sur résa (plus lun 17h* *et mer 18h de mi-juil à mi-août). Tarif : 6,50 € ; réduc. Durée : 1h30. De déc à fin mars, formule visite de la truffière + accompagnement sur le marché aux truffes le ven à 10h (10 € ; durée : 2h30). Possibilité de repas autour de la truffe.* Sur une ancienne truffière, Marie-France, une passionnée, fait découvrir l'univers de la trufficulture et commente le travail du chien à la recherche du précieux champignon.

***Les phosphatières du Cloup d'Aural :** 46230 **Bach.** 06-03-93-45-91. • phosphatieres.com • À 11 km au sud de Limogne. Juil-août, 1 visite/h tlj 11h-18h ; avr-juin et de sept à mi-nov, visites tlj à 15h et à 16h30. Tarif : 7 € ; réduc. Réduc de 1 € sur présentation du guide.* Dans un triangle délimité par Cajarc, Cahors et Bruniquel dans le Tarn-et-Garonne, le sol est calcaire et l'eau a creusé de multiples trous. Avec le temps, certains d'entre eux se sont naturellement comblés, ensevelissant animaux et végétaux et formant ainsi des phosphatières. À la fin du XIXe s, elles donnèrent lieu à une importante activité minière. Le site du Cloup d'Aural fait partie de ces anciennes exploitations de phosphate. Au cours de la visite guidée, on descend au fond de l'ancien petit gouffre dans lequel se développe une végétation très particulière, contraste saisissant avec la surface du causse. L'intérêt majeur de ce phénomène naturel des phosphatières réside dans les fossiles mis au jour, soit près de 600 espèces animales recensées dans le secteur. Autour courent différents sentiers thématiques (paléontologie, flore du causse...) en visite libre.

LE LOT

***Auberge Lou Bourdié :** 46230 **Bach,** à deux pas de l'église. ☎ 05-65-31-77-46. Ts les midis sauf mer et sam. Formule 18 € (en sem), menus dim 29-50 €. CB refusées.* La bonne auberge de campagne, tenue par Monique Valette, avec sa pure cuisine traditionnelle familiale, son cadre rustique et ses menus bien consistants (potage, entrée, plat, fromage ou dessert !). Le dimanche, c'est jour de ripaille. Ici, toute la famille met la main à la pâte ! Un endroit où bien manger et générosité ont un sens. Accueil adorable.

***Le château de Couanac :** 46260 **Varaire.** ☎ 05-65-31-52-32. Visites guidées, en juil-août slt, tlj 10h-12h, 14h-18h (fermé dim mat). Tarif : 5 € ; enfant 3 € ; gratuit jusqu'à 7 ans.* Bâti entre le XIIe et le XVIe s, ce château privé, classé aux Monuments historiques, est ouvert depuis peu à la visite. Deux corps de logis, dont l'un est flanqué de deux tours, l'une ronde, l'autre carrée. Chapelle romane.

***Laramière** (46260) :* le village abrite l'ancien ***prieuré Notre-Dame-de-Laramière.** Rens à l'office de tourisme (☎ 05-65-24-34-28). • laramiere.new.fr • Visites guidées (1h30) de juil à mi-sept tlj sauf mar à 10h30, 14h30 et 16h. Tarif : 6,50 € ; gratuit moins de 15 ans.* Fondé en 1145 par le moine Bertrand de Grifeuilles (venu de Charente), sur les vestiges d'un temple gaulois surplombant le gouffre du Rausel. Le bâtiment, privé, conserve quelques éléments gothiques de l'époque médiévale. En chemin, arrêt possible à ***Beauregard** (46260),* ancienne bastide où se dresse une halle du XIVe s.

***Concots** (46260) :* village typique du causse de Limogne, organisé autour d'un ancien *donjon* du XIIIe s.

LALBENQUE (46230)

C'est la capitale de la truffe noire. De décembre à mi-mars, ne pas manquer le *marché de la truffe* le mardi après-midi à 14h. L'église du village recèle un superbe retable du XVIIe s. Tabernacle de bois doré. Panneaux sculptés polychromes avec angelots tout autour du chœur.

À la sortie du village, place du Mercadiol, vers Aujols, splendide *croix de chemin* en pierre sculptée du XVIIIe s. Beau pigeonnier rond également, dressé au milieu des prés.

Adresse utile

Bureau d'information touristique : *38, pl. de la Bascule. ☎ 05-65-31-50-08. • office-de-tourisme@lalbenque.net • En saison, lun-sam. Bonne doc sur la région (topoguide de rando...).* Organise des journées truffes sur résa de décembre à février *(10 €/pers)* et des découvertes gourmandes en été.

Où dormir ? Où manger à Lalbenque et dans les environs ?

De bon marché à prix moyens

Gîte de Poudally : *mas de Vers. ☎ 05-65-22-08-69. • manu.elsa@poudally.com • poudally.com • ♿ À 2,5 km du village, en direction de Cremps (fléché sur la gauche). À deux pas du GR 65. Compter 13-20 €/pers en chambre 2-6 pers ; petit déj 5 € ; loc de draps 3,50 €. Repas env 15 € ; panier pique-nique 5 €.* Au milieu du causse, parmi les pierres, les genévriers et les chênes, Elsa et Manu ont fait de cette ancienne ferme en pierre un très joli gîte moderne. Une chambre pour 2 personnes a même été aménagée dans l'ancienne porcherie ! Sinon, chambres-dortoir de 2 à 4 lits. Belle déco contemporaine. Grand jardin semé de transats. Propose différentes activités : rando-photos, VTT, séjours autour de la truffe, balade en *randoline* tirée par un âne, sorties nature en collaboration avec le parc naturel régional, etc. Petite épicerie de dépannage, cuisine commune, lave-linge. Accueil de cavaliers.

Chambres d'hôtes chez Louis et Nicole Couchoud : *mas de Cérès, au lieu-dit* **Fournets.** *☎ 05-65-24-79-20. • louis.couchoud@orange.fr • chambres_hotes_lot.monsite-orange.fr • À 7,5 km de Lalbenque ; prendre la direction de Limogne-en-Quercy (D 19), puis, à 6 km, tourner à droite, direction Saint-Hilaire (D 99) ; ensuite, c'est fléché. Tte l'année. Résa obligatoire. Double avec douche et w-c 59 €. Repas 22 €.* Dans une ferme isolée en pleine campagne Accueil des chevaux et des pèlerins, le chemin de Saint-Jacques passant tout près de là. 2 chambres dans un bâtiment indépendant et une suite dans la maison des propriétaires. Dans les assiettes, on retrouve de nombreux produits bio cultivés sur l'exploitation.

Chic

Chambres d'hôtes La Vayssade : *205, chemin de la Vayssade, chez Hélène Baysse et Emmanuel Bréant. ☎ 05-65-24-31-51. • contact@lavayssade.com • lavayssade.com • À 500 m du village (fléché). Doubles 92-112 € selon saison, familiales 170-205 €. Table d'hôtes 32 € tt compris. Gîte indépendant 4 pers.* L'ancienne grange de la propriété familiale a été transformée en maison d'hôtes de charme et de caractère. Charpente ancestrale et murs de pierre soutiennent une mezzanine contemporaine appuyée sur des poutrelles métalliques. La confrontation des styles est totalement réussie. Installées sur la mezzanine, les 5 chambres donnent sur la pièce commune. Douillettes à souhait, elles sont beaucoup plus classiques mais tout aussi charmantes, et chacune est équipée d'une douche balnéo ! Jacuzzi extérieur. Alors à vous de choisir : les massages hydrauliques... avant ou après le plongeon dans la piscine ?

Chambres d'hôtes Lou Repaou : *46090* ***Aujols.*** *☎ 05-65-22-03-47. • odile@lourepaou.fr • loure* *paou.fr* • ♿ *À 8 km env de Lalbenque, par la D 10 ; dans le village. Doubles 118-138 € (balnéo ou hammam). Repas 32-38 € selon période. Remise de 10 % sur la chambre à partir de 2 nuits consécutives, sur présentation de ce guide.* Après avoir fait le tour du monde, Odile et Nano se sont posés ici, au sein de cette ancienne ferme quercynoise du XIXe s. Avec beaucoup de sobriété, dans le plus grand respect du lieu et de son esprit, ils ont aménagé 5 chambres spacieuses, qui évoquent des pays lointains (Pérou, Mali, Népal, Australie), sans oublier la Quercynoise. Piscine au fond du petit jardin. Sur réservation, soins du corps et balades à cheval.

L'AVEYRON (LE ROUERGUE)

• Carte *p. 158-159*

ABC de l'Aveyron

- ***Nom :*** il vient de la rivière Aveyron, affluent du Tarn.
- ***Population :*** 276 230 hab.
- ***Superficie :*** 8 735 km² (5e département français).
- ***Densité :*** 32 hab./km².
- ***Préfecture :*** Rodez (23 790 hab.).
- ***Sous-préfectures :*** Millau et Villefranche-de-Rouergue.
- ***Principaux secteurs d'activité :*** 57 % dans le tertiaire et 15 % dans l'industrie, un joli taux de 10 % pour l'agriculture.
- ***Signes particuliers :*** 10 villages classés « Plus Beaux Villages de France », qui mettent le département au 1er rang national à égalité avec la Dordogne.

Coincé entre l'Auvergne au nord et le Languedoc-Roussillon à l'est et au sud, l'Aveyron, ancien Rouergue, est une terre de contrastes : Villefranche côtoie le Quercy ; d'Entraygues à Laguiole dans l'Aubrac, on fait plus que loucher vers l'Auvergne ; du haut du célèbre viaduc de Millau, c'est la Méditerranée qui pointe le nez. Une diversité sensible jusque dans le climat : chaleur au sud et fraîcheur au nord.

Au gré d'une altitude variant de 144 à 1 463 m, on passe du plateau désertique du Larzac à des vallées verdoyantes que sillonnent des rivières poissonneuses (Tarn, Aveyron, Lot). On croise des vignobles (Le Fel, Millau, Marcillac), de grandes zones vallonnées comme le Lévézou, et des plateaux volcaniques (Aubrac) succédant à des gorges abruptes. On y découvre des villages de contes de fées, par leur histoire et leur beauté, livrant au visiteur de fascinantes demeures médiévales quasi intactes (Belcastel, Peyrusse-le-Roc, La Couvertoirade, Conques, Najac, Brousse-le-Château, Castelnau-Pégayrols...) ; on traverse un terroir authentique, riche en surprises : marchés comme autrefois, produits locaux à l'ancienne, troupeaux de brebis ou de

vaches immobilisant la circulation... Ce condensé de traditions préservées n'empêche en rien de belles réalisations bien d'aujourd'hui : le superbe musée Soulages à Rodez, le viaduc de Millau, Micropolis.
Si ce territoire a connu son époque de désertification, des activités comme la production des fameux couteaux de Laguiole, l'élevage des vaches d'Aubrac ou la production du fromage (Roquefort ou Laguiole) contribuent au renouveau économique du département.
Le « tourisme intelligent » y trouve toute sa place, en valorisant les richesses culturelles et géographiques du pays. Un tourisme moderne, vivant, au service des traditions d'antan et garantissant un vrai dépaysement, rythmé par la gentillesse extrême des habitants !

UN PAYS 100 % SPORT ET NATURE

Avec le parc naturel des Grands Causses couvrant près d'un tiers du département, l'Aveyron vit en harmonie avec la nature. Forêts, vallées et gorges sauvages (la Truyère, la Dourbie, le Tarn, le Lot, l'Aveyron, le Viaur). Avec plus de 7 000 km de cours d'eau, c'est aussi un paradis pour les pêcheurs. Les amateurs d'escalade ou de parapente se réjouiront en découvrant des spots bénéficiant d'encadrements très professionnels. Pays de randonnées, on y trouvera des parcours pour tous les niveaux le long des *marnes* du pays de Roquefort jusqu'au chemin de Saint-Jacques-de-Compostelle. Même en gastronomie, on reste nature ici. Après une partie de *quilles* (la pétanque locale, avec ses billes de bois), tentez l'expérience des *burons,* ces maisonnettes en pierre de l'Aubrac, où l'on prépare l'aligot sur un coin de table. Convivialité garantie !

DES ROUTES POUR DÉCOUVRIR UN AUTRE AVEYRON

Pour les curieux, l'Aveyron propose de belles routes de découverte (documentation dans les offices de tourisme). Les pèlerins et randonneurs emprunteront le joli chemin de Saint-Jacques-de-Compostelle, en passant par Aubrac, Espalion, Conques ou Decazeville. Infos auprès de l'association *Les Chemins de Saint-Jacques-de-Compostelle* : *4, rue Clémence-Isaure, 31000 Toulouse. ☎ 05-62-27-00-05. • chemins-compostelle.com •* Les amoureux d'histoire découvriront plus de 18 châteaux dotés d'animations médiévales pour tous les âges, sur la « route des seigneurs du Rouergue », mais également la route des plus belles « bastides du Rouergue », à l'ouest, ou celle « sur les traces des Templiers et Hospitaliers du Larzac », au sud. Et encore, des routes des producteurs de vin, fermiers, artisans potiers, gantiers, verriers ou sculpteurs. On notera enfin que 10 villages sont labellisés « Plus Beaux Villages de France ».
Des sites touristiques bien aménagés pour une découverte en famille. *Infos sur le site : • tourisme-aveyron.com •*

UN PEU D'HISTOIRE

On observe les premiers peuplements dans cette région de 130 000 à 35 000 ans av. J.-C. Les Ruthènes, fier peuple celte, ont laissé près de 500 dolmens et tumulus, témoignant d'une longue présence en terre rouergate. C'est après la défaite de Vercingétorix qu'ils connurent l'occupation romaine.
Puis le Rouergue s'affirma comme une grande terre de christianisation. ***Fondation de Conques sous (mais pas par) Charlemagne,*** qui devint l'une des

#AVEYRONEMOTION
Soyez
dans le
vrai !
Viaduc de Millau
Plus haut pont du monde ...
TOURISME
AVEYRON
www.tourisme-aveyron.com

A
B
1
2
3
4
Aurillac
D 990
D 940
D 673
Saint-Céré
N 122
D 653
D 840
Mur-de-Barrez
Taussac
CARLADEZ
VALLÉE DE
LA TRUYÈRE
Lacroix-Barrez
Murols
D 904
D 920
Ch. de Valon
PAYS DE
CONQUES ET
DE MARCILLAC
Saint-Hippolyte
Maurs
Pons
D 19
St-Amans-
des-Côts
LOT
(46)
La Vinzelle
Saint-
Parthem
Le Fel
Entraygues-
sur-Truyère
N 122
Vieillevie
Saint-Santin
D 653
Gironde
D 107
Golinhac
Figeac
Grand-
Vabre
Espeyrac
D 13
Flagnac
D 42
D 920
D 840
Almont-les
Junies
Sénergues
D 653
Conques
Capdenac-Gare
Montignac
Lot
D 904
Lot
St-Cyprien
Decazeville
Noailhac
Villecomtal
Loupiac
Naussac
Aubin
Rodelle
D 87
D 5
Cransac
Cajarc
Peyrusse-
le-Roc
D 994
Mondalazac
Muret-
le-Ch.
Grotte
de Foissac
Montbazens
D 840
Bournazel
Marcillac
D 40
Valady
Salles-la-Source
GORGES DE
L'AVEYRON
VALLÉE DU LOT
Salles-
Courbatiès
Villeneuve-
d'Aveyron
Roussennac
D 1
D 922
D 901
D 904
D 988
D 1
Saint-Rémy
Rignac
D 994
Onet-le-Château
D 911
Maleville
D 26
N 88
Graves
Farrou
Belcastel
Villefranche-
de-Rouergue
RODEZ
Loc-Dieu
D 997
Aveyron
Colombiès
Limayrac
Ste-Radegonde
D 911
Les Pesquiès
N 88
Inières
Sanvensa
Rieupeyroux
D 911
St-Salvadou
D 905a
D 911
D 926
Monteils
D 905
D 85
Baraqueville
D 922
Lunac
Pradinas
Sauveterre-
de-Rouergue
D 39
D 902
La Fouillade
SÉGALA
Najac
La Salvetat-
Peyralès
St-André-
de-Najac
D 997
Salmiech
Naucelle
Crespin
Taurines
Lagarde-Viaur
Aveyron
Port-de-
la-Besse
Le Bosc
Bor-et-Bar
D 600
D 25
D 902
La Selve
N 88
D 10
Lagarde
Réquista
D 44
Cordes
Carmaux
Brousse-le-Château
D 600
N 88
D 903
Lincou
D 964
D 922
D 33
Coupiac
TARN
(81)
Tarn
Plaisance
D 999
VALLÉE DU TARN
Gaillac
Albi
N 88
D 999
St-Sernin-sur-Rance
D 988
A 68
D 964
N.-D.-d'Orient
D 612
Laval-Roquecézière
Najac
Lieux traités
Loupiac
Adresses et lieux
dans les environs
Espeyrac
Repères
Graulhet
0
10
20 km

C
D
CANTAL
(15)
Thérondels
Chaudes-Aigues
Brommat
Ste-Geneviève-sur-Argence
St-Chély-d'Apcher
NORD
Cassuéjouls
Aumont-Aubrac
Soulages-Bonneval
Laguiole
Cabels
Château du Bousquet
Nasbinals
Bez-Bédène
Curières
Méjanassere
Montpeyroux
Aubrac
AUBRAC
VALLÉE DU LOT
St-Chély-d'Aubrac
Estaing
Bonneval
Brameloup
Bessuéjouls
Espalion
Flaujac
Castelnau-de-Mandailles
Marvejols
Mende
Château de Calmont-d'Olt
St-Côme-d'Olt
Mandailles
Roquelaure
St-Geniez-d'Olt
Lot
Bozouls
Lassouts
Ste-Eulalie-d'Olt
Montrozier
Les Bourines
VALLÉE DE L'AVEYRON
LOZÈRE
(48)
Gages
Laissac
Sévérac-l'Eglise
Buzeins
Recoules-Prévinquières
Tarn
Florac
Sévérac-le-Château
Le Vibal
Pont-de-Salars
Parc naturel régional des Grandes Causses
Vézins-de-Lévézou
Gorges du Tarn
Canet-de-Salars
Lac de Pareloup
St-Léons
Micropolis
Mostuéjouls
Boyne
LÉVÉZOU
Rivière-sur-Tarn
Peyreleau
Salles-Curan
Comberoumal
Meyrueis
St-Beauzély
Compeyre
Chaos de Montpellier-le-Vieux
Alrance
Castelnau-Pégayrols
Paulhe
VIADUC
Millau
La Roque-Ste-Marguerite
St-Véran
Villefranche-de-Panat
Gorges de la Dourbie
Ladepeyre
Peyre
Revens
Jassenove
Comprégnac
Creissels
Cantobre
GARD
(30)
St-Rome-de-Tarn
La Jasse
St-Jean-du-Bruel
La Blaquière
Montredon-du-Larzac
St-Victor-et-Melvieu
Ayssènes
Mélac
Nant
PAYS DES GRANDS CAUSSES
Montméjan
La Cavalerie
Le Vigan
Roquefort-sur-Soulzon
Ste-Eulalie-de-Cernon
Sauclières
St-Izaire
St-Affrique
Causse
Tournemire
Viala-du-Pas-de-Jaux
La Salvetat
St-Étienne-de-Naucoules
St-Jean-d'Alcas
St-Paul-des-Fonts
La Couvertoirade
Ch. de Montaigut
Cornus
du Larzac
Montlaur
St-Félix-de-Sorgues
Gissac
Latour-sur-Sorgues
Combret
Sylvanès
Montagnol
Ancienne abbaye
Camarès
Belmont-sur-Rance
Cénomes
HÉRAULT
(34)
Brusque
Tauriac-de-Camarès
St-Sever-du-Moustier
Lodève
A 75
E 11
N 88
N 106
1
2
3
4

L'AVEYRON

plus importantes étapes du pèlerinage vers Saint-Jacques-de-Compostelle. La guerre de Cent Ans y engendra de nombreux dégâts avant de faire place à une certaine prospérité aux XVe et XVIe s avec le développement architectural de Millau et Rodez. ***La province du Rouergue sera rattachée à la Couronne par Henri IV en 1607.*** En 1643, soulèvement massif des fameux « croquants » de Villefranche contre la famine et l'exploitation. À la Révolution, le pays prend le nom d'Aveyron. En 1800, on découvre près de Saint-Sernin-sur-Rance le célèbre « enfant loup », qui a passé les 11 premières années de sa vie dans la forêt. François Truffaut s'inspirera de cette histoire pour tourner *L'Enfant sauvage* en 1969.
Au XIXe s, même si le département reste fondamentalement rural, l'économie aveyronnaise est relancée grâce à des débuts d'industrialisation (création du bassin de Decazeville, gantiers de Millau) et à une nette amélioration des rendements agricoles, due aux engrais.
Puis, ***l'exode rural reprit le dessus,*** et l'Aveyron voit une nouvelle fois partir les habitants vers la capitale, puis au-delà des océans jusqu'en Californie et même dans la pampa argentine... où le village de Piguë sera fondé en 1884 par une quarantaine de familles, menées par Clément Cabanettes, originaire d'Ambec. Certains reviennent au pays après avoir fait fortune.

Adresses utiles

Agence de développement touristique de l'Aveyron : *17, rue Aristide-Briand, BP 831, 12008* ***Rodez*** *Cedex.* ☎ *05-65-75-40-12.* • *tourisme-aveyron.com* • Pour toute information concernant les hébergements, les sites, les activités dans le département. À disposition, un magazine découverte contenant toutes les informations du département : culture, sites incontournables, animations, balades en famille, circuit cycliste parmi les plus beaux villages de l'Aveyron...

Gîtes de France : *les terrasses de Bourran, 2, rue de Dublin, bâtiment C, 12000* ***Rodez.*** ☎ *05-65-75-55-60.* • *gites-de-france-aveyron.com* • Gîtes et chambres d'hôtes.

Bienvenue à la ferme : *chambre d'agriculture de l'Aveyron, carrefour de l'Agriculture, 12026* ***Rodez*** *Cedex 9.* ☎ *05-65-73-79-01.* • *bienvenue-a-la-ferme.com/aveyron* • Gîtes, chambres d'hôtes, fermes-auberges, campings.

Comité départemental de la randonnée pédestre de l'Aveyron *(plan Rodez B2,* ***1****) :* *17, rue Aristide-Briand, BP 831, 12008* ***Rodez*** *Cedex.* ☎ *05-65-75-54-61.* • *aveyron.ffrandonnee.fr* • Excellentes brochures, nombreux topoguides sur les GR (pour tous les niveaux).

RODEZ

(12000) 23 790 hab. *Carte Aveyron, B2*

• Plan *p. 163*

Prise dans un écrin de verdure et une boucle de l'Aveyron, dominant la région du haut de sa colline à 627 m d'altitude, la capitale du Rouergue a connu une histoire en dents de scie. L'antique cité gallo-romaine de *Segodunum* occupait une position stratégique de la plus haute importance, au point d'être une ville carrefour de commerce d'où l'on venait depuis l'Espagne. Après un Moyen Âge mouvementé, la ville connut à nouveau, aux XVIe s et XVIIe s, une grande prospérité, dont témoignent aujourd'hui la magnifique cathédrale et les nombreux hôtels particuliers. Comtes, riche bourgeoisie commerçante et évêques se partagèrent le pouvoir. Puis, dès le XVIIIe s, Rodez sombra

quasiment dans l'oubli jusqu'aux années 1960 où la ville connut une surprenante explosion urbaine. Jean Moulin fut préfet de Rodez de 1937 à 1939. Un médaillon rappelle son souvenir à l'ancien hôtel Lenormand-D'Ayssènes, en centre-ville.
Aujourd'hui, passé les zones commerciales périphériques, il fait bon flâner dans la vieille ville avec sa somptueuse cathédrale, ses hôtels particuliers Renaissance et son surprenant musée Fenaille, petite merveille en Rouergue. Les visiteurs découvriront quelques intelligentes tentatives de rénovation urbaine des vieux quartiers... et l'ouverture, depuis 2014, du prestigieux musée Soulages. Rodez a aussi le mérite d'être un point de chute très central pour sillonner le département.

Arriver – Quitter

En bus

Gare routière *(hors plan par B1)* **:** *25, av. du Maréchal-Joffre. ☎ 05-65-68-11-13. Terminal des bus à côté de la gare SNCF ; billetterie aux guichets de la SNCF.*
➢ Nombreuses liaisons départementales *(● mobi12.fr ●* et avec les départements limitrophes *(● mobimipy.fr ●).*

En train

Gare SNCF *(hors plan par B1)* **:** *25, av. du Maréchal-Joffre. ☎ 36-35 (0,40 €/mn).*
➢ Liaisons avec Paris, Brive, Toulouse et Millau.

En avion

✈ ***Aéroport de Rodez-Marcillac :*** *☎ 05-65-42-20-30. ● aeroport-rodez.fr ●*
➢ Plusieurs A/R par jour de et pour Paris *(Eastern Airways : ☎ 0800-915-010. ● easternairways.fr ●).*
➢ Plusieurs liaisons hebdomadaires pour Dublin et Bruxelles-Charleroi avec Ryanair *(● ryanair.com ●).*
Borne taxis : *☎ 05-65-68-58-57.*
■ ***Location de véhicules :*** *à l'aéroport,* ***Hertz*** *(également à Onet-le-Château ; ☎ 05-65-78-04-90),* ***Europcar*** *(☎ 05-65-42-16-77),* ***Ada*** *(☎ 05-65-78-16-62),* ***Rent a car*** *(☎ 05-65-67-12-00),* ***Sixt*** *(☎ 05-65-42-72-33),* ***Avis*** *(☎ 05-65-68-00-66).*

Adresses et info utiles

Office de tourisme *(plan B2)* **:** *10-12, pl. de la Cité. ☎ 05-65-75-76-77. ● tourisme.myrodez.fr ● Juil-août, lun-sam 9h-19h, dim 10h-13h, 14h-17h ; sept-juin, lun-sam 9h (9h30 oct-mars)-12h30, 14h-18h.* Plan de la ville (gratuit) et excellent choix de brochures, dont un agenda des festivités et d'intéressantes visites guidées thématiques, pour enfants et adultes *(6-15 €/pers ; pass ; audioguide 5 €).* Également une appli mobile « My Rodez pratique ».
– ***Marchés :*** *mer mat pl. du Bourg, sam pl. de la Cité et pl. d'Estaing, ven ap-m pl. du Sacré-Cœur.* De vrais marchés traditionnels comme on n'en voit plus beaucoup, avec des produits du terroir, de la ferme, canards, œufs... le tout aux accents occitans.

Où dormir ?

Sa situation centrale dans le département fait de Rodez un point de départ idéal pour rayonner. Ami routard, ne passez pas (si vite !) votre chemin. Mais attention, la première semaine de juillet, le rallye du Rouergue attire les foules.

Camping

Camping municipal de Layoule *(hors plan par B1,* ***10****)* **:** *rue de la Chapelle. ☎ 05-65-67-09-52.*

📱 *06-81-95-42-19. • camping.municipal@mairie-rodez.fr • ♿ Au pied du centre-ville (à 1 km) ; direction Sévérac-le-Château (bien fléché). Mai-sept. Empl. tente 10,90 € en hte saison ; caravane 111,30 €/nuitée. 88 empl.* Environnement bucolique et agréable, au bord de l'Aveyron. Simple, correctement équipé et calme. De plus, le GR 62 passe dans le coin.

Prix moyens

🏠 ***Habitats jeunes du grand Rodez*** *(plan B1, **12**) : 21, rue de Bonald. ☎ 05-65-77-14-00. • reservation@foyer-sainte-therese.fr • fjt-rodez.wifeo.com • ♿ Nuitée 20-29 €/pers, petit déj inclus ; carte membre obligatoire : 1 €/pers (valable 1 sem). Repas 9 € (sur résa slt le w-e) et cuisine à dispo.* Dans une rue piétonne du vieux centre, un foyer de jeunes travailleurs occupant une belle demeure ancienne (ancien *Hôtel de France* du XVIIIe s), bien restaurée. Locaux sans charme en revanche, chambres pas bien grandes, mais l'ensemble est particulièrement bien tenu. Accueil souriant.

🏠 🍽 ***Hôtel du Midi*** *(plan B1, **13**) : 1, rue Béteille. ☎ 05-65-68-02-07. • contact@hotel-rodez.com • hotel-rodez.com • Resto fermé vac de Noël. Doubles 58-78 € selon taille et saison. Menus 19-32 €. Parking privé (5 €). Apéritif offert au resto sur présentation de ce guide.* Un petit hôtel rénové, en plein centre, bourré d'habitués, ce qui confirme la qualité du lieu. Chambres et salles de bains pas immenses mais nickel, très calmes à l'arrière. Resto bien pratique sur place. Les mêmes patrons possèdent, juste en face, l'***Hôtel Concorde*** *(plan B1, **14**)*, dans un style contemporain qui propose surtout des chambres familiales. Confort, gamme tarifaire et clientèle similaires. Simple et sans façon ; bon rapport qualité-prix.

De prix moyens à chic

🏠 ***Hôtel de la Tour Maje*** *(plan B2, **15**) : 1, bd Gally. ☎ 05-65-68-34-68. • tourmaje@orange.fr • hotel-tour-maje.fr • Fermé pour les fêtes de fin d'année. Doubles 88-102 € selon confort et saison ; petit déj 13-15 €. Réduc de 10 % sur la chambre sur présentation de ce guide (jan-avr et oct-15 déc).* Hormis la tour médiévale (XIVe s) dans laquelle ont été aménagées les suites, l'imposante bâtisse ne laisse extérieurement rien présager du charme des lieux, rénovés dans un style inspiré des nouvelles tendances. Chambres modernes et confortables (moquettes épaisses, couettes, clim...), certaines avec vue sur la cathédrale. Également 3 suites familiales. Accueil particulièrement attentionné, excellent petit déj et situation exceptionnelle. Un tiercé gagnant !

🏠 ***Hôtel Biney*** *(plan B2, **16**) : 7, bd Gambetta. ☎ 05-65-68-01-24. • hotel.biney@wanadoo.fr • hotel-biney.com • Doubles 79-89 € ; petit déj 12 €.* Un discret petit hôtel tout confort, en plein cœur de Rodez. Au calme et donnant sur une cour-jardin bien fleurie en saison. Hammam et sauna (payants). On apprécie les prestations, l'accueil et les chambres en partie rénovées. Copieux buffet au petit déj.

Plus chic

🏠 ***Hôtel Mercure Rodez-Cathédrale*** *(plan B2, **17**) : 1, av. Victor-Hugo. ☎ 05-65-68-55-19. • h7013@accor.com • mercure-rodez-cathedrale.com • ♿ Doubles 100-170 € ; petit déj 14,50 €.* Cette vénérable institution hôtelière a fait peau neuve, dans son bâtiment Art déco classé. Boiseries, vitres aux découpes géométriques et mosaïques sont d'époque. En revanche, côté chambres, on a misé sur le design contemporain. Style épuré, couleurs froides ponctuées de touches franches et colorées, salles de bains modernes. Enfin, toutes les chambres sont climatisées. Dans le salon bar, belles fresques murales de Maurice Bompard, artiste aveyronnais. Un bel établissement qui plaira autant aux cadres d'affaires qu'aux tourtereaux en goguette !

🏠 ***La Ferme de Bourran*** *(hors plan par A1, **18**) : quartier de Bourran. ☎ 05-65-73-62-62. • contact@fermedebourran.com • fermedebourran.com • ♿ Doubles 99-200 € selon confort et saison ; petit déj 14 €.*

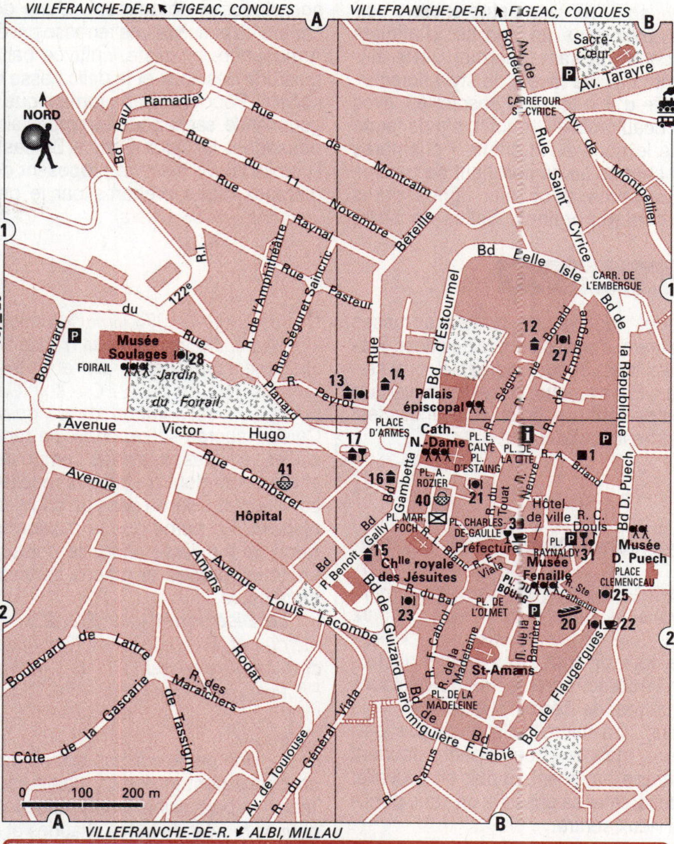

RODEZ

■ **Adresses utiles**

- ℹ Office de tourisme *(B2)*
- **1** Comité départemental de la randonnée pédestre de l'Aveyron *(B2)*

Où dormir ?

- **10** Camping municipal de Layoule *(hors plan par B1)*
- **11** Auberge de jeunesse – Résidence des Capucines *(hors plan par B1)*
- **12** Habitats jeunes du grand Rodez *(B1)*
- **13** Hôtel du Midi *(B1)*
- **14** Hôtel Concorde *(B1)*
- **15** Hôtel de la Tour Maje *(B2)*
- **16** Hôtel Biney *(B2)*
- **17** Hôtel Mercure Rodez-Cathédrale *(B2)*
- **18** La Ferme de Bourran *(hors plan par A1)*

Où manger ?

- **20** Aubrac Burger *(B2)*
- **21** La Gargouille *(B2)*
- **22** La Maison de Cécile et Aimé *(B2)*
- **23** Le Bistroquet *(B2)*
- **25** Les Arômes *(B2)*
- **26** Les Jardins de l'Acropolis *(hors plan par A1)*
- **27** Goûts et Couleurs *(B1)*
- **28** Café Bras et le Comptoir *(A1)*

Où écouter de la musique ?

- **17** Café Le Broussy *(B2)*
- **30** O' P'tit Bonheur *(B2)*
- **31** Café Saint-Just *(B2)*

Achats

- **40** Le Couteau de Laguiole *(B2)*
- **41** Les Délices de Louise *(A2)*

Parking privé. Une petite enclave verdoyante dans un quartier d'affaires excentré et sans charme. Cette élégante bâtisse rosée, de style florentin, dotée d'une terrasse ensoleillée, avec un beau mobilier en rotin, n'a de ferme que le nom. À l'intérieur, 7 chambres de charme au confort haut de gamme et superbe déco aux lignes pures et contemporaines. Salles de bains somptueuses notamment. L'une des chambres possède une terrasse privée. Atmosphère intimiste, cultivée par la quiétude des lieux et la délicatesse du service. Pour une étape romantique et gourmande, sachez que les propriétaires possèdent le *Vieux Pont* à Belcastel (1 étoile au *Michelin*) et proposent des plateaux-repas préparés par le chef *(sur résa, env 30 €/pers).*

Où manger ?

Rodez regorge de petites adresses vraiment sympas pour le déjeuner. Produits frais, accueil agréable, prix serrés... En revanche, les restos ouverts le soir ne sont pas légion et le lundi, c'est disette toute l'année...

Sur le pouce

Aubrac Burger *(plan B2,* ***20****) : 9-11, rue Sainte-Catherine. ☐ 07-81-85-28-53. • aubrac.burger@gmail.com • Tlj sauf dim midi et lun. Burgers env 10 € (frites et boisson incluses).* Le nom dit tout : des steaks hachés de l'Aubrac, agrémentés de quelques touches de terroir : roquefort, foie gras... La micro-salle n'est pas glamour, mais le « bon appétit » souriant rattrape largement. Et puis on peut aller consommer sa prise sur un banc public du vieux centre.

Bon marché

|●| ***La Gargouille*** *(plan B2,* ***21****) : 1, pl. d'Estaing. ☎ 05-65-68-87-16. ♿ Le midi slt mar-sam. Fermé dim-lun. Résa conseillée. Formule 20 €.* Le genre d'adresse idéale, en centre-ville, pour se repaître, après une bonne visite de la cathédrale, d'une généreuse assiette ibérique, océanique ou aveyronnaise (et tant d'autres sur la carte !), agrémentée d'un petit vin (sélection courte mais judicieuse). Vaste choix de tartines aussi : au confit de poire et foie gras, fenouil-basilic et filets d'anchois ; des planches de jambon de Bayonne, etc. Succès mérité.

|●| ***La Maison de Cécile et Aimé*** *(plan B2,* ***22****) : 2, bd Flaugergues. ☎ 05-65-69-57-97. • maison.cecile.aime@gmail.com • Lun-sam 12h-18h et soir jeu-sam. Fermé dim et j. fériés. Formule 15 € au déj, 21 € le soir. Café offert sur présentation de ce guide.* Cuisine sucrée-salée, choix de tartes salées, salades, assiettes composées et douceurs dont un fameux moelleux au chocolat... servis dans un cadre fort plaisant. Et, parce que la maison fait salon de thé, large choix de boissons chaudes, crêpes et glaces servies à toute heure.

|●| ***Le Bistroquet*** *(plan B2,* ***23****) : 17, rue du Bal. ☎ 05-65-68-74-75. Tlj sauf dim, lun et j. fériés. Congés : 1 sem à Pâques, 2 sem à partir du 15 août. Formule déj 13,80 €. Menus 17-20,50 €. Café offert sur présentation de ce guide.* Une petite adresse sympa dans un cadre contemporain, chaleureux. Tables en bois clair et grande cheminée, pour se régaler de tartes chaudes et de grillades au feu de bois, accompagnées d'une bonne salade. Quelques tables en terrasse dans la rue piétonne.

De prix moyens à chic

|●| ***Les Arômes*** *(plan B2,* ***25****) : 5, rue Sainte-Catherine. ☎ 05-65-87-24-41. • gregrichard17@hotmail.fr • Tlj sauf dim soir-mar. Formule 11,50 € et menu 13,50 € (déj en sem) puis 21-26,35 €. Café offert sur présentation de ce guide.* Tenu par une jeune équipe qu'on a envie de soutenir, tant ils mettent de cœur à l'ouvrage : accueil attentionné et service efficace dans une petite salle contemporaine entre des murs du XVIe s. Et, dans les assiettes, une savoureuse cuisine de marché à des prix plutôt serrés.

Les Jardins de l'Acropolis (hors plan par A1, **26**) : *rue d'Athènes, quartier de Bourran. ☎ 05-65-68-40-07. • dominique.panis234@orange.fr • ♿ Tlj sauf dim et lun soir. Congés : 15 j. début août. Formules déj 18,50-23 € (en sem), sinon formule 26 € et menus 32-55 €.* 3 grandes salles fort plaisantes, aérées et confortables. Tables bien séparées avec fleurs fraîches. Accueil affable, service sans reproche. Surprenant rapport qualité-prix de la formule du midi. Dominique Panis nous propose ici une cuisine personnelle et assez inspirée, à l'abri cependant d'innovations trop intempestives, s'appuyant avant tout sur une solide tradition. Carte des vins bien fournie.

Goûts et Couleurs (plan B1, **27**) : *38, rue de Bonald. ☎ 05-65-42-75-10. • infos@goutsetcouleurs.com • goutsetcouleurs.com • Ouv mar-sam. Fermé dim-lun (et mar midi hors saison). Congés : 4-28 mars, 2-18 sept. Résa conseillée. Formule déj 34 € (en sem), menus 44-84 €.* Cadre aux tons pastel, tableaux culinaires aux murs, atmosphère moderne et chaleureuse, idéale pour dîner en amoureux. Saveurs multiples pour une cuisine ludique et contrastée. Service dynamique et décontracté. Vraiment un bon souvenir. Grande terrasse agréable à l'arrière.

Café Bras au musée Soulages ; (plan A1, **28**) : *jardin du Foirail. ☎ 05-65-68-06-70. • contact@cafebras.com • Ouv mar-dim. Fermé lun (et mar nov-mars) : resto midi slt (résa très conseillée), plus sam soir pdt les vac scol ; espace comptoir 9h-19h. Congés : janv. Menu 32 € ; miwan dès 8,80 € ; tartes env 5,50 €. Café offert sur présentation de ce guide.* L'Aveyronnais Michel Bras ne pouvait être en reste dans la conception du musée Soulages qui s'est faite en harmonie totale avec l'architecture et l'esprit du lieu. Matériaux jouant sur la gamme des gris avec spectacle de la cuisine ouverte et vue sur les monts d'Auvergne. Menu au déjeuner à prix démocratique avec une entrée du jour surprise, un choix de 3 plats à l'inspiration du marché, suivi de fromages ou d'un dessert. En toute simplicité, un condensé de l'inventivité et du savoir-faire de l'équipe de Michel Bras, avec une mise en valeur des produits et recettes de sa région. Service attentif et accueil à la hauteur.
En complément, si vous n'avez pas réservé, le **Comptoir** accueille les visiteurs dès le matin pour prendre un en-cas : *fouace, pascade* et *farçous, tripous,* œufs et charcuterie ; au déjeuner *(12h-14h)* un étonnant *miwan* sur feuille plissée, et 2 couches de céréales bio agrémentées de petites choses succulentes, pour finir au goûter *(15h30-18h)* avec un copieux *bourriol* à base de seigle, de froment et de pomme de terre avec garniture sucrée. Une salle annexe est destinée à l'organisation de cours de cuisine.

Où dormir ? Où manger dans les proches environs ?

Bon marché

Auberge de jeunesse – Résidence des Capucines (hors plan par B1, **11**) : *26, bd des Capucines, 12850* ***Onet-le-Château.*** *☎ 05-65-77-51-07. • laurence.meyronneinc@residence-les-capucines.fr • residence-les-capucines.fr • Près de la gare, à 3 km du centre. Direction Espalion et, au carrefour du supermarché, tourner à droite. Bus ligne C et D du centre-ville (près du musée), ligne S le soir. Tte l'année. Compter 26,70 €/pers, forfait couple 35,90 €, petit déj inclus. Plat du jour 7 €, formules 8,90-12,40 €.* Une AJ « haut de gamme » avec plusieurs choix de chambres, TV dans la salle commune et un agréable jardin avec terrain de volley-ball. Piscine à proximité.

De chic à plus chic

Château de Labro : *Labro, 12850* ***Onet-le-Château.*** *☎ 05-65-67-90-62. • contact@chateaulabro.fr •*

L'AVEYRON

chateaulabro.fr • Doubles 90-390 € selon catégorie, cabane dans les arbres env 250 € ; petit déj 15 €. Dîner 29-45 €, tlj sauf sam (juil-août), tlj sauf dim-lun (sept-juin). Tout près du centre du vieux village d'Onet et son château, un domaine d'exception, isolé en pleine campagne. À part le bruissement du vent dans les arbres, pas un bruit : ici, on cultive le charme et la discrétion. Dans la demeure principale, 14 chambres, toutes superbes et différentes, romantiques en diable et somptueusement meublées façon Grand Siècle. Les tourtereaux apprécieront de passer la nuit dans la *Canopée*, perchés dans les branches. Tout luxe « à bord ». Comme dans l'ensemble des chambres, du reste. Pas de télé, on est là pour s'enivrer du bruit de la nature ! Spa et grande piscine au milieu des vignes ; le vin du domaine est servi à la table du resto, superbe décor de bistrot avec grandes baies vitrées et vue panoramique sur la campagne environnante. Une ambiance hors du temps...

***Les Lisbéales** : 176, rte du Château, 12850 **Onet-le-Château.** 06-33-62-59-25. • miniscloubeatrice@orange.fr • les-lisbeales.com • Doubles 99-145 € selon saison. Remise de 10 % sur la chambre à partir de la 3e nuit sur présentation de ce guide.* Cette ancienne grange a été magnifiée par la famille Minisclou, pour s'ouvrir à leurs hôtes. Les murs épais en pierre calcaire gardent au lieu son bâti traditionnel, mais pour le reste, on est dans un espace totalement relooké avec énormément de goût. Une salle commune agrémentée d'une cheminée centrale à foyer ouvert, du mobilier design (créé en partie par les maîtres des lieux), des espaces mansardés aménagés judicieusement. Les chambres ont 20 à 30 m² au compteur. Tout confort, elles sont équipées de grands lits, dont un tout rond, et un carrément suspendu... Chacune est agrémentée d'un espace salon et d'une salle de bains moderne. Une véritable adresse de charme !

Où boire un verre ? Où sortir ? Où écouter de la musique ?

***O' P'tit Bonheur** (plan B2, **30**) : 4, carrefour Saint-Étienne. ☎ 05-65-73-14-23. Tlj 7h-20h sauf dim (2h ven-sam).* Un bar façon brocante bien agréable en centre-ville. On choisit entre la terrasse sur la place piétonne ou la salle avec tables bistrot, banquettes vertes, bar-bibliothèque et quelques vieux objets ponctuant le rouge des murs. Service sympa.

***Café Saint-Just** (plan B2, **31**) : 23, rue Saint-Just. ☎ 05-65-42-54-63. • jerubio@wanadoo.fr • Tlj sauf dim jusqu'à 23h (lun)-1h du mat (2h ven-sam).* Atmosphère tamisée, bar circulaire, vidéo... Fréquents concerts. Clientèle plutôt étudiante (jeune en tout cas !).

***Café Le Broussy** (plan B2, **17**) : 1, av. Victor-Hugo. ☎ 05-65-68-39-84. Tlj sauf dim jusqu'à 1h.* Un chef-d'œuvre de café Art déco. À part le comptoir, quasiment tout est d'époque : les mosaïques de la façade (sur le sol, l'ancien nom : *Café Riche*), le sol en céramique, les verres de lampe, le plafond, certaines ferronneries. Les clients en apprécient tout à la fois le charme rétro et l'espace.

Achats

***Le Couteau de Laguiole** (plan B2, **40**) : 3, rue Penavayre. ☎ 05-65-68-69-31. Tlj 8h30-19h sauf dim (lun 8h30-12h, 13h30-17h45).* Pour ceux qui ne passent pas par Laguiole, cette boutique est une superbe vitrine des créations de la coutellerie *Forge de Laguiole*, ou de ses acquisitions de renom : Le *Taureau* et les fameux *Nontron* (Périgord). Grands classiques et superbes créations contemporaines, créées par des designers ou des chefs (étonnant couteau à fromage dessiné par Michel Bras), qui donnent un côté moderne à cet art ancestral.

Les Délices de Louise (*plan A2,* **41**) **:** *14, rue Combarel.* ☎ *05-65-68-47-99.* 📱 *06-07-64-91-10.* ● *les-delices-de-louise.com* ● *Mar-ven 9h30-13h30, 16h-19h30, sam 9h30-12h30.* La boutique-traiteur de Babeth et Flo se remplit dès le matin des odeurs et des saveurs de la cuisine aveyronnaise inspirée des recettes de leurs grands-mères : *farçous, fouaces,* soleils, choux farcis, tourtes au ris d'agneau ou au roquefort, pâtés en croûte au foie gras ou aux foies de volaille, rissoles à la viande... Juste à côté, la *Table de Louise* permet désormais d'accueillir confortablement la dégustation de ces mêmes spécialités, dans un décor qui met en valeur l'histoire et les attraits de la région.

À voir

➢ Rodez se découvre à pied en solo (l'office de tourisme propose un plan bien renseigné) ou en visites organisées. Encore plus agréable le jour du marché avec ses étals débordant de merveilles.

DES RÉVOLUTIONNAIRES UN PEU CLOCHES

Le clocher de la cathédrale fut à deux doigts d'être modifié en 1794. Des révolutionnaires proposèrent d'y remplacer la Vierge par une statue glorifiant la liberté, et les évangélistes par quatre grandes figures de la Révolution française. Un projet jamais mis en œuvre : ça clochait !

*** ***La cathédrale Notre-Dame*** (*plan B2*) **:** un des chefs-d'œuvre du gothique : 107 m de long sur 36 m de large. Le grès rouge (très friable, ce qui nécessite une restauration constante) apporte en outre une chaleur considérable. Commencée au XIIIe s, elle ne fut achevée que trois siècles plus tard. Contrairement à d'autres édifices dont la construction dura également fort longtemps, elle présente une architecture assez homogène. Le fascinant clocher du XVIe s, de style gothique flamboyant, nécessita 13 années pour être élevé à 87 m de haut. Seules les deux tours de la façade ouest ne furent jamais vraiment terminées. Étrange façade, avec son air de forteresse, son absence de porche et d'ornementation (à part la splendide rosace). Il faut dire qu'elle était intégrée aux remparts et contribuait au système de défense.
À l'intérieur, très grande ampleur de la nef prolongée par un chœur tout aussi long. Architecture assez dépouillée, sans chapiteaux sur les colonnes. Magnifiques stalles sculptées où alternent thèmes profanes (animaux fantastiques) et religieux. Près de l'autel, une intéressante *Vierge à l'oiseau* du XVIe s.
Autour du chœur, sept vitraux contemporains de Stéphane Belzère. En commençant par la droite : *L'Eau – la Genèse,* sur fond bleu, représente le premier jour de la Création où apparaissent les premiers éléments de vie. Riche bestiaire aquatique. *Le Feu,* d'un rouge ardent. Sur le vitrail de *L'Air,* beau contraste de couleurs entre le fond bleu et la représentation des saints dans des tons chauds rouge, orange et jaune. Bien que représentés sous forme de silhouettes, certains saints restent reconnaissables à leurs attributs (saint Denis décapité, sainte Agathe les seins arrachés, ou encore saint Michel terrassant le Dragon). *La Terre,* dans les tons plus fondus de vert, évoque la généalogie du Christ. À gauche du chœur, *La Transfiguration* : le regard monte irrésistiblement des sombres ténèbres vers les tons rouge, puis jaune pâle de la lumière. Une prouesse technique, notamment en raison de la dimension des plombs. Enfin, magnifique vitrail évoquant *Les sacrements,* en langage des signes (tout en bas, les mains versant de l'eau pour le baptême), le tout baigné par le sang du Christ.
Admirer le superbe *buffet d'orgue* du XVIIe s, en noyer, portant une *Vierge à l'Enfant* entourée d'évêques. Dans la chapelle Sainte-Élisabeth, juste à gauche, voir aussi le vitrail offert par les prisonniers de guerre 1939-1945 qui évoque, avec d'authentiques visages de prisonniers, l'insoutenable vie des camps.

Jetez enfin un coup d'œil à la chapelle du Saint-Sacrement (au bas de la tour nord-ouest), datant de la seconde moitié du XVIe s, constituée de deux travées et d'un plafond avec de superbes voûtes en nid d'abeilles.

Au nord de la cathédrale, le quartier de l'Embergue *(plan B1-2)*

Depuis le palais épiscopal, emprunter l'impasse Cambon, qui mène au superbe ***hôtel De Lauro*** (XVIe s). Splendide tourelle d'angle en brique et encorbellement sculpté. Porte monumentale et belle cour intérieure restaurée. De là, le passage des Hebdomadiers permet de rejoindre l'étroite et pittoresque rue Séguy. Au no 12 bis, l'***hôtel de Bonald*** (XVIe s), avec cour intérieure et élégant portail d'entrée. En enchaînant rue de Bonald, beau portail de l'ancien ***hôtel de France*** (XVIIe s) au no 21. Par un passage sous voûte, juste en face, on accède à la ***place de l'Embergue,*** un étonnant exemple de restauration d'un vieux quartier. Avec des jardins, des terrasses au calme, de la verdure, le tout entouré de quelques maisons anciennes. Recoins bucoliques, passages et couloirs rejoignant les rues avoisinantes, dont la rue de l'Embergue qui compte quelques belles demeures de style Renaissance et maisons à pans : voir au no 24, le portail de ***l'hôtel de Séguret*** (XVIIe s).

Au sud de la cathédrale *(plan B2)*

La place Adrien-Rozier : *face au portail sud de la cathédrale.* À droite, à l'entrée de la rue Penavayre, ***hôtel Molinier,*** ancienne maison canoniale du XVe s. Portail en arc brisé avec demi-tourelles en encorbellement. Dans la cour, puits sculpté. Emprunter la rue Cusset, typiquement médiévale.

La maison de Benoît : *pl. d'Estaing.* Édifice du XVe s, au bel encorbellement de pierre et aux grandes fenêtres à meneaux. Entrer sous le porche pour voir la ravissante cour intérieure avec balcon à gargouilles et arches en gothique flamboyant.

La rue du Touat : très commerçante. On y trouve la *maison de Guitard* (dite « *tour des Anglais* »), au no 15 ter (angle rue Bosc). Noble et haute bâtisse en grès rouge à fenêtres géminées, du XIVe s. À l'angle avec la ***place Charles-de-Gaulle,*** une belle maison XVIe s à pignons et encorbellement. Quatre larges fenêtres à meneaux, obturées en grande partie.

La chapelle royale des Jésuites : façade de grès rouge, de style classique, avec colonnes corinthiennes. Intérieur de style baroque. Ancienne chapelle du collège royal du XVIIe s.

La maison d'Armagnac : *pl. de l'Olmet.* Très belle résidence d'un riche marchand au XVIe s, mariant les styles gothique et Renaissance avec une intéressante ornementation de façade. Festival de meneaux et lucarnes. Noter aussi les personnages en médaillons. Rue d'Armagnac, d'autres imposantes maisons en encorbellement se suivent.
Prendre la petite rue Saint-Amans en aller-retour jusqu'à l'***église Saint-Amans,*** la plus ancienne de Rodez. Bâtie au XIIe s, entièrement reconstruite au XVIIIe s. À l'intérieur, chapiteaux romans dignes d'intérêt et tapisseries du XVIe s.

La place du Bourg : quelques demeures anciennes, dont la magnifique ***maison de l'Annonciation*** du XVIe s, à l'angle de la rue Marie, notre préférée. Grandes fenêtres à meneaux et élégante tourelle d'angle sur cul-de-lampe. À l'angle de la rue Lebon, autre superbe demeure en encorbellement et colombages.

La rue Sainte-Catherine : face à l'angle avec la rue Saint-Just, belle façade de l'hôtel de Jouery avec ses fenêtres à meneaux et corbeaux (voir ci-après le musée Fenaille). Face au nº 5, belle maison médiévale. Au nº 9, importante demeure bourgeoise en pierre, avec traces d'ouvertures gothiques. Continuer rue des Pénitents-Blancs et rue de la Barrière (au nº 1, bel hôtel particulier avec hautes fenêtres à balustres).

Le musée Fenaille (plan B2) : *14, pl. Raynaldy. ☎ 05-65-73-84-30. • musee-fenaille.grand-rodez.com • Mai-sept dim-lun 14h-18h ; mar-sam 10h-18h. Oct-avr, mar-ven 10h-12h, 14h-18h ; sam 11h-18h, dim 14h-18h. Entrée : 9 € (billet unique pour tous les musées ; valable 28 j., limité à 1 entrée par musée) ; réduc ; gratuit moins de 18 ans.*

Ce musée présente la plus importante collection en Europe occidentale de *statues-menhirs,* dont « la dame de Saint-Sernin », découverte par l'abbé Hermet en 1888 et si chère à Pierre Soulages. Vieilles de près de 5 000 ans, ces œuvres, pour la plupart originaires du sud du département, demeurent une vraie énigme. Quelle civilisation peut-elle en être à l'origine ? Petits menhirs joliment sculptés, dont on distingue bien ceux illustrant un homme ou une femme, sans oreilles ni bouche. Quant aux statues masculines, elles portent un intriguant « objet ».

Les trois autres étages de ce très beau musée retracent l'archéologie et l'histoire du Rouergue, aménagés dans le superbe *hôtel de Jouéry,* avec ses puits ornés, sa cour intérieure magnifique, son escalier monumental et ses galeries en bois. Les salles des collections médiévales et d'art religieux sont parsemées de beaux éléments de décor : cheminées, plafonds ouvragés, soubassements. Parmi les objets à ne pas rater, ce « casque à visage » de cavalier romain, « l'enchaîné de Rodez » (énigmatique squelette d'un homme, remontant à l'Antiquité, portant un lourd collier de fer riveté et les poignets menottés), une superbe *Vierge de l'Annonciation,* des vitraux, le *Christ* de Bonnecombe, etc. À ne manquer sous aucun prétexte, d'autant que quelques œuvres de Rodin s'y exposent pour quelques années (Fenaille ayant été l'un de ses mécènes, pour la petite histoire).

Le musée Denys-Puech (plan B2) : *pl. Clemenceau. ☎ 05-65-77-89-60. Mer-dim 14h-18h (plus mar juil-août). GRATUIT.* Musée de sculpture et de peinture présentant au rez-de-chaussée les œuvres des artistes aveyronnais les plus connus, notamment Maurice Bompard, Eugène Viala et Denys Puech, ancien directeur de la villa Médicis et Grand Prix de Rome en 1884, qui légua sa collection de sculptures à la ville. Aux autres étages, expos temporaires, notamment d'art contemporain, ou thématiques.

Le musée Soulages (plan A1) : *jardin du Foirail. ☎ 05-65-73-82-60. • musee-soulages.rodezagglo.fr • Juil-août, lun 14h-19h et mar-dim 10h-19h ; mai, juin et sept, mar-dim 11h-19h ; oct-avr, mar-ven 10h-12h, 14h-18h, w-e 11h-18h. Entrée : 9 € (billet unique pour tous les musées ; valable 28 j., limité à 1 entrée par musée) ; réduc ; gratuit moins de 18 ans. Possibilité de visites guidées avec l'office de tourisme.*

Né à Rodez en 1919, toujours en activité, Soulages est un peintre abstrait, grande figure de l'Art contemporain, surtout connu pour son travail sur la couleur noire et ses reflets (ce qu'il appelle l'« outre-noir »). Il a fait don avec sa femme Colette, en 2005 et 2012, à *Rodez agglomération* d'une majeure partie de son

NOIR C'EST NOIR

Soulages s'est formé au contact de la matière brute, comme la pierre, la terre, les cailloux. Il a retenu des arbres leur architecture, mais sans leur feuillage. L'essentiel de sa peinture se trouve dans le déploiement des lignes verticales et horizontales. Étranger à la démarche intellectuelle, il s'est toujours laissé porter par une émotion créatrice spontanée.

L'AVEYRON

travail. 500 œuvres et documents dont des toiles (avec de rares réalisations de jeunesse, encore figuratives), une centaine de dessins (dont certains au brou de noix, les cartons, échantillons de verre, films et photos préparatoires à la réalisation des célèbres vitraux de Conques, translucides mais pas transparents) et aussi de l'ensemble de ses lithographies, sérigraphies, gouaches et eaux-fortes. Reprenez votre souffle, c'est la plus grande collection Soulages au monde. À collection exceptionnelle, écrin inhabituel, selon les vœux de l'artiste : le projet a été confié à des architectes catalans de renom, Aranda, Pigem et Vilalta, qui ont imaginé un vaste espace monolithique d'acier Corten oxydable, rappelant le brou de noix, utilisé habituellement par les ébénistes, et par Soulages dans les années 1940, par souci d'économie, et auquel il va donner ses lettres de noblesse. Installé au cœur du jardin du Foirail, d'où l'on jouit d'une très belle vue sur les monts d'Auvergne, le musée et la disposition des salles ont été conçus en fonction de la donation, avec de belles ouvertures sur l'extérieur.

Les méthodes de l'artiste sont largement explicitées par la démonstration des outils nécessaires à la technique particulière pour travailler la matière noire : peinture acrylique, racloir, pinceau large, brosses, couteaux, lames... On progresse ainsi dans l'œuvre de l'artiste depuis l'utilisation de couleurs sombres pour, par contrastes, générer la lumière, jusqu'à ses toiles à la peinture à l'huile, grand (très grand) format, travaillées à la brosse et dans l'épaisseur de la matière. Chaque visiteur ne manque pas de s'approcher de côté ou de face pour découvrir les immenses panneaux striés où le noir scintille de mille façons sous l'éclairage. Avec son *outre-noir,* la lumière s'y reflète d'une façon différente pour chaque tableau. Noter que les toiles n'ont pas de nom afin de ne pas orienter le spectateur et laisser libre cours à son interprétation. Un musée unique puisque l'accrochage s'est fait sous la direction de Soulages en personne et de sa femme. Il convient sans doute, surtout pour les plus réticents, de le découvrir dans le cadre d'une visite guidée afin de mieux apprécier le travail et la démarche de ce grand artiste.

Et pour répondre à un autre souhait de Soulages (qui avoue détester les musées monographiques !), ce musée, lieu vivant à la fois élitiste et populaire, accueille également des expositions d'art contemporain et d'autres manifestations (rencontres, débats), ouvre sa bibliothèque au public et organise des ateliers à destination des jeunes, se posant ainsi comme le porte-drapeau de la revitalisation du département. La gestion du restaurant a été confiée, en « union libre » avec Soulages, à Michel et Sébastien Bras, autres artistes locaux ! (voir « Où manger ? »).

Fêtes et manifestations

– ***Festival occitan Estivada :*** *pdt 3 j. en été ; grande fête gratuite. Rens : ☎ 05-65-75-76-77 (office de tourisme).* Concerts, expositions, théâtre, produits du terroir et l'accent chantant !

– ***Festival folklorique international du Rouergue :*** *une dizaine de jours début août. ☎ 05-65-46-89-90 (mairie de Pont-de-Salars). • festival-rouergue.com •* Depuis une cinquantaine d'années se tient en été un festival folklorique qui voit venir du monde entier des groupes dans une vingtaine de villes du département. De la Biélorussie à l'Inde, de la Russie au Brésil. Un des plus anciens festivals de la région.

DANS LES ENVIRONS DE RODEZ

ꝏ ***Sainte-Radegonde*** et ***Inières :*** à 7 km à l'est de Rodez, ces deux villages en pleine campagne possèdent d'imposantes églises fortifiées (mâchicoulis et minitourelles en encorbellement). Blotties autour, de très vieilles et rudes maisons. Belle *Annonciation* en calcaire à l'intérieur de l'église d'Inières (récupérer les clés à la maison juste à côté).

LAISSAC (12310)

À 25 km à l'est de Rodez, en remontant le courant de l'Aveyron, une grosse bourgade agricole notable pour son agitation bovine hebdomadaire et quelques sites intéressants à visiter alentour.

Adresse utile

Office de tourisme : *1, av. de Rodez. ☎ 05-65-70-71-30. • contact@laissac-tourisme.com • Tlj 9h-12h, 14h-18h (18h30 en été), sauf dim ap-m en été ; dim le reste de l'année, et sam ap-m nov-mars.* Bonnes informations sur la région. Organise également les visites du marché aux bestiaux et du château des Bourines (voir plus loin « À voir à Laissac et dans les environs »).

Où manger ? Où dormir à Laissac et dans les environs ?

La Grange de Monteillac : *12310 **Sévérac-l'Église.** ☎ 05-65-70-21-00. 06-87-46-90-83. • info@la-grange-de-monteillac.com • la-grange-de-monteillac.com • Depuis la N 88, entrer dans Sévérac-l'Église par la D 602 (fléché). De mai à mi-sept (avr-sept pour les loc). Empl. tentes 14,90-29,90 € selon saison ; habitat toilé, mobile homes et chalets 205-1 036 €/sem selon capacité et saison. 104 empl.* Camping idéal pour les séjours en famille : nombreuses animations pour les enfants. Bien équipé, avec de grands emplacements, tranquilles, à l'orée d'un charmant village. Piscine.

Le Clos du Barry : *5, rue du Barry, 12310 **Sévérac-l'Église.** ☎ 05-65-42-47-01. • contact@leclosdubarry.fr • leclosdubarry.fr • À 4 km à l'est de Laissac par la N 88 (bien fléché dans le village). Doubles 70-110 € selon taille et saison. Table d'hôtes 24 € (assiettes repas également). Remise de 10 % sur la chambre (hors juil-août) sur présentation de ce guide.* Une adresse dont l'entrain commence par la cloche, qu'on « sonne fort » pour signaler sa présence. Suit l'accueil enjoué de Christelle et Guillaume. Puis la découverte des chambres qui, toutes, réservent de très belles surprises. Deux donnent de plain-pied dans la cour autour de laquelle se lovent les jolis corps de bâtiment en pierre. Trois sont dans les étages. Vastes et aménagées avec goût et beaucoup d'idée, soit modernes, soit classiques, avec toujours une mise en valeur remarquable du bâti ancien. Et, le matin, bon petit déj pour commencer la journée dans les « tartines-blocks ».

Hôtel-restaurant Cazes Arazat : *15, av. de la Roque, à Laissac. ☎ 05-65-69-60-25. • anne-arazat@wanadoo.fr • hotel-cazes.fr • Au centre du bourg. Doubles 52-77 € selon saison et confort. Resto tlj sauf ven soir-sam et dim soir hors saison. Formules 15-18 € ; menus 24-31 €.* L'établissement tient la route depuis 7 générations. Côté chambres, fraîches et rénovées, un confort standard et des salles de bains au goût du jour. Côté cuisine, plats du terroir et recettes immuables pour toutes les envies et tous les budgets. Une bien bonne adresse.

À voir à Laissac et dans les environs

Le marché aux bestiaux : *le Foirail, à Laissac. Le mar, visites guidées avec l'office de tourisme de mi-juin à sept, vac de Pâques et de la Toussaint, 7h45-9h45. Départ ttes les 30 mn. Tarif : 4 € ; gratuit moins de 12 ans.* À moins d'être éleveur ou maquignon, il est bien difficile de saisir tout ce qui se joue sur un tel marché, l'un des plus importants de France. Néanmoins, une visite permet d'en humer (dans tous les sens du terme !) l'ambiance. Un film explicite le fonctionnement des transactions : très utile pour comprendre tout ce qui se passe avant que n'intervienne la *patcha,* ce claquement de mains qui scelle la vente. On découvre le foirail pour les bovins du haut d'une passerelle, avant de descendre visiter celui des ovins au ras des enclos. En parallèle, un marché de producteurs dans les rues du village.

Le château et la ferme fortifiée des Bourines : *12310* ***Bertholène.*** *À 6,5 km au nord de Laissac par la D 622, direction Gabriac. Visite guidée avec l'association* Les Bourines *et l'office de tourisme de Laissac juil-août, mar à 15h. Tarif : 5 € ; gratuit moins de 12 ans.* Remarquables château et ferme fortifiée des XIIIe-XVIIe s. Le donjon de 21 m, ancien grenier à blé, est solidement défendu par un rempart flanqué de tours d'angles. On doit le beau portail d'entrée du XVIe s à Georges d'Armagnac (évêque de son état). Juste devant, une belle croix de chemin datant du XVIe s. Ne pas rater non plus les bâtiments de la ferme juste à côté, la forge, le hangar à foin avec sa belle colonnade et la porcherie, surnommée « le petit Versailles des cochons »... Les films *Malevil* (1981) et *Fanfan la Tulipe* (2003) ont posé leurs caméras dans ce décor de rêve.

L'espace archéologique départemental : *12630* ***Montrozier.*** *☎ 05-65-70-75-00. • musees.aveyron.fr • À 8 km à l'ouest de Laissac, dans le village. Avr, oct et vac de Toussaint, mar-ven 14h-18h ; mai-juin et sept, tlj sauf lun et sam 14h-18h ; juil-août tlj sauf lun 10h-12h30, 13h30-18h30. Entrée : 3 € ; réduc ; gratuit pour les moins de 26 ans.* Dans ce croquignolet village dont le massif château surplombe l'Aveyron et un joli pont de pierre, un musée vivant avec des expositions, animations et initiation à l'archéologie tout au long de l'année.

Le jardin des Bêtes : *340, route des Barthes, 12630* ***Gages.*** *☎ 05-65-42-66-40. • jardindesbetes.fr • À 13 km à l'ouest de Laissac (fléché depuis la N 88). Avr-juin, sept-oct et vac de Toussaint, w-e 10h30-19h (18h sept-nov) ; juil-août, tlj 10h30-19h. Entrée : 13,50 € ; 10,50 € enfant.* Parc zoologique à taille humaine, avec toutes sortes d'animaux (ouistitis, perroquets, kangourous...) qui amuseront les grands et émerveilleront les petits. Labyrinthe végétal, village western et village des automates, reconstituant les villages du Rouergue.

LE SÉGALA

À l'ouest et au sud de Rodez, une région longtemps restée pauvre. La grande acidité des sols empêchait toute culture de céréales nobles, comme le blé. On se contentait d'y faire pousser le seigle (d'où le nom *Ségala*). Au cours de la première moitié du XXe s, la situation s'améliora avec la construction en 1902 du viaduc du Viaur, qui, en désenclavant la région, a notamment permis l'apport de chaux pour fertiliser les champs et diversifier les cultures. Le plateau est profondément entaillé par des cours d'eau. Aussi, après des passages relativement plats, la route plonge-t-elle dans de pittoresques vallons verdoyants dominés par des éperons rocheux. On y trouve des lieux tranquilles, peu touristiques, et des sites remarquables comme Belcastel ou Sauveterre.

BELCASTEL (12390) 210 hab. *Carte Aveyron, B2*

Un merveilleux – et discret – village, situé à mi-chemin de Villefranche et de Rodez. Un charme incomparable. Le village dégringole vers l'Aveyron, dans un désordre architectural et poétique absolu. Église du XVe s avec un gisant classé et un chemin de croix contemporain, ruelles parées de petits pavés ronds, solides demeures médiévales dans le beau grès local, superbe pont gothique ; au milieu, une croix du XIIIe s érigée là sur une table d'autel plus ancienne encore, pour apaiser les rivalités existantes entre les habitants d'un côté et de l'autre du pont... Et puis, au sommet du village, il reste encore le château qui se visite, ancienne propriété du célèbre architecte Fernand Pouillon (1912-1986), qui a notamment reconstruit une partie des immeubles du port de Marseille dans les années 1950.

Adresse et infos utiles

Bureau d'information touristique : *☎ 05-65-64-46-11. • pays-rignacois.com • Avr-oct, tlj sauf sam 10h30-12h30, 14h-18h ; fermé de Toussaint à mars.* Audioguide 2 € (dont une version pour malentendants et non-voyants).

– ***Marchés de producteurs de pays :*** *ven soir en juil-août.*

– ***Parkings payants obligatoires :*** *2 €, à 200 m du village.*

– ***Fête du village :*** *le 3e dim de juil. Rens : ☎ 05-65-64-46-11.* Spectacle son et lumière avec feux d'artifice. Une grande journée avec animations dans le village et spectacle en soirée *(compter env 4 €/pers).*

Où dormir ? Où manger ?

Camping

Camping municipal : *au bourg. ☎ 05-65-63-95-61. 📱 06-47-11-24-76. • camping@mairie-belcastel.fr • jean.bernardenat@gmail.com • mairie-belcastel.fr • Avr-sept. Empl. tentes 11,40-13,40 € selon saison. 30 empl.* Site on ne peut plus agréable, au pied du village et face à lui, sur les bords de l'Aveyron (baignade et pêche possibles). Terrain plat et herbeux. Un ensemble mignonnet. Bon accueil franco-italien.

Bon marché

Chez Anna : *de l'autre côté du pont. Le resto du camping (voir juste avt). Café offert sur présentation de ce guide.* Une épicerie-resto, pas mal du tout : assiette de charcuterie, raviolis à la ricotta, rissole aux pruneaux, truffade... On peut y prendre juste un verre, une bière artisanale ou une limonade qui l'est tout autant. Bon accueil.

Le 1909 : *près du pont. ☎ 05-65-64-52-26. • restaurant.le.1909@gmail.com • ♿ Juil-août tlj sauf le soir ven et lun ; avr-nov le midi slt. Petits plats et salades 12-15 €.* Resto sans prétention, à la grande salle un peu bruyante quand elle est pleine. Cuisine pour manger sur le pouce et l'après-midi crêpes ou glaces. Quelques tables dehors devant le « travail », qui servait à ferrer les bœufs.

De chic à plus chic

Hôtel-restaurant du Vieux Pont : *près du pont. ☎ 05-65-64-52-29. • contact@hotelbelcastel.com • hotelbelcastel.com • Fermé du dim soir au mar midi. Congés : janv à mi-mars. Doubles 100-118 € ; petit déj 13 €. Menus 35 € (déj en sem), puis 58-95 €. Parking privé.* La maison d'enfance des sœurs Michèle et Nicole Fagegaltier est une adresse incontournable. Situé de l'autre côté de la rivière, en traversant le petit pont du XVe s, l'hôtel, aménagé dans une ancienne grange, n'a rien à envier à la table, qui reste une des meilleures de la région. Cuisine du marché et de saison, qui utilise le meilleur de l'Aveyron : agneau Allaiton, bœuf fermier d'Aubrac, veau du Ségala, fruits de Pruines, etc. Chambres tout confort, élégantes, décor clair et soigné, plein de petites attentions.

Où dormir dans les environs ?

Prix moyens

Chambres d'hôtes Le Mas de la Tourelle : *lieu-dit Le Garric, 12220* ***Roussennac*** *(commune de Bournazel). 06-75-29-92-27. • contact@mas-de-la-tourelle.com • mas-de-la-tourelle.com • À 10 km au nord de Belcastel. Au rond-point de Rignac, prendre la D 994 direction Villefranche, à 4 km direction Roussennac puis, dans le village, D 658 direction Bournazel. Doubles 65-75 € selon saison. Gîte 480 € le w-e, 600-1 600 €/sem.* Retour aux sources pour ce couple de Parisiens venus reprendre la ferme familiale. Monsieur élève des agneaux, Madame prend soin de ses hôtes et de l'entretien de sa maison. Au programme du séjour, un ravissant jardin, une ferme de culture safranière (une occupation d'automne), une truffière (pour les longs hivers) et 3 charmantes chambres. Au rez-de-chaussée, une superbe suite que l'on qualifierait de « nuptiale » tant elle est romantique, avec accès de plain-pied à une large terrasse. Petit déj copieux et délicieux, servi dans la belle salle commune qui bénéficie également d'une cuisine américaine parfaitement aménagée à dispo des hôtes. Espace jeu et salon. Superbe piscine avec chaises longues sous pergola et accueil des plus chaleureux. Une adresse coup de cœur !

Chambres d'hôtes Le Moulin de Limayrac : *Limayrac, 12240* ***Colombiès.*** *☎ 05-65-69-47-10. • mail@lemoulindelimayrac.com • lemoulindelimayrac.com • À 15 km sud de Belcastel par la D 285, puis la D 997 à gauche ; traverser Colombiès et prendre la D 85 à gauche, puis la C 5 sur 300 m. Congés : oct-mars. Doubles 70-80 € ; familiales 90-110 €. Table d'hôtes 20 €. Gîtes 4 pers avec piscine privée 380-750 €.* Après de titanesques travaux de rénovation, Gordon et Guénaëlle ont redonné vie à ce moulin et proposent aujourd'hui 4 chambres (dont 3 familiales), hautes de plafond et joliment décorées. On entre par la spacieuse salle à manger, qui donne sur le petit jardin et quelques tables au bord du ruisseau. À l'étage, un chaleureux salon aménagé autour du poêle et de tous les livres issus de l'ancienne librairie, *so British,* du père de Gordon, qu'on traverse pour accéder aux chambres. Une escale de caractère avec, au menu, de l'espace, du bien-être, et un bon petit déjeuner !

À voir à Belcastel et dans les environs

Le château : *en haut du village. ☎ 05-65-64-42-16. • chateaubelcastel.com • De mi-sept à mi-nov et d'avr à mi-juin, tlj 10h-13h, 14h-18h ; en été, tlj 10h-19h. Fermé de mi-nov à fin mars. Entrée : 7,50 € ; réduc. Visite libre avec support écrit.* Au sommet du village, dominant l'Aveyron et ses alentours, un château fort du haut Moyen Âge (XIe s). Visites guidées autour de l'histoire du château, de l'architecture et de sa restauration dans les années 1970 par l'architecte Fernand Pouillon (1912-1986), qui releva la ruine. Deux chapelles en son sein : l'une préromane (IXe-X[e] s), l'autre du XVe s. Salle avec des chevaliers en armure et chevaux caparaçonnés. Des passerelles et balcons offrent de très beaux points de vue sur le village. Peut-être croiserez-vous, au détour d'un couloir, la fameuse Dame en blanc qui hanterait le château... Expositions de peinture et sculpture (surréalisme, pop art, illustration...).

La maison de la Forge et des Anciens Métiers : *de début juil à mi-sept, lun, mer-ven et dim 10h30-12h, 16h-17h30. Billet au point info tourisme (voir plus haut « Adresse et infos utiles »). Entrée : 2,50 € ; réduc ; gratuit pour les moins de 6 ans.* On y découvre les outils des anciens artisans, forgeron, pêcheur, sabotier, une chambre et une cuisine typiques de l'habitat d'antan reconstituées, ainsi qu'une exposition des sylvistructures de Pierre Leron-Lesur, artiste sculpteur.

Le château de Bournazel *(12390) :* *à 14 km au nord de Belcastel via Rignac, par la D 997, puis la D 53. Rens (pdt les périodes d'ouv à la visite slt) : ☎ 06-85-10-46-52. • chateau-bournazel.fr • Mai-juin : sam-dim et j. fériés 14h-19h ; juil à mi-sept plus vac scol de Pâques tlj sauf mar. Visite (guidée slt) avec le jardin : 8 € ; réduc.* Ce beau château Renaissance du Rouergue, construit vers 1545 sur les vestiges de l'ancien château, s'est donné un très beau coup de neuf, donnant lieu à la découverte d'un rare escalier à cabinets et entreprenant une décoration à l'identique de l'originale. Sur la façade principale, fenêtres, pilastres, colonnes, frontons et frises s'équilibrent rigoureusement, tandis que sur l'autre aile, les références à l'Antiquité apparaissent plus ouvertement (grandes arcades et colonnes jumelées). Aussi, le jardin recèle des éléments du Moyen Âge très bien préservés.

SAUVETERRE-DE-ROUERGUE

(12800) 810 hab. *Carte Aveyron, B3*

Fondée en 1281 par Guillaume de Mâcon, sénéchal du Rouergue, cette bastide royale (classée parmi les « Plus Beaux Villages de France ») est un chef-d'œuvre d'équilibre urbain, au charme infini, avec ses maisons à colombages, vestiges de fortifications, douves, tours, portes de la ville... le tout construit autour d'une place à arcades.
Pour l'anecdote, c'est aussi le village d'enfance de l'explorateur Lapérouse. Autres célébrités locales, les couteaux. Moins connus que ceux de Laguiole, ils sont pourtant plus anciens et s'exportaient jusqu'en Suisse dès le XVe s. Et pour compléter cette tradition à la frontière de l'art et de l'artisanat, une poignée de créateurs (relieur, tourneur sur bois, lumigraphe-concepteur de luminaires, céramiste, forgeron...) ont établi leur atelier dans un pôle qui leur est dédié.

Adresse et info utiles

Office de tourisme : *espace Lapérouse. ☎ 05-65-72-02-52. • sauveterre.office@or-de-rouergue.fr • Tlj 10h-12h, 14h-17h (18h juil-août) ; hors saison, mar-sam. Visite accompagnée sur résa (3 €), ou plan commenté (0,50 €).* Bon accueil, bonne documentation et espace de présentation d'œuvres des artisans d'art locaux.

– **Marché nocturne :** *ven soir en été.*

Où dormir ? Où manger ? Où boire un verre ?

Camping

Aire naturelle municipale du Sardou : *D 997. ☎ 05-65-72-02-52 ou 05-65-47-05-32 (mairie). • sauveterre.office@orange.fr •*

sauveterre-de-rouergue.fr • *Au sud du bourg (fléché). De mi-avr à fin oct. GRATUIT ! 20 empl.* Des emplacements pour camping-cars et une poignée pour les tentes sur un carré de pelouse ; très basique. Sanitaire avec douche froide. Possibilité de branchement électrique (2 €) et d'eau chaude (1,50 €). Jetons et renseignements à l'office de tourisme.

Bon marché

La Grappe d'Or : *bd Lapérouse. ☎ 05-65-72-00-62.* • *guy.gayubar@orange.fr* • *À l'extérieur des remparts, face à l'office de tourisme. Resto ouv tlj (hors saison, pensionnaires slt le soir). Congés : 25 déc-5 janv. Double 40 €. Carte env 20 €. Réduc de 10 % sur la chambre (mai-juin) sur présentation de ce guide.* Petit hôtel de village proposant une cuisine de pays tout simplement accrochée à son terroir (confit de canard, tripous du Rouergue, etc.). Bar ouvert au moins jusqu'à 23h en été. Peut-être tomberez-vous un jour de concours de coinche ! Également des tables dans un bien agréable jardin. Très bon accueil.

Le Bar des Amis : *pl. des Arcades. ☎ 05-65-72-02-12.* • *sarlcoupat@sfr.fr* • *Tlj sauf lun hors saison. Congés : de fév à début mars. Plats 10-15 € et pizzas 8-10 €, carte 15 €.* Terrasse idéalement située sous les arcades et une carte de bières riche d'une trentaine de références dont une créée spécialement par et pour le patron, à base de seigle (ségala !) et de châtaigne. Quelques petites choses à grignoter (salades, pizzas, plats régionaux) pour accompagner.

Beaucoup plus chic

Auberge du Sénéchal : *juste à l'extérieur des remparts, au nord. ☎ 05-65-71-29-00.* • *info@hotel-senechal.fr* • *hotel-senechal.fr* • *Hors saison, tlj sauf lun, mar midi, dim soir et j. fériés ; juil-août, tlj sauf lun et mar (les midis). Congés : de janv à mi-mars. Doubles 135-240 €. Menus 33 € (sauf w-e) puis 55 € (jusqu'à 120 €, 7 services).* Côté cuisine, Michel Truchon, le chef, maîtrise bien son sujet. Une cuisine élégante et recherchée, qui se dit « vagabonde », laissant la tête et le corps en fête. Atmosphère classique, et belles chambres au sol en terre cuite et déco design, certaines avec une terrasse. Piscine et équipements de détente.

Où dormir ? Où manger dans les environs ?

De bon marché à prix moyens

Au Berge du Viaur *(chambres d'hôtes, restaurant et café)* **:** ***12440 Port-de-la-Besse.*** *☎ 05-65-81-80-43.* • *port-de-la-besse@wanadoo.fr* • *portdelabesse.com* • *À 8 km de La Salvetat-Peyralès. Resto slt le soir pour les résidents. Double 60 €, petit déj inclus. Dîner 19 €.* À l'entrée du pont enjambant le Viaur et marquant la frontière entre le Tarn et l'Aveyron, cette chambre d'hôtes séduit par sa simplicité, son charme rural et son ambiance « pêcheur ». Les chambres ont de beaux volumes, sont coquettes et d'un très bon rapport. Accueil enthousiaste. Au resto, cuisine de terroir.

Chambres d'hôtes La Ferme des Tronques : *Les Tronques,* ***12440 La Salvetat-Peyralès.*** *☎ 05-65-81-81-34.* • *info@lestronques.net* • *lestronques.net* • *Sur la D 649 (vers Bellecombe) ; bien indiqué. De mi-mai à fin sept. Double 55 €, yourtes (2-4 pers) 60-75 €. Dîner 20 €.* 5 belles chambres de plain-pied et donnant sur la campagne environnante avec ses « tronques » (des arbustes épineux fréquents dans le coin). Délicieuse cuisine maison avec veaux, volailles de la ferme et légumes du potager, à découvrir dans la vaste salle à manger, un peu sombre. Accueil enjoué et plein d'humour.

À voir. À faire

⛏⛏ Cette « ville nouvelle » du Moyen Âge comptait quatre portes dont seules subsistent, au sud, la ***porte Saint-Christophe*** et la ***porte Saint-Vital.*** Face à cette dernière se trouve une croix du XIIIe s de toute beauté. Les douves qui cernaient l'ensemble sont devenues des pelouses plantées de platanes, sauf une toujours en eau pour le plus grand plaisir des bernaches, cygnes noirs et autres palmipèdes.

À COUTEAUX TIRÉS

Peu avant la Révolution Louis XVI offrit à Marie-Antoinette deux tulipiers de Virginie et les fit planter devant le temple de l'Amour dans le parc de Versailles. La tempête de l'hiver 1999 eut raison de ces deux arbres. Mis aux enchères, l'un fut racheté par le coutelier de Sauveterre, pour en faire le manche d'une série spéciale de 1 755 couteaux. 1755, année de naissance de la reine. Une histoire qui a du tranchant !

⛏⛏⛏ ***La place des Arcades :*** exceptionnellement grande pour une bastide, elle permet d'imaginer l'importance de la cité au Moyen Âge. Un vrai décor de théâtre ! Et le cœur battant de la bastide : on y cornait la fin de la cuisson du pain dans le four communal, les unités de mesure-étalon d'alors étaient accessibles à tous au centre de la place... Chaque maison possède son style et sa personnalité propre : arcades ogivales ou romanes, quelques couverts sur piliers de pierre. Façades à colombages ou en pierre, avec encorbellement, toits de lauzes, belles portes. Jetez un œil à la jolie courette à arcades avec balcon de pierre et de bois par le couloir qui mène à l'office de tourisme. Adorable ! Bel escalier à croisées d'ogives également.

⛏ ***L'ancienne collégiale Saint-Christophe :*** *à l'est de la pl. des Arcades. Éclairage à droite en entrant.* Bâtie au XIVe s sur un seul plan. Grand retable du chœur du XVIIe s et une trentaine de stalles du XVe. En face de la chaire en noyer sculpté du XVIe s, christ en bois du même siècle. Chef-d'œuvre du gothique méridional. Dans la première chapelle à droite en entrant, superbe Vierge en bois du XVIIIe s.

Manifestations

- ***Fête du Melon et festival de l'Accordéon :*** *1er w-e de sept, à Jouels, à 4 km au nord de Sauveterre.* Accordéon et concours du plus gros mangeur de melon !
- ***Fête de la lumière :*** *2e sam d'août.*
- ***Festival Roots'ergue :*** *dernier sam d'oct, à la salle des fêtes.* Festival de musique jamaïcaine et reggae.
- ***Fête de la Châtaigne et du Cidre doux :*** *le dernier dim d'oct.*

DANS LES ENVIRONS DE SAUVETERRE

⛏ 👪 ***Le parc animalier de Pradinas – musée des Traditions agricoles du Ségala :*** *les Riales, 12240* ***Pradinas.*** *☎ 05-65-71-86-74. • contact@parcanimalierdepradinas.com • ♿ À 12 km à l'ouest de Sauveterre (indiqué à la sortie du village). Fermé 5 nov-mars. Le reste de l'année, tlj 10h-18h (19h juil-août). Animations à 15h30 dim et j. fériés et tlj vac scol. Billet combiné : 13 € ; 7 € enfants 3-11 ans. Compter min 2h (visite libre).* Sur 15 ha, plus de 250 animaux habitent ce parc animalier. À l'origine parc d'élevage de daims, la commune en avait fait une réserve autour des cervidés et bovidés. Jean-Philippe Roman s'y est installé il y a une poignée d'années avec les ours, lynx, loups et autres rapaces qu'il dresse pour le cinéma et la publicité. Quant au ***musée agricole,*** il présente de nombreuses pièces rares joliment mises en valeur : une batteuse-trépigneuse, un curieux poulailler transportable, un métier à tisser le chanvre, une « amanadou » (à vous de découvrir ce que c'est !) et maints autres outils qui ont tissé l'histoire de l'agriculture locale. Aire de pique-nique, snack.

Le château du Bosc : *Camjac, 12800* ***Naucelle.*** *☎ 05-65-69-20-83. À 13 km au sud-est de Sauveterre, par la D 997 puis la D 10 (fléché). Visite guidée (env 1h) tlj 10h-19h, tte l'année mais sur rdv de mi-déc à mi-fév. Entrée : 8 € ; réduc.* Vous voici dans la demeure familiale où le célèbre peintre Toulouse-Lautrec venait passer des vacances chaque année étant enfant, et où il garda ses habitudes plus tard. Le château médiéval est resté dans la famille depuis 1180 et la petite-nièce de Toulouse-Lautrec, Nicole-Bérengère Tapié de Celeyran, y a habité jusqu'en 2016. Elle est trop âgée pour assurer les visites, qu'elle délègue à un guide local. Les pièces les plus intéressantes sont la grande salle à manger et le salon avec les tableaux de la famille Toulouse-Lautrec. La chambre d'enfance du peintre, bien conservée, est émouvante : on y voit son berceau et de nombreux dessins, ainsi que son guignol et la robe de sa nourrice qu'il adorait. Dans une pièce du rez-de-chaussée, on a retrouvé des dessins sous la couche de crépi. Ils représentent des caricatures des proches de l'artiste. Toulouse-Lautrec venait au Bosc chaque été. Toute la famille dessinait. Depuis son arrière-grand-père, cet art du dessin s'est transmis de génération en génération. Le père de l'artiste était un excentrique qui avait cessé de voir son fils en raison de la vie de débauché qu'il menait à Paris (alcool, maisons closes). Seule sa mère lui est restée attachée jusqu'à sa mort au château de Malromé (Gironde) qui appartenait à la famille.
Vous pouvez aussi voir, dans une cave-galerie, une petite expo de cartes postales anciennes retraçant la vie du peintre. Une visite qui complète bien celle du beau musée consacré à Toulouse-Lautrec à Albi. Café salon de thé.

Conserverie La Naucelloise : *ZA de Merlin, 12800* ***Naucelle-gare.*** *☎ 05-65-69-20-20. • lanaucelloise.fr • Au sud du bourg, en retrait de la N 88. De Pâques à Toussaint, lun-ven 9h-12h, 14h-18h. Visite accompagnée à 10h30 et 14h30. GRATUIT.* Dans ce coin de l'Aveyron qui a vu naître les *tripous,* désormais fièrement affichés sur toutes les cartes des restaurateurs du département, voici l'occasion d'en découvrir les procédés d'élaboration. Exposition et boutique sur place.

TRIPOUX CONTRE TRIPOUS

Lorsque la recette traditionnelle originaire du Ségala devint célèbre, on se pencha sur la manière d'accorder son pluriel. On fit alors appel à l'Académie française. Les Immortels tranchèrent dans le lard et optèrent pour le « s » et non le « x ». Les tripous n'auront donc pas intégré l'étroite famille des bijoux, choux, cailloux et autres joujoux.

La maison Jean Boudou : *Lo Carrierat, 12800* ***Crespin.*** *☎ 05-65-42-16-53. • ostal-bodon.com • À 14 km au sud de Sauveterre par la D 997 puis la D 58. 14 avr-30 sept, mer, ven, dim et j. fériés 14h-18h ; sinon sur rdv. Visite accompagnée (env 1h30) : 6 € ; réduc ; gratuit moins de 12 ans ; tarif réduit sur présentation de ce guide.* La ferme natale de l'écrivain occitan a été mise en valeur par une importante rénovation et une scénographie contemporaine : bandes-son, sculptures, interactivité... Le pouls occitan y bat plus que jamais, au gré d'une immersion dans l'univers tantôt poétique, tantôt réaliste de Jean Boudou (Joan Bodon en occitan). Ce romancier, poète, conteur a, dès l'enfance, ressenti la marginalité des siens. Une marginalité dont il semble avoir tiré profit puisqu'il écrira : « C'est sur la lisière que se trouve la liberté. » Dans chaque pièce de la maison de 1793 est illustré un moment d'écriture. Une visite ludique et touchante. Représentations théâtrales, concerts ou bals sont par ailleurs fréquents.

DES GORGES DE L'AVEYRON À LA VALLÉE DU LOT

Peu après La Salvetat-Peyralès, on pénètre dans le Rouergue occidental, aux confins de deux terroirs où le causse calcaire de Villeneuve se frotte au paysage plus modelé sur les bords des affluents de l'Aveyron. D'abord, des espaces assez plats où le chêne pubescent abonde ; puis une brutale plongée dans les lacets des gorges boisées et sauvages vers Najac, suivant les caprices des rus et des ruisseaux qui ont taraudé le plateau depuis des lustres.

NAJAC

(12270) 740 hab. *Carte Aveyron, A3*

Charmant village aux limites du département entre le Tarn et le Tarn-et-Garonne, entre le Ségala et le Causse. Jadis, sa position stratégique, la plus imprenable de toute la région, suscita bien des convoitises. Ce site, propriété des comtes de Toulouse, verrouillait toute la vallée. Rois de France et d'Angleterre, albigeois, protestants, croquants, révolutionnaires de 1789, tous tentèrent de s'en emparer... en vain. Depuis le sud, en venant de Saint-André-de-Najac, on comprend mieux pourquoi. La forteresse s'élève sur une très haute colline enserrée dans une boucle de l'Aveyron et seulement accessible par une étroite ligne de crête rocheuse sur laquelle s'étire l'unique rue du village. Un îlot suspendu dans le ciel ! Paysage saisissant !

PLUTÔT LA PLUME QUE LA CHARRUE !

Au hameau de Canezac, dans la commune de Montirat (Tarn), aux confins de l'Aveyron, une stèle en calcaire se dresse au bord d'un chemin. Il est écrit : « Sur ces collines, les ancêtres d'Honoré de Balzac ont labouré la terre. » En effet, le père de Balzac, qui s'appelait Bernard-François Balssa, avait grandi dans ce village isolé avant de tenter l'aventure à Paris. Son fils Honoré de Balzac (patronyme noble qu'il s'est donné lui-même) n'est jamais venu à Montirat mais dans un de ses romans de jeunesse on trouve un village nommé Montyrat.

Adresses et infos utiles

i ***Office de tourisme :*** *25, pl. du Faubourg (pl. principale).* ☎ *05-65-29-72-05.* • *tourisme-villefranche-najac.com* • *Oct-avr et vac de printemps, mar-sam 10h-12h30, 14h-17h ; mai-sept, lun-dim mat ; juil-août 9h30-18h30 (19h mer). Fermé janv.* Brochures, topoguides de randos et plans de ville avec parcours à disposition. Livret jeu « Le maître des secrets de Najac » (6-12 ans). Visites guidées du village *(de mi-juin à mi-sept, mar 10h ; 5 € ; rdv devant l'office).* Visites guidées aux flambeaux *(juil-août).*

Gare SNCF : *rens au ☎ 36-35 (0,40 €/mn).* TER Najac, ligne Toulouse-Figeac-Aurillac.

– **Marché :** *dim mat mai-oct, pl. du Faubourg. Marché nocturne mer en juil-août.*

Où dormir ? Où manger ?

Bon marché

Camping La Païsserou : *village de chalets du Pontet. ☎ 05-65-29-73-96. • info@camping-le-paisserou.fr • camping-le-paisserou.fr • ♿ Par la D 39, en contrebas du village. De mai à mi-sept. Empl. tentes 11-20 € selon saison ; bungalows et chalets 245-742 €/sem selon capacité et saison. 74 empl.* Au pied du château, au bord de l'Aveyron et sur le passage du GR 36, des emplacements délimités par des haies et ombragés, plus une vingtaine de bungalows en bois bien équipés, et autant de chalets encore plus confortables et spacieux. Nombreuses activités familiales à proximité : accès gratuit à la piscine municipale, tennis, base de canoë-kayak, location de VTT, *paintball, stand-up paddle,* salle TV et un bar-resto où sont organisés des concerts en saison. Un vrai régal pour les vacances !

Prix moyens

Le Belle Rive : *4, rue Roc-du-Pont. ☎ 05-65-29-73-90. • hotel.bellerive.najac@wanadoo.fr • lebellerive.com • Tlj (sauf lun midi en avr et oct et dim soir en oct). Congés : nov-mars. Doubles 60-70 € selon vue. Formule et menu au déj en sem 12-18,50 €, autres menus 22-19,50 €.* Un agréable hôtel dans un splendide cadre de verdure au pied du village, au calme (même si la voie ferrée n'est pas loin), dans un méandre de la rivière. Un environnement propice au repos et à la détente : piscine et tennis donnent d'ailleurs à l'endroit un petit côté club de vacances familial pas désagréable. Chambres claires et plaisantes. Bonne cuisine traditionnelle. Très jolie terrasse aux beaux jours. Accueil affable et souriant.

Chic

L'Oustal del Barry : *2, pl. Sol-del-Barry. ☎ 05-65-29-74-32. • oustaldelbarry@wanadoo.fr • oustaldelbarry.com • ♿ À l'entrée du bourg. Tlj. Resto fermé les soirs, mer et dim 11 nov-31 déc. Congés : hôtel janv-mars, resto janv-20 mars. Doubles 59-81,50 € selon taille et saison. Menu déj 21,50 €, puis 44,50-61 €. Café offert sur présentation de ce guide.* Établissement bien plaisant par son accueil pro et chaleureux, son site, la qualité de sa cuisine et de son hôtellerie. Chambres récentes, impeccables et climatisées et un excellent petit déjeuner avec vue panoramique sur la vallée. Pour les repas, salle au cadre soigné avec vue sur le château illuminé, ou bien, en été, tables installées en terrasse à l'arrière. Dans l'assiette, une cuisine d'inspiration rouergate, à base de produits frais et de saison, extrêmement travaillée, pour un résultat particulièrement réussi. Un excellent souvenir culinaire que ne gâchera pas le service, très attentionné. Pour toutes ces raisons, une étape quasi incontournable dans le secteur !

Où dormir ? Où manger dans les environs ?

Campings

Le Gourpassou : *ferme de Cessetières, 12270* ***Bor-et-Bar.*** *☎ 05-65-65-76-98. 📱 07-80-34-57-61. • contact@camping-legourpassou.com • camping-legourpassou.com • Depuis la D 922, suivre Bar, puis* *descendre jusqu'à la rivière sur 1,5 km. Avr-sept. Empl. tente 11,10 € en ttes saisons ; chalets et mobile homes 180-410 €/sem selon capacité et saison. CB refusées. 39 empl.* La charmante famille Briane-Dezille vous accueille dans un petit camping le long de la rivière (baignade possible) et attenant à la ferme. La buvette propose en pleine saison petit déjeuner et plats maison à emporter préparés avec des produits du cru. Atmosphère conviviale. Escalade et *via ferrata* à deux pas (loc de matériel au village).

Domaine de Muret : *12200* ***Saint-Salvadou.*** *☎ 05-65-81-80-69. 📱 06-72-48-11-02. • contact@campinglemuret.com • campinglemuret.fr • ♿ À 17 km de Najac. Bien fléché depuis la D 922 et D 648. De mi-juin à fin août. Empl. tentes 15-19 € ; mobile homes et tentes équipées 221-610 €/sem selon capacité et saison. 44 empl.* Super camping nature, laissant la part belle aux tentes (peu d'hébergements locatifs) sur un vaste terrain arboré disposé autour d'un étang. Les enfants adorent. À l'entrée, le bistrot avec sa terrasse, où l'on sert snacks et en-cas au déjeuner, carte plus élaborée le soir. Accueil adorable et familial.

Camping La Prade : *Lagarde-Viaur, 81190* ***Montirat.*** *À 10 km au sud-est de Najac par la D 239. ☎ 05-63-76-95-68. • camping-la-prade.com • De fin avr à fin sept. 17,50-24 € la nuit pour 2 pers et une tente. Forfait à la sem 122,50-168 € selon équipement et période, pour 2 pers. Mobile homes 270-690 €/sem selon saison et taille. Petit déj 6 €.* Emplacement de rêve : au fond d'une belle vallée boisée (châtaigniers), sur la rive gauche du Viaur, ce camping de 5 ha dispose de vastes emplacements (le plus petit fait 130 m² !) sur un grand terrain plat et ombragé. Excellent accueil de Nadine et Gilles Costes qui vivent sur place et font attention à tout, surtout à l'écologie. Labellisé camping de qualité dans un environnement remarquable, son atout est la rivière aux eaux propres, où l'on peut se baigner sans risque. Il n'est pas rare d'y voir des loutres ou des hérons... En été, le camping est apprécié par les campeurs hollandais. Petite épicerie sur place, service de restauration (pizza maison, salades, steak frites), piscine et pataugeoire pour les enfants.

De bon marché à prix moyens

Chambres d'hôtes chez M. et Mme Verdier : *La Prade-Basse, 12270 Najac. ☎ 05-65-29-71-51. • jp_et_m_verdier@hotmail.com • lapradebasse.com • À 3 km env de Najac par la D 239, direction Saint-André-de-Najac (fléché « La Prade-Basse »). Congés : 1 sem en sept. Double 45 €. Réduc de 10 % sur le séjour à partir de 3 nuits sur présentation de ce guide.* Maison récente en pleine nature, qui propose une poignée de chambres d'hôtes agréables. Cuisine et terrasse à disposition. Accueil charmant.

Relais Mont Le Viaur : *La Croix-Grande, 12270* ***Saint-André-de-Najac.*** *☎ 05-65-65-08-68. • contact@montleviaur.fr • montleviaur.fr • À 7 km au sud-est de Najac sur la D 239. Congés : de mi-déc à mi-janv. Double 65 €. Resto fermé le soir dim-mar (sauf pensionnaires). Formule déj 14-18 € (en sem), menus 22-45 €. Café offert sur présentation de ce guide.* Hôtel, restaurant, supérette multiservice, le *Relais Mont Le Viaur* est un lieu de vie et de passage ouvert à tous du matin au soir. D'où qu'on vienne, impossible de louper cette imposante bâtisse en pierre claire du pays, habillée de volets vert tilleul. Côté hébergement, 7 chambres impeccables, climatisées, donnant sur la vallée et prolongées d'une terrasse privative. Au lever du soleil, ce n'est pas mal. Au soleil couchant, avec un apéro, c'est top ! Grande salle de restaurant de style rustique, aux teintes claires. Belle cuisine régionale réputée, assortie d'une carte de vins soignée. Accueil chaleureux et familial.

Crêperie La Châtaigneraie : *12270* ***Saint-André-de-Najac.*** *☎ 05-65-65-63-07. ♿ De Saint-André, prendre la route qui descend* *vers le Viaur. Juil-sept slt, tlj 12h (18h mar)-minuit (sept 12h-15h, 19h-22h). Menu déj en sem 12,50 €, carte env 15 €. Café offert sur présentation de ce guide.* Jolie vue en arrivant sur l'un des nombreux moulins qui jalonnaient autrefois le Viaur et la petite plage de Lagarde, très fréquentée depuis les années 1930. Les familles encore nombreuses viennent y pique-niquer le dimanche. Juste avant le pont, une petite clairière où sont installées les tables de la crêperie. Bonnes crêpes, salades bio et copieuses, plats soignés, repas thématiques et concerts tout au long de la saison. Un lieu vivant et fort sympathique !

Chambres d'hôtes la Serène : *Pont Jalbert, 12270* ***La Fouillade.*** *☎ 05-65-29-67-93. • la.serene@sfr.fr • laserene.fr • À 10 km à l'est de Najac par la D 39 via La Fouillade ; c'est fléché à droite « pont Jalbert », au lieu-dit Les Rives. Congés : 15 nov-28 fév. Double 65 €. Table d'hôtes 22 € (résa 48h).* Jolie petite villa aux airs d'hier avec un grand jardin fleuri. D'autant plus sereine qu'il n'y a ni wifi ni TV, pour que les ondes ne troublent pas votre sommeil ! Démarche plutôt écolo qu'on retrouve à la table d'hôtes : les légumes viennent du potager, cultivés sans produits chimiques. Chambres simplement mignonnes. Belle piscine. Et on est accueilli ici comme par de vieux amis.

Chambres d'hôtes La Ferme de Lacalm : *12200* ***Sanvensa.*** *☎ 05-65-29-81-63. • contact@ferme-lacalm.com • ferme-lacalm.com • ♿ À 11 km de Najac ; accès par les D 39 puis D 922 (fléché sur la droite). Tte l'année. Double 65 €.* Une gentille adresse toute simple. Vieille demeure de pierre offrant 4 agréables chambres, fraîches et coquettes, et un sympathique jardin pour se relaxer.

Chambres d'hôtes Le Domaine Le Muret : *12200* ***Saint-Salvadou.*** *☎ 05-65-65-69-74. • info@lemuret.com • domainelemuret.com • À 17 km au nord-est de Najac par les D 39, D 922 et D 103 (fléché). Fermé avr et nov. Doubles 72-85 € ; table d'hôtes sur résa. Apéro maison offert sur présentation de ce guide.* Envie d'une chambre cosy ? De barboter et pêcher dans l'étang ou jouer les poissons dans la piscine ? D'un bon petit plat en table d'hôtes ? Bonne pioche, *Le Domaine Le Muret* réussit le pari du tout-en-un, géré par les membres d'une même famille. Atmosphère bon enfant. 5 superbes et vastes chambres d'hôtes aménagées dans l'ancienne grange, une ferme fortifiée du XVIIIe s, dans un esprit rustico-chic, agréables à vivre et avec vue sur la campagne. Dans l'autre aile, plus simple, un gîte *(8 pers).* À la table d'hôtes, Annette (la maman), passionnée de cuisine, concocte des repas dans la grande tradition locale à base de produits du cru (tarte noix-roquefort, Parmentier de canard...). Sinon, barbecue et coin cuisine à disposition. Un lieu où mettre le pied, c'est devenir un habitué...

Voir aussi plus loin **La Ferme de Carles** dans « Où déguster et acheter de bons produits ? ».

De chic à plus chic

Château de Longcol : *Longcol, 12270* ***La Fouillade.*** *☎ 05-65-81-56-04. • info@chateaudelongcol.com • chateaudelongcol.com • À 8,5 km de Najac par les D 39 et D 638 (direction Monteils). Resto mer-dim soir plus dim midi ; hors saison, tél avt. Congés : oct-mars. Doubles 129-165 €, selon catégorie et saison. Menus 48 € (67-78 € pour 5-7 services). ½ pens 63 €/pers. Apéritif offert sur présentation de ce guide.* Dans un environnement parfaitement préservé, au creux d'une boucle de l'Aveyron, ce château comprend un ensemble charmant de solides bâtiments en pierre rouge. Le tout a fait l'objet d'une rénovation en profondeur qui a donné sa place, et quelle place, à une sublime piscine à débordement : vue exceptionnelle tout en se la coulant douce. Les chambres et suites sont dotées d'un beau confort et d'une décoration de très bon goût. Bon goût à retrouver, d'ailleurs, à la table qui marquera le séjour d'une touche gourmande. L'accueil, lui, est tout à la fois chic et sympa. Le drame : un jour, il va falloir repartir...

Où déguster et acheter de bons produits ?

Boulangerie-pâtisserie Hubert Delmur : ☎ *05-65-29-75-49. Juil-août tlj 8h30-20h, oct-avr tlj sauf lun 8h30-13h30, 15h30-19h30.* Najac a été classé « site remarquable du goût » pour sa fête de la Fouace. Ce boulanger la confectionne dans les règles de l'art, c'est-à-dire onctueuse à souhait et parfumée d'un soupçon de fleur d'oranger. Disponible en modèle réduit, le *tastou,* pour ceux qu'une fouace entière effraierait. Ne pas se priver non plus des financiers nature ou au chocolat. Mortels !

La Ferme de Carles : *12200 Monteils, entre Najac et Villefranche-de-Rouergue.* ☎ *05-65-29-62-39. Visite de la ferme et de la production sur rdv, repas complet sur résa. Menus 25-30 € ; enfants 5-12 ans : 12,50 € ; gratuit moins de 5 ans.* Carlou (comme l'appellent ses amis) est un véritable artiste et un personnage. Son métier lui tient à cœur. Il aime ses canards et vous fera partager sa passion. Comme tout artiste qui se respecte, il a réussi à imposer SA manière de faire ! Tous ses confits, ses fritons, etc., sont cuits au feu de bois dans de grands chaudrons en cuivre. Dégustation mémorable (sur rendez-vous), un verre de vin du pays à la main... Pour se régaler pleinement, resto sur place genre ferme-auberge, avec sa bonne table paysanne comme autrefois, copieuse et autour de bons produits.

À voir. À faire

Le faubourg : vaste esplanade sur les hauteurs du village, bordée d'un côté de maisons sur couverts de pierre des XVe et XVIe s, de l'autre de vénérables demeures fleuries. L'ensemble possède un charme certain. Ce qui fut jadis le faubourg est aujourd'hui le cœur de Najac.

L'ancien bourg : *suivre le Barriou et la rue du Bourguet (piétonne en juil-août).* Vue superbe sur la forteresse. Au passage, on croise quelques maisons à encorbellement, la fontaine monolithe du XIVe s. Au fond de la rue, ***chapelle Saint-Barthélemy*** du XIVe s. Descendre la ruelle. On passe à gauche sous une ancienne porte de la ville, puis devant la très belle ***maison du Gouverneur,*** ancienne demeure seigneuriale où Blanche de Castille aurait dormi. Au bout de la rue en pente raide, ***maison du Sénéchal.***

La forteresse royale de Najac : ☎ *05-65-29-71-65. Avr-Toussaint, tlj 10h30-13h, 15h-17h30 (18h30 juin ; 19h en non-stop juil-août et 20h mer) ; fermé nov-mars. Entrée : 5,50 € ; réduc. Visite guidée tlj à 15h (ttes les 45 mn juil-août).* La forteresse fut édifiée en deux temps : au XIIe s (il ne reste que la tour à base carrée et des soubassements) puis en 1253, par les comtes de Toulouse. Coût de la construction : 16 000 livres tournoi (environ 60 millions d'euros, vous aviez évidemment converti !). D'architecture militaire, elle est constituée de trois enceintes successives avec un système de défense intérieur remarquable : aménagement subtil des archères (hautes de 6,80 m, uniques au monde et permettant le tir de deux archers à la fois), porte principale à 9 m en contre-haut de l'esplanade pour échapper ou redoutable coup de bélier, et jeu compliqué

LES ASSAILLANTS SONT MAL ACCUEILLIS

Les escaliers à vis des places fortes tournent généralement dans le sens des aiguilles d'une montre. En effet, l'épée se tenait généralement avec la main droite. Ainsi, les attaquants qui gravissaient l'escalier pour conquérir les étages de l'édifice se trouvaient handicapés dans leurs mouvements par la vis centrale. Des escaliers « vicieux » en somme...

des escaliers extérieurs obligeant les attaquants à franchir des passages étroits et fort bien défendus. Belles salles voûtées en ogives, baies géminées, couloir secret, élégantes cheminées qui démontrent que les architectes de l'époque se préoccupaient aussi d'esthétique. Également une grande maquette didactique accompagnée de plans d'architecture.

L'église Saint-Jean **:** *au bout du village médiéval, par-delà la porte de la Pique. Mai-sept, tlj 10h (11h dim)-12h, 14h-18h ; avr et oct slt w-e et j. fériés.* Construite en 1258 aux frais des habitants, punis par l'Inquisition de s'être convertis à l'hérésie cathare, son volume témoigne de l'importance de la ville à l'époque. Architecture très dépouillée. À l'intérieur, une originalité : les fenêtres en forme de trèfle, serties de vitraux du XIXe s, système d'ouverture quasi unique pour les églises du Moyen Âge. On y trouve quelques pièces rares du XIIIe s : derrière l'autel, une *croix reliquaire* en argent filigrané et un *porte-cierge* en ferronnerie de forme cylindrique du XIVe s. Statues en bois polychrome du XVIe s et christ d'origine catalane.

– ***Base de loisirs de Najac (AAGAC) :*** *☎ 05-65-29-73-94. • aagac@wanadoo.fr • aagac.com • Tte l'année.* Association pour l'animation des gorges de l'Aveyron et des Causses. Excellents encadrement et équipement pour les sports nautiques, canoë-kayak (en solo également) et rafting. Également VTT (aussi VTT électriques), parcours dans les arbres, randonnées pédestres ou aquatiques, *paintball.* Initiation et hébergement (camping et gîte d'étape). Descente en eau calme ou en eau vive selon son expérience.

L'AVEYRON

Manifestations

– ***Salon du goût :*** *le 1er w-e d'avr.* Des producteurs venant de toute la France.
– ***Festival médiéval :*** *années impaires, le w-e de Pentecôte.*
– ***Festival en Bastides :*** *1re sem d'août. ☎ 05-65-45-76-74. • espaces-culturels.fr •* Théâtre et art de rue à Villefranche, Najac, Sauveterre, Villeneuve, La Bastide-l'Évêque, Rieupeyroux.
– ***Fête de Saint-Barthélemy et de la Fouace :*** *le 3e w-e d'août.*
– ***Les Nuits musicales du Rouergue :*** *fin juil-début août. Rens à l'office de tourisme.* Voir également à Villefranche-de-Rouergue.
– ***Lames à Najac :*** *le 1er w-e d'oct.* Salon de la coutellerie.

VILLEFRANCHE-DE-ROUERGUE

(12200) 11 920 hab. *Carte Aveyron, A2*

• Plan *p. 187*

La capitale du Rouergue occidental abrite l'une des plus séduisantes bastides de la région. On ne manquera pas le panorama sur la ville depuis le haut de la côte de Macarou (direction Rodez/Millau). Impressionnante masse de la collégiale émergeant de la forêt de tuiles rouges. Aujourd'hui ville active et colorée, elle révèle de nombreuses rues faites de vieux galets, impitoyables pour les talons aiguilles, aux noms pittoresques comme la rue des Pergameniers... du nom des anciens concepteurs de parchemins, et quelques belles bâtisses. À ne manquer sous aucun prétexte, le traditionnel marché du jeudi matin sur la place Notre-Dame !

UN PEU D'HISTOIRE

Bastide créée en 1252 par Alphonse de Poitiers, frère de saint Louis, elle obtint une charte de franchise et le privilège de tenir foires et marchés, ce qui lui fit acquérir très vite une réputation de ***grande place de commerce*** (toiles, draps, peaux, travail du cuivre et de l'argent). En 1369, la cité gagna en plus le droit de battre monnaie.
Si la ville s'enrichissait, en revanche, les campagnes connaissaient la misère. En ***1643,*** plus de 10 000 paysans affamés, croulant sous les impôts, se révoltèrent. Ce fut le mouvement des « croquants du Villefranchois », ***l'une des plus importantes jacqueries du Midi.*** Une révolte toutefois isolée et durement réprimée par les nobles et les bourgeois de Villefranche. Les révoltés furent pendus ou roués vifs, place Notre-Dame.
Peu avant 1789, la ville devint la capitale de la Haute-Guyenne... pour retrouver très rapidement l'anonymat à la Révolution, à cause de la départementalisation. Néanmoins, elle parvint toujours à conserver son rôle de pôle régional, de place active du commerce et désormais du tourisme.

Adresses et infos utiles

i *Office de tourisme* *(plan A2) : promenade du Guiraudet. ☎ 05-65-45-13-18. • tourisme-villefranche-najac.com • Avt le pont qui franchit l'Aveyron. Lun-sam mat 9h-12h, 14h-17h (19h, plus le sam ap-midi et dim mat en juil-août).* Organise des séjours randonnées clés en main, à pied ou à vélo, sur une ou plusieurs journées, et des visites thématiques de la ville. Audioguide et plan-guide, complété de panneaux disposés en ville. Très (très) pro.

Gare SNCF *(plan A3)* **:** lignes Toulouse-Capdenac et Paris (Austerlitz)-Brive-Capdenac. Dessert également Aurillac, Gaillac, Cordes, Najac, Decazeville et Figeac. *Infos et résas : ☎ 36-35 (0,40 €/mn).*

Gare routière *(plan A3)* **:** pour les horaires et liaisons de bus, rens auprès de l'office de tourisme.

– ***Marchés :*** *important le jeu mat, pl. Notre-Dame, pl. Lescure et sous la Halle. Petit marché mar et sam mat sous les arcades, et dim mat pl. de la République.*

– ***Marchés de nuit :*** *4 fois en hte saison (infos à l'office de tourisme).* Rencontre de producteurs.

Où dormir ?

Camping

Camping du Rouergue *(hors plan par A2,* ***10****)* **:** *35 bis, av. de Fondiès. ☎ 05-65-45-16-24. • contact@campingdurouergue.com • campingdurouergue.com • ♿ Depuis le centre, prendre la D 47 vers le sud, fléchage « Centre nautique » sur 1 km. Avr-sept. Empl. tentes 12-15 € (11-14 € sur présentation de ce guide) selon saison ; mobile homes, caravanes et bungalows toilés 150-470 €/sem selon capacité et saison. 98 empl.* Un beau terrain plat en bord de rivière, d'excellent confort, paisible et bien ombragé. Emplacements séparés par des haies, répartis sur 2 ha, avec 2 blocs sanitaires bien tenus. On ne se marche pas dessus mais on préfère ceux qui sont placés sous les tilleuls. Piscine, buvette, jeux, bibliothèque. Animations en été.

De prix moyens à chic

Hôtel Les Fleurines *(plan A1,* ***11****)* **:** *17, bd Haute-Guyenne. ☎ 05-65-45-86-90. • contact@lesfleurines.com • lesfleurines.com • ♿ Doubles 59-149 €.* Quelle belle surprise que cette vieille auberge réhabilitée en hôtel au design osé. Les lits ronds de certaines chambres donnent un drôle de tour au sommeil. Un décor inattendu dans cette petite cité paisible et hors d'âge... Seuls les murs XVIIIe ont été conservés, le reste a entièrement été repensé : chambres parfois petites mais toujours très bien agencées (les moins chères disposent de lits superposés). Côté rue, on est protégé du bruit par un efficace double vitrage. À l'arrière, on donne sur une ruelle avec tout au bout la chapelle des Pénitents (la vue de la chambre no 16 est formidable). Accueil adorable, entretien nickel et confort optimal. Le petit déj est servi aux beaux jours sur la terrasse ombragée. L'annexe, juste en face, bénéficie d'une belle terrasse au dernier étage, donnant sur les toits de tuile. Une totale réussite, compte tenu des prix.

Chambres d'hôtes La Maison Pago *(plan B1, **12**) : 29, rue Durand-de-Montlauzeur. ☎ 05-65-81-59-26. 📱 06-83-50-22-93. • pierre@maisonpago.fr • maisonpago.fr • Doubles 86-96 €. Garage privé payant.* Les chambres sont installées dans une ancienne conserverie (les accueillants proprios se feront un plaisir de vous en raconter l'histoire !). Après avoir grimpé l'escalier se dévoilent 2 grandes terrasses où prendre son temps et le petit déj, avec vue sur les toits de la bastide et le clocher de la collégiale. 3 chambres, de bonne taille (2 peuvent accueillir jusqu'à 4 personnes), joliment arrangées.

Chambres d'hôtes La Closerie *(plan A3, **13**) : 7, quai Poult. ☎ 05-65-45-65-83. • lacloserie.12200@sfr.fr • Congés : 15 déc-15 janv. Double 70 €. Remise de 10 % sur la chambre (hors juil-août) sur présentation de ce guide.* C'est dans une ancienne maison thermale, sur les rives de l'Aveyron, que Brigitte et Erick vous reçoivent. Ensemble bien restauré : salle à manger authentique avec son plancher qui craque, chambres fraîches et colorées joliment meublées. Le vaste jardin invite au repos sous les arbres de Judée. Accueil souriant. Un bon rapport qualité-prix.

Où manger ?

Bon marché

La Gabelle *(plan B2, **21**) : 10, rue Belle-Isle. ☎ 05-65-45-57-13. • frederickolhmann@sfr.fr • Congés : 2 sem fin juin et vac de Noël. Tlj sauf dim-lun et j. fériés. Formules 9,50-11 €, pizzas 6-9 €.* Une pizzeria courue à Villefranche, à l'ambiance chaleureuse, dans le style chaumière et poutres apparentes. Vaste choix de pizzas, bien sûr, mais aussi de pâtes fraîches, salades et grillades. Service rapide, excellent accueil. Petite terrasse sur ruelle piétonne.

De prix moyens à chic

L'Univers *(plan A3, **25**) : 2, pl. de la République. ☎ 05-65-45-15-63. • univers.villefranche@orange.fr • ♿ Parking de la gare gratuit. Tlj sauf dim-lun. Formule 23 €, menus 32-53 €.* Derrière son aspect à l'ancienne se cache une adresse à la décoration contemporaine et audacieuse. De jadis sont demeurées à la carte quelques recettes très bien revisitées à la sauce XXIe s. Là aussi, beaucoup d'audace : du ris de veau qui s'agrémente de moules marinière ou un marbré de

Adresses utiles

- Office de tourisme (A2)

Où dormir ?

- **10** Camping du Rouergue (hors plan par A2)
- **11** Hôtel Les Fleurines (A1)
- **12** Chambres d'hôtes La Maison Pago (B1)
- **13** Chambres d'hôtes La Closerie (A3)

Où manger ?

- **21** La Gabelle (B2)
- **24** Côté Saveurs (hors plan par A1)
- **25** L'Univers (A3)

Où acheter des gourmandises ?

- **30** L'Amandier (A2)
- **31** Henry Passion-Chocolat (A1)

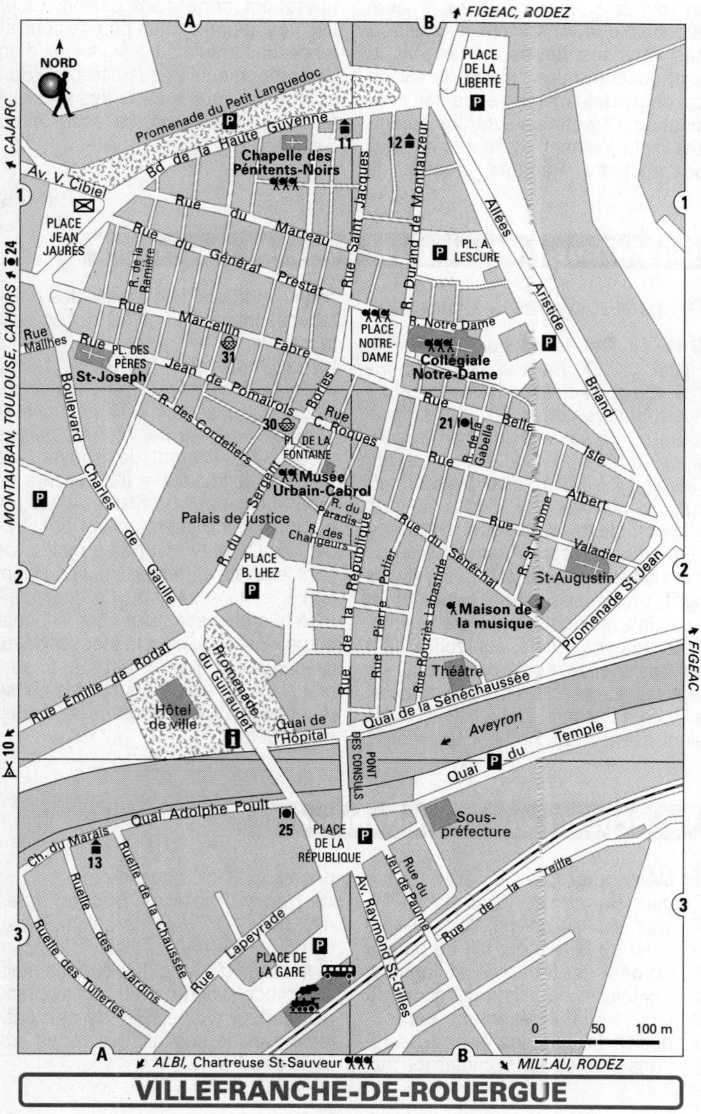

VILLEFRANCHE-DE-ROUERGUE

foie gras au ratafia... Et, depuis ses tables dressées sur son long balcon, cet univers-là offre une agréable vue sur l'Aveyron en guise de dessert (par ailleurs excellent !).

Côté Saveurs (hors plan par A1, **24**) **:** *pl. Louis-Fontanges.* ☎ *05-65-65-83-64.* ● *cotesaveurs@orange.fr* ● *Mar-sam et jours fériés. Congés : 2 sem fin juin-début juil. Formule déj* *en sem 22 €, menus 32-62 €.* Encore la preuve que Villefranche ne s'endort pas dans ses vieilles pierres : ici, le chef concocte une cuisine de saison qui dépend du marché et de son imagination. Et côté saveurs, justement, ses plats joliment présentés ne sont pas en reste. Raffinés, créatifs, ils manquent cependant parfois (pour les gros appétits) d'un peu de consistance. La formule du déjeuner est d'un bon rapport qualité-quantité-prix ! Bon point enfin pour la carte des vins, qui fait la part belle aux crus locaux et du Sud-Ouest.

Où dormir ? Où manger dans les environs ?

De prix moyens à chic

Le Relais de Farrou : *rte de Figeac, 12200* ***Farrou.*** *☎ 05-65-45-18-11. • contact@relaisdefarrou.com • relaisdefarrou.com • À 3 km sur la route de Figeac. Resto tlj en saison, sinon, fermé sam midi, dim soir et lun. Doubles 79-149 € selon taille et saison. Formule déj 18 €, menus 25-41 €.* Minicomplexe touristique avec parc verdoyant et fleuri. Alternez le repos avec les nombreuses activités qui vous sont proposées (sans supplément pour les résidents) : piscine, sauna, salle de gym, tennis, minigolf. Quant au charme de l'environnement, on repassera : on est en bord de route et à l'orée d'une mini-ZI. Mais la clientèle vient avant tout chercher un confort cossu, moderne et d'excellentes prestations, notamment au resto. Accueil à la mesure.

La Pastorale : *Les Rives, 12350* ***Maleville.*** *☎ 05-65-29-34-24. • scotti.jacques@wanadoo.fr • Tlj sauf sam et dim soir. Formule déj 16,50 €, menus 19,50-32 €.* Il suffit de trouver une place pour sa voiture (l'adresse a sa réputation) pour profiter de l'accueil enjoué de ce resto mi-routier, mi-ouvrier. Ce qui n'est pas à moitié, ce sont les plats et desserts bien du coin, servis généreusement. Le chef maîtrise très bien son sujet côté sel, côté sucre, côté terre et côté mer : saveurs, présentation, tout y est. Et à quel prix ! Une adresse sans chichis qui se démène pour que vous ne regrettiez pas le détour.

Où acheter des gourmandises ?

L'Amandier *(plan A2,* ***30****) : 16, rue Sergent-Bories. ☎ 05-65-45-53-19. Tlj sauf dim ap-m-lun.* Voici le seul pâtissier de la ville qui fait du gâteau à la broche en forme de stalagmite, une spécialité du Villefranchois et du Ségala, traditionnellement confectionnée par les paysans. Autres spécialités : les rissoles aux pommes (ou aux pruneaux) et la croquande.

Henry Passion-Chocolat *(plan A1,* ***31****) : 21, rue Marcellin-Fabre. ☎ 05-65-45-01-48. Tlj sauf dim ap-m et lun (sauf de juil à mi-août).* Le meilleur chocolatier de la ville, qui a obtenu plusieurs prix. Spécialité de thés également et de succulentes tartes aux fruits de saison.

À voir

– ***Visites guidées :*** *centre ancien (bastide) avec l'office de tourisme. Juil-août, lun-ven à 10h30.* Plan de visite (panneaux disposés dans la ville) et audioguide également.

– ***Billet combiné :*** *9 € ; 5,50 € sur présentation de ce guide.* Chapelle des Pénitents-Noirs, chartreuse, musée Urbain-Cabrol, et bastide.

La place Notre-Dame (plan A-B1) : le cœur de la ville médiévale. Une des plus harmonieuses que l'on connaisse. Entourée de couverts de pierre et de demeures hautes pour l'époque, qui témoignent de la grande richesse des marchands des XVe et XVIe s. Voyez la *maison Dardenne.* À l'angle de la rue de la République, une belle porte Renaissance. Derrière, dans une petite cour, merveilleux décor de façade intérieure (balcons d'angle, fenêtres à meneaux, bustes sculptés des propriétaires, tourelle, etc.). Ne pas rater le coloré et pittoresque marché du jeudi matin, où l'on entend parler occitan. Au centre de la place, les jets d'une *fontaine* indiquent l'heure que confirme le son du *carillon de la collégiale,* un des plus grands de la région avec ses 48 cloches qui couvrent 4 octaves.

La collégiale Notre-Dame (plan B1) : *tlj (sauf dim mat sept-juin) 9h-18h. Visite guidée du clocher (3 €) en juil-août, tlj sauf dim mat 10h30-12h, 15h-18h.* Elle fut construite à partir de 1260 avec la belle pierre calcaire du pays et achevée seulement en 1519. D'allure éléphantesque, impressionnant *clocher-porche* haut de 59 m, aux énormes piliers. À l'intérieur, harmonieuses proportions de la nef avec ses grandes arcades. Dans le chœur, certains vitraux datent du XVe s. Belles *stalles* d'André Sulpice. La chapelle du transept gauche, près du chœur, contient une *Visitation* en marbre, œuvre de Puget, et de superbes miséricordes.

Depuis la place Notre-Dame, quelques belles demeures à découvrir. Au no 2 ***rue Marcellin-Fabre,*** splendide tourelle d'escalier au-dessus de la porte Renaissance. Tout à côté, au no 2 de la ***rue du Sergent-Bories,*** magnifique tour d'escalier du XVIe s, coincée dans un renfoncement. Pilastres et tympan, festival de pierre ciselée. Bories (grand républicain, né à Villefranche) était l'un des quatre sergents de La Rochelle, et fut guillotiné en 1822 pour complot contre le roi.

Le musée Urbain-Cabrol (plan A2) : *pl. de la Fontaine. ☎ 05-65-45-44-37. Avr-juin et sept, mar-sam 14h-18h ; juil-août, mar-sam 10h-12h, 14h-19h. GRATUIT.* Dans un hôtel particulier du XVIIIe s, un intéressant musée régional. Le parcours muséographique présente l'art, l'archéologie et l'histoire du territoire ouest-aveyronnais, depuis les premières occupations jusqu'au début du XXe s, dont la collection d'archéologie Jean Caussanel, qui témoignent de la richesse des dolmens. Salle d'art baroque avec peintures, statues, et bâtons de procession. Mobilier de la confrérie des pénitents noirs dont l'intrigant « serpent », un curieux instrument de musique. Également la *salle Alibert,* consacrée à un grand médecin français originaire de la ville. Instruments de chirurgien et de dentiste du début du XIXe s, table d'accouchement. Presentation de dessins de quelques cas de maladies... Section ethnographique et intéressante reconstitution d'une cuisine régionale, objets domestiques divers, instruments agraires et la première « nasse à rats » jamais fabriquée. Expositions thématiques temporaires.

La chapelle des Pénitents-Noirs (plan A1) : *à l'angle du bd de Haute-Guyenne et de la rue des Pénitents-Noirs. ☎ 05-65-45-13-18 (office de tourisme). Avr-oct, mar-sam 14h-17h (tlj jusqu'à 18h, juin et sept) ; juil-août : tlj 10h30-12h, 14h-18h. Entrée : 4 € ; réduc ; gratuit moins de 12 ans.*
Édifiée en 1642. Surmontée d'un clocheton. La confrérie des Pénitents Noirs, fondée au début du XVIIe s, payait une cotisation annuelle permettant de secourir les malades, de pratiquer les inhumations, de veiller à l'administration du saint sacrement, etc. Elle était constituée, entre autres, de commerçants et de paysans souvent pauvres qui, au lieu de verser une participation pécuniaire, s'acquittaient eux-mêmes de ces tâches souvent ingrates.
Un passionnant commentaire audio sur fond de musique baroque détaille les richesses de ce fastueux décor. Remarquables peintures sur le plafond de bois, de la seconde moitié du XVIIe s, figurant saints et anges. Belles clés de voûte dorées. Au centre de la coupole, le *labarum,* cette croix des Pénitents entourée de

flammes. Imposant retable en bois sculpté doré, du début du XVIIIe s. Décor assez époustouflant, comme l'aimait le Grand Siècle. Belles inspirations du XVIIIe s de tableaux de Jean Jouvenet, Boullogne le jeune et Karle...

La chartreuse Saint-Sauveur (hors plan par A3) **:** *à 500 m de la ville, route de Najac/Albi. ☎ 05-65-45-13-18 (office de tourisme). Mêmes horaires que la chapelle des Pénitents-Noirs. Entrée : 5 € ; réduc ; gratuit moins de 12 ans. Visite guidée en juil-août à 14h30, 15h30 et 16h30.*
L'un des plus importants édifices du Rouergue et chefs-d'œuvre de la ville. Sa construction débuta en 1451 grâce à la fortune d'un très riche négociant de Villefranche. 8 ans suffirent pour l'achever, ce qui explique l'unité quasi parfaite de l'ensemble. La chartreuse devint un hôpital à la Révolution.
Aujourd'hui, on peut admirer la *chapelle* avec des restes de vitraux du XVe s, une intéressante clôture de chœur des *stalles* d'André Sulpice portant de bien jolies miséricordes. La *salle capitulaire* et le très harmonieux *petit cloître* aussi gothique que flamboyant (notez entre autres le lavabo). Dans le réfectoire voûté d'ogives se trouve le clou de la visite, à savoir une splendide chaire de lecteur sculptée et faisant corps avec le mur ; c'est l'une des plus belles chaires gothiques de France. Quant au *grand cloître,* c'est un chef-d'œuvre de l'art gothique d'une certaine sobriété. Jeu et rythme superbes des claires-voies flamboyantes quand elles se superposent.

Musique

La maison de la Musique (plan B2) **:** *31, rue du Sénéchal (dans la médiathèque). ☎ 05-65-81-27-36. Accès à la documentation jazz sur rdv slt ; quelques visites guidées du fonds en été.* Ça ne saute pas aux yeux, mais vous voici dans la municipalité la plus « jazzy » de France, depuis que Villefranche a racheté en 1978 une extraordinaire collection de documents se rapportant au jazz, appartenant à Hugues Panassié. Célèbre et respecté critique de jazz originaire de la région, Panassié fut le premier à travailler à la définition de ce nouveau genre musical. S'ajoutent à sa collection de nombreuses autres pièces, de toutes les mouvances jazzistiques. On dénombre plus de 41 000 documents, sonores bien sûr mais aussi écrits, à la disposition des chercheurs et autres mélomanes. Collection de renommée internationale, considérée comme le deuxième fonds public français sur le jazz. Le secteur discothèque, en collaboration avec l'*Association Jazz Animation Rouergue,* produit et vend des CD, comme ces rarissimes enregistrements de V Discs ou les émissions radiophoniques « Jazz Panorama », véritables cours magistraux de « Maître Panassié ».

À faire

– ***Rouergue Tourisme Service*** propose des séjours à pied ou à vélo de 3 à 11 j., avec portage des bagages. *Rens à l'office de tourisme : ☎ 05-65-45-13-18.* • *tourisme-villefranche-najac.com* •
Possibilité de boucles à faire seul, grâce au topoguide *En pays villefranchois* en vente *(7 €)* à l'office de tourisme.

– ***Canoë-kayak :*** ***Sport et nature,*** *chemin du Teulel. 📱 06-07-99-52-65. Également à la* ***base de loisirs de Najac.*** *☎ 05-65-29-73-94.* En plus du canoë, propose aussi des randonnées accompagnées à la journée, thématiques ou nocturnes.

– ***Aqualudis :*** *33, av. de Fondiès. ☎ 05-65-45-91-23.* • *villefranchederouergue.fr* • *En direction du camping. Tte l'année, tlj. Entrée : 4,15-4,80 € ; réduc.* Centre nautique avec espace couvert « sport et détente » et plusieurs bassins intérieurs ou extérieurs.

Manifestations

– ***Nuits musicales :*** *mi-juil. Infos et résas à l'office de tourisme.* Concerts de musique classique organisés notamment dans la chapelle des Pénitents-Noirs et le grand cloître de la chartreuse.
– ***Festival en Bastides :*** *la 1re sem d'août. Rens : ☎ 05-65-45-76-74. • espaces culturels@wanadoo.fr • GRATUIT.* Animations théâtrales de rue sur les bastides de Villefranche, Villeneuve et Najac. Agenda complet sur le site *• tourisme-villefranche-najac.com •*

DANS LES ENVIRONS DE VILLEFRANCHE

Le château-abbaye fortifié de Loc-Dieu : *à env 10 km au sud-ouest par la D 926 puis la D 115 ; bien indiqué. ☎ 05-65-29-51-18. • abbayedelocdieu.com • De juil au 10 sept, tlj 10h-12h, 14h-18h30 sauf dim matin et mar. Entrée : 6 € et 2 € pour le parc (ouv tte l'année) ; réduc. Compter 1h de visite guidée.* Ce fut la première abbaye cistercienne du Rouergue (1123), baptisée *Locus-Dei* (lieu de Dieu), d'où Loc-Dieu. Après les déboires de la guerre de Cent Ans, elle fut fortifiée, puis transformée en château au XIXe s, sans perdre ses bâtiments monastiques, notamment son abbatiale du XIIe s et son beau cloître gothique. Fortement restaurée et remaniée dans un style néogothique un peu lourd, elle a malheureusement perdu sa belle unité. L'ensemble est ceint d'un grand parc romantique (40 ha). Pour la petite histoire, c'est ici qu'on cacha en 1940 les plus belles peintures du Louvre, dont *La Joconde.* Concerts en saison.

– À quelques kilomètres à l'ouest, dans le Lot, le *prieuré de Laramière,* vestiges d'un ancien monastère du XIIe s (voir « Le causse de Limogne » au chapitre « Le Lot »).

L'AVEYRON

VILLENEUVE-D'AVEYRON

(12260) 2 020 hab. *Carte Aveyron, A2*

Village aux belles couleurs, bien appareillé, ancienne sauveté fondée au XIe s, puis transformée en bastide du causse minéral. Entrée par une grosse tour-porte, nombreuses ruelles bien fraîches et une place centrale qui rassemble de solides demeures avec arcades gothiques sur pieds à contreforts.

Adresse utile

Office de tourisme de Villeneuve : *bd Cardalhac. ☎ 05-65-81-79-61. • villeneuve-aveyron.com • En juil-août, tlj sauf lun mat et dim ap-m 9h30-12h30, 14h30-18h30 (17h sam). Avr-sept mar-ven 10h-12h, 14h-17h, sam 9h30-12h30 ; oct-mars ap-m slt.*

Où dormir ? Où manger à Villeneuve et dans les environs ?

Chambres d'hôtes La Maison de Louna : *12260* ***Salles-Courbatiès.*** *☎ 06-08-26-60-43. • petit_christine@hotmail.com • lamaisondelouna.com •*

À 6,5 km au nord-est de Villeneuve, par la D 40, direction Peyrusse-le-Roc. Dans le village, derrière l'église. Congés : 10 déc-10 mars. Hors saison fermé lun-mer. Doubles 95-150 € selon saison et taille (en juil-août 2 nuitées min). Seulement 3 chambres, disposées autour du jardin, dans des annexes de l'habitation principale : une en duplex à partager en famille car les sanitaires sont communs, avec un coin terrasse privatif ; une autre avec salon et mezzanine, et la dernière, immense, à l'entresol de la grange. Salles de bains contemporaines et déco vintage (années 1950-1960), faite de bric et de broc. D'ailleurs, ici le mobilier est à vendre, ce qui plaît peut être emporté. La déco tourne, donc. Également jacuzzi, salle de projection et cuisine-bar à partager. Accueil simple et sympa. Ah, au fait ! Louna est la petite-fille de la maison.

La Bastie d'Urfé : *La Bouriatte, Bez-de-Naussac, 12700* ***Naussac.*** *☎ 05-81-35-14-14. 06-12-52-71-00. • hotel@labastiedurfe.com • labastiedurfe.com • À 14 km au nord de Villeneuve, par la D 40. Sur les hauteurs du village, bien fléché. Ouv tlj 8h-23h. Doubles 59-78 € selon saison. Formule en sem 15,50 €. Menus 22,50-29 €.* Détente, calme, repos : *La Bastie d'Urfé* est le lieu idéal pour lâcher prise. Vue fantastique sur la campagne, des prestations bien-être (spa, balnéo, soins de beauté), un vaste choix d'activités nature (practice de golf, VTT, équitation, randos)... et une belle piscine. Cet établissement de charme dispose de 10 chambres joliment meublées, de style contemporain, aux literies impeccables et jets hydromassants dans les douches. Agréable salle panoramique de restaurant. Bon accueil.

Le Mûrier de Viels : *12700* ***Loupiac.*** *☎ 05-65-80-89-82. • mail@le-murier.com • le-murier.com • Accès par la D 86 entre Balaguier-d'Olt et Capdenac (venant de l'ouest, 2 km avt le carrefour avec la D 922), côté bords du Lot ; indiqué. Congés : 20 oct-5 nov. Doubles 65-120 € ; gîte (5 pers) 450-750 €/sem. Carte 30 € env. Apéritif offert sur présentation de ce guide.* Une adresse chic dans un cadre bucolique, petit havre de paix de grand confort, en pleine nature. Déco artistique, chambres de taille variable, soignées et élégantes (certaines avec mezzanine), disposées dans des bâtiments séparés, reliés par de petits chemins. La plus adorable se niche dans une maisonnette en pierre indépendante. Salle de resto très aérée et chaleureuse ; cuisine fraîche à base de produits bio dans la mesure du possible. Un seul programme : calme, détente et plaisir. Piscine, petite salle de sport...

Le Jardin des Causses : *5, pl. Cardalhac, à Villeneuve. ☎ 05-65-65-84-95. • contact@lejardindescausses.com • Ouv mer-sam ainsi que dim midi et lun midi. Menu déj 18,50 € ; menus le soir 31-41 €.* Ne cherchez pas le « jardin ». Il y a ici une salle joliment décorée et une terrasse avec une poignée de tables. Ambiance plutôt feutrée au gré de tables bien espacées et d'un service diligent et gentil. Quant à l'assiette, elle contient tout simplement un pur bonheur, empreinte de créativité : couteaux et risotto, pavé de thon mi-cuit, accompagné de petits légumes croquants juste ce qu'il faut, avec une note finale sucrée qui n'est pas en reste. Un programme de réjouissances chaque jour confirmé dès la première formule avantageuse du midi. Certes, le soir le budget devient un peu conséquent.

À voir à Villeneuve et dans les environs

Maison de la Photo Jean-Marie Périer : *pl. des Conques. ☎ 05-65-81-53-04. • maisonphotovilleneuve.com • Mar-dim 10h-12h30, 14h30-18h30 (17h30 avr-mai et oct). Tél avt hors saison. Entrée : 5 € ; réduc. Gratuit moins de 12 ans.* La maison de la Photo est dédiée au talentueux photographe, villeneuvois d'adoption. 180 tirages des années 1960 et 1970 immortalisant les grandes figures de la variété et du rock sont exposés dans cette vénérable *maison des bouchers* du XIVe s dont le plafond étoilé du 1er étage semblait prédestiné à éclairer ces stars... On y trouve LA photo mythique de *Salut les copains,* qui a fêté ses 50 ans en 2016 : étonnant de voir toutes ces vedettes avec leurs visages juvéniles. Seul Franck Alamo est absent il faisait son service militaire... Amusantes mises en scène de Jacques Dutronc en play-boy dans son cabriolet, entouré de chanteuses en bi et monokini. Ou Sylvie Vartan et Françoise Hardy déguisées en *Bécassine* dans la cour d'une ferme. Johnny a sa propre salle. Et le reste du gotha de la musique y passe : les Beatles en groupe et en ordre dispersé, les Rolling Stones, Marianne Faithfull, Cliff Richards, Julien Clerc, Chuck Berry, Michel Polnareff, James Brown... Ce Périer-là, ça pétille vraiment. Exposition d'une riche collection d'appareils photos des années 1920 aux années 1980. Pour compléter la visite, on peut également pousser jusqu'à la ***Galerie du Causse*** qui expose des photos de l'artiste en rapport avec la mode en plus de peintures et sculptures de renommée internationale *(17, av. du Rouergue ; ☎ 05-65-81-53-10 ; tlj sauf dim mat, lun et mar hors saison – 9h-12h, 15h-19h).*

L'AVEYRON

👣👣 ***L'église du Saint-Sépulcre :*** du XIe s, en forme de croix grecque surmontée d'un clocher octogonal. Dans la chapelle nord, remarquables peintures du XIVe s figurant des pèlerins sur le chemin de Saint-Jacques-de-Compostelle. Une nef au gothique méridional s'articule à la partie romane. Dans la chapelle centrale à gauche, retable avec *Mise au tombeau* du XVIIe s. Dans la suivante, *pietà* en bois doré. Remarquable *Vierge à l'Enfant* en bois doré du XVIe s, à gauche du chœur.

👣👣👣 ***Peyrusse-le-Roc*** *(12220) : à 18 km au nord-est de Villeneuve, direction Capdenac par la D 40. Accès gratuit au site (compter 1h30 min avec de bonnes chaussures de marche). Plan disponible (3,50 €) ou audioguide au point info (☎ 05-65-80-49-33) ; ouv en été tlj sauf lun ap-m 10h30-12h30, 14h-18h30 ; le mat slt sauf dim hors saison.*
Retour dans le passé ! Voici un site médiéval impressionnant de sept monuments dans ce vieux village isolé au charme conservé et joliment fleuri. Il étendait sa juridiction sur plus de 100 paroisses. Accroché à la montagne, il devait son importance à sa position stratégique et à des mines d'argent. Lorsqu'elles furent épuisées, la ville tomba en décadence et fut abandonnée au début du XVIIIe s.
Aujourd'hui subsistent quelques orgueilleuses ruines, deux belles tours dressées dans le ciel, des vestiges de remparts, un petit sentier qui mène à un jardin médiéval, et, au fil de la visite, les restes de l'ancienne église Notre-Dame, de la synagogue et de l'hôpital, une chapelle avec une belle *pietà* polychrome du XVe s, le *tombeau du Roi,* la porte ogivale fortifiée, le beffroi, la croix Saint-Georges, etc. Parcours assez émouvant.
Dans le village actuel, église du XVIIe s avec une jolie *Vierge à l'Enfant* en bois du XIIIe s.
– Le 2e week-end d'août est organisée la ***Fête d'Antan*** (démonstration de vieux métiers, spectacle folklorique, etc.) et le 1er week-end de septembre, un spectacle pyrosymphonique précédé d'un repas. Nombreuses activités tout au long de l'année (rando de nuit, balades animées, marché nocturne, concerts, crèche vivante).

👣👣 ***La grotte préhistorique de Foissac :*** *12260* ***Foissac.*** *☎ 05-65-64-64-52. • grotte-de-foissac.fr • À 7 km au nord de Villeneuve, direction Figeac. Avr-mai et oct, tlj sauf sam 14h-17h ; juin-sept, tlj 10h-11h30, 14h-18h (en continu en juil-août). Visite guidée 1h, accès libre au musée. Hors saison sur résa. Tarif : 9,50 €, 7,50 € enfant ; réduc sur présentation de ce guide.* Pour découvrir la vie des hommes du chalcolithique (3000 ans av. J.-C.). Riches concrétions dans cette grotte qui servit d'abri et de nécropole à nos lointains ancêtres. Le musée attenant présente poteries, sépultures, pointes de flèche en silex, empreintes de pied, etc. Prévoir un vêtement chaud.

DECAZEVILLE (12300) 6 107 hab. *Carte Aveyron, B2*

Plus jeune ville d'Aveyron, Decazeville fut créée en 1824 par le duc Decazes pour exploiter la houille et développer l'industrie sidérurgique. Elle devint la capitale du bassin minier du Rouergue dont on extrayait, au début du XXe s, plus d'un million de tonnes de charbon annuellement, et qui employait environ 10 000 personnes. Les mines souterraines fermèrent en 1966 et Decazeville perdit beaucoup d'emplois. Seul le site à ciel ouvert de La Découverte a été exploité jusqu'en 2001. Depuis, la région se reconvertit doucement, en tirant profit de sa position en bordure du Lot et sur le chemin de Saint-Jacques-de-Compostelle. Différents sites miniers et musées se rapportant à cette industrie justifient par ailleurs le détour, à commencer par le village voisin d'Aubin.

Curiosité du coin, on y mange traditionnellement l'*estofinado,* un plat à base de morue, pommes de terre, huile de noix, œuf, ail, persil.

MORUE AU MENU

Il n'y a de morue ni dans l'Aveyron ni dans le Lot ! Ce sont des soldats de Louis XIV, originaires du Rouergue, qui rapportèrent le goût de ce cabillaud séché-salé de leur expédition en Hollande. On dit que les gabarriers laissaient traîner la morue à la remorque des barques qui remontaient le Lot depuis Bordeaux, et qu'elles arrivaient ainsi dessalées.

Adresse et infos utiles

i *Bureau d'information touristique :* *sq. Jean-Ségalat.* ☎ *05-65-43-18-36.* • *decazeville-tourisme.com* • *Ouv tte l'année.* Bonne documentation. Organise en été, sur résa, des visites et randonnées à thème : découverte de l'histoire de la ville, patrimoine industriel et minier, chemin de croix de Gustave Moreau, visites d'entreprises.

Gare SNCF : *rens au* ☎ *36-35 (0,40 €/mn).* Une liaison avec Paris depuis la gare de Viviez-Decazeville.

– ***Marchés :*** *mar pl. Cabrol et ven pl. Decazes.*

Où dormir ? Où manger à Decazeville et dans les environs ?

Franchement, pour dormir, même les amateurs de tourisme industriel auront intérêt à pousser aux alentours, là où l'herbe est un peu plus verte et la contrée plus riante...

Camping

Camping du Port de la Combe : *au port, 12300* ***Flagnac.*** ☎ *05-65-43-59-18.* • *accueil@campingleportdelacombe.fr* • *campingleportdelacombe.com* • ♿ *Fléché depuis Flagnac (D 963) en suivant « Base nautique ». Avr-sept. Empl. tentes 13-26,50 € selon saison ; bungalows toilés et mobile homes 196-924 €/sem selon capacité et saison. Frais de résa (20 €) offerts sur présentation de ce guide. 97 empl.* Un terrain confortable, tout plat, bien ombragé avec piscine chauffée, 2 toboggans géants *(juil-août)* et jeu gonflable. Location de vélos, canoës et embarcations à pédales. Sentiers dont celui de Saint-Jacques-de-Compostelle tout proches. Tout pour séduire.

De bon marché à prix moyens

Auberge du Fort : *42, rue Alary, 12110* ***Aubin.*** *☎ 05-65-43-20-51. • contact@aubergedufort.com • Dans la ville haute, au pied du fort. Fermé dim soir et mer (plus mar soir, sept-juin). Résa conseillée (salle tte petite). Menus 14 € (déj en sem), puis 26 € (32-46 € pour 4-6 services).* Entre les solides murs de pierre d'une maison qui a autant de charme qu'elle accuse de siècles, une belle cuisine, bien d'aujourd'hui, au gré du marché et à prix serrés. Accueil amical et service impeccable. Jolie petite terrasse pour le soir seulement.

Restaurant Carrier : *Le Courbiès, 12300* ***Almont-les-Junies.*** *☎ 05-65-64-10-41. • restaurant.carrier@orange.fr • À 11 km au nord-est de Decazeville. Tlj à midi slt. Congés : 1re sem de juil et de sept. Formule 13 € (déj en sem) ; menus 16-25 €.* Ce qu'on appelle une institution. Pour le charme, avec cette bâtisse moderne, on repassera. Pour l'intimité, pareil : l'ambiance est ici plutôt aux grandes tablées qu'aux tête-à-tête amoureux. Mais si cette adresse de village, hors circuits touristiques, est plus que connue, c'est pour son *estofinado* (à volonté). L'occasion donc de goûter à ce plat emblématique du coin, entre autres spécialités locales.

À voir

L'église Notre-Dame : *pl. Wilson. Visite commentée du chemin de croix avr-oct (résa à l'office de tourisme, compter 1h30 et 3 €).* Bâtie en 1847 et d'allure extérieure anodine, cette église possède le seul ***chemin de croix*** « symboliste » au monde, œuvre du célèbre peintre Gustave Moreau qui souhaitait conserver l'anonymat. Quatorze toiles non signées (une incurie dans une église, non ?), où l'on sent l'influence de l'école italienne. Autre richesse : les orgues classées du célèbre facteur Cavaillé-Coll. Sur la place de l'église, ***le monument aux morts*** présente l'originalité d'être à la fois dédié aux morts de la guerre et à ceux du travail : chaque face porte un médaillon en bronze d'André Galtié représentant la Paix, la Guerre, le Soldat, le Mineur. Devant, trône une grande lampe de mineur.

Le musée du Patrimoine industriel et minier : *ZI du Centre. ☎ 05-65-43-09-18. Depuis l'office de tourisme, suivre sur 500 m les av. Cabrol puis du 10-août ; c'est à gauche. Horaires à l'office de tourisme.* Gérée par la dynamique *Association de sauvegarde du patrimoine industriel du bassin de Decazeville,* qui maintient le souvenir du riche passé minier de la ville. Archives, fichiers nominatifs, travail pour la protection et la reconversion des anciennes mines, mais aussi exposition de machines, outils, photos de l'épopée industrielle, reconstitution de 2 galeries de mine. Un appréciable travail sur la mémoire des quasi 200 ans d'extraction du charbon dans la région.

Le site de La Découverte et chevalement de mine : *visites guidées avr-oct, résa à l'office de tourisme.* Cette ancienne mine à ciel ouvert, aux dimensions exceptionnelles, fut la plus importante mine de houille de France. Le site offre l'occasion de découvrir le dernier chevalement de mine du coin : une impressionnante tour métallique qui abrite une cage d'ascenseur destinée à descendre les mineurs dans le puits de mine et à en faire remonter le charbon.

DANS LES ENVIRONS DE DECAZEVILLE

AUBIN (12110)

À 4 km au sud de Decazeville, ancienne cité minière étirée, tel un village-rue, au pied de son vieux château. Sur la place principale, en face de la mairie et du musée, la statue de bronze du vieux mineur, emblème de la cité, donne le ton.

Le musée de la Mine Lucien-Mazars : *pl. Jean-Jaurès. ☎ 05-65-43-58-00. (accès partiel). Juil-août, tlj sauf lun 10h-12h, 14h-18h ; juin et sept, tlj sauf dim 14h-18h ; avr-mai et oct, mar, jeu et sam 14h-17h30. GRATUIT (libre participation pour soutenir l'association du musée).* Installé sur les lieux historiques de l'exploitation, ce musée regorge de documents d'archives, de photos, d'outils divers de mineurs. Au rez-de-chaussée, histoire d'Aubin avant la révolution industrielle et de ses vagues d'immigration (1913 et 1936, les Espagnols ; 1917, les Russes blancs ; 1927, les Polonais, etc.). Tableau pédagogique des différentes crises, reprises économiques et autres déclins... Histoire du paternalisme patronal. À mi-étage, tous les outils, instruments de mesure, l'attirail du piqueur, boiseur, boutefeu, les modes d'exploitation, la descente au fond, carnets et livres d'ingénieur, bannières ouvrières, conquêtes sociales... Un tableau vivant et exhaustif de la mine. Au sous-sol, reconstitution d'une galerie montrant les différents types d'étayage utilisés et le travail des mineurs. Simulation d'un coup de grisou (presque comme si vous y étiez !). Vidéo.

L'église Notre-Dame d'Aubin : *avr-oct, résa à l'office de tourisme ; visite libre possible en demandant la clé à l'office de tourisme de Cransac.* Église romane remaniée en gothique (XIIe et XVe s), comme en témoigne le portail orné de feuilles de chou. Élégant clocher de forme octogonale. Bel intérieur où l'on voit un Christ en bois polychrome et une cuve baptismale du XIIe s. Vitraux du XXe s.

Les forges du Gua : *accès libre, tte l'année. Rens et plan de découverte à l'office de tourisme, visite guidée avr-oct.* Les cheminées, érigées il y a 150 ans, mesurent près de 50 m de haut et possèdent de belles têtes ouvragées. Elles ont été le lieu d'un événement tragique en 1869, à l'occasion d'une grève des mineurs qui tourna en émeute, violemment réprimée par l'armée. Cet événement inspira un passage de *Germinal,* de Zola, et un poème à Victor Hugo, intitulé *Aubin, colères ouvrières* (1869) dont on trouve une citation sur le monument aux fusillés sur l'esplanade face aux forges. De là, belle vue sur la démesurée *école Jules-Ferry.*

L'église Notre-Dame-du-Gua : *ven-dim 9h-18h (mars-oct).* Inaugurée en 1867, les plans ont été réalisés par l'architecte Boileau qui s'inspira, pour les charpentes métalliques, des pavillons Baltard des anciennes Halles de Paris. Elles furent coulées aux aciéries et forges du Gua. L'intérieur abrite un remarquable chemin de croix et une reconstitution de la grotte de Lourdes, aménagée entre 1913 et 1916 de part et d'autre de l'entrée de la chapelle Notre-Dame-de-la-Piété.

Le fort et le vieil Aubin : *accès libre tte l'année. Rens et plan de découverte à l'office de tourisme ; visites guidées avr-oct.* Quelques demeures anciennes intéressantes dans le vieil Aubin, là-haut, sur la colline. Notamment, rue Alary, *L'Auberge du Fort* (voir la rubrique « Où manger ? »). Un peu plus bas, la *maison « wisigothe »* à colombages et brique rouge. Voir aussi la *halle aux grains* et ses vénérables mesures médiévales. De la place Jean-Jaurès, abandonner la voiture et suivre à pied la rue Brassat jusqu'au fort d'Aubin.

L'église Notre-Dame-des-Mines : *au hameau de Combes. Tlj 9h-18h (digicode).* Église qui ne casse pas des briques depuis l'extérieur (et pourtant...). Bâtie et décorée dans un style Art déco tardif, elle mérite assurément le détour. À l'intérieur, des fresques splendides rendent hommage aux mineurs et au travail de la mine. Les vitraux, le chemin de croix, la décoration du chœur sont vraiment superbes. Émouvante crèche en forme de galerie de mine. Un bel exemple d'art socialo-religieux...

À voir. À faire encore dans les environs de Decazeville

➢ **Balade en bateau :** *à* **Flagnac.** *☎ 05-65-63-27-96. • bateau-olt.com • De mai à mi-oct, tlj sauf lun ; départs à 12h (croisière-repas : env 36 €/pers) et 15h45* *(croisière-découverte, juil-août slt : 12 €/pers).* Une agréable balade de 2h (3h avec le repas) pour découvrir de superbes paysages au fil de l'eau.

Cransac et ses thermes : *à 7 km au sud-est de Decazeville. Rens : ☎ 05-65-63-06-80 (établissement thermal).* L'utilisation des gaz chauds a fait de Cransac une station thermale unique en Europe pour le traitement des rhumatismes *(mars-nov)* et un spa pour les soins de remise en forme *(tte l'année).* C'est aussi la seule ville aveyronnaise à avoir un casino.

Le château de Gironde : *à **Port-d'Agrès.** À 14 km au nord de Decazeville par la D 963.* Château privé, dont on voit les extérieurs, la chapelle et surtout le superbe panorama sur la vallée du Lot. Face à la chapelle, un audioguide gratuit raconte la passionnante histoire du château et la vie des Gironde, seigneurs du coin qui donnèrent leur nom à la célèbre « embouchure » lors de la négociation avec les Anglais, au Moyen Âge, des territoires du Sud-Ouest. Mais la plus célèbre des familles qui habitèrent le château fut les Panassié : le père fit fortune dans le pétrole en Ukraine et le fils introduisit le jazz en France, puis vendit le château pour partir s'installer à Harlem, aux États-Unis.

***Saint-Santin** (12300) :* village unique en France pour sa double identité, situé à cheval sur deux départements et deux régions : Saint-Santin d'Aveyron et Saint-Santin-de-Maurs, dans le Cantal. Le bourg comporte donc deux églises et deux mairies ! À découvrir, deux petits musées *(ouv tlj 10h-19h avec monnayeur 2 €).*

Terra Olt : *12300 **Saint-Parthem.** ☎ 05-65-63-27-96. • terraolt.com • Juin, mar-mer, sam-dim 14h-17h30. Entrée : 5,50 € ; 5-12 ans 3 € ; réduc.* Cet espace scénographique est consacré au Lot : l'Olt en occitan. Un nom encore utilisé pour définir ses parties non navigables. Terra Olt convoque toutes les nouvelles technologies pour expliquer la géographie, la géologie, la vie autour de ce cours d'eau.

Camping de la Plaine : *12300 **Saint-Parthem.** ☎ 05-65-64-05-24. • infos@camping-laplaine.com • camping-laplaine.com • Accès par la D 42, à 400 m du village. Avr-oct. Empl. tentes 15-24 € en hte saison.* Sympathique camping familial au bord du Lot (baignade, pêche) : révisez votre néerlandais. Et on n'est pas les uns sur les autres. Sanitaires impeccables. Piscine. Repas possible le soir en été (pizza le jeudi).

Fêtes et manifestations à Decazeville et dans les environs

- ***Festival Pyromélodique :*** *fin juil.*
- ***Spectacle « son, lumière et gestes » :*** *12300 **Flagnac.** À 6 km au nord de Decazeville. ☎ 05-65-64-09-92. • hierunvillage.com • Représentations fin juil-début août, env 19 €.* Petit village au charme discret, surtout célèbre pour l'un des plus impressionnants « son et lumière » de Midi-Pyrénées. Un espace scénique de 200 m de long où un vieux bourg est reconstitué. 250 figurants et acteurs (principalement des Flagnacois) y font revivre l'histoire du village à coups d'effets spéciaux et de jeux pyrotechniques.

LE PAYS DE CONQUES ET DE MARCILLAC

Un pays pittoresque au relief marqué, vallonné où de beaux villages s'accrochent aux coteaux. Le vallon de Marcillac est tapissé de vignes de cépage fer servadou (appelé ici le « mansois ») et produit l'un des quatre vins AOC du département. Ce sont les moines de Conques qui introduisirent dès le Xe s les vignes dans la région.

SALLES-LA-SOURCE (12330) 2 250 hab. *Carte Aveyron, B2*

À 10 km au nord de Rodez, ce beau village s'étage dans un site surprenant. C'est la fin brutale du causse Comtal. Une rivière tombe en cascade de façon spectaculaire devant une jolie grotte moussue. Adorable partie basse du village dans son écrin verdoyant. On y trouve la délicieuse *église Saint-Paul,* de style roman, aux proportions harmonieuses. En écho au clocher conique de l'église répondent les poivrières du château. Ici, les toits sont couverts de petites ardoises qui luisent au soleil.

À voir

*** Le musée des Arts et Métiers traditionnels :*** *rue de la Cascade. ☎ 05-65-67-28-96. Avr et oct, mer-jeu et dim 14h-18h ; mai-juin et sept, tlj sauf mar 14h-18h ; juil-août, tlj sauf lun 10h-12h30, 13h30-18h30 (w-e ap-m slt). Entrée : 4 € ; réduc ; gratuit moins de 26 ans. Carte Pass délivrée sur place : réduc sur la visite d'un 2e musée et gratuité du 3e musée (valable dans les musées de Montrozier et Espalion).* Installé dans une ancienne filature du XIXe s, musée intéressant et rustique sur les arts et métiers du XVIIIe au XXe s, présentant des collections de machines, d'outils et d'objets du patrimoine agricole rouergat. Magnifique charpente en coque de bateau renversée. Quatre thèmes principaux : les machines d'autrefois (sous-sol) ; l'homme et le monde minéral (rez-de-chaussée) ; l'homme et le monde végétal (au 1er) ; l'homme et le monde animal (au 2e). Deux espaces supplémentaires présentent une cave de vigneron et une filature. Expo temporaire *Des mains pour penser.* « C'est ce que je fais qui m'apprend ce que je cherche. » Pierre Soulages.

MARCILLAC (12330) 1 725 hab. *Carte Aveyron, B2*

Petite capitale d'un vin AOC depuis 1990, au cœur d'une cuvette naturelle appelée le « vallon », région bien caractéristique. Ici, tout est rouge ou, plutôt, présente un formidable camaïeu de pourpres, lie-de-vin, brique, violacés, etc. Les vénérables demeures alignent leurs gros blocs de grès rouge autour de l'église du XIVe s à clocher octogonal. Près de l'église, belle maison en encorbellement sculpté, à la charmante patine. Place des Pénitents, chapelle à tour ronde ajourée d'ouvertures romanes.

Dans le paysage accidenté alentour, sur les pentes les mieux exposées, beaucoup de cultures sont protégées des vents glacés des plateaux. Une sorte de microclimat, de douceur, a favorisé la production de fruits et, surtout, de la vigne.

Le marcillac fut longtemps apprécié dans tout le Midi. La crise du phylloxéra brisa complètement la production, entraînant la quasi-disparition du

vignoble. Aujourd'hui, pourtant, ce vin est revenu sur les tables de restaurants. Avec ses arômes de framboise et son côté tannique, il n'a pas son pareil pour accompagner la cuisine rouergate et ses fameux tripous... La *Saint-Bourrou,* fêtée durant le week-end de la Pentecôte, est l'occasion de dégustations et de joyeuses bourrées.

Adresse et info utiles

Office de tourisme : *52, tour de ville. ☎ 05-65-71-13-18. • tourisme-conques.fr • Oct-avr : lun-ven 9h-12h30, 14h-17h30 (18h30 en été) ; plus dim mat mai-sept ; et sam ap-m juil-août.* Nombreuse doc sur le vallon, notamment circuits de randonnées et informations sur la Route des vins.

– **Marché :** *dim mat tte l'année.* Marché traditionnel, animé et réputé. Idéal pour faire le plein de spécialités locales.

Où dormir ? Où manger dans les environs ?

Glamping Terre Rouge : *D 13, à* ***Villecomtal.*** *06-78-50-34-41. • liliane@terre-rouge.fr • terre-rouge.fr • De mi-fév à Toussaint. Empl. tentes 12-18 € selon saison ; tente aménagée 90 €, petit déj inclus.* C'est sur un terrain boisé que Liliane loue ses vastes tentes aménagées, mélange de glamour et de camping. Bois brut au sol et en cloison pour séparer l'espace dédié au sommeil de celui dédié à la toilette. Petit coin cuisine équipé (vaisselle fournie) et terrasse sous les arbres. Le petit déj se prend sous une serre où gambadent quelques chats. Accueil charmant.

Auberge Picou : *15, av. Joseph-Vidal, 12580* ***Villecomtal.*** *☎ 05-65-44-60-28. • alain.caputo@orange.fr • Tlj (sauf le soir lun-mer, hors saison). Formules 12,50-14 € et menus 18-20 €. Café offert sur présentation de ce guide.* Dans la rue principale, auberge de village pour se restaurer d'une cuisine traditionnelle roborative... et si on arrive trop tôt, on boit l'apéro avec les patrons.

L'Auberge du Château : *le bourg, 12330* ***Muret-le-Château.*** *☎ 05-65-47-71-57. • info@laubergeduchateau.com • laubergeduchateau.com • (resto). Fermé mar-mer et soir du lun (ouv tlj juil-août). Congés : vac de fév et de Noël, resto fermé janv-fév. Doubles 72-87 €. Formule 28 € (déj en sem), menus 43-47 € (65 € pour 6 services).* Tombés sous le charme de ce pittoresque village, les patrons ont quitté la région parisienne et posé ici leurs valises. Petit bourg tranquille, d'une belle homogénéité architecturale, tout en pierre blonde, sons de cloches, chants d'oiseau (et du coq !)... On les comprend ! Le temps s'est arrêté au-dessus de Muret-le-Château, et le même esprit de tranquillité règne dans les murs de cette petite auberge. 7 chambres parfaitement équipées et très joliment rénovées. Et un coup de cœur pour la suite familiale, vaste, lumineuse et labellisée « naturelle » en raison des matériaux utilisés (chanvre...). Bien bonne table également : salades « fraîcheur », menu végétarien, et plus gastronomique à base de produits locaux. Et puis un beau menu pour faire découvrir la gastronomie aux enfants. Piscine.

Auberge de l'Ady : *1, av. du Pont-de-Malakoff, 12330* ***Valady.*** *☎ 05-65-72-70-24. • auberge.ady@orange.fr • Dans le bourg. Fermé lun et le soir dim-mar (plus mer soir hors saison). Résa conseillée. Doubles 80-120 € selon saison, petit déj inclus. Formules déj 19-21 €, menus 30-72 €.* Derrière la façade de vieille auberge de pays se cache l'une des tables les plus en vue du moment en Aveyron. Cadre chic contemporain, tables nappées, jolies verreries, couverts design, fleurs fraîches... tout cela sied bien à la clientèle d'affaires, nombreuse au déjeuner. Et, si le service peut paraître ampoulé, il sait rester naturel et sympathique. Quant au 1er menu du midi, c'est déjà une explosion de saveurs à prix bien pacifique, le tout servi en 45 mn chrono ! Élaboré selon le marché du jour, il donne déjà un aperçu du talent de Cédric Gaston, un chef qui remet savamment le terroir au goût du jour. Mises en bouche, mignardises généreuses complètent des menus déjà bien servis. Superbe carte des vins et quelques belles références locales, sublimées par les menus servis en accord mets et vins. Une bonne surprise ! Pour compléter le tableau, on peut cocooner dans l'une des belles chambres modernes proposées à quelques pas du restaurant.

Où acheter du bon vin ?

Aux Quatre Coins des Terroirs : *19, tour de ville. ☎ 05-65-78-64-21. • francisserieys@wanadoo.fr • Tlj sauf dim ap-m (plus lun ap-m hors saison) 8h30-12h30, 15h-19h30.* Derrière sa petite épicerie de village, Francis cache ses nectars, des vins de 13 producteurs locaux, de Marcillac comme de Conques, une petite production quasi confidentielle que l'on retrouve à la carte des restos gastronomiques. Explications, conseils et dégustation. Livraison possible et tarifs à prix cave.

DANS LES ENVIRONS DE MARCILLAC

Rodelle : conseil d'ami, pour vous y rendre, passez par le joli village de ***Muret-le-Château,*** dominé par un donjon du XVe s, ancienne seigneurie des évêques de Rodez. Quant à Rodelle, c'est un village en arête perché sur son rocher. De tout temps, verrou entre causse et vallon. Ancien roc occupé par les Gaulois, fortifié par les Romains. Objet d'un traité en 1239 entre le comte local et le comte de Toulouse. Louis XI tenta de s'emparer du château, lequel fut démoli en 1611. Le village actuel de Rodelle se construisit sur ses ruines. Imposante église avec clocher à peigne. Nombreuses très belles demeures.

Villecomtal : Villecomtal « la rouge » fut fondée en 1295 par les comtes de Rodez et ne nécessita que 9 ans pour être achevée. De la muraille d'enceinte et du château, il ne reste que le donjon accolé au corps du logis, quelques vestiges des courtines flanquées de trois tours et, dans le village, *Lo Portal Bas,* une porte fortifiée donnant sur la rue principale. Quelques *calades* (ruelles) pittoresques, bordées de demeures anciennes.

ALLER À LA MESSE LA FIGURE ENFARINÉE

Lors de la signature du Concordat par Bonaparte et Pie VII, les prêtres de Villecomtal provoquèrent un schisme anticoncordataire qui réunit nombre de fidèles. Pour assister aux offices religieux, et pour rappeler l'Ancien Régime dont ils se réclamaient, sans qu'ils soient vraiment royalistes, ils se poudraient avec de la farine (faute de poudre de riz). On les surnomma alors « les enfarinés ! »

CONQUES (12320) 265 hab. *Carte Aveyron, B2*

Tous les superlatifs ne suffiraient pas à qualifier Conques, décrire l'émotion, le choc que l'on éprouve en arrivant pour la première fois. Et on veut de toute façon vous en laisser la surprise. On se contentera donc de dresser son

palmarès (impressionnant) : grand site Midi-Pyrénées, patrimoine mondial et, aussi, l'un des « Plus Beaux Villages de France ».
Le village se love au creux d'une pente de la vallée de l'Ouche. À cet endroit, elle s'évase un peu plus, creusant une sorte de cirque en longueur rappelant la forme d'une coquille (*concha* en latin). Architecture du village d'une homogénéité quasi parfaite. Splendides demeures aux grosses pierres rougeâtres, toits de lauzes et une abbatiale, étape sur la route de Saint-Jacques-de-Compostelle, aux vitraux achevés en 1994 par le peintre Pierre Soulages.
– Même si, en Aveyron, tous les chemins mènent à Conques, on vous conseille d'arriver par la route de Noailhac (sauf si votre véhicule fait plus de 2 m de large). Vous aurez une vue vertigineuse sur le village accroché à son roc et ferez une entrée triomphale (mais prudente !) par le petit pont dit « romain » (celui des pèlerins).

UN PEU D'HISTOIRE

Conques doit son origine à ce flair invraisemblable des ermites et autres moines pour dénicher les sites les plus séduisants. À la fin du VIIIe s, un certain Dadon, justement ermite de son état, choisit cette « conche » pour y bâtir son nid (ah oui, il avait aussi découvert que le chant des oiseaux y était mélodieux !). Quelques moines, attirés pour les mêmes bonnes raisons, le rejoignirent.
Mais il manquait quelque chose à Conques, un atout qui attirerait les foules et lui assurerait prospérité ad vitam æternam. Une relique sainte, par exemple. Conques tenta donc plusieurs fois de s'en procurer. Sans succès. Jusqu'à ce qu'un moine réussisse à voler celle de sainte Foy (martyrisée au IVe s, à l'âge de 12 ans). Avant de commettre le rapt des fameuses reliques, il passa tout de même 10 ans au monastère d'Agen à gagner la confiance de ses supérieurs.
Plusieurs miracles qui suivirent l'arrivée des reliques à Conques engendrèrent un grand engouement pour la ville, qui devint un haut lieu de pèlerinage. C'est donc tout naturellement que l'abbaye se retrouva un peu plus tard sur la *via Podiensis* du célèbre pèlerinage de Saint-Jacques-de-Compostelle (celle venant du Puy-en-Velay). Les nombreux dons qui affluèrent enrichirent l'abbaye qui put ainsi édifier sa magnifique abbatiale. Pendant les guerres de Religion, l'abbaye fut cependant incendiée par les protestants et sombra progressivement dans l'oubli.
Au début du XIXe s, comme elle tombait en ruine, on envisagea même sa destruction. Ce fut l'infatigable Prosper Mérimée, alors inspecteur des Monuments historiques, qui sauva l'abbaye en la faisant classer.

Adresse et info utiles

Office de tourisme : *rue du Chanoine-Bénazech. ☎ 05-65-72-85-00. • conques.fr • Avr-sept, tlj 9h30-12h30, 14h-18h30 ; oct-mars 10h-12h, 14h-18h.* Bonne documentation sur les GR et la route de Saint-Jacques. Brochures pour découvrir Conques. Le service Patrimoine propose en saison des visites guidées de 45 mn *(env 4-4,50 €)* de l'abbatiale (à faire aussi en nocturne, à 21h30, avec illumination de l'église) et du village. Objets tactiles à disposition des non-voyants.
– ***Parkings payants :*** à chaque entrée du village *(mai-sept, tlj ; env 4 €, valable pour la saison).*

Où dormir ? Où manger ?

Camping et gîte d'étape

Camping Beau Rivage : *Moulin-Neuf. ☎ 05-65-69-82-23. 06-61-17-47-73. • camping.conques@wanadoo.fr • campingconques.com • Par la D 901, à 500 m au nord du bourg. Avr-sept. Empl. tentes 19,50-21,50 € selon saison ;*

mobile homes 280-560 €/sem selon saison et capacité. 60 empl. Sur les bords du Dourdou, à 400 m du village. Le chemin de Saint-Jacques-de-Compostelle passe à l'extrémité du camping. Emplacements bien ombragés en bord de rivière et mobile homes très bien maintenus. Activités en tout genre : pêche, ping-pong... et une très grande piscine. Grand confort, restauration possible et accueil bien efficace. Idéal pour profiter quelques jours de Conques et des environs.

Prix moyens

Chambres d'hôtes La Maison des Sources : *au pied du village. ☎ 05-65-47-04-54. 06-19-49-23-92. • lamaison-des-sources@orange.fr • lessourcesdeconques.com • À 1,5 km, sur la D 901 (direction Rodez). Tlj sauf mer. Double 79 € ; table d'hôtes 25 €. Apéritif ou café offert sur présentation de ce guide.* Il règne un joyeux désordre dans cette petite maison à flanc de colline et dont le jardin aménagé de meubles de brocante surplombe la route. Maniaques obsessionnels, passez votre chemin ! 4 chambres (2 indépendantes et 2 qui se partagent une salle de bains), là encore meublées de bric et de broc, pas bien grandes mais charmantes. Accueil tout en douceur.

Beaucoup plus chic

Le Moulin de Cambelong – Restaurant Hervé Busset : *au pied du village. ☎ 05-65-72-84-77. • reservation@moulindecambelong.com • moulindecambelong.com • Fermé du lun au jeu midi ; plus lun soir hors saison. Congés : nov-mars. Résa conseillée. Doubles 150-270 € ; petit déj 20 € (quand même !). Menu déj 40 € (sauf j. fériés), puis 70-110 € (5-9 services).* C'est l'un des derniers moulins à eau le long du Dourdou. Un cadre enchanteur et l'une des plus prestigieuses tables du département. Élégante, raffinée, créative, elle sublime le terroir dont elle révèle la quintessence. Hervé Busset recherche l'excellence à l'état brut, c'est tout naturellement qu'il cuisine l'agneau Allaiton, la truite d'Estaing, le porc de Bigorre... le tout agrémenté d'herbes sauvages et de légumes oubliés. Une cuisine d'évidence, comme il aime à la définir. Une magnifique expérience culinaire. Service à la hauteur des lieux, mais accueil un brin routinier côté chambres. Certaines d'entre elles possèdent un balcon surplombant la rivière. Déco très contemporaine (les murs noirs, qui s'inspirent de l'œuvre de Soulages, peuvent surprendre) et confort 4 étoiles.

Où dormir ? Où manger dans les environs ?

Camping et gîte d'étape

L'Étang du Camp : *Le Camp, 12320* ***Sénergues.*** *☎ 05-65-46-01-95. 06-78-03-04-71. • info@etangducamp.fr • etangducamp.fr • ♿ À 5 km au sud de Sénergues, sur la D 242. Bien fléché. Avr-sept. Empl. tentes 12-15 € selon saison ; tentes safari et mobile homes 260-490 €/sem selon capacité et saison. 60 empl.* Camping tranquille, bien équipé, en pleine campagne et avec des emplacements de bonne taille, dont certains au bord de l'étang (où l'on peut pêcher). Tenu par une accueillante famille anglaise (*english breakfast* pour ceux qui le souhaitent). Location de vélos.

Domaine de Sénos : *chemin de Compostelle, 12320* ***Sénergues.*** *☎ 05-65-72-91-56. • contact@gites-aveyron.com • gites-aveyron.com • ♿ Sur le GR 65, à la sortie du village de Sénergues, à 9 km à l'est de Conques. Congés : 15 nov-mars. Résa conseillée. Nuitée 17,80 €/pers pour les randonneurs de passage ; loc de draps env 3 € ; petit déj 6 € ; ½ pens 39,80 €/pers. Apéritif offert sur présentation de ce guide.* Une trentaine de lits en chambres de 2 à 5 personnes, pour ce gîte d'étape installé dans une ancienne école religieuse remise à neuf. Quelques chambres avec bains. Accueil chaleureux. TV, terrasse, chaises longues, jeux pour enfants et vue sur toute la région.

De bon marché à prix moyens

*Chambre d'hôtes Le Manoir des Peliès : 12320 **Grand-Vabre.** ☎ 05-65-62-14-13. • lespelies@gmail.com • lespelies.com • À 8,5 km au nord-ouest de Conques par la D 901, puis la D 42. Congés : nov-mars. Doubles 75-140 €. Réduc de 5 € par nuit et par chambre sur présentation de ce guide.* Dominant la douce vallée du Lot, qu'il contrôlait jadis de ses deux tours, ce manoir a déposé les armes pour se convertir en maison d'hôtes. Réussi ! Catherine éclaire votre séjour de son rire et de sa connaissance des environs. Le grand salon commun et les vastes chambres ou suites sont décorés avec un beau chic bourgeois agrémenté de toiles de bon goût. Le duplex, dans la tourelle du XVe s, est plein de charme et de romantisme. Le plantureux petit déjeuner qui privilégie les produits faits maison et bio vient parfaire le lieu.

*Les chambres de Montignac : 12320 **Montignac.** ☎ 05-65-69-84-29. • mauryametal@yahoo.fr • À 2 km de Conques. Pâques-sept. Double 54 €. Table d'hôtes 19 €.* Une belle maison de village attachante, au parfum de ferme et de feu de bois, rénovée avec des matériaux naturels exclusivement. À la table d'hôtes des plats qui ont pris le temps de mijoter, élaborés avec des produits naturels et de saison. Accueil simple et chaleureux de Maurya, jadis enfant des États-Unis. On aime !

*Chez Marie : 12320 **Grand-Vabre.** ☎ 05-65-69-84-55. • chez.marie@wanadoo.fr • À 6 km au nord, par la D 901. Fermé le soir dim-jeu (sauf juil-août). Congés : 1 sem en août, 2 sem fin oct et de mi-déc à début fév. Résa conseillée. Formule déj en sem 11,50 € ; menus 16-26 €.* Marie concocte des petits plats de terroir à des prix imbattables, et on n'est pas déçu. Le décor est simple, rustique, et la terrasse couverte permet de manger dans la verdure. Accueil aimable, plein d'attention. Les amateurs se laisseront tenter par un verre de Saint-Hervé, l'apéro du coin, à la fleur de sureau. Une bonne adresse de village, au service rapide.

Où acheter du vin de Conques ?

Le Colombier (Patrick Rols) : sur les hauteurs du village. 06-27-80-27-09. • rols_math@yahoo.fr • gaecrols@orange.fr • Tél avt de se déplacer. Sur ses quelque 6 ha, Patrick Rols cultive des vignes en agriculture biologique et produit un bon petit vin (rouge et blanc), Le Colombier, labellisé vin de pays de l'Aveyron. Vente au chai (cave située sur le GR 65). En arrivant par la route, très jolie vue sur le versant couvert de vigne.

À voir

***L'abbatiale Sainte-Foy :** Entrée libre, sauf pdt les offices : tlj 7h30, 12h05, 18h (17h dim) et 20h30. Visites guidées en saison par le service Patrimoine, rens à l'office de tourisme. Tlj en saison, visite commentée du tympan (21h), puis de l'abbatiale mise en lumière avec démonstration des orgues (21h30). Messe à 8h lun-sam et 11h dim, célébrée par les Frères prémontrés.*

Il y eut d'abord une petite chapelle, puis l'arrivée des reliques de sainte Foy nécessita la construction d'une première basilique, et au XIe s, le succès de Conques entraîna l'édification de l'actuelle abbatiale. Les matériaux utilisés composent une belle palette de couleurs : grès rouge, calcaire d'un beau jaune et schiste gris. Plan en croix classique. Conques servit de modèle à d'autres basiliques de pèlerinage (Saint-Sernin de Toulouse, Saint-Jacques de Compostelle). Le monument a été inscrit au Patrimoine mondial de l'humanité par l'Unesco, au titre des chemins de Compostelle.

Le tympan de la façade principale

L'un des chefs-d'œuvre de l'église. La quasi-nudité de la façade permet de se focaliser dessus. C'est la traditionnelle représentation du *Jugement dernier.* L'artiste s'est inspiré de l'*Évangile selon saint Matthieu.* Les nombreuses scènes et divers personnages (124 au total) donnent un peu une impression de fouillis, mais c'est remarquablement composé, avec une superbe maîtrise du travail de la pierre. Au centre trône le Christ en majesté, qui prononce son verdict : les élus sont à sa droite, au Paradis, clair et ordonné, qu'il désigne d'un geste de la main droite vers le haut ; les damnés sont à sa gauche, en Enfer, confus et violent, qu'il désigne d'un geste de la main gauche vers le bas. Derrière, des anges portent la croix, un clou et le fer de lance, évoquant la Passion. Un ange lui présente le Livre de Vie, tandis que des anges-chevaliers repoussent les démons en Enfer. À gauche, les élus marchent vers le Christ, conduits par les deux seuls personnages nimbés, sainte Marie et saint Pierre. Ils sont suivis par les grandes figures de l'histoire de l'abbaye : l'ermite Dadon (le fondateur) et Charlemagne. Sous le Christ, la pesée des âmes où l'archange saint Michel et un démon se défient du regard, pendant que ce dernier – le coquin ! – appuie sur la balance en sa faveur. À gauche de cette scène, les morts sortent de leurs tombeaux, comme dans les séquences d'un film. En dessous, c'est le Paradis ! Au centre siège Abraham et, de part et d'autre, des couples de personnages sous des arcades représentant la Jérusalem céleste. À droite, un ange accueille les élus au Paradis, tandis qu'un démon fait entrer les damnés à coups de massue dans la gueule de l'Enfer. Alors qu'Abraham trône sagement à gauche, Satan, assis sur un damné, inflige divers tourments aux pécheurs. L'artiste a été visiblement inspiré pour imaginer le raffinement de ces supplices infernaux : la femme adultère avec sa poitrine dénudée, l'avare, pendu à gauche de Satan, la Colère, au-dessus de la gueule de l'Enfer, qui s'enfonce un couteau dans la gorge pendant qu'un démon lui dévore le cerveau (!), etc. Au-dessus, les souffrances vont de plus belle : on tue à la broche, on écorche vif et on pend par les pieds. Sur le linteau est gravée la phrase suivante : « Pécheurs, si vous ne réformez pas vos mœurs, sachez que vous subirez un jugement redoutable. » À bon entendeur, mais que cela ne vous dissuade pas d'entrer !

L'intérieur

Vaisseau magnifique, tout de simplicité, d'harmonie et de verticalité. Les vitraux des 95 fenêtres et des 9 meurtrières ont été conçus par Pierre Soulages. Ils s'intègrent pleinement à l'ensemble : d'un blanc translucide, ils respectent l'unité du lieu, en évitant les effets de trouée. Ces vitraux agissent comme des réflecteurs et s'adaptent à la lumière naturelle : « Bleue le jour, rouge ou jaune au couchant ou au levant, ou même ocre ou grise lorsqu'elle reflète la couleur des pierres ou du toit », comme les décrit Soulages.

L'architecture est d'une grande pureté et d'une réelle majesté. Les tribunes s'ouvrent sur la nef par des baies géminées. On comprend mieux ici la démarche des architectes qui ont conçu l'intérieur pour l'adapter à l'énorme flux des pèlerins et permettre de contempler les reliques de sainte Foy. De même, la nef et surtout les deux bras du transept, de grande dimension, permettent à un maximum de fidèles d'assister à l'office, à proximité de la majestueuse coupole. Remarquables grilles du chœur en fer forgé du XIIe s. Elles protégeaient à l'époque les précieux reliquaires du trésor de l'abbaye. Très beaux chapiteaux, tantôt décoratifs, tantôt historiés : entrelacs, palmettes, feuillages...

Le cloître

En contrebas, à droite de l'abbatiale. Le grand cloître roman servit longtemps de carrière pour bâtir les maisons du village. Seules quelques petites arcades et baies géminées survécurent. On a pu reconstituer cependant le tracé des quatre galeries, et cela donne un peu une idée du plan du cloître.

L'ancien réfectoire des moines s'ouvre sur le cloître par des arcades géminées sur lesquelles on observe quelques chapiteaux parvenus jusqu'à nous. Motifs variés de feuilles à bec retourné, d'animaux, de moines bâtisseurs ou d'anges porteurs

des Textes sacrés. Au centre du cloître, beau bassin en serpentine vert foncé du XIIe s. Il est décoré de colonnettes engagées aux chapiteaux sculptés de motifs végétaux, alternant avec de petits modillons représentant des figures humaines, animales ou encore imaginaires.
Après le cloître, ne manquez pas le cimetière, avec vue sur la vallée.

Le trésor et le musée J-Fau
Avr-sept, 9h30-12h30, 14h-18h30 ; oct-mars, 10h-12h, 14h-18h. Billet unique pour le trésor et le musée J-Fau : 6,50 € ; réduc.

– ***Le trésor d'orfèvrerie :*** riche et fascinante collection d'orfèvrerie religieuse, à ne pas rater. Toutes ces merveilles ont failli disparaître durant la Révolution, car, sous la Convention, on a cru bon de confisquer pour les fondre tous les objets en métal précieux. Heureusement, quelques Conquois ont caché le trésor sacré en laissant croire à un vol.
Nombreux reliquaires dont le « *A* » *de Charlemagne* (fin du XIe s), décoré de filigranes et de pierreries. Au sommet, à la place du gros cristal, était certainement logée à l'origine une relique de la Vraie Croix. Un autre, le *Reliquaire de Pépin,* de forme hexagonale, en or, décoré de filigranes, vermeil et émaux. Au centre, le Christ, entouré de la Vierge et de saint Jean. Au-dessus, le Soleil et la Lune, symboles de l'univers. Il a été monté vers l'an 1000 à partir de différents éléments datant du IXe s (la plus vieille pièce du trésor). Autre curiosité : la *lanterne de Bégon,* de la fin du XIe s, qui, par sa forme et son iconographie, évoque le triomphe du Christ sur la mort. Dans une autre vitrine, le *coffret-reliquaire de sainte Foy* (XIIe s) « dit de Boniface », en cuir clouté. Manuscrit du *Livre des Miracles,* écrit dès l'an 1013 par un maître de l'école épiscopale d'Angers, auquel les moines et les pèlerins de Conques rapportèrent les miracles réalisés par sainte Foy.
Enfin (le meilleur pour la fin !), la fameuse *Majesté de sainte Foy,* constellée de pierres précieuses (tête du Ve s, corps et siège du IXe, remaniés à la Renaissance). De nombreuses pierres antiques sont gravées en creux (intailles) ou en relief (camées). Unique survivante de ce type de reliquaire de tout le Moyen Âge. Si l'on oubliait que sa fonction est avant tout d'abriter les restes de la sainte martyre, on penserait que c'est de l'idolâtrie !
– ***Le musée J-Fau :*** réparti sur trois niveaux. *À l'étage :* reconstitution d'une chambre de l'abbaye au XVIIe s, avec une admirable cheminée de bois ornée de médaillons sculptés et peinture de l'*Ecce Homo* au milieu. Un lit à baldaquin signé... Chirac. Dans une autre pièce, suite de sept tapisseries du XVIIe s consacrées à la vie de sainte Marie-Madeleine. *Au rez-de-chaussée :* statuaire de pierre, lutrin du XVIIe s. *Au sous-sol :* belle présentation du *Musée lapidaire.*

À voir encore

★★★ ***Visite du bourg :*** prenez votre temps, de ruelles en escaliers. La plupart des maisons, tournées vers le midi, possèdent deux entrées : celle du rez-de-chaussée sur la rue inférieure, l'autre au niveau de la rue supérieure ou d'un jardin. Ici, le schiste est roi. Il se retrouve dans tous les éléments de la construction du village, du pavage des rues aux toits de lauzes. Festival de lucarnes, clochetons, toits en saillie, décrochements, une joyeuse anarchie de lignes et de volumes. Et profitez-en pour faire la tournée des artistes et artisans d'art qui ouvrent leurs ateliers aux pèlerins et visiteurs (sculpteur, maroquinier, peintre, graveur...).
Au sud (par la rue Charlemagne) s'élève la *porte du Barry.* De là, un sentier mène à la *chapelle Saint-Roch,* du XVIe s. Belle vue sur le village et les environs. En continuant sur le GR 65, on rejoint le pont des pèlerins et la *chapelle Sainte-Foy.*
Autre beau point de vue depuis le *panorama de Bancarel* : en voiture, accès fléché par la D 901, juste après le croisement avec la D 42. À pied, 700 m par un chemin qui débute juste en contrebas du parvis de l'église (balisage GR 62).

Manifestations

– **Rencontres musicales de Conques :** *juil-août. Rens et résas : ☎ 05-65-71-24-00. • centre-europeen.com* • De grands concerts de musique classique et sacrée jusqu'au répertoire contemporain sont organisés dans l'abbatiale ou l'auditorium du Centre européen et dans les églises ou châteaux du territoire. Acoustique formidable, atmosphère magique et spirituelle dans l'abbatiale.
– **Festivités de sainte Foy :** *le dim qui suit le 6 oct.* Processions religieuses, exposition de reliquaires dans l'église, dont la Majesté de sainte Foy.

DANS LES ENVIRONS DE CONQUES

La Vinzelle (12320) : *à 15 km de Conques, près du village de* ***Grand-Vabre.*** Adorable petit village accroché à un éperon rocheux et sauvé de la désertification par ses habitants. Vénérables demeures de pierre rénovées, rues pavées, chemins refaits : un beau boulot de remise en valeur architecturale ! Voir la *fontaine Saint-Clair, lou trabal* (l'ancien ferrage des vaches), et, surtout, monter au *clocher,* indépendant de l'église, et qui abrite la « Campana bella », une cloche de 1 250 kg, dont on imagine la somme d'efforts qu'elle demanda pour être amenée jusqu'en haut. En outre, le son se révéla tellement assourdissant pour les villageois qu'il fut décidé de la déplacer sur le rocher dominant le village. Il n'y a pas si longtemps, on la sonnait pour disperser les orages trop menaçants... De là-haut, panorama prodigieux sur le village et la vallée, à savourer en écoutant le commentaire de l'audioguide (payant) au niveau de l'église.

Auberge du Peyral : *à* ***La Vinzelle.*** *☎ 05-65-72-83-04. Tlj. Congés : oct à fin mars. Fermé mer hors saison. Salades 9-11 €.* De bonnes assiettes de produits régionaux, salades diverses et copieuses, savoureux gâteau aux noix et coupes de glace. Sympathique auberge en balcon sur la vallée (pour le panorama, réserver impérativement les grosses tables en bois dehors).

DE CONQUES À ENTRAYGUES

Se rendre à **Grand-Vabre** *(12320)* d'abord. Au bas du village, vieux pont des Pèlerins. Dans l'église gothique locale, bas-relief du XIVe s avec sainte Foy. Et n'oubliez pas de jeter un coup d'œil sur l'antique épicerie de la place centrale. Étonnant !
Au pont de Grand-Vabre, vous passez dans le Cantal sur la moitié du parcours (par la D 141) jusqu'à Entraygues. Itinéraire superbe. La vallée du Lot, véritable frontière entre Rouergue et Auvergne, a conservé ici tout son caractère sauvage, avec de fascinants paysages en enfilade. À **Vieillevie,** château du XVe s qui contrôlait le trafic sur le Lot. 3 km plus loin, sur l'autre rive, croquignolet village de **Montarnal.**

LE FEL (12140)

Depuis la vallée du Lot, la route grimpe à travers des vignobles vers ce minuscule et adorable village de 145 habitants avec sa rue unique et bien fleurie. Vue imprenable sur le Lot, en particulier depuis l'église de Roussy.

Où dormir ? Où manger ?

Auberge du Fel : *au centre du village. ☎ 05-65-44-52-30. • info@auberge-du-fel.com • auberge-du-fel.com • Resto ouv ts les soirs. Résa conseillée. Doubles 63-74 € et ½ pens 57-68 €/pers, selon confort et saison.*

Menu déj (en sem) 23 €, puis 28 €. Café offert sur présentation de ce guide. Auberge pleine de charme. Propose de coquettes chambres aux couleurs fraîches, arrangées avec goût et impeccables (certaines avec terrasse et vue sur la « montagne »). Cuisine familiale et traditionnelle à base d'herbes, de fruits et d'épices, réputée dans la région.

Achats

Poterie du Don : *le don du Fel. ☎ 05-65-54-15-15. • contact@ledondufel.com • ledondufel.com • Avr-sept, tlj 10h-18h30 (pause déj 12h-14h le w-e) ; oct-mars, tlj 10h (14h le w-e)-18h.* Le site est à couper le souffle et l'architecture des lieux très (très) moderne ! Belle sélection de céramiques contemporaines. De renommée internationale, Suzy Atkins confectionne des pièces très originales, dont certaines restent uniques (souvent décorées d'or) et d'autres sont reproduites en série. Stages de poterie.

LE CARLADEZ ET LA VALLÉE DE LA TRUYÈRE

Tout au nord du département, entre l'Aubrac et le Cantal, trait d'union avec les volcans d'Auvergne, se cache la secrète région du Carladez. Un coin de France plutôt perdu, qui revendique son (relatif) isolement et a réussi à en faire un atout touristique. Comment ne pas tomber amoureux de ces petits villages encore hors du temps, où la vie coule plus lentement qu'ailleurs ?

Le Carladez longe la Truyère pour s'étendre de Mur-de-Barrez au nord, jusqu'à Entraygues au sud. Région de retenues d'eau et poumon électrique pour le département avec quelques barrages importants, elle recèle aussi des paysages sauvages parfaits pour randonner.

LA PISTE AUX ÉTOILES

En 1995, lors d'un congrès sur la protection du ciel nocturne, on a appris que le Carladez était la région des plus belles nuits noires. D'ici, on peut observer les étoiles comme nulle part ailleurs en France, sans lumière parasite. Histoire de s'allonger dans un champ une nuit d'été pour surprendre des étoiles filantes et faire un vœu !

MUR-DE-BARREZ

(12600) 820 hab. *Carte Aveyron, B1*

Capitale du Carladez, Mur-de-Barrez est une belle petite ville au sommet d'une colline à 800 m d'altitude, dominant la région sur 360°. Durant presque 150 ans, jusqu'à la Révolution, le comté était sous l'administration des comtes de Monaco ! Effectivement, Louis XIII, pour compenser la perte de terres en Italie, avait remis en 1643 le Carladez au prince monégasque. La tour de Monaco trône d'ailleurs encore en centre-ville et, en 2014, Mur-de-Barrez a reçu la visite du prince Albert, la première d'un membre de la famille de Monaco depuis 1643...

Adresse et info utiles

🅘 ***Office de tourisme :*** *12, Grand-Rue. ☎ 05-65-66-10-16. • carladez.fr • Lun-ven (plus sam mai-sept et dim mat juil-août) 9h-12h, 14h-17h (14h30-18h30 juil-août).* Très serviable. Topoguide gratuit des *Sentiers de l'Imaginaire* (voir plus loin). Point accueil au château de Valon (voir plus loin) de Pâques à la Toussaint, également.

– ***Marché :*** *jeu mat, pl. de Monaco.*

Où camper ?

Camping

Camping La Source : *presqu'île de Laussac, 12600* ***Thérondels.*** *☎ 05-65-66-05-62. • info@camping-la-source.com • camping-la-source.com • À 15 km de Mur-de-Barrez par successivement les D 900 et D 166 jusqu'à la presqu'île de Laussac (fléché). De fin mai à début sept, resto en juil-août. Empl. tentes 14-26 € selon saison ; mobile homes, chalets, bungalows toilés et appartements 280-889 €/sem selon capacité et saison. 108 empl. Café offert sur présentation de ce guide.* Un camping au calme et de grand confort situé au bord de la retenue d'eau de Sarrans (35 km de long), sur 4 ha. Piscine chauffée avec toboggan, restaurant et pizzas maison. On peut même choisir son ombrage, proche ou éloigné des activités. Pain livré à l'emplacement le matin. Outre les emplacements, offre un vaste choix de locations.

À voir. À faire

Le vieux Mur-de-Barrez : on y pénètre par ***la tour de Monaco.*** Remonter la rue de l'Église jusqu'à ***l'église Saint-Thomas*** (voir plus loin), puis continuer jusqu'à la *rue de la Berque,* qui mène à une ***vieille porte de ville.*** Tout le long, ruelles où pèsent d'étonnants silences... Au passage, on peut visiter la ***chapelle du monastère de Sainte-Claire.*** Très belle copie du Crucifix de saint Damien. Il s'agit de la représentation du Christ la plus répandue dans le monde. Ça donne envie d'aller voir l'original, à Assise (en Toscane).

Monter la rue de la Pierre, puis celle du Château jusqu'à ***l'esplanade du Château.*** Superbe panorama sur la forêt de lauzes du village et les montagnes environnantes. De retour dans la ***Grand-Rue, au nº 36,*** anciennes fenêtres à meneaux. Le crépi laisse apparaître de petites figures. Au nº 16, la magnifique façade Renaissance de la ***maison de Canilhac*** (1575) abrita la maison consulaire, et désormais la mairie. Élégantes arches et double rangée de grandes fenêtres à meneaux. Au nº 11, la ***maison de l'Histoire*** avec ses scènes médiévales reconstituées, au nº 13, la galerie *Espace 13* (Art singulier, abstraction, expressionnisme...) et les caves, échoppes du Moyen Âge.

L'église Saint-Thomas-de-Canterbury : des XIIe et XVIIe s. Portail orné d'une statue de saint Thomas en bois. Jetez un coup d'œil à la curieuse corniche avec ses figurines. À l'intérieur, on retrouve le gris austère de la pierre du Nord et on distingue bien les deux étapes de construction. Chapiteaux stylisés et chœur en berceau. Plafond en trompe l'œil et retable baroque avec colonnes torses couvertes de pampres. À droite de la nef, beau jubé restauré en bois sculpté et, unique en France, un gisant en clé de voûte au-dessus de la tribune.

DANS LES ENVIRONS DE MUR-DE-BARREZ

➢ ***Les Sentiers de l'Imaginaire :*** six balades thématiques, faciles et gratuites sur le territoire de ***Mur-de-Barrez*** (« Le Moyen Âge d'Histoire en histoires »), ainsi que dans les villages de ***Murols*** (« De feu et de vent »), ***Taussac*** (« La forêt magique »), ***Thérondels*** (« Et l'homme créa la prairie »), ***Brommat*** (« Au fil de l'eau ») et ***Lacroix-Barrez*** (« Du magma à la pierre »). Ces sentiers sont ponctués de rencontres magiques et dévoilent peu à peu leurs mystères, tandis que l'on avance, guidé par des personnages poétiques et farceurs. Animations et rendez-vous festifs en saison, mais sentiers accessibles toute l'année.

■ ***Aloa Nature :*** *12420* ***Sainte-Geneviève-sur-Argence.*** *☎ 05-65-66-48-19. ● aloa-nature.fr ● Ouv vac scol et w-e de Pâques à la Toussaint (slt en été pour l'équitation).* Une ferme équestre qui organise, sur résa, de nombreuses formules de sorties encadrées en pleine nature : canyoning, accrobranche, escalarbre, *via ferrata,* équitation, escalade, tyrolienne du lac de Sarrans à la presqu'île de Laussac *(juil-août)...*

■ ***Natura Bien-Être :*** *12600* ***Brommat.*** *☎ 05-65-66-22-11. ● naturabienetreencarladez.fr ● Tlj vac fév-Toussaint.* Centre de remise en forme après une bonne journée de rando ou d'équitation dans la nature du Carladez : bains bouillonnants, jets, douches horizontales, hammam, sauna, salle de musculation...

L'AVEYRON

SAINT-AMANS-DES-CÔTS

(12460) 770 hab. *Carte Aveyron, B1*

Entre Aubrac, vallée du Lot et gorges de la Truyère, à une vingtaine de kilomètres au sud de Mur-de-Barrez. Saint-Amans est une ville en pleine nature, entourée de lacs (lacs de La Selves, de Saint-Gervais, de Montézic et de Couesque), où l'on vient respirer l'air pur. Dans l'*église* du XVe s, très haut retable (classé) de 1626, représentant le Rosaire entouré des mystères. Superbe route le long de La Selves, de Saint-Amans à Entraygues.

Adresse et info utiles

ℹ ***Office de tourisme :*** *rue Principale. ☎ 05-65-44-81-61. ● aubrac-viadene.com ● Tte l'année tlj sauf dim (juil-août, ouv dim mat).* Bonne doc. Visites guidées d'une collection minéralogique. Visite de la centrale hydro-électrique souterraine de Montézic *(extérieur lun-mar de mi-juin à mi-sept sur résa, GRATUIT ; intérieur sur résa à la centrale : ☎ 05-34-39-88-70, carte d'identité obligatoire).*

– ***Marché des producteurs de pays :*** *jeu mat (juil-août).*

Où dormir dans les environs ?

⛺ ***Camping Tohapi Les Tours :*** *lieu-dit* ***Les Tours.*** *☎ 05-65-44-88-10. ● dirtours@tohapi.fr ● tohapi.fr ● Après Saint-Amans, D 97 puis D 599. De fin avr à fin sept. Empl. tentes 17-36 € (avec électricité) selon saison ; mobile homes 245-740 €/sem. 275 empl.* Au bord du lac de la Selves, au sud de Saint-Amans-des-Côts. Bien ombragé. Région propice aux balades hors des sentiers battus. Si vous réservez, demandez les plus belles places, en bord de lac. Possibilité de location à la nuitée à partir de 2 nuits (hors juil-août). Piscine. Location de vélos.

DANS LES ENVIRONS DE SAINT-AMANS-DES-CÔTS

Le saut du Chien : *à 6 km de Saint-Amans, près du lac de Montézic.* Une succession de cascades dans un chaos granitique où coule un ruisseau. Petit sentier pédestre et botanique longeant les cascades et menant à deux belvédères ainsi qu'au pied d'un rocher en forme de tête de chien (sic !).

Le site de Bez-Bédène : *à 6 km au sud de Saint-Amans, route d'Entraygues-sur-Truyère. Juil-août, visite guidée gratuite du site (mer 10h30).* Magique ! Ce site pittoresque élevé sur un piton rocheux au milieu d'un cirque boisé mérite assurément le détour. Quelques maisons, un prieuré fondé par saint Gausbert au XIe s et un vieux pont qui enjambe la Selves. En été, possibilité de visite d'une salle de classe reconstituée du début du siècle dernier, ainsi que du retable sculpté (XVIe s) à l'intérieur de l'église *(rens à l'office de tourisme de Saint-Amans).*

Le château de Valon : *à 10 km au nord de Saint-Amans, route de Lacroix-Barrez. Rens : ☎ 05-65-66-22-36 ou 05-65-66-10-16 (office de tourisme de Mur-de-Barrez). • contact@carladez.fr • De Pâques à la Toussaint, mar-dim 14h30 (10h30 de mi-juil à mi-août)-18h30 (17h30 vac scol de Toussaint). Entrée : 3 € ; réduc ; gratuit moins de 8 ans (déguisements à disposition de tous). Visites guidées (5 €).* Après avoir descendu la jolie route à travers les bois qui mène au bord de la Truyère, on se retrouve au pied du village de Valon et du château (XIIe s) du même nom, avec sa tour carrée. Sur une seule rue, un merveilleux petit village fleuri, plein de charme, pour une promenade médiévale des plus agréables.

LA VALLÉE DU LOT

• Carte *p. 211*

ENTRAYGUES-SUR-TRUYÈRE

(12140) 1 085 hab. *Carte Aveyron, B1*

Important carrefour, Entraygues (prononcer « Entrailles ») s'est édifié au confluent du Lot et de la Truyère (d'où son nom qui signifie « entre les eaux » en langue d'oc). De son riche passé, la petite ville a conservé son beau pont gothique et ses ruelles au tracé médiéval, bordées de demeures des XVe s et XVIIe s. On dit que la reine Margot y aurait passé une nuit...

QUE BOIRE ?

La région, surnommée « le jardin de l'Aubrac » du fait de ses conditions climatiques favorables à la culture des vergers et des vignes, produit un vin de pays fort gouleyant : l'AOC *entraygues-le-fel.* Avec 22 ha de vignobles et seulement 6 producteurs, c'est l'un des plus petits territoires viticoles de France, sa production demeure confidentielle et c'est sur place qu'il faut le goûter. Dans le verre, un rouge bien charnu et fruité, et même du blanc et du rosé.

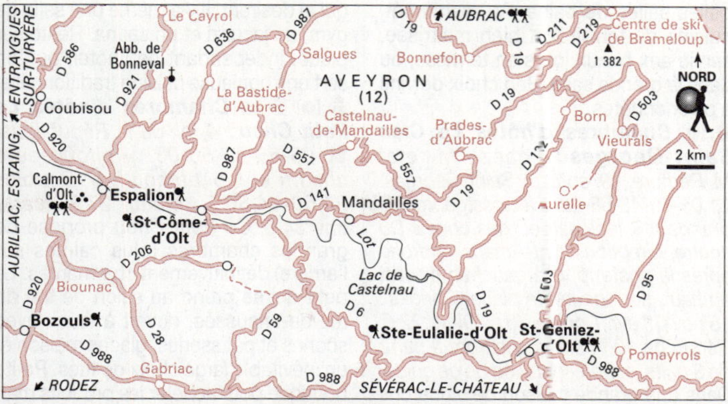

LA VALLÉE DU LOT

Adresses et infos utiles

i Office de tourisme du pays d'Entraygues : *pl. de la République. ☎ 05-65-44-56-10. ● tourisme-entraygues.com ● Juil-août, lun-sam, 9h30-12h30, 14h-19h, dim et j. fériés 10h-12h30, 15h-18h ; sept, lun-sam, 10h-12h15 et 14h-18h ; hors saison, lun-sam (fermé lun mat oct-mars).* Organise des visites de la ville le jeudi en juillet-août, mais il existe aussi un circuit fléché, et un circuit enfants que l'on peut retirer à l'office. Serviable et compétent.

Cars Verdié : *☎ 05-65-77-10-55.* Service régulier Rodez/Espalion/Entraygues/Mur-de-Barrez.

– **Marchés :** *quai du Lot ou pl. de la République, ven mat tte l'année (tt petit marché mar mat en juil-août).*

– **Marché des producteurs de pays :** *mer soir de juil à mi-sept.*

– **Marché artisanal** *« les mardis du savoir-faire »* **:** *de mi-juil à mi-août à partir de 17h.*

Où dormir ? Où manger ?

Camping

Camping municipal du Val de Saures : *au bourg. ☎ 05-65-44-56-92. ● info@camping-valdesaures.com ● camping-valdesaures.com ● ♿ Par la D 920 et la D 34, fléché depuis le bourg. Ouv de fin avr à mi-sept. Selon saison, empl. tentes 11-20 € et chalets 199-728 €/sem. 126 empl.* Proche du centre-ville (et des commerces) avec des emplacements au bord du Lot, ce camping a été le premier de la région à être certifié par l'Écolabel européen : ici, l'environnement n'est pas un vain mot ! Piscine municipale gratuite, animations en été, et à proximité, pêche, rando, tennis, équitation, etc.

Prix moyens

Les Deux Vallées : *7, av. du Pont-de-Truyère. ☎ 05-65-44-52-15. ● hotel.2vallees@wanadoo.fr ● hotel-les2vallees.com ● Resto fermé ven soir, sam (et dim soir oct-mars). Congés : 3 sem en fév, 1 sem à la Toussaint et 1 sem à Noël. Doubles 54-64 €. Menus 13,50 € (déj en sem), puis 20-29,50 €.* Une très bonne adresse, le côté vieille France des parties communes ne laissant pas présager des chambres confortables et modernes, avec de belles salles de bains. Au restaurant, cuisine de terroir fort bien maîtrisée, servie aux beaux jours en terrasse, ou dans la grande salle. Bon choix de vins à prix honnêtes.

Chambres d'hôtes Le Clos Saint-Georges : *chez Mme et M. Réthoré, 19, coteaux Saint-Georges. ☎ 05-65-48-68-22. • leclosstgeorges@orange.fr • leclosstgeorges.com • Du centre, direction Saint-Amans ; à droite après la poste, puis à gauche ; c'est tt en haut, sur une petite place. Congés : 15 nov-1er avr. Double 75 €. Dîner 22 €. Réduc de 10 % sur la chambre à partir de 3 nuits, sur présentation de ce guide.* Dans une grande maison de vignerons du XVIIe s bien rénovée, 4 chambres bien au frais, décorées avec goût, dans un style boisé et coloré. Accueil sympathique de toute la famille et même des chats. Potager à l'arrière, qui fournit les accompagnements des plats de la cuisinière.

De prix moyens à chic

Hôtel du Lion d'Or : *2, rte de Laguiole. ☎ 05-65-44-50-01. • hotel.lion.or@free.fr • hotel-lion-or.com • ♿ Resto fermé lun et mer soir (hors juil-août). Congés : nov-mars. Doubles 57-77 €, selon confort. Formule déj en sem 13 € ; menus 20-38 €.* Une grande bâtisse sécurisante en pierre, proposant quelques studios et une quarantaine de chambres, dans un style daté fait de papier à fleurs et de moquette bouclette... mais bien entretenues et parfois avec balcon sur le jardin. Piscine couverte chauffée, tennis et minigolf. Bon accueil. Et pour ceux qui le désirent, il y a même une salle de gym, un jacuzzi et un sauna. Resto sur place, indépendant de l'hôtel, où l'on sert une copieuse cuisine traditionnelle.

Chambres d'hôtes Le Petit Chou : *4, pl. de la République. ☎ 05-65-48-58-03. • info@lepetitchou.fr • lepetitchou.fr • Doubles 84,50-94,50 €. Menu 27 €, carte env 34 €.* Ce *Petit Chou* propose de grandes chambres (plus calmes sur l'arrière) définitivement charmantes. Le petit déj se prend au salon de thé du rez-de-chaussée, ouvert à tous : avec scones et pâtisseries, glaces maison et un inévitable large choix de thés. Petite boutique pour acheter les produits maison : thé là encore, chutneys... Et juste à côté, *Le Chou Rouge,* un bar à vins et à tapas. Un ensemble atypique avec un bon accueil.

Hôtel La Rivière – Restaurant La Truyère : *60, av. du Pont-de-Truyère. ☎ 05-65-66-16-83. • info@hotellariviere.com • hotellariviere.com • ♿ Doubles 97-127 € selon confort et saison. Menus 32-36 €. Apéritif offert sur présentation de ce guide.* Beau 3-étoiles, posé au bord de la Truyère, offrant un confort haut de gamme, dans un cadre épuré et design. Excellentes prestations (piscine, sauna, etc.). Excellente table aussi, mettant en scène le terroir de très jolie manière, avec des produits soigneusement sélectionnés. Accueil et service très professionnels et pas guindés. En été, pour un déjeuner léger à prix tout doux, le chef propose en terrasse brochettes, grillades à la plancha et assiettes gourmandes.

Où dormir ? Où manger dans les environs ?

Campings et gîte

Camping municipal La Rivière : *à La Rivière-de-Pons, 12140* ***Saint-Hippolyte.*** *☎ 05-65-66-18-16. • campinglariviere12@gmail.com • camping-la-riviere.com • ♿ À 10 km au nord d'Entraygues par la D 904, direction Saint-Hippolyte, indiqué sur la gauche. De mi-juin à mi-sept. Empl. tentes 10-15 € selon saison ; chalets (dont 1 ♿) 203-553 €/sem selon saison et capacité. 36 empl.* Au frais et au calme, un agréable camping en bordure de rivière. Très bien ombragé. Animations, randos, canoë, etc. Petits commerces au village situé à 500 m (alimentation, boulangerie, café). Piscine.

Pôle touristique Bellevue : *au bourg. ☎ 05-65-44-50-73.*

06-89-55-46-32. • pole-bellevue12@orange.fr • pole-bellevue.com • (snack-bar). À 8 km au sud d'Entraygues par la D 20 vers Bozouls. Avr-oct. Selon saison, empl. tentes 11,50-18,50 € et chalets 5 pers 245-581 €/sem. 48 empl. Situé sur le GR 65, c'est à la fois un camping, un gîte d'étape (18 lits) et un gîte équestre (13 lits) à 14,90 €/nuitée. L'ensemble est vert, joliment réparti en terrasse et bénéficiant d'une vue imprenable sur la vallée du Lot. Snack sur place. Piscine.

Prix moyens

Ferme du Battedou : *Le Battedou, 12140* ***Golinhac.*** *05-65-48-61-62. • lebattedou@wanadoo.fr • lebattedou.free.fr • À 10 km d'Entraygues. Prendre la route d'Estaing, puis tourner à l'usine (vers Golinhac), bien indiqué. Double 60 €, petit déj compris ; 16 €/pers en dortoir ; 18 € pour 2 en camping ; gîtes (2-10 pers) 300-730 €/sem. Dîner 20 €.* À l'extrémité d'une jolie route escarpée dont on ne croit jamais voir la fin, accueil des ânes et chevaux en pré. Découvrez ce pittoresque hameau en pleine nature sauvage. Accueil fort sympathique de Carine et François. 3 chambres d'hôtes, un gîte d'étape dans une belle grange, des gîtes ruraux bien aménagés (de 2 à 10 personnes), un camping, le tout à prix intéressants. Piscine. Nombreuses activités. Excellente table d'hôtes, proposant une délicieuse cuisine régionale à partir des produits de la ferme (bio). Délicieux desserts maison.

Ferme-auberge et chambres d'hôtes de Méjanassere : *12140* ***Méjanassere.*** *05-65-44-54-76. 06-76-92-35-42. • domaine-de-mejanassere.fr • D'Entraygues, prendre la route de Laguiole (D 42) sur 4 km. Chambre d'hôtes tte l'année. Resto sur résa slt. Double 86 € (82 € à partir de 2 nuits). Menu unique 34 € à la ferme-auberge. Table d'hôtes 20 €. CB refusées. Digestif offert sur présentation de ce guide.* Très belle ferme sur les hauts d'Entraygues, avec un impressionnant panorama sur les vignobles. Table délicieuse dans une ambiance pleine de charme et bon enfant. Produits naturels souvent bio (pain à la farine bio cuit à l'ancienne), pièces rôties à la broche, saucisse fumée, etc. Herbes aromatiques du potager et vin maison (le patron est viticulteur). 4 superbes chambres d'hôtes et un gîte pour 1 à 5 personnes complètent l'ensemble, pour une étape ou un séjour de charme. Accueil vraiment sympa.

À voir. À faire

Le vieux centre : pittoresques rues Bassela, Droite et du Chemin-de-Ronde agrémentées de nombreux cours et passages. Au croisement des rues Droite et Saint-Georges, belle ***demeure Renaissance*** en pierre et à pans de bois (celle-là même qui aurait accueilli la belle Margot). Ne pas manquer le beau ***château*** *(privé),* édifié au XIIIe s par Henri II, comte de Rodez, avec ses deux tours carrées à mâchicoulis. Le corps de logis date du XVIIe s. À 500 m vers le nord, ***le pont médiéval sur la Truyère*** construit au XIIIe s. Un des plus élégants qu'on connaisse. Un autre, le *pont Notre-Dame,* sur le Lot.

La petite chapelle du Pontet : *à 600 m env par les bords du Lot.* Louis XI s'y arrêta pour prier alors qu'il allait se battre contre le comte d'Armagnac.

Point de vue et belvédère du Calvaire : *à 2 km du centre-ville, route d'Aurillac.* Beau point de vue dominant la ville et le confluent du Lot et de la Truyère.

➢ ***Randonnées et balades à VTT :*** avec le GR de pays « Lo Camin d'Olt » (topoguide FFRP, réf. 1 200). Avis aux bons marcheurs, deux boucles de 58 km et 68 km pour découvrir les gorges de la Truyère et la vallée du Lot (+ 10 promenades et randonnées de 3,6 km à 12 km, fiches rando en vente à l'office de tourisme). Et pour les amateurs de VTT, pas moins de 11 circuits et 210 km de pistes pour explorer les gorges et les vallées. Si ça ne vous suffit pas, également des circuits cyclotourisme (60-110 km) sur route au départ d'Entraygues.

➢ ***Activités nautiques :*** *avec ASV'OLT. Base de canoë en été à Entraygues (☎ 05-65-44-54-90) ou tte l'année à Vieillevie (à 10 km en amont ; ☎ 04-71-49-95-81). • asvolt.com •* Pour une descente tranquille le long du Lot en canoë et kayak, ou plus sportive en rafting (mi-saison) et du *stand-up paddle* à Entraygues.

ESTAING (12190) 590 hab. *Carte Aveyron, C2*

Pittoresque bourgade édifiée au confluent du Lot et de la Coussane. Rues pavées de gros galets ronds du pays. Huit siècles durant fief de la famille d'Estaing, qui s'illustra dans l'histoire du Rouergue et de la France à travers de nombreux personnages militaires et religieux. Citons, parmi les plus célèbres, Tristan d'Estaing, qui se distingua à la bataille de Bouvines, le cardinal Pierre d'Estaing, François, évêque de Rodez, dont la statue domine le beau pont gothique du XVIe s qui enjambe le Lot. Quant à Charles-Henri, amiral et commandant de la flotte française envoyée pour soutenir la guerre de l'Indépendance des États-Unis, son fier et beau château domine le village, affrontant la concurrence de l'église paroissiale voisine.

Adresse utile

ℹ ***Office de tourisme :*** *24, rue François-d'Estaing ; au rdc de la mairie. ☎ 05-65-44-03-22. • tourisme-estaing.fr • Tlj en juil-août sauf dim mat ; fermé dim le reste de l'année.*

Où dormir ? Où manger ?

Camping

⛺ ***Camping municipal La Chantellerie :*** *rte d'Annat. ☎ 05-65-44-72-77 (en saison) ou 05-65-44-70-32 (mairie, hors saison). 📱 06-86-73-12-55. • mairie-estaing@orange.fr • À 1,8 km du bourg par la D 167, fléché. Mai-sept. Empl. tente 12 € ; tentes équipées 5 pers et mobile homes 200-250 €/sem selon saison. CB refusées. 60 empl.* Au creux d'un vallon et au bord d'un ruisseau, un camping simple et champêtre à l'atmosphère familiale. Terrain herbeux et plat avec des emplacements matérialisés et ombragés. Terrains de foot et tennis à proximité. Au village (accessible par un sentier), commerces et piscine municipale.

Prix moyens

🏠 🍽 ***Aux Armes d'Estaing :*** *1, quai du Lot. ☎ 05-65-44-70-02. • remi.catusse@estaing.net • estaing.net • Sur les rives du Lot, face au pont. Tlj sauf dim soir-lun hors saison. Congés : de fin oct à fin mars. Doubles 60-75 €, ½ pens (imposée en été) 47-66 €/pers. Formule déj en sem 15 €. Menus 17-40 €. Apéritif maison offert sur présentation de ce guide.* Tenu depuis 3 générations par la même famille, dont l'accueil vire parfois au machinal. Hôtel de tourisme traditionnel, avec ce charme intemporel qu'ont parfois les hôtels de campagne. Une douzaine de chambres à la déco gentiment désuète mais bien équipées, dans le bâtiment principal. Annexe à côté pour les randonneurs proposant 18 chambres. Au resto, agréable salle à manger, petit bout de terrasse côté route et jolie cuisine qui accommode au goût d'aujourd'hui les produits du pays.

Auberge Saint-Fleuret : *19, rue François-d'Estaing. ☎ 05-65-44-01-44. • info@auberge-st-fleuret.com • auberge-st-fleuret.com • Resto fermé à midi lun-mer hors saison. Congés : 15 oct-15 avr. Résa conseillée en saison. Doubles 48-58 € selon confort et saison. Menus 19 € (sauf dim), puis 28-34 € (4 services).* Grosse maison de village en pierre, dont le charme se trouve à l'intérieur. Chambres vraiment agréables (surtout celles donnant sur l'arrière) et régulièrement rénovées. Derrière, un grand jardin avec piscine. Salle de resto chaleureuse et fleurie, avec terrasse, où l'on vous servira une belle cuisine résolument traditionnelle. Carte de salades pour les déjeuners estivaux et beaux desserts. Prix vraiment raisonnables.

L'AVEYRON

À voir

L'église : édifiée au XVᵉ s sur une crypte, face au château. Accès par un escalier monumental au sommet duquel est plantée une très belle croix de cimetière du XVIᵉ s, arborant une *Crucifixion* côté pile et une *Pietà* côté face. On y vient pour les *reliques de saint Fleuret,* évêque de Clermont au VIᵉ s, mort à Estaing. Pas moins de six ravissants retables. La chapelle Saint-Jacques renferme de très beaux bâtons de pèlerins et l'ensemble est brillamment illuminé par des vitraux modernes de Claude Bouillon.

Le château : *☎ 05-65-44-72-24. Mai-13 oct, tlj sauf lun (et dim mai-juin, oct) 9h30 (10h30 juil-août)-12h30, 14h-18h (19h juil-août). Entrée : 6 € ; réduc ; 10 € en visite guidée.* Sa construction s'est échelonnée sur plusieurs périodes, du XIIᵉ s à nos jours. Toujours en cours de restauration, il est ouvert au public en saison. Il a fort jolie allure ; on le croirait sorti tout droit d'un conte de fées. Le château est toujours la propriété de notre ancien président VGE, dont le père avait « relevé » le nom d'Estaing dans les années 1920... Mais reprendre un titre éteint ne transmet pas la noblesse. Mince alors !

La maison de la Vigne, du Vin et des Paysages d'Estaing : *L'Escaillou, 12190* ***Coubisou.*** *☎ 05-65-44-04-42. • lesvigneronsdolt.fr • Sur la D 920, direction Espalion. Juin-sept, tlj sauf dim et j. fériés 10h-12h30, 15h-18h30 ; d'oct à mi-mai, mar ap-m et mer, ven et sam 10h-12h30, 14h-18h.* Les Vignerons d'Olt, la cave coopérative d'Estaing qui produit une très bonne AOC, vous accueille dans ses locaux doublés d'un (tout) petit espace muséographique. Surtout, on peut y voir une très belle vidéo consacrée au travail de la vigne et aux *coustoubis* (comprendre « les gens du vin »).

Fêtes et manifestations

– ***Le son et lumière d'Estaing – 1 500 ans d'histoire :*** *de mi-juin à mi-sept, le mer soir à la tombée de la nuit.*

– ***La Saint-Fleuret :*** *le 1ᵉʳ dim de juil.* Grande procession historique et religieuse avec plus de 150 figurants en habits d'époque. Superbe feu d'artifice tiré depuis les berges du Lot.

– ***La nuit lumière :*** *le 15 août.* Beau spectacle en perspective, avec plus de 3 000 bougies pour éclairer et sublimer le château et ses alentours. Clôture de la fête par un grand feu d'artifice.

– ***Les Médiévales :*** *le 2ᵉ w-e de sept.* La ville se pare aux couleurs du Moyen Âge et vit au rythme des seigneurs, marauds et ribaudes... Musique médiévale, ripailles, animations diverses et « challenge médiéval ».

ESPALION (12500) 4 380 hab. *Carte Aveyron, C2*

Situé sur le chemin de Compostelle, Espalion occupe une petite plaine à la frontière des pentes boisées du causse du Comtal et des premiers bocages et pâturages qui annoncent l'Aubrac. Mais il bénéficie aussi du climat quasi méditerranéen de la vallée du Lot. Pour les pèlerins, il représentait le premier sourire du Midi, après la traversée des rudes monts d'Aubrac. Ce fut l'une des premières villes en France à bénéficier de l'éclairage (en 1888 !).

Adresse et infos utiles

Office de tourisme d'Espalion-Estaing : *23, pl. du Plô. ☎ 05-65-44-10-63. • tourisme-espalion.fr • Juil-août, lun-sam et dim mat ; sept-juin, tlj sauf dim.* Très dynamique.

➢ ***Bus depuis la gare routière de Rodez :*** *2 allers-retours/j. tte l'année, sauf w-e et j. fériés. Compter 40 mn de trajet.*

■ ***Base de canoë-kayak « Vert Tea Jeu » :*** *06-88-20-14-39. Ouv slt juil-août, sinon sur résa.*

Où dormir ? Où manger ?

Camping

Camping Le Roc de l'Arche : *au Foirail. ☎ 05-65-44-06-79. • info@rocdelarche.com • rocdelarche.com • À 1 km du bourg, D 920 direction Rodez, fléché sur la gauche. Mai-août. Empl. tentes 14,40-21,10 € selon saison ; mobile homes 336-651 €/sem selon capacité et saison. 95 empl.* Tout juste à l'écart du centre et bien situé, au bord du Lot, au calme. Une bonne étape sur le chemin de Saint-Jacques, ce terrain plat dispose de grands emplacements. Ambiance familiale.

De prix moyens à chic

Hôtel de France : *36, bd Joseph-Poulenc. ☎ 05-65-44-06-13. • contact@hoteldefrance12.fr • hoteldefrance12.fr • Dans le centre-ville. Tte l'année. Doubles 53-60 €.* Derrière la façade un poil austère d'hôtel classique, 23 chambres plutôt modernes, malgré une déco sobre dans l'ensemble. Pour positiver, c'est bien tenu.

Le Méjane : *8, rue Méjane. ☎ 05-65-48-22-37. • lemejane@orange.fr • Entre le pont médiéval et le musée du Scaphandre. Fermé dim soir et lun (et mer hors saison). Congés : janv et 21-28 juin. Résa conseillée, même au déj. Menus 21 € (déj en sem), puis 30-64 €.* Excellente adresse qui propose une cuisine savoureuse, imaginative et subtile, toutefois bien ancrée dans son terroir, comme le précisent les menus intitulés « goûts d'ici et d'ailleurs » : carpaccio de jarret de porc, cœur de rumsteck et jus de jambon à l'échalote. Et un joli choix de desserts. La formule déj, avec amuse-bouche, est d'un rapport qualité-prix épatant et l'accueil d'une rare gentillesse. Faute de terrasse, la salle est climatisée.

À voir

Le pont Vieux : date probablement de la fin du VIIIe s. Bordant les rives du Lot, de pittoresques demeures à galeries et balcons de bois se reflétant dans l'eau : ce sont les anciennes tanneries. Plus loin, le ***château*** Renaissance appelé le ***Vieux-Palais*** (à voir également depuis l'esplanade du Foirail), projette dans l'eau son ombre élégante. Il présente une belle série de fenêtres à meneaux encadrées par une tour, une loggia et une grosse échauguette. Lieu d'accueil des artistes et d'expositions temporaires. Ne se visite pas.

La chapelle des Pénitents : *29, rue du Plô. Pâques-Toussaint : mar-sam 14h30-18h30, plus lun et ven 10h-12h en juil-août.* Construite dans un style typiquement baroque, à partir des pierres d'une tour du pont Vieux. Rare retable du XVIIIe s en bois peint et doré.

Les musées des Arts et Traditions populaires et du Scaphandre : *38, rue Droite. ☎ 05-65-44-09-18 (en été). • musees.aveyron.fr • Juin-sept, tlj sauf lun 10h-12h30, 14h-18h ; le reste de l'année, rens à l'office de tourisme. Entrée : 4 €, couplé avec le musée du Rouergue ; gratuit moins de 26 ans.* Installés dans l'ancienne église Saint-Jean-Baptiste (XVe s) flanquée d'une façade néogothique, voici deux musées en un. L'un présente un intérieur rouergat, bric-à-brac de mobilier, objets domestiques, jouets, curieuse collection de 300 bénitiers de chevet. L'autre, à côté, nous éclaire sur l'origine et l'histoire du scaphandre. Surprenant de découvrir que cette invention avait d'abord été étudiée pour être utilisée dans les mines et non sous l'eau. Imaginé en 1860, il permettait aux secouristes de pénétrer dans les galeries après un coup de grisou. Il faut dire que Benoît Rouquayrol et Louis Denayrouze, les inventeurs, sont natifs d'Espalion. Ce sont eux aussi qui inspireront en partie Jules Verne pour écrire le roman *Vingt Mille Lieues sous les mers* (nos deux ingénieurs y sont d'ailleurs mentionnés). Belle collection de 200 pièces, unique en son genre, pour les passionnés : maquettes et le premier scaphandre en cuivre.

LE BONNET ROUGE DE COUSTEAU

Le bonnet rouge de Cousteau est un hommage aux bagnards chargés de missions sous-marines périlleuses, dans des scaphandres. Le bonnet protégeait leur tête en cas de choc. Jadis, certains bonnets d'âne à l'école... finissaient bonnet rouge au bagne !

Le musée du Rouergue : *pl. Frontin. ☎ 05-65-44-19-91. • musees.aveyron.fr • Horaires variables en raison de travaux jusqu'en 2018 (rens à l'office de tourisme). Entrée : 4 €, couplé avec le musée du Scaphandre ; gratuit moins de 26 ans.* Installé dans ce qui fut le premier bâtiment cellulaire de France, bâti en 1838 et fermé en 1933, lors de la centralisation des prisons en France. Désormais musée des Mœurs et Coutumes du Rouergue, on y découvre de belles collections d'objets en cuivre, d'objets religieux, de costumes traditionnels, de terres cuites depuis l'époque gallo-romaine jusqu'à nos jours.

L'église de Perse : *à 1 km du centre. Suivre la direction du camping Le Roc de l'Arche, c'est indiqué. Tte l'année, tlj 9h-20h (bouton-poussoir). Visites commentées (libre participation) de mi-juin à mi-sept, tlj 10h-12h30, 15h-18h.* C'est l'une des plus ravissantes églises romanes de la région. Bel appareillage de grès rouge. Chevet surmonté de son clocher-peigne, que l'on peut apprécier en contrebas. Mais le must de l'église, c'est l'admirable *portail sculpté,* côté cimetière. Le tympan représente la Pentecôte, et le linteau évoque l'Apocalypse et le Jugement dernier. C'est sans doute lui qui a valu à cette toute petite église d'être choisie par l'Unesco comme jalon pour son classement des chemins de Compostelle. À l'intérieur, beaux chapiteaux historiés, plafonds peints dans le transept et bénitier original. On ne vous parle pas de l'acoustique : magique.

Manifestations

– **Festival de la Randonnée de pleine nature :** *14 juil-15 août, dans le territoire du haut Rouergue. Rens et inscriptions : ☎ 05-65-44-10-37. • festirando.fr •* Un mois de randonnées en tout genre. Programme auprès des offices de tourisme de la région.

– ***Yaka'Venir :*** *juil-août, ts les mar et jeu.* Activités gratuites pour les 2-11 ans (visites, spectacles, jeux...). *Rens et résas : ☎ 05-65-44-10-63.*

DANS LES ENVIRONS D'ESPALION

Le château de Calmont-d'Olt *(12500)* **:** *☎ 05-65-44-15-89. • chateaucalmont.org • À la sortie d'Espalion direction Rodez, indiqué sur la droite. 8 juil-août, tlj 10h-19h ; mai-7 juil, tlj 10h-18h sauf jeu ; avr et 4 sept-5 nov, tlj 14h-18h sauf jeu. Entrée : 9 € en été ; 5,50 € le reste de l'année.* Dominant toute la région avec son superbe panorama, voici le château et la visite qui vous « catapultent dans le Moyen Âge ». Édifié aux XIe et XIVe s, il a appartenu aux puissants seigneurs de Calmont. Une enceinte flanquée de huit tours l'entoure complètement. Autour du château ont été reconstituées des machines de guerre infernales du Moyen Âge (catapulte, archerie, couillard), animées par des « chevaliers ». Combats, techniques de défense... dans une ambiance familiale. Nombreuses animations et spectacles pour les plus jeunes, avec un diplôme de Chevalier à la clé.

L'AVEYRON

L'église Saint-Pierre de Bessuéjouls : *12500* ***Bessuéjouls,*** *à 4 km à l'ouest d'Espalion par la D 108. Tlj, tte l'année 9h-18h (bouton-poussoir).* Dans un environnement verdoyant, cette petite église présente une grande originalité : elle cache dans son clocher roman une exquise *chapelle aérienne* cubique en pierre rose du XIe s, à laquelle on accède par un escalier très étroit. La surprise est totale. À l'origine, cette chapelle s'ouvrait sur la nef par deux baies qui ont été murées par la suite. En vogue pendant la période carolingienne, ce type de construction de chapelle haute n'existe plus en France, à de très rares exceptions près. Heureusement la chapelle a été conservée lors de la reconstruction de l'église au XVIe s. Magnifiques chapiteaux à décortiquer des yeux.

Flaujac *(12500)* **:** *à 2 km, rte de Saint-Côme, sur la gauche.* Détour pour découvrir un petit village médiéval peu connu et plein d'authenticité, avec sa bâtisse principale trapézoïdale de 71 m de long, le fort de Flaujac et ses mâchicoulis.

L'abbaye de Bonneval : *☎ 05-65-44-01-22 (boutique). ☎ 05-65-44-24-49. • abbaye-bonneval.com • À 7 km au nord d'Espalion, route de Laguiole ; à 3,5 km, indiqué sur la droite. Tte l'année. Tlj 10h-12h, 15h-18h (17h w-e et hors saison).* Au fin fond d'une vallée, cette abbaye de l'ordre cistercien, fondée en 1147, ne se visite pas mais abrite des religieuses qui ont transformé le lieu en... chocolaterie depuis 1878 ! Ça sent à des kilomètres à la ronde, et on ne s'en plaint pas quand on arrive dans la petite boutique où elles présentent leur gamme de tablettes. Fabriqué de façon artisanale et sans conservateur, ce chocolat à l'ancienne est un régal, sans risque de crise de foi(e).

BOZOULS (12340) 2 821 hab. *Carte Aveyron, C2*

Une pittoresque bourgade bâtie sur le pourtour du *trou de Bozouls,* une des curiosités géologiques les plus étranges de la région. Sur la rive droite, le « nouveau Bozouls » ; sur la rive gauche, le village médiéval, dont il faut aller voir les maisons bâties sur le rebord de la falaise et la belle petite église qui fait la nique au vide depuis des siècles.

Adresses et info utiles

Office de tourisme : *2 bis, pl. de la Mairie. ☎ 05-65-48-50-52. • bozouls.com • 15 juin-15 sept, tlj sauf dim mat 10h-12h30, 13h30-18h30 ; le reste de l'année, mar-sam.* Propose un guide de visite et plan pour descendre dans le *trou* à pied. Topoguide de 24 randos (7 €). Juil-août, possibilité de visite guidée du site géologique et de l'église Sainte-Fauste *(mar ; 2 €).*

– **Base ULM :** *route d'Espalion. ☎ 05-65-48-86-52. • gapulm.free.fr • Tte l'année.* Initiation, baptême, promenades pour survoler la région et le *trou de Bozouls.*

– **Base de montgolfières :** *La Devèze d'Aubignac, 12340 Bozouls. 07-81-71-47-77.* Pour voir l'Aveyron d'en haut.

– **Marché nocturne :** *dernier sam de juil.*

– **Marché hebdomadaire :** *jeu mat.*

Où dormir ? Où manger à Bozouls et dans les environs ?

Prix moyens

À la Route d'Argent : *rte d'Espalion, à Bozouls. ☎ 05-65-44-92-27. • yves.catusse@wanadoo.fr • laroutedargent.com • Resto tlj sauf dim soir-mar midi (fermé lun midi et mar midi en juil-août). Congés : janv-fév. Doubles avec jacuzzi 70-80 €. Formule déj en sem 21 €, autres menus 34-58 €.* Si la situation et la façade blanche sont peu avenantes, l'ensemble a été repensé et relooké. Résultat, l'adresse s'avère une étape agréable sur la route de l'Aubrac. Le resto dévoile une belle carte pleine de produits frais, préparés avec un savoir-faire certain. Du solide, du pro et un excellent rapport qualité-prix. Service efficace et souriant. Des chambres modernes et bien équipées (certaines avec jacuzzi), ainsi qu'une piscine pour compléter le tout. On est moins fan de l'annexe mais les chambres y sont confortables.

Chic

Le Belvédère : *11, rte du Maquis-Jean-Pierre. ☎ 05-65-44-92-66. • contact@belvedere.bozouls.com • belvedere-bozouls.com • Resto tlj sauf du dim soir au mar midi. Congés : 3 sem en nov et en mars. Doubles 75-92 € selon confort et saison ; petit déj 18 € (!). Formule 31 € (déj en sem), menus 38 (en sem)-89 €.* Surplombant le fameux *trou de Bozouls,* ce gentil hôtel-resto de campagne joue la carte de la gastronomie. Guillaume Viala est passé chez Michel Bras, où il a appris la modestie et le respect du produit... Il propose une cuisine de terroir fine, raffinée et savoureuse : personnelle mais authentique. Il mise sur la qualité des produits, occasion de déguster le rare agneau Allaiton, réservé aux meilleures tables. On sent l'envie de faire plaisir par quantité de petits détails : un accueil particulièrement enjoué et chaleureux, et un petit déj digne d'un palace. Pour poser les valises, 9 chambres et pas plus.

Chambres d'hôtes Les Brunes : *Les Brunes, à Bozouls. ☎ 05-65-48-50-11. • lesbrunes@wanadoo.fr • lesbrunes.com • Suivre la D 988 sur 3,5 km vers le sud, puis embranchement à droite. Tte l'année. Doubles 93-158 € selon saison.* Monique, parisienne à la retraite, vous reçoit dans cette belle bâtisse au calme avec vue sur la campagne. Des chambres pleines de goût, à la déco soignée, avec poutres, porte en bois, et de doux noms en souvenir des prés alentour. Superbes escalier et âtre. Ah, on s'habitue vite aux *Brunes* !

L'AVEYRON

À voir

Le belvédère dominant le ***trou*** depuis la place de la mairie, au bout du village moderne. Le « trou » se révèle être un site géologique majeur, un canyon en forme de fer à cheval, creusé dans le calcaire du causse. Au fond coule le Dourdou, qui s'écoule par deux cascades. Ce cirque, aux parois quasiment verticales, mesure 400 m de diamètre et près de 100 m de profondeur.

Terra Memoria : *allée Paul-Causse. ☎ 05-65-44-69-27. • terramemoria.fr • Mêmes accès et horaires que l'office de tourisme. 15 fév-15 nov. Entrée : 5,90 € ; réduc.* Expo pour se familiariser et décrypter les paysages du Rouergue. Belvédère avec vue panoramique sur le *trou.* Interactif et ludique : animations et expériences. Les enfants ont leur propre niveau de lecture et peuvent apprendre en s'amusant (carnet de l'explorateur géologue à disposition). Expo temporaire en été.

L'église Sainte-Fauste : spectaculairement située à la pointe du promontoire rocheux, au cœur du canyon, vénérable et élégant édifice roman du XIIe s en grès rose. Très belle vue sur le chevet aux lignes harmonieuses. À l'intérieur, sur le porche d'entrée, malgré la faible luminosité, on peut voir *La Luxure* (il n'en reste pas grand-chose) et *L'Ange de l'Annonciation.* La nef voûtée en berceau plein cintre comporte cinq chapelles ajoutées aux XVe et XVIe s, ce qui explique leurs voûtes en ogive. Elles s'ouvrent sur des bas-côtés étroits. Non, ce n'est pas une illusion d'optique, les piliers sont légèrement inclinés vers l'extérieur. À l'origine, le toit était couvert de lourdes lauzes et les piliers finirent par fléchir. On leur substitua donc une toiture plus légère. Fort beaux déambulatoire et chapiteaux.

Fêtes et manifestations

– ***Semaine Raoul Cabrol :*** *mi-juin, 15 j.* Manifestation autour de la caricature.
– ***La trail du Gourg d'Enfer :*** *le 1er mar d'août.* Trail 13-20 km (et courses pour les enfants). Avis aux routards sportifs !
– ***Brocante du 15 août :*** foire aux produits régionaux et artisanaux, brocante. Feu d'artifice.
– ***Festa del Traouc :*** *dernier sam d'août.* Festival de musique pop, électro...

SAINT-CÔME-D'OLT (12500) 1 360 hab. *Carte Aveyron, C2*

Olt, comme Lot ! Eh oui, tout simplement... Très vieux village médiéval fortifié, qui présente l'intérêt d'avoir été fort peu rénové. Ruelles, anciennes maisons, une curieuse église, rien que de l'authentique. C'est ce qui lui doit de figurer parmi les « Plus Beaux Villages de France » (ce qui est peut-être un tout petit peu excessif). C'est aussi une halte sur le chemin de Saint-Jacques-de-Compostelle.

Adresse utile

Point Info Tourisme : *pl. du Château-de-Castelnau. ☎ 05-65-48-24-46 (en été). Juin-sept : tlj sauf dim et jeu ap-m ; le reste de l'année, rens auprès de l'office de tourisme d'Espalion.* Plan historique gratuit avec circuit à travers le village.

Où dormir ? Où manger à Saint-Côme et dans les environs ?

Camping

Camping Belle Rive : *rue du Terral, à Saint-Côme. 06-98-22-91-59. • bellerive12@orange.fr • camping-bellerive-aveyron.com • À la sortie* *du village (à 500 m du centre) par une petite rue coincée sous la D 141 (direction Mandailles) et le Lot. Avr-sept. Empl. tentes env 17-18 €. 71 empl. CB refusées. Apéritif offert sur présentation de ce guide.* Fort bien situé sur le chemin de Saint-Jacques-de-Compostelle. Jolie pelouse et pas mal d'ombrage. Animations. Lâché de truites et possibilité d'observer plein d'oiseaux et autres écureuils. Accueil vraiment gentil.

De bon marché à prix moyens

Auberge du Lac : *12500 Mandailles. ☎ 05-65-48-90-27. • contact@aubergedulac-mandailles.fr • aubergedulac-mandailles.fr • À 6 km à l'est de Saint-Côme ; dans le village, en contrebas de l'église. Congés : 12 nov-17 mars. Double 69 €. Formule 13 € et menus 16-23,90 €. Apéritif maison offert sur présentation de ce guide.* Une poignée de chambres à thème ; superbe et inattendu ! Coup de cœur pour la « Buron de l'Aubrac ». À table, gentille cuisine familiale et ambiance animée côté bar. Si le temps le permet, profiter de la terrasse à l'arrière, qui offre une vue imprenable sur le lac.

Hôtellerie du Couvent de Malet : *rte de l'Aubrac, à Saint-Côme. ☎ 05-65-51-03-20. • contact@hotel-mallet-aveyron.fr • hotel-malet-aveyron.fr • À 1 km du centre, vers le nord. Congés : 23 déc-7 janv. Doubles 40-60 €, chambres familiales. Dortoirs (pèlerins) 16 €/pers. Petit déj 6,50 €. Repas sur résa 12 €. Remise de 10 % sur la chambre sur présentation de ce guide.* Les sœurs ursulines ont ouvert au tourisme une aile de ce beau couvent fondé au XIIe s. On y croise pèlerins, séminaristes, et touristes de passage. Chambres plutôt grandes, d'un confort sans faute même si le charme n'a pas trop voix au chapitre. Et les prix ont quelque chose de miraculeux.

Crêperie-Pizzeria Le Passage : *pl. de la Fontaine. ☎ 05-65-44-39-68. • creperielepassage@hotmail.com • Tlj sauf lun jusqu'à 22h, hors saison ouv jeu-dim slt. Plats 9-19 €. Menu 25 €. Carte env 15 €.* Au cœur du village, sur la place centrale, près d'une jolie fontaine qui glougloute. Le patron est un Breton qui est tombé amoureux de cette région. Carte de brasserie villageoise, cuisine de bon aloi et produits venant des fermes et des producteurs locaux. Crêpes et galettes, mais aussi bruschetta et savoureux plats de l'Aveyron. Délicieuse omelette aux cèpes. Goûter à l'insolite vin Buron 1248 qui provient d'un vignoble local cultivé à 1 248 m d'altitude.

À voir

Le village : une rue circulaire (les anciens fossés) fait le tour du cœur du village avec les restes de trois portes fortifiées. ***Venelles et demeures*** du XVe au XVIIe s sont à découvrir, ainsi que ***l'église*** édifiée au XVIe s. Elle possède un rare clocher flammé en vrille, un beau porche sculpté et, surtout, une remarquable porte Renaissance avec figures et blasons ciselés (datée de 1532). Le parvis est pavé de galets représentant une coquille Saint-Jacques.

DANS LES ENVIRONS DE SAINT-CÔME

➢ ***La boucle de Saint-Côme à Mandailles :*** de Saint-Côme, suivre Roquelaure, où l'on découvre à 3 km le ***clapas de Thubiès,*** c'est-à-dire les restes d'une coulée de lave fossilisée. Vraiment surprenant ! La route monte, de là, vers le village de ***Roquelaure*** avec son château et un panorama à perte de vue sur la vallée du Lot, Saint-Côme et l'Aubrac. On continue jusqu'à ***Lassouts*** pour découvrir un petit village joliment restauré. Poursuivre direction Saint-Côme où, à 2 km, on suivra la petite route à droite qui mène au ***lac de Castelnau.*** Au-delà, passer un deuxième barrage, tourner à droite jusqu'à atteindre le pied du joli petit village de ***Mandailles,*** bâti sur une arête rocheuse. Au sommet de l'unique rue (ça grimpe sec !), on retrouve l'axe Saint-Côme – Saint-Geniez.

SAINTE-EULALIE-D'OLT

(12130) 330 hab. *Carte Aveyron, C2*

Ce joli village en bord de rivière, aux maisons construites en galets du Lot, décorées de jardinières de géraniums, est d'une belle homogénéité qui lui a valu son inscription aux « Plus Beaux Villages de France ». D'anciens moulins, quelques splendides demeures Renaissance et une belle église (XIe-XIIe s) qui recèle deux Saintes Épines constituent l'essentiel de son patrimoine. Mais on craque d'abord pour son atmosphère et son charme, faits de petits riens. À voir d'en haut, depuis la route qui descend d'Aubrac par Saint-Chély-d'Aubrac. Vue superbe sur le village niché dans son fond de vallée. Photo !

LA POULE UN

Pour la Toussaint, les villageois de Sainte-Eulalie sacrifient à une tradition aussi ancestrale qu'incongrue. On met aux enchères des produits locaux dont, en premier lieu, une poule, mais aussi des sacs de noix, de l'eau-de-vie, etc. Les revenus payent des messes pour le rachat des âmes bloquées au purgatoire. Le comble, le propriétaire de la poule se la rachète bien souvent lui-même à des prix élevés. Une façon élégante et spectaculaire de faire un don à la paroisse.

L'AVEYRON

Adresse utile

i ***Point Accueil Tourisme :*** *espace Louis-Marcilhac. ☎ 05-65-47-82-68. • sainteeulaliedolt.fr • Juil-août lun-ven 9h30-12h30, 15h-19h et dim ap-m ; hors saison lun-ven (fermé mer ap-m nov-mars).* Petit circuit à retirer. Possibilité de visite guidée toute l'année sur rendez-vous ou les lundi et vendredi à 17h en juillet-août.

Où dormir ? Où manger ?

Au Moulin d'Alexandre : *rue de la Traverse. ☎ 05-65-47-45-85. • moulin.alexandre@wanadoo.fr • aumoulindalexandre.fr • ♿ (resto). Tlj (sauf le soir et sam midi, Toussaint-Pâques). Congés : 1 sem vac de fév, 1 sem mi-juin et 2 sem en oct. Double 50 €. Menus 13 € (déj en sem), puis 24-30 €. CB refusées. Digestif maison offert sur présentation de ce guide.* Installé, comme son nom l'indique, dans un ancien moulin du XVIIe s, au cœur de cette sereine bourgade. Chambres plutôt coquettes. La cuisine est à prix raisonnables et la terrasse ombragée bien agréable.

SAINT-GENIEZ-D'OLT

(12130) 2 020 hab. *Carte Aveyron, C2*

Paisible et agréable bourgade sur le Lot, qui fut au XVIIIe s la capitale du drap en Rouergue. On y trouvait aussi beaucoup de tanneries. Subsiste donc un

beau patrimoine architectural, une nature préservée et une vie s'écoulant au doux rythme de la rivière. Dans la région, on cultivait (jusque dans les années 1960) un fruit délicieux, la *sannié*, à mi-chemin entre la fraise des bois et celle de culture.

Adresse utile

Office de tourisme : *Le Cloître. ☎ 05-65-70-43-42. • st-geniez-dolt.com • Juil-août, tlj (visite guidée 2,50 €). Le reste de l'année, tlj sauf dim.* Durant l'été, beau programme d'activités.

Où dormir ? Où manger ?

Camping

Camping-village Le Marmotel : *ZA la Salle. ☎ 05-65-70-46-51. • info@marmotel.com • marmotel.com • Depuis le centre du bourg, prendre la D 19 direction Saint-Chély-d'Aubrac, puis à gauche au centre de secours (fléché). D'avr à mi-sept. Empl. tentes 13-38 € selon saison ; caravanes, chalets et mobile homes 165-1 137 €/sem selon capacité et saison. 163 empl.* Luxueux camping en pleine nature. Certains emplacements (les plus chers) disposent même de sanitaires privés ! Et puis, excusez du peu, on y trouve une belle et grande piscine chauffée avec un toboggan. Nombreuses animations pour les enfants, activités sportives pour les plus grands, soirées à thème pour tous... Vrai restaurant sur place. Le tout est bien ombragé et au bord du Lot.

Prix moyens

Hostellerie de la Poste : *3, pl. du Général-de-Gaulle. ☎ 05-65-47-43-30. • hotel@hoteldelaposte12.com • hoteldelaposte12.com • Dans la rue principale menant au Lot. Congés : Toussaint-Pâques. Doubles 58-78 € selon saison. Formules et menus 38-42 €. Apéritif maison et 10 % sur le prix de la chambre (résa directe) sur présentation de ce guide.* Traditionnel hôtel de petite ville comprenant une partie ancienne (beaux meubles patinés par le temps, atmosphère chaleureuse et confortable) et une annexe moderne. Chambres plaisantes et bien équipées. À table, cuisine régionale, savoureuse et réputée, servie en salle ou sur la terrasse dans la verdure. Piscine.

De chic à plus chic

Château de la Falque : *rte de Prades. ☎ 05-65-62-45-60. • contact@lafalque.fr • chateau-la-falque.fr • À l'entrée de la ville en arrivant de Sainte-Eulalie. Congés : de janv à mi-fév et de mi-nov à mi-déc. Doubles 90-160 €, petit déj 14 €. Une entrée/pers au spa (1h) offert sur présentation de ce guide.* D'abord couvent, puis pensionnat pour jeunes filles de bonne famille et enfin demeure privée, le domaine de la Falque renaît sous les traits d'un élégantissime hôtel de charme. Superbe bâtisse en pierre et chambres en rez-de-jardin desservies par les couloirs de l'ancien cloître. Épais murs de pierre, vastes volumes dans les chambres : on ne se marche pas dessus et le calme est assuré. Superbe déco contemporaine dans les suites, et thématique du voyage dans les chambres dites « classiques » : Chine, Afrique, Orient... avec un faible pour la Maroc ! Pour compléter, un spa proposant une large gamme de soins... Une belle combinaison de simplicité et d'élégance.

À voir

Brasserie d'Olt : *16, ZA de la Salle. ☎ 05-65-52-75-03. • brasseriedolt.com • Visites commentées : juil-août lun (21h), mar et jeu (11h) ; plutôt réservé aux* *groupes hors saison. GRATUIT. Boutique tlj sauf sam ap-m et dim 8h30 (10h sam)-12h, 13h30-17h.* Une brasserie à échelle humaine qui produit de bonnes bières (blanche, blonde, *indian pale ale*, ambrée), mais également des sodas (gentiane, myrtille, châtaigne, sureau, figue). Pour les non-initiés, la bière « Sabètz que lèu » reprend une menace locale adressée aux marmots turbulents et qui signifie, en gros, « Tu vas t'en prendre une ! ».

LES MARMOTS NE SONT PAS QUE DES ENFANTS

Il était une fois, à Saint-Geniez, deux gamins ayant adopté une marmotte. Un jour d'orage, la bestiole prit la poudre d'escampette, suivie par les petits qui tentaient de la rattraper. Elle les conduisit au sommet de la colline où ils échappèrent à une crue brutale et meurtrière de la rivière, grossie par une énorme pluie. De retour au village, on les surnomma « les marmots ». Plus tard, tous les villageois furent ainsi nommés. Les esprits les plus sagaces se demanderont si on trouve des marmottes à une si faible altitude !

L'église des Pénitents : *rue de l'Hôtel-de-Ville. 1 visite guidée/sem en juil-août (rens à l'office de tourisme) : 2,50 €.* Ancienne église d'un monastère d'augustins (du XIVe s). Magnifique triptyque représentant les Rois mages. Pierres tombales, fort intéressantes pour les noms, les initiales et surtout les symboles des vieux métiers qui y sont gravés. Beau cloître.

L'hôtel particulier de Ricard : *rue Hygonnet, à 20 m de la pl. du Marché.* Bel édifice du XVIIe s en forme de U sur cour. Il est aujourd'hui reconverti en résidence de tourisme. En face, maison médiévale à pignons, avec l'espace coupe-feu caractéristique.

L'église paroissiale : *de l'autre côté de la rivière.* Reconstruite aux XVIIe et XVIIIe s. Elle y gagna un bel escalier à double révolution et une rampe à balustres. Juste sur la droite, beau portail du XVIIe s. Tapissant le fond du chœur, jolie *Gloire* baroque du XVIIIe s, à l'exubérance inhabituelle en Aveyron.

La chapelle des Pénitents-Noirs : *4, rue du Cours.* Magnifique plafond peint sur bois datant du XVIIIe s. Transformée en auditorium. Visible lors des visites guidées de l'office de tourisme.

Fêtes et manifestations

- ***Festival Tango :*** *fin mai.* La mère de Carlos Gardel serait native du coin…
- ***Fête et marches de l'Estive :*** *le w-e proche du 25 mai.*
- ***Marchés nocturnes :*** *juin-août.*
- ***Festival de Musique de chambre en Vallée d'Olt :*** *la 2de quinzaine de juil.*
- ***Fête de la race Aubrac :*** *2e mer d'août.*

L'AUBRAC

Un morceau d'Auvergne en Aveyron : voilà l'Aubrac aveyronnais. L'esprit auvergnat, mais le cœur méridional. Ce bout du monde, à 1 000 m d'altitude, vous récompensera de son accès difficile. Là-haut, ce ne sont que vastes

prairies vert plomb, grattées par les nuages, où des pistes poussiéreuses conduisent à quelque buron abandonné. Basalte et herbe nue, ce morceau de lune où des milliers de fleurs peuvent éclore en un jour est aussi la patrie du laguiole, un fromage cousin du cantal.
Ni parc ni réserve naturelle, chacun se débrouille comme il peut pour sauver cette terre ancestrale de l'oubli. Un bout du monde donc, mais dont les habitants furent parmi les premiers à conquérir Paris à l'époque des bougnats, des loufiats, des porteurs d'eau et des limonadiers. L'Aubracois va facilement vers la capitale, où il a souvent un cousin, patron de brasserie... Parmi ceux-ci, un dénommé Cazes devint le patron de la brasserie *Lipp* dans les années 1930 et fit de son établissement l'une des adresses les plus célèbres de Paris.

LA FÊTE DE LA TRANSHUMANCE

Chaque année autour du 25 mai, quand la campagne est en fleurs, les troupeaux de vaches (race aubrac croisée avec la charolaise) sortent de leur étable après un long et rigoureux hiver. Les bêtes montent sur les dômes de l'Aubrac, où elles passeront l'été dans les hauts pâturages. Cette transhumance dure en général une quinzaine de jours. Un dimanche est consacré à cette fête haute en couleurs, dernier vestige d'un mode de vie ancestral. Les vaches portent des sonnailles autour du cou. On leur accroche des fanions et des drapeaux tricolores, des bouquets de fleurs, des branches de genévrier, des rameaux de houx au-dessus des cornes. Ainsi parées, les bêtes cheminent sur les routes et les chemins jusqu'à Aubrac, où elles sont rassemblées dans un enclos. Un jury agricole décerne alors un prix (une grosse clarine) au plus beau troupeau. Dans les burons et les auberges du pays, on célèbre l'événement en préparant des kilos d'aligot dans une ambiance chaleureuse. Le reste des troupeaux est transporté à bord de camions. Ça va plus vite.

L'ALIGOT, SPÉCIALITÉ DE L'AUBRAC

Copieux plat traditionnel des bergers : de la mie de pain agrémentée de lait, de beurre, de crème, de lard fondu et surtout de la tome fraîche qui fait « filer » cette épaisse pâte blanche. Une purée de pommes de terre a remplacé la mie de pain au XIXe s. L'aligot se prépare en hiver comme en été. L'idéal consiste à le déguster dans un buron avec des bergers (on vous en indique plus loin, au village d'Aubrac).

LES BURONS D'AUBRAC

Dans les années 1930, on en comptait encore 300 dans la montagne, tels des petits repaires de pierre noyés sous la neige de l'hiver. Aujourd'hui, il n'en reste qu'une poignée.
Appelé aussi « mazuc » en Aveyron, le buron abrite deux ou trois pièces exiguës : l'une où les bergers dorment, une autre où l'on fabrique la fourme ou la tome, et une troisième pour stocker les fromages.

Randonnées

■ ***Aubrac Randonnées :*** *rte de Malbouzon, 48260* ***Nasbinals.*** *☎ 06-07-08-66-04.* • *aubrac.rand@wanadoo.fr* • Randonnées pédestres à thème : flore, ornithologie, patrimoine. Également VTT, raquettes et ski de fond, traîneaux à chiens. Très sympa et compétent.

LAGUIOLE

(12210) 1 250 hab. *Carte Aveyron, C1*

De généreux pâturages et des collines arrondies entourent ce bourg-refuge perché à 1 042 m, sur un plateau à vaches. C'est la « capitale » de l'Aubrac aveyronnais. Une étape où il fait vraiment bon poser son sac après la traversée des solitudes venteuses. La langue est encore charmante. L'habitant est rude mais chaleureux. Un prestigieux restaurant, tenu par un génie du pays, des couteaux chic et rustiques, une petite station de ski ont taillé à Laguiole (prononcez « Laïole ») une réputation nationale, voire internationale.

LE FROMAGE DE LAGUIOLE

Avec les couteaux, c'est la grande spécialité locale. D'un poids d'environ 40 kg, ce fromage à pâte pressée (non cuite) a un ancêtre prestigieux : la fourme, élaborée naguère dans le secret des burons d'Aubrac. Il jouit d'une appellation d'origine contrôlée et obéit à des règles strictes. N'est pas laguiole qui veut. Une soixantaine de communes peuvent se targuer de chérir les vaches dont le lait sert à son élaboration. Les vaches doivent vivre à plus de 800 m d'altitude, il s'agit d'ailleurs de l'un des critères de l'AOC qui se décline en plusieurs versions selon la durée d'affinage (minimum 4 mois). Déguster un laguiole, c'est non seulement ravir ses papilles mais aussi encourager une démarche de « maintien à la terre » et « survie » de toute une micro-région. On retient aussi le petit fromage l'*Ecir en Aubrac,* au bon lait cru de vache, qui se fait dans une ferme à Curières (à 5 km de Laguiole) et que l'on peut trouver sur quelques marchés.

Le laguiole est aujourd'hui fabriqué en laiterie. La coopérative fromagère *Jeune Montagne* perpétue cette vieille tradition et ouvre ses portes au public (voir plus loin).

L'ÉPOPÉE DES COUTEAUX DE LAGUIOLE

L'abeille, le taureau et l'espadon, ce pourrait être le titre d'une fable. Eh non ! Il s'agit en vérité des trois signes distinctifs de ces superbes couteaux du terroir, à la fois élégants et pratiques. L'abeille comme label de qualité. Le taureau comme symbole de la marque du laguiole. L'espadon en guise de forme générale du couteau, lame ouverte. Profil effilé, dessin élégant, manche fin et élancé, lame pointue...

Montés à la main et composés de matériaux de grande qualité (attention aux mauvaises productions !), les mitres et les rivets sont en laiton (le prix du couteau varie selon le nombre de mitres).

L'histoire de ce couteau ressemble à une petite épopée. Tout commença au début du XIXe s. L'ancêtre du couteau actuel, le *capuchadou,* aux allures de poignard et avec une lame fixe, était souvent utilisé pour la cuisine. En 1829, Pierre-Jean Calmels, un artisan du village, eut l'idée de concevoir un nouveau couteau, pliable cette fois, que les

ATTENTION À L'ABEILLE

Selon la légende, l'abeille du couteau de Laguiole aurait été octroyée aux habitants de Laguiole par Napoléon Ier (d'autres parlent de Napoléon III) pour les remercier d'avoir vaillamment combattu dans ses armées. Or, les Aveyronnais, sous l'Empire, passaient pour réfractaires au service. Les premières abeilles sur les couteaux sont d'ailleurs apparues vers 1880, après les deux Napoléon...

buronniers de l'Aubrac pourraient glisser dans le fond de leur poche. Le laguiole était né. Longtemps fabriqué sur place, il fut ensuite entièrement usiné à Thiers (Puy-de-Dôme).
Une jeune association va se démener, animée par un seul objectif : faire revivre la production locale. Aujourd'hui, 200 000 couteaux sont produits par an à Laguiole par les deux fabricants en titre : *Coutellerie de Laguiole Honoré Durand* et *Forge de Laguiole* (*Le Taureau* ayant été racheté par *Forge de Laguiole*). En ville, les vendeurs de couteaux pullulent.
– ***Important :*** abeille, fleur de lys, mouche, rosace ou trèfle posés sur le dos du manche ne prouvent ni la qualité ni la provenance du couteau : d'autant que laguiole n'est pas une marque déposée. Les meilleures boutiques vendent aussi bien des couteaux fabriqués au Pakistan, au Portugal ou à Thiers. Mais quitte à s'offrir un laguiole, autant que ce soit un authentique, fabriqué avec des matériaux de qualité, de la lame aux ressorts, et que le montage soit garanti par un cahier des charges ultra-rigoureux. Prenez votre temps et ayez l'œil bien affuté.

Adresse et info utiles

Office de tourisme Aubrac-Laguiole : *pl. de la Mairie. ☎ 05-65-44-35-94. • aubrac-laguiole.com • Tte l'année, lun-sam 9h30-12h30 (13h juil-août), 14h-18h (19h juil-août) ; dim 10h-12h, 14h-17h en juil-août slt.* Nombreuses brochures à disposition fort bien faites, notamment sur la randonnée (topo fiches Aubrac-Laguiole 7 €). Personnel efficace et dévoué.

➢ ***Bus depuis Rodez :*** 1 A/R par jour en sem. *Rens : **transports Verdié**, ☎ 05-65-77-10-55, ou auprès de la gare routière de Rodez, ☎ 05-65-68-11-13.*

Où dormir ? Où manger ?

Camping et gîte d'étape

Camping municipal Les Monts d'Aubrac : *ZA La Poujade. ☎ 05-65-44-39-72 (en saison) et 05-65-51-26-30 (hors saison). • campinglaguiole12@gmail.com • campinglesmontsdaubraclaguiole.jimbo.com • ♿ Par la D 921 direction Rodez, à gauche en sortant de Laguiole (fléché). De mi-mai à mi-sept. Empl. tente 13 €. 57 empl.* Petit camping tout simple, familial et très bien tenu. Emplacements séparés par des haies bien hautes. Comme son nom l'indique, bien situé pour découvrir les monts d'Aubrac. Un petit chemin mène au village en 5 mn à pied. Accueil très aimable.

Gîtes d'étape Domaine du Vayssaire : *le Vayssaire. Tte l'année.* Ce paisible hameau agricole de la famille Alaux dispose de 2 gîtes. « L'Historique » d'Odette *(☎ 05-65-48-44-69)* avec dortoirs *(15 €/pers)* et chambres simples avec ou sans salle de bains *(40 €)*, sans table d'hôtes. Et « Le Contemporain » à la déco plus XXIe s, de la belle-fille Marie-Hélène *(☎ 05-65-51-51-81 ; 📱 06-33-54-04-34 ; • jean-francois.alaux@orange.fr • domainedutvayssaire-aubrac.com •)* avec dortoirs *(18 €/pers)* et 2 chambres doubles *(42 €)*. Dîner *(16 €)* et petits déjeuners *(6 €)* qui se prennent en commun.

Gîte de Laguiole : *6, rue du Couvent. ☎ 05-65-48-42-55. • legitedelaguiole@yahoo.fr • legitedelaguiole.com • Congés : mi-nov à mi-déc. Nuitée 16,50 €/pers en dortoir, et 20-22 €/pers en chambre ; petit déj 7 €.* 6 chambres et 2 dortoirs (4-5 lits) ont été aménagés dans l'ancien couvent du village. Un salon moderne et chaleureux pour rêvasser devant le feu de cheminée et une cuisine ouverte sur la grande salle à manger. L'ensemble laisse gentiment ressortir des détails architecturaux du passé, qui n'interdisent pas une décoration résolument moderne et gaie. Panneaux solaires et chaudière à granulés de bois fournissent énergie et chaleur. Bertrand Raynal, le proprio natif de l'Aubrac, est aussi accompagnateur de moyenne montagne et propose des randonnées. Librairie et épicerie bio attenantes pour préparer son périple et ses pique-niques gourmands en Aubrac.

De bon marché à prix moyens

La Ba : *4, rue Bardière. ☎ 05-65-51-68-30. • contact@la-ba.fr • la-ba.fr • Resto fermé mer (et jeu soir hors saison). Fermé de mi-déc à mi-janv. Double 57 € ; petit déj 10 €. Formule 16 €, menus 19-22 €.* Au cœur du village, une maison verte qui en fait voir de toutes les couleurs ! « La » pour Laguiole, « Ba » pour Buenos Aires, le compte y est pour ce petit hôtel de 4 chambres toutes simples, toutes gaies, toutes pimpantes, tenu par un pâtissier auvergnat et une pâtissière argentine. Leurs resto et bar à vins du rez-de-chaussée ont leur réputation dans le coin. La salle n'est pas grande, réserver est sage.

De prix moyens à chic

Hôtel-restaurant Gilles Moreau : *2, allée de l'Amicale. ☎ 05-65-44-31-11. • contact@gilles-moreau.fr • gilles-moreau.fr • ♿ En plein centre-ville. Tlj (sauf mar et mer, sept-juin). Congés : Toussaint-Pâques et 8 j. fin juin début juil. Doubles 60-195 €. Petit déj 13 € (22 € avec charcuterie et fromage). Formules et menus 25-55 € ; carte env 45 €. Remise de 10 % sur la chambre sur présentation de ce guide (hors mai et août).* Un établissement sérieux, aux chambres impeccables, modernes et fonctionnelles. Celles aux boiseries cérusées « grand confort » sont un peu plus chères mais vraiment belles. À l'arrière, élégante terrasse en teck et piscine chauffée. Le restaurant est une table bien réputée, où un personnel adorable et pro vous régale de la cuisine gastronomique de Gilles Moreau, un chef sincère qui porte un soin tout particulier au choix de ses produits. Cuisine généreuse, inventive juste ce qu'il faut pour surprendre, et un aligot à vider la marmite ! Superbe carte des vins dont une très belle sélection servie au verre.

Où dormir ? Où manger dans les environs ?

Camping et gîtes

Camping à la ferme La Crestilie : *La Crestilie, 12210* ***Soulages-Bonneval.*** *☎ 05-65-44-31-63. ♿ Depuis Laguiole (à 4 km), traverser le village de Soulages-Bonneval, c'est à 500 m à droite (sur la D 70) ; bien indiqué. Tte l'année. Empl. tente 10 € ; gîtes 200-350 €/sem selon saison. 25 empl. CB refusées.* Une agréable aire de camping. Également 2 gîtes ruraux à louer, aménagés avec des meubles paysans authentiques. M. et Mme Capoulade et fils sont adorables et ont le sens de l'hospitalité aveyronnaise. En outre, monsieur est un fana de vieilles guimbardes et une mine de renseignements sur la région. Il vous montrera aussi son grenier, vrai musée-caverne d'Ali Baba avec sa foultitude d'objets collectés depuis de longues années.

Bon marché

Chez Colette : *le bourg, 12210* ***Cassuéjouls.*** *☎ 05-65-44-33-71. • colette.pastissier@laposte.net • À 10 km par la D 900 vers le barrage de Sarrans. Fermé mer soir hors saison. Résa conseillée. Menus 14 € (déj en sem), puis 16,50-22,50 €. Café offert sur présentation de ce guide.* Installé sur la place principale, un authentique resto de village où l'on mangera une cuisine régionale rustique et servie généreusement. Parmi les spécialités, les inévitables aligot et truffade, et le flan aux pleurotes.

L'Auberge du Moulin : *12210* ***Soulages-Bonneval.*** *☎ 05-65-44-32-36. • moulin12@orange.fr • ♿ À 5 km de Laguiole par la D 541. Tlj sauf ven soir. Menus 18 € en sem, puis 18-30 €. Café offert sur présentation de ce guide.*

Cette auberge de campagne fait le plein chaque midi. Il faut dire que les habitués sont nombreux à avoir flairé la bonne affaire. Spécialités de viande fermière d'Aubrac et d'aligot maison. Tout simple mais tout bon.

Gîtes de l'Aubrac : *à Cabels, 12210* ***Soulages-Bonneval.*** *☎ 05-65-44-42-18. • gyselinck.michel@wanadoo.fr • gite-laguiole.com • À 8 km de Laguiole. À 500 m de la sortie ouest de Soulage-Bonneval, suivre à gauche la D 541 sur 1,5 km, puis fléché à gauche. Tte l'année sur résa. Nuitée 20 €/pers (draps compris) ; petit déj 7 €. ½ pens 46 €/pers. Apéritif offert sur présentation de ce guide.* Dans une solide maison en pierre typique du pays, gîte d'une trentaine de places, chambres pour 2 à 4 personnes avec sanitaires. En pleine campagne, un bon accueil. Que demander de plus ?

De prix moyens à chic

Relais de la Vitarelle : *la Vitarelle, 12210* ***Montpeyroux.*** *☎ 05-65-44-36-01. • relaisdelavitarelle@wanadoo.fr • À 10 km au sud de Laguiole (D 921). À midi slt tlj sauf sam. Congés : 1 sem fin juin, 1 sem début oct, vac de Noël. Résa conseillée. Formules 13,50-17,50 €, 26 € le dim. Café offert sur présentation de ce guide.* Sympathique auberge de bord de route. Cuisine dont la renommée s'étend loin. C'est une affaire de famille depuis longtemps, qui possède donc une longue tradition d'accueil. Goûter au chou farci maison, à l'aligot, au foie gras maison...

Chambres d'hôtes La Ferme de Moulhac : *lieu-dit Moulhac, 12210* ***Laguiole.*** *☎ 05-65-44-33-25. 📱 06-07-30-55-77. • ferme.de.moulhac@gmail.com • fermedemoulhac.fr • À 2 km env de Laguiole direction Chaudes-Aigues Fermé de mi-nov à début fév. Compter 92-136 € selon confort. Gîte balnéo pour 2.* Voilà une vraie ferme, dans un environnement authentique, avec ses 5 chambres (dont une suite) absolument épatantes, décorées de façon originale et fonctionnelle sans jamais trahir l'esprit de la région. Conçue avec intelligence, il fait bon s'y ressourcer. Ambiance « minérale » avec des tables de chevet en pierre brute du pays et « végétale » avec la quasi omniprésence du bois. Également un spa dans le même esprit. Côté accueil, c'est l'un de nos préférés en Aubrac.

Hôtel du golf de Mezeyrac : *12210* ***Soulages-Bonneval.*** *☎ 05-65-44-41-41. • domainedemezeyrac@gmail.com • hotel-laguiole.com • ♿ À 10 mn de Laguiole, en pleine nature. Suivre Soulages-Bonneval, c'est indiqué ensuite. Ts les soirs, plus déj w-e (tlj juil-août). Congés : nov-mars. Doubles 69-110 € selon confort et saison. Formule 16 €, menu 19 €.* Dans un joli cadre avec vue sur le golf (9 trous de bon niveau), quelques chambres confortables à la déco très gentleman-golfeur ainsi que 4 suites avec terrasses et quelques appartements pour 2-6 personnes. Cuisine maison agréable avec recettes et produits du cru. Clientèle du dimanche et golfeurs. Service aimable en terrasse ou dans la lumineuse salle. Agréable club-house, piscine, tennis, et un beau bâti en pierre dans un site bien plaisant.

À voir

L'église *(XVIe s)* **:** située au sommet de l'esplanade du Fort qui domine le village et les environs. On y monte à pied par les vieilles ruelles en pente. À l'horizon, on aperçoit les collines du Quercy, le Plomb du Cantal, le puy Mary et les monts d'Aubrac.

Forge de Laguiole : *rte d'Aubrac. ☎ 05-65-48-43-34. • forge-de-laguiole.com • Tlj sauf dim 9h-12h, 13h30-18h (boutique) ; lun-ven mat, mêmes horaires jusqu'à 17h max (fabrication). Forge de lames jeu mat. GRATUIT.* Cette manufacture futuriste tout en aluminium est reconnaissable à sa lame de 18 m de haut qui traverse le bâtiment. Dessiné par Philippe Starck, il symbolise le renouveau de la production coutelière. Cent employés perpétuent la tradition. À l'intérieur,

L'AVEYRON

une grosse forge de 300 t sert à façonner les lames en acier (de l'Isère). À l'entrée, hall d'exposition et point de vente où l'on peut trouver d'authentiques laguioles, fabriqués ici, et quelques très belles pièces uniques ouvragées par des maîtres artisans et meilleurs ouvriers de France. Des séries spéciales dessinées par et pour de grands noms : Eddy Mitchell, Jean-Michel Wilmotte, Michel Bras, Andrée Putman et même... votre *Routard* préféré !

Coutellerie Honoré Durand : *rte d'Aubrac. ☎ 05-65-51-50-14. Visites guidées tte l'année, tlj sauf dim et j. fériés, à 11h, 14h30, 15h45 et 17h. GRATUIT.* Une des rares coutelleries où l'on trouve des couteaux forgés, fabriqués et assemblés à Laguiole : du simple schlass de poche à la somptueuse œuvre d'art (et prix tout aussi variés). Stages de fabrication (sur réservation) sous l'œil vigilant du meilleur ouvrier de France, dont on repart avec son propre couteau. Sur place, la maison a également aménagé un ***musée du Couteau*** *(tlj, sauf dim sept-juin 9h-12h, 14h-18h ; entrée : 3,50 €).* Intéressante reconstitution d'ateliers d'époque et riches collections de couteaux de Laguiole, d'outils tranchants et forgés venant de nombreux corps de métier de jadis, quelques objets curieux...

La coopérative fromagère Jeune Montagne : *à la sortie de la ville, route de Chaudes-Aigues. ☎ 05-65-44-35-54. Magasin : lun-sam 8h-12h, 14h-18h (19h et journée continue juil-août) ; dim 9h-12h (13h, plus ap-m 14h-18h en juil-août). Visites libres sept-juin ; ttes les 30 mn juil-août, tlj 9h30-12h, 14h-18h (17h dim). GRATUIT (visite et dégustation).* Par le biais d'une intéressante visite guidée de 30 mn et d'une vidéo, on découvre la production du fromage de Laguiole AOP au lait cru entier et de la tome (avec un seul « m ») fraîche de l'Aubrac. Venir de préférence le matin pour voir les fromagers en action au sein de ces installations modernes et découvrir les procédés de fabrication du fromage. Dégustation. Vente de Laguiole, de tome fraîche et d'aligot préparé en barquette.

QUAND LE PAPE TIRE LES FILS DE L'ALIGOT

Depuis des siècles, les règles de jeûne de l'église catholique avaient fait de l'aligot le « plat du vendredi » dans l'Aubrac. Or, en 1966, le pape Paul VI allégea le dogme, autorisant la viande ce jour-là : pour les fromagers de Laguiole, ce fut la fin des aligots ! Ils décidèrent alors d'offrir de la tome à tour de bras pour les fêtes de village, dont l'aligot géant deviendra un incontournable. Fin du tome du roman de l'aligot...

DANS LES ENVIRONS DE LAGUIOLE

Le grenier des Capou : *La Crestilie, 12210* ***Soulages-Bonneval.*** *☎ 05-65-44-31-63. 📱 06-33-96-41-32. Depuis Laguiole (à 4 km), traverser le village de Soulages-Bonneval, c'est à 500 m à droite (sur la D 70) ; bien indiqué. Tlj sur rdv. Entrée : 6 € ; réduc. Apéro ou café offert sur présentation de ce guide.* Raymond Capoulade est l'une des grandes figures culturelles emblématiques de l'Aubrac (si, si !). Ce « passeur de mémoire » a travaillé des années avec passion pour réunir dans cet immense grenier plus de 8 000 objets liés au bois ou à la vie rurale de l'Aubrac. Un joyeux désordre plein de poésie, télescopage d'objets insolites ou délicieusement ordinaires, une allure de caverne d'Ali Baba où les trésors seraient le produit précieux du travail et de l'imagination des hommes... Commenté nécessairement avec amour, pédagogie, passion et humour par Capou et fils, voire petit-fils qui perpétuent la tradition de la collecte. La découverte se finit au son de l'accordéon. Prévoir assez de temps pour explorer ce véritable patrimoine culturel.

Le château du Bousquet : *au* ***Bousquet,*** *à 6 km au sud de Laguiole. ☎ 05-65-48-41-13. Tlj sauf mar. Tél pour les horaires hors saison. Entrée : 8 €/adulte, 3 € 14-18 ans, gratuit moins de 14 ans. Compter 1h30 de visite.* Un superbe château du XIVe s comme on en décrit dans les contes. Le propriétaire, passionné de vieilles pierres, assure les visites guidées avec compétence et humour. Masse carrée flanquée de six tours, mâchicoulis, chemin de ronde et tout et tout. On visite 3 pièces au rez-de-chaussée : la cuisine aux murs fuligineux, avec son énorme cheminée, une cave attenante et une pièce-bibliothèque abritant une belle armoire-buffet. À l'étage, grand salon avec un très vieux coffre médiéval (en état de marche) et une chambre à coucher avec son lit à baldaquin. Parc agrémenté de nombreuses variétés de roses et de beaux marronniers. Le Bousquet, comme Saint-Urcize, Laguiole et Entraygues, est sur l'itinéraire direct du Puy à Conques, chemin des moines de la Chaise-Dieu, dédié à Raymond Oursel dont le souvenir plane en ces lieux. Un rendez-vous avec l'histoire à ne pas manquer.

AUBRAC (12470) *Carte Aveyron, C1*

Alto braco **(ou « site élevé ») à 1 300 m d'altitude, c'est un lieu chargé d'histoire et une halte mythique pour les pèlerins sur le chemin de Saint-Jacques-de-Compostelle. Une grosse tour sombre surgit d'un paysage austère balayé par les vents. À côté, une église romane et une maison forestière. Quelques bâtisses construites en pierre autour d'une place, désertée dès la fin de l'été (huit habitants permanents à Aubrac...). Une poignée d'hébergements, quelques burons, un espace muséographique, et c'est tout. Si les « stars », depuis quelques années, semblent attirées par le village, celui-ci résiste et préserve son caractère sauvage et authentique.**

UN PEU D'HISTOIRE

Dès le XIIe s, l'hospice d'Aubrac devint le passage obligé des foules de pèlerins en route vers Saint-Jacques-de-Compostelle, un des hauts lieux de la chrétienté médiévale. Ils partaient du Puy-en-Velay (Auvergne) ou de Vézelay (Bourgogne), et arrivaient généralement exténués au sommet du plateau désert. Dans cette région sauvage décrite dans le *Guide du Pèlerin* comme le « séjour de l'horreur », ces « marcheurs de Dieu » trouvaient refuge dans une grande abbaye capable de recevoir 500 pèlerins et gardée par 120 moines-soldats. Ce sont ses vestiges que l'on voit aujourd'hui au village : l'église romane et cette tour des Anglais (XIVe s) construite pour défendre les routards à la coquille (les pèlerins) contre les routiers (les bandits à la solde de l'Angleterre, qui occupait alors le Rouergue).

Où dormir ? Où manger ?

De bon marché à prix moyens

Gîte d'étape La Tour des Anglais : *infos au ☎ 05-65-44-28-42 (hôtel de la Dômerie, voir plus loin, en saison) ou résa au ☎ 05-65-44-21-15 (office de tourisme). De mi-mai à sept. Nuitée 10 €/pers.* 16 lits en 2 dortoirs. Douches, w-c et coin cuisine. Proche des GR de Pays : GR 6 « le Tour des Monts d'Aubrac » et GR 65 « Chemin de Compostelle »

Chambres d'hôtes La Colonie : *☎ 05-65-51-64-79. ● contact@la-colonie.com ● la-colonie.com ● Doubles 79-109 € selon confort. Assiettes dînatoires 8-18 €.* Comme son nom l'indique, c'est une ancienne colonie de vacances, celle de la ville d'Aulnay-sous-Bois. Un vaste bâtiment sans beaucoup de charme vu de l'extérieur, mais l'accueillant proprio lui a offert une très belle âme intérieure. De beaux volumes et des chambres pour tous les budgets, décorées de meubles d'antiquaire, tendance atelier : les plus modestes disposent seulement d'un lavabo mais sont mignonnes comme tout. La plus vaste est carrément un loft qui soutiendrait un terrain de tennis. Pas de télévision dans les chambres, faible réseau wifi, on se sent soulagé d'une certaine manière, et loin de l'agitation du monde. Une adresse vraiment pleine de charme.

Chez Germaine : *pl. des Fêtes. ☎ 05-65-44-28-47. • chezgermaine@orange.fr • ♿ Tlj sauf mar. Femé de nov à avr. Menus 26 € (déj)-40 €.* Très grande salle où flotte toujours une bonne odeur de cuisine. Quelques tables auprès de la grande cheminée pour déguster l'excellent aligot (sur commande) ou la cuisine familiale : spécialité de tartes maison, fouace et soupe au fromage. Aujourd'hui, c'est la fille de Germaine qui est en cuisine et l'établissement est dans la même famille depuis 1782 ! Une institution, donc. Pas donné, quand même...

Les burons de la Sistre et de Caméjane : *☎ 05-65-44-26-46 et 05-65-48-01-41. Mai-juin et sept, slt le w-e à midi ; juil ouv 5 j./7 (tél pour connaître le jour de fermeture qui dépend du temps !), 1er-3e dim d'août, tlj à midi. Résa impérative.* 2 burons isolés, situés de part et d'autre du village d'Aubrac. Celui de *La Sistre* (en direction de Saint-Chély-d'Aubrac) est une sorte d'auberge, avec de « vrais » menus et pas mal de groupes. Celui de *Caméjane,* en direction de Nasbinals, est plus authentique. On y vient voir la traite (très très tôt), la confection de la tome à l'ancienne, puis l'aligot mémorable au coin du feu. Rustique à souhait. Dans les deux cas, on ne peut imaginer accueil plus simple, plus franc, plus authentique...

De prix moyens à chic

Hôtel-restaurant de la Dômerie : *☎ 05-65-44-28-42. • david.mc@wanadoo.fr • hoteldomerie.com • Tlj. Fermé 15 nov-26 déc. Doubles 72-100 €. ½ pens 144-172 € pour 2. Formule déj en sem 13-18 €, menu 25 €. Remise de 10 % sur la chambre sur présentation de ce guide.* Chambres de taille variable et bien entretenues. Toutes sont différentes. Seul point commun, une photo de fleurs dans chacune, pour illustrer la variété de la flore de l'Aubrac. Cuisine régionale réputée avec tous les classiques. Couverts et soupière en argent s'il vous plaît, reliquats de la grande époque où Aubrac était un village fréquenté par les beautiful people ! Savoureuse soupe paysanne. Service diligent et bonne ambiance.

À voir

La maison de l'Aubrac : *à côté de l'église. ☎ 05-65-44-67-90. • maisondelaubrac.com • ♿ Tlj sauf lun (hors été) 9h-19h juil-août, 18h30 mai-juin et sept, 18h avr, 11h-17h30 oct-nov. Fermé déc-mars.* Surprenante architecture contemporaine à côté de tant d'histoire. Un espace audiovisuel et exposition pour découvrir l'Aubrac dans toute sa dimension, sa nature, sa culture, ses traditions et son économie, au fil des saisons. Puis un espace boutique et librairie régionale pour découvrir tous les produits emblématiques du plateau : fromage de laguiole, aligot, miels de montagne, gentiane, confitures, biscuits et, les grandes vedettes locales, les couteaux déclinés sous toutes leurs formes.

Espace gourmand pour se régaler de glaces originales, de boissons aux parfums de l'Aubrac et de délicieuses tartines... Idéal pour une petite grignote. Tables en terrasse extérieure et vue panoramique fantastique.

Le jardin botanique : *à côté de la Maison de l'Aubrac. ☎ 05-65-44-65-84 📱 06-71-02-62-90. • aubrac-jardin.org • ♿ 15 mai-sept (selon météo), mar-dim*

9h-18h (juil-août tlj). Entrée : 4 €, gratuit jusqu'à 11 ans. Un jardin de 500 m², composé de plus de 600 plantes du massif de l'Aubrac : plantes patrimoniales, tourbière avec ses plantes insectivores... Sentez, touchez (mais pas trop), observez, et... contribuez à faire perdurer ce joli jardin de pays.

Manifestation

– ***La Vache Aubrac en transhumance :*** *le dim le plus proche du 25 mai (jour de la Saint-Urbain). Rens à l'office de tourisme de Aubrac-Laguiole (voir ci-dessous).* • *traditionsenaubrac.com* • C'est le moment où les troupeaux rejoignent le plateau de l'Aubrac pour y passer l'estive, de fin mai à mi-octobre. Foire, produits du terroir, passage et présentation des troupeaux de 10h30 à 17h, groupes folkloriques et dîner dansant « Nuit de l'Aubrac »...

DANS LES ENVIRONS D'AUBRAC

SAINT-CHÉLY-D'AUBRAC (12470)

Petit bourg pittoresque avec son église du XVe s et son pont des Pèlerins (classé Bien culturel par l'Unesco). Situé dans la vallée de la Boralde de Saint-Chély (altitude 800 m), à 8 km du plateau de l'Aubrac, c'est le point de départ de nombreux parcours de randonnée. Il faut dire que l'on se trouve sur le chemin de Saint-Jacques, mais aussi sur le GR « le Tour des monts d'Aubrac » et l'ancienne voie romaine (ou *via Agrippa*).

LA CLOCHE DES PERDUS

L'église Notre-Dame-des-Pauvres de Saint-Chély-d'Aubrac se situe sur le chemin de Saint-Jacques-de-Compostelle. Le rude climat de l'Aubrac pouvant être fatal aux pelerins, durant les nuits d'hiver ou par temps de brouillard, on actionnait une cloche pour les diriger vers le refuge. Une corne de brume, quoi !

Adresse et info utiles

ℹ ***Office de tourisme :*** *☎ 05-65-44-21-15.* • *aubrac-laguiole.com* • *En plein cœur du village. Tlj sauf dim (et sam hors saison).* Dans une belle bâtisse du XVIIIe s entièrement restaurée, c'est l'office qui couvre le pays d'Aubrac. Très complet et bien documenté (nombreux bouquins et DVD à consulter sur place). Intéressante exposition sur la vache d'Aubrac, et présentation d'un buron en miniature.

– ***Marché de producteurs de pays :*** *20 juil-20 août, jeu 17h-22h.* Vente de produits fermiers. Animations musicales et dîner sur place, préparé par les producteurs. Animations pour les enfants pendant que les parents font le marché !

Où dormir ? Où manger ?

Camping et gîte d'étape

⛺ ***Camping municipal :*** *au bourg, le Pont Neuf. ☎ 05-65-44-27-08.* • *accueil.stchelydaubrac@orange.fr* • *stchelydaubrac.com* • *Dans le village, D 533. De début mai à fin août. Empl. tente 9 € ; caravane 77 €/sem. 20 empl.*

CB refusées. Petit camping municipal au bord de la rivière. Le chemin de Saint-Jacques-de-Compostelle et le GR 6 passent à proximité.

Gîte d'étape communal : *rte d'Espalion. ☎ 05-65-44-21-15 (office de tourisme) ou 27-08 (mairie). • accueil.stchelydaubrac@orange.fr • Au-dessus de l'office de tourisme. Fermé fin oct à début mars (sauf groupes en hiver). Lit en dortoir 14 €/pers. CB refusées.* Beau gîte, propre et confortable, qui donne un coup de neuf à une maison ancienne. 26 lits répartis en 7 dortoirs, coin cuisine à disposition. Attention, pas de draps, même en location. Il est principalement réservé aux pèlerins et randonneurs itinérants.

Prix moyens

Hôtel-restaurant Les Coudercous : *av. d'Aubrac (rue principale). ☎ 05-65-44-27-40. • lescoudercous@orange.fr • lescoudercous.fr • Fermé 15 j. à Noël. Doubles 63-75 € selon saison. Formule déj en sem 13 €. Formule marcheurs (dîner) 18 €. Menus 20-26 €.* Grande maison traditionnelle en pierre. Une petite quinzaine de chambres, à la décoration fraîche et de bon goût, très confortables et aux volumes intelligemment agencés. Excellent petit déjeuner avec (rare en hôtel) des confitures maison. Au restaurant, fine cuisine régionale servie avec gentillesse et discrétion. Terrasse aux beaux jours. Bref, un lieu où poser le sac et pousser la fourchette sans hésiter !

Hôtel des Voyageurs : *av. d'Aubrac (rue principale). ☎ 05-65-44-27-05. • brigitteamilhat@wanadoo.fr • hotel-conserverie-aubrac.com • Resto fermé jeu midi (plus soir hors saison). Congés : 15 oct-10 avr. Double 54 €. Menus 14,50 € (en sem), puis 19-25 €.* Chambres simples, de tailles variables et bien tenues, avec vue sur les toits de lauzes du village ou sur la vallée. Ambiance calme et accueil plein d'amabilité. Maison familiale charmante, où vous dégusterez une excellente cuisine traditionnelle, dont l'un des meilleurs aligots de la région, tripous maison, chou farci, tartine de fritons tièdes, etc.

La Tour des Chapelains : *rue de la Tour. ☎ 05-65-51-64-80. • latour.j.c@gmail.com • tour-chapelains.fr • Doubles 68-78 €. Dîner 13 €. Apéritif maison offert sur présentation de ce guide.* Dans cette ancienne tour de garde du XVe s, au cœur du village, 3 chambres desservies par un escalier à vis. Déco simple mais élégante, murs de pierre, poutres apparentes, parquets. Chambres pouvant accueillir 3 personnes ou plus, notamment l'Aigremoine, sous les combles, ouverte aux pèlerins. Excellent petit déj.

À voir. À faire encore dans les environs d'Aubrac

Balade à travers l'Aubrac : *compter env 1h en voiture. « Trans'Aubrac », la route touristique traversant l'Aubrac de Saint-Geniez-d'Olt à Laguiole, et « Le Puy, Aubrac, Conques », circuit automobile de 4 jours sur les chemins vers Compostelle.* De Saint-Geniez, monter sur le plateau de l'Aubrac par *Aurelle-Verlac,* d'où l'on a une vue vertigineuse sur le département par beau temps. Continuer sur *Vieurals* à travers les bois, dans une nature sauvage où l'on croisera peut-être quelques renards en fin de journée. Une chose est sûre, plus on monte, plus c'est beau. Poursuivre vers *Born* et *Aubrac.* On traverse alors des paysages de prairies dignes de décors de cinéma américain, avec pour tout signe de vie (en été) la présence des vaches d'Aubrac ! Quelques étendues d'eau, parsemées ici et là, qui pourraient rappeler les causses... heu, l'Écosse !

Aubrac 4 saisons : *rens à l'office de tourisme Aubrac-Laguiole (☎ 05-65-44-35-94) et à la station de ski de Laguiole (☎ 05-65-44-39-62).* Randos à ski entre les 4 stations de Laguiole, Brameloup (en Aveyron), Nasbinals (en Lozère), Saint-Urcize (en Cantal) et col de Bonnecombe (sud Lozère). Selon la météo (peu propice ces dernières années), ski de fond, raquettes, luge, ski alpin.

LA VALLÉE DE L'AVEYRON

SÉVÉRAC-LE-CHÂTEAU

(12150) 2 460 hab. *Carte Aveyron C2-3*

Le site de Sévérac est avant tout connu pour sa cité médiévale, réputée imprenable avec son château tout en haut. À 817 m d'altitude, esseulé au sommet de sa colline, l'endroit impressionne quand on arrive du nord. De l'an 1000 à la Révolution française, seules trois familles ont occupé les lieux : les Sévérac, les Armagnac et les Arpajon, qui contrôlèrent les allées et venues nord-sud. Les vestiges restaurés donnent aujourd'hui au site une grande beauté, surtout le soir, quand le château est éclairé.

Adresse utile

Office de tourisme : *5, rue des Douves.* ☎ *05-65-47-67-31.* • *contact@tourisme-severaclechateau.fr* • *tourisme-severaclechateau.fr* • *Juil-août, tlj 10h-18h30 (17h et coupure déj 13h-14h le dim) ; hors saison, fermé dim (et sam ap-m en hiver).* Nombreuses animations.

Où dormir ? Où manger à Sévérac et dans les environs ?

Camping

Camping Le Plô : *rte de Lavernhe, 12150* ***Recoules-Prévinquières.*** *06-86-63-63-75.* • *campingleploaveyron@gmail.com* • *campingleplo.fr* • *Bien fléché depuis le rond-point entre la N 88 et la D 583. Avr-oct. Empl. tentes 11,50-19,50 € selon saison ; chalets et mobile homes 190-500 €/sem selon capacité et saison. 30 empl.* Un petit terrain à taille vraiment humaine, confortable et bien équipé. Rivière à proximité (pêche autorisée). Piscine.

Prix moyens

L'Atelier du Goût : *RN 88, Le Four à Chaux, quartier de la gare.* ☎ *05-65-67-06-59.* • *ccobrecht@yahoo.fr* • *Juil-sept, tlj sauf lun ; oct-juin, midi mar-dim et soir jeu-sam. Congés : janv. Menus 14 € (déj en sem), puis 19-29 €.* Une bonne étape pour qui veut changer de l'aligot, ou tout simplement goûter à une bonne cuisine inventive : velouté de lentilles, travers de porc au caramel d'agrumes, côte de veau de lait aux girolles, crème brûlée au pastis... Des préparations très réussies, dont on hésite à déranger le bel ordonnancement, mais qu'on ne regrette finalement pas d'avoir croquées ! Cadre sobre et contemporain dont le vert acidulé fait oublier l'environnement immédiat, sans grand intérêt. Service diligent et sympa.

À voir à Sévérac-le-Château et dans les environs

Jeux pour les enfants, pour découvrir la cité médiévale et un petit historique très bien fait, à récupérer à l'office de tourisme ou au château.

Le château : *juil-août, tlj 10h15-12h15, 13h30-18h30. Visite libre (6 €) ou guidée (sauf mer, 10h15, 14h15, 16h15 ; durée 1h ; 7 € ; réduc). Le tarif inclut 3 animations médiévales (11h45, 15h15, 17h15) et le musée archéologique. Le reste de l'année, accès libre et gratuit mais les salles sont fermées (cuisine et chapelle).* Ancienne place forte insaisissable des XIVe et XVe s, qui joua un grand rôle pendant les guerres de Religion avec les seigneurs d'Arpajon (protestants). Puis le vieux fort féodal fut aménagé en une agréable résidence de style Renaissance. Corps de logis de quatre étages sur 85 m de long, cour d'honneur, haute tour carrée, porte fortifiée... Beau panorama depuis le château.

L'AVEYRON

La cité médiévale : *juil-août, visite guidée gratuite (30 mn), tlj sauf mer à 11h15 et 18h15.* Au pied du château, par l'une ou l'autre des deux anciennes portes fortifiées, on revient six siècles en arrière dans un joli dédale de maisons anciennes turriculées (dotées d'une tour, quoi !), à fenêtres à meneaux, flanquées de vieux escaliers... Contempler tout particulièrement la *maison des Consuls* avec son plafond peint, le *Sestayral,* marché au grain couvert en voûtes, la *maison de Jeanne* (XIe s), une des plus anciennes du Rouergue, et la *fontaine romane* installée ici depuis l'Antiquité. Visite libre toute l'année.

Le Musée archéologique : *5, rue des Douves. Juil-août, 15h-19h ; même billet que le château.* Dans de belles salles voûtées, un intéressant petit musée archéologique présentant quelques belles poteries dont le mystérieux vase au sorcier de Villeplaine, des silex et pièces anciennes découvertes dans la région.

La Maison des dolmens : *rue du Paouzadou, 12150* ***Buzeins.*** *☎ 05-65-47-67-31. Tlj, tte l'année. GRATUIT.* Une maison d'interprétation pour apprendre que l'Aveyron est le département français qui concentre le plus de dolmens (désolé, Obélix !). On pourra suivre, à pied ou en voiture, un circuit de découverte de ces étonnantes tables de pierre.

Manifestation

– ***Son et lumière « Mémoires de Sévérac... ou la légende de Jean Le Fol » :*** *fin juil et début août. 7 représentations, le soir à 22h. Résas : ☎ 05-65-47-71-91. Tarif : 16 € ; réduc.* Un spectacle très prisé, avec près de 130 comédiens costumés, dans la cour du château, pour faire revivre 2 000 ans d'histoire de la région.

LE PAYS DES GRANDS CAUSSES

Avec pour « capitale » Millau, le pays des Grands Causses englobe 315 000 ha, soit quasiment un tiers de la surface du département. Sa délimitation épouse les frontières du parc naturel régional éponyme, qui contient le célèbre plateau du Larzac, les gorges du Tarn, une partie du Lévézou et le beau pays de Roquefort. Doté d'un climat des plus agréables, on y croise de riches flore et faune, allant des rapaces aux incontournables troupeaux de brebis. Et c'est justement la valeur de cet agropastoralisme que l'Unesco a reconnu en juin 2011, en décidant de classer les Causses et les Cévennes. Quant à l'histoire, elle n'a pas oublié la région et l'a marquée avec le passage de l'ordre des Templiers et la présence de nombreux châteaux qui jalonnent le sud du département ou les rives du Tarn.

MILLAU

(12100) 23 200 hab. *Carte Aveyron, C3*

• Plan *p. 239*

La deuxième ville du département est plantée au cœur du parc naturel régional. On sillonne en amont comme en aval les gorges du Tarn, et on n'est jamais à plus de 30 mn d'un site touristique à découvrir : Roquefort, La Couvertoirade, les gorges de la Dourbie, Micropolis. Parapente, escalade ou kayak se pratiquent à moins de 15 mn du centre-ville. Quelques bonnes tables pour se remettre de ces découvertes, en dégustant un petit fromage de brebis typiquement millavois, le *pérail,* bien plaisant et associé à un côtes-de-Millau, petit vin rouge qui commence à faire parler de lui. L'occasion de sourire au souvenir du célèbre fast-food démonté en 1999 sous la houlette de l'Astérix José Bové. Il n'a pas tenté la récidive sur le colossal (et si aérien) viaduc, le plus haut du monde. Un ouvrage d'art à plus d'un titre, visible de loin d'où que l'on arrive. Il a contribué à désenclaver la région en reliant le causse Rouge à celui du Larzac, tout en limitant les embouteillages en ville et dans la vallée.
Le soir, en été, les fines aiguilles des piliers du viaduc, à l'ouest, répondent aux falaises du causse Noir, à l'est, éclairées par-dessous. Un décor lumineux assez époustouflant...

UN PEU D'HISTOIRE

La région fut habitée très tôt, comme en témoignent les nombreux dolmens. À l'époque gallo-romaine, la grande ville de *Condatomagus* y était célèbre pour ses poteries exportées dans tout l'Empire romain, identifiables à leur décor en tampon-signature (en latin *sigillum*), d'où le nom de « poterie sigillée ».
Au Moyen Âge, Millau devint une ville commerçante importante. Sel, épices, poisson provenant des ports de la Méditerranée y transitaient. Ensuite, la ville s'enrichit grâce au traitement et au commerce des peaux, favorisant ainsi la construction d'élégants hôtels particuliers à découvrir en centre-ville.
Contrairement au reste du Rouergue, Millau devint huguenote, et Louis XIII dut assiéger et prendre la ville.

MILLAU, CAPITALE DU GANT

Le travail des peaux et des cuirs remonte au XIe s et occupa rapidement une part prépondérante de l'industrie locale. À l'origine de cette activité, l'abattage d'agneaux très jeunes pour récupérer le lait des brebis destiné à la fabrication du fromage. On disposait alors de peaux d'une très grande finesse, adaptées à une production de luxe qui fit la réputation de la ville. L'âge d'or de la ganterie dura indéniablement du XIXe s jusqu'aux années 1930. La crise économique, la Seconde Guerre mondiale et les changements de mode entraînèrent la chute de la production. Aujourd'hui, Millau se cantonne au gant de luxe.

Arriver – Quitter

En car : *gare routière (plan A1) ; pl. de la Gare. ☎ 05-65-59-89-33.* Nombreux départs pour Albi, Meyrueis, Montpellier, Rodez, Saint-Affrique, Saint-Jean-du-Bruel (via Nant), Toulouse. Le dimanche, trafic très réduit.

En train : *gare ferroviaire (plan A1) ; pl. de la Gare.* Cars SNCF pour Saint-Affrique, la Lozère (Saint-Chély-d'Apcher et Marvejols) et Montpellier.

Adresses et info utiles

Office de tourisme de Millau Grands Causses *(plan B2)* ***:*** *1, pl. du Beffroi. ☎ 05-65-60-02-42. • millau-viaduc-tourisme.fr • Tlj 9h-19h, juil-août ; sinon lun-sam 9h-12h, 14h-18h30 (17h oct-mars), dim et j. fériés 10h-16h.* Un office résolument moderne avec un espace multimédia. Organise des animations, soirées musicales et des visites (contées, enfants, nocturnes...). Également un relais d'information pour le parc régional des Grands Causses. Billetterie, résa hébergements et activités.

– ***Marchés :*** *mer mat et surtout ven mat. Juil-août, le lun soir, animations, produits du terroir et artisans d'art.*

Activités et sports de plein air

■ ***Roc et Canyon*** *(hors plan par B1,* ***1****)* ***:*** *55, av. Jean-Jaurès et, en été, 155, av. de l'Aigoual, à 150 m après le pont de Cureplat, direction les gorges de la Dourbie. ☎ 05-65-61-17-77. • roc-et-canyon.com • Tte l'année. Loc d'équipements (VTT, matériel via ferrata).* Spécialiste des sports de plein air : VTT, rafting, escalade, *via ferrata,* spéléo, rando aquatique, saut à l'élastique (depuis le pont d'Alzon, hauteur 50 m), *stand up paddle...* La descente de la Dourbie en canoë-kayak se fait sur des tronçons de 5 à 17 km (en passant sous le viaduc en aval de Millau). Équipe jeune, pro et sympa.

■ ***Horizon-Millau*** *(plan B2,* ***2****)* ***:*** *6, pl. Lucien-Grégoire, pl. Foch. ☎ 05-65-59-78-60. • horizon-millau.com • Tte l'année.* Spécialisé dans le vol en parapente *(mars-nov)* mais propose aussi spéléo, canyoning, parcours acrobatique, parcours aventure, escalade, *via ferrata,* etc. Super pros et sympathiques.

■ ***Antipodes*** *(hors plan par A3,* ***3****)* ***:*** *173 bis, av. de Calès et, en été, base « Arbres et Cimes », 403, av. de Millau-Plage. ☎ 05-65-60-72-03. • antipodes-millau.com • Tte l'année.* Jeunes, sympas et grands pros des activités de pleine nature. Spécialités : *via ferrata,* élastique, escalade, kayak, randonnée aquatique, spéléo et un parcours « Arbres et cimes ».

■ ***Aéro-club Millau-Larzac :*** *12230* ***La Cavalerie.*** *☎ 05-65-62-72-91. • contact@aeroclub-millau.fr •* Pour un baptême de l'air au-dessus du viaduc, des gorges et des causses. Prix très attractifs à partir de 3 personnes.

Où dormir ?

Campings

Camping Huttopia *(hors plan par B2,* ***10****)* ***:*** *455, av. de l'Aigual. ☎ 05-65-61-18-83. • millau@huttopia.com • huttopia.com • Fin avr à début oct. Empl. tentes 14,70-27,80 € selon saison et localisation. 164 empl.* Parmi le vaste choix de campings que

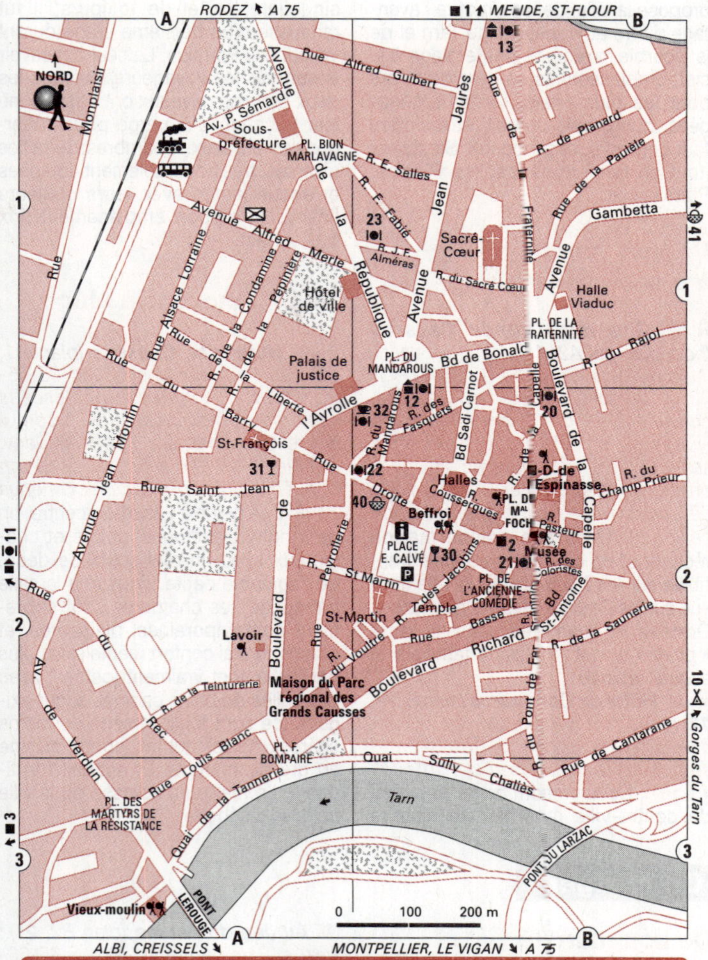

MILLAU

Adresses utiles

- Office de tourisme de Millau Grands Causses *(B2)*
- 1 Roc et Canyon *(hors plan par B1)*
- 2 Horizon-Millau *(B2)*
- 3 Antipodes *(hors plan par A3)*

Où dormir ?

- 10 Camping Huttopia *(hors plan par B2)*
- 11 Gîte des Grands Causses *(hors plan par A2)*
- 12 Hôtel du Commerce *(B1-2)*
- 13 Hôtel des Causses *(B1)*

Où manger ?

- 13 L'Ardoise *(B1)*
- 20 La Mangeoire *(B2)*
- 21 Au Jeu de Paume *(B2)*
- 22 Le Bouche à Oreille *(B2)*
- 23 Capion *(B1)*

Où boire un thé ou un verre ?

- 30 Ökfe *(B2)*
- 31 Café de la Perle *(A2)*
- 32 Pâtisserie-salon de thé Zest(e) *(B2)*

Achats

- 40 L'atelier du gantier *(B2)*
- 41 Causse *(hors plan par B1)*

propose la ville, ce terrain offre l'avantage d'être au confluent du Tarn et de la Dourbie, avec une petite plage à la clef. Emplacements en bord de rivière pour les plus chers, tentes aménagées, bungalows de bois et roulottes tout confort sont proposés. Sanitaires (tout en bois) impeccables. Piscine. Pizza le soir.

De bon marché à prix moyens

Gîte des Grands Causses *(hors plan par A2,* ***11****) : 425, rue Jean-Jacques-Rousseau. ☎ 05-65-61-43-00. • contact@gitedesgrandscausses.com • gitedesgrandscausses.com • Nuitée 20 €/pers. Doubles 45-55 € selon confort (sans ou avec sanitaires privés) et saison. Dîner 15,50 €. Apéritif maison offert sur présentation de ce guide.* Dans une grande maison récente et un quartier résidentiel tranquille sur les hauteurs de la ville (jolie vue sur les Causses depuis la terrasse). Dortoirs et chambres dans le genre « propre et net ». Cuisine familiale et accueil amical.

Hôtel du Commerce *(plan B1-2,* ***12****) : 8, pl. du Mandarous. ☎ 05-65-60-00-56. • contact@hotelmillau.com • hotelmillau.com • Doubles 43-58 €.* Sous un nom banal, cet hôtel de centre-ville raconte une histoire singulière. Hôtel de toujours, il fut rehaussé d'un troisième étage durant les années Formica. Le seul à recevoir désormais les voyageurs, puisque les deux premiers niveaux ont abandonné leur vocation d'auberge pour héberger des bureaux. Chambres de tailles diverses, très honorablement équipées et accueillantes avec leurs couleurs flashy. Un rapport emplacement-prix très correct.

De prix moyens à chic

Hôtel des Causses *(plan B1,* ***13****) : 56, av. Jean-Jaurès. ☎ 05-65-60-03-19. • contact@hoteldescausses.com • hoteldescausses.com • ♿ (resto). Congés : 1 sem en janv. Doubles 59-149 € selon taille, saison et événement. Formule 27 € ; menus 32-44 €.* À peine à l'écart du centre, un petit hôtel traditionnel coloré et chaleureux avec un réel souci de déco, de l'agréable petite terrasse à la salle à manger. Les chambres sont sobrement contemporaines, plaisantes, et offrent un vrai confort même si les plus petites le sont vraiment (petites) avec des salles de bains cabines super exigües (ce sont logiquement les moins chères). Au restaurant, bonne cuisine au gré du marché. Et accueil formidable. La meilleure adresse de la ville dans sa catégorie.

Où manger ?

De bon marché à prix moyens

La Mangeoire *(plan B2,* ***20****) : 8, bd de la Capelle. ☎ 05-65-60-13-16. • contact@restaurantlamangeoire.com • Fermé lun (plus dim soir nov-avr). Formule 17 € ; menus 26-36 €.* Aménagé sous les voûtes des anciens remparts, le resto sert des viandes grillées au feu de bois devant vous, du gibier en saison, un curry d'agneau au lait de coco... Gardez de l'appétit pour la *flaune* ou le moelleux à la châtaigne ! Service parfois un peu long. Également des tables en terrasse.

Au Jeu de Paume *(plan B2,* ***21****) : 4, rue Saint-Antoine. ☎ 05-65-60-25-12. Tlj (sauf le midi et dim hors saison). Fermé début nov-fin fév. Menus 23-39 €. Rhum arrangé maison offert sur présentation de ce guide.* Une ruelle discrète depuis la place Foch, une enseigne à l'ancienne dont on pousse la porte pour atteindre une belle salle voûtée chauffée. Dans la cheminée grésillent andouillettes 5 A, viandes et saucisses qui accompagneront vos aligots. Cuisine classique et sans complication. Aux beaux jours, une agréable terrasse au calme à l'arrière est sise sur ce qui fut le fameux « Jeu de paume », dont il reste juste une belle arche. Excellent choix de crus de derrière les fagots (normal, la maison fait aussi bar à vins).

Le Bouche à Oreille (plan B2, **22**) : *26, rue Droite. ☎ 05-65-47-69-86. • restaurantleboucheaoreille@gmail.com • Tlj sauf dim (plus soir du lun au mer hors saison). Formule 13 € (déj en sem), menus 14,50-26,90 €.* Salle au design d'aujourd'hui et grande terrasse côté rue (piétonne). Bien pour un déjeuner pressé avec ses roboratives assiettes-repas au goût du pays et son service rapide, à défaut d'être souriant. Moins convaincant le soir.

De prix moyens à chic

L'Ardoise *(plan B1, **13**) : 56, av. Jean-Jaurès. Voir l'Hôtel des Causses dans la rubrique « Où dormir ? ».*

Capion (plan B1, **23**) : *3, rue Jean-François-Alméras. ☎ 05-65-60-00-91. • restaurantcapion@wanadoo.fr • Tlj sauf mar soir et mer. Fermé 2 sem début juil. Menus 16,50 € (déj en sem), puis 26,50-45 €.* Dans une rue où il faut un peu aller le chercher, un resto au goût d'aujourd'hui de la salle, design, à la cuisine, d'un certain classicisme mais avec la touche du chef en plus.

L'AVEYRON

Où dormir ? Où manger dans les environs ?

Château de Creissels *: pl. du Prieur, 12100* ***Creissels.*** *☎ 05-65-60-16-59. • chateau-de-creissels@wanadoo.fr • chateau-de-creissels.com • ♿ À 3 km de Millau, face à l'église. Resto tlj sauf lun midi (et dim soir hors été). Doubles 84-139 € selon confort et saison. Petit déj 11,50 €. Menus 19-42 € (55 € avec 5 services).* Qui n'a jamais rêvé de dîner aux chandelles, au calme, dans un château, en extérieur mais à l'abri d'un chemin de ronde voûté, avec vue sur Millau et le cours du Tarn ? Tout est dit, et en plus, c'est délicieux, les chambres sont impeccables, et certaines sont entièrement refaites, de façon très contemporaine. Accueil attentionné et piscine. Cuisine savoureuse, qui fait la part belle aux recettes régionales. Belle salle voûtée en pierre et petite terrasse qui surplombe les toits.

Le Diapason *: 18, rue du Portalou, 12100* ***Creissels.*** *☎ 05-65-62-19-66. • loupiac.pierre@neuf.fr • À 3 km de Millau, face à l'église. Tlj sauf lun et mar soir. Formules déj en sem 15,50-19,50 € ; carte env 30 €. Café offert sur présentation de ce guide.* Sur la route du viaduc, une grande bâtisse couleur grenat au pied du rocher du château. Terrasse en bordure du trafic routier, ancienne grange aux murs de pierre, à la déco un peu baroque, dotée d'une grande cheminée et d'une mezzanine. Cuisine de produits essentiellement régionaux, garantis frais et carte assez éclectique. Bon rapport qualité-prix et vins de pays (tenter le marcillac) à prix raisonnables. Service efficace et souriant.

Où boire un thé ou un verre ?

Ökfe (plan B2, **30**) : *17, rue Droite. ☎ 05-65-42-36-24. Tlj sauf dim 8h à tard. Planche de charcuterie-fromage 10 €.* Un bar qui défrise un peu les vieilles pierres du centre-ville : fûts d'huile transformés en sièges sur la terrasse et intérieur peuplé d'un inventaire d'objets à la Prévert. On a le temps de tout détailler en dégustant la bière tirée d'une carte bien conséquente (dont certaines mousses locales). En cas de perdition, pas de problème, il y a une borne SOS d'autoroute !

Café de la Perle (plan A2, **31**) : *18, bd de l'Ayrolle. ☎ 05-65-61-09-70. • bmdelon@gmail.com • Tlj (sauf dim hors saison).* Une adresse où l'on repeint le monde en vert et contre tout. Forcément, c'est le Q.G. de la star locale, monsieur Bové. Il y est parfois, parfois pas, c'est ça le mouvement alternatif.

Pâtisserie-salon de thé Zest(e) (plan B2, **32**) : *7-9, bd de l'Ayrolle. ☎ 05-65-58-16-88. • zes-te@neuf.fr • Tlj sauf lun jusqu'à 19h (20h, boutique). Assiettes 13-18 € ; snack 7 €.*

La pâtisserie design à prix chic du quartier où, on salive d'emblée en franchissant la porte. Les gâteaux, alignés en ordre de bataille, n'attendent que vous. Le tout accompagné d'un thé et vous voilà prêt à repartir à la découverte de la ville ! On peut aussi y déjeuner sur le pouce.

Achats

L'atelier du gantier *(plan B2,* ***40****) : 21, rue Droite. ☎ 05-65-60-81-50. ● atelierdugantier.fr ● Tlj sauf dim, lun-ven 9h-12h et 14h-19h, sam 9h30-12h et 14h30-19h.* Ce petit atelier est aujourd'hui le seul à Millau à fabriquer les gants de bout en bout, sans sous-traitance. Après la visite du musée, le travail du couple Canillac vous parlera encore mieux. Les lecteurs de *Point de vue* apprécieront de savoir que cette maison a fourni les gants de la garde princière à l'occasion du mariage d'Albert et Charlène de Monaco.

Causse *(hors plan par B1,* ***41****) : 5, bd des Gantières. ☎ 05-65-60-03-05. ● causse-gantier.fr ● Tlj sauf dim 9h30-12h, 14h-19h.* Fondée en 1892, c'est la plus ancienne manufacture de gants de la ville encore en activité. L'étonnant bâtiment contemporain signé de l'architecte Jean-Michel Wilmotte abrite une boutique, un petit espace muséographique (qui évoque, entre autres, les célébrissimes clients de la marque, dont Madonna qui est plusieurs fois venue ici choisir personnellement ses gants) et l'atelier où l'on découvre les gantiers au travail.

À voir

– Visites de Millau et de ses environs *(certaines adaptées aux familles avec enfants : 5-15 €)* par l'office de tourisme qui propose également des audioguides *(5 € ; dispo à l'office ou au musée de Millau).* Millau étant ville d'art et d'histoire, visites guidées également dans le cadre de *Laissez-vous conter Millau. Parcours en autonomie sur l'appli gratuite* Millau Viaduc Tour.

– ***Parcours d'artistes :*** *brochure à l'office du tourisme. Mai-sept slt.* De la rue Droite à la rue de la Capelle en passant par la place du Maréchal-Foch, une dizaine de lieux d'exposition d'artistes contemporains.

Le beffroi et la tour des rois d'Aragon *(plan B2) : face à l'office de tourisme. Mai-juin et sept, tlj sauf jeu 10h-12h, 14h-18h ; juil-août, tlj 10h-12h30, 14h30-19h. Entrée : 3,70 €. Billet jumelé avec le site archéologique de la Graufesenque et le musée de Millau : 7 €.* Épicentre du centre ancien, on admire du sommet de cette tour-beffroi du XIIe s (42 m) les toits de la ville et le viaduc au loin.

Le centre ancien *(plan A-B2) : circonscrit par les boulevards de l'Ayrolle, Saint-Antoine, de Bonald et de la Capelle.* Petite balade le nez au vent, en partant du beffroi. Juste en face, les bâtiments abritant l'office de tourisme mélangent avec réussite l'architecture du passé à des élans très modernes. À l'autre bout de la place Emma-Calvé, l'***église Saint-Martin*** (fermée hors des célébrations). Au-dessus du maître-autel, très belle *Descente de croix* flamande, du XVIIe s. L'étroite rue des Pénitents conduit ensuite jusqu'à *Porte du Voultre,* entrée fortifiée du XIIIe s de l'enceinte médiévale. Descendre la ***rue Voultre,*** autrefois cœur du quartier des mégissiers. À droite, la rue des Cuirs, dans le vieux quartier populaire avec ses passages sombres, cours intérieures et portes vénérables. On aboutit à la ***rue Peyrollerie*** bordée de quelques belles demeures souvent décaties, au charme mystérieux. N'hésitez pas à vous engager dans les passages et cours intérieurs pour y jeter un œil. On arrive à la ***rue Droite,*** c'était la principale artère de la vieille ville. Aujourd'hui, c'est la plus commerçante. Après avoir passé le beffroi (la boucle est presque bouclée), on accède à la ***place Maréchal-Foch.*** Bordée d'arcades soutenues par des colonnes de pierre, elle a un beau cachet avec sa fontaine Empire en plein milieu. Au nord, ***l'église Notre-Dame-de-l'Espinasse*** dont les murs datent du XIIe s, mais qui fut reconstruite et revoûtée aux XVIe et XVIIe s. Clocher de type toulousain.

👀👀 ***Le musée de Millau – Archéologie, Peau et Gant*** *(plan B2)* **:** *pl. Maréchal-Foch. ☎ 05-65-59-01-08. Tlj (sauf dim et j. fériés oct-avr) 10h-12h, 14h-18h (coupure déj retardée de 30 mn en juil-août). Tarif : 5,50 € ; réduc. Billet jumelé avec le site archéologique de la Graufesenque et le beffroi de Millau : 7 €.*
Installé dans l'hôtel particulier du marquis de Pégayrolles, datant de 1738.
– ***Archéologie :*** splendides poteries rouges sigillées et d'autres, assez spectaculaires, à décor tournoyant. Les potiers du quartier de la Graufesenque (voir « Dans les environs de Millau ») en fabriquèrent des millions. Tout sur la vie quotidienne des Ruthènes, dont le plus long texte en langue gauloise connu à ce jour.
– ***Paléontologie :*** espace réaménagé en 2017. Squelette d'élasmosaure, reptile marin du Toarcien, long de 4 m et vieux de 180 millions d'années (et unique en France) trouvé dans la région de Roquefort (voir aussi plus loin « Dans les environs de Roquefort-sur-Soulzon »). Impressionnante, la bestiole !
– ***Peau et gant :*** on y découvre tout sur les métiers du cuir et du gant. De quoi faire la différence entre un tanneur et un mégissier, et ne plus rien ignorer de la « main chaude », de la « locomotive » et du langage des gants... Amusant de voir que les peaux de poisson peuvent aussi être utilisées. Très surprenant : on importait de la crotte de chien de Constantinople pour la première macération des peaux (pour assouplir et éliminer la chaux). Exposition de vieilles machines, de réclames, et des plus belles productions locales, anciennes ou contemporaines. Atelier de gantier reconstitué, et film très bien fait qui permet de suivre le parcours de transformation d'une peau brute, qui subit une centaine de manipulations avant d'être transformée en gant.

👀 ***Le vieux lavoir*** *(plan A2)* **:** *bd de l'Ayrolle.* Lavoir monumental avec portiques du XVIIIe s. On ne se moquait pas des mères Denis à l'époque !

👀👀 ***Le vieux moulin*** *(plan A3)* **:** *à côté du pont Lerouge.* L'une des photos les plus pittoresques de Millau. Vestiges du vieux pont du XIIe s, dont il subsiste deux arches. Il porte un moulin du XVe s.

Fêtes et manifestations

– ***Natural games :*** *fin juin à la Maladredie. ● naturalgames.fr ●* Festival international des sports « outdoor » (escalade, VTT, parapente, *slackline,* kayak).
– ***Millau Jazz Festival :*** *pdt 1 sem en juil. Résa à l'office de tourisme et infos sur le site ● millauenjazz.org ●* Depuis 1992, la ville fait sa jazzie au travers de concerts (dont certains gratuits) de grandes pointures et d'anonymes prometteurs. Programmation musicale de grande qualité.
– ***Les Journées de l'Antique :*** *1re sem d'août, sur le site archéologique de la Graufesenque.* Conférences et ateliers à la fois scientifiques et ludiques où apprendre, par exemple, à fabriquer des céramiques romaines. Sans oublier les repas, comme à l'époque.
– ***Festival international de pétanque à Millau :*** *mi-août, au parc de la Victoire. ● petanquemillau.fr ●* Et que ça pointe !
– ***Festival Trail des Templiers :*** *fin oct. ● festivaldestempliers.com ●* Le second plus important *trail* de France, dans un cadre naturel exceptionnel.

DANS LES ENVIRONS DE MILLAU

Le viaduc de Millau : *traversée : 8-15 € selon saison.* Dernier maillon de l'A 75 reliant Clermont-Ferrand à Béziers. Survolant la vallée du Tarn, sa concrétisation est une réussite totale en terme d'inscription discrète dans le paysage : finesse du tablier, piles élancées, un ouvrage d'art exceptionnel !

UN VIADUC QUI BAT TOUS LES RECORDS !

Conçu par l'architecte Norman Foster, le viaduc de Millau, à haubans multiples, est le plus haut du monde. Sept piliers seulement, pour une hauteur maximale de 343 m (plus haut que la tour Eiffel) et une longueur de 2 460 m. Il nécessita 206 000 t de béton pour sa réalisation (le tablier pèse à lui seul 36 000 t, soit 70 TGV !), et 36 mois de travaux. Sa structure lui permet de résister à des vents de plus de 250 km/h. Et il est garanti 120 ans.

Les points de vue

En réalité, il est difficile de rater le viaduc, on le voit de partout !

– ***Le village médiéval de Peyre :*** *voir plus loin.* Les photographes y trouveront un panorama incomparable (l'après-midi).

– ***Le cap de Costes-Brunas :*** *suivre la D 992 direction Albi/Toulouse, puis la 1re à gauche (direction Brunas) après le village de Creissels.* Beau point de vue également. C'est aussi l'aire d'envol et d'atterrissage des parapentes.

– ***L'aire du viaduc :*** *accessible aussi sans prendre l'autoroute ; de Millau, suivre « A 75 » puis « aire du Viaduc ».* Le point d'observation le plus proche et de visite par excellence.

– ***Visite du sentier des explorateurs :*** pour en apprendre davantage sur le viaduc de tous les records. Ce parcours, une ancienne piste de chantier, est jalonné de maquettes et permet d'observer le fonctionnement du translateur et d'accéder au nouveau belvédère. Vue imprenable juste sous le tablier. *Durée : 30 mn ; départ 9h30, 10h30, 11h30 et ttes les heures l'ap-m 14h-18h juin-août, 17h avr-juin et sept-oct, 16h en hiver ; résa conseillée. Tarif : 4,50 € ; réduc ; gratuit jusqu'à 5 ans.*

– ***Découverte du Viaduc Expo :*** muséographie interactive avec une mise en scène par l'image et le high tech. *Ouv tte l'année, boutique. GRATUIT.*

En plus du belvédère, on trouve, aménagé dans une authentique bergerie caussenarde, tout un complexe touristique. Avec un ***Point info-tourisme de l'Aveyron*** *(juil-août tlj 9h-19h30, avr-oct 10h-18h, déc-mars 17h).*

L'espace gourmand : *☎ 05-65-61-65-28. Tlj 9h30-18h30. • espace.gourmand.bras@orange.fr • Congés : Toussaint à Pâques. Capucin 6-10,10 €. Formule 12-16 €.* Le chef Michel Bras propose une formule savoureuse et ludique, le « Capucin gourmand » : des petits cornets fourrés de spécialités locales. Il y en a pour tous les goûts, salés ou sucrés, chauds ou froids, garnis de *trénels,* de chou farci, de charcuterie ou de glace divine. Vive le fast-food auvergnat ! Vente de produits du terroir sélectionnés.

Les visites guidées

– Une formule insolite est sans doute l'approche du viaduc par le Tarn, en barque. ***Les Bateliers du viaduc*** rejoignent Creissels à Peyre en passant SOUS le viaduc *(compter quand même 24 €/pers. ☎ 05-65-59-12-41. • bateliersduviaduc.com •).*

Le site archéologique de la Graufesenque : *à 2 km au sud, juste après le pont Lerouge. ☎ 05-65-60-11-37. Fermé janv-fév. Tlj sauf lun et j. fériés. Juil-août 10h-12h30, 14h30-19h ; mars-déc 10h-12h, 14h-17h. Entrée : 4,40 €. Billet jumelé avec le musée de Millau et le beffroi : 7 €.* Les fouilles ont mis au jour les fondations du village des célèbres potiers qui inondèrent le Sud de leur production pendant plus d'un siècle, au Ier s apr. J.-C. On a pu reconstituer les bacs à argile, les ateliers, le canal qui amenait l'eau, les énormes fours collectifs, où 30 000 pièces pouvaient être cuites à la fois. Plus de 600 maîtres potiers y travaillaient. Comme les autres industries gallo-romaines, la splendeur de ces ateliers n'a eu qu'un temps, relativement court d'ailleurs. La production s'est ralentie puis arrêtée, car la taille du marché intérieur, la concurrence et la crise ont fait obstacle à son écoulement. Visite vraiment complémentaire à celle du musée.

Peyre : *à 5 km à l'ouest de Millau, rte de la vallée du Tarn.* À l'entrée de la vallée, dans un méandre du Tarn, un superbe village, figurant parmi les « Plus Beaux Villages de France », construit à flanc de falaise. Il faut dire qu'il a bien du charme avec ses maisons en tuf, ses vestiges de fortification, ses rues en escaliers et son ***église troglodytique.*** S'il est devenu aujourd'hui un site incontournable en Aveyron, c'est qu'il offre un point de vue unique sur le viaduc de Millau. Venez le matin si vous voulez profiter du village au soleil, plutôt en fin d'après-midi si vous voulez avant tout immortaliser le viaduc. De Peyre, on peut poursuivre vers les spectaculaires paysages de la vallée du Tarn. Avec un petit arrêt à ***Comprégnac*** pour visiter la ***maison de la Truffe*** *(☎ 05-65-63-31-00. Juin-15 sept. Tlj – sauf dim juin, et sam sept, 15h-19h ; mar et ven slt dernière quinzaine de sept. GRATUIT).* En quelques panneaux et grâce aux explications de sympathiques bénévoles, on apprend tout sur ce produit du terroir aveyronnais. Journée de la truffe le dernier dimanche avant Noël.

LES GORGES DU TARN

Dans cette vallée encaissée, à l'est de Millau, le Tarn adopte un rythme particulier, comme s'il voulait s'attarder malgré sa course folle. Plus véritablement les gorges, situées plus en amont. Mais, suivant les failles du causse, la rivière creuse son lit et tournicote en chemin... La vallée est riante, verdoyante, ensoleillée, propice à la culture des cerises.

Adresse utile

i *Bureau d'informations touristiques :* *12640* ***Rivière-sur-Tarn.*** *☎ 05-65-59-74-28. À 12 km de Millau par les D 809 et D 907. • millau-viaduc-tourisme.fr • Juil-août, tlj sauf dim ap-m 10h-19h (coupure déj 13h-15h sam) ; sept-juin, tlj sauf dim (et sam oct-avr) 9h-12h, 14h-18h (17h oct-avr), fermeture vac de Noël.* Pour toute la vallée, liste des hébergements et sites à visiter, mais aussi d'innombrables balades et activités : canoë, sports en eaux vives, randonnées (topoguides payants), équitation, etc.

Où dormir ? Où manger dans le coin ?

Campings

Les Cerisiers : *Pailhas, 12520* ***Compeyre.*** *☎ 05-65-59-87-96. 06-78-51-63-56. • contact@campinglescerisiers.com • campinglescerisiers.com • ♿ Sur la D 907, direction Rivière-sur-Tarn. De mai à mi-sept. Empl. tentes 11-18 € selon saison ; mobile homes 250-590 €/sem selon capacité et saison. 80 empl. Café offert sur présentation de ce guide.* Parmi les (très) nombreux campings qui bordent les gorges du Tarn, on a bien aimé celui-là, caché derrière un verger de cerisiers (évidemment, vu le nom). Accueil décontracté dans un cadre encore très nature.

Prix moyens

Ferme-auberge de Quiers : *12520* ***Compeyre.*** *☎ 05-65-59-85-10. • quiers@wanadoo.fr • quiers.net • Depuis la D 809, fléché à droite après Aguessac sur 5 km. Ts les soirs sauf lun (en saison, fermé dim soir et ouv le midi). Congés : oct-mars. Résa conseillée. Double 71 €. Menu 27 € (23 € pour les résidents).* Chambres d'hôtes agréables et accueil sympa. Bonne cuisine du terroir dans une belle salle rustique ou sur la terrasse. Menu très complet avec des spécialités d'agneau et de volaille. Vaste panorama depuis la ferme.

Chambres d'hôtes La Petite Boynarde : *rue du Trébans, 12640* ***Boyne.*** *☎ 05-81-55-25-96. • anita.costes@orange.fr • lapetiteboynarde.com • Doubles 68-78 € selon confort.* Une partie de cette belle maison date du XVIIe s, comme l'atteste la grande cheminée de pierre. Les quatre chambres, elles, sont bien de notre temps. L'une dispose d'un balcon, l'autre se transforme en familiale et toutes sont pimpantes. Les moins chères ont une salle de bains privative mais séparée. Même si Anita et Pascal sont originaires du Mans, on a envie de passer ici plus de 24h...

Chambres d'hôtes Les Gargouilles : *rue Haute, 12640* ***Boyne.*** *☎ 05-65-62-65-73. • patrick.boulouis@wanadoo.fr • lesgargouilles.fr • Congés : nov-mars. Double 80 €. Table d'hôtes 25 €. Apéritif offert sur présentation de ce guide.* Les Boulouis ont bien bougé et exercé différents métiers avant de revenir s'installer ici, dans cette belle grosse maison de village qui abrite aujourd'hui 5 chambres d'hôtes spacieuses et lumineuses. Piscine et terrasse à l'abri des regards. Accueil convivial.

L'Auberge du Terroir : *La Grave, 12720* ***Mostuéjouls.*** *☎ 05-65-72-22-56. Tlj sauf jeu hors saison. Congés : nov-mars. Menu 13,50 (déj en sem)-17,50 €, carte env 23 €. Apéritif offert sur présentation de ce guide.* Dans une jolie maison au bord de la route, bien retapée, une bonne escale sur le chemin des gorges. À l'étage, une petite salle arrangée de façon simple et gaie, et une chouette terrasse abritée par une tonnelle ; le patron, très aimable, vous proposera gigot de brebis au jus de thym, pied de cochon pané, aligot (délicieux), soupe de melon au calistou (un apéritif élaboré et vendu par son frère, pas loin de là ; n'hésitez pas à le goûter !)...

De chic à plus chic

Grand Hôtel de la Muse et du Rozier : *La Muse, 12720* ***Peyreleau.*** *☎ 05-65-62-60-01. • info@hotel-delamuse.fr • hotel-delamuse.fr • De mi-avr à fin oct ; resto ouv dim et ts les soirs. Doubles 120-160 € selon confort et saison ; petit déj 16 €. Dîner 35 €. Garage clos payant. Apéritif offert sur présentation de ce guide.* Une fois dans le bâtiment, on oublie vite sa façade moderne et, osons le dire, qui dépare dans l'environnement splendide. Les chambres et les espaces communs sont entièrement tournés vers les gorges et le Tarn. La vue y est reposante. Piscine à la clef au fond du jardin, non loin de la rivière. Quant à la table, autrefois réputée, elle n'est plus vraiment en phase avec les prétentions et les prix qu'elle affiche. Le pain maison, les desserts et la carte des vins peuvent quant à eux encore convaincre.

À voir. À faire

Compeyre *(12520)* **:** joli village médiéval dont le beffroi de pierre blanche se dresse en vigie au-dessus du confluent du Tarn et de la Lumansonesque (ça ne s'invente pas).

Le comptoir paysan : *mas Compeyre. ☎ 05-65-59-84-11. • comptoir-paysan.fr • Juil-août, tlj 9h-20h ; sinon, 9h30-12h, 14h-19h tlj (sauf dim oct-avr).* Une centaine de fournisseurs, respectant les grands principes du circuit court : vin (côtes-de-Millau entre autres), bières, gâteau à la broche, confitures, cochonnailles, viandes d'Aubrac... et même des plats cuisinés que l'on peut consommer in situ (prêt de couverts).

Maison de la Cerise : *pl. de l'Escaras, 12520* ***Paulhe.*** *☎ 05-65-59-00-98. • maison-de-la-cerise.asso.fr • D'avr à mi-sept, tlj sauf lun mat 10h-12h30 (juin-sept slt), 14h30-18h30. GRATUIT. Rando accompagnée gratuite juil-août (résa indispensable).* Petit musée sur le cerisier, sa floraison et le temps des cerises : vieux outils, histoires et coutumes de la vallée... Boutique sur place autour de produits locaux à base de cerise (ou pas).

Le château de Peyrelade : *12640* ***Boyne.*** *☎ 05-65-59-74-28 (office de tourisme). • seigneurs-du-rouergue.fr • Mai, w-e et j. fériés 10h30-17h30 ; juin et sept, tlj sauf jeu 10h30-17h30 ; juil-août, tlj 10h-18h. Adulte : 4,50 € ; réduc. Animation lun, mar, mer ap-m (spécialisée enfants) en juil-août.* Cette forteresse médiévale agrippée à son rocher dominant la vallée du Tarn cache bien son jeu. Depuis la route, on ne croit voir qu'un rocher, puis on distingue une ruine, impressionnante. Une ruine restaurée, partiellement reconstituée, même. Elle se visite pour qui fait l'effort d'y monter. À quelques kilomètres, ne pas rater le joli village de ***Mostuéjouls,*** à flanc de colline avec son château flanqué de deux tours massives. En contrebas, proche de la route, ***Notre-Dame des Champs*** (XIIe-XVe s) aligne son profil roman et son clocher à peigne (intérieur visible en été seulement à l'occasion d'expositions). On la doit aux bénédictins de l'abbaye Saint-Victor de Marseille. De là, superbe vue sur l'avancée du causse Méjean et le rocher Capluc qui dresse au-dessus du paysage son profil de forteresse.

L'AVEYRON

LES GORGES DE LA DOURBIE

De Millau, où elle se jette dans le Tarn, jusqu'à Nant, la Dourbie serpente, coincée entre le causse Noir et le causse du Larzac. Très beaux points de vue, ponctués de superbes villages tel celui de *Cantobre* et, encore plus impressionnant, le hameau de *Saint-Véran* (y monter pour son panorama sur la vallée).
Passé les ruines du *château d'Algues* et le village de *Saint-Jean-du-Bruel,* beau et paisible village avec son vieux pont en dos d'âne, la Dourbie pénètre dans une vallée encaissée. La route (D 341) prend alors de la hauteur, ne tardant pas à livrer de remarquables panoramas sur la montagne couverte d'épaisses forêts de châtaigniers. La rivière s'enfonce progressivement dans des gorges étroites creusées dans le schiste cévenol. Au bout de 7 km, *col de la Pierre Plantée* et plongée dans le *parc national des Cévennes.*

À voir. À faire

Le chaos de Montpellier-le-Vieux : *à 16 km de Millau. ☎ 05-65-60-66-30. • montpellierlevieux.com • Fléché depuis Millau par la D 110. D'avr à début nov, tlj 9h30-17h30 (18h30 de mi-juil à fin août). Accès : 7 € ; via ferrata supplément 32 € – résa indispensable plusieurs jours avt en saison ; réduc. Billet jumelé avec l'aven Armand (16,50 €). Plan complet proposant différentes balades. Petit train 10h-16h30 (18h juil-août), pour découvrir le site sans effort (A/R : 4,50 €).* La superbe D 110 pour y accéder, à flanc de falaise, est déjà une mise en condition pour les yeux. Sur un promontoire escarpé du causse Noir, sur 120 ha environ, des milliers de roches étrangement déchiquetées dégringolent des pentes abruptes. Effet saisissant ! Leurs formes rappellent parfois des portes antiques ou des figures familières (humaines ou animales). À interpréter selon son imagination. Au printemps, des myriades de fleurs, dont plusieurs variétés rares. Cinq itinéraires de 30 à 40 mn, à combiner entre eux. Autant dire qu'il y a de quoi y passer la journée. Prévoir le pique-nique et l'eau fraîche... Pas de difficulté particulière, même s'il vaut mieux éviter les tongs et les sandales, car certains sentiers s'avèrent tout de même assez escarpés. Autre mode de découverte, la *via ferrata,* d'abord souterraine puis aérienne avec quatre tyroliennes.

➢ ***Le chaos de Caoussou :*** petite randonnée pédestre (1h A/R) à faire à partir du hameau de Longuiers, situé à 5,5 km au sud-ouest de Montpellier-le-Vieux et moins impressionnant. De Longuiers, suivre le GR 62 jusqu'au chaos de Caoussou. Très peu de monde.

Roquesaltes : *à 4 km au sud de Saint-André-de-Vézines.* Par une route goudronnée, puis une piste damée (1 km), d'autres rochers pittoresques, dans une campagne désertique. En continuant plus loin, on arrive au *Rajol,* chaos rocheux vraiment spectaculaire. À 3 km au nord de Saint-André-de-Vézines par la D 29, on peut jeter un œil au petit *prieuré* pas mal ruiné de Saint-Jean-de-Balmes.

La Roque-Sainte-Marguerite : petit village s'étageant sur une colline. De la D 110, la route qui y mène, sinueuse et très étroite, est de toute beauté. Elle suit sans cesse le ravin du Riou Sec. On arrive directement derrière les vestiges du *château* du XVIIe s, avec une tour à mâchicoulis (aujourd'hui, propriété privée). Vers Saint-Véran, ancien *moulin* et très vieux *pont* sur la Dourbie.

Saint-Véran : village littéralement accroché à la montagne (donc route d'accès un peu hasardeuse...). L'un des sites les plus beaux du coin. Quelques ruines du *château* de la famille Montcalm, dont l'un des membres les plus connus perdit le sien en 1759, lors de la défense de Québec. De la D 41, beau point de vue sur le village. Il y avait si peu de place là-haut qu'on construisit l'église dans la vallée.

Cantobre : village minuscule et mignon, perché au sommet d'une falaise, tel un nid d'aigle. Ancienne place forte, dont Richelieu fit raser le château. Après la « porte de ville », quelques ruelles abruptes mènent à la charmante *église Saint-Étienne,* du XIIe s. Porte à volet comme dans une maison paysanne. Chœur roman harmonieux. Les deux chapelles latérales datent du XVIIe s.

– ***La descente de la Dourbie en canoë ou en kayak :*** départ de La Roque-Sainte-Marguerite. Superbes paysages moins spectaculaires que ceux du Tarn, mais parcours plus captivant en raison des nombreux rapides sur le parcours (18 km). Balade sans difficulté, à déconseiller toutefois aux enfants de moins de 11 ans. Renseignements *Roc et Canyon* (voir les « Adresses et info utiles » à Millau).

ATTENTION, FAUX AMIS !

On associe toujours canoë et kayak, alors que ce sont deux embarcations différentes. Le canoë, inventé par les Indiens, se pratique à genoux et avec une pagaie simple. Le kayak, lui, fut d'abord utilisé par les Inuits. On le pilote assis et avec une pagaie double. Un point commun toutefois : leur instabilité !

NANT

(12230) 963 hab. *Carte Aveyron, D3*

Adorable village au milieu d'un large bassin fertile et riant, articulation entre le causse Bégon et celui du Larzac, aux portes des gorges de la Dourbie. En face, le roc Nantais culmine à 808 m. Nant se révèle un délicieux lieu de villégiature pour quelques jours.

Adresse utile

Office de tourisme Larzac et Vallée : *pl. du Claux, dans le bâtiment de la mairie. ☎ 05-65-62-23-64. • tourisme-larzac.com • Juil-août, tlj (sauf dim juin et sept ; plus sam oct-avr) 10h-13h, 14h-19h (18h juin et sept) ; oct-avr, lun-ven 9h30-12h30, 14h-17h (le mat slt nov-fév).* Très serviable. Bonne doc, en particulier sur les circuits de randonnée, sur les églises romanes, le Larzac et les vallées. Visites guidées de la ville dimanche et lundi matin en juillet-août.
– **Marché :** *mar mat.*

Où dormir ? Où manger ? Où boire un verre ?

Campings

Camping Les Vernèdes : *rte du Durzon, Les Vernèdes. 06-12-14-54-98. • christophe.malzac12@gmail.com • christophemalzac.wix.com/camping-les-vernedes • À 500 m du centre, en quittant le bourg par la D 178. Avr-oct. Empl. tente 10 €. 45 empl. CB refusées.* Terrain tranquille, simple et ombragé par des saules pleureurs et des noyers. Ping-pong sur place. Piscine et tennis à 800 m. Le GR 71D passe dans le coin. Bon accueil familial.

Camping Les 2 Vallées : *rte de l'Estrade-Basse. ☎ 05-65-62-26-89. • contact@lesdeuxvallees.com • lesdeuxvallees.com • À 800 m du bourg. En venant du sud, sur la D 999, prendre à gauche après la station-service (fléché). De mi-avr à mi-oct. Empl. tentes 13,50-20,50 € selon saison ; mobile homes 175-637 €/sem selon type et saison. 80 empl.* Terrain de bon confort aux emplacements ombragés, assez vastes et calmes. Vue sur le Roc nantais. Grand choix de mobile homes, toilés, en dur ou bois. Piscine chauffée en haute saison, espace fitness, location de vélos. Commerces au bourg.

Prix moyens

Hôtel-restaurant Le Durzon : *D 178, direction l'Hospitalet. ☎ 05-65-62-25-53. • ledurzon@orange.fr • durzon.fr • Congés : vac scol de Noël. Double 53 €. Menus 13,80-29 €.* Pour être au calme, dans des chambres simples et bien entretenues. Terrasse en été. Ambiance familiale et bon accueil. Côté cuisine, c'est du terroir de chez terroir, en mettant l'accent sur des produits locaux, bio si possible.

Le Sanglier Hilare : *3, pl. du Claux. ☎ 05-65-42-26-99. Tlj début juil-août, d'avr à début nov fermé dim soir-lun, 15-30 mars et début nov à fin déc ouv slt ven soir-dim. Formules et menus 14,50-26 € ; carte env 30 €.* Une gentille petite adresse qui a tout pour elle, et vous l'offre volontiers : un nom qui parlera aux *asterixophiles,* un emplacement idéal dans la jolie halle, une liste de producteurs très locaux pour alimenter l'assiette, des plats et gourmandises du terroir revisités ce qu'il faut (et ce dès la première formule, vraiment pas chère). C'est bon, frais, servi avec entrain. Sanglier ou pas, on en ressort presque hilare. Disons, avec le sourire.

Le Petit Nantais : *15, pl. du Claux. ☎ 05-65-62-25-11 • restaurant.lepetitnantais@orange.fr • Tlj (sauf mer hors saison). Congés : 15 déc-fév. Menus 14,50 € (en sem), puis 18 € ; carte env 31 €. Café offert sur présentation de ce guide.* 2 petites salles colorées et une agréable terrasse aux beaux jours. Cuisine traditionnelle à prix plutôt sages. Carte assez courte, avec quelques plats simples et savoureux qui évoluent avec les saisons, mais qui ne joue pas forcément le jeu de l'approvisionnement local. Accueil charmant.

Le Bar du Claux : *15, pl. du Claux. ☎ 05-65-58-16-41. Tlj (sauf lun soir et jeu hors saison).* Une agréable terrasse face à la halle pour prendre un petit verre. Accueil avenant.

Où acheter de bons produits ?

Charcuterie Mazerand : *au bourg. ☎ 05-65-62-25-30. Tlj sauf dim ap-m (plus mer ap-m janv-fév) 8h-13h, 16h-20h.* Ce charcutier est connu, bien au-delà des limites du Sud-Aveyron, pour ses *trénels,* élaborés à l'ancienne. Il s'agit d'une variante locale des *tripous,* confectionnés ici à partir de panse de mouton (au lieu de veau), cousue (et non ficelée)... Si vous voulez lester votre valise de quelques conserves ou d'un saucisson au roquefort, c'est ici qu'il faut venir.

À voir

L'abbatiale Saint-Pierre : du XIIe s, son aspect extérieur est assez sévère, genre forteresse dominée par un donjon avec clocher octogonal. Superbe narthex. Harmonieuse architecture intérieure romane. Du milieu du transept, impression totale d'équilibre, le plan parfait. On découvre plus de 100 chapiteaux, pour beaucoup remarquables, décorés d'entrelacs, damiers, feuilles d'acanthe, etc. De chaque côté du chœur, absides en cul-de-four ornées de colonnettes. Beaux vitraux dessinés par Jean Hugo, arrière-petit-fils du célèbre écrivain.

Le village : très authentique ***halle*** du XIVe s, reconstruite au début du XVIIIe s, de style caussenard. Tout en longueur et reposant sur des arcades particulièrement trapues. Vous noterez les bancs astucieusement placés dehors (pour le soleil d'hiver) comme dedans (pour l'ombre d'été). Très beau pavage en galets de la rivière. Juste attenante, la ***mairie*** occupe un élégant bâtiment, ancien hôtel particulier construit en 1760 par un capitaine de cavalerie de Louis XV. Aller jeter un œil au ***pont de la Prade*** (XIVe s) qui enjambe la Dourbie de ses deux belles arches. On pourra poursuivre par la balade, dite « des ***Cabirous*** » (plan-guide à l'office de tourisme), à la découverte des tours et des maisons-porches du village dans les pittoresques ruelles. « Cabirou » viendrait du vieux rouergat *capira,* qui veut dire « tourner sens dessus dessous ». Au passage, de jolies portes anciennes.

AH, ÇA IRA, ÇA IRA, ÇA IRA !

Dans le hall de la mairie de Nant trône une bien étrange statue de Louis XVI, victime de trois décapitations au cours de sa longue vie : la première en 1811 après son inauguration, la deuxième en 1831, et la dernière en... 1989 ! Énigme, vengeance, rancœur, la tête disparaissait après chaque exposition de la statue sur la place du village. Tout au long du XIXe s, elle suscita des incidents politiques au sein du village, pour finalement être laissée comme telle et protégée dans le hall de la mairie... mais sans sa tête !

La chapelle Saint-Michel-de-Rouviac : *à 2 km de Nant, direction Saint-Jean-du-Bruel (fléché à droite).* Un délicieux petit édifice roman du XIIe s, ancienne chapelle du prieuré. Retable du XVIIIe s.

La chapelle Notre-Dame des Cuns : *à 1 km de Nant, par la D 991 (vers Millau), dans le hameau des Cuns.* Mi-tuf, mi-calcaire, avec sa couleur miel, elle date du XIIe s.

SAINT-JEAN-DU-BRUEL

(12230) 659 hab. *Carte Aveyron, D3*

À 6 km de Nant en remontant la Dourbie, sympathique bourgade. Huguenote, longtemps rivale de Nant la catholique, elle se convertit après la révocation

de l'édit de Nantes mais conserva son temple. Quelques rues anciennes aux noms pittoresques : les Trois-Porches, la Coutellerie, la Planquette, les Chandelières, etc. À découvrir : le Pont-Vieux à une seule arche, du XIIIe s, le Pont-Neuf du XVIIIe, la chaussée, les halles reconstruites en 1845, les fours de potiers...

Adresse et infos utiles

- ***Point d'accueil :*** *32, Grand-rue. ☎ 05-65-62-23-64. • tourisme-larzac.com • Juil-août, tlj.*
- ***Marché :*** *jeu mat juil-août (grand) ; dim mat hors saison (petit).*
- ***Fête de la châtaigne, du terroir et de la gastronomie :*** *le 1er w-e d'oct.*

Où dormir ? Où manger à Saint-Jean-du-Bruel et dans le coin ?

Camping

Camping La Dourbie : *rte de Nant. ☎ 05-65-46-06-40. 06-82-44-72-30. • info@camping-la-dourbie.com • camping-la-dourbie.com • Sur la D 999, direction Nant, 800 m à droite en sortant de Saint-Jean-du-Bruel. De mi-avril à fin sept. Empl. tentes 14-21 € selon saison ; cabanes et mobile homes 150-595 €/sem selon saison et capacité. 78 empl.* Terrain plat avec point de vue sur la rivière à laquelle on accède d'ailleurs en bout de terrain (trempette possible). Pour encore plus d'eau, belle piscine-balnéo. Les emplacements séparés par de hautes haies s'avèrent assez spacieux. Pléthore d'activités de pleine nature dans le secteur.

De bon marché à prix moyens

Hôtel-restaurant du Midi – Papillon : *pl. Du Manège. ☎ 05-65-62-26-04. • hoteldumidi.papillon@outlook.fr • hoteldumidipapillon.fr • (accès au resto slt). À l'entrée du village. Congés : 12 nov-1er avr. Résa conseillée (parfois plusieurs sem avt). Doubles 45-75 €. Menu déj 14,50 € (en sem), puis 20-37 €.* Ouverte en 1850, voilà l'institution du coin, à l'accueil et à la qualité immuables depuis maintenant 6 générations de Papillon. Une vingtaine de chambres très agréables, de taille variable, régulièrement rafraîchies. Jolie piscine et jacuzzi. Au resto, réputé dans toute la région, cuisine savoureuse et authentique, à base de produits frais et maison : fruits et légumes du jardin, volailles, champignons... Tradition et créativité sont les maîtres mots de cette maison. Grand choix de vins à prix modérés. Belle terrasse donnant sur la rivière, souvent complète. Accueil avenant, service discret et efficace. Une super affaire, disons-le !

Chambres d'hôtes de La Rougerie : *La Rougerie, 12230* ***Sauclières.*** *☎ 05-65-58-12-37. • morel@larougerie.fr • larougerie.fr • En venant de Saint-Jean-du-Bruel, passer sous le pont mais ne pas prendre la direction de Sauclières ; il faut tourner direction Le Vigan. Congés : janv. Double 60 €. Réduc de 10 % sur la chambre à partir de la 2e nuit sur présentation de ce guide.* Cette ferme du XVIIe s, est une vraie maison d'hôtes comme on les aime : jolie, chaleureuse, conviviale. Les chambres ont été décorées avec soin. L'accueil y est sincère et on goûte avec délice aux joies simples de la campagne.

Chambres d'hôtes Les Cardabelles : *4, rue des Moulins, à Saint-Jean. ☎ 05-65-58-47-03. • rolande.vidal@wanadoo.fr • lescardabelles.fr • Fermé la semaine du nouvel An. Doubles 68-72 €.* Bien au calme, trois chambres gentiment parquetées se répartissent autour d'un agréable salon de lecture dédié aux hôtes. Meublées avec goût, très bien agencées, elles ont le charme des pièces mansardées et proposent tout le confort, dont de belles salles de bains modernes. Accueil bien agréable de la maîtresse du logis qui saura vous donner de bons tuyaux sur les environs.

L'Oustal : *18, Grand-Rue, à Saint-Jean. ☎ 05-65-46-25-80. Tlj (sauf lun sept-juin). Menu déj (sauf dim) 16 €. Menus 20-32 €.* Une simple auberge de village ? Plutôt un resto qui sait avoir du chic tout en gardant la tête sur les épaules côté prix. Bon accueil, souriant, de madame, tandis que monsieur s'affaire à respecter les promesses de sa carte : salade de chèvre chaud, feuilleté de ris d'agneau... et lorsque les rognons sauce madère sont épuisés le midi, il vous prépare un carré d'agneau pour le soir. Desserts de la même veine. D'ailleurs, ceux qui ont de la veine, c'est vous ! D'autant que l'adresse est ouverte le dimanche soir, lorsque bien d'autres éteignent les fourneaux. Belle carte de vins, mais aussi de cafés du monde.

À voir

Noria, Maison de l'eau : *☎ 05-65-62-20-32. • contact@noria-maisondeleau.com • noria-maisondeleau.com • Juil-août, tlj 10h-19h ; avr-juin et sept-oct, sur rdv. Entrée : 6 € ; 5 € pour les 5-12 ans. Compter 1h30 de visite.* Situé dans un ancien moulin du XIIIe s offrant un beau panorama sur la Dourbie et le village, un musée bien intéressant pour mieux comprendre le rôle important et l'utilité de l'eau dans notre environnement et notre société. Pédagogique, il ravira vos enfants : moulin à foulon, microcentrale électrique, clepsydre, jeux, dégustation d'eau, maquettes animées... bref, l'eau dans tous ses états ! Près de 1 000 m² ludiques, interactifs et passionnants, avec un petit bar où l'on ne sert pas que de l'eau.

LE CAUSSE DU LARZAC

C'est le plus grand de tous les causses, s'étendant de Millau à Lodève dans l'Hérault. La grande variété de ses paysages est liée aux natures très différentes des terrains. À 800 m d'altitude, ce plateau présente de nombreuses cassures où se nichent des vallées verdoyantes côtoyant des zones plus arides mais jamais désertiques. Parfois, le sol rouge argileux (autour de La Couvertoirade) permet certaines cultures de céréales. Non loin, pourtant, s'élèvent des roches déchiquetées, signe d'un relief karstique. Puis apparaissent des « poljés », vastes dépressions calcaires. Bref, le Larzac présente ainsi toutes les conditions requises pour plaire aux brebis. Celles-ci y vivent depuis longtemps, fournissant depuis des siècles leur lait pour la fabrication du fameux roquefort.

Du fait du peu de résistance du Larzac aux vents glacials du nord, l'habitat s'est adapté : maisons basses dites « caussenardes », murs très épais au nord. Un étage et un rez-de-chaussée, la bergerie. Le bois étant rare, les maisons sont généralement voûtées de pierre.

UN PEU D'HISTOIRE

Au XIIe s, ***les Templiers*** reçurent en donation une partie du Larzac et établirent une commanderie à Sainte-Eulalie-de-Cernon, une cité à La Couvertoirade et une tour céréalière au Viala-du-Pas-de-Jaux. À la disparition de cet ordre, c'est celui des ***Hospitaliers de Saint-Jean*** qui lui succéda ; ils édifièrent les remparts de La Cavalerie, ceux de La Couvertoirade, de Sainte-Eulalie, ainsi que la tour refuge du Viala-du-Pas-de-Jaux.

Au début du XXe s, l'armée française, prétextant l'aridité du Larzac et sa faible rentabilité économique, priva les brebis de 3 500 ha de bonne herbe tendre pour en faire un camp d'entraînement militaire. En 1970, un projet d'extension du camp à 17 000 ha supposait l'expulsion de 103 paysans du plateau. C'était sans compter sur le caractère bien trempé des Caussenards : en 1972, les 103 se promirent de ne jamais vendre leurs terres, et débuta alors la bataille de David contre Goliath. Agriculteurs, pacifistes, antimilitaristes, écolos, militants occitans non violents, élus, curés, membres de l'industrie fromagère, etc., s'assemblèrent. Un mouvement de solidarité internationale vit le jour, regroupant même des Africains du Sahel, des Indiens d'Amérique, des nationalistes irlandais...
En 1973, plus de 100 000 personnes se rassemblèrent pour la cause, et utilisèrent une variété de moyens d'expression originaux et bien perçus par l'opinion publique : journaux, construction de la bergerie-témoin de La Blaquière, « labours » sauvages, une marche Larzac-Paris, un slogan devenu immortel : « Gardarem lou Larzac ! », etc. L'opération la plus géniale étant la vente des terres expropriables en milliers de parcelles de 1 m², histoire de créer un casse-tête juridique et administratif insoluble en cas d'expropriation !
En 1981, le président Mitterrand tint sa promesse électorale d'abandonner le projet d'extension du camp. La lutte du Larzac restera tout de même encore longtemps dans les mémoires pour sa ténacité, son efficacité et la solidarité qui marqua toute une génération. Un documentaire, *Tous au Larzac,* de Christian Rouaud (2011), retrace l'histoire de la lutte des paysans du Larzac.

L'AVEYRON

ET AUJOURD'HUI ?

Le « Vivre et rester au pays » trouve tout son sens. Depuis l'abandon du projet d'extension du camp, les terres qui avaient déjà été achetées par l'armée ont été redistribuées à de jeunes agriculteurs. Une vingtaine d'exploitations ont ainsi été créées. Des producteurs se sont regroupés pour fabriquer des produits de qualité, naturels à 100 %. Un renouveau agricole qui s'accompagne d'activités socioculturelles diverses. Création de l'écomusée, du Centre d'initiatives rurales, du Centre de recherches non violentes, etc.
Les gens du Larzac misent désormais sur l'atout premier de ce plateau : la beauté de sa nature. Désormais, le message est clair : « Venez et découvrez, vous aussi, ce pays et ses habitants ! » Et, de surcroît, tout plein de bonnes petites adresses.
En 1995 est créé le parc naturel régional des Grands Causses. Il englobe 97 communes sur 327 000 ha, depuis le causse de Sévérac au nord jusqu'aux raspes du Tarn à l'ouest et au causse du Larzac au sud-est.

RANDONNÉES ET BALADES DANS LE LARZAC

Topoguides et brochures dans les offices de tourisme.
➢ ***Les sentiers de pays :*** balisés en jaune, ils permettent des balades de quelques heures comme d'une semaine. Décrits dans les topoguides.
➢ ***Deux randonnées super :*** le *tour pédestre du Larzac (GR 71),* circuit de 85 km (plusieurs variantes possibles) passant par Millau, Nant, La Couvertoirade, Sainte-Eulalie-de-Cernon. Le *tour du*

LA CARDABELLE, FIABLE BAROMÈTRE NATUREL

La cardabelle, un chardon protégé qui pousse sur les causses, est un bon indicateur météo. Autrefois, les bergers des causses en clouaient un sur leur porte pour prévoir la météo : son cœur se ferme en cas de pluie imminente, tandis que son capitule reste ouvert quand il fait beau.

causse Noir, circuit de 90 km (plus variantes). On part de Millau. Causse très boisé et superbe chaos rocheux (Montpellier-le-Vieux).

➢ ***La route des fermes et ateliers des Grands Causses :*** une route menant chez différents artisans et producteurs locaux ; un vrai plaisir de découvrir un fabricant de pastis, un fromager de tomes de brebis ou un potier.

Adresses et infos utiles

Les offices de tourisme de Nant, La Couvertoirade et La Cavalerie s'avèrent d'excellents relais.

– ***Audioguides*** couvrant la visite des 5 villages du ***circuit Larzac Templier Hospitalier*** (La Couvertoirade, La Cavalerie, Le Viala-du-Pas-de-Jaux, Sainte-Eulalie-de-Cernon et Saint-Jean-d'Alcas). *Tarif : 16 €. Auprès des points d'accueil du circuit.*

– À disposition, un petit ***livret gratuit*** pour permettre aux enfants de découvrir l'histoire en s'amusant avec le « chevalier Hugues ». En été, ***activités enfants*** (7-12 ans) organisées dans les 5 villages templiers, avec animations, sorties nature, goûters et surprises !

– ***Randofiches*** *(randonnées en boucle autour des sites templiers et hospitaliers)* en vente *(1,50 €)* dans les *Points Accueil.*

LE PLATEAU DU CAUSSE

Le Larzac, le vrai, celui que l'on s'imagine avant de venir ici. Une lande sauvage, aride, où rien ne pousse, sauf les cailloux... et où paissent les brebis. Quelques hameaux disséminés sur le plateau. Sublime !

Où dormir ? Où manger dans les environs ?

Gîte d'étape et de séjour : *à Montredon, 12100* ***La Roque-Sainte-Marguerite.*** *☎ 05-65-62-27-65. • info@gitedemontredon.fr • gitedemontredon.fr • Nuitée 14,50 €/pers ; petit déj 5 €. Double 39 €. ½ pens 35-41 €/pers. Café offert sur présentation de ce guide.* 15 lits dans une belle bâtisse au cœur du hameau. Chambres de 2 à 7 lits. Cuisine à disposition ou repas sur réservation. Accueil sympa de Marie.

Ferme-auberge et chambres d'hôtes de Jassenove : *rte de Montredon, 12100* ***Jassenove.*** *☎ 05-65-60-71-80 (ferme-auberge). 06-28-67-15-34 (chambres). • galtier.jassenove@gmail.com • Resto tlj, fermé mer. Congés : 10 j. fin sept. Sur résa slt. Menu 24 €. Doubles 95 € (85 € à partir de 2 nuits). Gîte pour 2, 500-550 €/sem. CB refusées.* Pas beaucoup d'animation le soir aux alentours, mais qu'il est agréable de temps en temps d'avoir l'impression d'être tout seul ! Accueil très sympa et familial. Dans une grande et belle salle rustique, cuisine traditionnelle et généreuse. Spécialité d'agneau et de bœuf. Si on a la flemme de reprendre la route, des chambres d'hôtes modernes et cossues occupent de jolis corps de bâtiment caussenards : pas données quand même.

À voir. À faire

La maison du Larzac – La Jasse : *sur la D 809 entre Millau et La Cavalerie. 06-51-52-06-44. Tlj en juil-août et mar-dim en mai, juin et sept : 10h-19h.* Cette ancienne bergerie est un des hauts lieux de pèlerinage sur le plateau du Larzac, car c'est ici que se déroulèrent les grands rassemblements des années 1970. C'est aujourd'hui un espace de vente des produits locaux et d'artisanat. Salle hors sac pour casser la croûte.

La Blaquière : hameau pittoresque qui a conservé pas mal de signes de son passé médiéval. On y arrive par une route aux paysages super sauvages, voire lunaires, et on trouve la bergerie historique construite par les « 103 du Larzac » en défi aux actes d'expropriation (voir, plus haut, l'introduction au chapitre « Le causse du Larzac »). Belle restauration et quelques artisans.

Montredon-du-Larzac : à une quinzaine de kilomètres de La Cavalerie, sur la route vers Nant. Charmant hameau perdu sur le plateau où vivent huit familles, et où habite toujours José Bové. Ensemble architectural traditionnel caussenard intéressant. Une association très active assure la « remise en valeur et l'entretien du patrimoine collectif ». Elle organise de nombreuses animations en saison *(☎ 05-65-62-27-65),* à commencer par le célèbre marché paysan du mercredi suivi d'animations *(18h-21h juil-août).* À proximité, jolie chapelle Saint-Sauveur du Larzac (XIIe s), par la route qui rejoint la Dourbie.

Pastis de l'Homs : *Les Homs, 12230* ***Nant.*** *☎ 05-65-62-22-56. • aromatiques-homs.com • Lun-sam, 10h-12h30, 15h-19h (18h hors été). Mai-juin et sept-oct, 10h-12h30, 14-18h, nov-avr ouv sam sur résa. Fermé dim.* Romain et Marion cultivent des plantes aromatiques dont ils tirent quelques merveilles à boire : pastis, eaux-de-vie, liqueurs à base de vin. Également des herbes aromatiques séchées, vinaigres et sels parfumés. Ils vous montreront volontiers les cultures bien bio et leurs installations bien pro.

LA COUVERTOIRADE

(12230) 188 hab. *Carte Aveyron, D4*

Ce n'est pas par hasard que La Couvertoirade est l'un des « Plus Beaux Villages de France ». Dans un environnement de magnifiques paysages calcaires, une petite cité fortifiée aux ruelles bordées de maisons à l'architecture caussenarde, où il fait bon flâner pour en découvrir tous les charmes...
Historiquement le village dépendit d'abord de l'abbaye de Nant, puis des Templiers, avant de passer entre les mains des Hospitaliers de Saint-Jean. Ces derniers élevèrent les remparts au XVe s, durant la guerre de Cent Ans, aujourd'hui admirablement conservés. Quelques derniers irréductibles préservent avec soin ce joli site.

HISTOIRE D'EAU

Voici l'un des rares villages français sans aucune source. Toutes les rues pavées disposent d'une rigole en pente douce conduisant l'eau précieuse vers une mare empierrée.

Adresses et info utiles

Point Accueil-Service tourisme et patrimoine : *à l'entrée du village sur la droite. ☎ 05-65-58-55-59. • lacouvertoirade.com • 15 mars-11 nov, tlj 10h-12h, 14h-17h (18h juin et sept, 10h-19h juil-août).* Abondante doc sur les environs, notamment sur le circuit culturel *Larzac Templier Hospitalier* (voir plus haut).

– ***Visites guidées du village***

L'AVEYRON

médiéval : *visite libre de la* ***Maison de la Scipione et du chemin de ronde.*** *Env 45 mn (3 €, réduc). Visite guidée, 1h30 : 6,50 €. Audioguide : 5 €. Pour les familles, jeu enfant 2 € (6-9 ans).*
Parking : *à l'entrée du village (3 €).*

Où manger ?

De bon marché à prix moyens

Le Médiéval : *la Placette. ☎ 05-65-62-27-01. Dans le bourg. Tlj à midi. Fermé lun. Formule déj 15 €. Menus 19,50-30 €.* Cuisine traditionnelle régionale et méditerranéenne. Copieuses assiettes à base de produits de saison, grand choix de salades composées, glaces et desserts. À déguster dans la salle rustique ou sur la petite terrasse dans l'enclos.

Crêperie Montés : *rue Droite. ☎ 05-65-58-10-71. ♿ Dans le bourg. Tlj ; fermé mer hors saison (sauf vac scol). Service 12h-19h (21h30 juil-août). Congés : de mi-nov à Pâques. Formule déj 10 €. Menus 14 € (en sem), puis 17 €. CB refusées. Café offert sur présentation de ce guide.* Crêpes traditionnelles servies dans une belle salle voûtée, aux murs chargés d'histoire et d'outils de la ferme.

À voir

La porte nord (portal amoun) et l'hôtel particulier La Scipione : les remparts du XVe s admirablement conservés possèdent une tour carrée marquant l'entrée du village. *La Scipione,* belle demeure caussenarde de style Renaissance, abrite le point d'accueil installé dans une ancienne bergerie à la voûte remarquable. Accès aux *remparts* (200 m aller-retour) par l'escalier à vis intérieur. Belle vue sur le paysage typique du causse du Larzac.

Le four banal : un des signes de la présence hospitalière dans le village. Four à pain restauré par un artisan du village et aujourd'hui réutilisé.

L'église Saint-Christol *(ou Saint-Christophe)* **:** du XIVe s. Le bas-côté gauche a été construit à même la roche. À remarquer, les vitraux contemporains signés Claude Baillon, maître verrier. Dans l'ancien cimetière, notez les jolies stèles, dites « discoïdales », que l'on retrouve plus particulièrement le long des chemins drainant les pèlerins. C'est l'un des endroits les plus touchants de ce village qui ne manque pourtant pas de points de vue remarquables.

À voir encore, le ***moulin banal,*** restauré et daté du XIVe s, et la ***rue Droite,*** très pittoresque, bordée de maisons caussenardes. Ensuite, la ***tour sud*** (portal d'aval), jumelle de la tour nord et seconde entrée du village, tour carrée effondrée en 1912 et en partie reconstruite. À 50 m au-delà de la porte sud, grande ***lavogne*** pavée typique du causse, pour abreuver les troupeaux. La colline en surplomb porte un ***moulin à vent*** qui donne plein de cachet au lieu.

Manifestations

– ***Les Mascarades médiévales :*** *dernier mar de juil. ☎ 05-65-58-55-59.* Grande fête de village au Moyen Âge, troubadours, jongleurs, danseurs, acrobates...
– ***Festival international choral :*** *1 dim de juil. ☎ 04-94-78-63-84. • epsud.fr •*

DANS LES ENVIRONS DE LA COUVERTOIRADE

Le musée des Traditions du Sud-Aveyron : *domaine de Gaillac, à 7 km de La Couvertoirade direction Nant. ☎ 05-65-62-26-85. • arnalgaillac.com •*

Avr-oct (sur résa). Juil-août, 2 visites guidées 10h30 et 14h30. Entrée : 6 € ; réduc. On découvre la vie d'un village sud-aveyronnais aux XVIIIe et XIXe s. Une visite grandeur nature. Centre équestre sur place, spectacles.

LA CAVALERIE (12230)

Connue pour sa caserne, qui défraya la chronique dans les années 1970 (voir plus haut la rubrique « Un peu d'histoire » au début du chapitre « Le causse du Larzac »), La Cavalerie est avant tout une ancienne cité templière, confiée ensuite aux Hospitaliers. Sa position stratégique très convoitée la fit bâtir des guerres de Religion du XVIe s ; quelques vestiges bien restaurés : *rue du Pourtalou* et *rue des Remparts,* grosses tours rondes. *Place de l'Église,* belle maison d'époque avec tour. Restauration réussie. On peut aussi accéder au chemin de ronde.

Adresse et info utiles

Point accueil des remparts : *rue de la Ville. ☎ 05-65-62-78-73. • lacavalerie.fr • Juil-août, tlj 8h-19h ; sinon, horaires variables. Audioguide : 4 €. Visite guidée (fascicule 1,50 €).*
– **Visites guidées** (village et remparts) : *en juil-août tlj 10h30, 15h et 16h30. Tarif : 5 € ; réduc, gratuit moins de 12 ans (1h30 env). Visite libre des remparts 2,50 € ; réduc, gratuit moins 12 ans.* Visite botanique autour d'une lavogne.

Où manger ?

De bon marché à prix moyens

Le Bonheur est dans le Sud : *☎ 05-65-60-94-63. • lebonheurestdanslesud@orange.fr • Au départ de la route qui rejoint l'A 75. Hors saison, ts les midis, plus sam soir ; en été, tlj midi et soir sauf mar soir. Menus 18 (midi en sem)-28 €.* Cette ancienne jasse (comprendre bergerie), entièrement retapée et relookée, s'avère une bonne adresse malgré ses airs branchouilles et dilettantes... Les patrons sont réellement motivés, et cela fait plaisir. Un accueil souriant, des horaires très larges (il suffit de prévenir) et surtout une viande d'Aubrac 1er choix.

SAINTE-EULALIE-DE-CERNON

(12230) 275 hab. *Carte Aveyron, C4*

La petite route sinueuse qui vous conduira dans l'ancienne capitale du Larzac traverse l'une des plus belles forêts de feuillus du causse. Au fond du vallon, on découvre avec étonnement l'enceinte hospitalière de la ville et ses quatre tours. Le site est vraiment agréable et le climat plus doux que sur le plateau.
Les Templiers arrivent dans le village en 1152 et l'abbaye de Saint-Bellone leur cède l'église contre une rente. En 1159, ils s'installent véritablement grâce à une donation du comte de Millau. Sainte-Eulalie-de-Cernon, que les Templiers contribuent à fortifier, devient la capitale templière du Larzac.
En 1307, les Templiers sont arrêtés et emprisonnés au château de Najac. Leurs biens sont transférés à l'ordre des Hospitaliers, qui s'installent dans la commanderie en 1312. Ils apportent plusieurs transformations et édifient

au XVe s des remparts. Malgré les vicissitudes des guerres de Religion et de la Révolution, le village est quasiment resté intact. Balade pleine de charme dans l'histoire et l'architecture médiévales.

Adresse utile

Point accueil touristique : ☎ 05-65-62-79-98. • ste-eulalie-larzac.com • *Juil-août tlj 10h-19h, avr-oct, 10h-12h, 14h-18h.* Infos et fiches rando (une cinquantaine de kilomètres répartis sur 7 chemins balisés).

Où dormir ?

De bon marché à prix moyens

La Cardabelle : *rte de la Cavalerie.* ☎ *05-65-62-74-64.* • *contact@auberge-de-la-cardabelle.com* • *auberge-de-la-cardabelle.com* • *À 50 m du portail principal, hors les remparts. Tte l'année, tlj (fermé le soir hors saison sauf ven). Double 55 €. Formules à partir de 15 €, menus 19,50-24 €. Kir offert sur présentation de ce guide.* À portée de regard du rempart, c'est l'auberge de village généreuse en tout. Un accueil très bon enfant qui ne vous laissera pas dormir dehors : les 4 chambres ont été revisitées avec des tons chauds et de petites pointes de déco bien agréables. On ne vous laissera pas non plus sur votre faim : quelques bonnes spécialités et produits locaux, bien troussés, de la truite de Cernon jusqu'à la *flaune* en passant par le feuilleté aux noix et au roquefort. Et le porte-monnaie s'en sort avec le sourire.

Gîte de la Tour Garnier : *pl. du Sacré-Cœur.* ☎ *05-65-62-79-00.* • *contact@latourgarnier.com* • *latourgarnier.com* • *À droite, avt de passer le portail principal des remparts. Congés : nov. Nuitée 15 €/pers (draps 3 €) ; petit déj 5 €. Également 4 apparts 4-7 pers.* 2 tours des remparts du XVe s, la tour Garnier (tour d'angle circulaire) et la tour Carrée abritent un gîte agréable, très sobre, respectant l'esprit du lieu. Une quarantaine de lits répartis en 13 chambres avec sanitaires privés dans la chambre ou à l'extérieur, dans lesquelles on se sent bien au calme. Cuisine équipée, salle à manger et deux salles d'activité à disposition des hôtes.

À voir. À faire à Sainte-Eulalie et dans les environs

Le village : au cœur des fortifications, la ***place de la Fontaine,*** délicieusement ombragée, avec sa fontaine du XVIIe s. En face, l'***église*** fut édifiée au XIIe s par les Templiers, elle possède la rare particularité qu'on y pénètre par le chevet ! En effet, les Hospitaliers en inversèrent le sens en 1641, y adjoignant un beau portail baroque. À deux pas, la ***commanderie*** *(horaires et coordonnées, voir le point accueil. Visite libre avec fascicule 4 € ; audioguide 5 € ; visite guidée en juil-août 6 €).* Une des commanderies les mieux préservées de France. Bâtie au XIIe s par les Templiers, les Hospitaliers l'occupèrent ensuite de 1312 à 1792. À découvrir, la cour intérieure, la salle des fresques, une partie des anciens appartements du commandeur, la chambre des capucins et l'échauguette, le dortoir des moines et la salle d'honneur avec ses peintures contemporaines.

Le Reptilarium du Larzac : *face au parking.* ☎ *05-65-61-32-08. Juil-août, tlj 10h30-19h ; avr-juin, tlj sauf lun ; reste de l'année, w-e, j. fériés et vac scol 14h-18h. Entrée : 9 € ; 7 € (3-12 ans).* À déconseiller à celles et à ceux qui souffrent d'opiophobie sinon d'herpétophobie (ils et elles se reconnaîtront !), puisque cette collection de reptiles est riche d'une bonne centaine de ces bestioles. Des plus connues (toujours aussi impressionnants pythons, alligator du Mississippi...) aux plus rares (pegoua nain ou scinque à langue bleue). Vivants, naturellement...

➢ ***Le train touristique et le vélorail du Larzac :*** *gare de Sainte-Eulalie-de-Cernon. ☎ 05-65-58-72-10. 06-81-66-63-49. • surlesrailsdularzac.com • Sur les hauteurs du village, à 2 km direction Roquefort. De Pâques à la Toussaint ; résa obligatoire. 3 formules au choix : A/R en vélorail, selon trajet 16-18 € ; 6 € pour les 6-18 ans ; gratuit pour les moins de 6 ans ; pour l'A/R en train, 12 €/adulte et 3 €/enfant ; A/R en vélorail + A/R en train 25 €, 8 € pour les 6-17 ans.* Balade très agréable, familiale et ne demandant pas d'entraînement spécifique. Cette voie ferrée abandonnée puis récupérée par l'armée accueille désormais un paisible « vélorail ». À la force du mollet (on est à quatre par vélo), on surplombe la vallée, traverse des viaducs et des tunnels et découvre un cirque ruiniforme (rochers sculptés). Simple et convivial. Départ à heure fixe ; compter 2h (prévoir une casquette et une bouteille d'eau). On peut tout aussi bien, si l'on ne souhaite pas pédaler, effectuer l'ensemble du parcours en train. Restauration possible sur place en juillet-août.

– ***Saut à l'élastique :*** *avec* ***Antipodes,*** *☎ 05-65-60-72-03 • saut-elastique-france.com • antipodes-millau.com • Juil-août, mer ap-m et sam ap-m ; mars-juin et sept-nov, certains sam (se rens). Tarif : 40 € le saut.* Pour les amateurs de sensations fortes... un saut de l'ange de 50 m depuis le viaduc de Sainte-Eulalie !

– ***Visite et goûter à la ferme du Frayssinet :*** *chez Martine Fabregues, Le Frayssinet. ☎ 05-65-62-76-19. 06-73-06-64-39. Suivre la direction de Lapanouse-de-Cernon. De mi-juin à mi-sept slt pour les individuels, mar-ven à 16h. Tarifs : 5,50-8 € ; enfant 3,50-4,50 €.* Visite guidée de l'exploitation et discussion autour de tartines de roquefort et d'un verre de vin. Selon la formule choisie (« découverte » ou « goûter »), vous dégusterez toutes sortes de produits fermiers (spécialités et desserts au lait de brebis, gâteau, confitures maison, etc.).

Le Viala-du-Pas-de-Jaux : *village à 10 km au sud-ouest par la délicieuse D 561 et la D 23.* Encore un site templier et hospitalier, comptant quelques bâtisses anciennes et une grande ***tour*** de 30 m. Elle abrite diverses expositions historiques et artistiques. Du sommet, vaste panorama sur la campagne environnante.

Point info et accueil de la tour : *☎ 05-65-58-91-89. Pâques-Toussaint, tlj 10h-12h, 14h-18h (10h-19h en juil-août).* Visite libre ou guidée possible et audioguide disponible. Départ de randonnées et un beau gîte d'une vingtaine de places *(tél avt 18h ; ouv tte l'année ; compter 16 €/pers).*

LE PAYS DE ROQUEFORT

L'AVEYRON

Toujours dans le parc naturel régional des Grands Causses, c'est la région comprise entre le Tarn et les monts de Lacaune (qui bordent le département du Tarn). Paysages assez accidentés, livrant de belles échappées sur des vallées riantes, des cours d'eau pure et des forêts de châtaigniers dévalant les pentes. Une partie à juste titre appelée « le pays des rougiers » en raison d'une terre richement chargée en fer. On le découvre du sol jusqu'aux grès des maisons. Terre des statues-menhirs, avec de nombreux villages médiévaux, sites religieux et témoignages d'une vie rurale ancienne.

ROQUEFORT-SUR-SOULZON

(12250) 637 hab. *Carte Aveyron, C4*

Capitale du célèbre fromage, ce village s'étire le long de la grande falaise du causse du Combalou, à la frontière du plateau du Larzac. Il y a très longtemps, un pan de la falaise s'effondra, provoquant un énorme éboulis. Entre les blocs, de nombreuses cavités virent le jour. La conjonction de cet événement géologique avec une banale tartine de caillé de brebis d'un petit berger allait donner naissance à la belle histoire du roquefort.

– D'un point de vue purement pratique, il est fortement recommandé d'utiliser le parking à l'entrée du village.

LA BELLE HISTOIRE DU ROQUEFORT

LA BONNE ÉTOILE DU BERGER

Le roquefort devrait sa naissance à un petit berger tête en l'air, qui aurait un jour oublié son repas (un modeste morceau de fromage sur un bout de pain) au fond d'une grotte. Quand il le retrouva, longtemps après, celui-ci présentait des tas de taches vertes. Et c'était délicieux. Comme quoi, il n'y avait pas de quoi faire un fromage de cet oubli !

L'homme a toujours marqué sa présence dans la région. La bonne herbe du plateau qui plaisait tant aux moutons, lui tailla un parfait costume de berger. D'un côté, l'effondrement de la falaise leur fournissait des abris naturels, et de l'autre le mouton assurait le quotidien avec le cuir, la laine, la viande et le lait. On se mit donc à faire du fromage de brebis, auquel la fraîcheur des cavernes du Combalou garantissait une bonne conservation et un affinage parfait. À l'époque gallo-romaine, la région étant située sur l'axe principal Auvergne-Méditerranée, le fromage du causse se retrouva vite dans les banquets et les orgies romaines, où il était très apprécié. Sa réputation s'étendit encore.

Le fromage prit le nom de *ruppefortis* ou *rocafort*. Sa notoriété s'amplifia au fil du temps, et Charlemagne s'en serait fait livrer chaque Noël à Aix-la-Chapelle. Les moines en assurèrent largement la production et la promotion, au point que l'abbaye de Conques (au nord du département) possédait une cave dans la région. Le roquefort doit aussi son succès à sa longue et facile conservation et à ses richesses nutritives. Depuis 1925, il est protégé par une AOC. Pour tout savoir sur la technique de fabrication, de maturation et d'affinage du roquefort, allez donc visiter les caves !

Adresse utile

Office de tourisme : *av. de Lauras. ☎ 05-65-58-56-00. • roquefort-tourisme.fr • À l'entrée du village en venant de Saint-Affrique.*

Juil-août, tlj 9h30-18h30 (11h-18h dim et j. fériés) ; sinon, tlj sauf dim (et sam nov-mars) 9h30-12h15, 13h-17h. Grand office dynamique, très serviable et bien documenté (tout sur le roquefort !), avec un grand choix de dépliants pour les enfants. Nombreux circuits à la journée pour découvrir la région, les fermes en pays de Roquefort et fiches rando du parc naturel. Borne d'accès Internet.

Où manger à Roquefort et dans les environs ?

L'Auberge des Orchidées : *3, av. Hippolyte-Puech, 12250* ***Tournemire.*** *☎ 05-65-62-80-42. • boutards@wanadoo.fr • ♿ À 4 km env au sud-est de Roquefort. Mer-dim slt les midis, plus sam soir (et ven soir en saison). Congés : fév. Formule 16 € (déj en sem), menus 26-46 €.* La bonne adresse à des kilomètres à la ronde ! La maison s'est forgé une sacrée réputation et a su fidéliser une clientèle locale qui ne tarit pas d'éloges. Il faut dire que le cadre est agréable comme tout et que les assiettes sont joliment dressées. La carte, assez courte, propose aussi bien des recettes aveyronnaises que des spécialités plus exotiques. Il y en a pour tous les goûts, et on y vient en amoureux, en famille ou en touriste. On ne peut que saluer le remarquable rapport qualité-prix : cassolette d'escargots (hmm la sauce !) ou terrine de canard ET foie gras, gigot d'agneau ou cuisse de canard rôti, fromage ET dessert, dont une divine crème brûlée... Remarquable, on vous dit...

La Cave des saveurs : *rue de la Créance, à Roquefort. ☎ 05-65-58-58-11. Au-dessus du parking des caves Société. Tlj (sauf mer sept-juin). Congés : oct-mars. Formule et menu déj 14,90-19,90 €. Remise de 5 % sur présentation de ce guide.* Salle voûtée en tuf blond, chaleureuse lorsqu'il n'y a pas de groupe, ou terrasse avec une vue dégagée sur la vallée. Les caves *Société* jouent le jeu de formules abordables qui mettent le fromage de brebis persillé au premier plan sur la table : rien de bien gastronomique, ni de quoi nourrir un loup du Gévaudan. Service agréable et souriant.

À voir. À faire

La visite des caves : n'oubliez pas votre petite laine, la température sous terre oscille entre 8 et 12 °C ! Quelques fabricants assurent la visite (attention ! on ne voit les fromages dans les caves que de janvier à mi-juillet, le reste du temps, ce sont des pains factices en raison du cycle de production du lait des brebis) :

– ***Société :*** *2, av. François-Galtier. ☎ 05-65-58-54-38. • visite-roquefort-societe.com • ♿ (accès partiel et sur résa). Visite tlj sauf à Noël et le Jour de l'an 9h30-17h (à 30 mn près) avec coupure déj 12h-13h sept-juin. Entrée : 6 € ; réduc ; gratuit jusqu'à 10 ans. Compter 1h.* Salle immersive 3D, vidéo, parcours dans le dédale des caves, explications en long, en large et en travers de la confection du fromage et dégustation finale (vous l'avez bien mérité). Boutique en fin de visite *(accès extérieur à 100 m de l'entrée des caves ; ouv 1h au-delà de la visite des caves).*

– ***Papillon :*** *6 bis, av. de Lauras. ☎ 05-65-67-23-50. • roquefort-papillon.com • ♿ (boutique slt). Tlj 10h-18h. GRATUIT (visite et dégustation).* Une maison fondée en 1906 par la famille Alric. Visite avec film et dégustation pour finir.

– ***Gabriel Coulet :*** *5-7, av. de Lauras. ☎ 05-65-59-24-27. • gabriel-coulet.fr • ♿ (boutique slt). Tlj. Avr-juin et sept, 9h30-18h30 ; juil-août, 9h-19h30 ; reste de l'année, 9h30-12h30, 13h30-17h30. GRATUIT (visite et dégustation).* Le slogan de cette entreprise familiale depuis 1906 (5 générations) : « La tendresse coulée dans un roc. » Multi-médaillé au Concours général agricole de Paris.

– ***Combes « le Vieux Berger » :*** *av. du Combalou. ☎ 05-65-59-9[illegible]-48. • le-vieux-berger.com • ♿ Visite libre des ateliers de conditionnement, lun-ven 9h30-12h, 14h-18h (17h ven).*

Autres salles de vente dans le village : les excellents ***Carles*** *(☎ 05-65-59-90-28)* et ***Maria Grimal*** *(☎ 05-65-58-53-07).*

➢ ***Le rocher Saint-Pierre :*** balade classique à faire à pied, à partir du parking *Société* (indiqué). On monte par des escaliers jusqu'à la table d'orientation et son beau panorama qui domine le village de ses 700 m. À voir également, les vestiges d'une chapelle du XIe s.

➢ Pour les bons marcheurs, le ***sentier des Échelles*** (6 km) permet d'explorer l'éboulis. Certaines parties sont escarpées, mais un nouveau chemin est tracé depuis l'automne 2017, qui permet d'arriver à la pointe du Combalou et le paysage y est superbe. Voir aussi les ***sentiers du Menhir*** (3,5 km) et celui ***des Trompettes*** (4 km). Pour les topoguides, demander l'impression de la fiche à l'office de tourisme ou télécharger l'appli mobile « rando grands causses ».

L'AVEYRON

DANS LES ENVIRONS DE ROQUEFORT-SUR-SOULZON

La maison du plésiosaure *(ou occitanosaurus tournemirensis)* ***:*** *12250* ***Tournemire*** *(centre du bourg) ; à 3 km à l'est de Roquefort-sur-Soulzon (D 23). Tlj 9h-18h.* Moulage impressionnant de ce drôle de prédateur marin (les os originaux sont au musée de Millau) qui vivait dans le coin il y a des lustres : précisément 180 millions d'années jusqu'à être exhumé en 1986 et panneaux d'interprétation. Sentier de découverte détaillé sur l'appli « Espace nature Aveyron ».

Le château de Mélac : *à 12 km au nord de Roquefort-sur-Soulzon, prendre la D 999 en passant par Saint-Rome-de-Cernon. ☎ 05-65-62-31-38. • chateaudemelac@gmail.com • chateaudemelac.com • Juil-août, tlj sauf ven 14h-20h ; juin et sept, sur rdv. Fermé hors saison. Entrée : 6 € ; réduc ; gratuit moins de 12 ans.* Construit entre le XIVe s et le XVIe s, ce château fait partie de « La route des Seigneurs de Rouergue », les Gozon, en l'occurrence. Vaste cour intérieure franchement superbe avec ses arcades, tour Renaissance haute de trois étages en coupole, salle des gardes du XIVe s sous une double travée de croisées d'ogives... le tout scrupuleusement restauré. Profitez du festival « Les musicales de Mélac » dans la cour du château du 24 juillet au 13 août.

SAINT-JEAN-D'ALCAS (12250) *Carte Aveyron, C4*

Ce petit village du XVe s offre une totale homogénéité architecturale. L'église romane est enchâssée dans les remparts flanqués de tours. Il appartenait autrefois à l'abbaye cistercienne de Nonenque. Dans l'enceinte, blotties les unes contre les autres, les demeures anciennes sont bien restaurées. Seulement deux entrées : la poterne, encadrée de deux tours rondes, et une petite porte à l'opposé (où l'on reconnaît l'ancien système d'ouverture à bascule).

Adresse utile

Point accueil touristique : *pl. de la Mairie. ☎ 05-65-97-61-07. • tourisme-stjeanstpaul.com • Juil-août, tlj 10h-19h, sinon voir le site. Visite du fort 2 €, visites guidées sur résa, tarif : 5 €/pers, réduc (visite des remparts 3 €) ; audioguide du circuit* Larzac Templier Hospitalier *: 4 €.* Documentation et quelques produits régionaux, des livres sur la nature et des objets d'artisanat.

Où dormir ? Où manger à Saint-Jean-d'Alcas et dans les environs ?

Chic

Chambres d'hôtes Le Moulin de Gauty : *à Saint-Jean-d'Alcas. ☎ 05-65-97-51-90. • moulindegauty@wanadoo.fr • moulindegauty.com • À 2,5 km au-delà du village (bien fléché). Doubles 88-120 €.* Pour ceux qui aspirent à concilier un séjour de charme et des préoccupations plus écologiques, 4 chambres d'hôtes (classées gîte Panda) magnifiques, aménagées par les hôtes décorateurs dans un esprit résolument contemporain. Les plus grandes peuvent accueillir 5 personnes. L'ancien moulin, entièrement et patiemment retapé, offre de vastes espaces et un calme absolu. Petit déj de terroir. Espace cuisine pour se faire son petit frichti (les restos ne sont pas légion dans les parages). Belle piscine, barbecue ; massage possible sur demande.

DANS LES ENVIRONS DE SAINT-JEAN-D'ALCAS

***L'Espace botanique Hippolyte-Coste :** à **Saint-Paul-des-Fonts,** à 6 km à l'est de Saint-Jean-d'Alcas. De début avr à mi-nov tlj 10h-18h (19h juil-août). GRATUIT. Visite guidée possible sur résa au point accueil de Saint-Jean-d'Alcas (☎ 05-65-97-61-07 ; 3 €/pers, gratuit moins de 12 ans).* Aménagé au rez-de-chaussée du presbytère, le petit espace botanique rend hommage à Hippolyte Coste, « curé des fleurs », qui, au début du XXe s, partageait son temps entre son ministère et sa passion pour la botanique d'ici et d'ailleurs. Il fut reconnu par ses pairs en publiant sa « Flore illustrée de la France, de la Corse et des contrées limitrophes ». De façon plus pragmatique, on y découvre aussi comment réaliser un herbier. Dehors, un petit espace aménagé en jardin caussenard accueille certaines espèces endémiques.

SAINT-AFFRIQUE

(12400) 8 940 hab. *Carte Aveyron, C4*

Rien à voir avec le continent noir. La ville doit son nom à saint Fric (ou Africanus), ancien évêque de Saint-Bertrand-de-Comminges, chassé de chez lui par les Wisigoths. Située sur la route royale Toulouse-Cévennes, ce fut jusqu'au XVIIIe s une grosse ville commerçante, spécialisée dans le négoce de la laine et de la toile. Loin du chemin de fer, Saint-Affrique périclita cependant au XIXe s. C'est à nouveau un petit pôle commerçant en Sud-Rouergue et, au pied d'un Larzac toujours un brin militant, Saint Aff', comme on dit ici, regorge de lieux alternatifs. Traversée par la Sorgues, Saint-Affrique ne se distingue pas pour ses grands monuments mais possède cependant un centre ancien plaisant pour une promenade.

Adresse et infos utiles

Office de tourisme : *bd de Verdun. ☎ 05-65-98-12-40. • roquefort-tourisme.fr • En été, tlj 9h-18h (13h dim) ; sept-juin, lun-sam (fermé sam ap-m nov-mars) 9h30-13h, 14h-17h. Visite de la ville, jeu 10h (2 €).*

Gare routière : *☎ 05-65-59-89-33. • mobi12.fr •* Cars pour Millau, Albi, Rodez et Toulouse. ***Kéolis :** ☎ 05-65-61-30-88.* ***Mouls :** ☎ 05-65-99-05-87. Voyages Franjeau : ☎ 05-65-49-19-90.*

– ***Marchés :*** *le sam mat tte l'année.* Une merveille de marché où se retrouvent les producteurs des alentours. Un autre, labellisé « marché de producteurs de Pays » : *certains jeu soir, juil-août.*

Où manger ? Où boire un verre ?

Bar de la Place : *13, bd Émile-Trémoulet. ☎ 05-65-99-03-72. • delmasrichard@orange.fr • À deux pas de l'office de tourisme. Tlj sauf dim et j. fériés, le midi slt. Menu env 12 € boissons comprises (déj en sem).* Alias « chez Richard et Martine », une de ces petites adresses pour déjeuner à des prix d'avant qui pullulent à Saint-Affrique. Ce bistrot fait la différence grâce à ses bons produits : viandes d'Aubrac et frites maison.

Beaucoup de lieux pour une aussi petite ville, comme ***le Lieu-Dit*** *(2, rue Michelet),* sympatoche petit bar-resto associatif (et boukinerie, diskerie, etc.), la salle de concert plutôt rock'n'roll, ***le Caveau*** *(sous la salle des fêtes, bd Aristide-Briand)* ou ***le Petit Carré d'Art,*** pour le théâtre.

À voir à Saint-Affrique

Balade dans le vieux quartier : près de l'*église* néogothique, dans laquelle on trouve une belle Vierge dorée du XVe s. Derrière le bâtiment, on atteint la place de la Mairie et sa *fontaine des Moutons.* Flâner dans les ruelles du Moyen Âge qui débouchent sur les *quais du pont Vieux.* Maisons hautes et étroites pour ce qui était le centre nerveux du bourg. Sur les quais, on découvre une tour et les deux ponts : le *pont Vieux* et le *pont du Centenaire,* du XIXe s. On pourra finir par un tour à l'*Espace marionnettes* qui présente une collection de marionnettes du monde *(bd Aristide-Briand. ☎ 05-65-98-29-00. 15 juin-15 sept, mar-sam 14h-18h ; sinon sur rdv ; fermé janv-mars).*

Le rocher de Caylus : *à la sortie de Saint-Affrique, par la route de Saint-Rome-du-Tarn.* Gros bloc calcaire sur lequel l'érosion a accompli son œuvre de tailleur de pierre. Dominant la ville et ses alentours, c'était au Moyen Âge un point fortifié de choix, habité par le seigneur de Caylus, puis démantelé en 1238 par Raimond VII, comte de Toulouse. Sentier pour accéder en 15 mn, de terrasse en terrasse, jusqu'au sommet du roc.

Pastoralia, le monde des brebis : *route de Bournac à Saint-Affrique. ☎ 05-65-98-10-23. • pastoralia.fr • Indiqué à la sortie de la ville (direction Albi), sur la droite. Pâques (zone C)-sept, tlj 10h-18h ; sinon w-e et j. fériés jusqu'à la Toussaint. Animations de 2,50 à 5 €. Env 1h30 de visite.* Dans une bergerie à l'architecture moderne, découvrez le monde de la brebis : techniques d'élevage, la traite, les races, les produits qui découlent de son élevage (viande, peau, laine, lait). Les plus jeunes apprécieront aussi de nourrir les bêtes. Visite de la ferme, animation et ateliers. Conçu de façon extrêmement pédagogique et ludique, on sera conquis par les brebis et on dégustera sa glace tirée de leur lait, et vendue sur place, en les regardant désormais d'un autre œil.

L'ABBAYE DE SYLVANÈS (12360) *Carte Aveyron, C4*

Située à 9 km de Camarès, au sud du département, dans une belle vallée boisée. Le site est charmant. Cette abbaye romane, encore en ruine il y a une trentaine d'années, est un bel exemple de résurrection grâce au

travail acharné du père André Gouzes et de gens de bonne volonté. Aujourd'hui, on peut en admirer l'émouvante architecture, qui porte la jolie griffe des cisterciens.

UN PEU D'HISTOIRE

L'abbaye fut édifiée au XIIe s par le chevalier Pons de Léras, ancien détrousseur de voyageurs. Contre toute attente, celui-ci fut un jour frappé par la grâce divine et de retour dans le Rouergue, il fonda le monastère cistercien de Sylvanès où il finit sa vie dans la prière et la pénitence. L'abbaye rayonna sur la région durant deux siècles. Elle fut heureusement épargnée par les guerres de Religion, mais la Révolution eut raison d'elle. Aujourd'hui, Sylvanès abrite les « Rencontres culturelles de l'Abbaye », un fameux festival de musique, des stages de formation musicale, conférences, etc. Vraiment l'endroit idéal pour travailler ses gammes.

Où dormir ? Où manger dans les environs ?

De bon marché à prix moyens

🏠 🍴 ***Chambres d'hôtes de L'Ancienne Auberge :*** *au bourg, 12400* ***Saint-Félix-de-Sorgues.*** *☎ 05-65-99-56-16. • contact@lancienneauberge.com • lancienneauberge.com • Sur la D 7, dans la vallée de la Sorgues, au sud de Roquefort. Congés : autour de Noël. Double 67 €. Table d'hôtes 23 €.* Un peu en retrait de la route, 4 chambres fort simples, bien tenues par un couple sympathique, décorées de façon très chaleureuse, un peu petites pour certaines. On profite d'un salon d'été ou d'un salon d'hiver selon le temps, et à table, d'une gentille cuisine de famille. Une de ces petites adresses réjouissantes et chaleureuses qu'on aimerait trouver dans chaque village de France.

🏠 🍴 ***Chambres d'hôtes Le Mas de Bousquel :*** *Cenomes, 12360* ***Montagnol.*** *☎ 05-65-49-74-52. • masdebousquel@orange.fr • lemasdebousquel.fr • De Cenomes, direction Lodève, tourner à la 1re à gauche au bout de 1 km. Congés : de mi-nov à mi-mars. Double 60 €. Table d'hôtes 24 €. Apéritif ou digestif offert sur présentation de ce guide.* Jeanine, elle déménage ! « On s'est dit que si on continuait à travailler sans voir personne, on allait finir par bêler ! ». Pour le coup, dans ce joli vallon, au cœur de l'élevage familial, elle a aménagé un corps de ferme. 3 chambres y ont élu domicile, dont deux astucieusement transformables en familiale. À la table d'hôtes, agneau bien sûr, mais aussi, provenant de la ferme, volaille, légumes et charcuterie maison. Une adresse simple et conviviale.

🏠 🍴 ***Chambres d'hôtes La Treille :*** *12360* ***Tauriac-de-Camarès.*** *☎ 05-65-99-54-17. • latreilletauriac@gmail.com • latreilletauriac.com • Pâques-Toussaint (sur résa sinon). Double 60 €. Table d'hôtes 20 €. Remise de 10 % sur la chambre, sur présentation de ce guide.* La maison fut construite par l'arrière-grand-père, ébéniste – tout comme le seront le grand-père puis le père de Jeanine –, et a abrité le café du village. L'ameublement est aussi personnel que la démarche qui a présidé à la création de ces chambres soignées : chacune est un hommage à une femme de la famille qui a compté pour la charmante Jeanine. Terrasse formidablement fleurie qui compense l'absence de jardin de cette maison de village...

🍴 ***La Dent de Saint-Jean :*** *rte d'Arnac, 12360* ***Brusque.*** *☎ 05-65-99-52-87. • ladentdesaintjean@orange.fr • ladentdesaintjean.fr • À 11 km au sud de Sylvanès en passant par Fayet (D 540, D 12 puis D 92). Tlj sauf dim soir-lun hors saison. Congés : 6 nov-22 mars. Menus 14 € (au déj, sauf dim), puis 21-30 €. Remise de 10 % sur la chambre sur présentation de ce guide.* On se tâte un peu avant d'entrer dans ce long bâtiment austère, à qui on ne donnerait pas un prix d'architecture. C'est mieux dedans. Salle néo-rustique dressée de tables pimpantes et colorées. Et côté assiette, on verse dans quelques grands classiques du terroir avec une spécialité bien originale : la fondue au roquefort. Desserrez un cran de ceinture, vous en desserrerez un second pour les excellents desserts très originaux. L'avenante maîtresse des lieux transmettra vos bonnes impressions à son cuisinier de mari.

À voir dans le coin

L'abbaye : *☎ 05-65-98-20-20. • sylvanes.com • Visite libre tte l'année sauf de mi-déc à début janv ; juil-août, tlj 9h30-13h, 14h-19h ; le reste de l'année, tlj (sauf w-e 15 nov-15 mars) 9h30-12h30, 14h-18h. Entrée : 2,50 € avec livret ; gratuit jusqu'à 12 ans, réduc de 1 € sur présentation de ce guide. Livret-jeux enfants 2 €. Visite guidée (min 3 pers) : juil-août, à 10h30 et 16h ; le reste de l'année, groupes slt. Visite de 1h env (5 €). Pas de visite les ap-m de concert et durant les offices.*

L'église fait penser, de dehors, à une grande ferme. Il s'agit du plus large édifice cistercien de France. À noter, la remarquable façade avec son chevet plat ouvert de trois fenêtres hautes surmontées d'une rosace (symbole marial) et de trois occuli. Sur la façade ouest, celle de la porte d'entrée, belle fenêtre gothique en tiers-point, tranchant avec les portes romanes. À l'intérieur, immense vaisseau sévère à voûte en berceau brisé, de 18 m de haut et 14,50 m de large.

Des *bâtiments conventuels,* il ne reste que la galerie est, avec l'ancienne sacristie ornée d'un tympan sculpté. La salle du chapitre percée de fenêtres géminées, ornée de décors en stuc du XVIIIe s. Le très élégant *scriptorium* du XIIIe s avec double rangée de croisées d'ogives qui reposent sur des colonnes aux bases, rappelant au moine le chemin de sa vie. Traces de la galerie nord le long du mur de l'église.

Manifestation

– ***Festival de Musiques sacrées et Musiques du monde :*** *en juil-août. Rens : ☎ 05-65-98-20-20. • sylvanes.com •* Nombreux concerts d'artistes venant du monde entier : chants et danses sacrés du monde. Très prisé.

DANS LES ENVIRONS DE L'ABBAYE DE SYLVANÈS

L'église (de style) orthodoxe russe : *lieu-dit **Pessales,** à 5 km de l'abbaye de Sylvanès, dont 1 km de piste damée. Rens ☎ 05-65-49-52-32. • bmaury@gmail.com • Entrée : 3 €. Ouv en principe juil-août lun-sam 10h-12h, 14h-18h, mai-juin et sept-oct 14-18h (résa conseillée).* Perdue au fond d'un vallon, une insolite chapelle du XXe s, en bois, au style tout droit venu de l'Est. Bâtie à Kirov, en Russie, elle fut démontée, transportée et remontée ici en 1993. Devant, le tombeau du frère dominicain Serge de Beaurecueil, initiateur de cette entreprise œcuménique.

Le tourneur sur bois : ***Bruno Chartier,*** *à Saint-Caprazy, 12400 **Saint-Félix-de-Sorgues.** ☎ 05-65-97-54-37. 📱 06-58-09-52-41. • castyle.fr • (tél impérativement avt). À droite en entrant dans Saint-Félix depuis Sylvanès. Mai-sept, tlj 10h-19h.* Superbe hameau en cul-de-sac, qui, aujourd'hui, constitue une sorte de grosse et unique propriété. Bruno Chartier explique les différentes essences utilisées et les étapes de façonnage. On peut repartir avec un petit objet : toupie, bougeoir, stylo (joli travail !)... ou un plus gros (pied de lampe, saladier...).

*Le sac du Berger : Layrolle, 12540 **Latour-sur-Sorgues.** ☎ 05-65-99-36-60. • info@lesacduberger.com • Fléchage depuis Latour. Boutique ouv tlj 9h-12h, 14h-18h (ap-m slt w-e et j. fériés). Visite guidée possible des ateliers : juil-août tlj à 15h30 (compter 1h) ; sur résa hors saison.* D'emblée on est saisi par l'odeur du cuir et de la laine, les deux matières premières travaillées dans cet atelier – un bien beau bâtiment d'ailleurs – et la passion qui anime son fondateur Jean-Pierre Romiguier, qui a relancé la fabrication de l'authentique sac de berger. Aujourd'hui, l'entreprise est labellisée « entreprise patrimoine vivant ». À la boutique, vêtements, chaussures, bagages et petite maroquinerie ; du beau et du costaud.

CAMARÈS

(12360) 1 030 hab. *Carte Aveyron, C4*

Capitale du « pays des rougiers » avec son sol rouge chargé en fer si caractéristique, cette bourgade quelque peu excentrée est bien agréable avec son centre ancien, ses vieux ponts et son biscuitier. On note une curieuse et ancestrale fête de village en septembre (3e week-end), la « Buffatière », où tous les gens du village se retrouvent en... bonnet et chemise de nuit à danser en se soufflant au derrière (à l'aide d'un soufflet, quand même !) à la queue leu leu. Ridicule ? Non, une simple tradition pour chasser les mauvais démons...

Adresses utile et gourmande

***Office de tourisme du rougier de Camarès :** 9, Grand-Rue. ☎ 05-65-49-53-76. • tourisme-rougier-aveyron.com • Juil-août, tlj sauf dim ap-m 9h30-12h, 14h-18h ; le reste de l'année, lun-ven.* Propose une route pour découvrir les châteaux du pays de Roquefort, un plan de ville, un autre pour localiser les dernières statues-menhirs et des fiches de randonnées pour découvrir la région à pied ou à VTT.

Où manger dans les environs ?

***L'Oustalet :** aire du Seigneur, 12400 **Montlaur.** ☎ 05-65-49-75-47. • loustalet.montlaur@gmail.com • À 10 km au nord-ouest de Camarès (D 902 et D 12). Fermé lun et mar soir (plus le mer soir hors saison). Congés : 15 déc-15 janv. Menus 12,50 € (déj en sem), puis 19,50-35 €. Kir offert sur présentation de ce guide.* Tenue par un couple originaire du village, voilà une bonne petite escale pour se rassasier. La salle est sonore mais on peut aussi s'installer en terrasse. À la carte, qui change régulièrement, on trouvera toujours les incontournables comme les tripous ou les pieds de cochon. Service aimable et efficace.

Où acheter de bons produits ?

***Biscuiterie du Camarès :** 1, rue de l'Église. Tlj sauf dim (et lun hors été) 10h-12h, 15h-17h.* Le *biscotin de Camarès* est un sablé initialement au beurre et à la fleur d'oranger, fabriqué depuis 4 générations. Il se décline désormais aussi à la vanille, au citron, à l'anis...

À faire

– ***Visite de la ferme de Campalviès :** chez **Annie Bernat.** ☎ 05-65-99-51-33. À 5 km au nord de Camarès (D 10, D 101 et D 104). Visite et dégustation de* *roquefort : de mi-juin à mi-sept, lun, mer et ven à 16h ; sinon sur résa. Tarif : 5,50-8,50 € ; réduc.* Découverte de l'exploitation et dégustation de roquefort et de produits au lait des 750 brebis de la ferme.

DANS LES ENVIRONS DE CAMARÈS

Le château de Montaigut : *12360* ***Gissac.*** *☎ 05-65-99-81-50. • chateau-de-montaigut.com • À 13 km au nord de Camarès (D 10 et D 101). Tlj (sauf w-e Toussaint-Pâques) 10h-12h, 14h30-18h30 (en continu juil-août). Entrée : 6 € ; 2,50 € pour les 3-12 ans ; réduc ; gratuit moins de 3 ans ; jeu ado-adulte 6 € (game murder, voir le site) ; sur présentation de ce guide, 1 € de réduc.*
Voici l'un des plus impressionnants châteaux de la région. De son piton, il domine la vallée du Rougier. Paysages à perte de vue. Ce château du Xe s a connu des aménagements jusqu'au XVIIe s. Une aile de cette dernière époque a été partiellement rebâtie à l'ancienne dans les années 1970-1980 par la remarquable association *Remparts.* À l'intérieur, une intriguante nécropole du IXe s superbement mise en valeur (le château avait été construit dessus), une belle salle de garde, plusieurs étages qui mènent d'une cuisine d'époque à une salle archéologique, au cellier, etc. Salles du XVe s voûtées avec de superbes cheminées. Au 2e étage, les gypseries du XVIIe s ont été préservées, tandis que les autres salles ont été déplâtrées pour laisser paraître l'architecture Renaissance. Tout en haut, joli grenier avec son pigeonnier. À découvrir en famille. Plusieurs animations (visites costumées) et jeux instructifs pour les enfants. Dans le hameau du château, reconstitution d'un *intérieur rural* du début du XXe s, petit *musée d'images pieuses* et *musée du Plâtre.*

C'EST DANS LE BESOIN QU'ON RECONNAÎT LA NOBLESSE...

Au château de Montaigut, les latrines des appartements privés du seigneur étaient raccordées à une fosse sceptique. Les autres habitants bénéficiaient de latrines communes et à échappement libre. Ah, le petit vent frais d'hiver...

SAINT-SERNIN-SUR-RANCE

(12380) 780 hab. *Carte Aveyron, B4*

Le village n'a guère conservé de vestiges de ses remparts, mais la tour écrêtée du château s'est transformée en clocher de l'église, et le vieux centre abrite toujours de vénérables demeures en encorbellement. De-ci, de-là, de jolies portes et fenêtres à meneaux balisent l'itinéraire. Mairie installée dans un hôtel du XVe s. Pittoresques rues et ruelles menant à la collégiale gothique. Juste à l'extérieur du bourg, la fameuse statue-menhir de la Dame de Saint-Sernin.
C'est dans le village que fut découvert l'enfant sauvage surnommé Victor de l'Aveyron. En janvier 1800, des chasseurs aperçurent un enfant nu, cheveux hirsutes, marchant à quatre pattes, sourd et muet, se nourrissant de plantes. Capturé comme une bête sauvage à Saint-Sernin-sur-Rance, il est envoyé à l'orphelinat de Saint-Affrique avant d'être confié plus tard au docteur Itard. Cette histoire de l'enfant sauvage a été portée à l'écran par François Truffaut (1970), qui y joue lui-même le rôle du docteur Itard dans le film. Place du fort, une statue de l'enfant sauvage.

Adresse et info utiles

Bureau d'information touristique : *20, av. d'Albi. ☎ 05-65-99-29-13. • contact@tourisme-rougier-aveyron.com • tourisme-rougier-aveyron.com • Tte l'année : juil-août, lun-sam 9h30-12h30, 14h-18h et certains dim mat ; le reste de l'année, lun-ven (fermeture 17h).* Expos permanentes. Diffusion du film de Truffaut, *L'Enfant sauvage.* Vente de fiches randos. Visite guidée du village *(de mi-juil à mi-août, lun 10h).*

– ***Pour les enfants : chasse au trésor*** *(juil-août ; 3-13 ans ; 1 €)* pour découvrir le village de façon ludique avec un cadeau à la clef dans le « coffre au trésor » à l'office. ***Atelier découverte des statues-menhirs*** *(mar 15h)* **:** on confectionne son moulage de la *Dame de Saint-Sernin.*

– ***Marché :*** *mer à 18h, en juil-août, pl. du Fort.* Un marché de pays avec des producteurs locaux.

Où dormir ? Où manger ?

De prix moyens à chic

Hôtel Carayon : *pl. du Fort. ☎ 05-65-98-19-19. • contact@hotel-carayon.fr • hotel-carayon.fr • Fermé dim soir-mardi midi (ouv mar midi juil-août) ; hors saison, pensionnaires slt le soir. Doubles 60-65 €. Formule déj en sem 13,50 €. Menu 25 €.* Au cœur du village, LE petit complexe hôtelier de la région. Atmosphère assez touristique, bien sûr. Plus de 70 chambres confortables, dont une bonne moitié avec un balcon donnant sur le parc. 2 piscines et toboggan pour les enfants, tennis, sauna, jacuzzi, minigolf, salle de remise en forme. Pas franchement intime mais parfait pour un séjour en famille. Évitez les chambres du rez-de-chaussée, surtout celles situées de part et d'autre de l'ascenseur car elles se trouvent en plein passage vers le « parc de loisirs ». Table tout à fait correcte, variée et soignée.

DANS LES ENVIRONS DE SAINT-SERNIN-SUR-RANCE

Les statues-menhirs : *dans un rayon de 5 km env.* Plus précisément leurs copies en grès essaiment la région au sud de Saint-Sernin, au rythme d'adorables petites routes semi-montagneuses avec leur lot de villages pittoresques. Les statues originales sont conservées pour beaucoup au *musée Fenaille* de Rodez, mais quel plaisir d'admirer ces chefs-d'œuvre à leur emplacement d'origine (panneau explicatif). Juste en contrebas de Saint-Sernin, sur le sentier du Salès, voir la plus célèbre : la *Dame de Saint-Sernin.* Insolite visage en forme de triangle, yeux creusés, ni bouche ni oreilles, long nez... Au lieu-dit **Boutaran,** route des Lauzes-Hautes, une autre statue, une des plus grandes.

La chapelle de Notre-Dame-d'Orient : *à 7,5 km au sud de Saint-Sernin, sur la D 91, peu avt le carrefour avec la D 33. Visite guidée en juil-août lun à 15h avec l'office de tourisme de Saint-Sernin. ☎ 05-65-99-29-13.* Son nom viendrait de l'occitan « auriens », dérivé du latin « auris » signifiant « oreille » : la Vierge qui écoute. Ne pas rater cette merveilleuse chapelle, symbole de la Contre-Réforme triomphante. Après la victoire des catholiques, le triomphe ne fut pas vraiment modeste ! Lieu de pèlerinage construit au XVIIe s, avec un luxe inouï (rien que pour contrarier les huguenots !). Très beau retable baroque polychrome, en bois sculpté, qui glorifie la Vierge (au centre), les saints et les anges. Bref, tout ce que les protestants rejetaient est mis en évidence ici de façon ostensible ; curieux plafond dont le motif figure une natte en feuilles de fougères, peintures de prélats, et même

un vieux cadran solaire. Dans la salle sur le côté, durant les offices, entendre les voix cristallines de la poignée de bénédictines qui habitent le monastère.
Près du monastère, *statue-menhir de saint Maurice* en grès rouge. Face très usée, le décor apparaît au dos de la statue.

Le musée Damien-Bec : *Saint-Crépin, 12380* ***Laval-Roquecézière.*** *À 15 km au sud de Saint-Sernin. Tlj juil-août 14h-18h. Sur résa slt le reste de l'année. Rens à l'office de tourisme de Saint-Sernin. ☎ 05-65-99-29-13. Libre contribution financière.* Un vrai petit musée du temps passé, où ont été minutieusement rassemblés et classés par thème des objets de la vie quotidienne des villageois et des artisans. Cordonnier, menuisier, bourrelier, vigneron. Mètre du boulanger qui fait crédit, contrat de sonneur de cloche de 1933, moule à hosties, aiguilles à tricoter en rond, broderies fin XIXe s, impressionnante paire de galoches... Très touchant et instructif. Ne pas oublier la visite de la salle des statues-menhirs sous le presbytère.

Roquecézière *(12380)* ***:*** *à 15 km au sud de Saint-Sernin.* Perché sur une haute colline des monts Lacaune, minuscule village à la frontière du Tarn. En l'an 54 av. J.-C., Jules César y campe et y laisse une garnison, vu l'emplacement stratégique (pour surveiller les Ruthènes). Construction d'un château au XIIe s. Au XIVe s, Roquecézière commande un bailliage de 98 paroisses. Prise et reprise pendant la guerre de Cent ans et les guerres de Religion. Son intérêt stratégique est tellement évident qu'en 1629 Richelieu fait démolir le château et le village (sauf une maison). En 1884, mise en place de la statue de la Vierge sur le rocher en surplomb. De là-haut, panorama spectaculaire. En observant les maisons, les murs totalement parés d'ardoises vous indiqueront d'où viennent le vent et la pluie dans le coin.

Combret *(12370)* ***:*** *sur la D 91, à 12 km au sud-est de Saint-Sernin. Visite guidée gratuite de mi-juil à mi-août ts les ven à 10h (office de tourisme de Saint-Sernin). Panneaux explicatifs bien faits et balade numérique (appli à télécharger ; borne wifi à la mairie).*
Une « petite cité de caractère » (sic). Ici, tout est rouge : la terre, la route (après la pluie), la pierre du château et des remparts. Site pittoresque avec son pont médiéval. Vieilles demeures à double encorbellement. Beau chœur de style roman de l'église (XIe s) et retables naïfs du XVIe s, porte des anciens remparts, élégante salle de justice en pierre sur colonnes (puis halle aux grains), jolie croix de pierre sculptée du XVIe s, quelques vestiges des trois châteaux... C'est depuis la route de Saint-Sernin qu'on mesure toute l'intelligence de l'architecture rurale : village construit sur la crête d'une colline située dans une boucle du Rance. Cultures en terrasses s'étageant harmonieusement. Au pied, les pâturages.
Près de Combret, possibilité de voir trois statues-menhirs. Sur la D 91, à *Saint-Léonce,* mais elle a perdu la tête. Au lieu-dit *Serres,* avec un côté féminin appuyé. Enfin, à *Lucante* (chez le potier), statue féminine à la poitrine arasée, avec un collier à cinq rangs.

L'Auberge de la Tour : *pl. du Château. ☎ 05-65-97-77-73. • aubergecombret@yahoo.fr • Tlj sauf mar soir en hte saison. Ouv jeu-dim sur résa slt hors saison. Congés : 15 déc-fév. Chambres 60-70 €, avec petit déj. Menus 14 € (déj en sem), puis 26 €.* Un projet municipal à saluer ! La commune a fait rénover le bâtiment de fond en comble avant d'en confier la gérance à la souriante Brigitte Moeglin, qui s'affaire au piano, où elle fait tout elle-même, du pain aux meringues, à base de produits locaux. À l'intérieur, un cadre moderne tout de gris et de blanc vêtu, rafraîchissant les jours de grande chaleur. Également une terrasse, d'où l'on n'a – contrairement à l'intérieur – malheureusement pas de vue sur le village. Dans l'assiette, foie gras et chutney aux fruits de saison, truite aux amandes, moussaka... Ceux qui seraient tombés sous le charme pourront poser leur valise dans l'une des 3 chambres que compte aussi l'auberge.

Belmont-sur-Rance *(12370) : sur la D 91.* Impressionnante *collégiale* de 1515, de style gothique. Clocher haut de 75 m. Porche monumental avec un beau tympan. Toujours étonnant de découvrir un tel édifice dans un si petit village, mais il faut dire qu'elle dépendait d'une importante abbaye. Nombreuses petites ruelles, avec quelques belles demeures, toutes rouges, bien fleuries en saison.

Le musée des Arts buissonniers : *12370* ***Saint-Sever-du-Moustiers*** *(au centre du village). ☎ 05-65-99-97-97. • arts-buissonniers.com • À 18 km au sud-est de Saint-Sernin (D 645, D 554 et D 645). Avr-mai et oct-nov, jeu-sam 14h30-18h ; juil-août, tlj 15h-19h ; juin et sept, mar-sam 14h30-18h30. Prix libre.* Le petit musée est l'épicentre d'un centre culturel en milieu rural, qui compte aussi une fanfare et une troupe de théâtre. On y découvre des œuvres d'art brut d'artistes autodidactes pour la plupart, dans le cadre d'expos temporaires. Également une collection permanente de Paul Amar, aux œuvres « conchicoles » très colorées. Plus haut dans le village, la « construction insolite »... porte bien son nom ! Une œuvre collective d'art brut qui mêle mosaïque, sculpture, architecture, peinture... en perpétuelle évolution depuis des lustres, au rythme de ceux qui viennent y laisser libre cours à leur créativité.

LA VALLÉE DU TARN

Superbe vallée qui part de Millau, par les « Raspes », pour rejoindre le département du Tarn par des méandres sauvages, traversant de vieux villages au charme ancien. La route (D 41) qui la longe est étroite mais délicieuse, et encore peu empruntée. À partir de Truel, elle devient moins sauvage mais rejoint Brousse-le-Château, un authentique village médiéval.

LE PAYS DES RASPES

Carte Aveyron, B4

La partie la plus nature de la vallée du Tarn où seule la rivière est parvenue (en quelques millions d'années !) à se frayer un étroit chemin entre des falaises de schiste noir (voilà les raspes !). Paysage spectaculaire et cadre idéal pour de belles promenades au long des sentiers, une baignade « sauvage » ou un petit tour en bateau.

Où dormir ? Où manger ?

Hôtel Les Raspes : *av. Denis-Affre, 12490* ***Saint-Rome-de-Tarn.*** *☎ 05-65-58-11-44. • lesraspes@wanadoo.fr • lesraspes-12.com • Resto ouv le soir (sauf ven-dim, fév à mi-avr). Congés : de fin oct à début fév. Doubles 68-99 €, selon exposition, aménagements et saison. Menus 26-38 €. Résa conseillée. Café offert sur présentation de ce guide.* Au creux de ce joli village, une bien belle adresse côté gîte, comme côté couvert. Accueil jeune, dynamique et sympa pour cette ancienne école religieuse. Chambres pas immenses mais plaisantes. Piscine (chauffée) sur l'arrière, dans le grand jardin. Le resto, quant à lui, réjouit les papilles avec des plats bien sentis, plaisants pour les yeux et qui donnent la part belle aux produits locaux. Les légumes sont tout simplement ceux du jardin, bio jusqu'au bout des racines.

À voir. À faire

Saint-Rome-de-Tarn : un village bâti sur et avec du tuf, d'où la belle blancheur des façades des bâtisses. Au gré des ruelles, nombreux détails architecturaux de style Renaissance : fenêtres à meneaux, accolades, larmiers, tourelles. Voir le *portal del Riou* et la rue qui y mène, entre autres. Les premiers faubourgs ne sont pas mal non plus, à l'instar de la bien nommée *rue des Tourelles* par laquelle débute une petite balade sur le bas du village : pont courbe de 1854, *cascade* avec concrétions de tuf, *chemin en balcon* dominant la vallée du Tarn et des jardins irrigués par un réseau ancestral de canaux...

Saint-Victor *(12400)* est un village à découvrir pour les fresques de Nicolaï Greschny, fresquiste contemporain en art byzantin qui, à quelques kilomètres de **Melvieu,** a décoré l'*église Notre-Dame-du-Désert.* Elle domine une boucle du Tarn qui sinue au fond des gorges du Tarn : panorama admirable. Pour rejoindre ensuite Truel, on peut d'ailleurs emprunter ces gorges par la D 200, depuis la D 510 qui débute à mi-distance entre Saint-Victor et Melvieu (direction Ayssènes).

Balade en bateau-mouche : base nautique du mas de la Nauc, près de Viala *(Le Héron des Raspes, ☎ 05-65-62-52-49 ; 06-68-67-21-63 ; • herondesraspes.fr • ; compter 12 €/adulte).*

Le Jardin des Enclos (12490) **:** *Ladepeyre, 12490* ***Viala-du-Tarn.*** *Sur la D 152, à 10 km du Viala-du-Tarn. ☎ 05-65-46-03-34. Ouv 10h-20h ; juin-juil et sept w-e et j. fériés et tlj en août. Entrée : 3 € ; enfants gratuit. • lejardindesenclos.com •* À flanc de colline, un étonnant jardin poétique aménagé en terrasses qui propose une promenade insolite au milieu des senteurs et des bosquets thématiques qui constituent de ravissants cabinets de curiosités végétales. Animations au cours de l'été.

La Maison de la Châtaigne : *12430* ***Ayssènes.*** *☎ 05-65-46-48-76. 06-70-13-78-07. Juil-août, tlj 10h30-12h30, 15h-19h ; 14h-19h les 15 derniers j. de juin et 15 premiers j. de sept ; de Pâques à mi-juin et de mi-sept à Toussaint, dim et j. fériés slt 14h-18h. GRATUIT.* Pour tout savoir sur la châtaigne, exploitée depuis la nuit des temps sur ces collines, un petit musée très bien conçu, au gré d'une muséographie pleine de relief. Vente de produits locaux sur place. Pour compléter, fête de la châtaigne au village *(3e dim d'oct).* Ne pas rater non plus le très beau *panorama* sur les gorges des Raspes depuis la plateforme aménagée à 300 m du village.

BROUSSE-LE-CHÂTEAU

(12480) 177 hab. *Carte Aveyron, B4*

L'un des « Plus Beaux Villages de France », qui domine la vallée sur un promontoire raide, sillonné de ruelles abruptes offrant à chaque instant des angles de vue saisissants. Un pont gothique plutôt pittoresque traverse l'Alrance. Attention, les jours de pluie, ça glisse ! Et ce, malgré les galets dressés en calade... La rivière est bordée de jolies maisons des XVIIe et XVIIIe s. Sans oublier la croquignolette église Saint-Jacques (XVe s), aussi romane dehors qu'elle est gothique dedans. Derrière, bucolique cimetière surplombant le Tarn, juste à l'ombre des remparts du beau château.

L'AVEYRON

Où dormir ? Où manger ?

Le Relays du Chasteau : *☎ 05-65-99-40-15. ● contact@le-relays-du-chasteau.com ● le-relays-du-chasteau.com ● Tlj (sauf ven soir-sam midi hors saison). Congés : vac de Noël-fév. Doubles 48-52 € selon confort. Formule déj 15 €. Autres menus 26-30 €.* Tenu par la même famille depuis 4 générations et construit dans le style des maisons de la région, voilà un endroit où déguster quelques très bonnes spécialités du terroir. À savourer en salle, la (très belle) terrasse étant réservée au côté bar seulement, c'est rageant aux beaux jours ! La qualité de l'accueil rattrape largement ce petit bémol. Une douzaine de petites chambres très bien tenues pour qui veut dormir face au château ; bon petit déj.

L'AVEYRON

À voir à Brousse-le-Château et le long de la vallée du Tarn

Le château de Brousse : *☎ 05-65-99-45-40. ● chateau@brousselechateau.com ● Mai, juin et sept, tlj 14h-18h ; juil-août, 10h-19h ; tél avt hors saison. Entrée : 5 € ; réduc. Gratuit moins de 12 ans ; parcours ludique en été.* Fier vaisseau perché sur un roc dominant la vallée du Tarn. Ancienne propriété de la famille d'Arpajon pendant près de 500 ans, l'édifice invite à un voyage à travers le temps, du Moyen Âge à la Renaissance. De la Renaissance date le beau logis seigneurial (XVIIIe s) avec ses cheminées monumentales staffées et son bel escalier à balustres. Dans la salle basse, on voit la statue menhir dont on trouve la copie sur la colline proche du village. Du Moyen Âge date le logis des officiers (XVe s) qui accueille une exposition sur la poliorcétique (l'art du siège) : ça tombe bien, on accède ensuite aux remparts très bien conservés avec leurs archères, tour à gorge, mâchicoulis...

Saint-Izaire (12480) **:** *à 10 km à l'est de Brousse.* Un village méconnu sur les bords du Dourdou, avec son imposante église et son ***château épiscopal*** du XIVe s, aux teintes du pays des rougiers *(☎ 05-65-99-42-27. Tlj : juil-août, 10h-18h ; mai-juin et sept, w-e et j. fériés 14h-18h ; reste de l'année, lun-ven 14h-16h30. Entrée : 5 € ; réduc ; gratuit moins de 18 ans).* Superbe cour intérieure, voûtes peintes datant du XIVe s dans la chapelle des évêques, dont on voit également la chambre avec de beaux plafonds. Intéressant musée de l'Archerie, dont un amusant arc musical et de nombreux autres venant d'un peu partout dans le monde (il suffit de suivre les flèches). Quelques autres salles, dans leur jus, font office de musée des traditions populaires.

Le musée de Lincou : *au centre du village de Lincou, 12170* ***Réquista.*** *06-41-53-08-41. ● savignyg@gmail.com ● À 6,5 km à l'ouest de Brousse. 15 juin-sept, tlj 10h-17h (dernière visite) ; groupes slt hors saison. Compter 1h. Entrée : 5 € ; gratuit moins de 16 ans ; remise de 1 € sur présentation de ce guide.* Adolescent déjà, Guy Savy se passionnait pour l'histoire ; celle de son pays, le Rouergue, mais aussi celle des civilisations. Un lieu indescriptible, bric-à-brac confus et hétéroclite pour les uns, passionnant voyage dans le temps de la préhistoire à nos jours en passant par le Moyen Âge pour les autres. Autant d'objets qui lui permettent d'évoquer la chasse aux oiseaux, l'alchimie, les Templiers, le saturnisme... Une vision très personnelle, qui fait de Guy Savy un conteur, un esprit original et touchant, non dénué d'humour.

Le château de Coupiac (12550) **:** *☎ 05-65-99-79-45. ● chateaudecoupiac.com ● Pâques-Toussaint, dim-mar et j. fériés 14h-18h (tlj pdt vac scol) ; juin et sept tlj sauf mer 14h-18h ; juil-août 10h-12h30, 13h30-19h. 3 spectacles nocturnes de mi-juil à fin août, lun à 21h15 sur résa : 8 €. Entrée : 5-6 € ; réduc. Expos sur la vie* *quotidienne au Moyen Âge, et animations médiévales (en été).* Au cœur du village, un impressionnant château communal, ancienne propriété des comtes de Rodez et de la famille de Panat.

Plaisance *(12550)* **:** un vieux village accroché à sa colline. Au sommet, l'*église Saint-Martin* caractérisée par son clocher octogonal (nef des XVe-XVIe s et chapelles du XVIIe s). Chœur et porche du XIIe s. À l'intérieur, d'intéressants chapiteaux sculptés.

LE LÉVÉZOU

Coincée entre Rodez et Millau s'étend une région au relief accidenté, avec ses lacs et ses forêts, riche en villages pittoresques fort peu touristiques. Verdoyantes, certaines collines culminent à plus de 1 000 m. À 800 m d'altitude, le vaste *plateau du Lévézou* porte 5 grands lacs artificiels. Avec leurs 200 km de berges, ce sont les plus importants plans d'eau du Midi. Deux d'entre eux sont entièrement dévolus à la pêche. Les vents favorables y permettent aussi la pratique du dériveur, de la planche à voile, du *paddle...* (pas étonnant qu'il y ait autant d'éoliennes !). On y trouve enfin bases nautiques et campings. Plus à l'est, on rejoint la vallée de la Muze qui descend à son rythme tortueux vers le Tarn.

Adresse utile

Office de tourisme de Pareloup-Lévézou : *pl. de la Rivière, 12290* ***Pont-de-Salars.*** *☎ 05-65-46-89-90. • levezou-aveyron.com • En saison lun-sam (et certains dim mat), sinon lun-ven.* Propose de bons circuits en voiture dans les alentours, des parcours VTT et randonnées.

SALMIECH

(12120) 770 hab. *Carte Aveyron, B3*

Agréable village, dans une boucle du Céor, affluent du Viaur, lui-même affluent du Tarn qui finit dans la Garonne... Ancienne ville de l'historique route du Sel (*Salmiech* signifie « le milieu de la route du Sel »). Bel environnement et air vivifiant parfaits pour randonner.

Adresse et infos utiles

Syndicat d'initiative : *à la mairie. ☎ 05-65-46-72-39. De mi-juil à mi-août.* Renseignements sur les circuits de randonnée pédestre ou à VTT.

– Dans le village, ***piscine*** chauffée *(juil-août)* et ***aire de camping*** (gérée par la mairie).

Où dormir dans les environs ?

Chambres d'hôtes La Forge : *Lagarde, 12170* ***La Selve.*** *☎ 05-65-46-12-74. • jm.bonneau@orange.fr • laforge-aveyron.com •*

Entre La Selve et Réquista, à env 15 km de Brousse. Double 50 €. Table d'hôtes 20 €. Apéritif offert sur présentation de ce guide. Un couple qui reçoit avec tout son cœur, mettant un point d'honneur à vous faire découvrir leur village, leur région... À table, ils vous régalent tout simplement de charcuteries, de champignons, de légumes, de volailles... Et tout est fait maison. Les saucissons sèchent dans la cheminée de l'ancienne forge (aujourd'hui la cuisine) et les cèpes ont été cueillis dans les forêts voisines avant d'être mis en bocaux, tandis que les légumes viennent du potager familial. Le reste provient tout simplement des fermes alentour. Une adresse qui démontre que c'est souvent avec des petits riens que l'on vit des grands bonheurs...

La Maison de Marie-Jo : *Le Favaldou, 12170* ***La Selve.*** *☎ 05-65-74-26-21. • mjv12170@gmail.com • maisondemariejo.fr • À 15 km au sud de Salmiech par la D 902 et la D 56. Avr-oct. Doubles 48-65 €. Table d'hôtes 22 €.* Marie-Jo était une de ces motardes qui parcourent les petites routes de campagne en solitaire, en appréciant les beautés de la nature. En pénétrant chez elle, on entre un peu dans sa famille. On établit le camp dans l'une de ses chambres simples mais accueillantes, mansardées à l'étage, familiale (2 chambres partageant une salle de bains) au rez-de-chaussée. Et puis, pour les esprits bohèmes, il y a la roulotte (salle de bains séparée) : petite mais pleine d'authenticité. Une grande salle commune aménagée dans une ancienne grange, quelques transats et de bons petits déj, où l'on tartine de bonnes confitures maison, compléteront agréablement le séjour.

À voir à Salmiech et dans les environs

Le musée du Charroi rural : *☎ 05-65-74-23-55. Juil-août, tlj 11h-12h, 14h30-18h30. Hors saison, sur rdv pour groupes slt. GRATUIT.* Installé dans l'ancienne église Saint-Firmin du XIXe s (jamais consacrée ; demandez qu'on vous en raconte la raison), il présente l'histoire et la technologie de la roue. Notamment 30 véhicules à traction animale (XIXe et XXe s) caractéristiques de toutes les régions du Rouergue, ou plus insolites comme cette cabane de berger mobile. Également outils des charron, forgeron, sabotier, menuisier, cordonnier, etc. Films.

SALLES-CURAN

(12410) 1 090 hab. *Carte Aveyron, C3*

Joli village sur le lac de Pareloup. Les évêques de Rodez venaient y prendre du bon temps dans leur *château.* Dans l'église du XVe s, 30 stalles clôturent finement le chœur. De style gothique flamboyant, elles sont un héritage laissé par François d'Estaing. Voir les beaux reliquaires argentés ou dorés (XVe s), au fond à droite du chœur et la vierge en albâtre du XIIIe s dans la chapelle à gauche. En contrebas du parvis, bel ancien *grenier aux dîmes* des évêques, de style Renaissance.

Où dormir ? Où manger à Salles-Curan et dans les environs ?

Campings

Castel Le Caussanel : *lac de Pareloup, 12290* ***Canet-de-Salars.*** *☎ 05-65-46-85-19. • info@lecaussanel.com • lecaussanel.com • Depuis Salles-Curan, suivre la D 538. De mi-mai à début sept. Empl. tentes 15,20-32,40 € selon saison ; mobile homes et chalets 364-931 €/sem selon* *saison et capacité. 235 empl. Frais de dossier offerts en mai, juin et sept sur présentation de ce guide.* Un terrain très spacieux, tout confort. Cadre extra avec sa grange aménagée. Miniferme en été (les enfants adorent) et lac (ils aiment tout autant). Ambiance familiale et super accueil. Piscine.

Prix moyens à chic

Chambres d'hôtes du Château : *rue du Château, à Salles-Curan. ☎ 05-65-65-41-07. • contact@chateausallescuran.com • chateausallescuran.com • Doubles 90-98 € selon taille. Remise de 10 % sur la chambre (hors juil-août) sur présentation de ce guide.* Oh, le beau lieu ! Derrière les vénérables murs de l'ancienne demeure des évêques de Rodez, s'épanouissent 5 chambres. Confort total et décoration juste. Du beau mobilier ancien, mais pas que. Des toiles contemporaines aux murs, mais pas que. Des salles de bains modernes, mais pas que... Bref, tout cela en profitant du bâti historique, avec son splendide escalier en bois, sa salle voûtée pour le petit déjeuner. Sans oublier le doux accueil de Valérie.

Chambres d'hôtes du Mas Capel : *Le Mas Capel, à Salles-Curan. ☎ 05-65-42-19-79. • joetbernard.creyssels@orange.fr • lemascapel.com • Du centre de Salles-Curan, suivre Curan sur 3 km puis tourner à gauche. Congés : nov-mars. Doubles 61-69 € selon saison.* Dans la maison familiale, 4 chambres très spacieuses, impeccables et contemporaines. Les couleurs sont soigneusement choisies et associées, et le chaleureux design est inattendu dans une maison de petit hameau. Une réussite, à un prix plus que raisonnable. On partage le salon et la salle à manger avec Jocelyne et Bernard, vraiment charmants. Cuisine extérieure, bien pratique, surtout en famille. Aucun bruit, la route s'arrête ici.

Les Tilleuls : *pl. de la Mairie, à Salles-Curan. ☎ 05-65-46-33-08. Tlj (le soir sur résa slt hors saison). Formule et menus 13-29 €, pizzas 9-14 €.* À en juger aux cartes postales sur les murs, voilà plusieurs décennies que cette auberge ouvre sa terrasse sur les tilleuls de la place. Servis de façon enjouée, les plats du terroir ne sont pas dépaysés sous les vénérables poutres de la salle et les salades ou pizzas s'en sortent très honorablement avec certaines garnitures locales (magret, roquefort, fromage d'Aubrac...). Voilà de quoi combler toutes les envies à tous les prix.

À voir dans les environs

La Maison créative : *au bourg, 12290* ***Le Vibal.*** *☎ 05-65-46-85-82. À 6 km au nord de Pont-de-Salars. Juil-août, tlj 15h-18h ; hors saison, sur rdv. Entrée : 2 € ; gratuit moins de 15 ans. Compter 45 mn de visite libre.* Claude Villefranque, sculpteur-forgeron, travaille depuis 1968 la tôle forgée, soudée puis polie, pour donner naissance à des personnages (une centaine) ou exprimer sa vision du monde : on reconnaîtra Coluche, Renaud, Gainsbourg, mais aussi la victoire d'un taureau sur le matador.

SAINT-LÉONS

(12780) 390 hab. *Carte Aveyron, C3*

Petit village s'élevant dans un amphithéâtre de verdure. Quoique de plus en plus grignoté par les lotissements, on y voit un château du XVᵉ s, la chapelle Saint-Martin, le Fort-Bas et le tombeau de Léontius. Saint-Léons est célèbre pour avoir donné naissance au grand entomologiste Jean-Henri Fabre en 1823. Il laissa 10 volumes de ses *Souvenirs entomologiques* qui traitent

des mœurs et de l'instinct des insectes. Pas étonnant, donc, que le plus beau des espaces dédiés aux insectes, *Micropolis*, y ait établi ses ruches et autres fourmilières.

Adresse utile

i *Bureau d'information touristique :* *parking Micropolis. ☎ 05-65-61-80-52. • levezou-aveyron.com • Juil-août, mar-sam ; lun-ven sept-juin.* Infos sur les activités et randonnées dans la région. Intéressant circuit de découverte du village. Ne pas manquer non plus le *sentier botanique* et le *jardin des Insectes,* bien conçus et ludiques.

Où dormir dans les environs ?

Chambres d'hôtes le Mas de Clémany : *Boussac, 12780* ***Vézins-de-Lévézou.*** *☎ 05-65-60-30-29. 07-88-41-98-26. • mas-clemany@gmail.com • mas-clemany.fr • À 11 km au nord de Saint-Léons ; fléché sur la droite, sur la D 654 entre Vézins et Gleysenove. Congés : nov-mars. Double 62 €. Réduc de 10 % sur la chambre sur présentation de ce guide.* Une ancienne et jolie ferme en pierre, suffisamment à l'écart de ce tout petit village (avec son vieux château) pour être tout à fait tranquille. Mignonnes chambres d'une sobriété toute campagnarde : murs chaulés, poutres et pierre. Cuisine et salle à manger à dispo.

À voir

Micropolis – La Cité des Insectes : *☎ 05-65-58-50-50. • micropolis-aveyron.com • (parcours intérieur et extérieur). Situé entre Millau et Rodez, sur la D 911 ; bien fléché. Ouv 10h-17h (18h avr-juin ; 19h juil-août) ; vac scol fév, avr, début-juil-août et Toussaint tlj ; fév-mars et de sept à mi-oct, fermé lun-mar (fermeture des caisses 1h avt et à 17h30 en juil-août).*
Entrée (visite + animations + projection d'un film) : 14,80 € ; 12 € pour les 5-12 ans. Compter au moins ½ journée de visite, voire une journée complète. Appli à télécharger (gratuit) ou visioguide (payant). Prêt de poussettes (4x4 !). Espace pique-nique et restauration. Boutique.
Micropolis, c'est un corps de bâtiments modernes, épousant l'environnement naturel. À l'intérieur, on découvre la diversité du monde des insectes et les caractéristiques des différentes espèces dans un cadre original, très agréable, propice à l'attention, à travers un cheminement très bien conçu, avec ces vitrines esthétiques. Le parcours à hauteur d'enfants est une excellente idée. Une superbe attraction qui attire, à juste titre, une foule de touristes. Si vous pouvez commencer la visite dès l'ouverture, ce sera donc mieux.
À l'origine, le département a acheté les rushs du film *Microcosmos,* puis l'idée a germé de réaliser un site dans l'esprit du film. Et on y apprend plein de choses : il existe des fourmis champignonnistes ; le bourdon fait aussi du miel ; l'araignée, le mille-pattes ou le cloporte ne sont pas des insectes (et on vous explique pourquoi ; ils ne sont pas chiens), les abeilles forment des sortes de 8 pour signaler à leurs congénères l'emplacement et la quantité d'une source de pollen, la mante religieuse peut manger jusqu'à 8 mâles pendant la reproduction... Tiens, mais voici la punaise des bois, appelée gendarme ; la voilà, la micropolice ! Et à propos de micropolice, une vitrine simule le procès du drosera (plante carnivore) accusé d'avoir mangé le calliphore... Ruche à l'intérieur (ouverte sur l'extérieur), fourmilière géante conçue comme un grand vivarium, serre à papillons tropicaux (où l'on peut assister à la sortie de chrysalide des nouveaux papillons), 40 vivariums présentant

des insectes tropicaux dans une salle voûtée en terre crue ; également un espace consacré aux insectes qui vivent dans les mares, et un autre qui présente les plantes carnivores dans une tourbière ; d'ailleurs, pourquoi certaines plantes sont-elles carnivores ? Quand la pauvreté de leur environnement ne leur permet pas de se nourrir par leurs racines, elles sont obligées de se nourrir en capturant des insectes.
Films en 3D sur les abeilles et l'entomologiste Jean-Henri Fabre. Un impressionnant mur géant, tactile et interactif permet d'explorer encore le monde de ces petites bêtes vivant en société.
À l'extérieur, « Le Carnaval des Insectes », un petit parcours poétique et ludique pour ceux qui ont gardé leur âme d'enfant. On s'étonne, on frissonne, on se passionne. Petits et grands y apprennent plein de choses de façon ludique et non dénuée d'humour : chercher donc l'intrus dans le défilé des insectes !
Ne pas négliger les *Rendez-vous surprises* et les *ateliers* qui permettent de rencontrer le spécialiste de telle ou telle espèce.
Jeux en parcours extérieur, et n'oubliez pas de monter au 3e étage pour le panorama sur le village et les alentours.

👁👁 ***La maison natale de Jean-Henri Fabre :*** *☎ 05-65-58-50-50 (Micropolis). Juil-août, tlj 14h-19h. Entrée incluse dans le billet de Micropolis. Maison seule : 3 € ; réduc.* Très intéressante visite qui permet de comprendre en profondeur l'environnement du savant entomologiste et les origines de sa vocation. Celui-ci, fils de cafetier, était un autodidacte passionné par les scarabées. Présentation de ses innombrables travaux sur les insectes et les plantes et de certaines de ses – nombreuses – inventions. Expo d'insectes naturalisés.

👁 ***La tourbière des Rauzes :*** *près de l'embranchement de la D 29 et la D 911. Tte l'année. GRATUIT. Livret de visite au bureau d'information, également panneaux indicatifs.* Sentier d'interprétation de la tourbière et découverte de cet écosystème si particulier et si fragile.

À voir en suivant la Muze

Dernière ligne droite (certes pleine de virages) pour rejoindre Millau, en suivant la ***vallée de la Muze.***

👁👁 ***Le musée des Métiers de la pierre et de la Vie rurale :*** *12620* ***Saint-Beauzély.*** *☎ 05-65-62-03-90. • saint-beauzely.fr • À 11 km au sud de Saint-Léons. Juil-août, tlj 10h30-12h30, 14h30-18h30 ; avr-juin et sept-15 oct, tlj sauf sam-mer, slt l'ap-m. Entrée : 5 € ; gratuit moins de 12 ans ; réduc.* Dans ce château du XIIIe s, modifié au XVIe s, une riche collection d'objets et d'outils liés à la vie rurale. Au rez-de-chaussée, citerne du château, instruments agraires, vieilles barriques, antiques charrettes, etc. Forge reconstituée et petite étable. À l'étage, salle de la pierre. Outils des carriers, scies à pierre tendre, outils de la taille et de maçonnerie. Mémoire de la vie rurale à travers les outils du sabotier et du cardeur, entre autres : une bonne vingtaine de métiers en tout, pour la plupart disparus. Jougs d'ânes, instruments agricoles, collection de lampes, reconstitution d'une salle de classe du début du XXe s... Mais aussi des meules extraites de carrières environnantes. Un beau musée dans son genre.

👁👁 ***Le prieuré de Comberoumal :*** *à 2 km de Saint-Beauzély par la D 171 direction Mauriac, sur la droite. ☎ 05-65-62-08-75. En visite libre. GRATUIT.* Bel édifice de la fin du XIIe s, dans un décor bucolique. Grande pureté de l'ensemble, bien restauré. Église dépouillée à haute voûte en berceau. Cloître d'une grande sérénité avec son jardinet et la salle capitulaire.

👁👁👁 ***Castelnau-Pégayrols*** *(12620)* ***:*** *visite guidée du village avec l'association La Terrasse des Grands Causses. ☎ 05-65-62-05-05. • association@*

castelnau-pegayrols.fr • 10 juil-31 août, lun-ven 11h-17h. Compter 45 mn et 4,50 €. Hors saison, groupes slt. Sinon, livret de visite libre (5 €). Outre ses très vieilles demeures médiévales, ses ruelles très étroites et ses passages sous voûtes, l'ancienne capitale du Lévézou compte cinq bâtiments classés ou inscrits aux Monuments historiques : l'*ancien réseau hydraulique* à moulins du Moyen Âge, l'*église Notre-Dame* (XIe-XIIIe s), le *prieuré* roman bénédictin, l'*église Saint-Michel* avec sa crypte et sa tribune renaissance ainsi que l'imposant château. La cité médiévale domine la vallée de la Muse et offre un panorama qui s'étend des Cévennes à la Montagne Noire.

LE TARN

• Carte *p. 282-283*

ABC du Tarn

- ***Nom :*** il vient de la rivière Tarn, affluent de la Garonne qui prend sa source au mont Lozère.
- ***Population :*** 393 877 hab.
- ***Superficie :*** 5 758 km².
- ***Densité :*** 60 hab./km².
- ***Taux de chômage :*** env 10 %.
- ***Préfecture :*** Albi (51 510 hab.).
- ***Sous-préfecture :*** Castres.
- ***Principaux secteurs d'activité :*** 34 % dans les services et 20,2 % dans l'industrie, 6,1 % dans la construction et 7,6 % dans l'agriculture.
- ***Signes particuliers :*** le Tarn se distingue de ses deux voisins du nord Occitanie par son engouement pour le ballon ovale. La première association de rugby dans le Tarn vit le jour en 1898.

Ancien territoire de la province du Languedoc, le Tarn est rattaché à la région Occitanie, dans l'ombre de la riche Toulouse. Il conserve néanmoins des attaches avec son ancienne région (les cathares n'étaient-ils pas surnommés « albigeois » ?), partageant la Montagne Noire avec l'Aude et le parc naturel régional du Haut-Languedoc avec l'Hérault... Mais le Tarn se passe de toute considération géopolitique, il a son originalité pour lui (un pied dans le Midi, un autre dans la fraîcheur du Nord), ses forêts majestueuses, ses vallons romantiques, ses rochers fantastiques (Sidobre), ses vins bien sympathiques (Gaillac), ses villages médiévaux et sa ville rouge, Albi, domptée par la cathédrale la plus hallucinante de France. En revanche, n'y cherchez pas les gorges du Tarn... elles sont en Lozère !

Nous avons découpé ce beau département tarnais en « pays » qui présentent chacun leur unité :

– *La vallée du Tarn :* qui contraste par sa douceur et sa nonchalance avec les gorges du même nom ; c'est là que se trouve la fameuse ville d'Albi, où l'on se laisse aller à tant d'effronteries gastronomiques.

– *Le Carmausin :* le pays de la mine, des gorges du Viaur et le bastion de Jaurès, qui tente aujourd'hui de se donner un nouveau destin.

– *Le pays de Cordes-Grésigne :* avec ses bastides albigeoises suspendues à des pitons rocheux.

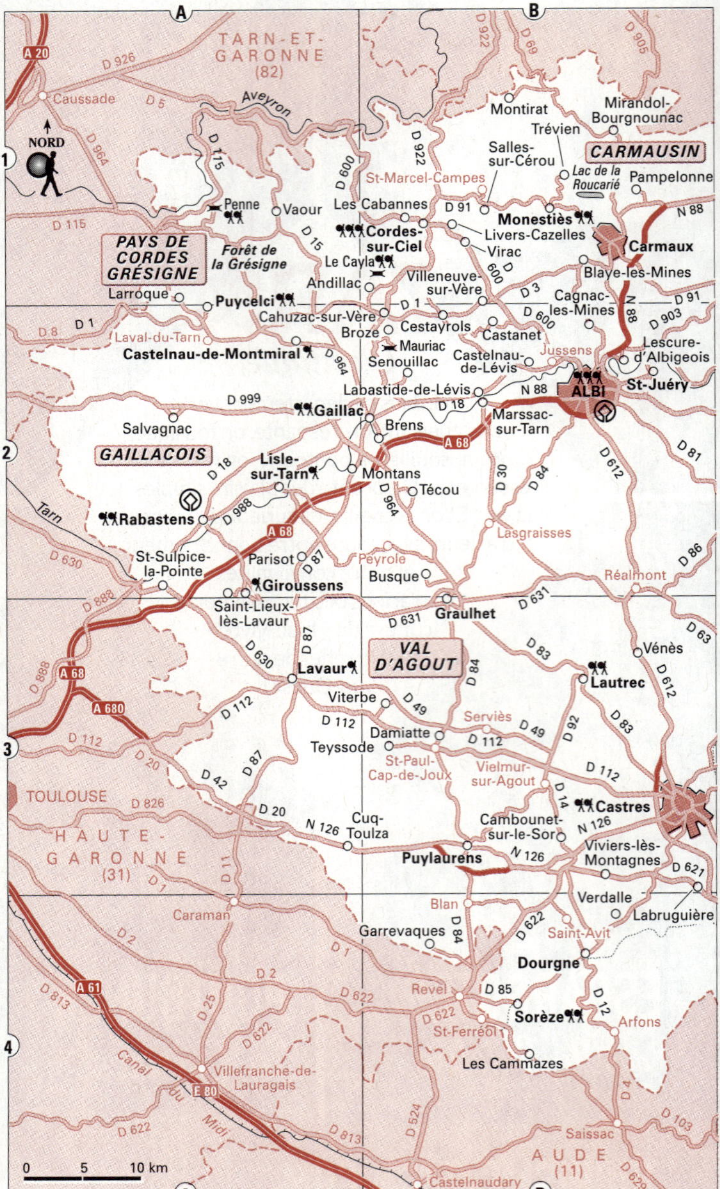

TARN-ET-GARONNE (82)
A 20
D 926
Caussade
D 5
Aveyron
NORD
D 964
D 115
Penne
Vaour
D 600
D 922
St-Marcel-Campes
Montirat
Mirandol-Bourgnounac
Trévien
Salles-sur-Cérou
CARMAUSIN
Lac de la Roucarié
Pampelonne
Les Cabannes
D 91
Monestiès
N 88
Cordes-sur-Ciel
Livers-Cazelles
Carmaux
PAYS DE CORDES GRÉSIGNE
Forêt de la Grésigne
D 15
Le Cayla
Virac
Villeneuve-sur-Vère
Blaye-les-Mines
Andillac
D 3
Larroque
Puycelci
D 1
Cagnac-les-Mines
D 91
D 8
Cahuzac-sur-Vère
Cestayrols
D 600
D 903
Laval-du-Tarn
Broze
Castanet
Castelnau-de-Montmiral
Mauriac
Jussens
Lescure-d'Albigeois
Senouillac
Castelnau-de-Lévis
Labastide-de-Lévis
N 88
ALBI
St-Juéry
D 999
Gaillac
D 18
Salvagnac
Brens
Marssac-sur-Tarn
A 68
GAILLACOIS
Lisle-sur-Tarn
Montans
D 30
D 84
D 612
D 81
Técou
Tarn
Rabastens
D 988
Lasgraisses
D 630
Parisot
Peyrole
St-Sulpice-la-Pointe
Busque
Réalmont
D 86
Giroussens
D 888
Saint-Lieux-lès-Lavaur
Graulhet
D 631
D 63
VAL D'AGOUT
Vénès
Lavaur
D 83
Lautrec
A 680
D 112
Viterbe
D 49
Serviès
D 92
Damiatte
Teyssode
D 20
D 42
St-Paul-Cap-de-Joux
Vielmur-sur-Agout
TOULOUSE
D 826
D 14
Castres
Cuq-Toulza
N 126
Cambounet-sur-le-Sor
HAUTE-GARONNE (31)
Puylaurens
Viviers-lès-Montagnes
D 621
D 11
Verdalle
Labruguière
Blan
Caraman
D 622
Saint-Avit
D 2
Garrevaques
Dourgne
D 813
Revel
D 85
D 12
A 61
D 25
Sorèze
Arfons
St-Ferréol
Les Cammazes
Canal du Midi
Villefranche-de-Lauragais
E 80
D 4
D 524
D 103
Saissac
AUDE (11)
D 629
Castelnaudary
0 5 10 km
A
B
1
2
3
4

C
D
D 997
N 88
Tanus
D 53
Pradiès
Fausserguès
Valence-d'Albigeois
D 903
D 902
Réquista
D 993
A 75
D 44
AVEYRON (12)
E 11
Tarn
D 992
D 999
Saint-Cirgue
D 74
Ambialet
D 70
Trébas
D 33
St-Affrique
Tarn
Villeneuve-sur-Tarn
D 999
D 902
Villefranche-d'Albigeois
Alban
D 86
St-Sernin-sur-Rance
D 607
D 81
D 89
Montredon-Labessonnie
D 81
Viane
Lacaune-les-Bains
MONTS DE LACAUNE
Lacaze
Gijounet
Moulin-Mage
Murat-sur-Vèbre
D 171
D 622
Roquecourbe
Vabre
Espérausses
Nages
D 55
D 622
Rieumontagné
D 922
SIDOBRE
Ferrières
Peyro Clabado
Guyor-en-Sidobre
Lac du Laouzas
Lacrouzette
Burlats
Brassac
D 607
PARC
Le Bez
D 66
D 53
D 93
Lac de la Raviège
RÉGIONAL DU
D 908
Noailhac
Anglès
D 68
D 612
HAUT-LANGUEDOC
HÉRAULT (34)
Bout-du-Pont-de-l'Arn
N 112
St-Amans-Soult
Labastide-Rouairoux
D 907
St-Pons-de-Thomières
Lac des Montagnès
Mazamet
D 612
Hautpoul
Albine
Lacabarède
D 612
D 118
D 112
D 920
Pic de Nore 1 209
Montagne Noire
Pradelles
D 907
Cascade de Cubserviès
D 12
D 620
Gouffre géant de Cabrespine
D 118
1
2
3
4
Puycelci Lieux traités
Larroque Adresses et lieux dans les environs
Noailhac Repères
Sites inscrits au Patrimoine mondial de l'Unesco

LE TARN

– *Le val d'Agout :* un coin d'Occitanie qui s'est enrichi grâce au pastel, et que l'on a appelé le pays de cocagne.
– *Le Gaillacois :* avec ses rangées de vignes dévalant les pentes des collines ondulantes.
– *Mazamet et la Montagne Noire :* au sud du département, cette masse forestière est la ligne de partage des influences atlantique et méditerranéenne ; au pied de la Montagne Noire trône Mazamet, ville symbole de l'industrie du délainage et du cuir.
– *Le Sidobre :* où la nature a bravé les lois de l'équilibre et donné libre cours à des élans de fantasmagorie géologique ; non loin de là, Castres « la petite Venise du Languedoc ».
– *Les monts de Lacaune :* des sommets aux courbes adoucies et émoussées, parcourus par des fougères, des pâturages et des forêts, aux portes du Massif central.

LE PARC NATUREL RÉGIONAL DU HAUT-LANGUEDOC

Sur les derniers contreforts du Massif central, le parc naturel régional du Haut-Languedoc s'étend sur 93 communes également réparties sur deux départements, le Tarn et l'Hérault ; 47 communes, 64 000 habitants et 140 000 ha pour le premier, 46 communes, 18 000 habitants (eh oui !) et 120 000 ha pour le second.
Sa situation, à cheval sur la ligne de partage des eaux de l'Atlantique et de la Méditerranée, lui donne son originalité, et explique les ambiances très contrastées que vous rencontrerez. C'est une fabuleuse palette de couleurs et de senteurs, une véritable mosaïque de paysages et d'atmosphères qui s'étend, dans le Tarn, du Sidobre jusqu'aux monts de Lacaune.
Pour tt rens sur les possibilités de balades et de découverte du patrimoine local, s'adresser à la Maison du parc naturel régional du Haut-Languedoc, 34220 ***Saint-Pons-de-Thomières*** *(☎ 04-67-97-38-22 ; ● parc-haut-languedoc.fr ●) ou aux offices de tourisme.*

LES VINS DE GAILLAC

Un vignoble millénaire

Déjà présente à l'époque gallo-romaine quand les potiers de Montans fabriquaient des amphores vinaires, la viticulture gaillacoise connaît un essor important à compter de la fondation de l'abbaye Saint-Michel par les bénédictins en 972. Le vin de Gaillac se développe au XIIIe s, période à laquelle les consuls des villes de Gaillac, Lisle et Rabastens établirent les premières chartes connues : choix des terroirs, sélection des cépages, qualité des bois de fûts, dates des vendanges.
La rivière a joué très tôt un rôle prépondérant dans le commerce et l'exportation du vin. Le port de Gaillac était alors très prospère. En descendant le Tarn vers la

COCORICO

Le nom de Gaillac a été créé en 972 sur une déclinaison du mot latin gallus qui signifie « coq ». Les fûts de vin qui quittaient la ville portaient l'effigie du volatile. C'était ainsi un moyen d'identifier leur provenance. Par la suite, les vins de Gaillac ont naturellement été surnommés les vins du coq. Aujourd'hui, le coq fait son come-back puisque les viticulteurs de l'AOC gaillac utilisent de nouveau ce symbole pour faire connaître leurs vins.

Garonne, et en rejoignant Bordeaux, les gabarres ont permis au gaillac de partir à la conquête de la France et des pays voisins. Les vins du coq (signification romaine de *gaillac*) étaient très prisés à la cour des rois d'Angleterre.
On peut découvrir ces terroirs le long de la route du vignoble grâce à une signalisation commune (très pratique pour s'orienter). Le mieux est de se procurer la carte du vignoble à la ***Maison des vins de Gaillac*** pour se laisser porter à son gré, au fil du vignoble de Gaillac, encore nommé ***« Toscane française »*** par certains. Aujourd'hui, les vins de Gaillac permettent de se faire plaisir avec un bon rapport qualité-prix.

Adresses et infos utiles

Comité départemental de tourisme *(plan Albi B2, **2**)* ***:*** *14, rue Timbal, Hôtel Reynès, BP 225, 81006* ***Albi*** *Cedex. ☎ 05-63-77-32-10. • tourisme-tarn.com • visit-tarn.com • Ouv au public, tlj.* Service de conciergerie touristique, réservation des séjours en ligne. Propose, entre autres, une trentaine de fiches très bien faites pour parcourir la région à vélo, moto ou en voiture. Disponibles également dans les offices de tourisme. Propose un site internet mobile, le « guide touristique pratique » avec disponibilité des hébergements en temps réel, ainsi qu'une application iPhone gratuite « Circuits touristiques du Tarn ».

■ ***Service Tarn-réservation-tourisme (Loisirs Accueil) :*** *14, rue Timbal, Hôtel Reynès, 81027* ***Albi*** *Cedex 9. ☎ 05-63-77-32-30. • tarn-vacances.com •* Résa de meublés, campings, chalets, etc. Formules « idées de séjours ».

■ ***Gîtes de France – Association tarnaise de tourisme en espace rural (ATTER) :*** *96, rue des Agriculteurs, BP 80332, 81027* ***Albi*** *Cedex 9. ☎ 05-63-48-83-01. • gites-tarn.com •*

■ ***Comité départemental de la randonnée pédestre :*** *14, rue Timbal, Hôtel Reynès, 81000* ***Albi.*** *☎ 05-63-47-73-06. • randonnee-tarn.com •*

– ***Tarn-Bus :*** le conseil général du Tarn a mis en place un réseau de bus entre les principales villes du département, à tarif fort intéressant : 2 € le trajet, avec une correspondance. Billets en vente auprès du conducteur. *Rens : ☎ 0806-990-081 (sans supplément) ou • tarnbus.tarn.fr •*

LA VALLÉE DU TARN

ALBI

(81000) 51 441 hab. *Carte Tarn, B2*

• Plan *p. 287*

Albi, surnommée « Albi la Rouge » à cause de la couleur de sa brique, est certainement l'une des plus belles villes de la région. La cité épiscopale est d'ailleurs classée au Patrimoine mondial de l'Unesco. Elle n'a rien à envier à la Toscane italienne, avec son patrimoine architectural hors du commun. D'une apparence indolente, à l'image de

ses sœurs italiennes, cette préfecture se développe autour d'une place, la *place du Vigan,* plus active que les pourtours de la cathédrale et de l'ancienne ville.

UN PEU D'HISTOIRE

Albi est rattachée au royaume de France au milieu du IXe s. La question religieuse se complique à partir du XIe s, avec l'apparition dans la région de la doctrine cathare, opposée aux incohérences et aux inégalités devenues l'apanage d'un catholicisme romain omnipotent.
Remettons les choses à leur place : le nom d'« ***albigeois*** » donné par la suite aux adeptes de la religion cathare est ***trompeur,*** Albi n'ayant été ni le berceau ni un bastion important de ce contre-pouvoir religieux venu des Balkans et principalement implanté dans le Languedoc (les citadelles où se réfugièrent les « hérétiques » – terme également mal approprié – sont pour la plupart dans l'actuel département de l'Aude). ***Les habitants d'Albi se contentaient de témoigner beaucoup de sympathie aux très pieux cathares*** (épris de justice, pacifistes et désireux de revenir à un christianisme « pur », proche de celui des débuts). ***Ce phénomène inquiétait les puissants évêques d'Albi,*** qui entamèrent, au XIIIe s, de gigantesques travaux : le palais épiscopal de la Berbie (château qui les protégeait), mais surtout la cathédrale Sainte-Cécile, conçue comme une véritable « forteresse de Dieu » ! Il fallut deux siècles pour achever cet imposant édifice devant symboliser l'autorité de l'Église et une foi « retrouvée » après les massacres de la croisade menée par le pape et le royaume de France contre les cathares, dont la religion s'acheva, après les guerres et l'Inquisition, dans les flammes des bûchers...

Arriver – Quitter

✈ ***En avion :*** *aéroport Castres-Mazamet.* ☎ *05-63-70-34-77.* C'est l'aéroport le plus proche d'Albi, à env 50 km au sud. Voir infos au chapitre de Castres.

Gare SNCF *(hors plan par A3) : pl. Stalingrad.* ☎ *36-35 (0,40 €/mn). À 10 mn à pied du vieil Albi.*

➢ *Depuis Paris :* env 7h avec une correspondance.

➢ *Depuis Toulouse :* env 1h de trajet.

Adresses utiles

- 1 Office de tourisme *(A2)*
- 2 Comité départemental de tourisme *(B2)*

Où dormir ?

- **10** Albirondack Park *(hors plan par B2)*
- **11** Villa Caroline *(A1)*
- **13** Hôtel Les Pasteliers *(hors plan par B3)*
- **14** Hôtel Cantepau *(hors plan par B1)*
- **15** Hôtel d'Orléans *(hors plan par A3)*
- **16** Hôtel Mercure Alby, Cité épiscopale *(B1)*
- **17** La Maison de Julia *(hors plan par A1)*

Où manger ?

- **15** Restaurant Le Goulu *(hors plan par A3)*
- **20** Le Tournesol *(B3)*
- **21** Le Bistrot d'Auguste *(hors plan par B3)*
- **22** Le Solelhou *(A3)*
- **23** Lou Sicret *(B2)*
- **24** Le Lautrec *(A3)*
- **25** La Table du Sommelier *(hors plan par B1)*
- **27** Le Clos Sainte-Cécile *(A2)*
- **29** L'Épicurien *(B3)*

Où boire un verre ? Où sortir ?

- **30** Grand Café Le Pontié *(B2)*
- **31** O'Sully's *(B3)*
- **32** Chez Yvette *(hors plan par A3)*

Achats

- **40** Michel Belin *(B3)*
- **41** Alby Foie Gras *(A2)*
- **42** L'Artisan Pastellier *(A2)*
- **43** Poteries d'Albi *(hors plan par B1)*
- **44** Les Toiles de la Montagne Noire *(A3)*

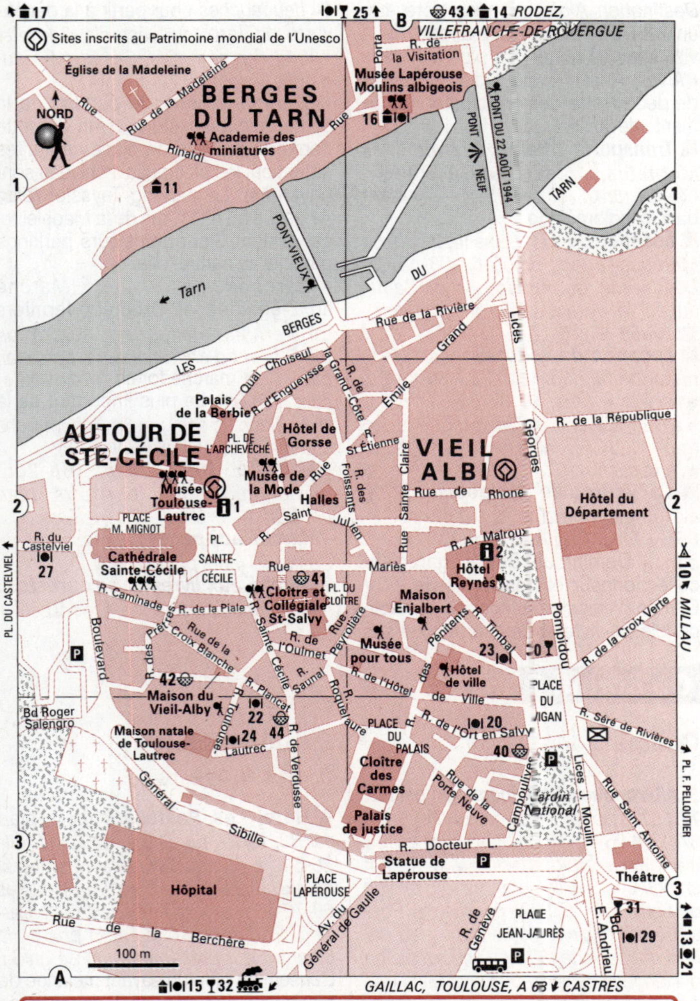

ALBI

Gare routière *(plan B3)* : *pl. Jean-Jaurès.* ☎ *05-63-54-58-61.* Liaisons du lundi au samedi avec Gaillac, Castres, Cordes, Rodez. .

Adresses et infos utiles

Office de tourisme *(plan A2)* : *pl. Sainte-Cécile.* ☎ *05-63-36-36-00.* ● *albi-tourisme.fr* ● *Tte l'année, tlj sauf certains j. fériés.* Propose des forfaits touristiques *Un jour à Albi* (billet d'entrée, audioguide, repas),

Destination Albi avec résa hôtelière, un *Albi City pass* pour découvrir la ville sans se ruiner (lire plus loin dans « À voir. À faire »). Belle doc et guides de découverte des principaux monuments de la ville.

■ ***Transports urbains :*** **Espace Infos Mobilités,** *16, av. du Général-de-Gaulle. ☎ 05-63-76-05-05.* Circulent dans l'agglomération.

■ ***Location de VTC :*** **Basile,** *28, av. du Maréchal-Foch. ☎ 05-63-38-43-09.* **Les vélos de Frédo,** *1, pl. Saint-Julien (à côté du marché couvert). ☎ 05-63-54-16-17.*

■ ***Location de voitures :*** **Hertz,** *15, rue Jean-Monod. ☎ 05-63-60-89-89. • hertz.fr •* **Avis,** *☎ 05-63-54-76-54. • avis.fr •* **Rent a Car,** *pl. Stalingrad (gare SNCF). ☎ 05-63-47-79-30. • rentacar.fr •*

■ ***La Vadrouille Albigeoise :*** *173, av. François-Verdier. 📱 07-82-31-27-65. • lavadrouillealbigeoise@gmail.com •* Dominique Barda, garagiste collectionneur et passionné de 2 CV Citroën (véhicule de légende symbole de joie de vivre et de liberté) loue ses 14 *deudeuches* pour partir à la découverte du Tarn *(sur résa slt. Compter 130 €/j. en sem, 350 € le w-e ; assurances incluses).*

🅿 ***Stationnement :*** le parking de la cathédrale *(plan A2),* à 5 mn de cette dernière, dispose de places gratuites (attention, les places du 1er niveau sont payantes). Le parking Teyssier *(plan A1),* situé au n° 11, rue de la Madeleine, est gratuit. Sinon, plusieurs parkings payants au centre-ville.

– ***Marchés :*** *sam mat.* Marché aux légumes et produits fermiers *(pl. Fernand-Pelloutier, hors plan par B3 ; et bd de Strasbourg, hors plan par B1),* et marché forain *(jardin National ; plan B3).* Le plus important de la ville. *Sinon, tlj sauf lun 8h-14h, marché couvert sous les halles (plan A2).*

– ***Marché bio :*** *mar 16h-20h, pl. Fernand-Pelloutier (hors plan par B3).*

– ***Marché aux puces :*** *sam mat, pl. du Castelviel (hors plan par A2).*

– ***Marché aux livres et aux artistes :*** *mer et sam tte la journée, rue Mariès.*

Où dormir ?

Camping

⛺ ***Albirondack Park*** *(hors plan par B2,* ***10****) :* *31, allée de la Piscine. ☎ 05-63-60-37-06. 📱 06-84-04-23-13. • albirondack@orange.fr • albirondack.fr • ♿ À 2 km env du centre-ville ; prendre la direction de Saint-Juéry (D 999), puis fléché. Possibilité de rejoindre le centre à pied par l'Échappée verte (30 mn), chemin piéton qui longe le ruisseau du Caussels. D'avr à mi-nov (tte l'année pour les loc). Empl. tentes 16-30 € selon saison ; hébergements locatifs 385-840 €/sem. 45 empl.* Beau camping parfaitement ombragé et très bien équipé. Location de mobile homes et chalets pour 2-6 personnes, ainsi que de 2 cabanes perchées pour 2 personnes (possibilité de location à la nuitée hors été). Piscine chauffée toute l'année, spa, miniclub pour les enfants, animations en saison, resto et bar. Le tout dans une atmosphère qui rappelle le Grand Nord américain, l'espace en moins ! Accueil très irrégulier.

De bon marché à prix moyens

🏠 **Hôtel Les Pasteliers** *(hors plan par B3,* ***13****) :* *3, rue Balzac. ☎ 05-63-54-26-51. • contact@hotellespasteliers.com • hotellespasteliers.com • Doubles 60-70 € ; des familiales également. Parking. Réduc de 10 % sur le prix de la chambre sur présentation de ce guide.* L'ensemble offre un savant mélange de bourgeois, de traditionnel, de moderne et de douce excentricité comme ce lit circulaire posé au milieu de la chambre n° 215. Toutes les chambres sont personnalisées et climatisées. Espace de vie convivial fraîchement aménagé par les nouveaux proprios, plein d'allant.

🏠 ***Hôtel Cantepau*** *(hors plan par B1,* ***14****) :* *9, rue Cantepau. ☎ 05-63-60-75-80. • contact@hotelcantepau.fr • hotel-cantepau-albi.com • ♿ Doubles 39-89 € selon confort et période. Parking. Réduc de 10 % sur le prix de la chambre sur présentation de ce guide.*

La façade du bâtiment n'est peut-être pas des plus engageante, on en convient. Mais une fois le pas de la porte franchi, surprise ! On découvre un hôtel rénové qui dégage une petite atmosphère coloniale. L'accueil s'avère charmant, et les chambres sont simples mais confortables.

Hôtel d'Orléans (hors plan par A3, **15**) : *pl. Stalingrad. ☎ 05-63-54-16-56. • hoteldorleans@wanadoo.fr • hotel-orleans-albi.com • En face de la gare ferroviaire. Doubles 85-92 € ; des familiales également. Loc de vélos.* Un hôtel tenu par la même famille depuis 1902, c'est dire si on connaît le métier ! La nouvelle génération arrivée, la soixantaine de chambres ont été rénovées dans un esprit contemporain (lignes sobres, couleurs sympas). Elles offrent aujourd'hui tout le confort nécessaire, avec en prime une petite piscine sur l'arrière. Accueil très pro et bon resto *Le Goulu* (voir « Où manger ? »).

De chic à plus chic

Villa Caroline (plan A1, **11**) : *16, rue de l'Équerre. 07-83-95-22-70. • villacaroline.vc@gmail.com • villacaroline-albi.com • À 2 pas du Pont-Vieux. Doubles 80-110 €. Parking gratuit à proximité.* Face à la cathédrale et surplombant le Tarn, cette nouvelle maison d'hôtes ne manque pas d'atouts. Les 3 chambres, climatisées et colorées, sont très confortables et décorées avec beaucoup de goût. Mélange de mobilier chiné et de trouvailles avec des éléments de récup', parquet ancien poncé et patiné de blanc, belle salle de bains moderne... Une cuisine bien équipée est à disposition avec une terrasse qui offre une vue panoramique exceptionnelle ! Accueil très pro et attentionné de Patricia et Mario.

La Maison de Julia (hors plan par A1, **17**) : *28, rue du Capitaine-Julia. 06-42-18-62-81. • maisonjulialbi@gmail.com • maisonjulialbi.com • À moins de 1 km de la cathédrale. Doubles 80-120 €. Table d'hôtes sur résa 25 €/pers. Stationnement gratuit dans la rue. Prêt de vélos.* Dans sa belle et grande maison située dans un quartier résidentiel, Julie a aménagé 4 chambres élégantes et confortables (clim, machine Nespresso...), à la déco contemporaine épurée. On a un faible pour la *Love* de style rétro-chic avec sa baignoire sur pattes à même la chambre. Dans le jardin, belle piscine bordée de bambous et palmiers pour se rafraîchir et buller. Petit déj copieux à base de yaourts et gâteaux maison. Pâtissière et cuisinière hors pair Julie propose également une table d'hôte d'exception !

Hôtel Mercure Albi, Cité épiscopale (plan B1, **16**) : *moulins albigeois, 41, rue Porta. ☎ 05-63-47-66-66. • h1211-gm@accor.com • lavermicellerie-hotelmercure.fr • Resto fermé le midi w-e et j. fériés. Doubles 111-130 €. Petit déj 16 €. Formule déj en sem 15,90 €. Menus 24-30 € ; carte 38 €. Parking gratuit. 1 petit déj par pers offert sur présentation de ce guide.* Dans les murs de brique rouge d'un ancien moulin du XVIIIe s, l'hôtel 4 étoiles domine majestueusement les berges du Tarn, face à la cathédrale. Restauré, il a conservé sa façade de style et son porche monumental, ce qui contribue à faire oublier que l'on se trouve dans un hôtel de chaîne. Évidemment on paie le prix aussi bien du confort que du panorama, sans doute le plus beau d'Albi (vue sur la rivière et la cathédrale Sainte-Cécile pour les plus chères). Côté resto, *La Vermicellerie* propose une cuisine raffinée fort convaincante, avec le spectacle de la rivière et de la vieille ville. Personnel aimable et professionnel.

LE TARN

Où manger ?

Bon marché

Le Tournesol (plan B3, **20**) : *11, rue de l'Ort-en-Salvy. ☎ 05-63-38-38-14. Ruelle donnant pl. du Vigan. Tlj sauf dim, le midi slt. Repas pour moins de 20 €.* C'est LE resto végétarien d'Albi. Voici une bonne adresse pour prendre du plaisir sans se ruiner. Dans un cadre coloré, sobre, lumineux et climatisé, plats chauds et assiettes composées. Par exemple, flan de courgettes au basilic, au quinoa, aux herbes et amandes grillées. Un régal ! Accueil et service impeccables. Terrasse en été.

Le Solelhou *(plan A3,* ***22****) : 13, rue Plancat. ☎ 05-63-49-03-51. Ouv à midi slt lun-ven (plus sam en saison). Congés : 1 sem à Pâques et vac de Noël. Formule déj 10,50 €, carte 14 € env. CB refusées.* Un salon de thé-resto presque aussi grand qu'un mouchoir de poche, proposant salades, tartes salées, quiches, plats du jour. Du simple, du frais, du bon. Pâtisseries maison et thé à la menthe aux mille vertus. Accueil sympa.

Le Bistrot d'Auguste *(hors plan par B3,* ***21****) : 31, rue du Général-Pont. ☎ 09-83-26-57-23. Ouv tlj sauf dim à midi, plus jeu-sam soir. Formules déj en sem 11,50-13,80 €, menus 19,50-28 €.* À 2 pas de l'hyper-centre, un petit resto de quartier tenu par une famille à l'accueil très amical. Ici, la spécialité, c'est la viande de l'Aubrac, goûteuse et tendre, servie avec des frites maison (cuites à la belge, 2 fois !). Sinon, bon petit choix à l'ardoise, selon le marché. Simple et sans chichis, une bonne option pour le midi.

De prix moyens à chic

Lou Sicret *(plan B2,* ***23****) : 1, rue Timbal. ☎ 05-63-38-26-40. • lousicret@gmail.com • ♿ Tlj sauf dim-lun. Congés : 3 sem de mi-sept à début oct. Formule à midi en sem env 16 € ; le soir, à la carte slt, plats 17-21 €.* Un resto qui se cache au fond d'un passage presque secret et qui propose une franche cuisine traditionnelle. Magret de canard, tripous, souris d'agneau et joue de bœuf sont à la fête. On ressort repu ! Robustes tables en bois et cour plaisante aux beaux jours, le tout dans une atmosphère conviviale.

Le Lautrec *(plan A3,* ***24****) : 13-15, rue Toulouse-Lautrec. ☎ 05-63-54-86-55. • restaurantlelautrec@wanadoo.fr • Tlj sauf dim-lun, ouv dim midi hors saison. Formules déj en sem 16-18 € ; menus 25-36 €. Apéritif maison offert sur présentation de ce guide.* En face de la maison natale de Toulouse-Lautrec, un resto fort plaisant, tant par son cadre rustique que par sa cuisine. En été, petit patio calme, sous une tonnelle de glycine qui réserve une certaine intimité et terrasse dans la ruelle. Plats régionaux particulièrement réussis, enrichis de saveurs méditerranéennes.

La Table du Sommelier *(hors plan par B1,* ***25****) : 20, rue Porta. ☎ 05-63-46-20-10. • latabledusommelier@orange.fr • ♿ À 5 mn à pied du musée Lapérouse. Tlj sauf dim-lun. Formules déj en sem 16-18 €, menus 28-38 € (55 € avec vins). Le 1er verre de vin facturé, le 2e verre offert sur présentation de ce guide.* Un resto-bar à vins qui n'a pas volé son enseigne, car la cave est particulièrement intéressante ! Rien d'étonnant, puisque Daniel Pestre a été consacré meilleur sommelier de France en 2004 ! Cadre tout en brique et bouteilles, et 2 belles terrasses dont une couverte, à l'arrière. Belle cuisine de marché aux suggestions régulièrement renouvelées. Le menu surprise est servi en accord mets et vins.

Le Clos Sainte-Cécile *(plan A2,* ***27****) : 3, rue du Castelviel. ☎ 05-63-38-19-74. ♿ À deux pas de la cathédrale. Tlj sauf mar-mer. Congés : nov-fév. Grosse salade 14 €, menus 20-27 € ; carte 30 € env.* Dans cette ancienne école qui a fermé ses portes dans les années 1990 ne résonnent plus les cris des écoliers en culottes courtes, mais bien ceux des coups de fourchettes. Un resto au cadre sobre pour une cuisine fraîche, bien amenée et agrémentée d'un brin de fantaisie. En été, avec ses lauriers-roses, ses tilleuls et ses guirlandes de loupiotes multicolores, l'ancienne cour de récréation offre un cadre délicieusement champêtre.

Restaurant Le Goulu *(hors plan par A3,* ***15****) : resto de l'Hôtel d'Orléans (voir « Où dormir ? »). Tlj sauf sam midi, dim soir et lun midi. Menu du jour 18 €, puis 28-38 €. Apéritif maison offert sur présentation de ce guide.* Cadre assez chicos mais pas guindé. Une cuisine gastronomique de haut vol, qui fait honneur aux produits régionaux, préparés avec doigté et finesse par David Enjalran, ancien chef étoilé. Quel que soit le menu choisi (plus on monte en gamme plus les produits sont nobles), le rapport qualité-prix-plaisir est exceptionnel. Une institution à Albi !

Chic

🍽 ***L'Épicurien*** *(plan B3,* ***29****) : 42, pl. Jean-Jaurès. ☎ 05-63-53-10-70. • l-epicurien@orange.fr • ♿ Tlj sauf dim-lun. Formules déj 18,50-21 € et menus 32-45 €.* Derrière les larges baies vitrées, le design contemporain rappelle les origines suédoises du chef. Rikard Hult associe ses influences scandinaves aux produits régionaux avec une simplicité raffinée. Les assiettes épurées ignorent les « lourdeurs » locales pour provoquer de délicieuses surprises, sources d'émotions. Midi et soir, on peut combiner la carte bistrot et la carte gastronomique, alternant à l'envie recettes nobles et plats canailles... Belle carte des vins à prix abordables, une bonne surprise pour un resto chic.

Où dormir ? Où manger dans les environs ?

De prix moyens à plus chic

🏠 🍽 ***Chambres d'hôtes Le Pignié :*** *chemin des Pignès, 81380* ***Lescure-d'Albigeois.*** *☎ 05-63-60-44-31. 📱 06-15-73-06-90. • lepignie@gmail.com • lepignie.com • À 5 km env du centre-ville. Ne pas aller à Lescure-d'Albigeois ; d'Albi, prendre la D 90 en direction de Cagnac-les-Mines, puis tourner à droite 800 m après l'église de la Drèche (fléché). Tte l'année. Doubles 77-80 €. Table d'hôtes 24 €.* Dans un paysage de collines, une belle propriété albigeoise où 3 corps de bâtiments entourent une jolie piscine. Chambres aux couleurs vives, vastes et indépendantes. Deux d'entre elles donnent sur une terrasse privée. Un petit faible pour l'Amaryllis, à l'étage, avec ses fenêtres offrant une belle vue dégagée. Cuisine à disposition et table d'hôtes sauf en semaine en période scolaire.

🏠 🍽 ***La Taverne :*** *rue Aubijoux, 81150* ***Castelnau-de-Lévis.*** *☎ 05-63-60-90-16. • contact@tavernebesson.com • tavernebesson.com • ♿ Prendre la route de Cordes (D 600), puis, à 4 km, la D 1 à gauche jusqu'au centre du village. Resto fermé dim soir-lun et mar midi. Congés : vac scol de Noël et de la Toussaint. Doubles 78-98 €. Formule 20 €. Menu 54 €.* Amis épicuriens, venez vous régaler et trouver ici votre bonheur : veau fermier du Ségala, pigeon du Mont-Royal... et en guise d'ultime délice, un magnifique chariot de desserts et une carte des vins du feu de Dieu. Service à la hauteur, en salle comme en terrasse. Et pour prolonger l'étape dans cette belle auberge de village au cadre gentiment modernisé, 8 chambres, classiques et climatisées. Profitez-en pour aller jeter un œil à l'église et aux ruines du château fort.

Où boire un verre ? Où sortir ?

🍷 ***Grand Café Le Pontié*** *(plan B2,* ***30****) : pl. du Vigan. ☎ 05-63-54-16-34. Ouv jusqu'à 2h.* La terrasse la plus fréquentée d'Albi et son plus vieux café. Intéressant pour son emplacement stratégique et ses horaires de fermeture tardifs.

🍷 ***O'Sully's*** *(plan B3,* ***31****) : 44, pl. Jean-Jaurès. ☎ 05-63-43-46-12. Tlj jusqu'à 2h (1h dim-lun) ; tapas à partir de 19h, restauration le soir.* Faire venir d'Irlande de grands gaillards spécialisés dans la construction de pubs traditionnels avec 35 t de matériel dans leurs valises, fallait oser ! Un pari fou, certes, mais réussi ! Cadre rustique et authentique avant tout. Terrasse littéralement BONDÉE en été !

🍷 ***Chez Yvette*** *(hors plan par A3,* ***32****) : pl. Stalingrad. ☎ 05-63-38-67-67. Tlj sauf dim-lun et sam midi.* Malgré sa situation excentrée, en face de la gare SNCF, un bar au cadre chaleureux avec une grande terrasse qui baigne dans une ambiance conviviale et même festive certains soirs. Beau choix de *tastous* (genre de tapas du Sud-Ouest) à grignoter pour accompagner un verre de gaillac ou la sangria maison.

Achats

Michel Belin *(plan B3,* ***40****) : 4, rue du Docteur-Camboulives. ☎ 05-63-54-18-46. • michel-belin.com • Tlj sauf dim-lun 9h-12h30, 14h30-19h.* ***Autre boutique*** *qui propose en plus des glaces : 8, pl. Lapérouse. ☎ 05-63-54-15-59. Tlj sauf dim ap-m, mêmes horaires.* Une adresse pour les amateurs de chocolat. Achetez-le en vrac, surtout le noir amer, c'est comme ça qu'il est le meilleur (et en plus, il paraît que le tanin du cacao protège l'émail des dents contre les caries...). Dans la boutique de la pl. Lapérouse, également un salon de thé avec terrasse.

Alby Foie Gras *(plan A2,* ***41****) : 29, rue Mariès. ☎ 05-63-38-21-33. • albyfoiegras.com • Mar-sam 10h-12h30, 14h30-19h.* Une institution familiale passée maître dans la transformation du canard et de l'oie : foie gras, magret, confit, gésier, cou de canard, etc. Tout est fait à la main, et les prix sont raisonnables !

L'Artisan Pastellier *(plan A2,* ***42****) : 5, rue Puech-Bérenguier. ☎ 05-63-38-59-18. • artisanpastellier.com • Juin-sept, tlj sauf dim et lun mat 10h-12h, 14h-19h ; hors saison, mar-sam 14h-18h.* Jolie boutique pour se procurer du pastel. On y trouve surtout des pigments naturels ou organiques, des craies grasses, des peintures, bref, tout ce qui tourne autour de la cocagne. Mais vous pourrez y acheter également du linge teint, des foulards et même quelques vêtements. Excellent accueil.

Poteries d'Albi *(hors plan par B1,* ***43****) : 112, av. Albert-Thomas. ☎ 05-63-60-71-00. • lespoteriesdalbi.fr • Tte l'année, lun-sam 8h30 (9h30 sam)-12h, 14h-19h (17h30 lun).* Gardiens depuis 6 générations d'un savoir-faire bien albigeois, appelé le jaspé, qui donne un aspect flammé unique à la poterie, ils proposent des modèles aux coloris tout à fait actuels.

Les Toiles de la Montagne Noire *(plan A3,* ***44****) : 3, rue du Plancat (à l'angle de la rue Sainte-Cécile). ☎ 05-63-41-29-34. • lestoilesdelamontagnenoire.com • Lun-sam 10h (15h lun)-19h.* Création de linge de maison 100 % tarnais... Conception, ourdissage, tissage et confection, tout est fait ici, jusqu'aux matières premières (laine de race lacaune, lin, pastel et garance). Motifs traditionnels et coloris au goût du jour. Autres boutiques à Mazamet et à la fabrique de Labastide-Rouairoux. Prix « usine ».

À voir

Avant d'entamer la visite, sachez qu'il existe un ***Albi City pass*** qui donne droit à de nombreuses réductions (collection permanente, site, commerçants partenaires, etc.) et comprend l'entrée au musée Toulouse-Lautrec et au chœur de la cathédrale. *Tarif : 12 €. Rens et vente à l'office de tourisme.* Également un audioguide pour visiter la cité épiscopale *(loc à l'office de tourisme ; 4 €).*

LA CITÉ ÉPISCOPALE : UN SITE UNIQUE AU MONDE

Le 31 juillet 2010, l'Unesco a inscrit la cité épiscopale sur la prestigieuse liste du Patrimoine mondial dans la catégorie des biens culturels. Structurée autour de la cathédrale et du palais-forteresse, elle date du XIIIe s. Elle a été inscrite pour son ensemble bâti, remarquablement préservé et représentation unique de ce type de développement urbain en Europe, allant du Moyen Âge à l'époque moderne et contemporaine. L'empreinte urbaine épiscopale sur la cité constitue la spécificité d'Albi. Elle se singularise également par sa grande cohérence visuelle due à l'usage généralisé et durable de la brique foraine.

La cathédrale en constitue le symbole monumental le plus remarquable, dans un style architectural gothique méridional unique, complété aux XVe-XVIe s par un décor intérieur exceptionnel (peinture, chœur et statuaire). Sur 19,47 ha, la cité épiscopale regroupe quatre quartiers d'origine médiévale, des monuments historiques et sites majeurs : la cathédrale Sainte-Cécile, le palais de Berbie, la collégiale Saint-Salvy et son cloître, le Pont-Vieux et les berges du Tarn.

Autour de Sainte-Cécile

La cathédrale Sainte-Cécile (plan A2) : pl. Sainte-Cécile. ☎ 05-63-43-23-43. • cathedrale-albi.com • Nov-avr, 9h30-13h, 14h-18h ; mai-oct, 9h30-18h. ♿ (par la rue de la Temporalité.) Visites du chœur : 5 € (audioguide compris), avec le trésor 6 € ; gratuit moins de 12 ans. Entrée comprise dans l'Albi City pass. Tenue convenable exigée.

Ceux qui n'ont jamais mis les pieds à Albi, ni même vu de photos, peuvent s'attendre à un sacré choc. Choc que l'on ressent, même après plusieurs visites... Tout a été dit sur cette plus grande cathédrale de brique du monde, « chef-d'œuvre de l'architecture gothique », « sobre et menaçante beauté »..., construite entre 1282 et 1480. On la comparerait plutôt à un énorme dragon : cou cambré du donjon (78 m de haut !), reins indestructibles des hautes murailles, écailles rouges de la brique... et entrailles féeriques ! Car après avoir gravi les escaliers et franchi le merveilleux porche-baldaquin foisonnant de sculptures (XVe s), on subit un deuxième choc provoqué par le contraste entre l'extérieur (austère) et la richesse inimaginable de l'intérieur.

Bon, quelques chiffres pour vous écraser un peu plus : nef de 100 m de long, grande voûte entièrement peinte à la Renaissance (peintures italiennes du début du XVIe s) de 30 m de haut, 178 statues dont 70 angelots dans le chœur... Le *jubé,* que l'on voit tout de suite à droite en entrant, est, de l'avis général, le plus beau de France. Summum de l'art flamboyant, il date de 1485 et déploie un nombre considérable de motifs ciselés dans du calcaire ! En pleine lumière et avec du recul, on jurerait des dentelles cousues dans le diamant !

On admire aussi les grandes orgues, incrustées dans la voûte. Réalisées au XVIIIe s, elles ne déparent pas la somptuosité des lieux. En dessous, le vrai trésor de cette cathédrale : l'une des plus grandes compositions picturales qui soient (18 m de large) : *Le Jugement dernier,* peint sur la paroi occidentale à la fin du XVe s. Encore un chef-d'œuvre du genre, illustré comme il se doit de visions infernales : les sept péchés capitaux punis des pires tourments. Détail amusant : celui de la Paresse a disparu ! La figure du Christ également, une partie de la peinture ayant dû laisser la place à une chapelle plus récente...

Dernier petit tour (on ne décrit pas tout !) pour visiter le *chœur* (entrée payante), caché par le jubé restauré. On y découvre de belles fresques des XVe et XVIe s, notamment dans les chapelles des Deux-Saint-Jean et de la Sainte-Croix. Importante statuaire polychrome dans les couloirs du déambulatoire, qui contourne le *grand chœur.* Dans celui-ci, rangées de stalles sculptées. Leur austérité est compensée par la luxuriance inouïe des dais et de la clôture flamboyante. Pourquoi ce splendide ensemble

SAINTE CÉCILE, PATRONNE DES MUSICIENS

Sainte Cécile, célèbre vierge romaine, dut épouser Valérien contre son gré, puis convertit mari et beau-frère au christianisme. Ces baptêmes ne leur portèrent pas chance : les deux hommes furent décapités. Quant à la sainte, elle n'échappa pas au martyre et fut ébouillantée (ou reçut des coups de hache, selon les versions), et survécut 3 jours à son supplice en chantant Dieu. Sainte Cécile est ainsi devenue patronne des musiciens.

LE TARN

est-il si bien conservé ? Quand Sainte-Cécile devint paroisse (et non plus seulement cathédrale) au XVIIe s, les Albigeois s'y ruèrent, et elle s'avéra trop petite. L'évêque décida alors de bâtir un nouvel autel de l'autre côté de la nef, pour célébrer la messe et ne pas toucher au chœur d'origine, qui ne pouvait recevoir que les chanoines.
La visite peut se compléter par celle du *trésor* situé dans une chapelle haute de la cathédrale. Les travaux ont révélé la vocation initiale de ce lieu : celle d'une chambre forte destinée à abriter dès le XIIIe s les archives et des pièces de valeur. Il réunit des objets d'art sacré du XIIIe au XXe s, appartenant à la cathédrale ou à des églises du diocèse. À citer : la châsse de sainte Ursule du XIVe s, un polyptyque siennois de très belle qualité de la même époque...

*** ***Le musée Toulouse-Lautrec*** *(plan A2)* **:** *dans l'ancien palais épiscopal de la Berbie. ☎ 05-63-49-48-70. • musee-toulouse-lautrec.com • ♿ 21 juin-30 sept, tlj 9h-18h ; avr-20 juin, tlj 10h (9h juin)-12h, 14h-18h ; oct-mars, tlj sauf mar 10h-12h, 14h-17h30 (18h en oct). Fermé les 1er janv, 1er mai, 1er nov et 25 déc. Entrée collection permanente et exposition temporaire en cours (valable la journée) : 9 € ; gratuit pour les moins de 14 ans. Entrée comprise dans l'*Albi City pass*. Forfait famille. Expo temporaire seule : 5 €. Possibilité de louer un audioguide (4 €) : peu utile car excellentes cartes explicatives dans les salles. Propose également un programme d'activités culturelles tte l'année, dont des ateliers pour enfants en saison.*

Construit à partir du XIIIe s, le palais des évêques (*Berbie* signifiait « évêché » en langue d'oc), qui abrite le musée depuis 1922, a été maintes fois transformé ; il s'est doté en 2012 d'une nouvelle scénographie permettant une visite fluide, tout à la fois chronologique et thématique. Un vrai bonheur ! Ancienne forteresse, il a perdu une partie du sommet de son donjon. Le chemin de ronde a été abaissé et transformé en chemin de promenade.
Le musée détient la collection publique de Toulouse-Lautrec la plus importante au monde. Des œuvres sur l'ensemble de sa vie. Rien d'étonnant, puisque le musée a récupéré le fonds d'atelier de l'artiste : en gros, toutes les œuvres dont personne ne voulait à l'époque, car jugées trop subversives ! À ce propos, quelques jours après la mort de Toulouse-Lautrec, en septembre 1901, un journaliste peu visionnaire écrivait dans le *Courrier Français* : « Il est heureux pour l'humanité qu'il existe peu d'artistes de ce genre. » C'est l'ami et exécuteur testamentaire du peintre, Maurice Joyant, qui proposa de donner son œuvre (refusée par le Louvre !) au musée d'Albi, avec l'accord de la famille.

PETIT PAR LA TAILLE... GRAND PAR LE TALENT !

Alors qu'il n'était qu'un enfant, Henri de Toulouse-Lautrec fut atteint de pycnodysostose, une maladie osseuse congénitale découlant de la consanguinité de ses parents. Deux fractures aux fémurs le condamnèrent à ne plus grandir et ce, en dépit de remèdes dignes de Frankenstein : décharges électriques, plombs disposés sur chacun de ses pieds... rien à faire ! Toulouse-Lautrec se réfugia alors dans la peinture, et son petit 1,52 m contribua à en faire un très grand artiste.

La visite débute dans des salles médiévales situées au rez-de-chaussée. Dans la première sont exposées ses œuvres de jeunesse et de nombreux dessins : crayon, fusain. Certains ont été réalisés alors qu'il n'avait que 16 ans ! Vient ensuite la salle des portraits, un thème cher à Toulouse-Lautrec. On se rend vite compte que Lautrec ne fut pas uniquement l'illustrateur populaire d'un french cancan caricatural, mais également un portraitiste de premier ordre... Parmi nos coups de cœur : *Le Docteur Tapié de Céleyran* (le cousin de Toulouse-Lautrec). Le portrait de Maurice Joyant, l'ami et camarade de lycée de l'artiste, est particulièrement émouvant. Il fallut plus de 75 séances de pose à Toulouse-Lautrec pour en venir à bout (il ne pouvait jamais travailler longtemps). Dans la troisième salle, ne pas rater deux œuvres : *Au Salon de la rue des Moulins* (1894), fameuse

scène observée avec autant de compassion que de lucidité féroce, et *Marcelle,* qui, pour la petite histoire, fut dérobée lors d'une exposition au Japon. Une fois retrouvé, le gardien du musée se sentant responsable du larcin se fit hara-kiri ! Cette salle aurait servi de prison pendant l'Inquisition. Dans la série sur les maisons closes, il peint les prostituées dans leur intimité, avec respect, tendresse et sans voyeurisme. La plupart de ces portraits sont peints sur carton.
La visite se poursuit au 1er étage avec la présentation de l'ensemble des 31 affiches universellement connues (Aristide Bruant, Jane Avril, La Goulue, May Milton...), études, dessins préparatoires et lithographies qui permettent d'appréhender le cheminement de Toulouse-Lautrec dans son travail (coup de cœur pour le tableau *Marcelle*). Quelques salles « historiques » méritent ici le coup d'œil : la chambre de l'évêque avec ses *vues de Rome,* très idéalisées voire imaginées. Un peu plus loin, deux autres salles aux magnifiques plafonds peints ; quelques œuvres de Georges de La Tour (voir ses *Apôtres*) ou de divers artistes des XVIIe et XVIIIe s ou encore cette magnifique *Lamentation de saint Salvi* (XVIe s). On poursuit dans la nouvelle aile du musée avec une salle consacrée aux affiches publicitaires, illustrations de périodiques et autres revues littéraires...
Au 2e étage, collection d'art moderne, avec des œuvres de différents courants artistiques et d'artistes contemporains de Toulouse-Lautrec : Van Dongen, Vlaminck, Degas, Matisse, Maurice Denis, Dufy, Cavaillès, Vallotton, Sérusier, Vuillard, Bonnard, Gauguin... Même si les œuvres sont « mineures », la liste est fort belle. On peut apprécier également quelques statues du sculpteur Paul Belmondo (le père de Bébel).
Au niveau -1, importante expo temporaire annuelle en automne. Les inconditionnels de Toulouse-Lautrec pourront prolonger la visite par celle de sa maison de famille, le château du Bosc, à 40 mn de là dans l'Aveyron (voir ce chapitre).
Après la visite, ne pas manquer d'aller faire un tour sur les anciens remparts qui ceinturent le jardin de la Berbie (jardin remarquable, accès gratuit). La vue sur le Tarn est superbe.

LE TARN

Le musée de la Mode (plan A2) **:** *17, rue de la Souque.* ☎ *05-63-43-15-90.* • *musee-mode.com* • *Ouv 30 mars-30 déc, mar-dim 9h30-12h, 14h30-18h. Entrée : 6 €, 4 € sur présentation de ce guide ou 5 € avec l'Albi City pass ; gratuit moins de 9 ans ; réduc. Visite guidée le dim à 15h et 16h30.* Créé en 2012, c'est le bébé de Dominique Miraille, un irréductible collectionneur qui sévit depuis l'âge de 20 ans. Aujourd'hui propriétaire de quelque 2 000 costumes, il a choisi de partager sa passion en transformant l'ancien couvent des Annonciades en véritable temple de la mode. Au milieu d'éléments architecturaux du XIIIe et XVIIe s, il dévoile au fil de ses expositions thématiques annuelles une sélection de ses pièces les plus remarquables.

DANS LE « VIEIL ALBY »

Trois circuits (pourpre, or et azur) sillonnent le cœur de la ville (durée 45 mn-1h chacun). Des panneaux explicatifs vous sont proposés, pour mieux découvrir les principaux quartiers et monuments du « Vieil Alby » (renseignements à l'office de tourisme).

La rue des Prêtres (plan A2) **:** au n° 1, la plus belle HLM de France (ne se visite pas). Deux pittoresques cours du XIIIe s, des vieux puits, des maisons mitoyennes à colombages, restaurées en 1989... Au bout de la rue, tourner dans la *rue Puech-Bérenguier,* ravissante, qui abrite galeries d'art et artisans.

La maison du Vieil-Alby (plan A2) **:** *1, rue de la Croix-Blanche.* ☎ *05-63-54-96-38. Tlj sauf dim et j. fériés ; juil-août, 14h-18h ; sept-juin, 14h-17h30 (17h oct-mars). Entrée : 2 € ; gratuit moins de 14 ans et réduc avec l'Albi City pass.* Belle demeure médiévale en brique, à colombages. Expositions temporaires consacrées au patrimoine, documentation sur la ville, divers ouvrages sur l'architecture régionale, vidéo sur Albi et le Tarn. Au dernier étage, le *solelhou,* une galerie ouverte et aérée où l'on faisait sécher les feuilles de pastel.

La rue Henri-de-Toulouse-Lautrec *(plan A2-3)* **:** au n° 14, *maison natale de Toulouse-Lautrec* (ne se visite pas), avec ses hautes persiennes, sa belle porte et sa façade couverte de vigne vierge. C'est dans cet *hôtel du Bosc* très bourgeois que le petit Henri, à l'âge de 14 ans, se fractura le fémur. Il était affecté de surcroît d'une maladie osseuse, qui entraîna un arrêt de croissance des jambes (voir plus haut l'encadré). D'où sa célèbre démarche...

Le cloître et la collégiale Saint-Salvy *(plan A2)* **:** *cloître ouv tlj, tte l'année 7h-20h. Collégiale juin-sept lun-sam 10h (8h30 mar)-18h (19h sam), dim 14h-18h. Ferme 1h plus tôt en sem et entre 12h et 14h d'oct à mai.* De la rue Toulouse-Lautrec, continuer dans la rue Saint-Clair et tourner à gauche dans la rue Sainte-Cécile. Sur la droite, un porche mène au charmant *cloître.* Colonnes romanes et gothiques. La collégiale, édifiée du XIe au XIIIe s, témoigne elle aussi de plusieurs périodes, calcaire blanc et brique rose s'entremêlant. Curieux clocher-donjon. À l'intérieur, tableau primitif en bois, statue également en bois (XIIe s) et *pietà* en pierre (XVe s).

LE TARN

L'hôtel de ville *(plan B2)* **:** *16, rue de l'Hôtel-de-Ville. ☎ 05-63-49-10-10.* Beau bâtiment du XVIIe s, acquis par la ville en 1728. Entrer dans la cour de la mairie pour admirer les élégantes façades intérieures. Porche en pierre, avec fronton décoré d'amours et de cornes d'abondance. Belle fenêtre à meneaux sculptée. Demander s'il est possible de visiter la *salle des États albigeois* – utilisée aujourd'hui pour les mariages et les réunions du conseil municipal –, décorée d'armoiries et de fresques.

Le musée pour tous de Raphaël Cordoba *(plan B2)* **:** *hôtel de Saunal, 38, rue de l'Hôtel-de-Ville. 07-81-07-67-53. Mai-sept, mar-sam ainsi que le 1er et 3e dim du mois. Visites à 10h, 11h, et ttes les heures 14h-17h ; avr-oct sur rdv. Entrée : 5 € ; réduc enfants et avec l'Albi City pass. Gratuit moins de 6 ans.* Dans la tour de l'hôtel de Saunal (XVIe s), sont exposés 65 reproductions de toiles de maîtres du XIVe s au XXe s : Bruegel, Dürer, Botticelli, Van Gogh, Dali. Une visite vivante commentée par la fille de cet artiste autodidacte.

La maison Enjalbert *(plan B2)* **:** *à l'angle de la rue des Pénitents et de la rue Timbal.* Superbe façade du XVIe s, à pans de bois, typiquement albigeoise. Entre ses quatre murs, un magasin de fringues...

L'hôtel Reynès *(plan B2)* **:** *14, rue Timbal. ☎ 05-63-77-32-10). Tlj, en accès libre.* Riche hôtel particulier du XVIe s, à galeries superposées, ayant appartenu au plus riche producteur de pastel albigeois. C'est l'un des plus beaux d'Albi. Magnifiquement restauré, ce fleuron de l'architecture Renaissance abrite désormais une partie des bureaux du département dont ceux du comité départemental du tourisme qui accueille le public toute l'année et propose une foule d'informations sur le Tarn.

La rue de la Grand-Côte *(plan A-B2)* aligne de belles demeures à colombages et encorbellement. Au n° 1, l'*hôtel Delecouls* avec un portail bien usé. La *rue d'Engueysse,* ancienne artère commerçante médiévale qui descend jusqu'au Pont-Vieux, propose également pas mal de jolies demeures, notamment aux nos 6, 12 et les suivants. Traverser la rue Émile-Grand jusqu'à la *rue Saint-Étienne* (perpendiculaire), pleine de charme. On y voit quelques maisons en brique et à colombages. À droite, on débouche sur la place du Marché. À l'angle de la place du Marché et de la rue Saint-Étienne, noter la maison romane du XIIe s (hôtel de Fenasse), c'est la plus ancienne maison d'Albi.

Le Castelviel *(plan A2)* **:** *à proximité de la cathédrale.* Petit quartier considéré comme le berceau d'Albi. Ravissante *place Savène* bordée de maisons à colombages, joliment restaurées.

LES BERGES DU TARN

Les anciens moulins albigeois (plan B1) **:** rive droite. Dans un pittoresque quartier aux vétustes maisons roses surélevées pour éviter les crues. Les moulins abritent désormais l'hôtel de luxe *Mercure* (voir plus haut « Où dormir ? De chic à plus chic »), et le *musée Lapérouse.* L'endroit vaut pour la vue panoramique de rêve de ses terrasses surplombant le Tarn, sur le Pont-Vieux de la Berbie (XIe s), les vieux quartiers de la rive gauche, le palais et, bien sûr, la cathédrale vertigineuse.

Le musée Lapérouse *(plan B1)* **:** *sq. Botany-Bay ☎ 05-63-46-01-87. ● laperouse-france.fr ● Accès par la rue Porta, par le pont Vieux ou par le pont du 22-Août-1944, en venant du centre-ville. Tlj sauf lun (sauf juil-août) et certains j. fériés : mars-juin et sept-oct, 9h-12h, 14h-18h ; juil-août, mêmes horaires en sem et le w-e 10h-12h, 14h-19h ; nov-fév, 10h-12h (sauf dim), 14h-17h. Entrée : 4 € ; réduc avec l'Albi City pass ; gratuit moins de 12 ans.* Beau musée consacré aux aventures du grand navigateur-explorateur du Pacifique, né à Albi en 1741. Jean-François de Galaup, comte de Lapérouse, devient marin à l'âge de 15 ans et se bat longtemps contre les forces anglaises aux Indes et en Amérique, avant d'être promu capitaine de vaisseau. En 1785, il dirige l'expédition scientifique autour du monde, à la demande de Louis XVI, des célèbres frégates *La Boussole* et *L'Astrolabe.* Malheureusement, après une escale à Botany Bay (Australie) en mars 1788, l'équipage disparaît. En 1827, Peter Dillon, puis, un an plus tard, Dumont d'Urville, retrouvent sur l'île de Vanikoro (îles Salomon) les vestiges du naufrage et recueillent les récits des indigènes. Aujourd'hui encore, selon la tradition orale de l'île, on dit que leurs ancêtres se sont régalés de Blancs !

De nombreuses recherches archéologiques ont été effectuées à Vanikoro depuis les années 1990 par les équipes françaises du DRASSM (Département des recherches archéologiques subaquatiques et sous-marines) Au musée, parmi les nombreux objets exposés, on peut voir par exemple la grosse ancre rouillée du vaisseau *La Boussole.* L'hypothèse a été émise qu'il y aurait eu des survivants après le naufrage des bateaux à Vanikoro. Cette hypothèse se confirme par les récentes fouilles faites sur l'île où les archéologues ont retrouvé les traces d'un camp de survivants. Ne pas manquer le reportage de *Thalassa* sur le sujet qui est diffusé sur un écran du musée. Sont exposés au musée des maquettes, dont celle de *La Boussole,* instruments de navigation, armes et uniformes, objets retrouvés sur les lieux du naufrage.

QUAND LE ROI SE SENT COUPABLE

En 1785, Louis XVI lança une expédition avec, à sa tête, le navigateur Lapérouse, dont l'objectif était de faire le tour du monde et d'établir une cartographie. Un projet auquel tenait particulièrement le roi. À partir de 1788, l'expédition ne donna plus aucun signe de vie. Le roi décida alors d'envoyer une flotte pour partir à sa recherche. Là encore, plus de nouvelles de cette deuxième expédition. Puis, Louis XVI fut condamné à la guillotine. Avant de monter sur l'échafaud, la dernière phrase du roi fut : « A-t-on des nouvelles de M. Lapérouse ? ».

L'Académie des miniatures et des petits goûters (plan A1) **:** *16, rue Rinaldi. ☎ 05-63-79-00-98. ● academiedesminiatures.fr ● Tte l'année, tlj sauf lun 10h-19h (18h en hiver). Fermé janv. Entrée : 5 € ; réduc ; gratuit moins de 6 ans.* Il aura fallu plus de 40 années à Annie Jaurès pour construire ces sublimes maisons miniatures. Reconstruire pourrait-on dire car, au départ, il s'agissait de restituer pas à pas, pièce par pièce, la maison de son enfance. Avec un soin maniaque, voire obsessionnel du détail, elle nous livre ici une œuvre fascinante qui fera chavirer le cœur des plus blasés. Autant le dire, nous avons eu pour ce musée (où nous venions à reculons) un total coup de cœur ! 40 ans de passion ! 40 ans d'amour... Voilà tout ce qu'on aime au *Routard.* On l'a dit, le sens du détail est poussé ici à son paroxysme ! Elle a minutieusement reconstitué au 1/7e le bureau de son père, la chambre d'enfant, les cuisines, la buanderie, les salons, la salle de bains, la chambre de bonne, l'atelier de peintre, la salle de billard, la cave (il y a en tout 55 vitrines !)... Sculptant, peignant les meubles, cousant, brodant le linge, marquetant les parquets, tissant les tapisseries... allant jusqu'à cacher des sachets de lavande dans les armoires ou des secrets dans les tiroirs de la commode... C'est unique... Et même pas kitsch !

Sympathique ***salon de thé*** sur place pour de savoureux « petits goûters » ou un fameux brunch le dimanche matin.

Le pont du 22-Août-1944 *(plan B1)* enjambe le Tarn et offre également de superbes points de vue.

Le Pont-Vieux *(plan A1)* **:** ses parties les plus anciennes datent de 1035, ce qui en fait l'un des plus vieux ponts de France. Panorama privilégié sur le clocher de la cathédrale, les deux autres ponts, les anciens moulins, les fortifications du palais de la Berbie (actuel musée Toulouse-Lautrec) et l'imposant donjon.

LE TARN

L'Échappée verte : sur 4 km environ, balade qui longe les berges du Tarn et celles du ruisseau du Caussels, jusqu'à la rue de Jarlard. Le sentier est balisé (panneaux) mais reste assez sauvage (prévoir des chaussures adaptées, inaccessible aux poussettes). Certains tronçons sont impraticables l'hiver. Départ au pied du parking de la cathédrale Sainte-Cécile *(plan A2).*

À faire

Promenades en gabare sur le Tarn : *rens au chalet Albi Croisières (sous le palais de la Berbie ; plan A2), ☎ 05-63-43-59-63, ● albi-croisieres.com ●, ou à l'office de tourisme. De mai à fin sept, à Albi même, 2 départs/j. le mat, 8 l'ap-m (attention : le 1er départ le mat et les 3 derniers départs de la journée ne sont pas garantis hors juil-août). Tarifs : 7,50 € ; 5 € enfants 3-12 ans. En saison, propose également tlj des croisières de 18 km sur le Tarn (Albi-Aiguelèze ou Aiguelèze-Albi). Compter 1h45 aller, retour le soir. Tarif : 15 € aller (24 € A/R) ; pour les 3-12 ans : 10 € aller (18 € A/R).* Possibilité de rentrer en bus, mais c'est un peu plus cher. Propose également une balade pique-nique au fil de l'eau. *Durée : 1h30. Tarifs : 12 € ; 8 € pour les 3-12 ans (pique-nique non compris).* Location de bateaux.

Le sentier du Train, « Chemin des Droits de l'homme » : c'est à la sortie d'Albi (direction Castres, sur l'aire de Ranteil) que débute le sentier du Train, une ancienne voie ferrée aujourd'hui transformée en voie verte et qui a reçu le prix européen des voies vertes en 2007. Un parcours à faire sur près de 45 km, jusqu'à Castres, à pied ou à vélo, pour découvrir paisiblement le cœur de la campagne tarnaise. Balisage jaune.

Fêtes et manifestations

Pas mal de fêtes et manifestations à Albi. Voici les principales :
- ***Carnaval :*** *en fév ou mars.*
- ***Acthéa :*** *1 sem fin mars-début avr.* Festival universitaire européen de théâtre, musique et arts de rue.
- ***Tons Voisins :*** *1 sem mi-juin.* Rencontre internationale de musique de chambre. Concerts gratuits.

– ***Pause Guitare :*** *4 j. début juil. • pauseguitare.net •* Festival de la chanson francophone. Plus de 40 artistes de renom autour de plusieurs scènes... Programmation de qualité.
– ***Concerts d'orgue gratuits :*** *en juil-août, à la cathédrale, mer 17h et dim 16h.*
– ***Place aux artistes :*** *mi-juil, mi-août.* Concerts en plein air.
– ***Grand Prix automobile d'Albi :*** *début sept.* Depuis 1933, sur le circuit des Planques.
– ***Festival Artetango :*** *10 j. en oct.* Immersion dans la culture argentine : concerts, bals, stages, expo...
– ***Les Œillades :*** *nov.* Festival du film francophone.

SAINT-JUÉRY

(81160) 6 881 hab. *Carte Tarn, B2*

Découvrez ici, au lieu-dit *Le Saut-de-Sabo,* le Tarn se frayant un chemin dans un chaos rocheux de plus de 500 m, avec, en point d'orgue (quand le débit est suffisant ou quand l'eau n'est pas détournée par EDF), une superbe chute d'eau de 20 m de haut. Du pont, point de vue assez spectaculaire. Sur ce site naturel, s'est implanté l'un des plus importants (et pittoresques) complexes industriels du Tarn : le *Saut-du-Tarn.*
Dès le Moyen Âge, on y trouvait des moulins de toutes sortes (à farine, à l'huile, à papier, etc.). Puis, au début du XIXe s, une première usine métallurgique. En 1824, édification d'une unité de production de faux. Elle ne tarda pas à fournir la moitié de la France. Suivirent la fabrication des limes et l'installation, en 1882, d'un haut fourneau au coke pour la production de fonte. En 1898, construction de la première centrale hydroélectrique capable de fournir toute l'énergie nécessaire à l'usine et au village. En 1925, le site emploie 2 500 ouvriers. À partir de 1950, la production de faux et de limes est en perte de vitesse, remplacée par celle de machines-outils. L'effondrement du marché soviétique précipite la crise de l'usine, qui ferme en 1983. Aujourd'hui subsistent quelques ateliers employant encore près de 250 personnes.

À voir

Le musée du Saut-du-Tarn : *2, impasse des Aciéries. ☎ 05-63-45-91-01. • musee-saut-du-tarn.com • Du 1er avr à mi-nov, tlj sauf sam 14h-18h (19h en juil-août) ; Congés : 1er mai, 1er nov et 16 nov-fin mars. Entrée : 4 € (5 € pour la visite guidée à 14h30 en juil-août slt) ; réduc avec l'Albi City pass.* Aménagé dans les murs de l'ancien site industriel, ce musée restitue la mémoire et l'histoire de l'usine. Les maquettes animées et les automates ont été réalisés par les anciens ouvriers. Parmi les points forts, citons les maquettes du haut fourneau, du martinet (sorte de marteau-pilon), d'une machine à forger les limes et un atelier de taille de lime manuelle. La visite est animée par différentes démonstrations. Au sous-sol, l'ancienne turbine et une grande maquette du site avec son et lumière (et même des simulations de crues !). Au bord de l'un des anciens canaux d'arrivée d'eau, un espace paysagé a été aménagé pour prendre un verre. On adore !

VOA, la Verrerie ouvrière d'Albi : *rue François-Arago. ☎ 05-63-36-36-00 ou 05-63-49-48-80 (office de tourisme). 1 visite/sem de mi-juil à mi-août. Résa obligatoire à l'office de tourisme d'Albi. Tarif : 7 € ; réduc ; visite interdite au moins de 9 ans.* Une vieille institution d'Albi. La fabrication du verre fascine toujours, et la tradition se maintient depuis plus d'un siècle.

AMBIALET (81430) 463 hab. *Carte Tarn, C2*

Pour bien comprendre la singulière situation du village, il faudrait voir les photos prises d'avion. Ambialet est en effet construit dans un méandre du Tarn, boucle de 3 km se resserrant pour former un isthme étroit d'à peine 20 m ! Presqu'île sur un continent, le village a déjà de quoi séduire... Mais ce n'est pas tout, il y a aussi le vieux prieuré dominant le village du haut de son rocher, d'où la vue sur l'incroyable méandre, les collines voisines et les falaises boisées vaut également le déplacement.

Adresses et info utiles

Bureau d'information touristique de Trébas : *dans le bourg, 81250* ***Trébas-les-Bains.*** *☎ 05-63-55-88-92. Juil-août slt, tlj 10h-13h, doc en libre-service l'ap-m.*

Bureau d'information touristique d'Ambialet : *à l'entrée du pont. ☎ 05-63-55-39-14. Juil-août slt, tlj 10h-13h, 15h-19h.*

– **Marché :** *en juil-août slt, mer mat à Ambialet, dim matin à Trébas.*

Où dormir ? Où manger ?

Camping

Camping La Mise à l'eau : *au lieu-dit La Fédusse. ☎ 05-63-79-58-29. • vacances.ambialet@orange.fr • camping-ambialet.fr • À env 1 km d'Ambialet, en contrebas de l'embranchement pour Trébas-les-Bains. Mai-oct. Env 13-17 € l'emplacement pour 2. Mobile homes 300-400 €/sem. Loc de kayaks pour 5 € ! 44 empl.* Un petit camping familial et calme comme on les aime. En bordure du Tarn, des emplacements bien entretenus et ombragés par de beaux acacias. Les 6 mobile homes sont regroupés à l'écart, sur une sorte d'îlot accessible par un petit pont. Belle piscine, ponton de pêche et plagette pour se baigner en eaux vives, avec location de kayaks à prix d'amis. Pour couronner le tout, accueil adorable d'un couple de Nouvelle-Calédonie, où il réside en hiver.

De prix moyens à chic

Hôtel du Pont : *au lieu-dit La Moulinquié. ☎ 05-63-55-32-07. • hotel.restaurantdupont@orange.fr • hotel-du-pont.com • De l'autre côté du pont. Resto, tlj sauf dim soir, lun midi et ven de mi-fév à Pâques. Congés : de mi-nov à mi-fév. Résa recommandée hors saison. Doubles 60-80 €, des familiales également. Formules 16-22 € (déj sauf dim), menus 23-38 €. Loc de vélos.* Tenue par la même famille depuis 7 générations, une grosse maison avec piscine et jardin au bord du Tarn. Chambres classiques, confortables et soignées. Belle vue sur la rivière et le prieuré. Super pratiques pour les familles : quatre maisonnettes avec mezzanine et petit balcon, de l'autre côté de la route ; mêmes tarifs que les chambres (mais sans charme particulier). Au resto, cuisine classique mais service parfois longuet.

Où dormir ? Où manger dans les environs ?

Camping

Le Camping L'Amitié : *81340* ***Trébas.*** *☎ 05-63-55-84-07. • amitie@trebas.net • trebas.net • Au cœur du village. De fin avr à mi-sept. Compter 10,70-16 € pour 2 pers en tente ; hébergements locatifs pour 4-6 pers 154-560 €/sem (possibilité de loc à la nuitée). 60 empl.* Avec un nom pareil, on ne s'étonnera pas que les proprios aient misé sur la convivialité (60 emplacements seulement) ! Barbecue à disposition. Pontons pour taquiner la truite en toute quiétude et location de kayaks à la base de loisirs juste à côté. Petite piscine hors-sol mais surtout possibilité de se baigner dans le Tarn qui longe le camping (baignade surveillée). À louer, bungalows toilés et quelques mobile homes. Commerce à proximité et un resto-guinguette sur place, franchement sympa (concert gratuit le vendredi soir en été). Bref, un vrai camping !

Bon marché

Chambres d'hôtes Apis Vinaegria : *La Borde, 81340* ***Trébas.*** *☎ 05-63-55-91-42. • contact@fournilmarietta.com • fournilmarietta.com • À Trébas, prendre la direction de Cadix, puis c'est fléché. Compter 40-47 € pour 2. Table d'hôtes 15 €.* Dans la vieille maison, 2 chambres simples avec accès indépendant ; dans le jardin, 2 gîtes et une roulotte disponibles à la semaine ou au week-end. Mais si l'on vient dans ce bout du monde, c'est surtout pour l'accueil de Geneviève et Richard. Ils sont apiculteurs et surtout producteurs de vinaigre de miel et de moutardes à l'ancienne. Inutile de dire que le petit déj est prétexte à dégustation de miels et de pains d'épice maison. Avec le jardin (bio, bien entendu) et les produits de la ferme, il ne manque rien. Il ne vous reste qu'à vivre comme eux, au calme et presque en autarcie.

Prix moyens

Hostellerie des Lauriers : *dans le bourg, 81250* ***Villeneuve-sur-Tarn.*** *☎ 05-63-55-84-23. • leslauriers@orange.fr • leslauriers.net • ♿ (accès au resto slt). À 11 km env d'Ambialet. Resto ouv tlj le soir slt. Fermé de mi-oct à Pâques. Doubles 68-80 €. Menu 25 €. Café offert sur présentation de ce guide.* Un petit hôtel de village comme on les aime. Juste à côté de l'église, avec de la verdure jusqu'à la rivière. Bien tenu par un couple dynamique, fort sympathique et qui a le souci des choses bien faites. Une petite dizaine de chambres de bon confort. Excellente cuisine servie en terrasse ou dans une agréable salle. Très beau petit déjeuner de terroir. Le patron, féru de randonnée, connaît très bien la région. Jacuzzi et piscine couverte et chauffée. Jeux pour les enfants. Et le bar, pour socialiser avec les autochtones.

Chambres d'hôtes Lamartco : *Saint-Marcel-de-Padiès, 81340* ***Valence-d'Albigeois.*** *☎ 05-63-76-38-47. • lamartco@wanadoo.fr • lamartco.com • À 17 km env d'Ambialet. À Valence-d'Albigeois, prendre la direction de Tanus (D 53) sur 5,5 km, puis suivre fléchage à gauche vers Saint-Marcel-de-Padiès. Compter 60 € pour 2. Table d'hôtes 25 €, tt compris. Réduc de 10 % sur la chambre (sauf juil-août) sur présentation de ce guide.* Jolie petite ferme entourée d'un jardin fleuri et à la façade couverte de glycine. Déco et mobilier rustiques, avec petits rideaux, vaisselier ancien et poêle en fonte. Pas moyen d'oublier qu'on est à la campagne ! Accueil adorable, calme, charme et authenticité assurés. Piscine. La totale !

Le Hameau de Taur : *lieu-dit Taur, 81430* ***Villefranche-d'Albigeois.*** *☎ 05-63-55-26-73. 📱 06-09-71-08-85. • info@hameaudetaur.com • hameaudetaur.com • À 13 km d'Ambialet par la D 74. Congés : de mi-déc à mi-fév. Compter 64-69 € pour 2. Réduc de 10 % oct-mars sur présentation de ce guide.* La souriante Salima Cebula vous accueille dans sa jolie ferme du XVIIIe s qu'elle ne cesse de décorer et de redécorer. Les 3 chambres n'échappent évidemment pas à la règle. Elle en a fait un lieu accueillant, charmant et douillet. Au fond du jardin, belle piscine extérieure avec vue panoramique.

La Placette Albigeoise : *chemin de Taur nº 1626, 81430* ***Villefranche-d'Albigeois.*** *☎ 05-63-55-62-03. 📱 06-60-55-85-80. • contact@laplacettealbigeoise.fr • laplacettealbigeoise.com • À 100 m de l'adresse précédente. Compter 75-85 € pour 2. Table d'hôtes 25 € (tt compris).* Une drôle de maison d'hôtes aménagée comme une place de village théâtralisée avec ses petits commerces d'opérette dans la cour intérieure. La déco pseudo-rustique des chambres et des parties communes est elle aussi un peu décalée. Dans l'une des dépendances, une belle piscine couverte et tout autour la campagne à perte de vue. Une adresse pour se mettre au vert.

À voir. À faire

Le prieuré et la chapelle romane Notre-Dame-de-l'Auder : *au sommet de la presqu'île. Visite slt en juil-août lors des visites guidées de la presqu'île (mer 10h, 5 €). Sinon, seule la chapelle se visite (entrée libre).* Pour s'y rendre, sentier pédestre partant du village (ça grimpe) ou petite route de 2 km, qui contourne la colline. Ancien monastère du XIe s, restauré par des franciscains au XIXe s. Du belvédère, la vue plongeante sur le village, son isthme et les forêts autour est superbe mais la petite chapelle, jouxtant le prieuré, mérite elle aussi un coup d'œil. Bâtie au XIe s, elle est la plus ancienne de la région qui soit entièrement d'origine. Nulle modification, ajout ou détérioration, mais des lignes pures et dépouillées : de toute beauté. Superbe exemple d'art roman primitif. À l'intérieur, pierre nue et harmonie.

Sur l'isthme, deux autres petites ***collines*** : l'une surmontée de l'*église Notre-Dame-de-la-Capelle,* l'autre des *ruines du château fort Saint-Raphaël* (des marches y conduisent depuis la route). En saison, expo dans la chapelle Saint-Gilles *(tlj, 15h-19h, GRATUIT).*

Au centre de l'isthme, l'espèce de château moderne n'est en fait qu'une usine EDF ! Elle se visite en saison *(mar et jeu à 11h en juil-août, en lien avec le musée du Saut-du-Tarn à Saint-Juéry, GRATUIT).*

Baignade en eaux vives et descente du Tarn en kayak : *base de loisirs de Trébas. 06-75-89-27-81. • canoekayaktarn.com • Avr-oct, tlj. Compter 14 € pour la ½ j.* Sympathique descente du Tarn de 3-4 h de Trébas à Ambialet. Sinon, agréable plage surveillée en été et pêche à la truite autorisée. Location de kayaks également à la petite plage d'Ambialet.

Manifestations

– ***Son et Lumière :*** *ts les jeu soir à 22h en juil-août.* Retrace l'histoire du site pittoresque d'Ambialet.
– ***Concerts au Café de la presqu'île :*** tous les mar soir en juil-août.

LE CARMAUSIN

CARMAUX

(81400) 10 196 hab. *Carte Tarn, B1*

Au nord d'Albi, Carmaux vécut principalement, depuis le XVIIIe s, grâce à son important bassin houiller. Depuis la fermeture de l'exploitation minière en 1987, la ville cherche un nouveau souffle économique. Célèbre depuis les graves crises sociales qui agitèrent toute la région à la fin du XIXe s, Carmaux garde un souvenir ému de Jean Jaurès qui prit fait et cause pour ses mineurs dans les premières années de son combat politique. Jeter un coup d'œil à la gare Belle Époque, tout en brique et en céramique.

UN PEU D'HISTOIRE

Professeur de philosophie à Albi et Toulouse, ***le Tarnais Jean Jaurès s'intéresse dès 1889 aux thèses socialistes.*** Le contexte politico-social de l'époque est des plus tendu : revendications, manifestations de masse, grèves générales, répression policière dans toute la France. En août 1892, Jaurès ***soutient la grève des mineurs*** suite au licenciement de leur délégué syndical. Remercié par ses nouveaux alliés de la classe ouvrière, il est alors élu député de la circonscription de Carmaux (cette fois-ci sur une liste socialiste) en 1893...
Réélu par la suite avec une forte majorité, il continuera à soutenir le prolétariat contre le patronat, défendant notamment les verriers de Carmaux en 1895. ***Battu aux élections par une conspiration politique,*** il sera réélu à chaque suffrage suivant à partir de 1902, preuve que les ouvriers de Carmaux et de la région en avaient fait leur porte-parole privilégié... Mais sa carrière fut tragiquement interrompue : il fut assassiné peu avant le début de la Première Guerre mondiale, le 31 juillet 1914. Voir le monument qui lui est consacré.

Adresse et info utiles

ℹ ***Office de tourisme du Ségala tarnais :*** *pl. Gambetta.* ☎ *05-63-76-76-67.* • *tourisme-tarn-carmaux.fr* • *Tte l'année ; de mi-juin à mi-sept lun-sam, 9h30-12h, 14h-18h, dim 9h-13h, hors saison fermé dim.*

– ***Marchés :*** *ven mat. De mi-juin à mi-sept, le mer, marché nocturne à partir de 18h30 (pl. Jean-Jaurès).*

Où dormir ? Où manger ?

Un conseil, évitez de vous retrouver à Carmaux un dimanche, vous ne trouverez pas grand-chose à vous mettre sous la dent ! Le reste de la semaine n'est guère plus gai... Voici quand même quelques adresses pour dépanner.

De très bon marché à prix moyens

Hôtel Le Gambetta : *pl. Gambetta.* ☎ *05-63-76-51-21.* • *contact@hotelgambetta.info* • *hotelgambetta.info* • ♿ *Double 69 €.* Face au parking de la place, un hôtel tenu par un couple de Ch'tis. Les chambres jouent dans un registre classique et la déco est du style passe-partout. Mais elles sont fonctionnelles (TV, clim, double vitrage...), et il n'y a pas moult hôtels à Carmaux... Au rez-de-chaussée, bar où se retrouvent les habitués autour d'un demi.

Café-restaurant de la Poste, Le Jean-Jaurès : *13, pl. Jean-Jaurès.* ☎ *05-63-76-50-39.* • *mimieetbernard@gmail.com* • ♿ *Tlj sauf dim, le midi slt. Congés : la sem du 14 juil, du 15 août et de Noël. Formule 12 € (en sem), menu 22 €. Apéro offert sur présentation de ce guide.* Bar-resto-brasserie classique avec une grande salle à l'arrière, aux couleurs pimpantes, et une terrasse posée au bord du grand parking. Correct pour un petit repas sur le pouce.

Où dormir ? Où manger dans les environs ?

Campings

Camping Domaine Les Clots : *81190* ***Mirandol-Bourgnounac.*** ☎ *05-63-80-72-15.* • *domainelesclots@orange.fr* • *domainelesclots.com* • ♿ *À 18 km env au nord de Carmaux. Suivre la direction de Mirandol, puis fléché, à 5 km du bourg. Juin-sept. Empl. tentes 19-35 € ; hébergements locatifs 300-935 €/sem. 20 empl. CB refusées.*

Tenu par un couple de Néerlandais, un adorable camping en terrasse sur 7 ha, qui se cache sur le versant boisé de la vallée du Viaur (la petite route par laquelle on y accède est déjà tout un poème !). Certains emplacements sont particulièrement spacieux et complètement isolés. Location de chalets en bois et de bungalows. Sentier bucolique pour accéder à la rivière. Piscine, aire de jeux pour les enfants. Même les blocs sanitaires ont du charme ! Petite épicerie en dépannage. Idéal pour un séjour au calme et très nature. Un coup de cœur !

Camping de Thuriès : *pont de Thuriès, 81190* ***Pampelonne.*** *☎ 05-63-76-44-01. • camping-thuries-pampelonne@outlook.fr • camping-thuries-pampelonne.com • De mi-mai à mi-sept. Compter 15 € pour 2. Location de bivouacs (tipis indiens) et chalets pour 2-5 pers 150-480 €/sem (loc à la nuitée possible). 27 empl.* Au bord d'une rivière, un petit camping de 27 emplacements, sympa comme tout et arboré. Piscine, snack-bar et départs pour des randos dans la vallée du Viaur, pêche, canoë... Idéal pour les familles. Super accueil.

De bon marché à prix moyens

Hôtel-restaurant des Voyageurs : *11, av. Paul-Bodin, 81190* ***Tanus.*** *☎ 05-63-76-30-06. • ddelpous@wanadoo.fr • hoteldesvoyageurs-tarn.fr • À 16 km de Carmaux, en direction de Rodez. Resto fermé dim soir et lun, plus ven soir en hiver. Congés : 1 sem fin juin et vac scol Toussaint. Double 42 €. Menus 13,50-18 € (déj sauf dim) ; autres menus 25 €, 32 € le dim.* Aux portes de l'Aveyron, un hôtel familial des années 1970, avec une quinzaine de chambres simples mais rafraîchies, proposées à prix riquiqui. Le resto est également un bon plan avec un menu ouvrier le midi très, très copieux ! Soupe, charcuterie maison, entrée, plat, fromage, dessert, café et vin inclus (s'il vous plaît !), servi à prix d'amis sur de grandes tablées collectives. Les autres menus sont proposés dans une autre salle ou au jardin sur l'arrière. Cuisine de bon aloi, qui s'inscrit dans la pure tradition régionale. Tenu par un couple aimable. On adore !

Manifestations

– ***Festival à Fleur de Peau :*** *1 sem fin juin-début juil.* Découverte de la musique celte.
– ***Le National de pétanque :*** *4 j. début août, au parc du Candou.* Ce tournoi, qui est l'un des plus importants de France, attire les champions du monde entier.
– ***La Saint-Privat :*** *la 2de quinzaine d'août, pdt 1 sem.* Fiesta et *bodegas.* Corso, musiques du monde et feux d'artifices.
– ***Festival de magie :*** *mi-nov sur 2 jours.*

DANS LES ENVIRONS DE CARMAUX

Noter que pour la chapelle Saint-Jacques et le musée Bajen-Vega à Monestiés, les musées du Verre à Blaye-les-Mines et le Musée-Mine à Cagnac-les-Mines : *1 billet acheté donne droit à un tarif réduit pour les autres sites.*

CAGNAC-LES-MINES *(81130)*

Musée-mine départemental : *2, av. de Saint-Sernin. ☎ 05-63-53-91-70. • musee-mine.tarn.fr • Nov-avr (sauf 24 déc-15 fév), tlj sauf lun 10h-12h, 14h-17h ; mai-oct, tlj 10h-12h, 14h-18h ; juil-août, tlj 10h-12h30, 13h30-19h ; visite guidée à horaires variables (contacter le musée avt) et dernier départ 1h avt la fermeture.*

Entrée : 7 € ; 4 € étudiant/enfant ; réduc ; gratuit moins de 5 ans. Un site qui vaut vraiment le détour. Ce sont d'anciens mineurs de fond qui ont tout reconstitué, pendant 5 ans, pour que soit transmise de manière fidèle la mémoire de leur dur labeur. On déambule dans des galeries en découvrant les conditions de vie et de travail au fond de la mine, l'évolution des techniques d'exploitation. Le tout sur fond de documents sonores bien choisis. Il y a même une reconstitution de coup de grisou. Pour prolonger la visite, un espace muséographique avec vidéos et expos permanente et temporaire. Une visite émouvante et un beau travail de mémoire.

PAMPELONNE (81190)

À 15 km de Carmaux, en suivant la D 78. Ancienne bastide où il fait bon vivre et où l'on a gardé le sens de la fête et de la convivialité villageoise. Un circuit d'environ 1 km, au départ de la place du Foirail, permet d'admirer une quinzaine d'oustalous. Il s'agit d'adorables refuges au cœur des vignes et des champs ; restaurés, ce sont des témoins précieux de la vie rurale et locale. Un sentier botanique au départ du château (en ruine) permet de découvrir une flore exceptionnelle car le méandre et le dénivelé important présentent plusieurs écosystèmes sur une centaine de mètres ! Juste avant d'arriver au camping, on peut aussi voir une belle usine hydroélectrique. Sur la place du Foirail, face au café, une photo rend hommage à un grand banquet qui accueillit Jean Jaurès qui battait alors la campagne... nous sommes ici en terre jaurésienne à n'en pas douter !

L'espace Jean-Jaurès : *dans l'enceinte de la mairie. ☎ 05-63-76-32-09 (mairie). Lun-ven 8h-12h, 13h-17h30 (sauf mer et jeu). GRATUIT.* Ce nouvel espace propose de découvrir le célèbre tribun tarnais sous ses facettes les moins connues, autour de divers documents historiques : souvenirs personnels, officiels, photos, lettres manuscrites, ouvrages, films... Vous saurez tout sur le fameux banquet dont le village célébra dignement le centenaire, allant jusqu'à ressortir la vaisselle d'époque.

Manifestation

– ***La fête du Livre et de la Gourmandise :*** *1 w-e de juil.* Auteurs, éditeurs, dessinateurs et libraires se rassemblent sur la place du Foirail autour d'un marché gourmand. Expo-vente de livres et de produits du terroir. Lectures, promenades littéraires et repas.

BLAYE-LES-MINES (81400)

Le musée et le centre d'art du Verre : *domaine de la Verrerie. ☎ 05-63-80-52-90. • museeverre-tarn.com • Depuis Carmaux, prendre la route de Saint-Benoît-de-Carmaux ; c'est à 800 m sur la gauche après avoir traversé la voie ferrée. D'avr au 15 oct, tlj sauf mar 10h-12h, 14h-18h ; juil-août, tlj jusqu'à 19h. Entrée : 6 € ; réduc moins de 12 ans. Visite gratuite de l'atelier de souffleurs de verre, aménagé dans l'ancienne chapelle du domaine : démonstrations juil-août tlj sauf mar 15h-19h (avr-juin et sept-oct 14h-18h).*

Dans les anciennes demeures de la famille de Solages (c'est elle qui fonda la société des mines de Carmaux et la première verrerie royale), ce superbe espace muséographique est dédié au verre et à l'art contemporain verrier. Il accueille de remarquables expositions d'artistes principalement européens, reconnus ou en devenir. Des artistes qui subliment la matière, tout en donnant parfois une dimension plastique aux objets de récup'. Une partie des créations est exposée au sous-sol, dans les anciennes salles voûtées où brûlaient autrefois les fours. Ne pas manquer d'admirer *La Fleur de Lotus,* une œuvre de Sandrine Isambert, avec ses petits cœurs rouges incrustés dans le mur qui battent la chamade. Un hommage à la fois kitsch, attachant et émouvant, à la mémoire des verriers qui ont transpiré dans ces lieux. La visite s'achève avec une expo sur l'histoire du verre, l'évolution de la fabrication des bouteilles, ainsi que sur les deux verreries de Carmaux (la dernière ferma ses portes en 1931).

– ***Biennale du Verre :*** *3 j. début oct (années impaires).* Près de 50 verriers venus des quatre coins de la France se retrouvent sur le domaine : expos-vente, démonstrations pour se familiariser avec les différentes techniques de travail du verre. Ateliers pour petits et grands.

Cap' Découverte : *☎ 05-63-80-15-15. • cap-decouverte.net • À env 5 km de Carmaux et 10 km d'Albi. Bien fléché depuis Carmaux et Blaye-les-Mines. Mars-juin et sept-oct, slt w-e et vac scol 11h-18h30 (17h en mars et oct) ; juil-août, tlj 10h-20h. Forfait journée 20,50-24,50 € selon saison, réduc moins de 1,40 m, famille à partir de 44 € ; le billet d'entrée donne accès à ttes les activités disponibles sur le site, avec fourniture du matériel. Ne pas oublier les chaussures fermées et une pièce d'identité. Snack-bar sur place (assiettes 10-13 €).*

L'ex-mine à ciel ouvert de Carmaux a été reconvertie en station multi-loisirs, plus spécifiquement axée sur les sports de glisse. Dans un site impressionnant, sur les flancs d'un cratère artificiel à la forme d'un vaste amphithéâtre, le plus grand d'Europe (230 m de profondeur et 1 300 m de diamètre), on peut pratiquer une vingtaine de disciplines. À vous de choisir : luge sur rail (950 m de descente à 40 km/h), piste de ski synthétique, la plus grande d'Europe (combinaison fournie), *paintball,* etc.

Au fond du cratère, auquel on accède par un télésiège ou une navette, un lac avec une petite plage de sable et quelques paillotes permet de se baigner, mais aussi de faire de l'aquaglisse, du minikart pour les petits, du ski nautique, des balades en embarcation à pédales... Mais l'attraction vedette du parc est sans aucun doute la tyrolienne de 1 200 m de long qui vous propulse à 100 km/h (en solo ou à trois maximum), suspendu à un câble à 60 m au-dessus du lac. Frissons garantis ! Autre atout de Cap' Découverte : 35 km de pistes cyclables (prêt de vélos et de rollers sur place). Une multitude d'autres activités, on ne peut pas tout citer !

– Pour autant, la mémoire du site n'a pas été oubliée. Dans le ***parc des Titans*** sont exposées les gigantesques machines qui ont creusé la mine à ciel ouvert. Les *jardins du Carbonifère* évoquent l'évolution des espèces végétales depuis l'ère du... carbonifère jusqu'à nos jours.

– Cap' Découverte s'intéresse aussi à la musique : un espace accueille de grandes manifestations estivales et des concerts.

Même si l'ensemble du site manque encore un peu d'ombre, il y a de quoi passer une agréable journée en famille ! Un coup de chapeau à cet exemple de reconversion tout à fait original.

LES GORGES DU VIAUR (81130)

À voir

Depuis le viaduc du même nom jusqu'à Saint-Martin-Laguépie, les gorges du Viaur recèlent de nombreux petits villages et sites à la beauté sauvage. On y trouve notamment l'ancien village de *Las Planques,* accessible uniquement à pied (superbe église romane), un village typique du Ségala, *Mirandol-le-Vieux,* avec son ancienne chapelle et le moulin de la Calquière, ou encore l'ancien village fortifié de *Lagarde-Viaur,* fier résistant au moment de la croisade contre les cathares...

Le viaduc du Viaur à Tanus : jusqu'au début du XXe s, l'Aveyron était séparé du Tarn par l'impressionnante et profonde vallée du Viaur. Œuvre de Paul Bodin, qui fut élève de Gustave Eiffel, ce viaduc est un petit chef-d'œuvre de l'industrie française de la fin du XIXe s. Le viaduc franchit la gorge du Viaur et domine la rivière à 116 m de hauteur, avec une immense arche de 220 m. Réservé aux trains reliant Toulouse à Rodez (par Albi et Carmaux), il mesure 460 m de long.

UNE COMÉDIE HUMAINE

En 1766, un dénommé Bernard-François Balssa, jeune paysan du coin, fut emprisonné au château de Lagarde-Viaur pour avoir refusé d'épouser une jeune fille qu'il avait engrossée. Libéré après avoir payé une somme d'argent, il s'installa à Paris. Nouvelle vie, et un honneur à retrouver. Il remplaça Balssa par Balzac, de consonance plus noble. En 1799, il eut un fils, un certain Honoré, qui ajouta une particule au nom pour frimer et devint l'un des plus grands écrivains français du XIXe s.

LE TARN

MONESTIÉS

(81640) 1 433 hab. *Carte Tarn, B1*

Un magnifique petit bourg blotti au fond de la vallée du Cérou, sur la route de Carmaux, à 13 km de Cordes. Vous ne regretterez pas de vous arrêter un moment dans ce petit village classé parmi l'un des « Plus Beaux Villages de France » et de vous perdre dans ses ruelles. C'est en quelque sorte un résumé de l'architecture tarnaise traditionnelle.

Adresses utiles

Point d'accueil touristique : *pl. de la Mairie. ☎ 05-63-76-19-17. • tourisme-monesties.fr • Avr-oct, tlj 10h-12h, 14h-17h30 (18h en été).* Dispose d'un plan du village.

Le Marché de Juliette : *19, pl. du Foirail. ☎ 05-81-40-69-59. Juin-sept, tlj 8h30-12h30, 15h30-18h30 (sauf dim et lun). Fermé lund. et l'ap-m jeu et w-e hors saison.* La jolie épicerie multiservice du village propose toutes sortes de produits du terroir (des vrais !) et en profite pour concocter des paniers pique-nique à emporter... Encore mieux qu'au supermarché !

Où dormir à Monestiés et dans les environs ?

Camping municipal Les Prunettes : *au bourg. ☎ 05-63-76-19-17. • monesties@orange.fr • tourisme-monesties.fr • ♿ Dans le village, de l'autre côté du pont de Candèze. De mi-juin à mi-sept. Empl. tente 9 € pour 2 pers. 22 empl.* Très bien situé. Une vingtaine d'emplacements (eh oui, c'est petit !) noyés dans la verdure et rafraîchis par le Cérou. Pas d'accueil, signalez votre arrivée à l'office de tourisme ou bien faites comme chez vous et plantez la tente, la responsable passera plus tard.

De prix moyens à chic

Chambres d'hôtes Café de la Mairie : *sur la place de la mairie de Monestiés. ☎ 05-67-87-84-87. 📱 06-10-80-38-58. • gilbert.gallovoto@gmail.com • Double 50 €.* À l'étage de l'ancien bistrot du village, 2 adorables chambres, joliment rénovées, avec mobilier chiné, mur en pierre apparente et salle de bains neuve. Le petit déj est servi dans la salle du troquet, restaurée mais qui a gardé son charme d'antan. Un bon plan au cœur du village, à l'accueil jeune et très sympa.

Chambres d'hôtes Les Planquettes : *81190* ***Trévien.*** *☎ 05-63-76-44-32. • contact@lesplanquettes.com • lesplanquettes.com • À 8 km de Monestiés. Prendre la direction Almayrac-Carmaux (D 72), puis Trévien (D 73) ; 3 km après Trévien, au carrefour, prendre à droite, c'est la 1re maison sur la droite. Congés : janv. Compter 70-85 € pour 2. Table d'hôtes sur résa 24 €.* C'est dans le Ségala tarnais que Stéphanie et André ont créé leur petit nid douillet. Aménagées dans un ancien corps de ferme joliment restauré, au milieu des champs et avec une vue imprenable sur la campagne vallonnée, les 2 chambres et la suite familiale invitent au calme et au repos. Toutes différentes, elles ont en commun de beaux lits en fer forgé.

À voir. À faire

Le point accueil touristique propose un ***billet combiné*** *(4 € ; 3,50 € sur présentation de ce guide ; gratuit moins de 14 ans).* Comprend la visite de la chapelle Saint-Jacques et du musée Bajen-Vega.

La chapelle Saint-Jacques : *mêmes horaires que le point accueil touristique. Entrée : 3 € (2,50 € sur présentation de ce guide).* Ancien hôpital pour les pèlerins en route pour Saint-Jacques-de-Compostelle, la chapelle abrite une collection de 20 statues, grandeur nature, en calcaire polychrome du XVe s : un christ en croix, une *pietà* et la célèbre *Mise au tombeau,* une œuvre remarquable par l'impression de vie et le réalisme émanant des visages et costumes des dix personnages qui constituent le cortège. Elles se situaient à l'origine dans la chapelle du château. Sans nul doute, un des plus beaux ensembles de sculptures du début de la Renaissance en Europe. Les amateurs seront bluffés !

Le musée Bajen-Vega : *pl. de la Mairie, dans le même bâtiment que le point accueil touristique (mêmes horaires). ☎ 05-63-76-19-17. Entrée : 3 € (2,50 € sur présentation de ce guide).* Expose par roulement plus de 130 toiles du peintre Francisco Bajen et de son épouse Martine Vega, qui ont fui l'Espagne basque en 1939 et se sont réfugiés à Albi. À ses débuts, Francisco Bajen fut très inspiré par le cubisme. Sa femme a été plutôt influencée par le fauvisme. Une passion partagée pour la couleur. Également une petite section archéologique au sous-sol qui présente le résultat de fouilles dans la région.

Balade dans le bourg : en face de la mairie, belle demeure avec couvert sur colonnes de pierre et de bois. *Église Saint-Pierre* de style gothique méridional, jolies demeures en encorbellement et rues étroites menant à la porte de Candèze. Vers le camping, *pont de Candèze,* à bec et dos-d'âne, des XIIe-XIIIe s. Pour prolonger la balade, sentier botanique balisé de 2 km, « Les Secrets de la rivière », qui suit le cours de la rivière.

– ***La base nautique de la Roucarié :*** *au barrage de la Roucarié. Contact :* ***US Carmaux Voile,*** *base de loisirs de la Roucarié, 81640 Monestiès. ☎ 05-63-36-71-14. • uscvoile.fr •* Baignade surveillée en été. Bien équipée : dériveurs, planches à voile, canoës et kayaks. Stages animés par des moniteurs diplômés : initiation, perfectionnement. Balade agréable autour du barrage.

DANS LES ENVIRONS DE MONESTIÉS

La ferme animalière de Bellevue : *sur la commune de* ***Salles-sur-Cérou*** *à 7 km à l'ouest de Monestiés. ☎ 05-63-76-11-77. • fermebellevue.fr • Bien indiqué sur la D 27 vers Cordes-sur-Ciel. Tlj 10h (14h hors saison)-17h30. Entrée : 6 € ; 5 € moins de 10 ans. Cochon à la broche dim et j. fériés (sur résa).* Quelques espèces étonnantes : mouton à quatre cornes, cochon laineux du Vietnam, chèvre angora, Highland écossais, kangourou, wallaby, lama, paon blanc, etc. À découvrir en famille avec de jeunes enfants. Repas champêtre le dimanche.

LE PAYS DE CORDES-GRÉSIGNE

CORDES-SUR-CIEL

(81170) 1 041 hab. *Carte Tarn, B1*

« **À Cordes, tout est beau même le regret.** »
Albert Camus

Un beau village médiéval, admirablement conservé et perché sur un promontoire qui offre un point de vue remarquable. De belles façades à admirer, moult galeries d'art à explorer, une imposante halle du XIIIᵉ s autour de laquelle se concentre l'activité, une balade dans le *jardin des Paradis* à ne pas manquer. À Cordes, en été, vous ne serez pas seul. Mais sachez que le flot de touristes n'envahit le village qu'en fin de matinée (avis aux lève-tôt !). Le soir, à la fraîche, les ruelles redeviennent délicieusement calmes. Cordes est alors d'une poésie rare (il fut d'ailleurs élu *Village préféré des Français* en 2014).

UN PEU D'HISTOIRE

La bastide de Cordes a été créée par le comte de Toulouse, Raimond VII, pour protéger les frontières de son territoire, à une date que les petits Cordais n'ont pas de mal à retenir : 1222. Seule l'Inquisition y causa quelques ravages, les cathares s'y étant réfugiés en nombre, protégés par le fondateur de la ville et attirés par une charte de privilèges. La peste noire de 1348, la guerre de Cent Ans et les guerres de Religion amorcèrent son déclin.
Après les longs troubles religieux, Cordes connut un ***véritable âge d'or grâce à l'artisanat*** (tannerie, teinturerie, draperie...). Deuxième époque prospère bien plus tard, au XIXᵉ s, grâce à l'introduction d'un des premiers métiers à broder à Cordes, qui relança l'artisanat. Enfin, dernière vogue, plus proche de nous, le tourisme, lancé par les artistes des années 1940 : le peintre Yves Brayer et Albert Camus, qui y écrivit ses derniers livres.
En 1993, Cordes devint officiellement par décret « Cordes-sur-Ciel ».

Arriver – Quitter

➢ ***Par la route :*** Cordes-sur-Ciel est à 25 km au nord-ouest d'Albi, par la D 600.
➢ ***En car :*** liaison du lundi au samedi d'Albi. Bus ligne nº 707.
➢ ***En train :*** la gare se trouve à Vindrac (5 km) sur la ligne Toulouse-Aurillac. De là, taxis *Cordais* (📱 06-22-42-72-11) ou taxi *Gilles* (☎ 05-63-56-87-52. 📱 06-16-30-14-90) ; téléphonez la veille de votre arrivée.

LE TARN

Adresses et infos utiles

Office de tourisme : *38-42, Grand-rue Raimond-VII – Maison Gaugiran (en haut de la cité). ☎ 05-63-56-00-52. • cordessurciel.fr • Tte l'année, tlj. Fermé dim nov-mars. Également une antenne estivale à la Maison du Pays cordais dans la ville basse ; 8, pl. Jeanne-Ramels-Cals. Ouv mai-sept, tlj.* Très compétent. Propose à la vente un guide de visites de Cordes sur différents thèmes, 2 jeux de piste pour les enfants, ainsi que différents ouvrages et souvenirs. De mi-juillet à fin août, le jeudi à 20h30, visite aux lanternes *(7 € ; réduc)* ; visite guidée en été.

Stationnement : le stationnement dans la ville haute est interdit ! Plusieurs parkings payants au pied de la cité (ou offert pour ceux qui y logent). Un seul est gratuit (parking des Tuileries P1). Ne vous laissez pas impressionner par la distance parcourue en voiture pour l'atteindre ; il n'est en fait qu'à 10-15 mn à pied de la cité par un sentier piéton (mais plutôt pentu !).

■ ***Navette en petit train :*** *depuis le bas du village. Mai-sept, 3 €.*

■ ***Location de vélos : Joël Guibert,*** *La Vaurelle. ☎ 05-63-56-08-68. • locationvtt.fr • À 3 km de Cordes-sur-Ciel ; rejoindre le village Les Cabannes, le traverser, puis fléché. Mieux vaut appeler avt de s'y rendre.* Location de vélos électriques pour les moins sportifs. Également réparation de vélos.

■ ***Taxis :*** *voir plus haut « Arriver-Quitter ».*

– ***Marché :*** *sam mat.*

– ***Marchés nocturnes et de pays :*** *4 dans l'été, mardi, avec les producteurs de pays. En musique et avec restauration.*

Où dormir ? Où manger ?

De très bon marché à bon marché

Sur les pavés : *2, pl. Yves-Brayer. 06-80-85-81-06. • surlespaves.cordes@gmail.com • À l'entrée de la cité, juste avt la porte des Ormeaux. Juil-août, tlj sauf lun midi et soir ; le reste de l'année le midi jeu-dim, plus ven soir. Menu végétarien du jour 12 €.* Sympathique petit resto associatif qui propose une cuisine végétarienne bio, saine et pleine de fraîcheur. Des plats soignés, faits maison, à base de produits locaux. Le patron, qui a le souci de dynamiser le village toute l'année, organise hors saison des concerts de musique acoustique, folklorique, jazz... Toute petite salle chaleureuse et quelques tables dans la ruelle.

La Table d'Yvonne : *1, pl. de la Halle. ☎ 05-63-56-92-09. En haut de la vieille ville. Tlj, le midi slt (service jusqu'à 16h). Assiettes 9-16,50 €.* Au cœur de la cité, où les restos attrape-touristes sévissent, Michel Monteil fait front en proposant des assiettes gourmandes froides de foie gras, gésiers et magrets de son exploitation dans le Lot, mais aussi des assiettes chaudes comme des tagliatelles (au foie gras également) ou du cassoulet. Des produits proposés aussi à la vente dans l'espace boutique.

De prix moyens à plus chic

Chambres d'hôtes D'ici et d'ailleurs : *7, rue du Tuadou. 06-76-68-43-92. • julanan@hotmail.com • En haut de la vieille ville, à 100 m de la place de la Halle, à gauche après la porte Le Portanel. Avr-oct. Compter 89-119 € pour 2 selon chambre.* Dans une ancienne bâtisse de garde du XIVe s, 4 très belles chambres dont une spacieuse suite avec une grande terrasse privative. Elles ont en commun une déco très soignée mêlant authenticité et modernisme. L'une d'elles possède une fenêtre intérieure à meneaux du XIIIe s et une vue dégagée exceptionnelle sur la vallée du Cérou. Toutes recèlent une foule d'objets ramenés du monde entier par les proprios, de grands voyageurs qui ont décidé de poser leurs valises à Cordes. Ils ont également ouvert, en journée, un agréable salon de thé en terrasse à flanc de village, au nom de *Pause des Lices* !

Hostellerie du Vieux Cordes : *21, rue Saint-Michel. ☎ 05-63-53-79-20. • vieux.cordes@thuries.fr • hostelleriehvc.com • ♿ (accès au resto slt.) En haut de la vieille ville. Resto fermé dim soir, lun et mar midi oct-mai, sinon slt lun. Congés : janv-fév. Doubles 68-118 € selon confort et vue. Formules déj en sem 13,50-16,50 € ; menus 25,50-33,50 €.* Un établissement au cœur de Cordes, installé dans une belle vieille demeure médiévale. Les chambres les plus chères sont vraiment coquettes et offrent un confort sans faille. Côté resto : patio recouvert de glycine, salle à l'atmosphère bourgeoise ou terrasse avec vue imprenable sur la vallée pour déguster une cuisine soignée. Accueil et service impeccables. Une hôtellerie de charme qui tourne parfaitement rond.

L'Escuelle des Chevaliers : *87, Grand-rue Raimond-VII. ☎ 05-63-53-14-40. • michelarquey@msn.com • lescuelledeschevaliers.fr • Resto de juil à août, le soir lun-sam et dim midi ; le reste de l'année, ven soir-dim midi. Congés : fin oct-début mars (mais chambres tte l'année). Résa vivement conseillée. Doubles 70-78 €. Menu 20 € ; carte 25 €. Café offert sur présentation de ce guide.* Oyez, oyez, gente dame, seigneur, damoiselle et damoiseau ! Attablez-vous dans cette taverne, en lieu et place des nobles chevaliers du XIIIe s. Pour votre ripaille, la fourchette est bannie. Usez d'une simple cuillère pour les liquides, d'un couteau pour les solides. Dans l'escuelle, dégustez bonne frigousse de cerf, boussac de conin en porée de girouilles, chaudin de pourcel aux favioles et autres victuailles tout droit venues du Moyen Âge. Une table originale pour festoyer au son de l'olifant et en costumes d'époque (à disposition à l'entrée pour ceux qui le veulent) ! Et pour ceux qui désirent également le gîte, une poignée de chambres refaites et spacieuses à l'étage. Si leur déco reste dans la thématique, le confort et les salles de bains sont bien de notre temps ! Excellent accueil.

Chambres d'hôtes Le secret du Chat : *16, Le Planol. ☎ 05-63-53-26-73. • lesecretduchat@orange.fr • lesecretduchat.com • Fermé de nov à Pâques. Compter 120-145 € pour 2 selon chambre, une suite de luxe également. Table d'hôtes sur résa 32-40 €.* Oh la jolie adresse que voilà ! Cet ancien atelier de broderie a de quoi séduire avec ses multiples accès et entrées, ses escaliers farceurs et son atmosphère particulière... Jusqu'au passage secret qui permet d'accéder à un jardin suspendu et dominant la vallée... Les chambres à la déco éclectique invitent au repos. Un peu cher quand même mais à Cordes-sur-Ciel, que voulez-vous les prix ont tendance à prendre de l'altitude... Dégustation de vins de Gaillac dans la cave aménagée à cet effet.

Où dormir ? Où manger dans les environs ?

Camping

Camping du Domaine du Garissou : *81170 **Les Cabannes.** ☎ 05-63-56-27-14. • contact@legarissou.fr • legarissou.fr • ♿ À env 4 km de Cordes. Avr-oct. Empl. tentes 16-17,50 € ; hébergements locatifs 260-655 €/sem. 60 empl.* Camping bien situé sur une colline qui offre un beau panorama. Loue également des chalets en bois. Accès gratuit à l'espace aquatique (juin-août), minigolf, terrain de sport, animations en été et accrobranche (en sus). Pour les randonneurs, le GR 46 passe à 400 m.

Camping Le Moulin de Julien : *route de Gaillac (D 922), **Livers-Cazelles.** ☎ 05-63-56-11-10. 📱 06-06-47-70-19. • contact@campingmoulindejulien.com • campingmoulindejulien.com • ♿ À env 1,5 km de Cordes sur la route de Gaillac, fléché à gauche (ne pas aller à Livers-Cazelles !). De mai à mi-sept. Empl. tentes 17-21 € ; hébergements locatifs 200-610 €/sem. 84 empl.* Très bien situé. Parfaitement paysagé et très ombragé, presque luxueux. Des huttes en dur pour 2 personnes, ainsi que des mobile homes et des chalets pour 5 personnes. En prime, vous pourrez disposer du minigolf, entouré de vieilles pierres. Ambiance familiale, très agréable et bon accueil. Piscines avec toboggan.

Très bon marché

Le Petit Café : *23, promenade de l'Antan,* ***Les Cabannes,*** *à l'entrée du village. ☎ 05-63-56-02-51. • petitcaferesto@gmail.com • Tte l'année ; resto à midi slt sauf dim et j. fériés. Formule 10,80 € et menu 13 €.* Un petit resto de village convivial tenu par la même famille depuis 4 générations. La dernière, pleine d'idées, a refait la salle dans un esprit bistrot d'antan mais continue de servir une bonne cuisine traditionnelle à base de produits locaux, enrichie de quelques burgers maison ou de *fish & chips* (proposé chaque 1er mardi du mois). Côté bar, à dates fixes, des apéros-concert et soirées jazz qui se transforment en petite fête de quartier avec la rue semi-barrée.

De prix moyens à chic

Le Cayrols : *81170* ***Livers-Cazelles.*** *☎ 05-63-56-22-46. • lecayrols@gmail.com • lecayrols.com • ♿ À env 3,5 km de Cordes, sur la route d'Albi (fléché sur la gauche). Congés : 15 oct-mars. Resto ouv tlj en juil-août ; le soir slt sur résa le reste de l'année. Doubles 90-150 € selon saison. Menus 28-35 €. Café offert sur présentation de ce guide.* En pleine campagne, une très jolie ferme bien restaurée, agrémentée d'un jardin de sculptures et d'une piscine. Les chambres, décorées avec goût dans un style contemporain épuré, sont spacieuses et luxueuses. Parfaitement au calme. Mais *Le Cayrols* est également une bonne table (ouverte à tous) qui a le vent en poupe et marche fort. Le jeune chef n'est autre que le fils des proprios et concocte une cuisine sophistiquée, avec des mélanges de saveurs surprenants.

Chambres d'hôtes Le Clos Pastel : *lieu-dit Lasserre, 81640* ***Virac.*** *☎ 05-63-53-98-45. • leclospastel@hotmail.fr • leclospastel.fr • À env 7 km de Cordes par la D 7 en direction de Carmaux ; fléché à gauche à l'entrée du village. Doubles 70-95 €. Table d'hôtes 25 €/pers (boisson en sus).* Au calme dans les champs de tournesols, une belle bâtisse en vieille pierre recouverte de lierre, restaurée méticuleusement par un couple tombé amoureux du lieu. Et on les comprend, le vaste parc arboré est superbe avec sa piscine et son spa dans un coin isolé, tout comme les 3 chambres et la suite familiale, la plupart sous mansarde et décorées de tableaux colorés par leur talentueuse fille. La douceur de l'accueil et la quiétude des lieux incitent à prolonger le séjour !

Restaurant Lou Cantoun : *4, route d'Albi, 81150* ***Cestayrols.*** *☎ 05-63-53-28-39. • contact@loucantoun.fr • ♿ À 11 km de Cordes ; prendre la direction de Cahuzac-sur-Vère par la D 922, puis Noailles ; dans le village. Fermé mar-mer. Formule déj en sem 20 €, menus 29-39 €.* Un nom occitan des plus traditionnels pour une cuisine de chef qui ne l'est pourtant pas. Bernard Gisquet a du talent ! Certes, dans les assiettes, on retrouve des produits du terroir, mais préparés avec une touche très personnelle et imaginative. On approche l'excellence en matière de desserts... Aux beaux jours, agréable terrasse dans un jardin donnant sur le clocher de l'église. Une belle trouvaille !

Où acheter des spiritueux ?

Distillerie artisanale Laurent Cazottes : *Le Carlus, 81130* ***Villeneuve-sur-Vère.*** *☎ 05-63-56-85-39. • distillerie-cazottes.com • À 12 km env de Cordes ; prendre la direction d'Albi, puis bifurquer sur la droite à 10 km (direction Villeneuve) ; traverser le village, direction Gaillac ; c'est à 1 km env sur la droite. Lun-ven (w-e sur rdv).* Si vous deviez faire une halte dans une seule distillerie, c'est ici ! Laurent Cazottes a la passion des spiritueux. Pas d'adjonction artificielle ni conservatrice, mais l'utilisation d'une technique unique, qu'il n'hésitera pas à vous expliquer en détail. Ses eaux-de-vie et liqueurs (poire, raisin et prune) sont prisées par les plus grands restaurants de France. Laurent Cazottes produit également des huiles essentielles et des eaux florales. Boutique de dégustation-vente sur place.

À voir

La « ville aux cent ogives » a su conserver de ravissantes maisons gothiques, des ruelles entièrement pavées, souvent en pente, des murailles fortifiées et des échoppes.
Il existe deux manières d'accéder au cœur de la cité médiévale : par une rampe rapide pour voitures (on vous le déconseille !) ou, mieux, par la *Grand-rue* qui part de la ville basse. Celle-ci passe d'abord par la très belle *porte en pierre de l'Horloge.* Au pied, un pittoresque *escalier* dévoré par les herbes, appelé *du Pater noster,* ses marches étant aussi nombreuses que les mots de la prière ! Après la tour de la *Barbacane* et l'imposante *porte du Portail peint,* on pénètre dans l'enceinte par la *porte de la Jane* ou celle *des Ormeaux*. On peut également remonter le chemin de ronde sur la gauche pour contourner la cité et s'offrir quelques panoramas de choix sur la campagne.

La porte de la Jane : en belle pierre grise. Du nom de la fille du comte de Toulouse, cette porte était un leurre destiné à tromper d'éventuels assaillants, afin qu'ils s'échinent dessus, avant de tomber sur la véritable enceinte... Un vrai traquenard.

La porte des Ormeaux : au début de la Grand-rue. Imposantes tours de la première enceinte de la ville, où l'on trouve le musée Charles-Portal.

Le musée Charles-Portal, Histoire d'une cité : *porte des Ormeaux. ☎ 05-63-80-51-72. ● museecharlesportal.fr ● Juin-août, tlj sauf mar 14h30-18h30 ; Pâques-mai et sept-Toussaint, ven, w-e et j. fériés 14h30-18h. Entrée : 3 € ; réduc ; gratuit moins de 12 ans.* Ce musée, dont le nom rend hommage à un historien local, expose différents objets de la préhistoire au XIXe s, en passant par les époques gallo-romaine et mérovingienne : monnaies, poteries, belle collection d'ex-voto. Noter le surprenant sarcophage double mérovingien (il n'en reste plus que la moitié) avec une paroi centrale percée de trous afin que les âmes puissent communiquer. À l'étage, intéressante vidéo qui dit tout (ou presque !) sur le fameux *puits de la Halle* (113 m de profondeur). Également une expo sur les tisserands de Cordes.

La maison du Grand Écuyer : en remontant la Grand-rue. Très belle façade gothique avec des animaux sculptés en frise, dont un cheval (d'où le nom).

La maison du Grand Veneur : l'une des façades gothiques les plus connues de la Grand-rue Raimond-VII. Remarquer le haut-relief. Amusante scène de chasse, avec un chien poursuivant un sanglier, un lièvre aux abois, etc.

La place centrale : immense *halle* du XIIIe s, aux 24 piliers de grès octogonaux. Ça a de l'allure, c'est sûr. En dessous, vieux *puits* d'une profondeur de 114 m, dont 34 m creusés dans le roc. Il aurait été construit lors de la fondation de Cordes, entre le XIIIe et le XIVe s.

La maison du Grand Fauconnier – musée d'Art moderne et contemporain : *37, Grand-rue Raimond-VII. ☎ 05-63-56-14-79. De mi-mars à mi-nov slt, tlj sauf mar 10h30-12h30, 14h-18h. Entrée : 4 € ; réduc ; gratuit jusqu'à 14 ans. Expos temporaires en accès libre.*
Cette vénérable demeure du XIVe s à l'encorbellement d'oiseaux et d'animaux fantastiques abrite les collections du MAMC, essentiellement composées d'œuvres

LE TARN

d'artistes du XXe s. Par un étroit escalier à vis, on accède à divers espaces thématiques où sont exposées des tableaux aux signatures prestigieuses (Picasso, Klee, Prévert, Miró, Leger, etc.) ayant appartenu à André Verdet, un poète, philosophe, peintre, musicien (et on en passe...), qui séjourna à Cordes dans les années 1960 et qui fit don d'une partie de sa collection à la municipalité. Quelques œuvres également de Francis Meunier, peintre surréaliste, né à Cordes en 1924, du peintre figuratif académique Yves Brayer et des sculptures et toiles de Maurice Baskine. Le sous-sol est consacré à l'art abstrait.

– ***Salle des artistes et artisans d'art de Cordes-sur-Ciel :*** *en face du bureau d'accueil, entre la cour d'entrée et la rue. Accès gratuit.*

Le musée les Arts du sucre et du chocolat Yves-Thuriès : *maison Prunet, 33, Grand-rue Raimond-VII. ☎ 05-63-56-02-40. • artdusucre.fr • Avr-oct, tlj 10h-19h (9h30-19h30 de mi-juil à fin août) ; le reste de l'année, tlj 10h30-12h30, 13h30-18h. Entrée : 4,90 € ; réduc.* Une réussite (les gourmands affluent en été), bien que certains y voient avant tout un coup de pub... Sculptures en sucre représentant des personnages et des animaux vraiment étonnants, et bien kitsch ! En tout cas, la maison est superbe (style gothique du XIIIe s), sur trois étages.

L'atelier Alex Artisan Coutelier : *26, Grand-rue Raimond-VII. ☎ 05-63-56-10-83. • alex-couteaux.fr • Tlj 10h-19h en saison.* Magasin de vente, mais on peut y voir travailler le coutelier et lui commander des créations et des laguioles personnalisés.

La Bride : terrasse dominant la cité, d'où le panorama est, comme on s'en doute, superbe.

L'église paroissiale Saint-Michel : *tlj 10h-18h en saison, selon disponibilité des bénévoles le reste de l'année.* Après la place, en redescendant par la rue Saint-Michel. Édifiée au XIIIe s et plusieurs fois remaniée jusqu'au XIXe s. Nef de grès rose sans transept, de belle ampleur. Voir le curieux clocher, le grand retable (XVIe s) aux colonnes torses, les peintures de la voûte (inspirées de celles de la cathédrale d'Albi), ainsi que l'orgue de dix jeux, de facture romantique, qui provient de Notre-Dame de Paris.

Le jardin des Paradis : *pl. du Théron, aménagé sur les terrasses de la ville basse. 06-15-56-75-19. • jardindesparadis.jimdo.com • Mai, w-e et j. fériés 10h30-18h ; juin et sept, tlj sauf mar 10h30-18h ; juil-août, tlj 10h30-19h30. Visite commentée gratuite en juil-août tlj à 11h. Entrée : 5,50 € ; réduc.* Deux architectes-paysagistes qui ont beaucoup voyagé en Orient ont voulu inventer un jardin où rêve, poésie, création contemporaine fusionneraient allègrement. Pari réussi. Plaisir immense qui peut durer 1h sans problème. Dans ce lieu magique, tous les sens sont sollicités. La succession de différents patios végétalisés invitent à la flânerie et à la méditation, avec l'eau comme fil conducteur. Après la « cascade des seaux », c'est l'exubérance de la bananeraie exotique qui surprend, puis le jardin des grenades et l'enclos gourmand de fruits méconnus au parfum envoûtant ou les bassins tapissés de plantes aquatiques (nénuphars, jacinthes, etc.)... L'espace musée, au cœur du jardin, traite chaque année d'une thématique nouvelle (parfums, épices...). Enfin, on trouvera en chemin plusieurs espaces pour se poser, pour rêver, l'un d'eux étant même dédié à la lecture. Bienvenue au Paradis !

Agréable ***buvette gourmande*** sur place pour déguster une glace ou un sorbet aux fruits exotiques.

Fêtes et manifestations

– ***Fête du Grand Fauconnier :*** *pdt 2 j. autour du 14 juil.* Fête médiévale la plus ancienne de France et l'événement majeur de l'année dans la cité. Gratuit si l'on s'y rend costumé !

LE TARN

– ***Musique sur Ciel :*** *5 à 7 j. pdt les 2 dernières sem de juil. ☎ 05-63-56-00-75.* Festival de musique de chambre et de voix, grands concerts (payant) et impromptus musicaux (gratuit)...
– ***Fête occitane :*** *15 août.* Concerts, contes musicaux en soirée, initiation aux danses, bal...

DANS LES ENVIRONS DE CORDES-SUR-CIEL

Le château du Cayla : *81140* ***Andillac.*** *À 13 km de Cordes, direction Gaillac, puis bien fléché à partir de Cahuzac-sur-Vère. ☎ 05-63-33-01-68. Juil-août, tlj 10h-12h, 14h-18h30 ; mai-juin et sept-oct, tlj sauf ven, 14h-18h ; nov-avr, tlj sauf ven-sam 14h-17h. Fermé de Noël à mi-fév, 1er mai et 1er nov. Visite guidée slt (compter 45 mn) : 3 € ; réduc ; gratuit moins de 18 ans et pour ts le 1er dim du mois sauf en juil-août.*
Dans ce petit château-musée, souvenirs de Maurice et d'Eugénie de Guérin (sa sœur). Prosateur et poète romantique du XIXe s, ami de George Sand et de Barbey d'Aurevilly, Maurice de Guérin est l'auteur, entre autres, du *Centaure* et de *La Bacchante.* Le château est un ancien rendez-vous de chasse du XVe s. Même si vous ignorez tout de l'œuvre de Maurice de Guerin, vous vous laisserez plaisamment guider dans ces lieux chargés d'une atmosphère un brin romantique. Cuisine dans la partie la plus ancienne, restée quasiment en l'état. On y voit les vieux « potagers », le gendarme pour chauffer les fers, etc. Un assez rare escalier à vis en bois. Au 1er étage : grande salle de billard, cheminée monumentale en stuc, chambre des parents reconstituée selon l'acte notarié, livres de Maurice de Guérin et d'autres le concernant, œuvres d'Eugénie, objets personnels, etc. Les lieux semblent encore habités. Promenade délicieuse dans le grand parc et trois circuits littéraires autour du château. Également des expos temporaires.

Le château de Penne : *le bourg, 81140* ***Penne.*** *☎ 05-63-55-71-09. • chateaudepenne.com • À 25 km de Cordes-sur-Ciel, en suivant la D 91 direction Vaour, puis D 9. Des vac de fév à fin mars, w-e et j. fériés 14h-17h30 ; avr-mai, lun-ven 14h-18h30, w-e et j. fériés 10h30-12h30, 14h-18h30 ; juin, tlj 10h30-12h30, 14h-18h30 ; juil-août, 10h30-19h30 ; sept, lun-ven 14h-18h, w-e 10h30-12h30, 14h-18h ; 1er oct-11 nov, mer-dim 14h-17h30. Fermé de mi-nov à mi-fév. Entrée : 5 € (tarif réduit appliqué sur présentation de ce guide), 3 € enfant ; gratuit moins de 7 ans ; famille 14 €. Possibilité de visite guidée l'ap-m en saison, compter 1h15 env.*
Après plus de 450 années d'oubli, l'accès aux vestiges du château est un véritable voyage dans le temps. Ce site, classé Monument historique depuis 1902, est en rénovation permanente, ce qui est l'occasion de découvrir un chantier médiéval vivant (et actif de mi-juillet à mi-août), ainsi que des parcours d'interprétation illustrés et ludiques. Lors des fêtes médiévales, démonstrations de combats, ateliers de vie quotidienne d'antan et troupes spécialisées dans la reconstitution historique. Très belle vue du haut de ce piton rocheux sur lequel le château est comme suspendu dans les airs.

Manifestation

– ***L'été de Vaour :*** *1 sem début août, à* ***Vaour,*** *village à 15 km de Cordes en direction de Penne. Rens : ☎ 05-63-56-36-87. • etedevaour.org •* S'y déroule le *festival burlesque.* Alors là, tous les rires : les jaunes, les gras, les fous, etc. Les représentations s'enchaînent : théâtre, mimes, spectacles de rue... La vraie fête ! Apéro-concert, tous les soirs.

CASTELNAU-DE-MONTMIRAL

(81140) 1 002 hab. *Carte Tarn, A2*

À une dizaine de kilomètres au nord de Gaillac. Castelnau est une ancienne bastide, fondée la même année que Cordes pour surveiller le bassin de la Vère. Sur son mamelon, entouré de collines et de vignes, le village fortifié classé parmi les « Plus Beaux Villages de France » coule des jours paisibles, nettement moins dérangé que sa grande sœur... Magnifiques maisons à colombages et jolie place à couvert, typique de la région.

Adresse utile

Office de tourisme : *pl. des Arcades. ☎ 0805-400-828 (gratuit). • tourisme-vignoble-bastides.com • Avr-sept, tlj ; fermé lun en oct et 1 w-e sur 2 de nov à début avr.* Petite expo gratuite consacrée à l'histoire du village et, à l'étage, un espace accueillant des expos temporaires et une vidéo sur la bastide et les alentours. Visite guidée de la ville le mardi matin en saison *(4 € ; gratuit moins de 12 ans).* Topos sur les parcours VTT et randos. Borne tactile à l'extérieur.

Où dormir ? Où manger ?

De prix moyens à chic

Hôtel des Consuls : *pl. des Arcades. ☎ 05-63-33-17-44. • info@hoteldesconsuls.com • hoteldesconsuls.com • ♿ Fermé de mi-déc à mi-mars. Doubles 63-117 €.* Dans cette maison de maître de 1630, avec une remarquable cheminée d'origine ornée d'un médaillon peint, une quinzaine de chambres charmantes avec poutres et pierres apparentes. Les moins chères sont assez étroites, les plus onéreuses disposent d'une baignoire balnéo. Belle terrasse sur l'arrière et petite piscine hors-sol pour se rafraichir. Tout est réuni pour en faire un petit hôtel de charme parfaitement intégré dans le village.

Le Ménagier : *pl. des Arcades. ☎ 05-63-42-08-35. • lemenagier@gmail.com • Tlj sauf lun-mar, fermé mer oct-mai. Résa conseillée. Menu déj en sem 24 €, puis 36 €.* C'est dans ce tranquille village que Gérard Garrigues a posé ses couteaux, après avoir dirigé sa brigade à Toulouse où il fut étoilé. À partir de produits de grande qualité, il concocte une cuisine toujours aussi savoureuse, raffinée et inventive. Le concept de menu à choix unique (proposé parfois en déclinaison d'un produit de saison) est une réussite totale. Le menu du midi est d'ailleurs d'un rapport qualité-prix formidable ! En terrasse sous les arcades de cette superbe place ou dans l'élégante salle, Valérie, son épouse, assure un service efficace, ponctué d'attentions touchantes. Certainement la meilleure table du coin !

Où dormir ? Où manger dans les environs ?

Campings

Camping Soleil des Bastides : *route de Cordes, 81140* ***Cahuzac-sur-Vère.*** *☎ 05-63-33-91-94. • info@le-soleil-des-bastides.fr • le-soleil-des-bastides.fr • ♿ À 9 km de Castelnau. À la sortie du village en direction de Cordes. Ouv 15 avr-30 sept. Empl. tentes 13-18 € ; hébergements locatifs 180-610 €/sem ; caravanes 30-50 €/nuit avec draps. 46 empl.* Tout simple, bien entretenu, et à proximité du tennis municipal, d'une aire de pique-nique, d'un restaurant, d'une épicerie... Snack, tennis et piscine chauffée. Location de *lodges* et mobile home.

Camping du Chêne Vert : *travers du Rieutort, 81140 Castelnau-de-Montmiral. ☎ 05-63-33-16-10. 06-78-32-56-30. • contact@campingduchenevert.fr • campingduchenevert.com • À 3 km du centre de Castelnau en direction de Caussade ; après la base de loisirs de Vère-Grésigne, 1re à droite ; fléché ensuite. Juin-sept. Empl. tentes 15-22,50 € ; hébergements locatifs 175-693 €/sem. 119 empl.* Dans un cadre calme, parfaitement ombragé et très propre, un camping tenu par une équipe dynamique. Location de chalets, de mobile homes et de bungalows toilés (possibilité de location à la nuit hors saison). Piscine et animations en saison. Boutique de vente de produits du terroir et resto sur place.

De bon marché à prix moyens

La Bonne Auberge : *1, rue de l'Église, 81140* ***Cahuzac-sur-Vère.*** *☎ 05-63-33-90-17. À 9 km env de Castelnau. Tlj sauf sam et j. fériés, à midi slt. Formules 11,50-15 €, ou menus 13-18 €. Café offert sur présentation de ce guide.* Dans ce village tranquille, un resto tout de simplicité, à la solide cuisine familiale. Petite terrasse ombragée par une treille de glycine. Spécialités de charcuteries, entrecôte, confit de canard, etc.

De chic à beaucoup plus chic

Chambres d'hôtes Le Château de Mayragues : *commune de Castelnau-de-Montmiral. ☎ 05-63-33-94-08. • geddes@chateau-de-mayragues.com • chateau-de-mayragues.com • À 7,5 km env du village ; prendre la direction de Gaillac (D 964), puis, à 4,5 km, bifurquer à gauche (direction Le Verdier par la D 15) ; c'est à 3 km (fléché sur la gauche). Fermé de fin nov à fin mars. Compter 130 € pour 2. CB acceptées.* Une superbe adresse pour jouer au châtelain à prix somme toute raisonnable ? Ne cherchez plus ! Au milieu d'un domaine viticole spécialisé en biodynamique et d'une nature préservée, ce remarquable château restauré des XIIIe-XVIe s propose deux chambres s'ouvrant sur l'ancien chemin de ronde. Perchées tout là-haut, sous les toits, elles sont d'un romantisme un tantinet british, d'un charme assurément débordant. Vieux meubles, murs recouverts de chanvre. Le plancher en bois penche quelque peu, mais ça fait plusieurs siècles que ça dure !

Château de Salettes : *81140* ***Cahuzac-sur-Vère.*** *☎ 05-63-33-60-60. • salettes@chateaudesalettes.com • chateaudesalettes.com • Non loin du château de Mauriac (fléché). Resto midi jeu-dim et soir mar-dim (mer-sam en basse saison). Congés : 3 sem en janv. Doubles 145-175 € selon saison et confort. Petit déj 19 €. Menus 29-90 € ; carte 64 €. Apéritif maison offert sur présentation de ce guide.* Soyons clairs : ce n'est pas bon marché, mais le cadre est exceptionnel. Jolie vue sur les vignes alentour et belle piscine en contrebas. Le château du XIIIe s a été rénové avec beaucoup de goût dans un harmonieux mélange de classicisme et de design scandinave. Pas mal de sculptures contemporaines ornent les tables du resto gastronomique et les parties communes. L'adresse est aussi élégante que l'accueil est adorable. Tout cela a un prix...

À voir. À faire

La place centrale : place à couverts de styles différents (deux arcades sont gothiques). Maisons des XVIe et XVIIe s.

L'église : du XVe s. À l'intérieur, beau retable baroque, statue du Christ et *pietà* du XVe s. Ne manquez pas dans la sacristie la *croix reliquaire,* bijou incrusté de 300 pierres précieuses (144 ont disparu au cours des siècles et remplacées

LE TARN

par du cristal de roche...), joyau de l'église. Exécutée au XIIIe s, elle fut offerte à l'église au XVe s par le dernier comte d'Armagnac. La légende dit même que, cachée sous terre pendant la Révolution, elle aurait été dénichée par un cochon !

Les rues médiévales : demander à l'office de tourisme le dépliant avec un itinéraire pour une petite balade à la découverte des maisons historiques et des portes, vestiges des murailles anciennes.

Base de loisirs de Vère-Grésigne : *à 3 km de Castelnau, en bordure de la D 964 (direction Caussade). ☎ 05-63-33-16-00. • baseveregresigne.com • Pâques-juin, slt l'ap-m des dim et j. fériés (plus mer ap-m à partir de mi-juin) ; juil-août, tlj. Tarif : près de 3 € ; réduc pour les 3-12 ans.* Plans d'eau bien aménagés avec toboggan aquatique (baignade surveillée l'ap-m en saison). Canoë-kayak, pêche... Tennis, ping-pong, terrain de foot, minigolf. Possibilité de pique-niquer ou de grignoter au snack *(ouv en juil-août, 11h-19h30).*

Manifestations

- ***Les Musicales :*** *3 j. fin juil. • estivalesdemontmiral.com • GRATUIT.* Différents groupes de musiques festives.
- ***Foire au miel et aux produits du terroir :*** *le 15 août.*

PUYCELCI ET LA FORÊT DE LA GRÉSIGNE

(81140) 494 hab. *Carte Tarn, A1-2*

Au nord-ouest de Castelnau-de-Montmiral et déjà visible de la bastide, la belle forêt domaniale de chênes et de charmes s'étend sur près de 4 000 ha, délimitée au nord par l'Aveyron, au sud par la Vère, et traversée par le GR 46. En suivant la très belle route conduisant à Bruniquel (D 964, puis D 8, 10 km après Castelnau), on aperçoit tout à coup le village perché de Puycelci, au sommet d'une crête rocheuse dominant la vallée. Le village est tout petit et plein de charme (le classement parmi les « Plus beaux villages de France » est mérité). Les fortifications du XIIIe s ont conservé deux grosses portes, de belles murailles et quelques tours de guet.

Adresse utile

Point accueil : *dans la chapelle du village, sur la promenade après le parking. ☎ 0805-400-828 (gratuit). • tourisme-vignoble-bastides.com • Juin-sept, tlj. Attention, accueil dans les locaux du Conservatoire d'espèces fruitières et de vignes anciennes (au pied du village) hors saison ; ouv variable selon le mois.*

Où dormir ? Où manger ?

L'Ancienne Auberge : *pl. de l'Église. ☎ 05-63-33-65-90. • contact@ancienne-auberge.fr • ancienne-auberge.fr • Au cœur du village. Congés : fév. Compter 85-125 € pour 2 selon chambre.* Dans une superbe bâtisse médiévale restaurée avec beaucoup de soin, 8 chambres de caractère, spacieuses et personnalisées, décorées dans un esprit romantique aux touches africaines, japonisantes, moyenâgeuses ou classiques.

Certaines sont mansardées, d'autres possèdent un lit à baldaquin, toutes offrent une belle vue sur le village ou la campagne. Une adresse de charme, au calme malgré le son des cloches de l'église qui égrainent les heures.

Au Cabanon : *dans le village (face au parking). ☎ 05-63-33-11-33. • contact@aucabanon.fr • Mai-début oct slt, tlj sauf mar. Formule 15 € ; menu 23,50 €.* Le genre d'adresse, locavore et gourmande, que l'on est toujours heureux de dénicher. Une toute petite cuisine et une grande terrasse... pas de salle ! Le jeune couple qui vous reçoit dans ce « bistrot tarnais » le fait avec son cœur et ça se ressent dans l'assiette. La cuisine est 90 % maison (ben oui, ils ne font pas le fromage, le pain et le vin qui viennent des producteurs bio et artisans voisins). La carte est volontairement courte (avec quelques alternatives végétariennes).

Où dormir ? Où manger dans les environs ?

Prix moyens

Ferme-auberge Les Chênes : *à Peyre-Blanque, 81140* ***Larroque.*** *☎ 05-63-33-10-92. • contact@les-chenes.fr • les-chenes.fr • À 15 km de Puycelci, près des Abriols. Prendre la direction Bruniquel ; juste à la sortie du hameau de Payssel (5 km après Larroque), bifurquer à droite (fléché) ; accès par une route qui grimpe sur le causse. En saison, resto jeu-dim midi ; hors saison, slt ven soir, sam, dim midi et j. fériés. Congés : 2 sem fin août et vac de Noël. Résa indispensable. Compter 70 € pour 2. Menus 22-33 €. Café offert sur présentation de ce guide.* Calme et nature sauvage garantis. Serge et Cécile accueillent chaleureusement dans leurs 5 chambres aux couleurs pimpantes, à l'écart de la bâtisse principale. Chacune d'elles dispose d'une terrasse. Ils vous attendent aussi pour une halte prolongée à leur ferme-auberge. Une grande partie des produits vient de la ferme, où sont élevés volailles et cochons gascons.

LE TARN

À voir

L'église Sainte-Corneille : du XIVe s, à l'exception de son clocher fortifié (XVIIIe s). Superbes fresques recouvrant le plafond ogival. Retable baroque de 1689, belles colonnes torses chargées de pampres, fruits et guirlandes. Intéressants chapiteaux romans, *pietà* du XVe s. Stalles Renaissance.

Quelques magnifiques ***maisons*** en encorbellement et à colombages, notamment près de la rue de l'*Ancienne Auberge.* Pittoresque ***mairie*** du XVIe s (sûrement une des plus petites de France). Voir également le ravissant portail et fenêtres à meneaux de la ***maison Feral*** et le ***château des gouverneurs royaux,*** reconnaissable à ses deux tours et ses fenêtres géminées. Tous deux sont du XVe s.

Le Conservatoire d'espèces fruitières et de vignes anciennes : *au pied du village. ☎ 05-63-33-19-41. De mi-avr à mi-nov, visite guidée sur résa.* Le conservatoire a pour vocation de préserver les variétés anciennes régionales, dont de nombreuses sont menacées de disparition. Sur 7 ha, il abrite ainsi près de 550 variétés de pommiers, poiriers, pruniers, cerisiers, pêchers et environ 110 cépages. Visite intéressante, suivie d'une dégustation.

Manifestation

– ***Festival de Puycelci :*** *10 j. fin juil dans l'église.* Musique classique, chants lyriques.

LE GAILLACOIS

Avec ses collines ondulantes où alternent vignes, cultures et prairies, avec Gaillac et sa forêt de toits aux tuiles rouges, avec cette lumière du coin si particulière, c'est une région qui prend par moments des allures et des couleurs toscanes. À consommer sans modération.

GAILLAC

(81600) 13 908 hab. *Carte Tarn, B2*

• Plan *p. 323*

La ville aux airs provençaux est au cœur d'un des plus vieux vignobles de France, longtemps exploité par sa belle abbaye. Son nom provient de Gallus, un riche Romain qui vécut au IVe s et dont la maison s'élevait à l'emplacement de l'abbaye fondée au Xe s. La ville offre quelques curiosités, parmi lesquelles ses vieux quartiers et les jardins du parc Foucaud. Gaillac fut un port très prospère jusqu'à l'avènement du chemin de fer, le Tarn se jetant dans la Garonne à Saint-Nicolas-de-la-Grave (Tarn-et-Garonne). En descendant vers Bordeaux, les gabares ont permis au vin de Gaillac de partir dès le Moyen Âge à la conquête de la France et des pays voisins. Les amateurs d'orgue seront ravis d'apprendre que Gaillac est le berceau de la famille Cavaillé-Coll.

Adresses et infos utiles

Office de tourisme (plan A2) : *bureau abbaye Saint-Michel, pl. Saint-Michel. ☎ 0805-400-828 (gratuit). • tourisme-vignoble-bastides.com • Pâques-sept, tlj ; le reste de l'année, mer-dim. Bureau pl. de la Libération : mêmes horaires.* Personnel professionnel. En été, visite historique de la ville le jeudi matin *(tarif : 4 € ; gratuit moins de 12 ans et aux détenteurs du* Vitipassport *donné par les hébergeurs).* Plan historique gratuit et (entre autres docs) liste des hébergements sur tout le gaillacois.

Caveau de la Maison des vins (plan A2, **2**) : *juste en face de l'entrée de l'office de tourisme.* Voir un peu plus loin dans le chapitre consacré au vignoble.

Gare SNCF (hors plan par B1) : *av. Georges-Clemenceau. ☎ 36-35 (0,40 €/mn).* Trains pour Toulouse et Albi.

Gare routière : parking de la Clavelle ED5. Bus pour Albi, Castres, Graulhet, Lavaur et Saint-Sulpice.

– **Marchés :** *dim mat, pl. du Griffoul (plan A2) ; mar en été 18h-22h (produits bio de producteurs), pl. du Griffoul (plan A2) ; ven mat, partout en centre-ville ; brocante ts les 2e dim du mois.*

Où dormir ?

De prix moyens à chic

Hôtel L'Occitan (hors plan par B1, **10**) : *41, av. Georges-Clemenceau. ☎ 05-63-57-11-52. • hoteloccitangaillac@orange.fr • hoteloccitan.com • Face à la gare SNCF. Fermé vac scol Noël. Doubles 58-64 € selon saison.* Dans une rue très calme,

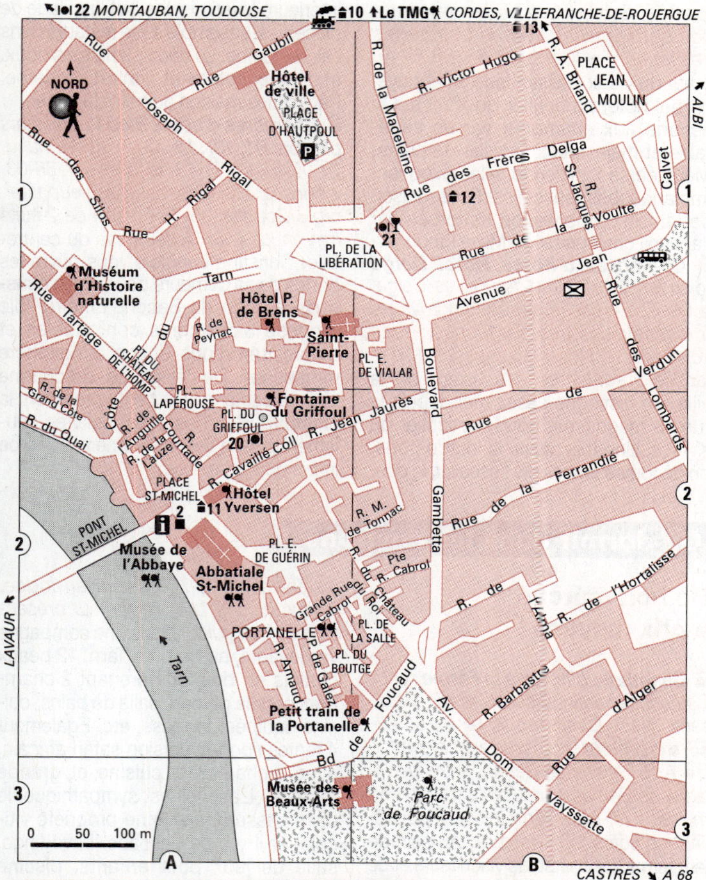

GAILLAC

Adresses utiles

- Office de tourisme *(A2)*
- **2** Caveau de la Maison des vins *(A2)*

Où dormir ?

- **10** Hôtel L'Occitan *(hors plan par B1)*
- **11** Chambres d'hôtes Combettes *(A2)*
- **12** Chambres d'hôtes Hôtel Delga *(E1)*
- **13** Chambres d'hôtes Bleu Pastel *(hors plan par B1)*

Où manger ?
Où boire un verre ?

- **20** La Table du Sommelier *(A2)*
- **21** Vigne en Foule *(B1)*
- **22** L'Ispiens Port *(hors plan par A1)*

un hôtel joliment restauré avec des couleurs pimpantes dans les parties communes, plus pastel dans les chambres. Confortable et d'un rapport qualité-prix très honorable. Patron bougon, dommage.

Chambres d'hôtes Combettes *(plan A2,* ***11****) : 8, pl. Saint-Michel.*

☎ *05-63-57-61-48.* • *contact@combettesgaillac.com* • *combettesgaillac.com* • *Doubles 65-80 €.* Au cœur du vieux Gaillac, face à l'abbaye, un bel hôtel particulier du XVIIe s. On accède aux chambres par un vénérable et majestueux escalier de pierre. Meublées à l'ancienne, elles évoquent immanquablement celles d'une maison de famille... Impression renforcée par l'accueil chaleureux de Mme Pinon.

Chambres d'hôtes Hôtel Delga *(plan B1,* ***12****) : 28, rue des Frères-Delga.* 📱 *06-77-24-65-66.* • *hoteldelga@free.fr* • *hoteldelga.free.fr* • *Congés : vac Toussaint et Noël. Doubles 90-110 €, familiale également.* Au cœur de la ville, on distingue assez mal depuis la rue ce magnifique hôtel particulier du XVIIIe s. Une fois passé la lourde porte, on découvre émerveillé l'escalier, la cour intérieure (avec piscine !) et l'enfilade de pièces... L'ensemble a été restauré dans l'air du temps. La déco marie tons doux, matériaux nobles et confort moderne. Pâtisseries maison au petit déjeuner.

Chambres d'hôtes Bleu Pastel *(hors plan par B1,* ***13****) : 15, rue Aristide-Briand.* ☎ *05-63-41-71-19.* 📱 *06-09-77-86-03.* • *chris.langlois@yahoo.fr* • *bleupastel.org* • *Doubles 65-75 € ; résa de 2 nuits min en juil-août.* À deux pas du centre-ville, Christine Langlois vous ouvre les portes de sa demeure bourgeoise construite à la fin du Second Empire. Elle propose 3 chambres confortables et empreintes d'une douce atmosphère romantique. De l'élégance, du charme et du caractère. Une petite précision, la chambre Bleu Pastel est éclairée seulement par un Velux. À l'arrière, superbe jardin pour se relaxer.

LE TARN

Où dormir dans les environs ?

De bon marché à prix moyens

Chambres d'hôtes à la Ferme : *chez Catherine et Jean-Michel Malbreil, Naussens, 81150* ***Castanet.*** ☎ *05-63-55-22-56.* • *chambresdhotescastanet.blogspot.fr* • *À 15 km env de Gaillac, entre les villages de Bernac et de Castanet. Ouv de mi-avr à mi-oct. Compter 52 € pour 2. Table d'hôtes 17 € sur résa.* Au sein de leur ferme, ce couple de viticulteurs et de céréaliers a aménagé 5 chambres dont 3 situées dans un bâtiment à l'écart de l'habitation principale. Elles sont simples mais très propres et mignonnettes. À la table d'hôtes, produits de la ferme, bien entendu. Des adresses comme ça, avec une piscine et à ce prix-là, ça ne court pas les campagnes !

Les Chalets de Fiolles : *route de Lavaur, 81600* ***Brens.*** ☎ *05-63-57-69-67.* • *reservation@chalets-de-fiolles.com* • *chalets-de-fiolles.com* • ♿ *À 3 km de Gaillac en direction de Lavaur par la D 87 (bien indiqué). Par l'A 68 (Albi-Toulouse), sortie n° 9. Tte l'année. En juil-août, résa de préférence à la sem, mais n'hésitez pas à tenter votre chance. Compter 70-105 €/nuit (jusqu'à 5 pers) ; 270-780 €/sem en chalet ; 360-760 €/sem en lodge. Réduc de 5 % hors saison sur présentation de ce guide.* Dans une campagne verdoyante, au bord du Tarn, 12 beaux chalets en bois comprenant 2 chambres pour la plupart, salle de bains, cuisine équipée, terrasse, etc. Également 4 tentes *(lodge),* version safari africain, avec 2 chambres, cuisine et grande terrasse. L'accueil est sympathique, le calme assuré (ancienne propriété viticole) et il y a de l'espace. Lave-linge, salle de jeux pour enfants, piscine chauffée, jacuzzi, canoës, etc. Les bambins peuvent gambader en toute sécurité. Animations en été (mais calme le soir). Vraiment bien pour les familles.

Plus chic

Chambres d'hôtes La Fréjade : *81600* ***Montans.*** ☎ *09-88-77-36-86.* 📱 *06-88-84-39-67.* • *contact@lafrejade.com* • *lafrejade.com* • *À 10-13 km env de Gaillac par la D 13 via Montans ; ou par la D 988 via Lisle-sur-Tarn, puis D 10 vers Graulhet ou encore par l'autoroute A 68 direction Toulouse (sortie n° 8) ; bien fléché de partout. Doubles 110-130 €. Table d'hôtes 35 € (apéro et vin compris).*

Oh la belle adresse que voici ! Perdue au milieu des champs de tournesols, une grande ferme datée de 1880, superbement restaurée, dans un parc arboré de 2 ha. Les 3 chambres aménagées par Chantal et Bertrand sont de grand confort, très spacieuses et hautes de plafond. Toutes ont été pensées dans le moindre détail et décorées avec goût et sobriété. Un havre de paix qui incite à profiter du temps qui passe, en toute quiétude, affalé sur des coussins au bord de la piscine. Gâteaux maison au petit déj, plats savoureux et vins de Gaillac finement sélectionnés à la table d'hôtes, le séjour sera épicurien. Difficile de quitter un tel lieu !

Chambres d'hôtes Domaine du Buc : *81150 **Marssac-sur-Tarn**. ☎ 05-63-55-40-06. 06-70-14-96-47. • contact@domainedubuc.com • domainedubuc.com • À 13 km env de Gaillac et à 1,5 km de Marsac (en direction de Lagrave). Congés : nov-mars. Doubles 120-140 € ; des familiales également ; 2 nuits min en juil-août. Jus de fruits de bienvenue offert sur présentation de ce guide.* Au bout de l'allée et au milieu d'un vaste parc se dresse une maison de maître du XIXe s. Mais, divine surprise ! Une fois le pas de la porte franchi, c'est en quelque sorte un manoir du XVIe s qui vous tend les bras. Chambres spacieuses, pleines de charme et de caractère avec leurs solides meubles, leur parquet ou leurs tomettes cirées, et les multiples clins d'œil aux souvenirs de famille qui dormaient dans le grenier. Cuisine à disposition. Piscine au calme parfait. Très bon accueil de Brigitte. Idéal pour se mettre au vert et jouer au châtelain, mais attention, en toute simplicité.

Où manger ? Où boire un verre ?

Prix moyens

La Table du Sommelier *(plan A2, **20**) : 34, pl. du Griffoul. ☎ 05-63-81-20-10. • latabledusommeliergaillac@orange.fr • Fermé dim-lun. Congés : 1re sem de sept. Formules déj 14-18 € ; le soir, menus 20-47 €.* Un resto bien situé sur l'une des plus belles places de Gaillac, où il est agréable de se poser le soir, en terrasse, lorsque les lumières éclairent les arcades. Cuisine correcte (bien que moins remarquable que celle de la maison mère à Albi). Les formules du midi sont cependant une bonne affaire (assiettes copieuses) ; pour le soir, ne manquez pas de vous pencher sur les menus avec accord mets et vins.

Vigne en Foule *(plan B1, **21**) : 80, pl. de la Libération. ☎ 05-63-41-79-08. • contact@vigneenfoule.fr • Tlj sauf dim-lun. Congés : 2 sem fin juin-début juil et 1 sem mi-oct. Le midi, formule 17 € ; menu 29 €.* Un resto-bar à tapas des temps modernes, dans un cadre sobre et épuré et avec une terrasse sur la place. Belle cuisine qui met en fête les produits régionaux, dressée avec soin (humm, les petites croquettes de pieds de cochon). C'est aussi une cave et un bar à vins qui propose plus de 250 références (à 90 % bio). Parmi elles, les valeurs sûres du vignoble gaillacois, comme les étoiles montantes. Organise des soirées gastronomiques à thème et de bons concerts acoustiques.

L'Ispiens Port *(hors plan par A1, **22**) : Les Brisses, route de Saurs. ☎ 05-63-33-56-81. • lispiensport@orange.fr • À la sortie de Gaillac en direction de Lisle-sur-Tarn ; traverser la zone commerciale, prendre tt droit au rond-point du McDo, puis le 1er petit chemin sur la droite. Tlj sauf dim soir et lun. Congés : 1er sem de sept. Formule déj en sem 13 €, menus 18-30 €.* Dans une salle à la déco tendance, avec une vaste cuisine ouverte, un resto tout en longueur qui tourne rond ! Terrasse agréable avec un petit bassin et un beau pigeonnier en brique. Mais ici, on ne vous prend pas pour un pigeon ! Cuisine régionale particulièrement généreuse. Bonnes entrecôtes XXL de 350 g, ris de veau, souris d'agneau... que du bon ! Les prix sont tenus, et le week-end, une grande partie de Gaillac s'y retrouve !

À voir

Noter qu'il existe un ***pass*** à 5 € pour les trois musées municipaux : les musées de l'Abbaye, des Beaux-Arts et d'Histoire naturelle.

L'abbatiale Saint-Michel *(plan A2)* **:** *dans le centre, en surplomb de la rivière. Ouv tlj 10h-18h. Dans les jardins sont organisés des apéritifs-concerts le ven à 19h pdt l'été. Entrée : 5 €.* L'imposante bâtisse ocre qui domine la berge commença à être édifiée au Xe s, parallèlement à l'importance grandissante prise par le monastère. La construction se poursuivit jusqu'au XIVe s, ce qui explique ses airs gothiques. Endommagée par les protestants, elle fut en partie reconstruite au XVIIe s. À l'intérieur, une *Vierge à l'Enfant* en bois polychrome qui n'est en fait qu'une copie : l'original, reconnu comme l'un des importants trésors religieux du Midi, se trouve au musée de l'Abbaye, à côté. Certains la font remonter au XIIIe s, voire au XIIe s, mais son beau bois peint daterait plus probablement du XIVe s. À voir également : un orgue Cavaillé-Coll impressionnant, le bénitier de marbre (XIIIe s) et une chaire monumentale.

Le musée de l'Abbaye *(plan A2)* **:** *à côté de l'abbatiale (entrée par l'office de tourisme). ☎ 05-63-57-14-65. ♿ Avr-sept, tlj 10h-12h, 14h-18h ; oct-mars, mer-dim 10h-12h, 14h-17h. Fermé 1er mai, 1er nov, Noël et Jour de l'an. Entrée : 2,50 € ; réduc.* Installé dans les anciennes caves de l'abbaye. Remarquable travail de rénovation et de mise en valeur (beaux éclairages, ambiances joliment reconstituées, visite « sonorisée »). Et n'oubliez pas de lever le nez en l'air pour admirer les superbes voûtes en brique. Le musée abrite une petite section archéologique : mosaïques, chapiteaux, etc. Une importante section sur la vigne et le vin : présentation du vignoble, outils du vigneron, du tonnelier, etc. Expo sur les traditions populaires, la navigation sur le Tarn, le compagnonnage également (chefs-d'œuvre de compagnons, différents travaux de forgerons, cloutiers, serruriers). Art religieux (fameuse *Vierge à l'Enfant*, orfèvrerie, chasubles en soie brodées de fils d'argent et d'or) et film de présentation sur la cité et le Gaillacois.

L'hôtel Yversen *(plan A2)* **:** *rue Cavaillé-Coll, entre la pl. du Griffoul et l'abbatiale Saint-Michel. On ne peut admirer que la façade extérieure.* Habitée par la même famille depuis le XVe s, c'est l'une des plus belles maisons particulières de Gaillac. Ne pas manquer le portail en bois du XVIIe s, magnifiquement sculpté *(au 17, rue des Pénitents-Blancs).*

La place du Griffoul *(plan A2)* **:** le cœur de la vieille ville. Pas mal de charme avec ses arcades, ses quelques maisons à pans de bois et sa tour à colombages. Au centre, la *fontaine du Griffoul* : bassin en marbre et personnages en bronze crachant l'eau. On reconnaît Silène portant Bacchus. Et le coq, emblème de la ville.

Tout autour de l'église Saint-Pierre et de la place du Griffoul, se promener dans les ***vieux quartiers,*** dont certaines habitations réservent de belles surprises.

L'église Saint-Pierre *(plan A-B1)* **:** *derrière la pl. de la Libération.* Construite et reconstruite aux mêmes périodes que sa sœur l'église Saint-Michel, elle s'en rapproche également par l'apparence. À noter, le portail gothique à colonnettes, bien beau. Le clocher abrite la « Candelho », une grosse cloche du XVe s qui sonnait à heure fixe. Quand elle retentissait, c'était la pause ou la fin de la journée dans les vignes. Notez qu'elle sonne toujours à 8h, 12h et 19h.

L'hôtel Pierre-de-Brens *(plan A1)* **:** *rue Peyriac. Là encore, à admirer slt de l'extérieur.* De l'ancienne maison du XIIIe s subsiste une belle tour en brique et en pierre.

Le quartier de la Portanelle *(plan A-B2)* **:** derrière l'abbatiale s'étend un quartier ancien qui a été restauré en grande partie. Vagabonder, là aussi, à la recherche de détails insolites, de clins d'œil architecturaux au long de la rue

Cabrol, des places Maurice-et-Eugénie-de-Guérin, du Bouge, etc. Rue Pech-de-Galez, cohabitation de demeures restaurées et d'autres qui attendent pathétiquement leur tour mais qui possèdent bien du charme avec la patine des ans... Ruelles coupe-feu et vieilles boutiques définitivement closes complètent le tableau.

Le petit train de la Portanelle *(plan A-B2)* **:** *4, rue du Boutge, près du parc de Foucaud. 06-82-40-13-01. Tte l'année mais sur résa slt, tlj 14h-17h. Entrée : 2,50 €.* Un réseau de modélisme ferroviaire avec gare, figurines animées, créé de toute pièce par un retraité des chemins de fer qui vous commentera son œuvre avec une véritable passion communicative.

Le parc et le château de Foucaud *(plan A-B3)* **:** *au sud du centre-ville, non loin de l'abbatiale. Accès libre, tlj 8h-19h (21h en été).* Superbes parc et jardins en terrasses à la française et à l'italienne, avec ses douces fontaines, ses pavillons et ses rampes qui dévalent vers le Tarn. Construit au XVIe s pour le conseiller Jacques de Foucaud, le château présente une élégante façade en brique, assortie d'un escalier à double révolution. Il abrite le musée des Beaux-Arts (voir ci-après). Le parc possède également un arboretum et une roseraie où s'épanouissent moult variétés anciennes.

Le musée des Beaux-Arts *(plan A-B3)* **:** *dans le château du parc de Foucaud. ☎ 05-63-57-18-25. Pâques-Toussaint, tlj sauf mar 10h-12h, 14h-18h ; le reste de l'année slt ven-dim, mêmes horaires. Fermé en janv. Entrée : 2,50 € (4 € pour l'expo estivale) ; réduc.* Œuvres d'artistes régionaux, principalement du XIXe s. Belles sculptures de Pendariès (façon Rodin) et toiles de Firmin Salabert, élève d'Ingres méconnu mais doué. Puis des paysages ou portraits locaux intéressants, dont ceux d'un certain Loubat, qui n'était pas manchot... Quelques œuvres également de Tournon, père et fils, originaires de Gaillac. Régulièrement de belles expos temporaires.

Le muséum d'Histoire naturelle *(plan A1)* **:** *2, pl. Philadelphe-Thomas. ☎ 05-63-57-36-31. Pâques-Toussaint, tlj sauf mar 10h-12h, 14h-18h ; le reste de l'année, ven-dim, mêmes horaires. Entrée : 2,50 € ; réduc.* Le docteur Philadelphe Thomas légua en 1911 sa collection à la ville de Gaillac. Dans cette bâtisse à l'atmosphère fantastique, des milliers d'éléments (oiseaux, œufs, crustacés, minéraux, fossiles, etc.) sont exposés, classifiés et étiquetés de la main même du docteur. Charme désuet des noms latins... Possibilité de se balader dans le jardin botanique (accès gratuit) et y admirer plantes aromatiques, tinctoriales, avec un beau point de vue sur la ville.

Le TMG *(train miniature gaillacois ; hors plan par B1)* **:** *3283, chemin de Toulze. ☎ 05-63-41-00-93. • train-miniature-gaillacois.fr • Direction Cordes, puis à 2,5 km à gauche (fléché). De mi-juil à fin août, tlj 14h-18h ; de mai à mi-juil, slt dim et j. fériés ; le reste de l'année, dim slt (mêmes horaires). L'accueil étant assuré par des bénévoles, mieux vaut vérifier l'ouverture sur le site Internet. Entrée : 4 € ; 2 € pour les 4-11 ans.* Vous connaissiez le TGV, eh bien, voici le *TMG* ! Dans un hangar agricole, aux portes de la ville, des amoureux du rail ont reproduit 6 gares et voies ferrées régionales sur un plateau d'environ 16 m x 9 m. Au total, 1 000 m de voies, près de 30 locos et 100 wagons ou voitures, et toute la technique ferroviaire pour faire fonctionner le tout. Le poste d'aiguillage est impressionnant !

Fêtes et manifestations

– ***Les P'tits Bouchons :*** *en avr.* Festival de concerts, doublé de ***Vignoble en Chanson*** avec des concerts chez les vignerons.
– ***Festival Cinéfeuille :*** *4 j. fin mai-début juin.* Festival international du film environnement et paysage. Documentaires, conférences, etc.

LE TARN

– ***Fête des Vins :*** *1er w-e d'août.* Une soixantaine de vignerons, des dégustations gratuites, village gourmand, concerts et, bien sûr, embrasement du château (feu d'artifice) dans le parc de Foucaud !
– ***Salon du livre :*** *le 1er w-e d'oct.* Sur la place d'Hautpoul (mairie), des écrivains présentent leurs livres : conférences, débats, ateliers, etc.
– ***Chai mon vigneron :*** *le 3e jeu de nov.* De nombreux producteurs ouvrent les portes de leurs exploitations pour la sortie du vin primeur. Animations en soirée. Le vignoble gaillacois est en pleine effervescence !

Les caves de Gaillac

Avant de vous aventurer dans le vignoble, on vous recommande vivement de passer par la maison des Vins à Gaillac, vous pourrez y recueillir carte, conseils et infos utiles. Et même y acheter du vin !

■ ***Caveau de la maison des Vins*** *(plan A2,* ***2****) :* *☎ 05-63-57-15-40. • vins-gaillac.com • Juste en face de l'entrée de l'office de tourisme. En été, tlj 10h-13h, 14h-18h45 ; le reste de l'année, tlj sauf certains j. fériés 10h-12h, 14h-18h.* Véritable vitrine d'une centaine de producteurs de vins de Gaillac. Caveau de dégustation (gratuite) et vente. Organise des stages d'initiation *(dernier ven du mois à 18h30, ou en été jeu à 10h30, résa conseillée ; tarif : 15 €).*

■ ***Cave de Labastide :*** *lieu-dit La Barthe, 81150* ***Labastide-de-Lévis.*** *☎ 05-63-53-73-73. • cave-labastide.com • Lun-sam 9h-12h, 14h-18h ; en juil-août, tlj, 9h-13h, 14h-19h.* C'est la 1re cave coopérative qui a ouvert ses portes dans le vignoble. Spécialisée dans le gaillac perlé (vin légèrement pétillant) qu'elle a lancé en 1958. Une référence pour les amateurs. Le parcours de visite en immersion est intéressant et novateur.

■ ***Domaine du Moulin :*** *chemin des Crêtes, 81600 Gaillac. ☎ 05-63-57-20-52. • ledomainedumoulin.com • À 4 km du centre-ville, sur la route de Cordes-sur-Ciel. Tlj 9h-12h, 14h-19h.* Depuis 6 générations, la famille Hirissou exploite un vignoble de 40 ha réparti sur les 2 rives du Tarn. Un vin de qualité constante qui s'exporte jusqu'en Chine et au Brésil ! Nicolas, passionné également de fauconnerie, fait visiter son caveau et déguster son vin de façon très amicale.

■ ***Domaine Barreau :*** *Boissel, 81600 Gaillac. ☎ 05-63-57-57-51. • domainebarreau.com • À 4 km du centre-ville, sur la route de Cordes-sur-Ciel. Lun-sam 9h-12h, 14h-19h.* Depuis 1865, la famille Barreau élabore de belles cuvées avec une vinification qui allie techniques modernes et savoir-faire ancestral. Le blanc sec possède un grain tannique qui lui donne une vraie personnalité.

■ ***Domaine de La Ramaye :*** *Michel Issaly, Sainte-Cécile-d'Avès, 81600 Gaillac. ☎ 05-63-57-06-64. • michelissaly.com • Lun-sam 10h-12h, 14h-18h ; visite l'ap-m et sur rdv slt.* Michel Issaly est un passionné du terroir et du vin en général. Ancien Président des Vignerons indépendants de France, il produit des vins raffinés, certains en viticulture biodynamique.

■ ***Domaine Vaysette :*** *2738, chemin des Crêtes, 81600 Gaillac. ☎ 05-63-57-31-95. • vins-gaillac-vayssette.com • À 5,5 km du centre de Gaillac, en direction de Castelnau-de-Montmiral. Lun-sam 9h-12h, 14h-19h ; dim et j. fériés sur rdv.* Intéressante balade le long de deux sentiers botaniques (1,5 km et 2,5 km) qui sillonnent les vignes du domaine. Panneaux explicatifs sur le vignoble et les plantes que l'on y trouve.

DANS LES ENVIRONS DE GAILLAC

L'archéosite de Montans : *dans le village de* ***Montans*** *(81600), à 5 km au sud de Gaillac. ☎ 05-63-57-59-16. • archeosite.ted.fr • Avr-oct, lun-ven 9h-12h,*

14h-18h, w-e et j. fériés 14h-18h ; nov-mars, lun-ven 9h-12h, 13h-17h. Visite guidée en juil-août slt, tlj à 15h et 16h30. Entrée : 4 € ; réduc ; gratuit moins de 6 ans. Dès le Ier s av. J.-C., le site de Montans fut l'un des plus grands centres de production « industrielle » de poterie. Ce petit musée expose des céramiques antiques et différentes pièces d'archéologie, mises au jour par de récentes fouilles. Mais le clou de la visite est incontestablement le trésor constitué de 40 pièces d'or, en parfait état de conservation, découvert lors de la réfection de la chaussée en 1992. Sur les pièces, on distingue les effigies des empereurs romains Auguste, Tibère, Caligula, Claude, et d'Antonia, la mère de Claude. Également une reconstitution d'une maison gallo-romaine et d'une rue, avec une boutique de potier, un boulanger, une taverne, etc. À l'arrière du musée, balade agréable dans le parc comprenant un four gallo-romain et un atelier de potier.
Ateliers pédagogiques (poterie, mosaïques, fresques, cuisine romaine, etc.) et reconstitutions historiques.

Le château de Mauriac (maison du peintre Bistes) **:** *81600* ***Senouillac.*** *☎ 05-63-41-71-18. • chateaudemauriac.com • À 7 km de Gaillac direction Cordes ; bien indiqué. Pâques-Toussaint, tlj 15h-18h ; le reste de l'année, dim et j. fériés. Entrée : 8 € (7 € sur présentation de ce guide) ; réduc. Visite guidée slt de 1h env (chemin de ronde ouv sur demande).* Ancien château fortifié des XIVe et XVe s, transformé par la suite en maison de maître et où le peintre Bistes s'est installé en 1962 à la suite d'un « choc esthétique ». Le château tombait littéralement en ruine, et Bernard Bistes a tout retapé, s'attachant à rendre ou à donner à chaque pièce caractère et originalité. L'ensemble est harmonieux. Beau mobilier divers, cheminée Renaissance, plafonds à caissons... Derrière ça, près de 50 ans de travail ! Remarquable salle de bains (avec ciel en trompe-l'œil) et la chambre d'enfant, où tout un paysage champêtre et poétique décore les cloisons, ainsi que la pièce de l'herbier avec ses 400 plantes peintes sur le plafond... Le château sert aussi d'atelier et de salle d'exposition permanente ; belle technique du nu et motifs floraux pleins d'énergie et de spontanéité. Profitez également des jardins surplombant le vignoble Gaillac.

Invincible vigneron (musée-conservatoire viti-vinicole) **:** *Tres Cantous, 81600* ***Broze.*** *☎ 05-81-02-44-89. • invinciblevigneron.wix.com/museedesvignerons • À 6 km au nord de Gaillac (sur la D 922 entre Gaillac et Cordes). Avr-sept, du 10 au 20 de chaque mois 14h30-18h30 (dernière entrée 17h30) ; le reste de l'année, slt sur rdv ou lors des animations (voir le site). Entrée : 8 € ; réduc.* Cette collection, constituée par Theo Elzinga, un ancien vigneron, aussi invincible que passionné est la plus importante qui soit consacrée aux outils et au monde viti/vinicoles. Pour affronter et apprécier les milliers d'objets entreposés par thème, on ne peut que vous encourager à suivre une visite guidée (attention, Théo est intarissable !)... Plantation, greffe, vendanges, tonnellerie, confréries, art populaire, distillation, traitement... Un musée-conservatoire du vin plutôt exhaustif !

LISLE-SUR-TARN

(81310) 4 385 hab. *Carte Tarn, A2*

À 10 km de Gaillac, une ancienne bastide du XIIIe s, fière de sa place à couverts. Avec une superficie avoisinant les 4 500 m², c'est l'une des plus grandes places médiévales du Sud-Ouest. Au centre, le *Griffoul*, une fontaine circulaire en plomb de 8 m de circonférence. Rues aux beaux encorbellements et *pontets* qui permettaient de relier une maison à l'autre. Lisle-sur-Tarn était une bastide-port. Les vins étaient embarqués sur le Tarn pour rejoindre Bordeaux. On peut d'ailleurs voir les vestiges de la rampe du port, au bout de la rue qui part de la place principale, à droite de l'office de tourisme.

Juste avant la rampe du port, noter la petite statue de Lapérouse, grand navigateur-explorateur du XVIIIe s, né à Albi, et dont la famille avait des terres ici même.

Adresse et info utiles

Office de tourisme : *pl. Paul-Saissac. ☎ 0805-400-828. ☎ 05-63-40-31-85. • tourisme-vignoble-bastides.com • Juin-sept, tlj ; oct-mai, tlj sauf sam et dim ap-m.* Expos temporaires.

– **Marché :** *dim mat.*

Où manger ?

Le Romuald : *6, rue du Port. ☎ 05-63-33-38-85. • leromuald@wanadoo.fr • Tlj sauf dim soir, lun et mar soir. Congés : vac scol Toussaint. Le midi en sem, formule 14 €, puis menus 21-36 €. Café offert sur présentation de ce guide.* Dans une petite rue cachée par la place à couverts, une belle maison où le chef régale son monde en toute discrétion. Tout maison, tout bon, la formule est imparable et le rapport qualité-prix excellent. Cuisine du marché, soignée, comme on aime, qui plus est, servie avec le sourire. En été, on se battra pour les quelques places installées dans le patio fleuri tandis que les jours moins cléments, on se rapprochera du feu de cheminée où grillent de belles pièces de viande, la spécialité maison.

LE TARN

À voir

Le musée Art du Chocolat : *13, pl. Paul-Saissac. ☎ 05-63-33-69-79. Tlj sauf lun 10h-12h30, 14h-19h (18h oct-mai) ; visite guidée env 45 mn (dernier départ : 1h avt fermeture). Entrée : 3,50 € ; 2,50 € moins de 12 ans.* Michel Thomaso-Défos est un maître chocolatier, mais aussi un véritable artiste ! Voici une sympathique exposition de ses œuvres en chocolat, à dévorer des yeux uniquement. Certaines sont remarquables, comme ce pèlerin de Saint-Jacques-de-Compostelle (qui pèse 100 kg), d'autres font sourire comme cette Geneviève de Fontenay chocolatée grandeur nature ! Film pédagogique sur la fève originelle et la fabrication du chocolat. Petite dégustation en fin de visite, histoire de ne pas repartir frustré.

Le musée Raymond-Lafage : *10, rue Victor-Maziès. ☎ 05-63-40-45-45. • museeraymondlafage.wifeo.com • Tlj sauf mar 10h-12h, 15h-18h de mi-mars à oct ; sur résa le reste de l'année. Entrée : 4 € ; réduc ; gratuit moins de 12 ans. Expos et ateliers pédagogiques.* Dessins de Raymond Lafage, né à Lisle-sur-Tarn en 1656, peintures de Victor Maziès, Jean-Paul Laurens et Henri Loubat, expo sur l'histoire de la bastide et sur la production verrière de la Grésigne. Trois expos selon la saison : au printemps, dessins et gravures ; en été, expo patrimoniale associée à une expo de dessins de presse ; à l'automne, expo d'art contemporain.

Manifestation

– **Lisle-Noir, festival du Polar :** *sur 4 j. fin sept.* Des auteurs de roman policier prestigieux dédicacent leurs ouvrages. Conférences, concert, animations et dégustations de vin.

RABASTENS (81800) 5 216 hab. *Carte Tarn, A2*

À équidistance de Toulouse et d'Albi (40 km), Rabastens se présente comme une bourgade tranquille. Sur la promenade, vieux boulistes et jeunes gens font bon ménage. La ville connut de riches heures dès le Moyen Âge (une voie romaine Lyon-Toulouse la traversait, que pouvaient emprunter les pèlerins en chemin pour Saint-Jacques-de-Compostelle), et fut aussi le séjour d'élection des *capitouls,* notables toulousains, avec plus d'une cinquantaine d'hôtels particuliers au XIXe s... Il en reste de superbes, ainsi que de beaux remparts surplombant le Tarn.

Adresse utile

Office de tourisme : *2, rue Amédée-Clausade. ☎ 05-63-40-65-65. ● tourisme-vignoble-bastides.com ● Ouv mar-ven, plus le mat le w-e. Fermé 15 déc-15 janv.* Dynamique et entreprenant.

Où dormir ? Où manger dans les environs ?

Ne pas oublier de jeter un coup d'œil, plus loin, à notre adresse de Saint-Lieux-lès-Lavaur, notamment, dans « Le val d'Agout. Dans les environs de Giroussens ».

Prix moyens

Le Relais des Deux Vallées : *Grand-Rue, 81630* ***Salvagnac.*** *☎ 05-63-33-61-90. ● lerelaisdesdeuxvallees@orange.fr ● hotel-tarn.com ● À 12 km de Rabastens. Fermé 1 sem début juin et fin oct. Resto fermé lun (plus dim hors saison). Doubles 69-79 € (petit déj compris). Menus 12,50 € (en sem) puis 17-27 €.* La traditionnelle hôtellerie de village qui propose des chambres restaurées, propres, confortables (clim), classiques et sans mauvaise surprise. Restauration dans la même veine, axée sur les valeurs sûres de la région. Un sacré bon point pour sa terrasse panoramique donnant sur la campagne environnante.

À voir

L'église Notre-Dame-du-Bourg : *visite guidée tte l'année (2,50 €). Contacter Martine Bourdariès. ☎ 05-63-40-65-65 (mairie).* Élevée aux XIIIe et XIVe s, elle est inscrite au Patrimoine mondial de l'Unesco au titre de jalon majeur sur les chemins de Saint-Jacques-de-Compostelle. Spacieuse, élancée et remarquable pour ses peintures murales médiévales. Réalisées vers 1260 pour les plus anciennes, elles avaient été par la suite recouvertes d'un badigeon – ce qui les préserva. Ce n'est qu'au XIXe s qu'on les découvrit. Aujourd'hui restaurées, elles offrent de belles scènes bibliques du XIVe s *(Annonciation, Présentation de la Vierge)* aux coloris vifs (notamment le bleu, le fameux bleu de cocagne) et de superbes motifs géométriques. Dans la nef, sur le mur de droite, au-dessus de la 2e chapelle, notez la *Nativité,* iconographie très rare dans le monde médiéval. À voir aussi, le clocher fortifié et les chapiteaux sculptés du portail.

Le musée du Pays rabastinois : *2, rue Amédée-Clausade. ☎ 05-63-40-65-65. Ouv mar-ven 10h-12h, 14h-18h, w-e et j. fériés 14h-17h. Fermé en déc. Entrée : 2,50 € ; gratuit moins de 15 ans.*
Dans ce bel hôtel particulier du XVIIe s classé au Patrimoine historique, de très intéressantes expositions. Plusieurs thèmes : l'archéologie, avec notamment la

LE TARN

mosaïque rapportée d'une riche villa gallo-romaine, superbe ; l'art sacré avec des peintures et sculptures du XIVe au XVIIIe s (très jolies pièces naïves), dont une statue de l'apôtre saint Jacques du XVIe s ; la peinture régionale des XIXe et XXe s, avec par exemple des œuvres de Paul Prouho *(La Petite Marchande de violettes)* et de Joseph-Marie Boissière ; ou encore les céramiques de Leonardi (un ami de Picasso) ; et la haute couture avec la donation de René Bégué, dit « Rébé », brodeur parisien de premier ordre qui travailla avec les plus grands (somptueuse robe de Farah Diba – 1959 – et autres merveilles). Également une belle collection de terres cuites vernissées et rarissimes de Giroussens, des XVIIe et XVIIIe s.
Quelques œuvres d'artistes régionaux comme Giovanni Leonardi (peintre et sculpteur), Luce Boyals et Georges Gaudion (peintres), Mireille Lobligeois (sculpteur en médailles pour la Monnaie de Paris) et Jeanne Atché (peintre et affichiste).
Au rez-de-chaussée, chefs-d'œuvre du compagnon charpentier Roger Bellegarde, dit « Albigeois l'Ami du Trait ». Les chefs-d'œuvre en question, pièces d'environ 1,50 m de hauteur, ont été réalisés à l'occasion de concours et dans le seul but de la performance et de la perfection. Structures captivantes, travail inouï. À ne pas manquer.

LE VAL D'AGOUT

GIROUSSENS

(81500) 1 430 hab. *Carte Tarn, A2*

Charmant petit village qui fut, du XVe s à la Révolution, un important centre de poterie : jusqu'à 80 familles de potiers y vécurent. D'ailleurs, une importante exposition de terres vernissées, ainsi qu'un grand *marché de potiers* y ont lieu chaque année, le dernier week-end d'avril. Allez jeter un coup d'œil à son église du XIIIe s (Saint-Salvy), qui a connu les péripéties des guerres de Religion et de la Révolution. Et surtout, Giroussens offre un fantastique point de vue panoramique sur le val d'Agout.

Où dormir ? Où manger à Giroussens et dans les environs ?

De bon marché à prix moyens

Chambres d'hôtes La Tuilerie : *La Tuilerie, 81310* ***Parisot.*** *☎ 05-63-33-33-72. • chantal.massoutier81@orange.fr • À 9 km env de Giroussens ; 3 km env après le village de Parisot, tourner à gauche, c'est 1 km env plus loin. Compter 50 € pour 2 pers. Table d'hôtes sur résa 20 €.* Chantal et Didier, céréaliers et viticulteurs, habitent une élégante demeure de 1855 dans laquelle ils ont aménagé 3 chambres, bien proprettes, avec parquet flottant. Elles disposent toutes d'une salle de bains et d'un accès indépendant. Pas mal pour se mettre au vert à budget tassé.

Chambres d'hôtes Au Mas des Calmettes : *Les Calmettes, 81310* ***Parisot.*** *☎ 05-63-40-55-98. 📱 06-82-16-90-84. • frederic.rojat123@orange.fr • aumasdescalmettes.com • À 9 km env de Giroussens ; 2,5 km après le village de Parisot, prendre à droite direction Briatexte, c'est 2 km plus loin. Compter 71-80 € pour 2 pers. Également un gîte. Dîner sur résa 24 € (vin compris).* De l'ancienne maison de maître qui tombait en ruine, Christiane et Frédéric ont fait, à grand renfort de travaux, une adresse que l'on a bien du mal à quitter. Avec énergie, patience et beaucoup de goût, ils ont su redonner une véritable âme à cette demeure du XVIIIe s qui veille sur un environnement de douces collines. 4 chambres aux teintes apaisantes, aux matériaux nobles et 3 maîtres mots : confort, sobriété et calme. Agréable jardin et magnifique piscine au milieu des vignes.

L'Échauguette : *Grande-Rue, à Giroussens. ☎ 05-67-67-45-84. • contact@echauguette.fr • ♿ Fermé le soir lun-mer (plus jeu hors saison). Formules et menus 14-20 €.* Cette adresse a tout bon, prouvant qu'il est possible de proposer à bas prix du vrai fait maison. Et le premier menu est à ce titre tout à fait réjouissant. Belle cuisine à base de produits locaux et de saison, et excellent vol au vent aux ris de veau fondants. Superbe vue depuis la salle panoramique ou depuis la terrasse, dominée par son échauguette, et service efficace, plein de gentillesse.

Voir également notre adresse de restaurant à Saint-Lieux-Lès-Lavaur ci-après, rubrique « Dans les environs ».

À voir

Les jardins des Martels : *Les Martels. ☎ 05-63-41-61-42. • jardinsdesmartels.com • ♿ À 1 km du village, direction Lavaur (fléché). Accessible par la route ou par le petit train touristique à vapeur qui s'arrête devant les portes du jardin (voir plus loin la rubrique « À faire » à Saint-Lieux-lès-Lavaur, dans les environs de Giroussens). Mai-août, tlj 10h-18h ; avr et sept, tlj 13h30-18h ; oct ouv (selon météo) w-e et mer 13h30-18h. Entrée : 8,20 € ; réduc ; gratuit moins de 4 ans ; réduc sur présentation du ticket du petit train touristique à vapeur.* Un très beau jardin planté il y a 20 ans, ayant eu le temps de s'épanouir et proposant aujourd'hui 2 500 variétés de plantes et de fleurs. Plans d'eau qui font rêver, avec nénuphars et véritable rivière de lotus. Floraison quasiment toute l'année, mais pour les lotus, la meilleure période est de juin à fin août. Pour les enfants, miniferme avec poneys, chèvres naines, daims, lamas, canards, etc. Aire de pique-nique. Également un labyrinthe de bambous et la reconstitution d'un temple balinais !

Centre céramique de Giroussens : *pl. Lucie-Bouniol. ☎ 05-63-41-68-22. • centre-ceramique-giroussens.com • ♿ Tlj sauf lun 10h-12h, 14h-18h ; tlj en juil-août. Fermé de janv à mi-fév. Entrée : 3 €.* Un musée pour une vieille tradition ; installé dans l'ancien atelier de Lucie Bouniol, une peintre-sculpteur du début du XXe s. Comme il se doit, expos de céramiques de Giroussens et de quelques œuvres de Lucie Bouniol. Également de très belles expositions-ventes de créateurs contemporains internationaux, qui changent régulièrement. Boutique.

DANS LES ENVIRONS DE GIROUSSENS

SAINT-LIEUX-LÈS-LAVAUR (81500)

Où manger ?

Le Colvert : *dans le village. ☎ 05-63-41-32-47. • colvert.old@wanadoo.fr • ♿ Tlj sauf sam midi, dim soir et lun. Congés : 1er-10 janv, 16-23 fév. Formules déj 12-14,50 € (en sem), menus 26-32 €.* Un resto au cadre très agréable, tant à l'intérieur, avec ses poutres et ses murs de brique, qu'à l'extérieur, avec sa terrasse ombragée par un vénérable marronnier et quelques arbres fruitiers. En parcourant la carte, on imagine une cuisine régionale de saison jouant dans un registre assez classique. Pourtant, dans les assiettes, on découvre de belles trouvailles, des touches d'originalité réussies. Et, en saison de chasse, du colvert, bien sûr ! Une adresse qui bénéficie d'une réputation méritée.

À faire

Le petit train touristique à vapeur : *rens et résas, ACOVA-gare CFTT, dans le bourg. ☎ 05-61-47-44-52. • cftt.org • Jours de circulation : avr-juin, dim et j. fériés ; juil-août, tlj ; sept-oct, dim slt. Départ de la gare de Saint-Lieux-lès-Lavaur, ttes les heures, 14h30-17h30 (plus 9h40-11h40 30 juil-20 août). Tarifs : 7 € ; 5,50 € pour les 4-10 ans ; gratuit moins de 4 ans.* Amusant petit chemin de fer reconstruit par des bénévoles sur ce qui restait de l'ancienne ligne des tramways à vapeur du Tarn. Quatre locomotives à vapeur sont classées Monuments historiques. Le train suit d'abord un chemin qui aboutit à un viaduc de 130 m de long et 20 m de haut au-dessus de l'Agout. Il se perd ensuite à travers champs et petits bois. La promenade dure environ 50 mn et le parcours est de 7 km. Une manière originale pour se rendre aux jardins des Martels (lire plus haut dans « À voir » à Giroussens). Sur présentation des billets du train, réduction pour le ticket d'entrée aux jardins. Sympa !

SAINT-SULPICE-LA-POINTE (81370)

Adresse et infos utiles

Office de tourisme intercommunal Tarn-Agout, bureau d'information touristique de Saint-Sulpice : *rue du 3-Mars-1930. ☎ 05-63-41-89-50. • tourisme-tarnagout.com • Juil-août, tlj sauf dim mat ; le reste de l'année, mar-sam, l'ap-m slt, plus mer mat. Espace des vieux Métiers au sous-sol (lire « À voir » ci-après).* Propose aussi des expos temporaires et un nouvel espace dédié à l'histoire du pastel.

Gare SNCF : *☎ 36-35 (0,40 €/mn).* Trains pour Castres, Albi, Toulouse, Mazamet et Gaillac ; près de 90 allers-retours/j., un record !

– **Marché :** *mer mat, tte l'année.* L'un des plus beaux marchés de la région, avec beaucoup de producteurs.

À voir

Le souterrain du Castela : *à 100 m du bureau d'information touristique. ☎ 05-63-41-89-50 (office de tourisme). Visite guidée sur résa : tlj 14h30-17h30 juil-août ; mer et w-e à 15h avr-juin et sept-oct. Entrée : 5 € ; 3 € pour les 6-12 ans.* Le plus ancien souterrain-refuge du Tarn, en parfait état de conservation. Entre les IXe et XIIIe s, il servait de refuge à la population locale. C'est un minilabyrinthe de près de 150 m, une sorte de village souterrain dans lequel on pénétrait grâce à un système de mot de passe. Subsistent encore silos à grains, latrines, puits et bassins

FAIRE BOUILLIR LA MARMITE

Au XVe s, le souterrain du Castela fut la planque de faux-monnayeurs menés par Jeanne de Boulogne, propriétaire du château de Saint-Sulpice. Après la mort de son premier mari Jean du Berry, frère du roi Charles V, son immense fortune attira les convoitises. En secondes noces, elle convola avec le baron Georges de La Trémille. Très vite, son nouvel époux lui confisqua ses biens. Sans ressources, elle se réfugia à Saint-Sulpice et installa alors un atelier de fausse monnaie dans le souterrain. Dénoncée, elle échappa de peu à son arrestation et à la sanction réservée aux faussaires de l'époque : être ébouillantée dans la marmite !

aménagés et même une petite chapelle. Surprenant ! Après la visite, faites un tour sur la butte féodale, où se dressent quelques vestiges du château du XIIIe s. Belle vue sur le village et son superbe clocher-donjon des XIVe-XVe s (le plus haut du Tarn).

L'espace des vieux Métiers : *ds l'enceinte de l'office de tourisme. ☎ 05-63-41-89-50. Tte l'année aux horaires du bureau d'information touristique. GRATUIT.* Un musée consacré aux vieux métiers, avec un zoom sur la fabrication de selles de cheval et de brosses, les deux activités principales du village au XIXe s et au début du XXe s. Ancien salon de coiffure remarquable.

LAVAUR

(81500) 10 671 hab. *Carte Tarn, A3*

Lavaur est une vieille bourgade qui ne manque pas de charme et qui mérite à bien des égards un petit détour. Pas seulement pour son fameux jacquemart. Dominant la rive gauche de l'Agout, elle est naturellement devenue une place forte contrôlant un nœud de communications. Elle doit également une partie de son importance à la fonction de siège épiscopal qu'elle exerça de 1318 à 1790.
Mais l'événement majeur de son histoire fut sa prise par Simon de Montfort, en mai 1211. La résistance à l'envahisseur ayant été très vive, les croisés se livrèrent à des actes d'une rare barbarie. Dame Guiraude, l'âme de la défense, fut d'abord livrée en pâture aux soudards, puis jetée dans un puits et lapidée. Ses principaux compagnons, consuls, chevaliers et simples bourgeois furent pendus ou brûlés : ce fut l'un des plus grands bûchers de l'histoire ! Comme dans les autres cités cathares, le triomphe de l'Église et la monarchie francilienne se sont exprimés de manière architecturale par la construction d'une église gothique, aux allures étranges de forteresse.
À deux pas de Lavaur, à Marzens, se trouve l'un des plus importants centres tibétains d'Europe ; d'où la présence en ville de quelques bouddhistes.

Adresses et infos utiles

Office de tourisme Intercommunal Tarn-Agout bureau de Lavaur : *Tour-des-Rondes. ☎ 05-63-58-02-00. • tourisme-tarnagout.com • Juil-août, tlj sauf dim mat ; le reste de l'année, fermé le mat (sauf mer et sam) plus lun nov-fév.* Efficace et sympa. Un petit mot tout de même sur la Tour-des-Rondes. Elle fut construite au XIVe s et participait au système défensif de la ville. Au cours des siècles, elle abrita de nombreuses activités (abattoir, écurie, etc.). C'est le seul vestige des anciennes fortifications de Lavaur.

Point info tourisme : *sous le clocher de la cathédrale, le dim en juil-août slt.*

Gare SNCF : *av. de la Gare. ☎ 36-35 (0,40 €/mn).* Trains (ou bus) pour Castres, Albi, Toulouse, Mazamet et Gaillac.

– ***Marché :*** *sam mat (grand marché sous les allées ombragées) et mer mat (petits producteurs).*

Où dormir ? Où manger à Lavaur et dans les environs ?

Camping

⛺ ***Camping Le Plan d'Eau Saint-Charles :*** *la Cahuzière, 81220* ***Damiatte.*** *☎ 05-63-70-66-07. 📱 06-13-30-82-57. • accueil@campingplandeau.com • campingplandeau.com • ♿ À égale distance de Lavaur, Graulhet et Lautrec, et à 1 km du village de Damiatte. Avr-oct. Compter 15-24 € pour 2 selon saison ; tentes équipées, bungalows, chalets et mobile homes 200-820 €/sem selon saison et capacité (4-6 pers). 82 empl.* Dans un parc de 6 ha, au bord de 2 étangs de pêche, des emplacements ombragés et des hébergements locatifs impeccables. Mais le top est le lagon artificiel de baignade de 3 000 m² avec plage de sable blanc et palmiers (si, si !), toboggan et jeux gonflables aquatiques. Petite épicerie et bar-resto. Animations toute la journée durant l'été. L'ensemble est tenu par un couple accueillant et hyper motivé. Un vrai bonheur !

De prix moyens à chic

🏠 ***La Croix de Pastel :*** *21, rue Père-Colin, à Lavaur. 📱 07-71-70-30-54. • croixdepastel@gmail.com • gite-croix-de-pastel.fr • Au cœur de la ville. Doubles 80-96 € sans ou avec petit déj.* Répartis sur 3 bâtiments mitoyens organisés autour d'un jardin central avec piscine, jacuzzi et hammam à disposition, 2 gîtes modulables en chambres d'hôtes. L'un abrite 3 chambres mansardées de bon confort qui se partagent un vaste et confortable salon et une cuisine bien équipée, tandis que l'autre, dans une tour de garde en brique rouge, voit s'étager 2 chambres de charme avec cuisine privative où vieille pierre et déco contemporaine font un beau mariage. Accueil chaleureux et attentionné du jeune couple qui est à l'initiative de l'aménagement de ce bel ensemble.

🏠 ***Chambres d'hôtes Domaine d'En Naudet :*** *81220* ***Teyssode.*** *☎ 05-63-70-50-59. 📱 06-07-17-66-08. • contact@domainenaudet.com • domainenaudet.com • Direction Castres (D 112), puis, à 10 km env, prendre à droite direction Pratviel (fléché). Compter 99-109 € pour 2. Également des gîtes de 10-25 couchages.* Voilà une ancienne ferme superbement retapée, qui surplombe les vallons du Lauraguais. Dans les anciennes écuries et la grange, 5 chambres spacieuses et d'un goût très sûr. Pour les amateurs d'insolite, une chambre a été aménagée dans une ancienne tour de guet de 1645 ! Rien à redire ! Accueil simple et chaleureux d'Éliane, qui ne manquera pas de vous conseiller sur les bonnes tables du coin. Pour couronner le tout, aire de jeux prisée par les enfants, salle de musculation et piscine.

🍴 ***La Gourmandine :*** *35, av. Charles-de-Gaulle, à Lavaur. ☎ 05-63-41-83-77. Tlj sauf mar, mer et jeu midi. Formules déj sauf dim, 10,80-14,80 € ; menus 23,80-27,80 €.* Gourmets et gourmands se pressent pour s'attabler dans ce petit resto de solide réputation. Pour un repas économique du midi, on vous recommande les copieuses « salades du moment » qui varient selon l'humeur créative du chef Sébastien Bénozet. Sinon, les menus proposent de savoureux plats qui revisitent la cuisine du terroir, avec des suggestions « terre-mer » fort bien réalisées. Quant aux desserts, ils sont formidables ! Ne pas y goûter serait un péché.

🍴 ***Les Marronniers :*** *2, Grand-Rue, 81220* ***Viterbe.*** *☎ 05-63-70-64-96. • viala.marronniers@wanadoo.fr • les marronniers-viterbe.com • ♿ À 10 km de Lavaur et à 10 km env de Graulhet. Tlj sauf mar soir et mer, plus dim soir et lun soir hors saison. Congés : 1 sem mi-sept, 15 j. début nov. Formules déj 13-14,50 € (en sem) ; menus 20,50-29 €.* Une bâtisse moderne aux teintes douces, mais, pour être francs, on a préféré la terrasse à l'arrière, qui donne sur un agréable jardin au bord des champs. Cuisine suivant les saisons et d'inspiration régionale, teintée d'un certain classicisme. Les produits sont frais et la qualité est constante. Accueil aimable et service tiré à quatre épingles. Une adresse cotée pour les repas endimanchés.

À voir

La cathédrale Saint-Alain : *tlj 9h-12h, 14h-18h. • cathedrale-lavaur.fr • Visites guidées possibles (se renseigner à l'office de tourisme).*
Datant de la seconde moitié du XIIIe s, elle a remplacé l'ancienne église détruite lors de la prise de la ville par les croisés, mais dont certains éléments ont été conservés et intégrés dans l'édifice actuel. Construite en brique et de style gothique méridional, elle est ornée d'un portail flamboyant (du XVe s) que surmonte un clocher qui rappelle celui de la cathédrale Sainte-Cécile d'Albi. Son édification s'explique par la rivalité qui existait alors entre l'évêque de Lavaur, Jean Vigier, et l'archevêque d'Albi, Louis d'Amboise.
Une seconde petite tour abrite le fameux *jacquemart,* refait en 1922 mais dont le mécanisme et la cloche datent de 1604. Il est unique dans le sud-ouest de la France. Une terrasse permet de découvrir le chevet qui forme un à-pic au-dessus de l'Agout.
À l'intérieur, restauré, une nef unique, et dans la première chapelle à droite le portail du XIIIe s orné de chapiteaux historiés (scènes de l'enfance de Jésus). Dans le chœur, série peinte de la *Passion du Christ* de Subleyras (XVIIIe s). *Pietà* en bois peint du XVIIe s (troisième chapelle à droite à partir de la petite porte d'entrée). Face sud de l'abside, sépulture (enfeu) de Simon de Beausoleil (influence de la Renaissance italienne). Au fond de la nef, voir le portail de la vierge : profondes voussures richement sculptées et groupe de l'Adoration des Mages, statues d'évêques martelés ou décapités sous la Révolution.
Buffet d'orgue Renaissance (1524), au remarquable décor sculpté polychrome. Personnages à l'antique chantant pour rendre grâce à Dieu. Instrument Cavaillé-Coll de 1876.

TROIS PETITS COUPS ET PUIS S'EN VA...

La légende raconte qu'au temps des guerres de Religion, un prisonnier nommé Jacques-Marc aurait eu l'obligation de sonner la cloche à la place du sonneur. Étant plutôt bricoleur, il imagina un mécanisme capable de sonner les heures à peu près régulièrement. Le prisonnier put alors s'enfuir sans que ses geôliers ne se doutent de rien.

À côté de la cathédrale, beau ***jardin de l'Évêché*** et remarquable jardin à la française.

L'église Saint-François : *dans la rue principale (Grand-Rue).* Fin XIIIe au XVe s et de style languedocien à nef unique. Vestiges du cloître sur le flanc ouest. Beau porche en pierre à multiples voussures sur fines colonnettes. L'ensemble s'intègre parfaitement aux belles demeures en brique environnantes. Nef d'une grande ampleur, qu'on ne devine pas de l'extérieur.

La Halle aux Grains : *pl. Stalingrad.* Construite en 1880, elle comporte 16 côtés (c'est une halle hexadécagonale !). Sa forme quasi circulaire facilitait le déplacement des marchandises et des personnes. Elle accueille aujourd'hui des spectacles.

Fêtes et manifestations

– **La Fête de la N7 :** *le 3e sam de mai.* Grand rassemblement de véhicules anciens, marché vintage.

LE TARN

– ***Vide-greniers :*** *le 1er dim de juil.* Un des plus importants du département, précédé la veille d'un grand marché nocturne.
– ***Les Jeudis au Jardin :*** *le jeu en juil.* Concerts gratuits au jardin de l'Évêché à partir de 20h30.
– ***Les Estivales :*** *en juil-août.* Nombreux concerts, danses et pièces de théâtre dans différents lieux de la ville.

DANS LES ENVIRONS DE LAVAUR

À partir de Lavaur, possibilité de parcourir la ***route historique du Pastel.*** Le pastel est une plante dont les feuilles donnent un bleu exceptionnel en teinture. Au XVIe s, le pastel a enrichi toute la région, qu'on appelait le Triangle bleu (Albi-Carcassonne-Toulouse). Il était exporté dans toute l'Europe. Tout au long de cette route, on découvre les châteaux magnifiques du pays de Cocagne. *Brochure disponible auprès du bureau d'information touristique de Lavaur :* ☎ *05-63-58-02-00.*

GRAULHET (81300) 12 508 hab. *Carte Tarn, B2-3*

À une vingtaine de kilomètres au sud de Gaillac, Graulhet conserve quelques souvenirs de son passé médiéval : le magnifique pont Vieux du XIIIe s (classé Monument historique) sous lequel coule le Dadou, l'*Hostellerie du Lyon d'Or* (juste en face de l'église) où fit étape Henri de Navarre, le futur roi Henri IV, le quartier médiéval de Panessac, etc.
Graulhet fut aussi la capitale mondiale du cuir, en particulier de la basane. Malgré la crise que connaît cette industrie, et sa lente reconversion industrielle, on trouve encore quelques fabricants de maroquinerie et de vêtements en cuir. Si vous passez par-là, ne pas manquer d'aller visiter la maison des Métiers du cuir, miroir du riche patrimoine humain de la ville.

Adresse et info utiles

Office de tourisme : *33, rue Saint-Jean, au rez-de-chaussée de* La maison des Métiers du cuir. ☎ *0805-400-828.* • *tourisme-vignoble-bastides.com* • *Juil-août, tlj sauf lun mat et dim ; sept-juin, lun-ven.* Dépliant sur les circuits thématiques qui parcourent la ville.
– ***Marchés :*** *mar mat, pl. Bosquet ; jeu et dim mat, pl. du Jourdain.*

Où dormir ? Où manger dans les environs ?

Prix moyens

Hôtel-resto Chez Pito : *3, le Bourg, 81300* ***Busque.*** ☎ *05-63-58-37-82.* • *contact@chezpito.com* • *chezpito.com* • *À 4 km de Graulhet ; par la D 10, direction Lisle-sur-Tarn. Resto ouv tlj, midi et soir. Doubles 68 €. Formules déj en sem 12-14 € ; menus 20-30 €.* Au cœur de ce petit village, une dizaine de chambres fonctionnelles et récentes, alignées de plain-pied dans un bâtiment horizontal, toutes dotées d'une miniterrasse. Piscine de poche. Mais *Chez Pito* est surtout connu pour son resto à l'atmosphère décontractée et au cadre rustique qui ne manque pas de cachet avec sa terrasse champêtre parsemée d'objets agraires. Cuisine honorable qui n'a d'autre prétention que de bien caler, dans la convivialité. À signaler que le service peut parfois perdre pied face à l'affluence.

À voir. À faire

La maison des Métiers du cuir : 33, rue Saint-Jean. ☎ 05-63-42-16-04. ♿ Mai-sept, visite guidée de 50 mn à 10h, 11h, 14h15, 15h30 et 16h45. Entrée : 5 € ; 6-12 ans : 2,50 €. Véritable culture locale depuis des siècles, le travail du cuir a fait de Graulhet la capitale de la basane, cuir essentiellement utilisé pour la doublure des chaussures. La ville est encore aujourd'hui le plus grand centre français de la mégisserie, le « tannage des petites peaux ». Dans une ancienne usine sur les rives du Dadou, présentation des métiers de la mégisserie et de la maroquinerie. Une visite intéressante pour tout comprendre sur le processus de transformation de la peau de bête en cuir, et au-delà, pour découvrir la variété des métiers liés à cette activité, et admirer le savoir-faire de toute une région.

La Brasserie des Vignes : 9, av. Marcel-Pagnol. 📱 06-22-38-16-10. Ouv sur rdv. Apéro offert à tous ts les mar 17h-19h ! GRATUIT. Une drôle de microbrasserie, clandestine ou presque, installée dans une ancienne mégisserie. Le brasseur, un ancien prof de physique-chimie, super sympa, teste, expérimente et invente sans cesse de nouvelles formules, vieillies en fût, plus ou moins aromatisées mais toujours originales... Se renseigner sur les séances de *biérologie* et les journées de brassage auxquelles vous pourrez participer. Petit musée de la bière, espace dégustation et vente sur place. Un lieu vraiment étonnant !

Circuits aériens : aérodrome de Salès. ☎ 05-63-34-51-07. • aeroclub-graulhet.com • Avr-oct. L'aéroclub propose des baptêmes de l'air de 20 mn (compter 40-60 €/pers). Possibilité également de faire un baptême de 30-45 mn en planeur (compter 80 €/pers ; 📱 06-17-96-76-07. • planeur-tarn.fr •).

Fêtes et manifestations

- **Biocybèle :** à la Pentecôte (dim-lun). Grande foire agrobiologique. Conférences, débats, animations, concerts... La plus grande foire bio du Sud-Ouest.
- **Rues d'été :** le w-e avt le 14 juil. • ruesdete.fr • Un festival des arts de la rue. Spectacles gratuits.
- **Grand spectacle historique :** • spectacle-historique.fr.gd • le 3e w-e de juil. L'histoire de Graulhet sur fond de mise en scène équestre.

LAUTREC

(81440) | 1 814 hab. | *Carte Tarn, B3*

Berceau de la famille d'Henri de Toulouse-Lautrec, à 15 km au nord-ouest de Castres et au cœur d'une belle région agricole vallonnée. L'ancienne place forte est un ravissant village, classé parmi les « Plus beaux villages de France », aux nombreuses maisons à colombages serties de brique, perché sur sa colline. Les vicomtes de Lautrec furent au Moyen Âge des seigneurs fort puissants, jouissant des rivalités entre le comte de Toulouse et le vicomte d'Albi.

La ville, construite sur une butte, offre au regard un des plus beaux paysages du Tarn. Les jours clairs, le panorama permet d'embrasser à la fois les monts de Lacaune, la Montagne Noire et la plaine de l'Agout...

Les gourmets doivent savoir que Lautrec, également « Site remarquable du goût », est la capitale de l'*ail rose* (Label Rouge et IGP), beaucoup plus goûteux et qui se conserve plus longtemps que le blanc. Et certains habitants

nous ont même affirmé qu'il parfumait agréablement l'haleine ! Signalons enfin que le *sentier du Train*, l'ancienne voie de chemin de fer reliant Albi à Castres, aujourd'hui aménagée en voie verte, est praticable à pied ou à vélo et passe à 1 km environ de Lautrec.

Adresse et infos utiles

Office de tourisme : *rue du Mercadial, à côté de la mairie. ☎ 05-63-97-94-41. • lautrectourisme.com • Juil-août, tlj ; mai-juin et sept, mer-sam (plus l'ap-m mar et dim) ; oct-avr, mar-sam.* Organise des ateliers de cuisine à l'ail rose le vendredi matin en juillet et août.

– **Marché :** *ven mat.*

– **Achat d'ail rose :** *de mi-juil à nov.* Nombreux producteurs.

Où dormir ?

De prix moyens à chic

Chambres d'hôtes de la Caussade : *chez Brigitte Ormière ; 1, rue de La Caussade. ☎ 05-63-75-33-21. • brigitteormiere81@gmail.com • En plein centre. Compter 62 € pour 2 pers. Table d'hôtes 22 € (vin inclus).* Au cœur de ce superbe village, dans une maison en encorbellement pleine de charme, 3 chambres confortables, décorées avec beaucoup de goût, tout en préservant leur authenticité. Toutes possèdent une salle de bains neuve avec douche à l'italienne. Brigitte, pour qui l'accueil est un sacerdoce, vous reçoit sans chichis, comme si vous étiez des amis, et se plie en quatre pour rendre votre séjour des plus agréables. Sa table d'hôtes est exceptionnelle, tant par l'atmosphère conviviale qu'elle sait entretenir que par les bons petits plats qu'elle concocte avec des produits de terroir de grande qualité. Copieux petit déj avec confiture du jardin-potager. Une adresse que l'on affectionne particulièrement, c'est dit !

Chambres d'hôtes de Cadalen : *à 3 km env du village. ☎ 05-63-75-30-02. 07-86-02-88-48. • info@cadalen81.com • cadalen81.com • Suivre la direction Roquecourbe et Vénès, puis fléché. Compter 95-115 € pour 2.* En pleine nature, un beau corps de ferme recouvert de lierre, flanqué d'un double pigeonnier (rare !), tenu par Sandra et Sylvain. 3 chambres décorées de meubles anciens, cosy-kitsch et romantiques à souhait (genre toile de Jouy et ciel de lit) et une dernière à la déco raffinée japonisante. Une adresse au charme certain et à l'atmosphère « bourgeois bohème », à 200 m de la voie verte qui relie Albi à Castres.

Chambres d'hôtes La Fontaine de Lautrec : *domaine du Buguet. ☎ 05-63-50-15-72. • contact@fontaine-lautrec.com • fontaine-lautrec.com • À 3,5 km env du village, sur la route de Castres (fléché à gauche). Compter 65-75 € pour 2. Table d'hôtes 25 €/pers. Pas de wifi.* En bordure de la voie verte, 4 chambres installées dans les dépendances d'une grande ferme, toutes avec accès indépendant et terrasse privative. 2 d'entre elles disposent d'une chambre en mezzanine pour les familles, les 2 autres sont plus petites et décorées très simplement. Belle espace commun avec coin détente pour le petit déj ou la table d'hôtes. Agréable jardin paysager et arboré avec une jolie vue sur Lautrec qui domine cette douce campagne.

Où manger ? Où boire un verre ? Où sortir ?

La Ferme dans l'assiette : *rue du Mercadial. 06-85-62-26-78. Avr-oct ; tlj en juil-août 10h-18h, sinon fermé mar-mer. Soupe à l'ail rose 4,50 €, menus 14,90-16,90 €.* Dans le joli patio de cet ancien relais de poste, la propriétaire de la boutique de pastel *La ferme au village* a eu la bonne idée de faire un salon de thé-petit resto du midi. Un lieu convivial pour déguster une bonne soupe à l'ail ou un petit plat du jour. Ne surtout pas manquer de goûter aux délicieux sorbets artisanaux aux parfums peu communs, on en salive encore !

Le Clos d'Adèle : *6, pl. du Monument. ☎ 05-81-43-61-91. • le_clos_d_adele@sfr.fr • Tlj sauf dim soir en saison, plus mer et jeu midi hors saison. Congés : 15 janv-7 fév et 22-30 déc. Menus 19-36 € env.* Au cœur de Lautrec, un resto au cadre ravissant, tant en salle qu'en terrasse. Excellente cuisine de terroir et de marché mettant, c'est bien la moindre des choses, l'ail de Lautrec à l'honneur. Bons produits (notamment l'onglet de veau du Ségala), bons vins, prix doux et bon accueil. Un sans-faute !

Café Plum : *rue de Lengouzy. ☎ 05-63-70-83-30. • contact@cafeplum.org • cafeplum.org • Mer-dim (plus mar et j. fériés en saison) 9h-20h (1h le w-e). Petite restauration 13-15 €.* Un lieu atypique et unique dans le Tarn, chaleureux et militant comme on les aime. Au cœur de Lautrec, ce café-resto-librairie-cabaret est source de vie et de lien social et, ce, tout au long de l'année. Dans l'assiette, des produits frais, locaux, voire bio. Incontournable à l'heure de l'apéro, souvent assorti d'un concert... Dans la journée, il fait bon venir y bouquiner en buvant un thé. Et sinon, donc, rencontres culturelles, spectacles proposés régulièrement (participation libre le plus souvent), concerts tous les soirs (sauf lundi) en juillet-août, le week-end le reste de l'année. Cadre hyper sympa, ce qui ne gâche rien, et service dans la cour aux beaux jours. Un gros coup de cœur !

Où acheter de bonnes gelées et confitures ?

Les Plantes de la Lorien : *Le Grès, 81440* ***Vénès.*** *☎ 05-63-75-30-34. • lalorien.com • Au bord de la D 92, à mi-distance entre Lautrec et Réalmont. Mai-oct, visite sur résa (3 €).* Éric, un amoureux de la nature, cultive moult espèces de plantes aromatiques et médicinales dans son jardin d'Éden. Et il a eu la bonne idée de les transformer en gelées aux multiples saveurs (romarin, thym, menthe, sauge, cardamome, coriandre, etc.), qui accompagnent à merveille les viandes, fromages, poissons ou parfument les pâtisseries. On peut aussi acheter les plantes.

À voir. À faire

La collégiale Saint-Rémy : sa construction par étapes s'est échelonnée du XIVe au XVIIIe s. Nef unique au beau plafond peint, souligné par du bleu pastel, qui nous rappelle que nous sommes en pays de Cocagne. Dans le chœur, plusieurs œuvres classées, dont un baldaquin Louis XV, 40 stalles en chêne et les tables de marbre des fonts baptismaux. Il est orné de marbre de Caunes-Minervois (que l'on retrouve à Versailles). Remarquer le lutrin : on en voit rarement de cette taille ! Admirer aussi la voûte en trompe l'œil au-dessus du baldaquin. On ne soupçonne pas tous ces trésors de l'extérieur, tant la façade est neutre...

Le village : il date en grande partie du Moyen Âge. Belles maisons à colombages et en encorbellement rue de l'Église, superbes couverts du XVIIe s (place centrale), quelques vestiges des anciens remparts restaurés, comme la *porte de la Caussade* (XIIIe s). Une curiosité : le village compte près de 160 *puits,* de 15 à 25 m de profondeur (chaque maison abrite au moins un puits) ; on peut en voir une quinzaine en se promenant dans la village. Jetez également un coup d'œil aux ***silos souterrains*** (à deux pas de la porte de la Caussade) que l'on discerne à travers une grille (passer la main de l'autre côté de la grille et appuyer sur l'interrupteur pour que lumière soit, enfin, lorsqu'elle marche...). De la porte de la

Caussade, à 5 mn à pied par un petit chemin, on arrive au vieux lavoir restauré. Dans la rue de la Rode, belles portes ouvragées. Dévalez les pentes des ruelles étroites du *quartier de Mallegou,* qui possède beaucoup de charme. À voir encore, la ***maquette en pierre*** de Lautrec au Moyen Âge (sous le porche qui conduit à l'office de tourisme) et, juste en face, le ***fournil et le jardin de l'ancien couvent.*** Rue de Lengouzy, ***joli pigeonnier*** de village. Voir le circuit des « Pigeonniers et châteaux » (1 700 pigeonniers dans le Tarn) à l'office de tourisme.

Très intéressante visite du ***moulin*** : ☎ *05-63-97-94-41 (office de tourisme). De mi-avr à juin et sept-oct, mer-sam 10h-12h30, 14h-17h30 et dim 14h-17h30 ; en juil-août, tlj 10h-12h30, 16h-18h. Entrée : 2 € visite commentée, 1 € visite libre ; gratuit moins de 6 ans.* Un des rares moulins de la région Occitanie à moudre encore le grain (lorsqu'il y a assez de vent pour faire tourner les ailes). Malgré son grand âge, il est dans un état remarquable (restauré en 1992).

L'atelier du sabotier : *rue Saint-Esprit. En principe, de juin à mi-oct, tlj sauf mar 14h30-18h30, plus dim 10h-12h ; de mi-mars à juin, sam ap-m, dim et j. fériés slt. GRATUIT.* Un ancien atelier dont l'activité s'est arrêtée en 1961. On y voit tout l'outillage et de nombreux vieux outils. Expo d'artisans créateurs locaux.

LE TARN

Les boutiques « pastels » : ***La ferme au village,*** *rue du Mercadial. 06-85-62-26-78.* Expo-vente de produits teints avec des plantes tinctoriales et cosmétiques au pastel. La boutique est doublée d'un espace de vente de produits de bouche du terroir. Plus loin, sur la place centrale, ***La petite maison du Pastel*** *(06-20-62-95-26)* propose également des produits teints maison (vêtements, lingerie femme et enfant, cosmétiques, linge de maison, bijoux, etc.).

UNE GUERRE DE RELIGION CACHÉE

La culture du pastel, tenue par les protestants, enrichissait les alentours de Toulouse et d'Albi. C'était le fabuleux pays de Cocagne. Au XVIIIe s, cette plante fut détrônée par l'indigo, provenant d'un arbuste des Antilles bien moins cher à produire que le pastel. Cette guerre économique fut d'autant plus violente que les planteurs des îles étaient catholiques.

Base nautique d'Aquaval : *à 1 km du village, route de Vielmur.* ☎ *05-63-70-52-32. De fin juin à fin août, entrée : 6 € adulte ; réduc enfants.* Baignade surveillée en saison, toboggans, minigolf, pêche, etc. Chemin pédestre de 700 m par la route de Castres.

Vélotrek : *pl. du monument. 06-31-90-78-05. • velotrek.fr • En saison, tlj sauf mar 9h-19h, sur rdv le reste de l'année. Pour une rando accompagnée, compter 30-35 € la ½ journée, 50-55 €/j.; réduc. Loc simple : 10-20 €/j. selon vélo.* Anthony, sympathique moniteur breveté d'État, propose des balades thématiques en VTT et vélo électrique à la découverte du terroir, de l'histoire et de la nature. En chemin, possibilité de rencontrer des producteurs d'ail, vignerons et artisans, visites de châteaux et pigeonniers, avec pause pique-nique. Cool !

Fêtes locales

– ***Fête du Sabot et des Vieux métiers :*** *le 3e dim de juil.* Marché de l'artisanat et de producteurs de la région.
– ***Fête de l'Ail rose :*** *le 1er ven et sam d'août.* Concours de compositions artistiques et de manouilles, défilé des confréries de l'ail, etc. Soupe à l'ail gratuite pour tous à midi. La journée s'achève par un repas... autour de l'ail. Soirée tapas le samedi.
– ***Fête du Pain et du Goût :*** *le 15 août.* Marché aux pains, ateliers enfants... Grand rassemblement de producteurs du coin.

– ***Festivaoût :*** *autour du 15 août.* 3 soirs de concerts gratuits au théâtre en plein air de la Caussade (programmation éclectique).
– ***Festival des arts en pays de Cocagne :*** *le 1er w-e de sept.* Grand concours de peinture dans les rues du village.

PUYLAURENS (81700) 3 330 hab. *Carte Tarn, B3*

Gros bourg agricole sans intérêt touristique majeur. Alors, pourquoi en parler ? Tout simplement parce que c'est la patrie de Marianne. En 1792, un cordonnier-troubadour patriote, Guillaume Lavabre, écrit à Puylaurens la *Garisou de Marianno,* jolie chanson patriotique où il appelle pour la première fois la République du nom de Marianne. La chanson a du succès en Occitanie, est traduite, conquiert la France, et le surnom resta à la République. Grâce à quoi nos mairies sont toutes ornées de bustes de cette fille de Puylaurens qui, du coup, mérite de figurer dans ce guide.

Où dormir ? Où manger dans le coin ?

De chic à beaucoup plus chic

■ |●| ***Cap de Castel :*** *36, rue du Cap-de-Castel, à Puylaurens. ☎ 05-63-70-21-76. • contact@capdecastel.com • capdecastel.com • Doubles 96-168 € selon confort et saison, des familiales également ; petit déj 15 €. Resto ouv tlj le soir sauf dim, menus 38-49 €.* Aménagé dans les anciens communs du château, qui date de 1258, un hôtel de charme proposant une dizaine de chambres rénovées, à la déco de très bon goût et respectueuse de l'architecture du bâtiment. Belle piscine sur une terrasse dominant la vallée. Cuisine savoureuse. Très bon accueil. Si votre budget vous le permet, pas d'hésitation !

■ |●| ***Chambres d'hôtes et restaurant Cuq-en-Terrasses :*** *Cuq-le-Château, 81470 Cuq-Toulza. ☎ 05-63-82-54-00. • cuqenterrasses.com • À 2 km de Cuq-Toulza par la D 45 (direction Revel). Ouv de Pâques à mi-oct ; resto le soir slt sauf mer. Résa indispensable. Doubles 110-160 € selon confort et saison ; petit déj inclus. Menu unique 38 €.* Dans le petit hameau perché de Cuq-le-Château, un établissement plein de charme à mi-chemin entre l'hôtel et la chambre d'hôtes. Une poignée de chambres superbes, toutes différentes, à l'atmosphère pleine de douceur. Elles ont été décorées par le designer de Paul McCartney ! L'accueil simple et sincère d'Andonis et de Philippe nous a séduits. Côté resto, ouvert à tous sur réservation, une cuisine régionale aux saveurs méditerranéennes, et particulièrement hellènes, qui flatte les papilles. Pour parfaire le tout, piscine et terrasse avec belle vue sur les environs. Une adresse qui fait honneur à ce pays de Cocagne !

MAZAMET ET LA MONTAGNE NOIRE

MAZAMET

(81200) 10 557 hab. *Carte Tarn, C4*

Située à moins de 20 km de Castres, Mazamet en dépend assez peu. Sans vestiges historiques ni monuments très remarquables, son histoire reste liée à celle du village de Hautpoul et au catharisme. La ville doit aussi son renom à l'industrie du délainage, créée et développée au XIXe s. Il en résulte un paysage industriel particulier, surtout aux abords de la nationale. Mais le centre-ville, en retrait, vit à un rythme provincial calme et dans une ambiance de gros village fleuri. Enfin, retenons que le champion cycliste Laurent Jalabert, enfant du pays, s'est formé les mollets dans cette belle région dominée au sud par la Montagne Noire...

Arriver – Quitter

Gare ferroviaire : *av. Charles-Sabatié.* Trains pour Toulouse et Castres.

Gare routière : *av. Charles-Sabatié. À proximité de la gare ferroviaire.*

Transport pour l'aéroport Toulouse-Blagnac : ***Éco Navette,*** *☎ 05-67-33-93-23.* ***Executive Roadlines,*** *☎ 09-50-86-63-74.*

Adresses et infos utiles

Office de tourisme : *maison des Mémoires, rue des Casernes. ☎ 05-63-61-27-07. • tourisme-mazamet.com • Juil-août, tlj ; sept-juin, tlj sauf dim et certains j. fériés.* Très compétent. Toutes les infos sur les horaires de bus. Topoguides ou fiches (en vente) pour randonner dans le coin. Expos temporaires également.

Location de VTT : ***2 x 2 Roues,*** *au départ de la voie verte, rond-point La Richarde, 81660* ***Bout-du-Pont-de-l'Arn.*** *☎ 05-63-97-16-27. À 2 km du centre-ville, direction Béziers. Ainsi qu'au centre commercial Leclerc.*

– ***Marchés :*** *mar, sam et dim mat dans le centre-ville.*

– ***Marchés au gras :*** *dim mat fin nov-début mars, sq. Tournier.* Les plus importants ont lieu en décembre.

– ***Marchés de producteurs de pays :*** *juil-août, lun soir.* Le plus important du Tarn.

Où dormir ? Où manger à Mazamet et dans les environs ?

Camping

Camping de la Lauze : *chemin de la Lauze. ☎ 05-63-61-24-69. • contact@camping.mazamet.com • camping-mazamet.com • À 2 km du centre-ville, direction Béziers ; fléché à partir du centre. Avr-sept. Compter 15,40-17,60 € pour 2 ; mobile homes tte l'année 287-615 €/sem (loc possible pour 2 nuits slt). 50 empl.* Près de 50 emplacements dans un beau petit parc ombragé. Salle de jeux à dispo (billard, baby-foot, ping-pong) et piscine municipale à proximité (tarif préférentiel). Les GR 7 et 36 passent dans le coin.

De bon marché à prix moyens

Le Boulevard : *24, bd Soult. ☎ 05-63-61-16-08. • hotelrestaurantleboulevard@gmail.com • hotel-restaurant-mazamet.com • Doubles*

54-59 €. Au centre-ville, petit hôtel d'une quinzaine de chambres fonctionnelles, pas bien grandes et sans charme particulier. Celles qui donnent sur l'arrière sont forcément plus calmes. Une adresse pour ceux qui ont besoin d'une chambre en ville. Fait aussi resto.

La Taverne d'Hautpoul : *chez Maria Calamote, au cœur du village d'***Hautpoul.** *☎ 05-63-97-00-86. Juin-août, tlj mai-oct 10h-23h ; le reste de l'année, le midi slt sur résa. Formule déj sauf dim 13,50 €, menus 17,50-22 €. Café offert sur présentation de ce guide.* Après avoir grimpé au sommet du village cathare d'Hautpoul, vous serez bien content de ne pas avoir à redescendre sur Mazamet si par mégarde la faim se faisait sentir. Cette adresse toute simple où vous serez accueilli avec dévouement et gentillesse saura bien vous dépanner d'un plat maison (ou d'un bon *bacalhau* portugais sur commande). Vous pourrez aussi y boire un verre en terrasse.

Chic

Chambres d'hôtes Les Jardins de Mazamet : *5, rue Henri-Gardet. ☎ 05-63-61-26-97. • chantal.sence@orange.fr • jardinsdemazamet.fr • En plein centre, juste derrière l'office de tourisme. Compter 95-125 € pour 2 selon chambre. Table d'hôtes 29 € (tt compris) sur résa.* Une belle maison de ville avec jardin et piscine accueillant les voyageurs recherchant charme et confort. Les chambres thématiques (et desservies par un ascenseur !) sont meublées au goût du jour, dans un esprit « déco ». Le confort est optimum et l'accueil épatant. Excellent petit déjeuner. Pour parfaire le séjour, un espace bien-être avec salle de fitness, sauna, hammam et jacuzzi (en sus).

À voir à Mazamet et dans les environs

Le musée du Catharisme : *la maison des Mémoires de Mazamet, rue des Casernes (dans l'enceinte de l'office de tourisme). ☎ 05-63-61-56-56. • maison-des-memoires.webnode.fr • Juil-août, lun-sam 10h-12h et 14h-18h, w-e et j. fériés 14h30-18h30 ; avr-juin et sept-oct, mar-sam 10h-12h et 14h-17h ; fév-mars et nov, mer et sam 10h-12h et 14h-16h30. Entrée : 5 € (6 € avec visite guidée sur résa) ; réduc ; gratuit moins de 6 ans.*

Au rez-de-chaussée, deux salons représentatifs d'une maison bourgeoise mazamétaine du XIXe s (accès libre).

Au 1er étage, musée du Catharisme, à partir des traces laissées dans le village d'Hautpoul. Nombreux panneaux explicatifs et quelques courtes vidéos. On retrouve la vie quotidienne des cathares pendant trois siècles, au rythme de la société féodale, de la croisade et des persécutions dont ils furent victimes.

La ville : il existe deux sentiers pédestres « Au fil de la laine », qui permettent de découvrir l'histoire et l'architecture de la ville du XIXe s. Un 3e circuit semi-urbain offre une promenade « Au fil de l'eau ». Demander les petites brochures (payantes) à l'office de tourisme. Sinon, allez jeter un coup d'œil au ***temple Saint-Jacques,*** une ancienne église édifiée en 1522, qui servit de prison lors des conflits entre catholiques et protestants au XVIe s. On retiendra le clocher d'origine.

Hautpoul *(81200)* **:** *à 5 km de Mazamet, prendre la direction Pradelles-Cabardès par la D 54 ; dans le hameau de Castaunouze, bifurquer à droite (fléché). On peut aussi y accéder par la D 118, direction Carcassonne.*

Joli petit village perché qui fut à l'origine de Mazamet. Charmantes ruelles (très !) pentues et maisons fleuries. Mais vous ne regretterez pas l'ascension car, du promontoire, on découvre une superbe vue sur Mazamet et ses environs.

Depuis quelques années, Hautpoul s'est réinventé une tradition artisanale. Quelques artisans se sont installés dans le village pour y travailler le bois, abondant dans la région. Dans les boutiques, on trouve de fort beaux jeux en bois, mais

aussi des objets de la vie quotidienne : boîtes, articles de bureau, lampes... qui témoignent d'un réel souci de qualité et de créativité. Un très joli jardin médiéval y a été recréé.
– Autour de cette renaissance, deux manifestations intéressantes : le *Festival Optimômes* le dernier week-end de mai (en principe) et les *fêtes médiévales* le dernier week-end de juillet. En été, également, visites guidées du village aux flambeaux (réservation auprès de l'office de tourisme).
– En contrebas du village, ruines d'une église, qui date du Xe s.
Pour se restaurer au cœur du village, voir La Taverne d'Hautpoul dans la rubrique « Où dormir ? Où manger à Mazamet et dans les environs ? De bon marché à prix moyens »).

La maison du Bois et du Jouet : *au lieu-dit* ***Moulin-de-l'Oule,*** *à 4 km de Mazamet par la D 54, au pied du village d'Hautpoul (fléché depuis Mazamet). ☎ 05-63-61-42-70. • maisonboisjouet.eklablog.com • (accès partiel.) Tte l'année, tlj (sauf lun oct-mai hors vac scol) 14h-18h (19h juil-août) ; ouv le mat sur résa. Entrée : 6 € (musée et salle de jeux) ; 4 € pour les 4-14 ans ; tarifs réduits 5 €/pers et 3,50 €/enfant sur présentation de ce guide.* Vous découvrirez les richesses naturelles de la Montagne Noire et l'importance de la filière bois dans la région (expos et jeux sur les essences de bois, les arbres et les arbustes de la forêt, l'exploitation forestière, les métiers du bois, etc.). Petite histoire pour enfants mettant en scène les êtres de légende qui peuplent la forêt. Malgré une présentation « à l'ancienne », cet espace reste éminemment ludique et pédagogique. Plusieurs vitrines avec des jouets d'antan et une collection de 31 maisons de poupée. Le clou de la visite reste la grande salle de jeux, où l'on vient s'éclater en famille et redécouvrir les joies des jeux traditionnels et de société : des billards comme vous n'en avez jamais vus... En extérieur, aménagement de l'arboretum, le « bois des contes » et le « bois des fables » ainsi que les nichoirs à oiseaux et insectes pour découvrir les contes de notre enfance sous forme de jeu de piste. Propose des ateliers d'initiation au travail du bois *(vac scol).* À Noël, exposition intérieure et extérieure de décors.

Manifestations

– ***Les Floriales :*** *1 w-e mi-avr.* Conférences, jardins éphémères au jardin des promenades, défilés robes en fleurs, troc plantes...
– ***Les jeudis en ville :*** *en été.* Animations et apéros-concerts.
– ***Le festival de Fanfare :*** *4 j. la 2e sem de juil.* Parades en centre-ville, concerts sur trois jours.
– ***La Cyclosportive Jalabert :*** *3e dim d'août.* Course cycliste.

LA MONTAGNE NOIRE

Immédiatement au sud de Mazamet, et sur plus de 40 km (d'ouest en est), s'élève la Montagne Noire, comprise dans le parc naturel régional du Haut-Languedoc. On se trouve aux confins du Tarn, dans une région riche en promenades, randos, activités sportives et touristiques diverses... Nous avons divisé ce secteur en deux parties : d'une part, le sud et l'est de Mazamet (où se trouve le point culminant de la Montagne Noire) ; d'autre part, l'ouest jusqu'à Sorèze, zone où le relief s'adoucit régulièrement en partant de Mazamet...

LA MONTAGNE NOIRE À L'OUEST DE MAZAMET

DOURGNE

(81110) 1 348 hab. *Carte Tarn, B4*

Un village détruit par Simon de Montfort au XIIIe s pendant la croisade contre les albigeois et reconstruit en bastide par le roi Philippe le Bel en 1303.
Voir l'*église* du XVIe s. Sur le côté, portail en anse de panier bien usé. De l'entrée en façade, on accède à la nef en contrebas. Bénitier au milieu, contrairement à l'habitude. Sur la place, fontaine monumentale. Dourgne compte aussi deux *abbayes* jumelles de 1890, *Saint-Benoît-d'En-Calcat* et *Sainte-Scholastique* (saint Benoît et sainte Scholastique étaient eux aussi jumeaux !). La première abrite une soixantaine de moines, la deuxième, près de 70 bénédictines. Elles ne se visitent pas, mais vous aurez peut-être la chance d'entendre de superbes chants grégoriens lors des offices à l'abbaye d'En-Calcat. Possibilité de découvrir leur production monastique dans leurs boutiques.

LE TARN

Où dormir ? Où manger ?

De bon marché à prix moyens

🏠 🍽 ***Hôtel-restaurant de la Montagne Noire :*** *15, pl. des Promenades.* ☎ *05-63-50-31-12.* • *hotel.restaurant.montagne.noire@wanadoo.fr* • ♿ *Resto fermé dim soir et lun. Congés : 2 sem fin août-début sept. Doubles 60-65 €. Menus 17-26,50 €.* Sur cette longue place de village, ombragée par de grands platanes, une agréable terrasse, où vous verrez débarquer une cuisine d'inspiration régionale, inventive et savoureuse. Plats goûteux, généreusement servis. Beaux desserts. Une petite dizaine de chambres classiques et de tenue très correcte.

Où acheter de la bonne charcuterie ?

🧺 ***Ferme de la Bonicarde :*** *La Bonicarde, 81290* ***Viviers-lès-Montagnes.*** ☎ *05-63-74-77-95.* • *labonicarde.fr* • *Sur la route qui relie Viviers-lès-Montagnes à Verdalle (fléché). Boutique : ven et sam 9h-12h, 14h-19h ; dim 10h-12h.* D'excellentes charcuteries sèches et fraîches, à partir de porcs élevés en plein air, sur l'exploitation : melsat, pâté aux châtaignes, mousse de foie au roquefort, jarret aux noix, etc. Ni colorant ni conservateur, que du naturel ! Également des conserves.

À faire

La Ferme d'En Gout : *route de Saint-Avit.* ☎ *05-63-50-13-23.* • *contact@roulottes-engout.com* • *roulottes-engout.com* • ♿ *Résa indispensable.* Propose plusieurs activités très sympas. Des randonnées avec un âne bâté qui porte les sacs et les enfants de moins de 30 kg *(compter 55 €/j. pour un âne)*, organisées autour de circuits à thème (les pigeonniers, le petit patrimoine, randonnées botaniques, etc.).

Séjours à la carte, sur devis personnalisés, avec les ânes (nuit en chambre d'hôtes, hôtel ou camping inclus). Également des balades de plusieurs jours à une semaine en roulotte tirée par un cheval de trait : pas beaucoup plus cher qu'un gîte, et on change d'environnement tous les jours. Grand professionnalisme de Florence et Jean-Luc.

***Éveil-Ânes :** Frédérique Eveillard, La Pouzaque, 81110 **Verdalle.** 06-14-12-60-48. • eveil-anes.fr • Avr-oct.* Propose là encore des balades à dos d'âne *(compter 12 €/h, 40-45 €/j.).* Installé en pleine forêt montagneuse, loin de tout, le centre pratique également la « médiation animale » en faisant découvrir le monde des ânes et le bien-être qu'ils peuvent apporter à chacun.

SORÈZE

(81540) 2 750 hab. *Carte Tarn, B4*

À 35 km au sud-ouest de Mazamet. Un pittoresque petit village et une réjouissante balade dans l'histoire, au long de charmantes ruelles médiévales bordées de belles demeures restaurées. Sorèze fut le siège d'une abbaye des bénédictins de Saint-Maur, fondé par Pépin le Bref, puis d'une importante école royale militaire et enfin d'un collège dominicain qui accueillait de nombreux étudiants étrangers. Aujourd'hui, au cœur du village, de nombreux artistes (peintres, sculpteurs, etc.) trouvent l'inspiration et ouvrent leurs ateliers à la visite.

Adresse utile

***Office de tourisme intercommunal « Aux sources du Canal du Midi » :** Tour Ronde, 3, rue Pierre-Fabre. ☎ 05-63-74-16-28. • auxsourcesducanaldumidi.com • Tlj sauf dim nov-mars.* Plan gratuit du parcours-découverte de la cité à disposition (une trentaine de panneaux au total).

Où dormir ? Où manger ?

Camping

***Camping Saint-Martin :** rue du 19-Mars-1962. ☎ 05-63-50-20-19. • campingssaintmartin@gmail.com • campingsaintmartin.com • À 150 m env derrière la mairie. Avr-sept. Compter 15-20 € ; mobile homes, lodges, roulottes et chalets 276-735 €/sem.* Camping de taille modeste (une cinquantaine d'emplacements), aux portes du village, dans un environnement calme, verdoyant et ombragé par de beaux tilleuls. Piscine. Bar-snack. Terrain de volley, tennis. Un camping bien tenu et pas mal du tout.

De bon marché à prix moyens

***Chambres d'hôtes Le Moulin du Chapitre :** moulin du Chapitre. ☎ 05-63-74-18-18. • moulin.chapitre@wanadoo.fr • moulinduchapitre.com • À 2 km env de Sorèze ; prendre la direction de Revel ; fléché sur la gauche à la sortie du village. Tte l'année. Compter 50-58 € pour 2 pers. Également un gîte.* Véronique et Bernard, sympathique couple à la fibre artistique, vous accueillent dans un ancien moulin construit jadis par les moines de l'abbaye. Le système hydraulique a été conservé dans leur atelier et donne un charme indéniable. À l'extérieur, petite terrasse au bord de l'eau où l'on peut prendre son petit déj en compagnie des canards. Les 2 chambres les moins chères, dans la partie basse du bâtiment, sont très simples et peu lumineuses, préférer celle à l'étage (qui peut accueillir une famille). Cuisine commune à disposition.

***Restaurant Pub Saint-Martin :** 4, rue Saint-Martin. ☎ 05-63-50-85-93. • stmartin3@orange.fr • En face de l'Abbaye-école. Tlj le midi, plus le* *soir ven-sam. Formule déj (sauf dim) 12 €, menus 20-28 €. CB refusées.* Une ancienne demeure recouverte de lierre avec une salle haute de plafond aux murs de pierre sèche recouverts de fresques, bannières et affiches d'antan. Propose une cuisine traditionnelle copieuse qui cale bien (genre cassoulet, confit de lapin ou frésinat, une sorte de ragoût de cochon tarnais). Correct pour un déjeuner après (ou avant) la visite de l'abbaye-école, juste en face.

De prix moyens à plus chic

Hôtel Abbaye-École de Sorèze : *rue Lacordaire.* ☎ *05-63-74-44-80.* • *contact.soreze@hotels-patrimoine.fr* • *abbaye-soreze.fr* • *Resto tlj sauf dim soir ; résa recommandée. Au* Pavillon des Hôtes, *doubles 59-85 €, au* Logis des Pères, *doubles 79-139 € ; des familiales également. Petit déj 14 €. Formule déj en sem 16-21 € ; menus 25-37 €. Parking gratuit.* Deux hôtels en un ! D'un côté, le *Pavillon des Hôtes* avec des chambres d'un confort 2-étoiles tout à fait correct, qui permettent de loger à moindre coût dans ce bâtiment aussi historique que magnifique. De l'autre, le *Logis des Pères,* classé 3-étoiles. Les anciennes cellules des pères dominicains, hautes de plafond, ont été magnifiquement arrangées tout en préservant l'atmosphère monacale, à la fois austère et charmante. Au resto *Les Collets Rouges,* une cuisine traditionnelle élaborée, concoctée par Samuel Lacoste, formé par des chefs étoilés. Pour parfaire le séjour, piscine couverte chauffée et sauna. Accueil professionnel mais en aucun cas guindé...

Le Tournesol : *26, rue du Maquis.* ☎ *05-63-74-11-10.* • *info@restaurant-tournesol.com* • *Près de la pl. du vieux village. Tlj sauf lun soir et mar. Menus 17 € (déj en sem), puis 27-48 €. Apéritif offert sur présentation de ce guide.* Intérieur avec deux salles à l'atmosphère rustique et élégante, une verrière et salons privés. Terrasse à l'arrière. Une adresse constante en plein centre-ville, où l'on est assuré de faire un bon repas. Les spécialités de la maison : le cassoulet et le confit de canard, à déguster tout en contemplant les peintures d'artistes locaux.

Où dormir ? Où manger dans les environs ?

De bon marché à prix moyens

Gîte d'étape et chambres d'hôtes Les Sentiers du Lac : *13, rue Auguste-de-Paleville, 81540* ***Sorèze.*** ☎ *05-62-18-03-77.* 📱 *06-22-00-19-77.* • *ducosal@wanadoo.fr* • *les-sentiers-du-lac.fr* • *À 5 km env de Sorèze ; prendre la direction du lac de Saint-Ferréol, puis au carrefour vers Les Cammazes, et suivre fléchage sur la gauche. Tte l'année. Pour 2 pers, compter 58 € en formule gîte (avec sdb ; petit déj 12 €) et 88 € en chambre d'hôtes. Table d'hôtes 28 € (boissons comprises). Apéritif offert sur présentation de ce guide.* Dans un écobâtiment récent (structure en bois, toit minéral) situé sur les hauteurs du lac de Saint-Ferréol, à la lisière de la forêt, de belles chambres à l'atmosphère quelque peu nordique avec terrasse privative. Côté gîte, des chambres très simples, assez étroites mais avec salle de bains. Cuisine à disposition. Pour la détente, hammam, jacuzzi, piscine couverte et chauffée toute l'année et espace fitness (le tout inclus en formule chambre d'hôtes) Très bien pour un séjour nature. Attention, l'endroit est souvent réservé pour des séminaires.

Chambres d'hôtes L'Affable : *42, rue de la Fontaine, 81540* ***Les Cammazes.*** ☎ *05-63-74-16-71.* • *laffable81@gmail.com* • *maisondhotes-laffable.com* • *À 9 km env de Sorèze ; à l'entrée du village, sur la gauche. Doubles 65-85 €. Table d'hôtes 25 € (vin et apéro compris).* Dans sa grande bâtisse datée de 1854, la dynamique Marie a aménagé 4 chambres d'hôtes simples mais très spacieuses. Parquet d'origine, mobilier chiné et déco sobre. Belle atmosphère familiale et plein de bons conseils pour découvrir ce coin paisible.

Le salon de Vauban : *1, chemin d'en Bosc, 81540* ***Les Cammazes.***

☎ 05-63-74-26-34. • lesalondevauban@gmail.com • ♿. À 9 km env de Sorèze, au centre du village. En été, tlj 11h-18h service continu. Assiettes 15-21 €. Un salon de thé et de lecture, à l'atmosphère reposante. Monique prépare des assiettes gourmandes, aux belles saveurs, à partir de produits du coin qu'elle a elle-même sélectionnés. La priorité est donnée aux produits bio. Comme elle est seule en cuisine et que tout est préparé minute, une galerie d'art vous attend au 1er étage pour patienter intelligemment. Gâteaux faits maison. Accueil franc et sincère. Une adresse pour faire le plein d'énergie positive. À 50 m de là, ne pas manquer de jeter un coup d'œil à la voûte de Vauban, construite pour améliorer l'alimentation en eau du canal du Midi.

LE TARN

De chic à plus chic

Le Pavillon du Château de Garrevaques : *81700 Garrevaques. ☎ 05-63-75-04-54. • contact@garrevaques.com • garrevaques.com • ♿. À 10 km env de Sorèze. Résa obligatoire. Doubles 100-240 € ; voir les offres intéressantes sur le site ; petit déj 15 €. Menus-carte 28-45 €.* Un vaste domaine de 7 ha qui a fière allure avec son superbe château reconstruit au début du XIXe s et qui appartient à la même famille depuis 16 générations. À côté, le *Pavillon du Château* (même propriétaire) propose une quinzaine de chambres spacieuses et dotées de lits *king size.* Elles ont été restaurées dans un esprit contemporain et sur le thème du voyage. Il faut dire que Marie-Christine, ancienne hôtesse de l'air, n'a pas ménagé sa peine pour rapporter de nombreux meubles et objets de ses voyages lointains : soie de Bangkok, bois laqué du Vietnam, etc. Resto avec terrasse au bord d'un bosquet où l'on déguste une cuisine régionale revisitée. Piscine à l'écart, bordée par un champ. Spa très bien équipé, hammam et de nombreux soins pour le corps. Tout est conçu pour un repos maximal !

À voir. À faire

L'Abbaye-école-musée Dom Robert et de la tapisserie du XXe siècle : *rue Saint-Martin. ☎ 05-63-50-86-38. • abbayeecoledesoreze.com • Avr-sept, tlj sauf 1er mai 10h-12h30, 14h-18h ; le reste de l'année, tlj 14h-17h30. Fermé mar sauf juill-août. Fermé vac scol de Noël et janv. Tarifs : 8 €, réduc, audioguide 3 € ; ateliers créatifs pour les enfants.*
Ce fut, sous Louis XVI, l'une des douze écoles royales militaires de France, titre qu'elle perdit pendant la Révolution. Dès le XVIIIe s, elle accueillit des élèves du monde entier. Au milieu du XIXe s, reprise en main par le père Henri-Dominique Lacordaire, restaurateur de l'ordre dominicain en France, elle devient une école privée dominicaine ; elle le restera jusqu'en 1978. L'enseignement y était strict mais se voulait novateur. Ce n'est qu'en 1991 qu'elle ferma ses portes ! Très bien fréquentée, des généraux Marbot et Caffarelli à Julien Lepers, en passant par les chanteurs Claude Nougaro, Hugues Auffray et les jumeaux Bogdanoff (Igor et Grichka, bien sûr !).
Aujourd'hui, c'est un espace restauré où chaque pièce et chaque mur conservent les rires, les joies et les pleurs des 20 000 élèves qui ont posé leurs fesses sur les bancs de l'école. La façade XVIIIe s, visible dans la cour des Rouges, est d'ailleurs couverte de « tags » version XIXe s ! Dans le couloir d'entrée, une vitrine expose de manière chronologique les uniformes des élèves. Plus loin, la salle des gardes (ou des pas perdus) dans laquelle les élèves se réunissaient pour échanger et se distraire.
L'une des plus belles et prestigieuses salles est la *salle des Illustres.* Entre ces quatre murs, les élèves les plus brillants recevaient les félicitations selon un protocole dont les grandes universités américaines se sont inspirées par la suite... Remarquablement restaurée, elle abrite les bustes des élèves les plus célèbres. Signalons tout de même un intrus : celui de Simon Bolívar (un des rares qui

placèrent l'art militaire au service de la liberté). Ce dernier n'est venu ici qu'en simple hôte. Levez le nez jusqu'au plafond pour admirer les couleurs de la République, censées insuffler un élan patriotique aux jeunes esprits. Sur l'un des murs, la devise de l'école : « Religioni, Scientis, Artibus et Armis ». Plus loin, la chapelle restaurée à l'identique. Notez son dôme à l'influence byzantine, au niveau duquel on peut observer Dieu tenant le livre de la Création. C'est ici que reposa Lacordaire jusqu'en 1991.
Au 1er étage, visite émouvante des anciennes chambres spartiates des élèves. Il s'agit en fait d'une restitution, mais l'atmosphère est parfaitement reproduite et très touchante. La visite s'achève par les appartements de Lacordaire.
Depuis 2015 l'abbaye abrite au 2e étage un très beau musée consacré aux tapisseries de Dom Robert et à la tapisserie moderne du XXe s. Moine à l'abbaye d'En Calcat, voisine de Sorèze, Dom Robert se tourne vers l'art de la tapisserie dès 1941 et crée des pièces monumentales dont la poésie est puisée dans la nature. Du dessin préparatoire à la tapisserie, le musée rend aussi hommage au savoir-faire des lissiers d'Aubusson, classé par l'UNESCO depuis 2009. À partir d'un fonds de 105 œuvres exceptionnelles, l'exposition change tous les 2 ans selon une thématique définie.
– L'abbaye-école propose également des expos temporaires et, en juillet, un festival « Musiques des Lumières » (voir « Manifestation » ci-après).
Après la visite, ne manquez pas d'aller voir la longue liste des élèves de l'ancienne abbaye-école, accrochée sur le mur du couloir de l'*Hôtel Abbaye-École de Sorèze,* juste derrière. En tout, près de 23 000 noms sont répertoriés, de 1682 jusqu'à 1991. Amusant, impressionnant et... émouvant. Avec un peu de perspicacité, vous trouverez probablement des noms qui vous disent quelque chose.

Le clocher Saint-Martin : *rue Saint-Martin, à côté de l'abbaye-école. Possibilité de grimper au sommet. Rens à l'office de tourisme. Tarif : 2 € ; gratuit moins de 12 ans.* Imposant vestige de l'ancienne église du XVe s, détruite lors des guerres de Religion. De forme octogonale, avec créneaux et mâchicoulis. Abside du chœur en voûte d'ogives retombant sur d'exquis petits chapiteaux. Baies étroites flamboyantes.

Flâner le long de la ***rue du Maquis*** et des ruelles environnantes pour découvrir les pittoresques demeures à pan de bois et en encorbellement. Au no 11, rue du Maquis, *Au Pain d'Antan* fabrique un bon pain au feu de bois. ***Rue Lacordaire,*** jolies maisons aussi.

Le musée du Verre : *42, allées de la Libération, à l'entrée du village. ☎ 05-63-37-52-66. • musee-du-verre.fr • ♿ Juil-sept, tlj sauf mar 14h30-18h30, plus 10h-12h w-e ; le reste de l'année, w-e 10h-12h, 14h-18h et ven ap-m. Tarif : 3 € ; réduc.* Petit musée qui expose près de 2 300 pièces de verre de l'antiquité au XXe s. Nombre d'entre elles ont été produites par les verreries forestières du Languedoc entre 1450 et 1850. Quelques pièces surprenantes, comme ces *secouettes* pour priser le tabac, ces *pare-seins* pour recueillir le lait entre les tétées ou les *bousillés,* ces cannes, épées et clairons en verre, fabriqués par des artisans verriers pendant leur temps de repos... et totalement inutiles !

Manifestation

– ***Festival Musiques des Lumières :*** *en juil. Rens et résas à l'abbaye-école.* Une série de représentations et concerts payants (musique baroque, récitals, opéra, symphonique, etc.) au cœur de l'abbaye. Programmation de grande qualité.

LA MONTAGNE NOIRE AU SUD ET À L'EST DE MAZAMET

Où dormir ? Où manger ?

Camping

Camping de l'Estap : *81240* ***Albine.*** *☎ 05-63-98-34-74. 06-06-60-57-22. • campinglestap@orange.fr • camping-lestap-tarn-81.com • À 15 km de Mazamet ; bien fléché depuis le village. Avr-oct. Forfait 2 adultes 13-20 € selon saison ; cabanes et mobile homes (4-6 pers) 165-550 €/sem. 36 empl.* En pleine nature et au calme, un chouette camping familial d'une quarantaine d'emplacements en palier, à deux pas d'un lac où l'on peut pêcher librement des truites d'élevage. Piscine et snack. Plein d'activités sportives à faire dans le coin (canoë, randonnée à cheval, spéléologie, canyoning, etc.) et un accueil formidable.

Prix moyens

Chambre d'hôtes La Bouriotte : *81270* ***Labastide-Rouairoux.*** *06-76-88-26-29 et 06-33-10-33-72. • contact@labouriotte.com • labouriotte.com • Juste avt l'entrée du village, prendre le chemin à gauche au pied du viaduc (fléché). Double 65 €, des gîtes à la sem ou au w-e également. Table d'hôtes 25 € (sur résa la veille).* Au bout d'un long chemin qui grimpe à flanc de colline, une ancienne auberge, bâtie en 1816, récemment transformée en gîtes et chambre d'hôtes par Bénédicte et Frédéric, qui ont quitté la Drôme pour une vie au plus près de la nature. L'unique chambre d'hôte est aménagée sobrement et dispose d'une terrasse avec vue panoramique grandiose sur la Montagne Noire. Ils proposent également de vastes gîtes, tout neufs, avec cuisine suréquipée (location au w-e possible si dispo). Une salle de relaxation est en projet. Table d'hôtes plutôt végétarienne, avec des produits du jardin-potager. Atmosphère un brin baba-cool.

La Voie gourmande : *67, av. de la Méditerranée, 81240* ***Saint-Amans-Soult.*** *☎ 05-63-61-34-87. • lavoiegourmande@gmail.com • À gauche, à l'entrée du village (fléché), en bordure de la Voie verte. Le midi, tlj sauf sam et lun, plus le soir jeu-sam. Menu 13,50 € (déj en sem), puis 22-29 €.* On a craqué pour ce petit resto au cadre coloré, avec sa terrasse donnant sur la Voie verte. Mireille y concocte une belle cuisine de terroir, avec tout son cœur. Le choix est assez éclectique allant du pied de cochon désossé (délicieux et fondant !) aux cuisses de grenouille, en passant par le camembert (local) au four, le gratin du randonneur, le frésinat tarnais ou le traditionnel cassoulet. La copieuse formule du midi est d'un rapport qualité-prix excellent. Et tout ça est servi avec le sourire dans une atmosphère de franche convivialité !

À voir

Le musée départemental du Textile : *81270* ***Labastide-Rouairoux.*** *☎ 05-63-98-08-60. • musee-textile.tarn.fr • Juil-août, tlj 10h-12h, 14h-18h30 ; mai-juin et sept-oct, tlj 14h-18h ; 16 fév-avr et 2 nov-23 déc, tlj sauf lun 14h-17h. Fermé Noël à mi-fév. Entrée : 5 € ; gratuit moins de 18 ans et pour ts le 1er dim du mois ; réduc. Visite guidée slt, effectuée parfois par des anciens du métier (compter 1h-1h30).* Un coup de cœur pour ce formidable petit musée industriel qui présente toutes les étapes de la création d'un tissu. L'usine, déjà, est superbe. Ouverte en 1880, son activité cesse en 1967. Ce musée, joliment scénographié, lui redonne vie. La visite commence par la salle de filature. Suit celle de la teinture. Ensuite, c'est l'étape du tissage avec la salle des métiers dans laquelle sont exposées d'impressionnantes machines qui

fonctionnent encore. Puis ce sont les apprêts (la finition). La visite, ponctuée par de nombreuses démonstrations, s'avère vivante et passionnante.
Le 1er étage est consacré au travail de la maille : vidéos, différents objets relatifs au tricotage, remarquable série de registres dont les plus anciens datent de la fin du XIXe s et dans lesquels sont soigneusement consignés des bouts d'étoffes de centaines de collections. La visite s'achève par un zoom sur les nouvelles matières de textile performant.
Également des expos temporaires axées sur... le textile, bien évidemment, la mode et la création. À ne pas manquer !

Le pic de Nore : point culminant de la Montagne Noire (1 209 m), à 23 km au sud de Mazamet par la D 54. Le belvédère offre une vue imprenable sur le Carcassonnais et les Pyrénées.

La cascade de Cubserviès : *suivre la route de Carcassonne sur 10 km, prendre ensuite la D 109 à gauche sur 8 km env, puis la 1re à droite. Accès gratuit.* À l'orée de ce hameau perdu, l'une des plus hautes cascades d'Europe : 90 m. Moins bruyante tout de même que les chutes du Niagara...

Le gouffre géant de Cabrespine : *☎ 04-68-26-14-22. • grottes-de-france.com • Prendre au sud la D 54 jusqu'à Pradelles (10 km), puis la D 112 jusqu'à Cabrespine (15 km). Ouv des vac de fév au 11 déc : juil-août, tlj 10h-18h (dernier départ) ; avr-juin et sept-oct, tlj, départs à 10h30, 11h30, puis ttes les heures 14h30-17h30 ; fév-mars et nov-déc, visite libre avec système interactif 14h-17h30. Tarifs : 10,30 € ; réduc.* Gouffre de 250 m. Depuis les Balcons du Diable, vue impressionnante sur le néant du gouffre. Visite guidée de 45 mn ou possibilité d'en explorer pendant 3h les entrailles avec le safari spéléo.

Le lac et la base de loisirs des Montagnès : *à 8 km de Mazamet, sur la route de Carcassonne.* Un lac de plus de 4 ha dont on peut faire le tour (ça paraît idiot, mais ils sont rares ceux dont les berges sont entretenues et praticables entièrement). Promenade agréable et baignade surveillée (en été). L'accès à la base de loisirs est gratuit : plage aménagée, jeux pour les enfants, circuits balisés VTT, etc., mais pas de navigation. Également un bon accrobranche *Lac'CroParc (• laccroparc.com •).* Beaucoup de monde en été.
Possibilité de se rassasier au restaurant *Les Montagnès,* posé au bord du lac.

CASTRES ET LE SIDOBRE

CASTRES

(81100) 44 642 hab. *Carte Tarn, B3*

• Plan *p. 353*

Avec son alignement de charmantes façades jaunes, vertes, bleues, roses ou beiges, construites au ras de l'eau et s'y reflétant, cette « petite

Venise du Languedoc » ne manque pas de charme... Étape sur le chemin de Saint-Jacques-de-Compostelle, Castres se développe au IXe s autour de l'abbaye de saint Benoît. Sous-préfecture du Tarn et ville natale de Jean Jaurès, elle offre bien des trésors, comme ceux de ses musées ou de ses vieux hôtels particuliers, vestiges du XVIIe s. Mais c'est aussi la ville du Castres Olympique, une équipe de rugby fameuse qui a soulevé plusieurs fois le bouclier de Brennus lors de finales mémorables du Championnat de France. Côté gastronomie, la ville et ses proches environs offrent de très belles tables, ce qui n'est pas pour nous déplaire non plus !

Arriver – Quitter

✈ ***En avion :*** *aéroport Castres-Mazamet, à 6 km de Castres. ☎ 05-63-70-34-77.* Vols directs pour Paris-Orly et Ajaccio avec *HOP ! Air France.* Sinon, voiture avec chauffeur pour l'aéroport de Toulouse-Blagnac avec ***Éco-Navette,*** *☎ 05-67-33-93-23 • eco-navette.fr •* ou ***Executive Roadlines,*** *☎ 09-50-86-63-74.* Pas d'horaires réguliers ; transfert sur demande.

Gare routière – Boutique Tarn Bus *(plan B2) : pl. Soult. ☎ 05-63-51-25-69.* Dessert Albi, Gaillac, Lavaur, Mazamet, Lacaune, Toulouse. Bus gratuits entre Castres et Mazamet avec *Libellus.*

Gare SNCF *(hors plan par A2) : av. Albert-Ier. ☎ 36-35 (0,40 €/mn).* Trains pour Toulouse (trajet en 1h).

Adresses et infos utiles

Office de tourisme *(plan A2) : 2, pl. de la République. ☎ 05-63-62-63-62. • tourisme-castres.fr • Juil-août, tlj ; fév-juin et sept-oct, tlj sauf dim mat ; nov-janv, fermé dim sauf manifestation importante.* On vous donne tous les renseignements avec le sourire. Organise des visites guidées en juillet-août *(5 € ; réduc)* et des visites à thèmes hors saison. Guide d'accueil indiquant les principales curiosités de la ville. Jeux de piste pour découvrir Castres de manière ludique et en famille. Fiches de rando.

– Le ***Pass Tourisme en ville*** pour les adultes permet la visite libre des *musées Goya, Jaurès,* et de bénéficier de réductions auprès de différents prestataires d'activités culturelles, sportives et de loisirs. Donne également droit à une 1ère heure de stationnement gratuit aux parkings de la ville. *Tarif : 6,50 €.*

■ ***Transports urbains – Libellus :*** *• libellus.org • Navette gratuite* ***Libellus Chrono*** *depuis la pl. Gérard-Philipe (hors plan par B2) – grand parking gratuit – jusqu'au centre-ville, lun-sam, 6h35-19h30. Départ ttes les 15 mn (arrêt à la demande sur le parcours).*

Taxis radio : *☎ 05-63-59-99-25.* ***Allô Taxi Castres :*** *☎ 05-81-12-71-27.*

– ***Marché place Jean-Jaurès*** *(plan A-B2) : mar mat et jeu-sam mat, pl. Jean-Jaurès.* Celui du samedi est le plus important. Pendant le festival *Les Extravadanses* début juillet et pendant le marché de Noël, le marché est déplacé pl. Soult *(plan B2).*

– ***Marché couvert de l'Albinque*** *(plan A1) : pl. Pierre-Fabre, ts les mat (j. fériés compris) sauf lun ; ven-sam jusqu'à 19h.* Marché alimentaire.

– ***Marché au gras*** *(plan B1) : quai Tourcaudière, nov-mars, sam mat.*

– ***Marché biologique Noctambio*** *(plan B2) : pl. Soult, jeu 16h-20h.*

– ***Marché des producteurs de pays :*** *pl. Pierre-Fabre, de mi-juin à fin août, mar 18h-22h.*

– ***Dimanche de la Brocante*** *(plan A-B2) : pl. Jean-Jaurès, 1 fois par trimestre.*

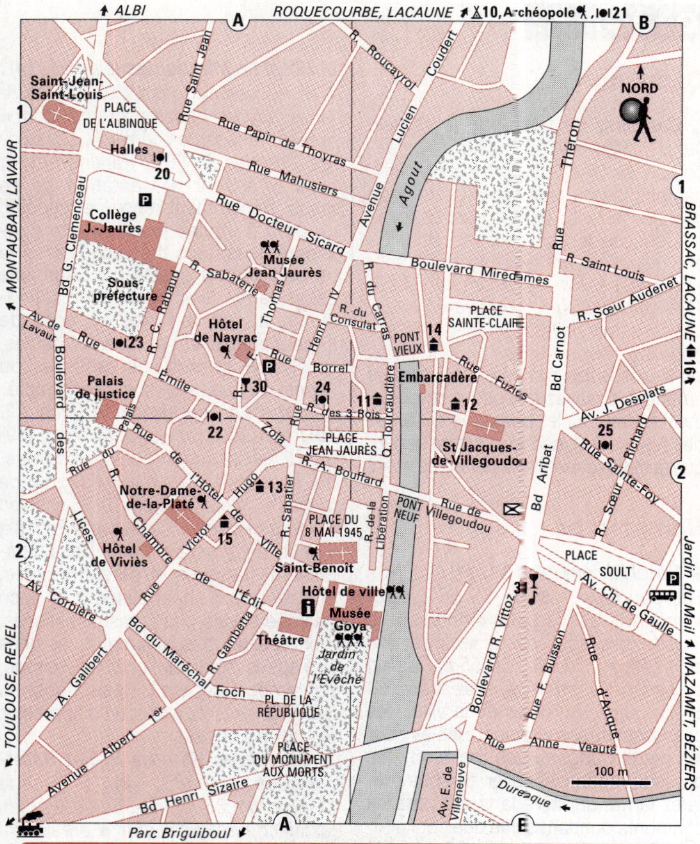

CASTRES

Adresses utiles

- Office de tourisme *(A2)*

Où dormir ?

- **10** Camping de Gourjade *(hors plan par B1)*
- **11** Hôtel Rivière *(B1)*
- **12** Chambres d'hôtes Préau Saint-Jacques *(B1)*
- **13** Europe Hôtel *(A2)*
- **14** Hôtel Le Miredames *(B1)*
- **15** Hôtel La Renaissance *(A2)*
- **16** Chambres d'hôtes Le Castelet *(hors plan par B1)*

Où manger ?

- **20** Resto des Halles *(A1)*
- **21** Les Mets d'Adelaïde et Louis *(hors plan par B1)*
- **22** Comme à la Maison *(A1-2)*
- **23** Le Cercle *(A1)*
- **24** Le Pescadou *(A1)*
- **25** Bistrot Saveurs *(B2)*

Où boire un verre ? Où écouter de la musique ?

- **30** The Quay *(A1)*
- **31** Le Quartier Latin *(B2)*

Où dormir ?

Camping

⛺ ***Camping de Gourjade*** *(hors plan par B1,* ***10****)* **:** *sur la route de Roquecourbe. ☎ 05-63-59-33-51. • contact@campingdegourjade.net • campingdegourjade.net • ♿ Dans le parc de loisirs de Gourjade, au nord de la ville. Bus nos 2 et 3 depuis le centre-ville (gratuit) ; arrêt « Gourjade ». Avr-sept. Compter 11,50-16 € selon saison ; bungalows toilés, chalets et mobile homes 190-680 €/sem pour 4-6 pers selon saison. 100 empl.* Un 3-étoiles très propre et parfaitement ombragé. Essayez d'avoir un emplacement au frais sur les berges verdoyantes de l'Agout. Golf, pêche et centre aquatique (à tarif préférentiel) à portée de main.

Bon marché

🏠 ***Hôtel Rivière*** *(plan B1,* ***11****)* **:** *10, quai Tourcaudière. ☎ 05-63-59-04-53. • hotelriviere@orange.fr • hotelriviere.wixsite.com/hotel-riviere • Réception au 1er étage. Doubles 30-55 €. Parking payant mais offert sur présentation de ce guide.* Au cœur de la ville, des chambres toutes simples, idéales pour les petits budgets. Les moins chères ont leur w-c sur le palier. Si vous préférez la tranquillité à la vue, évitez les chambres donnant sur le quai, qui peuvent être bruyantes malgré le double vitrage.

De prix moyens à chic

🏠 ***Europe Hôtel*** *(plan A2,* ***13****)* **:** *5, rue Victor-Hugo. ☎ 05-63-59-00-33. • contact@europe-hotel-castres.fr • hotel-europe-castres.fr • Au cœur de la vieille ville. Doubles 69-89 €. Forfait avantageux au parking proche.* Très belle maison du XVIIIe s au charme certain, qui propose des chambres thématiques et élégantes, à la literie toute neuve et bien équipées. La plupart rénovées, toutes impeccablement tenues car la direction mène l'établissement avec dynamisme. Petit patio verdoyant qui dégage une atmosphère baroque hispanisante.

🏠 ***Hôtel Le Miredames*** *(plan B1,* ***14****)* **:** *1, pl. Roger-Salengro. ☎ 05-63-71-38-18. • hotellemiredames@gmail.com • hotel-le-miredames.com • ♿ Congés : fév. Doubles 65-80 €. Parking payant mais offert sur présentation de ce guide.* Récemment rénové et relooké, ce petit 3-étoiles joue la carte également de la déco thématique et offre un bon rapport qualité-prix. Agréable salon de thé avec vaste choix d'infusions, bar et terrasse au bord de l'Agout où peuvent se mirer les dames. Idéal pour prendre le petit déj ou l'apéro. Accueil sympa et décontracté.

🏠 ***Hôtel La Renaissance*** *(plan A2,* ***15****)* **:** *17, rue Victor-Hugo. ☎ 05-63-59-30-42. • contact@hotel-renaissance.fr • hotel-renaissance.fr • Au cœur de la vieille ville. Doubles 70-95 € selon confort, des suites également. Petit déj 14 €. Garage payant (14 €).* Des chambres thématiques et personnalisées, une réception théâtralisée à la déco chargée et des chambres climatisées, aux tonalités très différentes les unes des autres (coloniale, chinoise, rococo, contemporaine, etc.). Beau, rigolo ou carrément kitsch, à chacun d'apprécier. Nous, on a adoré !

🏠 ***Chambres d'hôtes Préau Saint-Jacques*** *(plan B1,* ***12****)* **:** *3, rue de l'Église. ☎ 05-63-70-96-30. • preausaintjacques@gmail.com • preausaintjacques.com • Dans une ruelle du centre-ville, proche de la rivière. Compter 75 € pour 2.* Une belle petite adresse cachée, insoupçonnable de l'extérieur. En haut d'une volée de marches, on découvre une cour-terrasse avec un préau et une petite maison d'hôtes avec son jardinet privatif, indépendante de la maison des proprios. Au rez-de-chaussée, un salon commun avec une cuisine bien équipée, et à l'étage, 2 jolies chambres, toutes neuves, au mobilier chiné un brin tendance. Très calme et au cœur de la ville. Accueil dévoué d'Éric et Catherine.

De chic à plus chic

🏠 ***Chambres d'hôtes Le Castelet*** *(hors plan par B1,* ***16****)* **:** *lieu-dit*

Le Castelet. ☎ 05-63-35-96-27. • contact@lecastelet.fr • lecastelet.fr • À 7 km env du centre-ville par la D 622 et le chemin de Bel Air. Compter 90-132 € pour 2, des familiales également ; en juil-août, 2 nuits min. Table d'hôtes sur résa 29 € (boissons en sus). Cette demeure du XVIIIe s, somme toute assez classique, cache bien son jeu. Les propriétaires ont eu la bonne idée de confier la « mise en scène » à une décoratrice et de lui laisser carte blanche. Elle a fait de ce castelet une adresse de charme, luxueuse et romantique à souhait. À la table d'hôtes, excellente cuisine « du monde » à base de produits locaux sinon du potager, servie sur une table somptueusement dressée... Le rêve continue au petit déjeuner avec jambon local, fromage de la ferme, pain perdu, confitures maison, jusqu'au miel butiné maison... Piscine dans le parc de 8 ha. Un coup de cœur.

Où manger ?

De bon marché à prix moyens

|●| *Le Cercle* *(plan A1, **23**) : 52, rue Émile-Zola. ☎ 09-80-78-10-44. • lecercle81@gmail.com • Tlj sauf mar-mer, sam midi et dim soir. Congés : Noël-Jour de l'an. Menu déj en sem 15,90 €, puis 25,50-35,50 €.* Dans cette catégorie de prix, *Le Cercle* est notre adresse préférée dans le centre-ville, particulièrement le lundi (beaucoup de restos sont alors fermés). Cadre contemporain agréable avec un gentil patio et dans l'assiette, une cuisine bien dans l'air du temps, élaborée et raffinée, à prix juste. Ravioles, crépinettes d'agneau, fondant au chocolat et caramel au beurre salé... On s'est régalé.

|●| *Resto des Halles* *(plan A1, **20**) : pl. Pierre-Fabre. ☎ 05-63-62-70-70. • hamaquay@hamaquays.fr • ♿ Au 1er étage de la halle Baltard. Tlj sauf dim et lun soir. Formule déj en sem 13 €, carte env 30 €.* La bonne brasserie de Castres ! Spécialisée dans la viande, choisie avec soin et accommodée avec goût. Fraîcheur garantie puisque les produits viennent du marché juste en dessous ! De plus, on est bien accueilli, même si on arrive un peu tard, et les vins sont à des prix très corrects. Bref, de quoi se faire plaisir sans se ruiner.

|●| *Comme à la Maison* *(plan A1-2, **22**) : 5, rue de Brettes. ☎ 05-63-51-96-25. • g.commealamaison@orange.fr • Ouv le midi mar-sam et jeu-ven soir (slt jeu soir hors saison). Congés : Noël-Jour de l'an et 2 sem mi-août. Formule déj 14 € ; menus 21-24 € le midi, 28 € le soir. Café offert sur présentation de ce guide.* Un resto bio et végétarien (mais il y a aussi de la viande, rassurez-vous !), au bord d'une place et à l'écart de la circulation. En été, la terrasse est particulièrement paisible. C'est vrai qu'on se sent un peu comme à la maison, avec une cuisine ouverte sur la salle, des tables dépareillées et une déco aux tons chauds. Au choix, quelques plats du jour ou des assiettes complètes à base de légumineuses, céréales et légumes, élaborées pour un repas sain et équilibré. Également des cours de cuisine.

|●| *Le Pescadou* *(plan A1, **24**) : 18-20, rue des Trois-Rois. ☎ 05-63-72-32-22. • nathalie.albina@hotmail.fr • Tlj sauf dim-lun et j. fériés. Congés : 3 sem en août. Formule 13,90-19,90 € (déj en sem), menus 25-31 €.* Quand le resto est plein, on dresse des tables dans la poissonnerie, située juste à côté. Parce que le patron est d'abord poissonnier et ouvre son magasin tous les matins très tôt pour recevoir la marée du jour. Quelques plats fixes, dont la bouillabaisse ou la *parrillada* (pour le reste, ça dépend des arrivages). C'est simple et frais. Terrasse en été.

|●| Voir également les restaurants ***Les Mets d'Adelaïde*** et ***Louis*** *(hors plan par B1, **21**)*, avant le village de Burlats, à 5 km environ du centre-ville de Castres en longeant la rivière Agout, rubrique « Où manger à Burlats et dans les environs ? » ci-après dans le Sidobre.

De chic à plus chic

|●| ***Bistrot Saveurs*** *(plan B2,* ***25****) : 5, rue Sainte-Foy. ☎ 05-63-50-11-45. ♿ Tlj sauf w-e. Congés : 3 premières sem d'août. Formules midi en sem 19-25 € ; le soir 35-45 €.* Simon Scott s'est affranchi du corset doré des grandes tables londoniennes où il a officié, préférant rencontrer les petits producteurs locaux à la recherche du meilleur produit, bio à fortiori. Il sublime les saveurs par un subtil jeu d'équilibre avec les épices, mêlant salé et sucré. Ça, c'est son côté anglais, assure-t-il ! La déco contemporaine reflète bien sa créativité (le menu change tous les jours). « Agitateur de goût » à n'en pas douter, il s'inscrit bel et bien dans la dynamique des jeunes chefs tarnais.

Où boire un verre ? Où écouter de la musique ?

🍸 ***The Quay*** *(plan A1,* ***30****) : 23, rue Frédéric-Thomas. ☎ 05-63-71-91-80. Tlj 16h-2h.* Un pub irlandais, un vrai de vrai puisqu'il paraît que c'est la copie conforme d'un pub traditionnel près de Cork. Bon, on n'est pas allé jusque là-bas pour vérifier, mais on confirme qu'on tient là une adresse très sympa, à l'ambiance chaleureuse, surtout les jeudi et samedi soir l'hiver, lors des concerts (gratuits). Terrasse sur une placette pour qui voudrait prendre une bouffée d'air frais ou s'en griller une.

🍸 ♩ ***Le Quartier Latin*** *(plan B2,* ***31****) : 6, pl. Soult. ☎ 05-63-51-11-75. ♿ Mer-sam 18h-2h, plus dim en été et la veille des j. fériés. Entrée gratuite, conso obligatoire.* L'endroit à l'ambiance latino qui frappe fort et bien à Castres. Plusieurs salons pour se poser tranquillement, place latine aux accents sud-américains très sympa pour prendre le frais, ou bars à l'ambiance plus vitaminée. L'adresse tendance et gentiment branchée, où l'on vient aussi bien pour voir que pour être vu. Super cocktails.

LE TARN

À voir

★★ ***Les maisons sur l'Agout*** *(plan B2)* **:** une sorte de Grand Canal, qui a souvent fait comparer la ville à la cité des Doges. Car quoi de plus beau que cet alignement d'anciennes maisons de tanneurs, de teinturiers, de tisserands, avec leurs charmants balcons, leurs façades en bois peint, leurs encorbellements, leurs soubassements en pierre du Moyen Âge et leurs porches donnant directement sur l'eau ? Grâce à une restauration parfaite, le site a préservé son âme en se parant d'un nouvel éclat qui brille entre ciel et eau...

★ ***La vieille ville*** **:** c'est également le centre-ville, traversé par l'Agout et délimité par huit boulevards formant un écusson, surnom donné à ces vieux quartiers. Il faut se perdre dans ces ruelles pour rebondir de surprise en surprise : les styles architecturaux s'entrecroisent, qu'ils soient roman, gothique, Empire, baroque, moderne, Renaissance ou Grand Siècle... À voir notamment : la place du 8-Mai-1945 pour ses maisons à colombages, l'hôtel de Nayrac, l'hôtel de Viviès, l'hôtel de Poncet (XVIIe s), les patios, balcons, portails, façades de bien d'autres hôtels particuliers et maisons des petites rues...

★★ ***Le musée Jean-Jaurès*** *(plan A1) : 2, pl. Pélisson. ☎ 05-63-62-41-83. • amis-musees-castres.asso.fr • ♿ Ouv 10h-12h, 14h-18h (17h oct-mars) ; fermé lun (sauf juil-août), dim oct-avr, ainsi que certains j. fériés. Entrée : 3 € ; réduc ; gratuit moins de 18 ans. Billet combiné avec le musée Goya 6,50 €.*

Inauguré en 1988 par François Mitterrand, ce musée donne une vision historique et chronologique de la vie et de l'œuvre de Jaurès. Né à Castres en 1859, ce normalien devient prof de philo à Albi en 1881, avant d'être élu plus jeune député de France, à l'âge de 26 ans ! Réélu après la fameuse grève des mineurs de Carmaux en 1892, le brillant collaborateur de *La Dépêche* (dès 1887) se fait remarquer par ses engagements dans les luttes ouvrières, la défense du monde paysan, et en prenant position pour le capitaine Dreyfus dans la non moins fameuse affaire qui divisa la France entière, obtenant finalement la révision de son procès. Tribun puissant, outre ses discours et conférences (France, Europe et Amérique latine), il écrivit de très nombreux textes et articles, depuis sa participation à « L'Histoire socialiste de la Révolution française » jusqu'à la défense de Dreyfus (« Les Preuves »), ou encore défendant ses idées pacifistes et sa conception de l'institution militaire (« L'Armée nouvelle »). Il publia également un grand nombre d'articles (éditoriaux, chroniques...) dans différents journaux dont *L'Humanité,* qu'il fonda en 1904.

Parallèlement, les problèmes internationaux préoccupent de plus en plus Jaurès, qui s'avère être un pacifiste éclairé, opposé aux abus de la colonisation, aux nationalismes stériles et à la peine de mort. Dérangeant autant les conservateurs que les extrémistes de tout poil par ses discours enflammés recevant l'approbation d'une grande partie du peuple, alors qu'il se bat bec et ongles depuis l'attentat de Sarajevo pour éviter la déflagration générale, il est assassiné le 31 juillet 1914 au *Café du Croissant,* dans le 2e arrondissement de Paris, par un dénommé... Villain.

IMPUNITÉ POUR L'ASSASSIN DE JAURÈS

Raoul Villain, l'assassin de Jaurès, resta en détention préventive jusqu'en 1919. En prison, il fut donc épargné des horreurs de la Grande Guerre. Plus tard, il fut acquitté par un jury à 12 voix contre 11. L'un des membres du jury considérait même qu'il avait rendu un fier service à la nation puisque Jaurès dénonçait la guerre. Sa veuve fut condamnée aux dépens et dut payer les frais du procès.

Le parcours muséographique retrace de façon didactique et très imagée (Jaurès fut l'un des hommes les plus caricaturés de son temps) l'évolution de sa pensée, ses luttes tant pour la justice sociale que pour l'unité du parti socialiste, sa rupture progressive avec les radicaux, son soutien aux syndicats et la force de son idéal humain. Des vitrines présentent quelques objets lui ayant appartenu (chaussures, chapeau...), divers ouvrages à sa mémoire, ou encore des objets (médailles, sculptures, peintures, dessins, timbres, etc.) réalisés depuis sa mort jusqu'à nos jours. Intéressant documentaire de 50 mn au 2e étage et expos temporaires gratuites au rez-de-chaussée.

L'hôtel de Nayrac (plan A1) : *12, rue Frédéric-Thomas. Ne se visite pas, mais on peut pénétrer dans la cour (le dim, le portail reste souvent fermé).* Construit par Jean Houlès, un riche marchand drapier, en 1620. Style Renaissance, avec porche monumental et deux ailes enserrant la cour intérieure. Oculus utilisés comme points de fuite. La tour carrée exprime la puissance de la famille. On notera surtout l'harmonieuse alliance de la pierre et de la brique. Au niveau du nº 16, rue Frédéric-Thomas, pittoresque *ruelle médiévale.*

L'église Notre-Dame-de-la-Platé (plan A2) : *rue Victor-Hugo. En cours de rénovation. Accès libre au carillon par la porte verte située à l'opposé de l'entrée principale de l'église. Concert gratuit de 1h le 1er dim du mois à 11h et pdt les concerts du Nadalet du 17 au 23 déc, ts les soirs à 18h30.* Discrète construction baroque du XVIIIe s, qui rappelle l'église du Gesù à Rome. Noter son campanile florentin, les tuiles aux couleurs chaudes de son toit et son carillon musical de 34 cloches actionné par un bénévole depuis 1847 (on parle du carillon, pas du bénévole !). N'hésitez pas, d'ailleurs, à grimper les 120 marches un peu raides lorsqu'il chante (là encore, on parle du carillon !).

Le musée Goya – musée d'Art hispanique (plan A-B2) : *dans l'hôtel de ville ; entrée par les jardins de l'Évêché. ☎ 05-63-71-59-27. • amis-musees-castres.asso.fr • Hors saison, mar-dim sauf certains j. fériés 9h (10h dim)-12h, 14h-17h (18h*

avr-juin et sept) ; juil-août, tlj (sauf 14 juil) 10h-18h. Entrée : 5 € ; gratuit moins de 18 ans et pour ts le 1er dim du mois oct-mai ; billet combiné avec le musée Jean-Jaurès 6,50 €.
Ancien palais épiscopal, belle bâtisse du XVIIe s, dont les plans ont été dessinés par Mansart et les jardins par Le Nôtre.
Autour de trois chefs-d'œuvre de Goya (dont l'*Autoportrait aux lunettes* et l'*Assemblée de la Junte des Philippines*) et de ses gravures (que l'on peut admirer seulement pendant les expositions temporaires), le musée s'est spécialisé dans l'art hispanique, de l'Antiquité au XXe s, ce qui le rend unique en France. L'occasion de (re)découvrir les maîtres de la péninsule Ibérique, notamment ceux du Siècle d'or comme El Greco, Velázquez, Ribera, Zurbarán, Murillo ou encore Pacheco, moins connu mais qui fut tout de même l'un des maîtres de Velázquez... Notez dans son *Christ servi par les Anges,* la table qui change de sens quand on change de perspective ! Pour le XIXe s, citons Santiago Rusiñol y Prats, Hermen Anglada Camarasa, et, pour le XXe s, Javier Bueno (splendide *Combattant espagnol*). Parmi les pièces majeures du musée, signalons des frises en bois exceptionnelles du XVIe s, provenant du château de Velez Blanco en Andalousie. Également un remarquable retable de Saint-Martin du Maître de Riofrío (vers 1500), qui reflète parfaitement les courants flamands et italiens, assimilés par l'école castillane de l'époque. Enfin, notez la peinture de Sébastien Muñoz : il s'agit de l'unique œuvre de l'artiste exposée au sein d'une collection publique en France. Une dernière salle est consacrée à la peinture moderne espagnole : Miró, Picasso, Dalí...

LE TARN

L'hôtel de Viviès *(plan A2)* **:** *35, rue Chambre-de-l'Édit.* Date de la fin du XVIe s. Décor Renaissance française des façades. Fenêtres à meneaux, lucarnes ouvragées, tour à la toulousaine avec oculus. Portail en pierre qui accuse malheureusement le poids des siècles...
À côté, au nº 31, l'*hôtel Jean-Leroy,* du XVIIe s, a fière allure aussi. Jolie tourelle d'angle en brique.

L'ancien évêché *(plan A2)* **:** *face au théâtre municipal.* Bel édifice de style classique du XVIIe s, dessiné par Mansart, l'ancien palais épiscopal abrite désormais l'hôtel de ville et le superbe musée Goya (voir plus haut). Le clocher du XIIe s qui domine le tout est le seul vestige de l'abbaye de Saint-Benoît. Cependant, les arcatures lombardes du dernier étage furent rajoutées au XVIIe s. Face à l'évêché, beaux jardins dessinés par Le Nôtre, avec des buis taillés en forme de fleurs de lys. Classé Jardin remarquable depuis 2004.

La cathédrale Saint-Benoît *(plan A-B2)* **:** *pl. du 8-Mai.* Très large, sans transept. Quatre statues à l'entrée du chœur assez expressives, imposant baldaquin aux colonnes en marbre de Caunes-Minervois et stalles sculptées du XVIIe s. Quelques peintures intéressantes de l'école toulousaine du XVIIe au XIXe s (œuvres de Despax notamment). Noter, dans la chapelle à gauche du chœur, le beau confessionnal sculpté.

À faire

Un coche d'eau, ***Le Miredames,*** conçu sur le modèle de ceux qui sillonnaient les canaux du pays aux XVIIe et XVIIIe s, remonte l'Agout, du centre historique de la ville jusqu'au parc de loisirs de Gourjade. Ne pas hésiter à faire une balade, malgré le petit côté touristique. *Rens : ☎ 05-63-62-41-75 ou auprès de l'office de tourisme. Tarif : 6 € l'A/R ; réduc. Compter 20 mn pour le trajet aller, départ du centre-ville (quai Miredames, près du pont Vieux ; plan B1). Fonctionne de mai à mi-oct. Juil-août, jusqu'à 7 départs/j. Possibilité d'embarquer également au parc de loisirs de Gourjade.*

Le sentier du Train, « Chemin des Droits de l'homme » : une ancienne voie ferrée, aujourd'hui transformée en voie verte reliant Albi à Castres (voir la rubrique « À faire » à Albi).

L'Archéopole *(hors plan par B1)* **:** *centre d'Études et de Recherches archéologiques du Castrais, domaine de Gourjade. ☎ 05-63-59-56-41. ● cerac.archeopole.fr ● Lun-sam 14h-18h sauf j. fériés. GRATUIT.* Expos temporaires et centre de documentation pour s'initier ou se perfectionner à l'archéologie.

Manifestations

Retrouvez tous les spectacles de juillet et août dans la brochure « L'Été à Castres » disponible à l'office de tourisme (près de 40 spectacles gratuits !).

- ***Le carnaval vénitien :*** *mi-mars.* Animations, déambulation, parade, etc.
- ***Festival Les Extravadanses :*** *pdt env 10 j. début juil. Rens : ☎ 05-63-71-56-57. Résa : ☎ 05-63-71-56-58. GRATUIT.* Chanson, danse, musique en liberté, théâtre de rue ; des spectacles de très grande qualité.
- ***Festival « À portée de rue » :*** *mi-juil, pdt 4 j. GRATUIT.* Concerts de musique classique dans divers lieux du centre-ville.
- ***Festival Couleurs du Monde :*** *début août. Rens au service tourisme et manifestations : ☎ 05-63-62-42-05. GRATUIT.* Spectacles folkloriques du monde entier.
- ***Marché de Noël :*** *en déc, pardi !* Le plus important de la région. Village gourmand et marché d'artisanat, animations, concerts gratuits, forêt enchantée, parade...

DANS LES ENVIRONS DE CASTRES

L'espace photographique Arthur-Batut : *pl. de l'Europe, 81290* ***Labruguière*** *; dans le centre culturel Le Rond-Point. ☎ 05-63-82-10-60. ● espacebatut.fr ● ♿ À 9 km de Castres, direction Mazamet. Lun-sam 9h-12h (sauf sam), 15h-18h. GRATUIT.* Au rez-de-chaussée d'un centre culturel moderne, un petit espace aménagé en musée évoque, au travers de matériel, documents et photographies d'époque, l'étonnant parcours d'Arthut Batut (1846-1918). Sciences et arts traversent l'œuvre de ce photographe amateur, curieux et inventif qui était à l'avant-garde de son temps en inventant la photographie aérienne et les portraits composites. Expos temporaires de photographes contemporains également.

UN PRÉCURSEUR DANS LE VENT

En 1888, Arthur Batut eut l'ingénieuse idée d'installer un appareil photo sous un cerf-volant ; par la même occasion, il inventa le déclenchement à retardement. C'est ainsi que fut prise la première photographie aérienne. Le procédé avait l'avantage d'être peu coûteux et accessible à tous, contrairement à la photographie en ballon, réservée à une élite. La photo aérienne était née.

Le parc animalier des 3 Vallées : *à 20 km de Castres (avec la D 89 ou la D 612), sur la route du val d'Agout, 81360* ***Montredon-Labessonnie.*** *☎ 05-63-75-11-11. ● zoodes3vallees.com ● Mai-oct, tlj 10h-18h (19h juil-août), hors saison, se renseigner. Tarif adulte 17,50 € ; réduc, gratuit moins de 3 ans. Pass famille (2 adultes-2 enfants) 50 €. Réduc de 20 % sur les billets pleins tarifs (hors pass famille) sur présentation de ce guide.* Un vaste espace protégé divisé en neuf zones permettant de découvrir plus de 1 200 animaux, de la chèvre

LE TARN

naine à la panthère nébuleuse, en passant par les cacatoès, les lémuriens et les girafes. L'aménagement du parc a dû s'adapter au territoire sauvage sur lequel il est implanté, pas d'enclos restreints ou de fosse, les animaux bénéficient de larges étendues et les visiteurs peuvent profiter d'un sentier pédestre de plus de 4 km pour apprécier le site parsemé de petits lacs, de cours d'eau et de forêts. Le lieu est divertissant et agréable certes, mais il se veut également engagé dans la sauvegarde des espèces et la préservation de la biodiversité du site. Étant donné l'étendue du parc, mieux vaut y consacrer toute une après-midi pour apprécier la visite.

La réserve ornithologique de Cambounet-sur-le-Sor : *81580 ; sur la route de Cambounet en venant de Soual, fléché sur la droite. ☎ 05-63-35-65-07. Point infos (ouv en été).* Zone humide abritant les sept espèces de hérons qui vivent en France et une foultitude d'autres volatiles. Un cheminement piéton et quatre observatoires ont été aménagés (accès libre).

LE SIDOBRE

• Carte *p. 361*

Prolongement naturel du Massif central, à quelques kilomètres seulement de la plaine industrielle de Castres, la sauvage forêt montagneuse du Sidobre (alt. 650 m), sillonnée de petites routes tortueuses et ombragées, cache de sensationnelles curiosités géologiques. Constellé sur 100 km² de monumentaux blocs de granit, ce site où jouent les forces naturelles est devenu le théâtre d'un phénomène d'érosion modelant durant des millénaires les rocs en silhouettes fantastiques... Nombreux circuits de randonnée ou VTT. Le promeneur découvre, au hasard des sentiers, ici un petit éléphant, là une oie démesurée, puis des fromages superposés, une rivière de rochers, un œuf de 800 t en équilibre sur un socle, d'autres blocs tremblants et, partout, une multitude de chaos à donner le vertige ! Le tout dans un écrin de bouleaux, de chênes et de châtaigniers. Et c'est le plus grand centre français de travail du granit... Fait partie du parc naturel régional du Haut-Languedoc.

➢ Pour s'y rendre, prendre la D 89 au nord-est de Castres, direction Roquecourbe. En continuant tout droit (traverser Les Salvages), on débouche sur la D 58 ; l'emprunter jusqu'à Burlats (8 km de Castres) et suivre « Rochers du Sidobre ».

Adresse utile

Maison du Sidobre : *route du Lac-du-Merle, lieu-dit Vialavert, 81260* ***Le Bez.*** *☎ 05-63-74-63-38. • sidobre.tourisme-tarn.com • À 17 km à l'est de Castres par la D 622. Tte l'année sauf pour les fêtes de Noël ; en juil-août, tlj ; nov-mars, mar-ven (plus lun pdt vac scol).* Très compétent. Vend des cartes, topoguides de randonnées et plein de livres intéressants. Nouvel espace muséologique dédié au travail du granit d'hier et d'aujourd'hui, avec vidéos et machines en action. Petit sentier d'interprétation de 15 mn sur la géographie et la géologie des lieux. En juillet-août, sur résa, organise des visites guidées de carrières et d'ateliers de granitiers le mercredi et le jeudi à 15h *(compter 2h et 6 €, réduc).* Des balades nocturnes également, le jeudi en juillet-août (voir plus loin, à Lacrouzette).

LE SIDOBRE

BURLATS (81100) 1 984 hab. *Carte Tarn, C3*

Un village ancien, plein de charme. Situé dans la vallée de l'Agout, sympathique halte dans l'histoire. C'est ici qu'au XIIe s se réfugia l'épouse répudiée du comte Raimond V de Toulouse (et fille du roi de France Louis VI le Gros). Sa fille Adélaïde y naquit et se maria par la suite avec Roger II Trencavel, protecteur des cathares. Le village abrita aussi une brillante cour de troubadours et une collégiale qui fut ruinée par les guerres de Religion. Il en subsiste aujourd'hui des vestiges significatifs. Une aile restaurée abrite d'ailleurs la mairie.

À deux pas, le pavillon d'Adélaïde, chef-d'œuvre de l'architecture romane, qui a superbement traversé les siècles. Admirer ses fenêtres géminées aux chapiteaux sculptés. C'est aujourd'hui un lieu d'exposition, ouvert seulement l'après-midi en juillet-août. Non loin de là, au bord de la rivière Agout, la belle *maison d'Adam,* autre vestige roman. Des anciens remparts de la cité défunte, seule reste la *tour de la Bistouré.*

Où manger à Burlats et dans les environs ?

De prix moyens à chic

Louis : *27, av. du Sidobre, à Burlats. ☎ 05-63-35-05-98. • restaurantlouis@yahoo.fr • À 5 km env du centre-ville de Castres, en bordure de l'Agout, un peu avt le village de Burlats. Résa vivement recommandée. Ouv mer-dim midi. Congés : 1ère quinzaine de janv et 1 sem mi-sept. Menu le midi (sauf dim et j. fériés) 23 €, puis 32-55 €.* L'extérieur peut surprendre : un bâtiment industriel tout en longueur, une ancienne laiterie. Mais après avoir poussé la porte, on découvre une salle à la déco très contemporaine, un brin design, toute en baie vitrée ouverte sur une grande terrasse bordée par la rivière. C'est ici que Fabien Billières, jeune chef créatif et talentueux, a ouvert son restaurant gastronomique. Sa cuisine, raffinée et inventive, joue sur les harmonies de saveurs, de textures et de couleurs. Dès le 1er menu du midi, à prix très abordable, on est bluffé. Service attentionné mais détendu de son épouse.

Les Mets d'Adelaïde : *36, av. Georges-Alquier, 81100* ***Castres.*** *☎ 05-63-35-78-42. À 5 km env du centre-ville de Castres en longeant l'Agout, juste avt d'entrer sur la commune de Burlats. Résa recommandée. Ouv mer-dim midi. Congés : 1 sem début janv et 2 sem début sept. Menus le midi (sauf dim et j. fériés) 20 €, puis 23,50-58 €.* Une institution, connue de tous les Castrais. Installée dans une ancienne école avec terrasse sous le préau, cette vénérable maison régale les petits et grands gourmets d'une cuisine canaille à tendance gastronomique. Ici, pas de cancre, pas d'école buissonnière, on est tous heureux d'aller à l'école !

La Chaumière : *14, allée du Général-de-Gaulle, 81210* ***Roquecourbe.*** *☎ 05-63-75-60-88. À 10 km env au nord de Castres et à 7 km env de Burlats. Au centre du village, au bord d'une petite place. Tlj sauf lun, le midi ; plus ven-sam soir en juil-sept. Menus 13,50 € midi en sem, puis 18-38 €. Apéro maison offert sur présentation de ce guide.* La bonne petite auberge de village où l'on peut déguster une cuisine traditionnelle de bon aloi, à forte coloration régionale : escargots à la tarnaise, épaule d'agneau de pays farci, charcuterie de Lacaune... Vaste salle à l'arrière. Accueil très aimable.

À faire

– ***Descente de l'Agout en canoë-kayak :*** **Castres Burlats Canoë Kayak,** *base Maynadier, route de Castres, et base Adélaïde, à côté de la mairie. 📱 06-77-63-05-43. • cbck.fr • Juil-août ts les w-e. Résa indispensable la veille. 15 € la descente de 2h30 ; 8 € pour les moins de 10 ans.*

LACROUZETTE

(81210) 1 752 hab. *Carte Tarn, C3*

« Capitale » du Sidobre, cette petite ville vit, en grande partie, d'une activité particulière due à sa forêt caillouteuse : l'exploitation du granitier. Plusieurs monuments font l'éloge du travail de ces tailleurs de pierre, à commencer par le rond-point du village, surmonté d'une sculpture de granit représentant l'un de ces artistes au travail. Ne pas manquer d'admirer la surprenante *église Notre-Dame-du-Granit* (!), du XIXe s.

Où dormir ? Où manger dans le coin ?

Camping

Camping Le Plô : 81260 ***Le Bez.*** *☎ 05-63-74-00-82. • info@leplo.com • leplo.com • À 800 m du village, sur la D 30 (fléché). Mai-sept. Forfaits 2 pers 13,50-26,50 € selon saison. Loc de grandes tentes 300-645 €/sem selon taille (4-6 pers) et saison. CB refusées.* Un camping d'une cinquantaine d'emplacements, au cœur d'une belle nature et tenu par un jeune couple néerlandais sympathique. Pas de bungalows ni de chalets, juste de grandes tentes en location, équipées d'une cuisine. Salle et aire de jeux pour les enfants avec trampolines. Piscine et snack. Un bon camping familial.

De bon marché à prix moyens

Le Café de Paris : *8, pl. de l'Hôtel-de-Ville, 81260* ***Brassac.*** *☎ 05-63-74-00-31. • arnaud.care@orange.fr • Au cœur du village. Résa conseillée au resto. Tlj sauf lun 12h-14h, plus soir ven et sam 19h-21h. Doubles 60-70 €. Formule déj en sem 15 €, menu 25 € ; carte 27-32 €.* Un ancien relais de poste à la déco mêlant souvenirs d'antan et touches contemporaines. Dans l'assiette, même chose, la tradition croise une cuisine inventive et audacieuse, voire surprenante ou déconcertante. Arnaud Caré, chef globe-trotter passé par de grandes maisons, donne libre cours à sa créativité et concocte des plats canailles, souvent « terre-mer » comme ce lapin aux encornets ou ces pieds de cochon aux écrevisses (mais la carte change tous les jours). À l'étage, même contraste avec des chambres refaites plutôt agréables et d'autres encore à l'ancienne, qui attendent patiemment leur heure. Une adresse qui détonne dans le coin !

L'Auberge du Tilleul : *81260* ***Guyor.*** *☎ 05-63-74-01-84. • tilleuls5@orange.fr • Dans le village. Tlj, à midi slt. Double 42 €. Formule déj en sem 14 €, puis menus 20-32,50 € ; menu « poule au pot » le 1er dim du mois. Apéritif maison offert sur présentation de ce guide.* Mention spéciale pour ce petit restaurant de village, sans prétention, où l'on sert une cuisine régionale, bien traditionnelle. Ici, on ne se moque pas du client ! Le menu du midi, avec soupe, buffet d'entrées, plat, fromage et dessert (ouf !), viendra à bout des estomacs les plus pantagruéliques ! Les habitués sont légion. Petite terrasse. Une adresse où bien manger et bien vivre ont un vrai sens. Quelques chambres également, simples mais bien tenues, et à prix tassés.

Moulin de Record : *81260* ***Le Bez.*** *☎ 05-63-73-02-88. • moulin.de.record@gmail.com • gites-peche-tarn.fr • Dans un vallon bien encaissé, à 2 km env avt Ferrières en venant de Guyor par la D 66. Compter 75-95 € pour 2 (loc à la nuitée sept-juin, sinon 2 nuits min) ; des gîtes également. Table d'hôtes 25 €.* Dans un cadre superbe, en pleine forêt, ce moulin « seigneurial » du Moyen Âge, l'un des plus importants du Tarn, recèle une chambre d'hôtes coquette et romantique pour qui est en quête d'un refuge pour se ressourcer. Cette grande suite avec entrée indépendante et chambre en alcôve (surélevée par rapport au coin salon) est insonorisée pour palier au raffut de la rivière. En prime, une terrasse privative et le matériel adéquat à dispo pour pêcher truites et écrevisses, en nombre dans l'Agout. Dans une annexe, des gîtes également, disponibles en court séjour hors juillet et août. Accueil au petit soin de Gabriièle et Jean-Pierre qui se feront une joie de vous faire visiter les entrailles de leur moulin en état de fonctionnement *(visite ouverte aussi aux non-résidents, le jeudi de mars à oct ; entrée : 3 €).*

À voir. À faire à Lacrouzette et dans ses environs

L'église Notre-Dame-du-Granit : *dans le village.* À ne pas rater pour ses fabuleux bas-reliefs réalisés en 1994 par le sculpteur local Jacques Bourges. Ce sont de grandes plaques de granit découpées en damier. Sur le mur de gauche, cinq panneaux illustrent la communion des hommes pour un idéal commun. Sur le mur de droite, quatre panneaux représentent la Cène.

Les balades nocturnes : *le jeu à 20h45 en juil-août slt, sur résa à la maison du Sidobre. ☎ 05-63-74-63-38. Tarifs : 6 € ; 4,50 € pour les 5-12 ans.* Des balades contées qui vous emmènent de nuit dans le Sidobre et vous racontent les pierres, les arbres, les animaux, les légendes anciennes, parfois sous forme de jeu de piste. Les itinéraires changent chaque semaine selon l'intervenant, la durée aussi : 2h minimum, parfois 3h, tout dépend de l'auditoire.

LA PEYRO CLABADO

De Lacrouzette, suivre la direction Vabre sur 1 km environ, puis bifurquer à droite (direction Brassac) ; poursuivre sur 500 m environ et prendre à gauche *(rochers du Sidobre)* ; 500 m plus loin, la route de droite mène à la *Peyro Clabado,* le chemin de gauche au *roc de l'Oie* et aux *Trois Fromages.*
La Peyro Clabado (« la pierre fermée à clé ») est l'un des blocs les plus étonnants du Sidobre : près de 800 t reposant, dans un équilibre tenant de la magie, sur un socle d'à peine 1 m ! En poursuivant, petite grimpette pas méchante pour admirer un superbe point de vue (avec table d'orientation) sur la région.
On y trouve le pittoresque ***musée Jean-Cros,*** à gauche du parking *(juin-sept, tlj 10h-19h ; entrée : 1 € ; ☎ 05-63-50-64-75. • peyro-clabado.fr •),* véritable capharnaüm de pierres, granit, fossiles et minéraux de toutes les teintes possibles, de tous les pays du monde et de toutes les formes imaginables, sculptées ou non (sphinx, croix, trophées, etc.). À la boutique de bijoux *Art brut* sur place, ou au sympathique petit snack-bar ***Au Vieux Chantier,*** à côté (tenu par un membre de la famille Cros), demander à visiter ***l'atelier-expo de Jacques Bourges*** (situé à droite du parking). S'il est disponible, ses sculptures sur granit méritent vraiment d'être vues *(donation bienvenue).* Son talent est immense, c'est lui qui a sculpté les bas-reliefs de l'église de Lacrouzette et le *Tailleur de pierre* en granit du rond-point du village.

– Dans le secteur, vous trouverez d'autres sites étonnants, notamment sur le *sentier des Merveilles* ou celui *des Légendes* (avec *Le Chaos de la Balme*, près de St-Salvy, la plus importante rivière de rochers du Sidobre). En poussant vers Burlats, au hameau de Sept-Faux, un autre rocher remarquable, le *rocher tremblant.*

FERRIÈRES *(81260)*

Le musée du Protestantisme, de la Réforme à la Laïcité : *La Ramade. ☎ 05-63-74-05-49. • mprl.fr • Fermé 15 déc-15 mars. Juil-sept, tlj sauf le mat mar et dim 10h-12h, 14h30-18h30 (visites guidées à 10h30, 15h et 16h30). Hors saison, lun-mar et jeu-sam 14h-17h ; dim et j. fériés 14h-18h (visites guidées à 15h30). Entrée : 4,50 € ; réduc ; gratuit pour ts le sam.* Un beau musée, aménagé dans un bâtiment moderne à l'architecture très réussie et pensée avec sobriété pour s'intégrer parfaitement dans ce petit vallon boisé. Il est consacré à l'histoire du protestantisme, très répandu au XVIe s dans le Tarn, et plus particulièrement sur ces terres reculées du Sidobre. Mais au-delà des faits historiques, des dates-clefs et des objets religieux, cet espace muséographique met l'accent sur la marche souvent douloureuse – mais indispensable – vers la tolérance et le pluralisme des pensées. À noter que le musée possède une bibliothèque riche de 20 000 ouvrages dont certains datent du XVIe s ! Également des expos temporaires et des animations régulières (marches, conférences, concerts...). On recommande vivement la visite guidée, elle permet de mieux saisir le sens des objets exposés.

Manifestation

– *Pâques en Sidobre :* *le dim de Pâques.* Les habitants cachent de vrais œufs autour des rochers pour que les enfants les trouvent. On confectionne alors une omelette géante (3 000 œufs), partagée ensuite dans la plus franche convivialité.

LA VALLÉE DU GIJOU

Un petit bijou presque secret, un trait d'union quasiment oublié entre le massif du Sidobre et les monts de Lacaune ! Entre Vabre et Gijounet, sur près de 30 km, la route serpente en suivant le cours de la rivière, laissant échapper des panoramas tantôt impressionnants, tantôt intimes, mais toujours de toute beauté. Dans un savant dosage de générosité et de parcimonie, de falaises abruptes et de versants boisés, de méandres et de courses apaisées, dame nature a réussi son œuvre. Le long de la vallée se succèdent de petits bourgs qui ne font pas de bruit et se laissent découvrir au cours d'une escapade hors des sentiers battus. Faire notamment une halte dans le village de *Gijounet,* véritable image d'Épinal. Les amoureux de la nature ne manqueront pas d'arpenter l'un des nombreux sentiers pédestres qui sillonnent le coin. Sachez enfin que l'ancienne voie ferrée qui permettait de relier Castres à Lacaune en passant par la vallée du Gijou a été partiellement réaménagée en voie verte.

LE TARN

Adresse utile

La Maison de la vallée du Gijou : *pont de Sénégats, 81330* ***Lacaze.*** *☎ 05-63-74-54-05. • perso.nordnet.fr/associationvalleedugijou • En bordure de la D 171 entre Vabre et Lacaze. En principe, tte l'année, lun-mer 10h-18h, jeu-ven 10h-12h ; mais ouv variable selon disponibilité des bénévoles.* Infos et vente de fiches techniques sur les randos. Expos axées sur la protection de l'environnement. Sentier botanique au départ de la maison.

Où dormir ? Où manger dans le coin ?

Campings

Camping Le Jardin : *7, rue du Pont-Vieux. 81330* ***Lacaze.*** *☎ 05-63-61-62-75. • lejardin.lacaze@gmail.com • campinglejardin-lacaze.com • Accès : au cœur du village, par la D 81 depuis Lacaune et la D 171 depuis Vabre, Montredon, Castres. Avr-sept (locatif tte l'année). Compter 10-15 € pour 2 selon saison ; bungalows toilés et chalets 180-530 €/sem selon saison. 20 empl.* Dans le village et à proximité de la rivière, un joli camping très bien tenu. Une vingtaine d'emplacements parfaitement délimités par d'épaisses haies qui préservent l'intimité de chacun. Atmosphère familiale. Piscine modeste et resto sur place. Petite aire de jeux municipale tout près.

Camping La Vallée de Roussy : *81330* ***Vabre.*** *☎ 05-63-73-05-44. • campinglavalleederoussy@hotmail.com • camping-sidobre.com • À 5,5 km de Vabre en direction de Roquecourbe (D 55). Avr-oct. Compter 11,70-14,50 € pour 2 selon saison ; tentes meublées 175-210 €. CB refusées. 47 empl. Apéritif offert et réduc de 10 % sur présentation de ce guide.* Au cœur de la vallée de l'Agout, un camping tout en longueur auquel on accède par un petit chemin qui s'enfonce dans les bois. Une adresse très nature, avec la rivière pour se baigner ou pour pêcher, et des sentiers tout autour pour se balader.

Pas d'animation en soirée (le calme est assuré !), ni d'aire de jeux pour les enfants. Tenu par un couple de Belges super accueillant.

Prix moyens

Chambres d'hôtes La Maison de Jeanne : *dans le village d'**Espérausses** (81260). ☎ 05-63-73-02-77. • contact@maison-jeanne.fr • maison-jeanne.fr • Mars-oct. Compter 62 € pour 2 pers. Table d'hôtes 23 €.* *La Maison de Jeanne,* c'est l'ancien café-restaurant du village, installé dans une maison tout en pierre, vieille de plus de 3 siècles. Florence et René l'ont admirablement restaurée. À l'étage, 4 chambres rustiques avec poutres et sanitaires privés. C'est René qui est derrière les fourneaux, et sa cuisine vaut le détour (pâté au roquefort, filet de bœuf et sa compote aux cèpes, etc.) ! Agréable séjour et salon avec billard. Petite terrasse qui permet d'admirer le vieux lavoir alimenté par un petit ruisseau. Jacuzzi. Calme assuré. Un très bon rapport qualité-prix-convivialité.

LES MONTS DE LACAUNE

À l'est du massif du Sidobre, par la D 622. En retrait par rapport aux principaux axes de communication du Tarn, les monts de Lacaune constituent une terre de prédilection pour les amoureux de nature et les randonneurs avides d'espaces sauvages et préservés : plateau drapé de landes à fougères et de genêts à balai, tourbières, dômes robustes recouverts de résineux et de hêtraies, nombreuses crêtes gratifiant le promeneur de panoramas saisissants, cours d'eau dévalant de discrètes vallées pour alimenter généreusement quelques lacs. Oscillant entre 600 et 1 267 m d'altitude, les monts de Lacaune (sept au total : Montalet, Montgrand, mont Roucous, Montgros, Montaigut, Montrode et Montfrech) offrent un avant-goût du Massif central tout en conservant un œil tourné vers les rivages de la Méditerranée, que l'on peut apercevoir d'ailleurs par temps clair. L'hiver, l'enneigement permet la pratique du ski de fond.

Vous aurez tout le loisir de compter... les brebis, le soir en vous endormant. De nombreux troupeaux moutonnent les paysages, surtout aux alentours de Murat-sur-Vèbre. C'est d'ailleurs à Lacaune que le comte Ludovic de Naurois a sélectionné la fameuse brebis de Lacaune, au XIXe s, en croisant trois races. Un véritable généticien avant l'heure ! Aujourd'hui, seul le lait produit par cette race est utilisé pour l'élaboration du roquefort.

VICTOR DE L'AVEYRON

Début 1800, un jeune garçon muet fut découvert à la lisière du Tarn et de l'Aveyron. Il était nu et semblait sauvage. L'enfant devint rapidement un objet de curiosité. Pris en charge, il fut suivi et étudié par le célèbre docteur Itard. Mais devant l'impossibilité de rééduquer socialement le jeune garçon (qui souffrait, au vu de la médecine actuelle, d'autisme, maladie alors inconnue), il fut laissé à la garde de sa nourrice et mourut dans l'oubli vers l'âge de 40 ans. François Truffaut lui consacra un film émouvant en 1969, L'Enfant sauvage, *dans lequel le cinéaste incarnait le docteur Itard.*

Les statues-menhirs, nombreuses sur ce territoire, témoignent de la présence humaine il y a plus de 4 500 ans. C'est aussi sur ces terres que l'on trouva l'enfant sauvage dans les bois de La Bassine, près de Lacaune.

LACAUNE-LES-BAINS (81230) 2 567 hab. *Carte Tarn, D3*

Cette ancienne station thermale conserve peu de souvenirs de ce passé, hormis le droit d'avoir son casino. Mais l'eau minérale naturelle du mont Roucous (à déguster) reste omniprésente et « l'espace des sources chaudes », récemment ouvert, utilise... l'eau de source ! Petite ville de montagne, Lacaune-les-Bains possède quelques belles maisons bâties au XIVe s pour les riches commerçants qui tiraient profit de la charcuterie, très renommée. Aujourd'hui, la production est encore présente et de nombreuses salaisons ont remplacé les *maseliers* qui passaient de ferme en ferme tuer le cochon ou faire le *masèl.*

Adresses utiles

i *Bureau d'information touristique :* *pl. du Général-de-Gaulle. ☎ 05-32-11-09-45. • tourisme-montsdelacaune.com • De mi-juin à mi-sept, tlj sauf dim ap-m. Sinon, mar-sam.* Visites (payantes) à thème organisées durant l'été : « Il était une fois la laine » (visite de la filature *Ramond* adaptée aux enfants), « Salaisons de Lacaune » (visite de la *maison de la Charcuterie*) et « Sur les traces de l'enfant sauvage » (visite animée du sentier de découverte, activités ludiques). Vente de topoguides et de fiches pour les nombreuses randonnées à faire dans la région. Enfin, si vous désirez faire le plein de bons produits, demandez la brochure avec la liste des fermes qui pratiquent la vente directe.

■ ***Location de VTT :*** *au camping des Sources Chaudes (voir plus loin).* Nombreux circuits, de niveau très facile à très difficile, pour se faire les mollets, des monts de Lacaune jusqu'au Sidobre.

■ ***Location de skis de fond, raquettes et luges :*** *chalet de Picotalen. ☎ 05-63-37-15-95. 📱 06-22-58-87-34. Un peu à l'écart du village. Sinon, rens au bureau d'information touristique. Pour connaître l'état d'enneigement • facebook.com/tourisme.montsdelacaune •*

Où dormir ? Où manger ?

Campings

⛺ ***Domaine Le Clôt :*** *Les Vidals, 81230 Lacaune-les-Bains. ☎ 05-63-37-03-59. 📱 06-77-70-81-12. • campingleclot@orange.fr • domaineleclot.com • ♿ À 4 km de Lacaune, direction Murat-sur-Vèbre. De mi-avr à sept. Empl. tentes 14-18,50 € selon saison ; hébergements locatifs en gîte 305-350 €/sem pour 2 selon saison.* Au pied du Montalet, un 2-étoiles d'une trentaine d'emplacements en pleine nature, tout proche des sentiers de randonnée (pédestre, nordique et pour vététistes). Camping en terrasses (certains emplacements bénéficient d'une très belle vue), tout simple (pas de piscine, pas de bungalows ni de mobile homes) mais parfaitement tenu et à l'accueil très convivial. Resto sur place et des chambres dans un beau gîte pour les randonneurs. Location de vélos.

⛺ ***Camping des Sources Chaudes :*** *domaine de Saint-Michel. ☎ 05-63-37-22-39. 📱 06-62-35-58-10.*

• contact@campinglacaune.fr • campinglacaune.fr • ♿ À la sortie de Lacaune, en direction de Murat. Tte l'année pour les loc ; de mai à mi-sept pour le camping. Forfaits pour 2 pers 10-15 € en tente selon saison. Chalets 220-780 €/sem. 32 empl. Camping assez coquet et récent, avec de jolis chalets en bois adossés à la lisière de la forêt. Il faudra attendre encore quelques années pour que les arbres fassent suffisamment d'ombre et que les haies délimitent les emplacements. Salle de jeux, minigolf, et espace des Sources chaudes (lire plus loin « À voir. À faire ») avec piscine juste à côté (accès à tarif préférentiel en camping ; gratuit si logement en chalet). Snack et location de vélos. Bon accueil.

De bon marché à chic

Le Relais de Fusiès : *2, rue de la République. ☎ 05-63-37-02-03. • contact@hotelfusies.fr • hotelfusies.fr • ♿ Tlj sauf lun midi (tte l'année), fermé dim soir, lun et sam midi de la Toussaint à Pâques. Doubles 65-85 € selon saison, des familiales également. Résa préférable au resto. Formule 15 € midi en sem ; menus 19-35 €. Loc de vélos. Réduc de 10 % sur le prix de la chambre sur présentation de ce guide.* Cet ancien relais de diligence ouvert en 1690 sur la ligne postale Béziers-Castres est devenu, au fil des siècles, une institution incontournable de la ville remise au goût du jour. Dans la coquette véranda décorée de panneaux peints en trompe-l'œil datés de 1920, il flotte toujours un doux parfum rétro d'établissement de station thermale. Au restaurant, cuisine très soignée honorant les produits des monts de Lacaune et joli choix de vins au verre. À l'étage, une trentaine de chambres restaurées et bien confortables. De l'autre côté du jardin et de la piscine, *Au Pavillon du Frêne* appartient au même propriétaire, le très accueillant Renaud, qui se plie en quatre pour ses hôtes (voir ci-dessous).

Au Pavillon du Frêne : *17, rue de la Mairie. ☎ 05-63-37-81-91. • contact@pavillondufrene.fr • pavillondufrene.fr • Réception au* Relais de Fusiès, *à côté. Fermé le dim de la Toussaint à Pâques. Doubles 46-55 €, des familiales également. Loc de vélos. Réduc de 10 % sur le prix de la chambre sur présentation de ce guide.* Une dizaine de chambres plus économiques qu'au *Relais de Fusiès,* toutes refaites dans un style contemporain. Certaines son communicantes et peuvent accueillir jusqu'à 6 personnes, idéal pour une famille ! Terrasse arborée près de la piscine... Salons de lecture aux étages. Un rapport qualité-prix-accueil imbattable !

Hôtel-restaurant Calas : *4, pl. de la Vierge. ☎ 05-63-37-03-28. • 1969.azam@gmail.com • pageloisirs.com/calas • Resto fermé ven soir, sam midi et dim soir sept-avr. Doubles 47-58 €. Formule déj en sem 15 €, menu-carte 25 €.* Un petit hôtel économique, fraîchement repris, qui dispose d'une quinzaine de chambres simples et colorées, un brin datées mais encore correctes. Côté resto, les bons produits locaux sont à l'honneur et les prix sont tenus. Terrasse sur la place et petit jardin avec piscine de l'autre côté de la ruelle. Atmosphère familiale et bel accueil.

Où acheter de bonnes charcuteries ?

Voir ci-dessous, ***La salaison Oberti*** et ***La maison de la Charcuterie.***

À voir. À faire

La fontaine des Pisseurs : *pl. du Griffoul.* « La Font dels Pissaïres » glorifie les vertus diurétiques des eaux de Lacaune-les-Bains, connues depuis l'Antiquité. Les consuls de Lacaune eurent l'autorisation d'ériger la fontaine en bronze en 1399, mais elle ne fut terminée qu'en 1559.

La salaison Oberti : *chemin de Granisse (fléché). ☎ 05-63-37-00-21. • oberti.fr • De mi-fév à mi-nov, tlj sauf dim. Visite guidée en saison, sinon audioguidée 9h30-11h15, 14h30-16h45. Tarif : 4 € ; gratuit moins de 12 ans ; réduc de 1 € sur présentation de ce guide.* Intéressante visite commentée (ou audioguidée) au sein de l'une des salaisons les plus réputées de Lacaune. Entreprise familiale fondée en 1956. À son palmarès, saucisse sèche, saucisson, jambon de Lacaune (dont un délicieux 18 mois), régulièrement primés au salon de l'Agriculture de Paris. À travers de grandes vitres, on comprend tout le processus de production du jambon, du salage jusqu'au séchoir. Également un espace musée. En fin de visite, vidéo, démonstration de la découpe d'un jambon sec et dégustation gratuite en boutique où l'on peut acheter les spécialités de la maison à prix intéressants.

Le musée du Vieux-Lacaune : *pl. du Griffoul, en face de la fontaine des Pisseurs. ☎ 05-63-37-25-38. Juil-août, tlj sauf lun mat 10h30-12h30, 14h30-18h ; mai-juin et sept, tlj sauf dim-lun 15h-18h ; le reste de l'année, pour les groupes slt, sur rdv. Entrée : 2 € (audioguide compris). Jeu de piste pour les enfants.* Installé dans une maison bourgeoise du XVIe s, qui fut longtemps une école pour jeunes filles tenue par des religieuses. Un charmant petit musée plein d'atmosphère, qui garde la mémoire de la vie quotidienne locale du XVIIIe s jusqu'en 1940. Toute une série de salles dans lesquelles de nombreuses scènes ont été reconstituées : une salle de classe, les métiers et activités d'autrefois, les thermes... Bien entendu, l'enfant sauvage n'a pas été oublié.

La maison de la Charcuterie : *3, rue Biarnès. ☎ 05-63-37-46-31 (en saison) ou 05-32-11-09-45 (bureau d'information touristique). Ouv au public de mi-juin à mi-sept, tlj sauf dim et lun mat 11h-13h, 14h30-18h ; visite guidée en juil-août mer et jeu à 10h. Entrée : 3 € audioguide compris (4 € pour la visite guidée) ; billet combiné avec la filature Ramond : 4 € ; gratuit moins de 12 ans. Jeu de piste pour les enfants.* Avec près de 35 000 t produites par an dans le coin, la charcuterie méritait bien son espace muséographique ! Dans cette maison du XVIIe s très bien aménagée, on découvre donc les origines de la charcuterie dans les monts de Lacaune, l'élevage et l'abattage du cochon. Une tradition locale faite de rites et de savoir-faire ancestraux. Saviez-vous par exemple qu'il vaut mieux tuer le cochon lorsque la lune est en phase descendante pour une meilleure conservation des produits ? La prise au sel s'effectue également dans de meilleures conditions à cette période. L'histoire singulière de cette petite ville de montagne et de ses environs est aussi évoquée. Nombreuses photos noir et blanc. Hommage au petit train mis en service en 1902, et qui, pendant 60 ans, permit de rejoindre Castres et de désenclaver ainsi la ville. Le dernier convoi s'ébranla en 1962. Galerie d'art Frézouls (expo temporaire d'artistes locaux) au 1er étage.

La filature Ramond : *rue Rhin-et-Danube, dans le village. ☎ 05-32-11-09-45. Visite commentée lun-ven à 14h30 de mi-juin à mi-sept, sur rdv au bureau d'information touristique le reste de l'année : 3 €. Billet combiné avec la maison de la Charcuterie : 4 € ; gratuit moins de 12 ans.* Dans une haute bâtisse au toit d'ardoises, un ensemble de cardes, de métiers à filer, de poulies et de courroies s'entrelacent depuis 1841. Rien n'a changé ; les machines que l'on actionne devant vous et les pavés sombres, polis par le temps, ont gardé la même place. Même les toiles d'araignées sont là ! Et à l'époque, il n'était d'ailleurs pas question de les enlever, car elles piégeaient les sales p'tites bêtes qui grignotaient la laine ! Une visite passionnante.

L'espace des Sources chaudes : *sur le site des anciens thermes. ☎ 05-63-37-69-90. • piscine-lacaune.jimdo.com • Tte l'année. Juil-août, tlj 11h-19h ; voir calendrier des horaires d'ouverture sur le site pour le reste de l'année. Entrée : adultes 5,10 € (4 € hors saison) ; enfants 3,80 € (2,70 € hors saison) ; gratuit jusqu'à 4 ans.* Alimentés par les anciennes sources thermales : bassin intérieur avec pataugeoire et bains bouillonnants, bassin extérieur avec toboggan, rivière à courants, etc. ; et un espace balnéo avec jacuzzi et sauna, salle de sport. Snack en été. Et, désormais, un ***centre de bien-être*** juste au-dessus *(☎ 05-32-11-09-45).*

Fêtes et manifestations

– ***Les Musicales de Lacaune :*** *en juil-août.* Concerts dans l'église Notre-Dame (gospels, chants basques, orgue, etc.).
– ***CharcuTrail du pic du Montalet :*** *le 1er dim de sept.* Courses pédestres. Buffet autour des produits du terroir.
– ***Fête de la Randonnée :*** *2e dim de sept.* Randonnée pédestre et en VTT.

DANS LES ENVIRONS DE LACAUNE-LES-BAINS

La Laiterie Fabre : *La Buzatié, 81530* ***Viane.*** *À 13 km env de Lacaune par la D 81 sur la route de Lacaze. ☎ 05-63-37-50-69. Boutique : lun-ven 8h30-12h, 13h30-17h, sam 9h-12h. Visites commentées sur résa en juil-août, mar et jeu à 15h.* Depuis 3 générations, la laiterie Fabre façonne 25 sortes de fromages à base de lait de vache, de brebis et de chèvre des Hautes Terres d'Oc. L'affinage se fait dans un lieu insolite : un ancien tunnel ferroviaire. La visite dure 1h et inclut un film et une dégustation. On pourra également visiter leur nouvelle yaourterie à Lacaune-les-Bains *(située après le supermarché Casino, dans le haut de la ville, en direction de Murat-sur-Vèbre, ouv tlj sauf dim).* Autre boutique de dégustation sur place, et vente de charcuterie maison, produite avec des cochons nourris avec le surplus de lait (si, si !).

Le sentier « Sur les traces de l'enfant sauvage » : *à 6 km env de Lacaune en direction de Castres (par la D 622) ; départ du sentier 1 km env avt le hameau de La Bassine. Accès libre. Brochures (dont une destinée aux enfants) et kit pour faire les différentes activités ludiques en vente au bureau d'information touristique (4 €), sans oublier la visite guidée en saison proposée par l'office de tourisme.* Un parcours en boucle de 3 km, plus vrai que nature, pour s'aventurer dans l'univers mystérieux de cet enfant retrouvé tout près de là, au début du XIXe s. Panneaux explicatifs et, surtout, plusieurs activités amusantes pour les enfants : atelier de prise d'empreintes, petits parcours à faire pieds nus ou les yeux bandés, reconstitution d'un abri et un nid d'oiseau géant pour le repos et l'observation. Jeu des plantes et bornes sonores pour reconnaître les animaux qui peuplaient ces bois. Il y a même un rocher qui parle !

Randonnées : avec une nature aussi généreuse et de superbes panoramas en perspective, les randos sont nombreuses dans le coin ! Topoguides et fiches en vente au bureau d'information touristique. Une incontournable : celle du roc du Montalet. Près de 400 m de dénivelée et 19 km (soit près de 6h de marche...) pour atteindre 1 259 m d'altitude, le plus haut sommet accessible du Tarn. Le point culminant du département étant en fait le Montgrand (logique !) avec ses 1 267 m d'altitude. Mais il abrite une base militaire... On peut également accéder au pied du Montalet en véhicule par la superbe route touristique qui rejoint Les Vidals à Nages. Sinon, possibilité de faire une rando de 3 j. et 2 nuits « En suivant l'enfant sauvage » (rien à voir avec le sentier « Sur les traces de l'enfant sauvage », décrit précédemment). Il s'agit d'un chemin en boucle de 55 km qui présente, à certains endroits, une dénivelée assez importante (on passe par le col du Montalet). Trois lieux de départ possible : Lacaune, la maison de Payrac (voir plus loin) et La Salvetat-sur-Agoût dans l'Hérault. Rando en fauteuil tout terrain pour les personnes en situation de handicap *(contact : Thierry Jalbaud, 📱 06-77-11-12-06).*

LE PLATEAU DES LACS ET LE LAOUZAS

S'il est un espace déconcertant dans le Tarn, c'est bien le plateau des lacs, entre Mazamet et Nages, proche de Lacaune et de Murat-sur-Vèbre. En empruntant la D 126 depuis Mazamet, on arrive au *lac des Saint-Peyres.* Son barrage de 60 m de haut forme une immense retenue artificielle et le paysage donne vraiment l'impression d'être au fin fond du Canada ! Plus loin, on arrive sur le *lac de la Raviège* (par la D 52), pour aboutir enfin au *lac du Laouzas,* dans les monts de Lacaune. Le lac forme une vaste base de loisirs, avec possibilité de baignade surveillée (en été), de randonnées à cheval, à pied, à vélo, etc. Ce circuit reprend le chemin des pèlerins en route vers Saint-Jacques-de-Compostelle (la voie d'Arles), et le paysage n'a pas changé au fil des siècles... Ne pas manquer non plus la visite de Murat-sur-Vèbre, village étape sur l'un des chemins de Saint-Jacques, le chemin d'Arles ou *via Tolosane.* Murat-sur-Vèbre abrite quatre églises et les ruines de deux châteaux féodaux, à Canac et à Boissezon.

NAGES *(81320)*

Petit village tranquille au pied du Montalet. À 4 km environ de Nages, on peut faire une halte ou un séjour rafraîchissant au hameau de Rieumontagné, situé au bord du lac du Laouzas avec sa base de loisirs très prisée, l'été, par les familles.

Adresses utiles

i *Bureau d'information touristique Nages-Laouzas :* ***Rieumontagné*** *(au bord du lac), commune de Nages. ☎ 05-32-11-09-47. • tourisme-montsdelacaune.com • Avr-oct, tlj.* Topoguides payants sur les randos du coin. Espace spa sur place.

■ ***Location de vélos :*** *à la base de loisirs du Laouzas.* Voir « À voir. À faire », plus loin.

Où dormir ? Où manger dans le coin ?

Renseignements auprès du bureau d'information touristique pour les formules d'hébergement au bord du lac : campings, gîtes, hôtels, chambres d'hôtes, location de chalets, villages vacances...

Camping

⛺ ***Aire naturelle Les Rives du Lac :*** *à* ***Rieumontagné,*** *commune de Nages. ☎ 05-63-37-45-76. 📱 06-30-34-03-44. • vacances@lesrivesdulac.com • lesrivesdulac.com • Juin-sept. Compter 5,50 €/pers (tente ou caravane). CB refusées. 10 empl.* Une dizaine d'emplacements sur un terrain ombragé qui donne directement au bord du lac de Laouzas. Barbecue collectif. Une bonne option pour des vacances économiques.

De très bon marché à prix moyens

🏠 🍴 ***Lou Castel :*** *av. du Château, à* ***Nages.*** *☎ 05-63-37-06-12. • loucastelnages@aol.com • Tlj sauf ven et dim soir hors saison. Double 47 €. Menus déj sauf dim et j. fériés 13,60 €, puis 21-31 €.* La bonne auberge de village avec sa salle rustique aux murs de pierre et sa terrasse qui surplombe la vallée. On y sert une cuisine copieuse qui s'inscrit dans la pure tradition régionale. Pour ceux qui souhaiteraient faire une halte plus longue, l'établissement dispose d'une poignée de chambres simples mais agréables et à prix d'amis.

Les Rives du Lac : *à* ***Rieumontagné,*** *commune de Nages. ☎ 05-63-37-45-76. • vacances@lesrivesdulac.com • lesrivesdulac.com • Tte l'année. Selon saison et emplacement, chalets 210-595 €/sem pour 2-6 pers ; nuitée 60-90 € (en principe, hors saison slt, mais tt dépend des disponibilités ; tentez votre chance). CB refusées. Prêt de vélo.* Une quinzaine de chalets en bois pouvant recevoir jusqu'à 6 personnes et équipés chacun de terrasse, barbecue, transats et d'un bout de jardin. 2 types de chalets : ceux « du lac », qui surplombent l'étendue d'eau, et « les alpins », situés dans la vallée, au bord d'un bosquet. Ces derniers sont moins chers.

Voir aussi ***La Maison de Payrac,*** ci-après. *☎ 05-63-37-12-29. • payrac.com • Avr-oct. Nuitée : 12 €/pers, en formule refuge, avec lampe solaire et bougies fournies (pas d'électricité sur place) ou dans une « goutte d'ô ». Pas de wifi.* Une douzaine de couchages dans un petit dortoir à l'étage d'une maison en pierre avec un poêle à bois qui fonctionne ou dans un hébergement insolite : une « goutte d'ô » suspendue dans les arbres ! Douche chaude à gaz à dispo. Idéal pour un retour aux sources et pour se couper du monde.

À voir. À faire à Nages et dans les environs

L'église de Nages : *dans le village.* C'est l'ancienne chapelle du château. À voir pour les remarquables fresques réalisées en 2005-2006 par Michaël Greschny et inspirées par les techniques iconographiques orientales.

La tour du Château : *dans le village. ☎ 05-32-11-09-47. Juil-août slt, tlj 17h30-19h30. GRATUIT.* Le château de Nages a été construit au XIIe s, puis agrandi au XVe s. Le corps central abrite aujourd'hui l'hôtel-restaurant *Lou Castel.* Seule la tour Carrée se visite (la tour Ronde ayant été détruite pour élargir la route). Elle abrite quelques meubles des XVI-XVIIe s et des expos temporaires. Dans l'escalier en pierre, noter au niveau des marches les deux sortes de mâchicoulis, par lesquels on versait de la sève bouillante pour faire reculer l'assaillant.

La Maison de Payrac : *à 7 km de la base de loisirs de Rieumontagné (5 km à pied). ☎ 05-63-37-12-29. • payrac.com • Juil-août, tlj 11h30-18h30 ; mai-juin et sept, dim et j. fériés 12h30-18h30. GRATUIT. En été, la plupart des lun midi, ven midi et mer soir, les agriculteurs du coin proposent leurs produits et font des grillades (assiette 7-10 €) ; les mer ap-m, vente de croustades.* Malgré d'importants travaux de restauration, cette ferme du XIXe s, posée en lisière de forêt dans un cadre particulièrement champêtre, a préservé tout son cachet. Il s'y passe plein de choses : ateliers, activités et folklore champêtres, expositions temporaires... Les anciennes caves abritent de nombreux produits de producteurs du coin, vendus à prix intéressants. Idéal pour faire le plein de confits et conserves de canard, cèpes secs, charcuterie, vins, fromages, pains de montagne, confitures, biscuits, miel, etc. On peut pique-niquer sur place. En été, le mercredi, moult activités pour revivre les vieux métiers autour du pain, du bois, de la laine, du feu, de la terre, etc., mais aussi des barbecues géants. Autour de la maison, sentier de découverte des espaces naturels. Procurez-vous le programme et le jeu de piste pour les enfants. À ne pas rater.

Le musée de la Vie paysanne en Haut-Languedoc : *à* ***Rieumontagné,*** *commune de Nages (4 km au sud), près du lac du Laouzas. ☎ 05-63-37-12-29. Mai-juin et sept, tlj 14h-18h ; juil-août, tlj 15h-19h ; le reste de l'année, sur rdv. Entrée : 3 € ; gratuit moins de 18 ans. Ateliers pour enfants mar et ven 10h30-12h en juil-août, 4 €.* Un musée qui a pris place dans une ancienne ferme du XIXe s, puis s'est développé dans plusieurs dépendances récentes. Vaste panorama sur la région, de la géologie au barrage du Laouzas, en passant par les machines agricoles de 1900 à 1950 et les traditions locales comme la *masellerie,* les anciens métiers (cordonnier, sabotier, ardoisier, bourrelier, etc.). Également une salle de classe des années 1960 et un bureau de poste reconstitués. On a même pensé aux enfants avec de petites questions ludiques au cours de la visite. Bref, très complet !

La base de loisirs du Laouzas : *à* ***Rieumontagné****, commune de Nages. ☎ 05-63-37-48-60. De mi-juin à mi-sept, tlj 9h30 (13h30 juin et sept)-18h30.* Plage enherbée (accès gratuit). Baignade surveillée en été. Piscine surveillée également. De nombreuses activités sur terre ou sur l'eau : planche à voile, dériveur, canoë-kayak, pêche, embarcation à pédales, tir à l'arc, etc. Location de VTT et vélos électriques.

MURAT-SUR-VÈBRE *(81320)*

À la limite du département, là encore, un bourg où la vie s'écoule de manière paisible.

Adresse utile

Bureau d'information touristique de Murat : *pl. de la Mairie. ☎ 05-32-11-09-46. • tourisme-montsdelacaune.com • Juil-août, tlj sauf sam ap-m et dim ; lun-sam mat slt le reste de l'année. En juil-août, propose le ven des circuits guidés en voiture pour partir à la découverte des statues-menhirs, et le mar atelier sur place pour les enfants (confection d'une statue-menhir en argile) : 4 €.* Dépliants pour les randos et le sentier de découverte du village (livret jeu).

Où dormir ?

Chambres d'hôtes chez André et Christiane Roque : *à Félines, 81320 Murat-sur-Vèbre. ☎ 05-63-37-43-17. • andre.roque265@orange.fr • Depuis Murat, suivre la direction La Salvetat (D 162) ; à 1,5 km, bifurquer à droite (panneau « le causse Félines ») ; continuer la route sur 2 km env ; Félines est le 2e hameau. Compter 40 € pour 2. Réduc de 10 % sauf juil-août sur présentation de ce guide.* Ce couple d'éleveurs de brebis propose 4 chambres avec salle de bains dans leur maison familiale. C'est très simple, mais les chambres sont correctement tenues, et franchement, difficile de dénicher moins cher. Pour le petit déj, vous trouverez tout à disposition dans la cuisine (pain, confiture, thé, café), mais chacun se le prépare. Normal, le matin, il y a la traite des brebis.

Où acheter de bonnes charcuteries ?

Salaisons du Castellas : *av. de l'Albigeois. ☎ 05-63-37-41-12. Tlj sauf dim ap-m et lun, 8h30-12h30 et 15h30-19h.* Une des meilleures adresses du coin pour la charcuterie artisanale. Les gens font un détour pour faire emplette de ses salaisons de montagne (saucisses sèches, rosette, pâtés, boudin, etc.) et surtout de son jambon sec d'une finesse remarquable.

À voir à Murat-sur-Vèbre et dans les environs

Les statues-menhirs : *dépliant au bureau d'information (gratuit).* Le territoire des monts de Lacaune est jalonné de mystérieux mégalithes. On en a recensé

LE TARN

près de 150, jusqu'aux départements voisins de l'Aveyron et de l'Hérault. Si les archéologues s'accordent pour les dater de la fin de l'époque néolithique ou de l'âge du cuivre (3300 à 2200 ans av. J.-C.), en revanche, leur symbolique et leur signification restent une énigme. Pas évident de les admirer au cours d'une rando pédestre (peu de signalétique les indique, afin de les protéger des dégradations). Le plus beau menhir (le mieux préservé) est accessible en voiture, il se situe au hameau de Paillemalbiau, à 7 km environ au nord de Murat.

Le musée des statues-menhirs : *dans les locaux du bureau d'information touristique de Murat. Entrée : 3 € ; gratuit moins de 12 ans.* Plusieurs de ces étranges menhirs sont exposés ici (originaux ou copies). Certains sont gravés, sculptés, et présentent une iconographie parfaitement visible. Le musée abrite également une collection d'objets datant du Néolithique (lames de hache, flèches, etc.).

Le musée des Battages et des Anciens Tracteurs : *à la sortie du village, direction Béziers. Slt sur rdv la veille auprès de M. Cros, 06-81-06-69-00. Entrée : 2 €, réduc.* Collection de plus de 100 tracteurs, machines à vapeur... qui témoignent de l'histoire agricole du terroir régional de 1900 à 1960. On peut prolonger la visite par une balade dans un arboretum.

La charcuterie de Millas : *81230* ***Moulin-Mage.*** *☎ 05-63-37-14-72. • charcuterie-millas.fr • À env 6 km de Murat-sur-Vèbre. Tlj sauf dim 9h-12h, 15h-19h. Visite en juil-août sur résa. Soirée tapas le ven au « bar à charcuterie ».* Akim et Marie-Hélène Zerouali ont créé la filière « apalhat » (porcs élevés sur paille), qui regroupe deux éleveurs d'Aveyron (limitrophe), un éleveur et un charcutier du Tarn. C'est une toute petite filière, qui produit de la charcuterie de montagne de très grande qualité. À découvrir parmi les saucissons, saucisses sèches et autres jambons, la « Bougnette » (boule à base de pain, d'œufs et de viande cuisinée), typique des monts de Lacaune, ou le confit de museau de porc.

HOMMES, CULTURE, ENVIRONNEMENT

CHEMINS DE SAINT-JACQUES-DE-COMPOSTELLE

Les différents chemins de Compostelle convergent vers la côte galicienne espagnole et la cathédrale Saint-Jacques où sont conservées les reliques d'un des plus importants apôtres de Jésus, Jacques, mort en martyr vers l'an 35.
C'est en 800 qu'un ermite, guidé en songe par une étoile, retrouve le tombeau du saint. Le nom de Compostelle proviendrait d'ailleurs de *campus stellae* : champ d'étoiles... Dès le Xe s, des pèlerins en provenance de toute l'Europe viennent se recueillir sur ses reliques. Aujourd'hui encore, on assiste parfois à une certaine affluence sur les chemins en période de pèlerinage et pendant les vacances...
Au fil des ans, aux pèlerins se joignent amateurs d'art roman et férus de randonnées. Il faut dire que les chemins de Compostelle, cadre de ressourcement spirituel extraordinaire, sont aussi d'une beauté et d'un intérêt historique qui valent le détour : les échanges culturels et religieux, et la nécessité d'héberger un grand nombre de pèlerins ont favorisé dès le Moyen Âge le développement des villes et des monuments étapes sur le chemin.
Balisés en 1970 par la Fédération de randonnée pédestre, puis inscrits en 1998 sur la liste du Patrimoine mondial de l'humanité, les quatre sentiers historiques français commencent respectivement à Vézelay, au Puy-en-Velay, à Tours (aujourd'hui à Paris) et à Arles. C'est d'ailleurs ce dernier chemin, connu sous le nom de *via Tolosana,* qui glorifie l'étape toulousaine et son impressionnante église Saint-Sernin. On a récemment remis à l'honneur certains itinéraires secondaires comme celui de Conques à Toulouse qui offre de belles découvertes en traversant le Tarn. Le GR 65 est aujourd'hui l'un des chemins de randonnée les plus fréquentés de France. Sincèrement religieux, purement culturel ou simplement sportif, d'une traite ou par tronçons, à chacun sa démarche, son rythme et sa motivation... En tout cas, c'est une expérience inoubliable... Que vous partiez à pied, à cheval ou à VTT, que vous marchiez tout le long de la route ou sur les derniers kilomètres uniquement, ouvrez grand les yeux pour ne pas rater les beautés croisées sur le chemin : une aubergiste super accueillante, une église romane perdue dans la campagne, les champs à perte de vue, et souvent de bien belles rencontres... Voir aussi la rubrique « Le chemin des étoiles » dans le chapitre d'introduction du Lot.
– Pour plus de rens : ACIR Compostelle, 4, rue Clémence-Isaure, 31000 ***Toulouse.*** *☎ 05-62-27-00-05. • chemins-compostelle.com •*

CUISINE

Les Trois Mousquetaires, Le Déjeuner de Sousceyrac (Pierre Benoit), la fameuse poule au pot du roi Henri IV... Allez-y franco ! Même sans le Périgord et le Béarn, ses annexes naturelles, la région Midi-Pyrénées constitue le saint des saints de la France gourmande. Ici, le moindre resto de campagne vous offre des ripailles pour trois fois rien. C'est que l'art de la table est inscrit dans les gènes : les paysans ont merveilleusement exploité leurs maigres ressources. Truffes, foie gras, cèpes, confit, cassoulet, roquefort, etc. Unie dans son abondance, la région se teinte de cuisines différentes, et les spécialités varient d'un village à l'autre. Voici les principales.

– ***Quercy :*** autour de Cahors, les contreforts du Massif central penchent vers l'Auvergne d'un côté – châtaignes, noix et noisettes (en vin et crème), tripes – et vers le Périgord de l'autre – soupes (tourin et garbure), truffes et oies, perdreaux, pastis (gâteau). Réjouissant et roboratif.
– ***Rouergue :*** plus auvergnat que le Quercy, l'arrière-pays de Rodez adore les jambons, tripes et tripous, choux et châtaignes, mais n'en sacrifie pas moins à l'oie, lui aussi. Plus étonnante, si loin dans les terres, la morue est entrée dans les traditions du nord de l'Aveyron, sous forme d'*estofinado.* Un seigneur : le roquefort.
– ***Aubrac :*** antichambre du Cantal, ce haut plateau possède à fond les classiques auvergnats – truffade, aligot, tripoux, chou farci, etc. –, et la richesse de ses pâturages donne un grand fromage, le laguiole.

Spécialités culinaires

– ***Agneau fermier du Quercy :*** la chair délicate de ce mouton « à lunettes » en a fait un vrai label !
– ***Aligot :*** purée de pommes de terre aillée (originellement, du pain), additionnée de tomme fraîche.
– **Bougnette :** la saucisse de Castres, fourrée de pain, d'œufs et hachis de poitrine de porc.
– **Cabécou :** rondelle de fromage de chèvre. À Rocamadour, on la pétrit avec du poivre et de l'eau-de-vie ; on la flambe aussi à l'armagnac.
– **Canard :** en confit, en magret, en foie gras, tout est bon dans le canard (gésiers, manchons, aiguillettes...), mais est-il utile de le rappeler ? De quoi s'en gaver, bien sûr, par ici. À ce petit jeu (de l'oie), le canard a même fini par régler son pas sur celui de sa consœur en ce qui concerne le foie gras.
– **Cèpes :** très appréciés partout.
– **Estofinado :** c'est le fameux *stockfisch* ou morue séchée, que connaissent bien les Niçois, ici préparé à la façon des gens de l'Aveyron.
– **Fallette :** poitrine farcie de lard, œufs et blettes. C'est l'étouffe-chrétien des montagnes aveyronnaises.
– **Fouace :** pain brioché parfumé à la fleur d'oranger.
– **Gâteau à la broche :** une spécialité rouergate, traditionnellement préparée pendant la période de Noël. La recette de la pâte est celle du quatre-quarts ; on la verse petit à petit sur un moule conique en superposant les épaisseurs de pâte, le moule tournant et cuisant à la chaleur d'un feu de bois. Certains pâtissiers ambulants en préparent sur les marchés.
– Côté ***fruits,*** quantité et qualité sont au rendez-vous. La variété aussi. Leur notoriété a même dépassé nos frontières. La ***reine-claude*** a d'ailleurs obtenu un Label Rouge.
– ***Pastis*** (ou croustade, ou encore tourtière) **:** tarte traditionnelle élaborée à partir d'une pâte feuilletée très fine, fourrée aux pommes ou aux pruneaux – selon les recettes –, et relevée à l'armagnac. Le point commun avec la fameuse boisson ? Tout simplement, *pastis* signifie mélange (et par extension gâteau en gascon) en occitan et langues proches.
– **Gâtis :** brioche à la fondue de cantal et de roquefort, créée à Saint-Affrique.
– ***Jambon :*** celui des monts de Lacaune, dans le Tarn, à la frontière de l'Aveyron, rallie tous les suffrages.

QUEL PASTIS !

Au VIIIe s, les Arabes d'Andalousie envahirent la Gascogne avant d'être vaincus par Charles Martel à Poitiers, en 732. Entre-temps, ils laissèrent deux souvenirs formidables : le fromage de chèvre et le sublime pastis dont certains prétendent que la pastilla marocaine en est l'origine : une pâte feuilletée mais dans laquelle on a remplacé le pigeon par de la pomme. Un délice.

– ***Laguiole :*** outre le coupe-chou auvergnat, la capitale des pâturages d'Aubrac produit un excellent fromage, sorte de cantal au goût fleuri. C'est lui qui sert traditionnellement à confectionner l'aligot.

– ***Melon du Quercy :*** un label qui se récolte sur le Quercy blanc, région de Montcuq et Castelnau-Montratier.

– ***Mourtaïrol :*** bouillon de poule au safran que les Quercynois versent sur des tranches de gros pain et mélangent.

– ***Noix :*** cette compagne des mauvais jours (pour le paysan) déborde des Causses quercynois et rouergats.

– ***Roquefort :*** Rabelais le célébrait, Charlemagne en raffolait... On dit que l'auteur de cette pâte persillée fut un berger qui, ayant oublié son fromage de brebis dans un rocher fissuré du Larzac, le retrouva piqué de moisissures, mais excellent. De fait, seules les caves du village de Roquefort-sur-Soulzon favorisent le *Penicillium roquefortis* (un champignon microscopique), qui bleuit la tomme pendant les 3 mois d'affinage.

– ***Safran du Quercy :*** se cultive dans les environs de Cajarc depuis que la plante (le *Crocus sativus*) a été introduite dans la région par les croisés. Pendant la période de la Renaissance, le coin en produisait en grande quantité. Un temps oubliée, la plante devient de nos jours une valeur sûre pour le département.

– ***Soupe albigeoise :*** choux, patates, navets, carottes, oignons et poireaux, une vraie potée pour le travail aux champs.

– ***Tripous :*** ce fameux remontant auvergnat – tripes de mouton et farce cousues dans un boyau et cuites dans du vin blanc – serait né du côté d'Espalion.

– ***Truffade :*** en fait de truffes, une poêlée de patates, d'ail et de lardons, accompagnée de tomme fraîche. Les Aveyronnais ont la santé !

– ***Truffe :*** en Rouergue et Quercy (mais aussi en Gascogne), les marchés des villages débordent de petites caisses de crottin de cheval. Ce « crottin », c'est la truffe, « le diamant noir », un gros champignon souterrain de 10 à 100 g qui, extrait de sa gangue terreuse, révèle une couleur noire et un parfum d'une force bouleversante. La truffe se développe sur des sols calcaires, au niveau des racines de chênes rabougris et de noisetiers, parfois plantés là tout exprès en « truffières ». Sur les marchés locaux, la truffe coûte environ 2,5 fois moins cher que chez le détaillant, mais si vous l'obtenez à ce prix, écrivez-nous ! Et attention aux vieilles truffes congelées, voire « truffées » de plomb ! Les gens de Souillac les préparent à la crème, comme des morilles. D'autres en omelette ou sous la cendre (40 mn enveloppées d'une barde de lard, sous papier d'argent). Plus les truffes sont coupées fin ou broyées, plus elles dégagent de saveur. Goûtez-les en salade d'œufs durs, après les avoir cuites au vin blanc, coupées en rondelles et arrosées d'huile de noix.

LE DÉCLIN DE LA TRUFFE

En un siècle, la production s'est effondrée pour deux raisons. Les truffières ont besoin de lumière. Le débroussaillage était assuré par les moutons et les chèvres. C'est de moins en moins le cas aujourd'hui. Enfin, les pluies sont nécessaires à certaines époques. Le réchauffement de la terre n'y contribue pas.

ÉCONOMIE

Qu'on se le dise, l'Aveyron, le Lot et le Tarn, départements à forte vocation agricole, trouvent toute leur place dans cette Occitanie, deuxième région agricole de France. En 2017, l'Aveyron a généré le plus gros chiffre d'affaires agricole de la région. Rien de bien surprenant, vu l'abondance de verts pâturages, de collines propices aux cultures céréalières, de vastes étendues de pelouses sèches qui font le bonheur des moutons et brebis. Sur les causses et la frange du Massif central (Aubrac, Ségala, monts de Lacaune), l'élevage est une valeur sûre. C'est l'Aveyron qui tient le haut de l'affiche pour l'élevage de bovins (la fameuse race d'Aubrac), ovins et même équins. Pas négligeable, quand on sait que l'Occitanie est en tête du cheptel d'ovins en France, dont il représente un tiers des effectifs (11 % pour les chevaux). Le Lot, quant à lui, se distingue par une production élevée d'oies et de canards gras (près d'un million de becs par an !). Là encore, l'Occitanie pèse pour un quart dans le cheptel français de palmipèdes gras... Sur la zone ouest de la région, les cultures dominent (céréales, colza, tournesol, soja ou encore melon du Quercy). Enfin, on ne serait complet, et Bacchus nous en voudrait, si les vignobles on omettait. La production des vins de Cahors, Côtes du Lot (dans le Lot) et de Gaillac (dans le Tarn) est l'une des fiertés de la région, qui représente un tiers des terres de production au niveau national. Avec à la clé de bons petits vins qui augmentent en qualité d'année en année.

Ces productions agricoles ont généré de multiples activités agroalimentaires : laiteries, fromageries (fromage de Roquefort dans l'Aveyron, cabécou de Rocamadour dans le Lot), confitures artisanales, etc. L'agroalimentaire s'impose aujourd'hui comme le premier secteur en termes d'emploi dans le Lot et l'Aveyron.

Secteurs industriels qui ont pris du galon : l'aéronautique avec Ratier Figeac et Figeac Aéro (production de pièces), l'industrie automobile avec Robert Bosch France, la métallurgie et la transformation des métaux. Ces activités se concentrent au nord du Lot et de l'Aveyron, le long de la « Mécanic Vallée ». Dans le Tarn, on évoquera plutôt le textile et le cuir, basés dans le sud autour de Mazamet, Graulhet et Castres. Enfin, n'oublions pas le travail de la pierre avec les granitiers du Sidobre. En revanche, la fermeture des mines de charbon a plongé Decazeville et Carmaux dans de sérieuses difficultés. Mais la reconversion de ce patrimoine industriel en patrimoine historique est plutôt heureux, avec à la clé des visites de sites industriels, parcours de découverte, musées, thermalisme...

ENVIRONNEMENT

La région est riche d'entités naturelles et de paysages étonnamment variés, souvent remarquables : pelouses sèches pâturées des Grands Causses dans l'Aveyron et dans le Lot, nombreuses vallées et gorges ou encore massifs forestiers des contreforts de la Montagne Noire, il y en a pour tous les goûts ! Vous l'aurez compris, la biodiversité y est très élevée. Deux parcs régionaux y jouent le rôle de poumons verts : à l'ouest, le *parc naturel régional du Quercy blanc* et à l'est, le *parc naturel régional des Grands Causses,* qui couvre pas moins de 40 % de la surface de l'Aveyron.

Mais au-delà de ces données et dans cette région de forte tradition rurale, il ne faut pas perdre de vue que les équilibres naturels restent fragiles et que la région est confrontée à des problèmes d'environnement sérieux.

Certaines parties du territoire régional (causses du Quercy, Haut-Languedoc...) connaissent une forte déprise agricole et ont du mal à contenir l'enfrichement. Si les cours d'eau dévalant les pentes des premiers contreforts du Massif central sont d'excellente qualité, les choses se compliquent en aval... Villes et industries en partagent largement la responsabilité avec l'agriculture.

Des intérêts antagonistes que l'on retrouve dans le projet controversé du barrage de Sivens (à cheval sur les départements du Tarn et du Tarn-et-Garonne). En vis-à-vis (et pour simplifier), les pouvoirs publics (principalement le conseil général du Tarn, à majorité socialiste) et le monde de l'agriculture, favorables à la construction d'un barrage pour anticiper des manques possibles d'eau dans l'avenir. De l'autre côté, des écologistes opposés au projet et aux conséquences induites sur le milieu naturel. On connaît la suite, des affrontements entre les gendarmes chargés de faire respecter les décisions politiques locales et les écologistes, avec à la clé

la mort malheureuse d'un jeune militant écolo de 21 ans. Après des péripéties administrativo-judiciaires diverses, le tribunal administratif annule, en juillet 2016, la déclaration d'utilité publique du barrage, ainsi que la dérogation permettant que certaines espèces protégées soient mises en péril.
Pour finir sur une note positive et découvrir toutes les richesses naturelles de la région, on vous invite à lire la rubrique « Le parc naturel régional des Causses du Quercy » en introduction du chapitre sur le Lot.

GÉOGRAPHIE

Prenez une bonne vieille montagne au nord, chahutée par une plus jeune au sud. Ajoutez-y la rencontre entre deux tempéraments opposés, bien tranchés, celui du Massif central et celui du Bassin aquitain. Tracez des rivières qui dégringolent des hauteurs pour rejoindre doucement l'océan. N'oubliez pas de poser un œil, au loin, sur les rivages de la Méditerranée. Vous approchez là les secrets d'une région aux paysages fortement contrastés, qui oscillent entre ambiances de moyenne montagne et de plaines, qui se fragmentent en une infinité de pays, de bouts du monde, dont l'homme a su exploiter courageusement les particularismes au cours des siècles.
Sous la poussée des Pyrénées, le socle du Massif central s'est donc soulevé et fracturé en plateaux cristallins – le Ségala – et autres petits massifs. Dans l'Aveyron principalement, c'est un jeu incessant de riantes plaines agricoles, encore bocagères, ondulantes et interrompues par de profondes vallées dans lesquelles on s'enfonce par des routes en corniche. Les champs de seigle ne sont plus guère présents que dans la mémoire des anciens. Les châtaigneraies, en revanche, occupent toujours de larges étendues. À l'extrémité nord du département s'étend le plateau de l'Aubrac, avec ses paysages emblématiques balayés par la bise hivernale et que les brumes affectionnent particulièrement. Au sud du Tarn pointent deux vaisseaux : la Montagne Noire et les monts de Lacaune. Terres sauvages et discrètes, landes dénudées et archipels forestiers, ils protègent la région des influences méditerranéennes.
De part et d'autre, quelques zones en guise de traits d'union rapides (limargues, rougiers), puis changement radical de décor. Oubliés les paysages d'altitude et les roches cristallines. Le causse du Quercy dans le Lot (au nord-ouest) et les Grands Causses dans l'Aveyron (à l'est) sont plus rudes encore. C'était ici le royaume des drailles, ces chemins de cailloux où passaient les troupeaux. Dans le Lot prédominent les garrigues désertes dont les broussailles phagocytent murets, *caselles* (« hutte » de berger en pierre) et *gariottes* (abri ménagé dans les murs en pierre sèche). Avec un sous-sol calcaire troué par des armées de rongeurs qui auraient délaissé leur bout de gruyère, l'eau ne reste pas en surface. Elle explore et façonne les grottes, les igues, les gouffres, les galeries souterraines pour ressurgir au sein de canyons profonds (Lot, Célé, Aveyron, Tarn...).
Bien entendu, ce monde souterrain excite historiens et préhistoriens.
Enfin, à l'ouest de la région, comme pour mieux reprendre son souffle, s'étendent de douces collines (Quercy blanc, Gaillacois, Castrais) qui annoncent la plaine toulousaine. Vignes sur les coteaux, céréales dans les vallons, bovins et volailles, les fermes s'en donnent à cœur joie et les marchés bourdonnent.

GRANDS SITES MIDI-PYRÉNÉES

Ce label fut initié par la région en 2007 pour valoriser les grands sites touristiques de la région et les engager à ce titre dans une démarche de qualité. Qualité de préservation de l'environnement et d'accueil du public notamment. Ce programme est soutenu par l'Union européenne et Midi-Pyrénées compte actuellement

26 grands sites inscrits : villes, villages, sites naturels et ouvrages d'art. Certains, mais pas tous, sont aussi inscrits à l'Unesco (voir plus bas).
Dans le Lot, l'Aveyron et le Tarn : Rodez, le viaduc de Millau, Conques, Najac, Villefranche-de-Rouergue, la Vallée de la Dordogne, Cahors, Figeac, Rocamadour, Saint-Cirq-Lapopie, Albi, Cordes-sur-Ciel.
Une application mobile gratuite, « Grands Sites Midi-Pyrénées » présente chacun des Grands Sites. Disponible sur iPhone et Android, vous y trouverez entre autres des suggestions variées (randos, activités), des fiches pratiques et un agenda culturel. Pour plus de renseignements : ● *tourisme-occitanie.com* ●

HABITAT

D'un département à l'autre, nombreuses sont les différences : sols variés, matériaux nombreux et habitations singularisées. Silhouette d'un pigeonnier, ombre d'un porche, trésors cachés : qui sait ce que le promeneur avisé peut dénicher ? Quelques indices toutefois pour le guider.

Au pays des bastides

Avant d'aller se perdre dans la campagne, commençons par une promenade dans les villes. Des villes pas comme les autres, fondées au Moyen Âge et que l'on appelle bastides. Celles du Rouergue sont parmi les plus recherchées. Alors comment sont-elles nées ? La forte croissance démographique et les désordres politiques qui caractérisent le début du XIIIe s dans le Sud-Ouest, mais aussi la nécessité de regrouper la population dans un même endroit et de mettre de l'ordre dans la vie économique, obligent le roi de France à faire preuve d'ingéniosité. Malin, il crée ces villes neuves souvent fortifiées, bénéficiant de franchises et destinées à promouvoir une économie d'échanges. Un quadrillage rectangulaire séparé par un réseau de voies strictement orthogonal, commandé par une belle place centrale à arcades appelée les « couverts » ; pas de quoi s'égarer, à moins que ce ne soit pour admirer quelque trésor d'architecture dissimulé au coin d'une rue. Ces bastides, témoignages vivants d'un phénomène unique d'urbanisation médiévale, sont aujourd'hui bien protégées.

Au confluent des styles

Après cette flânerie urbaine, en avant pour un bol d'air de la campagne, où se cachent d'autres trésors. D'abord, les « classiques » de l'architecture tarnaise, qu'une balade dans les coteaux devrait vous permettre de découvrir, là où les fermes, installées au creux d'un versant, au sommet d'un vallonnement, se dispersent. Au bout d'un long chemin de terre, le promeneur devra chercher un logis de plain-pied, couvert d'un grand toit à trois ou quatre pentes, faiblement incliné, descendant parfois très bas. Il pourra également traquer l'originalité, cette façade principale où les murs pignons sont ouverts par un long porche appelé « emban » ou « bolet », qui commande l'entrée du logis. Les murs sont d'abord en terre, pisé et brique crue associés au pan de bois – la terre argileuse est extraite sur place –, puis la brique cuite remplace ces matériaux. Une grande partie de ces bâtiments a une fonction agricole.
Dans les vallées, l'architecture rurale ne diffère guère de celle des pays de molasses où domine la brique cuite ou crue, bien devant le galet extrait des rivières ou le pisé. Dans cette partie du paysage, il est fréquent de croiser des tours incorporées aux façades ; un brin de noblesse dans un monde de buttes !
Après avoir traversé les coteaux, enjambé les vallées, qui sait si notre promeneur ne se retrouvera pas au pays des pierres, cette partie du bas Quercy caractérisée par la superposition de calcaires et de molasses, qui, en moyenne altitude, est appelée pays des Serres ? Qui dit autre sol dit autre type d'habitation.

Là, les bâtiments d'exploitation, organisés en gros hameaux, entourent généralement une cour fermée. La pierre calcaire y abonde.
Voir aussi la rubrique « L'habitat quercynois » en introduction du chapitre sur le Lot.

HISTOIRE

L'histoire du Lot, de l'Aveyron et du Tarn est traversée par l'histoire de la région Occitanie, même si celle du Lot rejoint aussi celle de l'Auvergne.

Un conflit Nord-Sud

D'Allemagne en Italie, des Flandres au Languedoc, l'hérésie albigeoise a ses saints (les parfaits), son au-delà (la réincarnation), son sacrement (le *consolamentum,* accordé aux mourants) et des exigences d'égalité, de chasteté et de pureté totale (interdiction de manger de la viande) que ne devait guère incarner la société du temps. Partout, au XIIIe s, évêques et princes luttent contre le catharisme.
Dans le Sud, beaucoup d'entre eux ont rejoint la cause. Les cathares y ont des châteaux, des hommes d'armes, et leurs évêques tiennent des conciles internationaux. Les missions envoyées par le pape se heurtent aux plus grands seigneurs. En 1202, son légat est assassiné. À Rome, on tremble. Si l'hérésie gagne les centres du pouvoir, c'est la fin des haricots. Innocent II (celui-là même pour lequel on parle d'autocratie pontificale, quelle ambition !) n'hésite plus à proclamer la croisade. Les seigneurs hérétiques sont déchus, leurs biens déclarés « proie ». Le premier qui passe n'a qu'à se servir.
En France du Nord, les bonnes âmes s'arment, d'autant plus facilement que moult indulgences leur sont promises s'ils prennent part à la croisade. En 1209, première proie : Béziers. Il faut donner le ton. Les habitants refusent de dénoncer les cathares ? « Tuez-les tous, conseille aimablement le légat du pape, Dieu reconnaîtra les siens. » Terrorisée par ce massacre, Carcassonne tombe à son tour. Pour remplacer son seigneur, les croisés choisissent un chevalier sans peur et sans scrupules, ***Simon de Montfort.*** La partie va durer près de 50 ans. Un lent grignotage, d'autant plus douloureux qu'il est marqué par le fanatisme : mutilations, bûchers, « accessoires » de l'Inquisition, une institution qui allait durer et faire parler d'elle. Les grands seigneurs occitans reçoivent l'appui du roi d'Aragon Pierre II, qui vient de défaire les Maures à Las Navas de Tolosa. Patatras ! Le comte de Toulouse et le roi d'Aragon (qui trouve la mort au cours de la bataille) sont taillés en pièces par les croisés en 1213 devant la ville de Muret, défendue par Simon de Montfort. Sans la protection catalano-aragonaise, le Languedoc est divisé et livré aux croisés. Mais pas soumis, car, sans cesse, des révoltes éclatent. Le roi de France devra venir en personne rafler la mise en confisquant tout le Midi.
Les cathares ? Ceux qui n'ont pas brûlé ont pris la route des Corbières, tandis que, plus au nord, de petits seigneurs mènent toujours la guérilla. Les croisés devront réduire un à un leurs nids d'aigle, y compris Montségur (dans l'Ariège voisin), « la Synagogue de Satan », où les cathares tenaient leurs conciles. Pour fêter sa prise en 1244, on allume un grand bûcher. Nobles, bourgeois et gens d'armes confondus, 225 cathares s'y jettent plutôt que de se renier. Tout est fini, le pape est content. Il a tort : 750 ans après, on en parle encore...

Quand les yeux beaux d'amour mourir faisaient...

Un troubadour, aujourd'hui, c'est un chansonnier qui ne passe pas chez Drucker. À l'époque – XIe et XIIe s –, ils étaient souvent riches et célèbres. Et nobles. Il y eut même un duc d'Orléans et un comte de Foix, le grand Gaston (Phébus). En fait, les troubadours donnaient le *la* de l'idéal aristocratique. Après le temps des rudes chansons de geste, le dernier raffinement consistait à vouer à sa dame un

amour quasiment mystique. *No sex,* cela va sans dire ! L'Europe du Nord a eu Lancelot du Lac, Perceval *(Parsifal)* et la reine Guenièvre. Mais les pays de langue d'oc, spécialement notre région, sont ceux qui ont le plus donné. Les jongleurs, qui chantaient de château en château les hauts faits des paladins du cru, comme Guillaume de Toulouse (la prise d'Orange, le charroi de Nîmes), apprirent à fréquenter les cours d'amour du comte de Toulouse et de sa fille, Adélaïde de Burlats. Thèmes : la beauté d'une dame, la douleur du soupirant qui se morfond, les exploits réalisés en son honneur. Bref, l'amour, toujours, et une poésie allègre et jeune qui court à fleur de peau. Pastourelles, complaintes, sérénades, épîtres, mystères : ils connaissent tous les genres.
Mais dès le XIIe s, la politique prend le dessus : les poètes s'engagent, excitent les esprits contre le clergé, pleurent les morts de la guerre albigeoise et crient leur haine des croisés du Nord. Leur littérature va mourir, tandis que le souffle doré de la langue d'oc remonte vers le nord sous l'influence d'Aliénor d'Aquitaine.

Bastides : la psychose sécuritaire

Pas facile de cultiver son jardin entre le roi de France et le roi d'Angleterre, en pleine guerre de Cent Ans. Du grand au petit seigneur, temporel ou ecclésiastique, chacun s'employa donc à fonder de nouveaux villages, plus sûrs parce que fortifiés. Aux XIe et XIIe s, les abbayes créèrent des centres de peuplement et de défrichement appelés « sauvetés » et protégés des guerres par la paix de Dieu (interdiction de se battre le dimanche et les jours fériés).
Les bastides, elles, procédèrent d'une urbanisation systématique. Dans tout le Sud-Ouest, elles sont quelque 500 à avoir été édifiées aux XIIIe et XIVe s. Pour y attirer les manants, les seigneurs les paraient de noms magiques : Barcelone, Cologne, Pavie, Florence, comme on dirait aujourd'hui Beausoleil ou Mimosa-Plage. Lesdits manants s'y voyaient comblés d'avantages tels que le statut d'homme libre ou, comme le prescrivit Henri IV à Réalmont, l'exemption d'impôts, hormis « la langue de toute vache abattue, un pied pour chaque porc préparé, un pain sur 25 cuits au four communal ». Ce mouvement rejaillit sur les grandes villes, où les hobereaux durent se montrer plus accommodants en accordant des privilèges aux bourgeois. Curieux villages, en tout cas, que ces castelnaux, bastides et autres sauvetés. Ici, point de château, c'est le bourg tout entier qui serre ses maisons de poupée dans les remparts, selon un plan gracieusement géométrique qui, observé d'avion, offre de jolies vues aériennes.

Quelques dates importantes

– ***Ier s apr. J.-C. :*** toutes les villes gauloises se sont romanisées : Cahors, Auch, Eauze, Albi...
– ***IIIe s :*** Toulouse occupe la troisième place en Gaule. On n'oublie pas d'y persécuter les chrétiens : l'évêque saint Saturnin meurt attaché à la queue d'un taureau.
– ***Vers 420 :*** les Wisigoths s'emparent de Toulouse. Chance : ce sont les plus civilisés de tous les barbares. Et résistants : Théodoric (Dietrich) arrête même Attila. Le royaume wisigothique englobe bientôt l'Espagne et le Languedoc. Toulouse, qui a rang de capitale, vit un petit Siècle d'or.
– ***507 :*** Clovis annexe la région. Les Toulousains ne sont pas contents.
– ***721 :*** le comté franc d'Aquitaine s'est rendu indépendant. Il défend Toulouse contre l'Arabe Azama.
– ***767 :*** Pépin le Bref, maire du Palais franc, reprend Toulouse au successeur d'Eudes.
– ***XIe s :*** la région se divise en comtés : Foix, Rouergue, Carcassonne et Toulouse, dont les comtes étendent bientôt leur influence sur tout le Midi.
– ***1099 :*** les Méridionaux sont à la pointe de la première croisade. Le comte de Toulouse refuse le trône de Jérusalem mais se taille un comté au Liban.

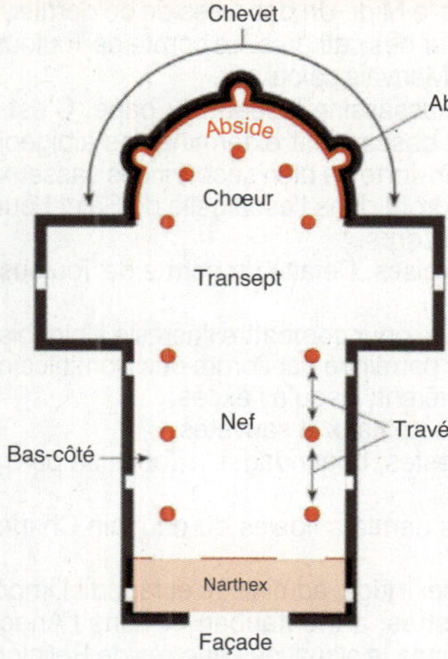

PLAN D'UNE ÉGLISE ROMANE

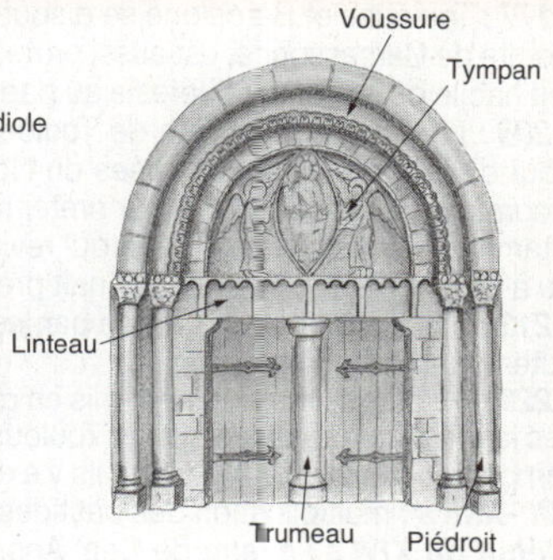

PORTAIL D'ÉGLISE ROMANE

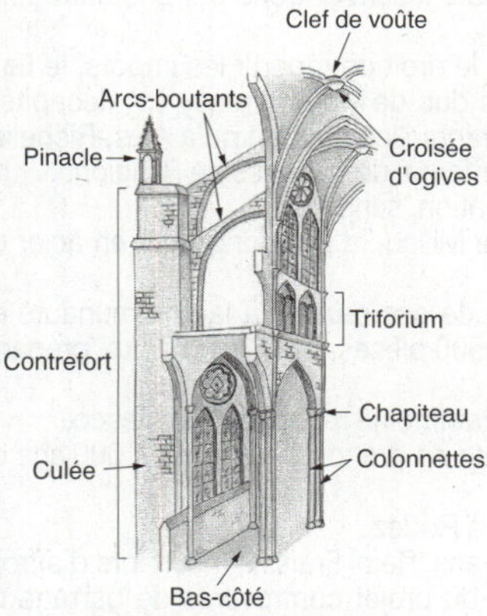

COUPE TRANSVERSALE D'UNE ÉGLISE GOTHIQUE

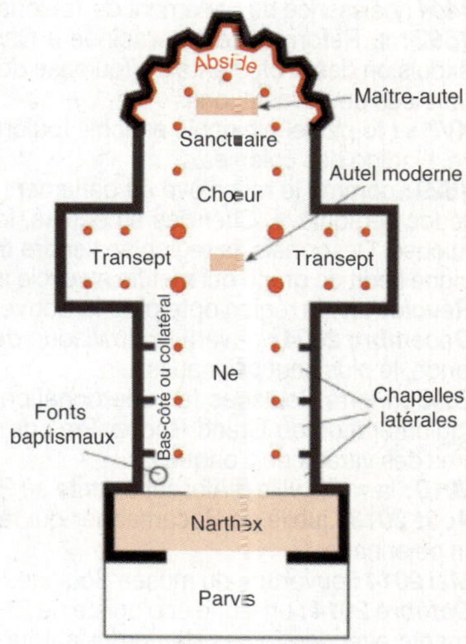

PLAN D'UNE ÉGLISE GOTHIQUE

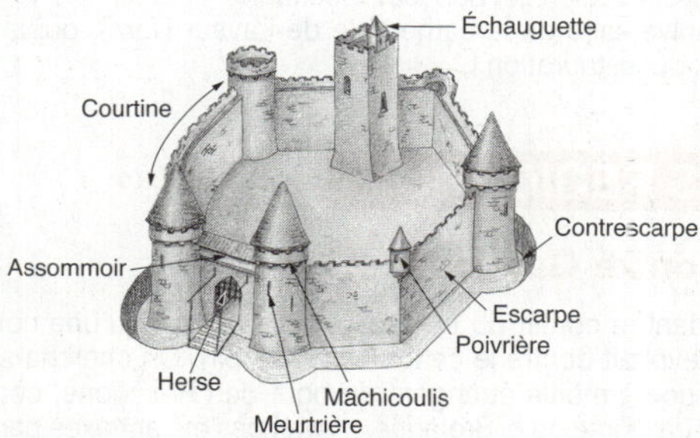

CHÂTEAU FORT

– ***1177 :*** Toulouse et Barcelone se disputent le Midi. Un des alliés de ce dernier, le vicomte de Carcassonne, est aussi protecteur des cathares. Le comte de Toulouse croit habile de dénoncer l'hérésie au pape. Mauvais calcul...
– ***1208 :*** un écuyer du comte de Toulouse assassine le légat du pape. C'est le début de la croisade. Les armées du Nord descendent exterminer les albigeois. Le comte de Toulouse va-t-il leur prêter main-forte ou bien secourir ses vassaux ? Il atermoie. Il y perdra ses États, qui reviendront dans l'escarcelle de Saint Louis. Peu à peu, la France que l'on connaît prend corps.
– ***1213 :*** bataille de Muret, gardée par les croisés. Défaite du comte de Toulouse, soutenu par le roi d'Aragon.
– ***1229 :*** les grands moyens sont mis en œuvre pour combattre l'hérésie albigeoise, avec la création de l'Université de Toulouse, parrainée par l'ordre des Dominicains, prompts à défendre l'orthodoxie. Ils y excellèrent, jusqu'à l'excès.
– ***XIIe-XIIIe s :*** multiplication des bastides, castelnaux et sauvetés.
– ***Début du XIVe s :*** guerre de Cent Ans, pestes, brigandages... Toulouse perd la moitié de sa population.
– ***1420 :*** Toulouse et le Languedoc sont les derniers fidèles du dauphin Charles. Jeanne d'Arc leur donnera raison.
– ***1444 :*** naissance du parlement de Toulouse. Il juge, administre et répartit l'impôt.
– ***1562 :*** la Réforme s'est enracinée à Castres, à Montauban et dans l'Ariège. L'expulsion des protestants de Toulouse donne le signal des guerres de Religion : 40 années de dévastations.
– ***XVIe s :*** le pastel albigeois enrichit Toulouse. Il sera détrôné par une autre teinture, l'indigo des colonies.
– ***1629 :*** comme le roi enlève au parlement le droit de répartir les impôts, le Languedoc se soulève. Chef des émeutiers, le duc de Montmorency est décapité à Toulouse. Désormais, la région se tiendra tranquille, d'autant qu'à Alès, Richelieu a signé l'édit de grâce qui met fin au cycle infernal des guerres de Religion.
– ***Révolution :*** la région opte pour la Convention, sans excès.
– ***Décembre 2004 :*** ouverture du viaduc de Millau, le plus long pont en acier du monde, le plus haut pilier aussi...
– ***2005 :*** Pierre Soulages fait une donation de ses œuvres à la communauté de l'agglomération du Grand Rodez. Près de 500 pièces, dont les travaux préparatoires des vitraux de Conques.
– ***2010 :*** la vieille ville d'Albi est inscrite au Patrimoine mondial de l'Unesco.
– ***Août 2013 :*** jubilé de Rocamadour qui fête en grande pompe les 1 000 ans de son pèlerinage.
– ***Mai 2014 :*** ouverture du musée Soulages à Rodez.
– ***Octobre 2014 :*** un jeune écologiste de 21 ans, Rémi Fraisse, meurt lors d'affrontements avec les forces de l'ordre autour du projet controversé de barrage de Sivens (Tarn).
– ***Juin 2016 :*** après le regroupement des régions Languedoc-Roussillon et Midi-Pyrénées, la nouvelle région est baptisée Occitanie.
– ***2017 :*** 700e anniversaire de la cathédrale de Lavaur (Tarn), qui a bénéficié de 3 ans de travaux de restauration !

LANGUES RÉGIONALES

Occitans contre Gascons

Occitania ! Pendant le conflit du Larzac, le bruit courut qu'une nouvelle nation d'opprimés se révoltait contre le centralisme jacobin. On chercha sur les cartes si quelque province à moitié étrangère du bout de l'Hexagone, comme le Pays basque, l'Alsace, la Corse ou la Bretagne, n'avait pas été annexée par mégarde. Et lorsqu'on découvrit qu'il s'agissait de 15 départements – 23 avec la Provence ! –,

cette cause éveilla moins de sympathie que les précédentes. Faudrait-il se passer des grands bordeaux, de l'aéronautique toulousaine, du pile-face à la Grande-Motte et des stages de tissage dans les Cévennes ? De Brassens et de Jaurès ? Il y en eut pour dire que l'Occitanie n'existait pas et que, en tout état de cause, sa diversité n'était pas moins grande que celle de l'Hexagone
Et pourtant, l'Occitanie n'a manqué que d'un Bismarck pour exister. Aujourd'hui, la grande région la réhabilite ! Sœur de la Catalogne, elle n'a épousé la France que par force. Chaînon manquant entre l'Espagne et l'Italie, c'est une de ces nations de soleil ombrageuses et volubiles, où l'on produit des vins lourds, des platanes, des saucisses et des peintres. Sa langue est un trésor : 160 000 mots, contre 30 000 au français. Mise en littérature par les troubadours, elle régna sur les cours d'Europe, et aujourd'hui encore, près de 10 millions d'Occitans la comprennent.
Littérature, solidarité urbaine, tolérance : l'Occitanie du XIe s était très en avance sur son temps. Trop, puisque sa complaisance envers les cathares signa sa perte. Francisé de force, l'Occitan libéral devint un Occitan turbulent. Guerres de Religion, camisards, Révolution, 1848, 1870, 1907 : chaque occasion lui fut bonne pour se révolter contre le mépris que ceux du Nord vouaient à sa nation.

CÉLINE N'A PEUR DE RIEN !

Dans le passé, l'Occitanie a souvent été considérée comme menaçante pour le pouvoir royal. Mais la palme revient incontestablement à l'écrivain Céline qui considérait les Occitans comme des « bâtards méditerranéens dégénérés, félibres gâteux, parasites arabiques que la France aurait eu tout intérêt à jeter par-dessus bord » ! On pensait qu'il ne détestait que les juifs... Chaud devant !

Si la décentralisation a mis de l'huile dans les rouages, elle est loin d'avoir tout réglé, puisque l'essentiel des ressources occitanes – hier les mines, aujourd'hui l'aéronautique, l'immobilier touristique et certains vignobles – se trouve encore aux mains des « colons ». Hélas, cette noble cause ne s'en trouve pas moins divisée. Preuve de sa vitalité, la langue occitane a deux rameaux. Le languedocien, le plus pur, est parlé de Nîmes à Toulouse où l'Institut d'études occitanes a réussi à imposer l'ex-« patois » comme épreuve facultative au baccalauréat. On parle ici *gafets* (gamins), *peillarots* (chiffonniers), *castagnes* et *tartaragnes* (vieilles filles). Le gascon, lui, s'est enrichi des dialectes basques des vallées pyrénéennes. Plus haché, martial, à l'unisson des fanfares du haut pays, les *bandas,* et des bruits de rapière. Si Toulouse est désormais la capitale universitaire de la langue occitane, les Gascons ne se le tiennent pas pour dit. Ils ont fondé, à Fleurance, la première université de gascon.

PERSONNAGES

– ***Jean Calas*** *(1698-1762)* **:** de nos jours, ce père, jugé coupable d'infanticide, aurait été condamné à perpète. Mais on était en 1762 : Calas, de religion protestante, fut soumis à la torture et attaché sur une roue où on le bastonna à mort. Un procès douteux, ayant pour fond la chasse aux calvinistes et dénoncé par Voltaire (voir son *Traité sur la tolérance*). Le dernier grand scandale de l'Ancien Régime.
– ***Jean-François Champollion*** *(1790-1832)* **:** à 14 ans, le petit génie de Figeac parlait latin, hébreu et arabe. Premier décodeur des hiéroglyphes et grand voyageur, il fonda l'égyptologie française.
– ***Jean-François de Lapérouse*** *(1741-1788)* **:** un marin né à Guo, près d'Albi, ça fait sourire. Lapérouse explora une grande partie du Pacifique avant de s'écraser sur un récif.
– ***Jean-Louis Étienne*** *(né en 1946)* **:** ce natif de Vielmur-sur-Agout (Tarn) a fait des études de médecine, le tour du monde avec Tabarly, l'Everest, le pôle Nord

à pied et en solitaire, puis le pôle Sud à bord d'*Antarctica*... avant de se trouver un « pôle intérieur » (le nom de son bouquin) et de revenir à la case départ, son Tarn natal !

– ***Jean-Henri Fabre*** *(1823-1915)* **:** illustre inconnu en France mais véritable star au Japon, cet entomologiste est né à Saint-Léons dans l'Aveyron mais a passé toute sa vie, ou presque, dans le Vaucluse.

– ***Nino Ferrer*** *(1934-1998)* **:** le chanteur, musicien et auteur-compositeur franco-italien est tombé amoureux de Montcuq (Lot), village auquel il rendit hommage dans sa célèbre chanson « Le Sud ». Une expo permanente lui est consacrée à la médiathèque. C'est dans le Lot, proche de chez lui, qu'il se suicide un jour d'été. Comme Mirza, on pleure toujours ce grand artiste.

– ***Léon Gambetta*** *(1838-1882)* **:** recordman français des noms de place et d'avenue, ce natif de Cahors servit de symbole à la laïcité républicaine. Son existence d'opposant au Second Empire se conclut sur une note romanesque : la fuite de la capitale en ballon pendant le siège de Paris.

– ***François Girbaud*** *(né en 1942)* **:** l'acolyte de Marithé, avec qui il a lancé la célèbre marque de jeans Marithé + François Girbaud, est né à Mazamet (Tarn). Fils d'ouvriers, il se lance dans le dessin industriel avant de s'associer et que ses jeans délavés ne connaissent un succès phénoménal.

– ***Jean Jaurès*** *(1859-1914)* **:** généreux, pugnace, la langue bien pendue, ce natif de Castres était un méridional pur jus. Ancien prof, tendance Jules Ferry, il devint député et défendit pêle-mêle Dreyfus, les mineurs de Carmaux et la paix. Assassiné en 1914, il ne connaîtra pas la guerre...

– ***Cyril Lignac*** *(né en 1977)* **:** ce chef et présentateur d'émissions culinaires possède aujourd'hui plusieurs restaurants dans Paris, dont un étoilé. Il a fait son apprentissage à Rodez, sa ville natale, et a gardé de ses origines aveyronnaises un charmant petit accent.

– ***Marcel Marceau, dit le Mime Marceau*** *(1923-2007)* **:** cet artiste français mondialement célère est mort à Cahors. Héritier de Charlot et précurseur du théâtre contemporain, il créé Bip, personnage silencieux et exporte son art du mime sur les scènes du monde entier. Dans le Lot, qui était pour lui une « terre de liberté artistique », il enseignait son art.

– ***Joachim Murat*** *(1767-1815)* **:** c'est le seul roi de Naples né dans les Causses. Brave général, il aida Napoléon à prendre le pouvoir et épousa sa sœur. Les batailles lui sourirent, et il monta sur le trône de Naples, d'où la chute de Napoléon finit par l'éjecter.

– ***Hugues Panassié*** *(1912-1974)* **:** né à Paris, il passe toute sa jeunesse dans le château de Gironde, près de Decazeville. Frappé de poliomyélite, le jeune Hugues se tourne vers la musique et plus particulièrement le jazz balbutiant, dans les années 1920. Il deviendra l'un des premiers défenseurs français de ce nouveau genre, créant le *Hot Club de France,* la revue *Jazz Hot.* Critique et producteur de jazz, c'est l'un des spécialistes incontestés de ce genre musical.

– ***Françoise Sagan*** *(1935-2004)* **:** la célèbre romancière est née à Cajarc, dans le Lot, qu'elle quitte dès l'enfance pour Paris. *Bonjour Tristesse,* qu'elle écrit à 18 ans, est le début d'un succès retentissant. C'est dans le Lot, sur sa terre natale, que l'auteur à scandales a choisi d'être enterrée.

– ***Pierre Soulages*** *(né en 1919)* **:** c'est dans l'Aveyron que le peintre, natif de Rodez, réalise ses premières toiles. Le terme « outre-noir » est spécialement créé pour qualifier ses œuvres abstraites. En 1994, Soulages achève les vitraux de l'abbatiale de Conques. La consécration arrive en 2014 avec l'ouverture du Musée Soulages à Rodez, exposant l'exceptionnelle donation de l'artiste à la communauté d'agglomération du Grand Rodez : près de 500 œuvres et documents y sont abrités.

– ***Henri de Toulouse-Lautrec*** *(1864-1901)* **:** privé de chasse par son pied-bot, monsieur le comte (il possédait des terres près d'Albi) empoigna les pinceaux pour tracer de la bourgeoisie du temps un tableau sans complaisance.

– ***Victor, l'enfant sauvage*** *(vers 1790-1828)* **:** capturé en 1800 dans la forêt aveyronnaise, le Mowgli français fut pris en main par les autorités médicales. En 5 ans de dialogue, il livra les secrets de la conscience sauvage. Lucien Malson en a tiré un roman poignant.
– ***Ossip Zadkine*** *(1890-1910)* **:** né en Biélorussie, le sculpteur cubiste achète avec sa femme une maison aux Arques (Lot) en 1934 où il composera de nombreuses sculptures. Un musée lui est d'ailleurs consacré.

SITES INSCRITS AU PATRIMOINE MONDIAL DE L'UNESCO

Organisation des Nations Unies pour l'éducation, la science et la culture

En coopération avec le centre du patrimoine mondial de l'UNESCO

Pour figurer sur la liste du Patrimoine mondial de l'humanité, les sites doivent avoir une valeur universelle exceptionnelle et satisfaire à au moins un des 10 critères de sélection. La protection, la gestion, l'authenticité et l'intégrité des biens sont également des considérations importantes.
Le patrimoine est l'héritage du passé dont nous profitons aujourd'hui et que nous transmettons aux générations à venir. Nos patrimoines culturel et naturel sont deux sources irremplaçables de vie et d'inspiration. Ces sites appartiennent à tous les peuples du monde, sans tenir compte du territoire sur lequel ils sont situés.
Pour plus d'informations : ● *whc.unesco.org* ●
Pour les départements Lot, Aveyron, Tarn, sont concernés les ***chemins de Saint-Jacques-de-Compostelle*** (1998), le ***pont Valentré*** à Cahors (1998), la ***vieille ville d'Albi*** (2010), les ***Causses*** et les ***Cévennes*** (2011).

VINS ET ALCOOLS

Les délices de la gastronomie de la région s'accordent à merveille avec les petits vins locaux : gaillac, marcillac, fel et entraygues, qui jouent, comme les vins de Bordeaux, sur le registre du terroir raffiné. Avec un seigneur obsédant, l'armagnac, issu d'un département voisin, le Gers.
– ***Cahors :*** qu'elles bronzent sur le bord du causse ou qu'elles se prélassent devant le Lot, les vignes de Cahors ont un sacré caractère ! Le malbec et le tannat sont là pour structurer ses vins, le merlot pour les assouplir. Plus on s'approche de Cahors, plus ils sont costauds (les Anglais les appelaient *Black Wines*) et gagnent à vieillir. Pour la finesse, voyez du côté de Soturac. Voir aussi la rubrique « Les vins de Cahors et du Lot » en introduction du chapitre sur le Lot.
– L'Aveyron n'est pas en reste : l'***entraygues-le-fel*** (l'un des plus petits terroirs viticoles de France), vin fin, rouge ou blanc, à boire frais. Sans oublier l'***estaing,*** rouges, blancs et rosés, parfumés. Vous ignorez le goût de la pierre à fusil ? Essayez ce blanc sec, cultivé en terrasses. Le ***marcillac,*** rouge ou rosé, a quant à lui des arômes de fruits rouges. Quant aux vins des ***côtes-de-millau,*** on apprécie leur caractère frais et fruité.
– ***Gaillac :*** on y trouve une grande variété de cépages (braucol, duras, mauzac, loin de l'œil...) et trois terroirs différents, ce qui explique que la région de Gaillac produise une grande diversité de vins – rouges, blancs secs, blancs doux, rosés, effervescents – en AOC gaillac. Découvrez le gaillac perlé et ses légères bulles, ou encore la méthode gaillacoise, seule AOC en vin effervescent du Sud-Ouest. Faites-vous plaisir avec ces vins à prix doux, d'autant qu'il y en a vraiment pour tous les goûts.

les ROUTARDS sur la FRANCE 2018-2019

(dates de parution sur • *routard.com* •)

Découpage de la FRANCE par le ROUTARD

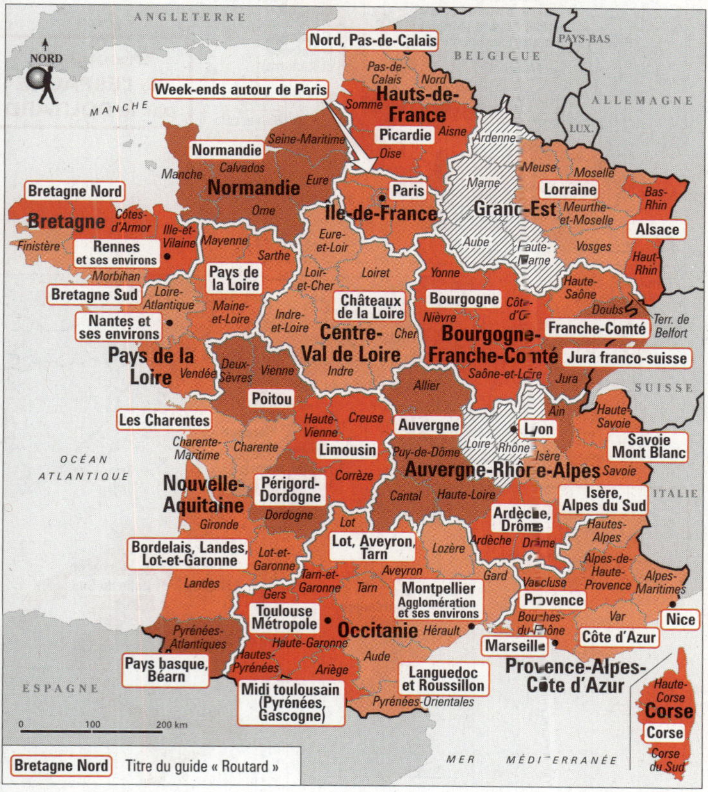

Autres guides sur la France

- Hébergements insolites en France
- Canal des deux mers à vélo (mars 2018)
- La Loire à Vélo
- Paris – Île-de-France à vélo (juin 2018)
- La Vélodyssée (Roscoff-Hendaye)
- Nos meilleurs campings en France
- Nos meilleures chambres d'hôtes en France
- Nos meilleurs restos en France
- Les visites d'entreprises en France

Autres guides sur Paris

- Paris
- Paris balades
- Paris exotique (nouveauté)
- Restos et bistrots de Paris
- Le Routard des amoureux à Paris
- Week-ends autour de Paris

les ROUTARDS sur l'ÉTRANGER 2018-2019

(dates de parution sur • **routard.com** •)

Découpage de l'ESPAGNE par le ROUTARD

Découpage de l'ITALIE par le ROUTARD

Autres pays européens

- Allemagne
- Angleterre, Pays de Galles
- Autriche
- Belgique
- Bulgarie
- Crète
- Croatie
- Danemark, Suède
- Écosse
- Finlande
- Grèce continentale
- Hongrie
- Îles grecques et Athènes
- Irlande
- Islande
- Madère
- Malte
- Norvège
- Pays baltes : Tallinn, Riga, Vilnius
- Pologne
- Portugal
- République tchèque, Slovaquie
- Roumanie
- Suisse

Villes européennes

- Amsterdam et ses environs
- Berlin
- Bruxelles
- Budapest (mars 2018)
- Copenhague
- Dublin
- Lisbonne
- Londres
- Moscou
- Naples (nouveauté)
- Porto (nouveauté)
- Prague
- Saint-Pétersbourg
- Stockholm
- Vienne

les ROUTARDS sur l'ÉTRANGER 2018-2019

(dates de parution sur • **routard.com** •)

Découpage des ÉTATS-UNIS par le ROUTARD

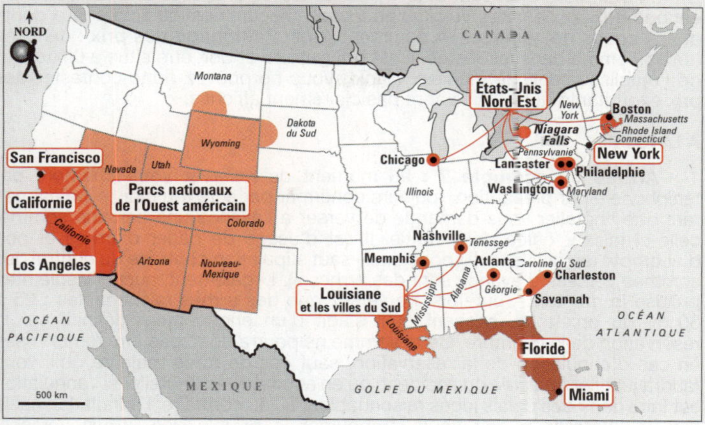

Autres pays d'Amérique

- Argentine
- Brésil
- Canada Ouest
- Chili et île de Pâques
- Colombie (avril 2018)
- Costa Rica
- Équateur et les îles Galápagos
- Guatemala, Belize
- Mexique
- Montréal
- Pérou, Bolivie
- Québec, Ontario et Provinces maritimes

Asie et Océanie

- Australie côte est + Red Centre
- Bali, Lombok
- Bangkok
- Birmanie (Myanmar)
- Cambodge, Laos
- Chine
- Hong-Kong, Macao, Canton
- Inde du Nord
- Inde du Sud
- Israël et Palestine
- Istanbul
- Jordanie
- Malaisie, Singapour
- Népal
- Shanghai
- Sri Lanka (Ceylan)
- Thaïlande
- Tokyo, Kyoto et environs
- Turquie
- Vietnam

Afrique

- Afrique du Sud
- Égypte
- Kenya, Tanzanie et Zanzibar
- Maroc
- Marrakech
- Sénégal
- Tunisie

Îles Caraïbes et océan Indien

- Cuba
- Guadeloupe, Saint-Martin, Saint-Barth
- Île Maurice, Rodrigues
- Madagascar
- Martinique
- République dominicaine (Saint-Domingue)
- Réunion

Guides de conversation

- Allemand
- Anglais
- Arabe du Maghreb
- Arabe du Proche-Orient
- Chinois
- Croate
- Espagnol
- Grec
- Italien
- Japonais
- Portugais
- Russe
- G'palémo (conversation par l'image)

Livres-photos Livres-cadeaux

- Voyages (nouveauté)
- Nos 120 coins secrets en Europe (nouveauté)
- Les 50 voyages à faire dans sa vie
- 1 200 coups de cœur dans le monde
- 1 200 coups de cœur en France
- Nos 52 week-ends dans les plus belles villes d'Europe

PETITS TRUCS ET ASTUCES POUR ÉVITER LES ARNAQUES !

Un routard informé en vaut deux ! Pour éviter les arnaques en tous genres, il est bon de les connaître. Voici un petit vade-mecum destiné à parer aux coûts et aux coups de bambous. À commencer par **l'affichage des prix** : dans les hôtels comme dans les restos, il est **obligatoire** et doit être situé à l'extérieur de l'établissement, de manière visible. Vous ne pouvez donc contester des prix exorbitants que s'ils ne sont pas clairement affichés.

À L'HÔTEL

1 - Arrhes ou acompte ? : au moment de réserver votre chambre par téléphone – par précaution, toujours confirmer par écrit (ou mail) – il n'est pas rare que l'hôtelier vous demande de verser à l'avance une certaine somme, celle-ci faisant office de garantie. Il est d'usage de parler d'arrhes et non d'acompte (en fait, la loi dispose que « sauf stipulation contraire du contrat, les sommes versées d'avance sont des arrhes »). Légalement, aucune règle n'en précise le montant. Toutefois, ne versez que des arrhes raisonnables : 25 à 30 % du prix total, sachant qu'il s'agit d'un engagement définitif sur la réservation de la chambre. Cette somme ne pourra donc pas être remboursée en cas d'annulation de la réservation, sauf cas de force majeure qu'il vous faudra justifier (maladie ou accident) ou en accord avec l'hôtelier si l'annulation est faite dans des délais jugés raisonnables. Si, au contraire, l'annulation est le fait de l'hôtelier, il doit vous rembourser le double des arrhes versées. À l'inverse, l'acompte engage définitivement client et hôtelier.

2 - Subordination de vente : comme les restaurateurs, les hôteliers ont interdiction de pratiquer la subordination de vente. C'est-à-dire qu'ils ne peuvent pas vous obliger à réserver plusieurs nuits d'hôtel si vous n'en souhaitez qu'une. Dans le même ordre d'idées, on ne peut vous obliger à prendre votre petit déjeuner ou vos repas dans l'hôtel ; ce principe, illégal, est néanmoins répandu dans la profession, toléré en pratique, surtout en haute saison... notamment dans les zones touristiques, où la demande est bien plus importante que l'offre ! Bien se renseigner.

« QUI DORT DÎNE ! »

Cet adage, venu du Moyen Âge, signifie que les hôteliers imposaient le couvert aux clients qui prenaient une chambre. Déjà de la vente forcée !

3 - Les réservations en ligne : elles se sont généralisées. Par l'intermédiaire de sites commerciaux ou en direct sur les sites des hôtels, elles sont simples et rapides. Mais voilà, les promesses ne sont pas toujours tenues et l'on constate parfois des dérives, notamment via les centrales de résa telles que promos bidons, descriptifs exagérés, avis d'internautes truqués... Des hôteliers s'estiment étranglés par les commissions abusives. N'hésitez pas à contacter l'hôtel sur son site pour vous faire préciser le type de chambre que l'on vous a réservé (sur rue, sur jardin ?).

4 - Responsabilité en cas de vol : un hôtelier ne peut en aucun cas dégager sa responsabilité pour des objets qui auraient été volés dans la chambre d'un de ses clients, même si ces objets n'ont pas été mis au coffre. En d'autres termes, les éventuels panonceaux dégageant la responsabilité de l'hôtelier n'ont aucun fondement juridique.

5 - En cas d'annulation : si vous avez réservé une chambre (sans avoir rien versé) et que vous avez un empêchement, passez un coup de téléphone pour annuler, c'est la moindre des politesses. Trop peu de gens le font, ce qui rend les hôteliers méfiants.

AU RESTO

1 - Menus : très souvent, les premiers menus (les moins chers) ne sont servis qu'en semaine ou que le midi, et avant certaines heures (12h30 et 20h30 généralement). C'est parfaitement légal, à condition que ce soit clairement indiqué sur le panneau extérieur : à vous d'être vigilant et d'arriver dans les bons créneaux horaires ! Il peut arriver que ce soit écrit en tout petit. Par ailleurs, bien vérifier que le « menu d'appel », le moins cher donc, est toujours présent dans la carte qu'on vous donne une fois installé. Il arrive qu'il disparaisse comme par enchantement. N'hésitez pas à le réclamer si vous êtes entré pour ce menu précis.

2 - Le « fait maison » : cette grande « tendance culinaire » de ces dernières années s'oppose aux plats sous-vide ou congelés achetés par les restaurateurs, réchauffés sur place et « agrémentés » d'une petite touche personnelle pour noyer le poisson (ou la souris d'agneau). Depuis 2013, le label « fait maison » permet de vérifier si les plats sont réellement préparés ou non sur place.

3 - Commande insuffisante : il arrive que certains restos refusent de servir une commande jugée insuffisante. Sachez, toutefois, qu'il est illégal de pousser le client à la consommation. Mais l'on peut également comprendre que commander un seul plat pour 3 personnes peut agacer un tantinet le restaurateur. Tout est une question de juste équilibre.

4 - Eau : une banale carafe d'eau du robinet est gratuite – à condition qu'elle accompagne un repas – sauf si son prix est affiché. On ne peut pas vous la refuser, sauf si elle est jugée impropre à la consommation par décret. La bouteille d'eau minérale quant à elle doit, comme le vin, être ouverte devant vous. L'arnaque dans certains restos « pousse-conso » consiste à proposer d'emblée une eau minérale et de la facturer 7 €, voire plus... À la question du serveur : « ...et pour l'eau, Badoit ou Vittel ? » vous êtes en droit de répondre « une carafe ! ».

5 - Vins : les cartes des vins ne sont pas toujours très claires. Exemple : vous commandez un bourgogne à 16 € la bouteille. On vous la facture 32 €. En vérifiant sur la carte, vous découvrez que 16 € correspondent au prix d'une demi-bouteille. Mais c'était écrit en petits caractères illisibles. Attention au prix parfois exorbitant des vins au verre. Abus bien courant, l'année de référence n'est plus disponible : on vous sert un millésime plus récent mais au même tarif ! Vous devez obligatoirement en être informé avant le débouchage de la bouteille.

6 - Couvert enfant : le restaurateur peut tout à fait compter un couvert par enfant, même s'il ne consomme pas, à condition que ce soit spécifié sur la carte. Parfois il est libellé « Enfant ne mangeant pas », tant d'euros ! Cela dit, ce n'est quand même pas courant et ça donne une petite idee de la générosité du restaurateur !

7 - Sous-marin : après le coup de bambou et le coup de fusil, celui du sous-marin. Le procédé consiste à rendre la monnaie en plaçant dans la soucoupe (de bas en haut) : les pièces, l'addition puis les billets. Si l'on est pressé, on récupère les billets en oubliant les pièces cachées sous l'addition. Malin !

N'oublions pas que l'hôtellerie et la restauration sont des métiers de service, qui ne souffrent ni l'approximation, ni les (mauvais) écarts. Nous supprimons de nos guides tous les établissements qui abusent. Mais la réciproque est aussi valable : tout est question de respect mutuel.

Bonne route !

Nous tenons à remercier tout particulièrement Loup-Maëlle Besançon, Thierry Bessou, Gérard Bouchu, François Chauvin, Grégory Dalex, Fabrice Doumergue, Cédric Fischer, Carole Fouque, Michelle Georget, David Giason, Claude Hervé-Bazin, Emmanuel Juste, Dimitri Lefèvre, Fabrice de Lestang, Romain Meynier, Éric Milet, Pierre Mitrano, Jean-Sébastien Petitdemange et Thomas Rivallain pour leur collaboration régulière.

Jean-Jacques Bordier-Chêne
Michèle Boucher
Diane Capron
Laura Charlier
Agnès Debiage
Jérôme Denoix
Tovi et Ahmet Diler
Marjorie Dubois
Clélie Dudon
Sophie Duval
Jeanne Favas
Alain Fisch
Alexandra Fouchard
Guillaume Garnier
Nicolas George
Bérénice Glanger
Adrien et Clément Gloaguen
Léa Guinolas
Manon Guyot
Bernard Hilaire et Pepy Fenchy Kupang
Sébastien Jauffret
Céline Kamand
Jacques Lemoine
Aurore de Lombarès
Caroline Ollion
Martine Partrat
Odile Paugam et Didier Jehanno
Prakit Saiporn
Jean-Luc et Antigone Schilling
Jean Tiffon
Caroline Vallano

Direction : Nathalie Bloch-Pujo
Contrôle de gestion : Jérôme Boulingre et Adeline Cazabat Barrere
Secrétariat : Catherine Maîtrepierre
Direction éditoriale : Hélène Firquet
Édition : Matthieu Devaux, Olga Krokhina, Gia-Quy Tran, Julie Dupré, Emmanuelle Michon, Alba Bastida Díaz, Amélie Gattepaille, Ludmilla Guillet, Pauline Janssens, Margaux Lefebvre, Amélie Ramond, Elvire Tandjaoui et Clémence Toublanc
Ont également collaboré : Muriel Lucas, Pauline Margain, Delphine Pont et Natacha Kotchetkova
Cartographie : Frédéric Clémençon et Aurélie Huot
Fabrication : Nathalie Lautout et Audrey Detournay
Relations presse France : COM'PROD, Fred Papet. ☎ 01-70-69-04-69. • *info@comprod.fr* •
Illustration : Anne-Sophie de Précourt
Direction marketing : Adrien de Bizemont, Clémence de Boisfleury et Charlotte Brou
Contacts partenariats : André Magniez (EMD). • *andremagniez@gmail.com* •
Édition des partenariats : Élise Ernest
Informatique éditoriale : Lionel Barth
Couverture : Clément Gloaguen et Seenk
Maquette intérieure : le-bureau-des-affaires-graphiques.com, Thibault Reumaux et npeg.fr
Relations presse : Martine Levens (Belgique) et Maureen Browne (Suisse)
Régie publicitaire : Florence Brunel-Jars

INDEX GÉNÉRAL

INDEX GÉNÉRAL

INDEX GÉNÉRAL

INDEX GÉNÉRAL

INDEX GÉNÉRAL

LISTE DES CARTES ET PLANS

Remarque importante aux hôteliers et restaurateurs

Les enquêteurs du *Routard* travaillent dans le plus strict anonymat. Aucune réduction, aucun avantage quelconque, aucune rétribution n'est jamais demandé en contrepartie. Face aux aigrefins, la loi autorise les hôteliers et restaurateurs à porter plainte.

Avis aux lecteurs

Le Routard, ce n'est pas comme le bon vin, il vieillit mal. On ne veut pas pousser à la consommation, mais évitez de partir avec une édition ancienne. Les modifications sont souvent importantes.
Les réductions accordées à nos lecteurs ne sont jamais demandées par nos rédacteurs afin de préserver leur indépendance. Les hôteliers et restaurateurs sont sollicités par une société de mailing, totalement indépendante de la rédaction, qui reste donc libre de ses choix. De même pour les autocollants et plaques émaillées.

Avec routard.com, choisissez, organisez, réservez et partagez vos voyages !

✓ Rejoignez la plus grande communauté francophone de voyageurs : **plusieurs millions d'internautes.**

✓ Échangez avec les routarnautes : forums, photos, avis d'hôtels.

✓ Retrouvez aussi toutes les informations actualisées pour choisir et préparer vos voyages : plus de 300 guides destinations, une centaine de dossiers pratiques et un magazine en ligne pour découvrir tous les secrets de votre destination.

✓ Enfin, comparez les offres pour organiser et réserver votre voyage au meilleur prix.

Les **Routards** *parlent aux* **Routards**

Faites-nous part de vos expériences, de vos découvertes, de vos tuyaux et de vos coups de cœur. Aidez-nous à remettre l'ouvrage à jour. Indiquez-nous les renseignements périmés. Faites profiter les autres de vos adresses nouvelles, combines géniales... On adresse un exemplaire gratuit de la prochaine édition à ceux qui nous envoient les meilleurs courriers, pour la qualité et la pertinence des informations.
Quelques conseils cependant:
– Envoyez-nous votre courrier le plus tôt possible afin que l'on puisse insérer vos tuyaux sur la prochaine édition.
– N'oubliez pas de préciser l'ouvrage que vous désirez recevoir, ainsi que votre adresse postale.
– Vérifiez que vos remarques concernent l'édition en cours et notez les pages du guide concernées par vos observations.
– Quand vous indiquez des hôtels ou des restaurants, pensez à signaler leur adresse précise et, pour les grandes villes, les moyens de transport pour y aller. Si vous le pouvez, joignez la carte de visite de l'hôtel ou du resto décrit.
En tout état de cause, merci pour vos nombreux mails.

122, rue du Moulin-des-Prés, 75013 Paris

● *guide@routard.com* ● *routard.com* ●

Routard Assurance *2018*

Née du partenariat entre *AVI International* et le *Routard*, *Routard Assurance* est une assurance voyage complète qui offre toutes les prestations d'assistance indispensables à l'étranger : dépenses médicales, pharmacie, frais d'hôpital, rapatriement médical, caution et défense pénale, responsabilité civile vie privée et bagages. Présent dans le monde entier, le plateau d'assistance d'*AVI International* donne accès à un vaste réseau de médecins et d'hôpitaux : pas de franchise, aucune avance de frais à faire, un numéro d'appel gratuit disponible 24h/24. *AVI International* dispose par ailleurs d'une filiale aux États-Unis qui permet d'intervenir plus rapidement auprès des hôpitaux locaux. À noter, *Routard Assurance Famille* couvre jusqu'à 7 personnes, et *Routard Assurance Longue Durée Marco Polo* couvre les voyages de plus de 2 mois dans le monde entier. *AVI International* est une équipe d'experts qui répondra à toutes vos questions par téléphone : ☎ 01-44-63-51-00 ou par mail ● *routard@avi-international.com* ● Conditions et souscription sur ● *avi-international.com* ● Avant de partir, pensez à télécharger l'appli mobile *AVI* et accéder à tous vos documents d'assurance en 2 clics.

Édité par Hachette Livre (58, rue Jean-Bleuzen, CS 70007, 92178 Vanves Cedex, France)
Photocomposé par Jouve (rue de Monbary, 45140 Ormes, France)
Imprimé par Jouve 2 (Quai n° 2, 733, rue Saint-Léonard, BP 3, 53101 Mayenne Cedex, France)
Achevé d'imprimer le 5 février 2018
Collection n° 15 - Édition n° 01
66/6011/0
I.S.B.N. 978-2-01-703362-2
Dépôt légal : février 2018

PAPIER À BASE DE FIBRES CERTIFIÉES